차별적 경쟁 우위 확보를 위한

마케팅 조사

Marketing Research

SPSS 활용편

Statistical Package for Social Science

전쟁과도 같은 비즈니스 상황에서 기업은 차별적 경쟁우위확보를 위해 시장의 미세한 흐름이나 소비자의 니즈변화 등을 시시각각으로 파악해야 한다. 성공하는 기업은 기업의 안테나를 항상 시장 쪽으로 향하게 하고 수집된 정보를 바탕으로 전략적 마케팅을 구사한다.

한올출판사

머리말

시장지향적인 기업, 소비자 지향적인 기업이 경쟁에서 살아남을 수 있다는 진리는 너무나도 자명한 사실이며, 지금도 지구상의 많은 기업들이 끊임없이 변화하는 소비자와 시장 환경에 적응하고자 노력하고 있다.

기업의 목적은 무엇일까? 혹자들은 기업의 목적을 이윤추구나 이윤창출이라고 한다. 물론 틀린 말은 아니다. 그러나 보다 본질적으로 들어가면 기업의 목적은 이윤창출보다는 지속적인 성장과 발전을 목적으로 하고 있다. 기업은 태생적으로 설립하는 그 순간부터 매 순간 순간마다 생존하고자 노력하며, 또한 지속적인 성장의 발판을 마련하고자 기업이 가진 역량을 최대한 활용한다. 이윤은 기업이 지속적으로 성장하고 생존하는데 있어 우리 몸의 피와 같이 귀중한 수단인 것이다.

기업은 지속적인 성장과 발전, 그리고 생존을 위해 끊임없이 노력하는데 이것을 가능케 해주는 것이 마케팅조사이다. 마케팅조사는 소비자 니즈의 변화나 대중들의 트렌드변화, 경쟁사의 변화 등을 사전에 감지해 이를 전략적으로 활용하도록 하는데 매우 유용한 스킬이다. 세계 초일류기업들의 예를 보더라도 마케팅과 마케팅조사를 등한시 하고서는 결코 세계 제1의 기업이 될 수 없다. 4만 여개가 넘는 아이템을 자랑하는 한국3M은 지금도 소비자들의 니즈조사에 수십억 원의 비용을 지출하고 있다. 이러한 노력이 있었기에 세계 제1의 기업으로 거듭 날 수 있었던 것이다.

본서는 시장에서의 특정상황이나 제품에 대한 인지도와 선호도, 경쟁사의 전략적 포지셔닝 등 다양한 측면에서 시장상황과 소비자들의 태도를 측정하는 방법론을 제시하고 있다. 특히 마케팅조사방법은 기업의 핵심적인 마케팅전략부서와 기획부서, 상품개발부서뿐만 아니라 제품의 생산파트와 디자인 파트, R&D 파트 등에서도 필수불가결한 요소로 자리 잡고 있기 때문에 전문 통계분석 패키지인 SPSS를 이용해 조사 분석을 실시할 수 있도록 구성하였다.

이러한 관점에서 구성된 본서는 다음과 같은 측면에서 활용성이 높을 것이다.

첫째, 마케팅조사분석을 통해 시장 환경이나 소비자 구매환경에 영향을 미치는 다양한 속성이나 변수들을 파악할 수 있도록 해줄 것이다.

둘째, 소비자의 니즈변화를 사전에 파악해 신제품을 개발할 수 있는 방향성이나 구매고려요소가 무엇인지를 파악해 마케팅전략을 수립하고 구사하는데 도움을 줄 것이다.

셋째, 제품이나 서비스의 수요를 측정할 수 있도록 해 줄 것이다.

넷째, 소비자들의 선호도와 인지도 등을 파악하여 시장에서의 자사 브랜드와 경쟁 브랜드의 전략적 위치를 파악해 경쟁우위성을 확보하는데 도움을 줄 것이다.

20여 년 가까운 세월 동안 대학의 강단에서 그리고 리서치와 컨설팅 현장에서 실무를 접하면서 마케팅조사의 필요성을 누구보다도 실감하게 되었다. 그래서 보다 실무 중심적인 관점에서 마케팅조사와 통계분석기법을 함께 다루고자 하였다. 특히 사회과학에서 대표적으로 사용되고 있는 통계분석 Tool인 SPSS를 활용해 하나의 통일된 예제를 활용해 통계분석기법을 보다 손쉽게 익힐 수 있도록 하였다.

이러한 목적을 달성하기 위해 본서는 크게 2부로 구성되어 있다.

제1부에서는 마케팅조사에 관한 일반적인 개념과 이론들을 폭넓게 다루었다. 제1장 마케팅조사의 필요성과 의의, 제2장 마케팅조사의 종류, 제3장 마케팅조사의 절차, 제4장 조사의 방법, 제5장 표본추출방법, 제6장 측정과 척도, 제7장 설문지 구성, 제8장 통계분석을 위한 자료준비 등으로 구성하였다.

제2부에서는 마케팅조사에서 활용되는 통계분석기법과 함께 예제를 이용해 SPSS 통계패키지를 활용하는 방법과 분석결과에 대한 해석기법 등을 집중적으로 설명해 마케팅현장에서 모두가 용이하게 통계분석기법을 활용할 수 있도록 하였다. 제9장 빈도분석과 교차분석, 제10장 분산분석과 공분산분석, 제11장 상관분석과 회귀분석, 제12장 판별분석, 제13장 요인분석, 제14장 군집분석 그리고 제15장 다차원척도법과 컨조인트분석으로 구성하였다. 마지막으로 제16장에서는 보고서 작성과 프레젠테이션에 대하여 설명하였다.

머리말을 작성하는 도중에도 많은 부족함을 느끼고 있으나 향후 독자제현들의 사랑어린 채찍질을 기대하면서 본서를 출간하도록 기회를 주신 한울출판사 임순재사장님과 편집부 여러분들께 감사의 뜻을 전한다.

木洞 閑居에서 저자 씀

CONTENTS

PART 1 __ 마케팅조사

Chapter 01 마케팅조사의 필요성과 의의__10

1. 마케팅조사의 필요성__10
2. 마케팅조사의 역할__13
3. 10-100-1000 룰__15
4. 마케팅조사의 정의__17

Chapter 02 마케팅조사의 종류__23

1. 마케팅조사의 분류기준__23
2. 문제의 유형에 따른 분류__26
3. 자료의 특성에 따른 분류__32
4. 자료의 원천에 따른 분류__38
5. 조사기획 주체에 따른 분류__44

Chapter 03 마케팅조사의 절차__52

1. 마케팅조사 5단계와 사전조사__52
2. 조사문제의 정의__56
3. 조사 설계__61
4. 자료의 수집__67
5. 자료준비 및 분석__79

Chapter 04 마케팅조사의 방법__99

1. 탐색적 조사__100
2. 기술적 조사__117
3. 인과적 조사__144

CONTENTS

Chapter 05 표본추출방법__165

1. 표본조사와 전수조사__165
2. 표본추출 절차__168
3. 표본추출방법__172
4. 표본크기의 결정__180
5. Excel을 활용한 표본추출__184
6. SPSS를 활용한 표본추출__188
7. 표본추출에 있어서 무응답의 문제__188

Chapter 06 측정과 척도__192

1. 측정과 척도의 개념__192
2. 척도__193
3. 척도법의 비교__200
4. 비교척도법과 비(非)비교척도법__202
5. 비(非)비교 항목화 등급척도의 결정요인__212
6. 다중항목 척도와 척도의 평가__215

Chapter 07 설문지 구성__217

1. 설문지의 정의__217
2. 설문지 작성절차__218

Chapter 08 통계분석을 위한 자료준비__228

1. 설문지의 점검(Questionnaire Checking)__228
2. 편집(Editing)__229
3. 코딩(Coding)__230
4. 통계에 의한 데이터의 변형__235

CONTENTS

PART 2 _ SPSS를 활용한 통계분석

Chapter 09 빈도분석과 교차분석 __240

1. 빈도분포(Frequency Distribution) __240
2. 빈도분포와 관련된 통계량 __247
3. 가설의 검증 __258
4. 교차분석(Cross - Tabulation) __266
5. 차이와 관련된 가설 검증 __282
6. 독립성 검증과 적합성 검증 __304

Chapter 10 분산분석과 공분산분석 __311

1. 분석방법간의 관계 __311
2. 일원분산분석(One-Way ANOVA) __314
3. 이원분산분석(Two-Way ANOVA) __330
4. 공분산분석 __341
5. 반복 측정 분산분석 __347
6. 비계량적 분산분석 __349
7. 다변량분산분석 __350

Chapter 11 상관분석과 회귀분석 __362

1. 상관관계분석 __362
2. 단순회귀분석 __379
3. 다중회귀분석 __401
4. 로지스틱 회귀분석 __424

Chapter 12 판별분석 __435

1. 판별분석에 대한 기본적인 개념 __435
2. 판별분석의 실행절차 __444

CONTENTS

Chapter 13 요인분석__465

1. 요인분석의 기본개념__465
2. 요인분석의 수행절차__471

Chapter 14 군집분석__496

1. 군집분석의 기본개념__496
2. 군집분석의 수행절차__501
3. 비계층적 군집화에의 적용__518

Chapter 15 다차원척도법과 컨조인트분석__526

1. 다차원척도법__526
2. 컨조인트 분석__552
3. 컨조인트분석의 실제 사례__565

Chapter 16 보고서 작성과 프레젠테이션__581

1. 보고서 작성__581

• 참고문헌__607

부 록

■ 2002년 상반기 시민만족도 평가[조사 제안서]__610

■ 청소행정서비스 시민만족도조사[조사 설문지]__624

■ 통계표__634

• 찾아보기__642

PART 1

마케팅조사

Chapter 01 마케팅조사의 필요성과 의의

Chapter 02 마케팅조사의 종류

Chapter 03 마케팅조사의 절차

Chapter 04 마케팅조사의 방법

Chapter 05 표본추출방법

Chapter 06 측정과 척도

Chapter 07 설문지 구성

Chapter 08 통계분석을 위한 자료준비

Chapter

01

마케팅조사의 필요성과 의의

1. 마케팅조사의 필요성

현대산업사회에서 기업을 둘러싸고 있는 경영환경변화는 너무나도 불확실한 상황의 연속선상에 있다. 이러한 불확실한 경영환경은 기업을 경영하고 있는 최고경영자(CEO)나 마케팅관리자, 전략관리자, 인적자원관리자 등 모두에게 의사결정과정에서 심각한 위협에 노출되어 있다. 그렇기 때문에 이들은 보다 정확하고도 시의적절(時宜適切)한 의사결정을 위해 끊임없이 사내외로부터 정보의 제공을 요구하고 있다. 마케팅조사는 이들의 정보욕구를 보다 효과적이고도 신속하게 채워줄 수 있는 수단으로서 많은 경영전략가나 조사전문가들에게 활용되고 있다. 뿐만 아니라 마케팅조사에서 사용되는 표본추출법이나 통계분석법 등은 정치, 경제, 문화, 환경, 심리학, 의료분야 등 전 분야에서 폭넓게 활용되고 있다.

기업을 둘러싸고 있는 경영환경은 크게 두 가지로 분류할 수 있다. 하나는 기업 스스로가 통제할 수 있는 통제 가능한 환경(controllable environment)으로 미시환경요소(micro environment factors)라고 불린다. 통제 가능한 환경요소는 기업의 경영자가 통제 가능한 3M(man, material, money)요소와 기타 기업내부의 각종 자원들로 이루어져 있다. 반면에 통제 불가능한 환경(uncontrollable environment)은 정치, 경제, 사회, 문화, 기술, 법률, 소비자 트렌드, 국제환경 등 기업 스스로가 통제할 수 없는 거시환경요소(macro environment factors)들로 구성되어 있다. 특히 이들 거시환경요소들은 끊임없이 기업경영활동에 영향을 미치고 기업으로 하여금 스스로 적응하도록 요구하고 있다. 기업은 이러한 거시환경의 영향으로부터 살아남기 위하여 끊임없이 변화와 적응(change & accommodation)을 통해 기업의 본질적인 목적인 지속적인 성장과 발전을 이루고자 한다.

기업은 거시환경의 끊임없는 위협과 영향으로부터 생존하기 위하여 기업 내부의 경영자원을 각 분야에 효율적으로 분배하고 이를 활용하며 통제하고자 하는 욕구를 가지고 있다. 이 과정에서 기업경영자는 내부의 경영자원을 보다 효율적으로 분배하고 이를 활용하기 위한 방안의 하나로 전략적 의사결정(strategic decision making)을 요구 받으며, 경영자는 자신이 접근할 수 있는 모든 정보(information)를 기초로 신속하고도 합리적인 의사결정을 내리게 된다. 경영자의 이러한 전략적 의사결정은 곧 기업의 흥망성쇠(興亡盛衰)를 결정짓는 매우 중대한 의사결정인 것이다.

기업의 생존과 경쟁우위를 점유하기 위해 전략적 의사결정에 직면한 경영자는 자신이 내린 전략적 의사결정의 오류를 최소화하고 나아가 거시환경의 영향으로부터 자유로워지고 싶은 욕구를 갖고 있다. 아울러 기업내부의 경영자원을 보다 합리적이고도 효율적으로 분배하기 위해 많은 정보를 필요로 한다. 자사가 속해 있는 시장의 성장률과 시장상황, 경쟁구조와 경쟁 우위성, KSF(Key Success Factor), CSF(Critical Success Factor), 신규 진입자(new entrance)에 관한 정보, 소비자의 트렌드 변화(change of consumer's trend), 신제품에 대한 소비자 니즈, 이해관계자집단(잠재고객과 현재 고객, 종업원, 경쟁사, 정부, 지역사회 등)의 니즈 변화 등 다양한 정보를 필요로 한다. 마케팅조사는 이러한 정보를 신속하게 여과 없이 경영자에게 전달할 수 있는 효율적인 수단으로 전략적 의사결정의 동반자이기도 하다.

◀경영자는 항상 전쟁과도 비즈니스 상황에서 시장과 고객, 경쟁자의 상황에 대하여 신속하게 정보를 얻어 경쟁우위를 점할 수 있는 전략적 의사결정에 목말라 있다.

도입사례

비즈니스는 전쟁이다!

100년 넘는 超 장수기업 되려면…

올 들어 국내 재계에는 창업 40, 50주년을 맞은 기업이 유난히 많다. 사람으로 따지면 '세상유혹에서 자유롭다.'는 불혹(不惑)과 '하늘의 명을 깨닫는다.'는 지천명(知天命)의 경지인 셈이다. 1958년3월 직원300명으로 출범한 LG전자가 대표적이다. 1980년 한 해를 빼고 매년 흑자를 낸 이 회사는 현재 임직원 8만 2000명에 매출 41조원의 글로벌 대기업이다. 포항 영일만 허허벌판에 '철강한국'의 기적을 일군 포스코도 지난 달 마흔 번째 생일을 맞았다. 1968년16억 원에 불과하던 자산규모는 30조원, 416억 원이던 매출은 22조원으로 늘었다. 포스코는 올해 조강생산능력기준으로 세계2위 업체다. 교보생명과 한국제지, 건축/산업용자재생산업체인 KCC, 벽산건설 등은 쉰 돌을, 세계소전시장의 50%를 장악하고 있는 풍산은 올해 마흔 돌을 맞는다. 또 삼성그룹은 70주년, 금호아시아나는 62주년, SK그룹은 55주년이다. 이런 추세라면 올 8월 창업 112주년을 맞는 두산그룹처럼 우리 재계에도 '100년 기업'들이 여럿 나올 전망이다.

하지만 비즈니스 무대의 현실은 냉엄하다. 어제의 초우량기업이 하루아침에 추풍낙엽처럼 사라지는게 다반사다. 1965년 매출액 기준으로 100대 기업에 속했던 국내기업 가운데 2004년에도 생존한 기업은 12개였다. 매년 5만개가 넘는 신설 국내법인 가운데 10년 이상 버티는 곳은 16%, 20년 이상은 4%에 불과하다는 통계도 있다. 미 경제격주간지인 포천(Fortune)의 '세계500대기업' 명단에서도 1955년 이후 지금까지 남아있는 기업은 71개로 생존율이 14% 정도다.

그렇다면 장수기업으로 가는 비법은 있는 걸까? 월마트(Wal-Mart)와 그 최대 라이벌이었던 아메스(Ames)백화점의 사례는 상징적이다. 지방 중소도시 할인매장전략으로 대히트를 친 아메스는 월마트의 창업자인 샘 월튼(Walton)이 "경영 노하우와 영업방식을 베껴야 한다."고 안달을 낼 정도로 '선망'의 대상이었다. 1972~86년 주가상승률은 시장평균의 10배를 웃돌았다. 하지만 아메스는 지금 존재조차 없다. 1988년 무리한 회사인수로 핵심역량이 분산 된데다 리더십 교체에 실패한 탓이다. 반대로 월마트는 핵심사업 집중과 점진적인 확장전략으로 세계 최대기업(매출액기준)이 됐다. 미국 누코(Nucor)와 베들레헴(Bethelehem) 철강도 마찬가지. 1965년 파산직전이던 누코 보다 외형이 100배 이상 컸던 베들레헴은 방심과 내부불화로 역사 속으로 사라졌다. 반면 누코는 뼈를 깎는 혁신과 화합으로 지난해 세계 500대 기업 랭킹 151위에 올랐다. 매년 결산보고서에 1만8000명의 직원이름을 빠짐없이 적고 있는 이 회사는 41년 연속 흑자행진 중이다.

도입사례

"업체간 경쟁은 핑계거리다. 기업의 성쇠(盛衰)를 판가름 짓는 것은 외부환경이 아니라 내부의 대응과 결속력이다." '좋은 기업을 넘어 위대한 기업으로(Good to great)'를 쓴 경영학자 짐 콜린스(Jim Collins)의 지적이다. GE그룹의 잭 웰치 전(前) 회장은 "위기를 겪으며 위기에 대한 백신을 개발해내느냐가 흥망의 열쇠" 라고 말한다. 최소 100년이 넘는 超장수 기업의 '영광'을 꿈꾸는 우리 기업들도 되새겨 실천해야 할 훈수가 아닐까 싶다.

(자료원 : 조선일보, 2008.5.9)

두산그룹창업주 故 박승직

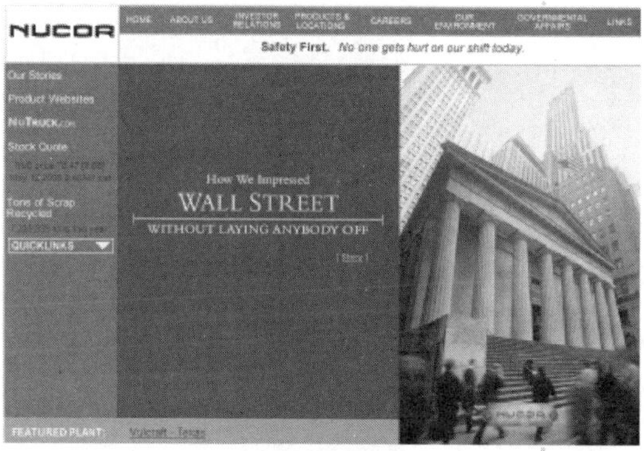

미국의 누코社

2. 마케팅조사의 역할

마케팅조사는 기본적으로 소비자의 니즈와 원츠(wants)를 규명하고 소비자의 만족을 통해 기업의 경쟁우위성을 확보하는데 주안점을 두고 있다. 소비자의 니즈란 '본질적으로 무엇인가 결핍되어 있는 심리적 상태'를 의미하며 원츠란 '소비자의 이러한 니즈를 충족시켜주기 위해 구체적으로 필요한 어떤 것'을 의미한다. 기업은 소비자의 이러한 니즈와 원츠를 파악하여 진정으로 소비자가 원하는 제품이나 서비스, 프로세스 등을 개발해 소비자의 만족을 얻고자 노력하며, 이러한 노력이 궁극적으로 기업의 지속적인 성장과 발전을 보장할 수 있는 것이다. 따라서 기업은 소비자의 니즈와 원츠를 신속하게 파악하여 마케팅전략이나 마케팅 실행계획에

▲ 마케팅조사는 소비자의 Needs와 Wants를 이해하는데 매우 유용할 뿐만 아니라 시장에서의 경쟁구조와 경쟁기업의 마케팅전략을 파악하는데도 자주 활용되는 기법이다.

반영해야 한다. 그렇게 하기 위해서는 무엇보다도 소비자나 시장에 관한 풍부한 정보가 필요하며, 이러한 정보를 파악하고자 하는 제반 과정이 마케팅조사인 것이다.

마케팅조사는 기본적으로 3가지 측면(3C; Customer, Competitor, Company)에서 접근해야 한다. 소비자(혹은 시장)와 경쟁자, 그리고 자사에 관한 구체적인 정보가 필요하다. 소비자(혹은 시장)로부터는 소비자의 소비트렌드, 시장 트렌드, 시장에서의 경쟁구조현황, 유통구조, 광고효과 등을 정보가 필요하다. 경쟁자나 경쟁기업으로부터는 경영전략과 마케팅전략, 경쟁자의 자원(man, material, money), 경쟁자의 강점(strength)과 약점(weakness) 등 경쟁자에 관한 모든 정보가 필요하다. 아울러 자사로부터도 정보가 필요하다. 자사의 강점과 약점, 가용 가증한 경영자원의 정도, 경영자의 철학 등 관련정보가 필요하다. 손자병법(孫子兵法)에 지피지기백전불태(知彼知己百戰不殆)라는 말이 있듯이 마케팅전략을 수립하는데 있어서도 소비자와 시장, 경쟁자와 자사의 강점과 약점까지도 파악하여 마케팅전략이나 마케팅계획을 수립해야 한다.[1] 최근에는 글로벌 경쟁시대가 되면서 마케터들은 국내뿐만 아니라 인접국가나 전 세계적인 마케팅정보를 필요로 하기도 한다. 글로벌 경쟁시대는 나라 밖에서 경쟁하기도 하지만 바로 내 집안에서도 경쟁이 이루어지기 때문에 과거와 같이 단순히 국내소비자나 시장, 경쟁자만을 파악해서는 결코 지속적인 성장과 발전을 기하기 어렵게 되었다.

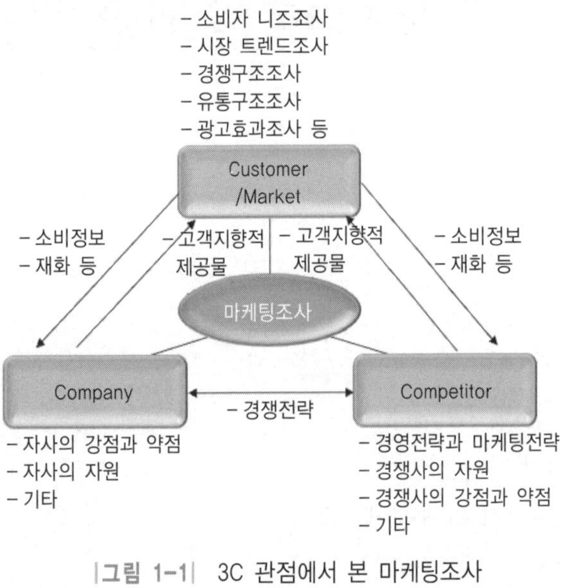

|그림 1-1| 3C 관점에서 본 마케팅조사

1) 《손자(孫子)》, 〈모공편(謀攻篇)〉 에 다음과 같이 실려 있다. 적과 아군의 실정을 잘 비교 검토한 후 승산이 있을 때 싸운다면 백 번을 싸워도 결코 위태롭지 않다[知彼知己 百戰不殆]. 적의 실정을 모른 채 아군의 전력만 알고 싸운다면 승패의 확률은 반반이다[不知彼而知己 一勝一負]. 적의 실정은 물론 아군의 전력까지 모르고 싸운다면 싸울 때마다 반드시 패한다[不知彼不知己 每戰必敗].

일반적으로 경영자나 마케팅관리자 혹은 마케팅 실무자들은 소비자의 니즈를 파악하고 이들을 만족시켜 빈번한 재구매(frequently repurchase)를 유도하거나 충성도 높은 로열티(loyalty)를 유도하기 위한 전략적 의사결정 과정에 수많은 정보들을 필요로 한다. 즉, 잠재적인 마케팅기회(potential marketing opportunity)를 파악하거나 표적시장의 선정(targeting), 시장세분화(market segmentation), 마케팅 프로그램의 계획 및 수행, 통합커뮤니케이션계획(integrated marketing communication plan), 마케팅 성과 및 통제 등을 위해 구체적인 정보가 필요하며 이를 위해 마케팅조사가 유용하게 사용되고 있는 것이다.

3. 10-100-1000 룰

마케팅조사가 마케팅 관리자나 마케팅 실무자의 의사결정과정을 효과적으로 지원하기 위해서는 정보의 정확성(accurate)과 신뢰성(reliability), 타당성(validity), 그리고 현재성(current)을 갖춰야 한다. 왜냐하면 잘못되거나 부족한 정보로 인한 잘못된 의사결정은 시장에서의 기회를 상실할 뿐만 아니라 막대한 재무적 손실을 초래하기 때문이다. 따라서 단순한 감정적 의사결정이나 직관(intuition) 혹은 순수한 판단에 의한 의사결정이 아니라 체계적인 마케팅조사에 입각한 견실한 시장 및 경쟁정보를 바탕으로 한 전략적 마케팅 의사결정만이 이러한 손실을 최소화해 줄 수 있는 것이다.

마케팅조사와 손실과의 관계를 설명하기 위해 『10(ten) - 100(hundred) - 1000(thousand) 룰(rule)』을 이용해 설명하기도 한다. 시장에서의 경쟁력 확보나 성공적인 신제품개발 등을 위해 필요한 사전 마케팅조사비용을 10원이라 했을 때 이를 하지 않았을 때 발생할 수 있는 비용은 마케팅조사비용의 10배에 해당하는 내부 실패비용을 초래한다는 것이다. 여기에서 내부 실패비용은 소비자의 니즈나 시장정보, 경쟁정보를 파악하지 못해 발생할 수 있는 내부비용으로 재고가 증대되거나 과다설계나 재설계에 따른 비용의 상승 등 주로 내부에서 초과비용으로 발생하는 것을 의미한

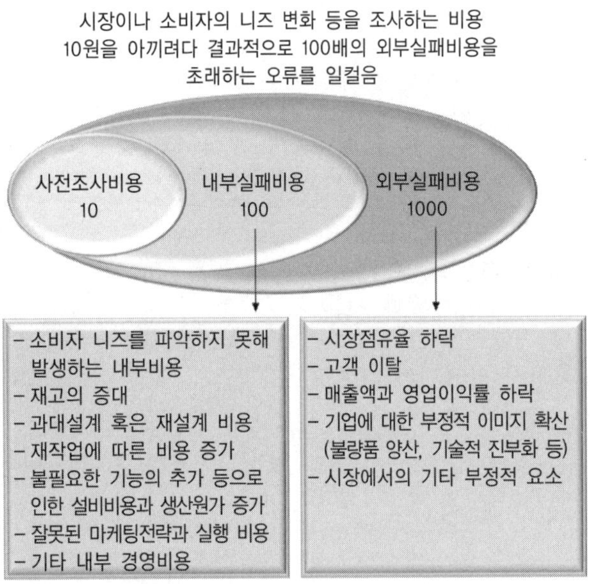

|그림 1-2| 마케팅조사의 10(ten)–100(hundred)–1000(thousand) 룰(rule)

다. 그러나 무엇보다도 심각한 것은 마케팅조사비용 10원을 지출하지 않거나 조사를 하지 않음으로써 외부적으로는 마케팅 조사비용의 100배 이상의 손실을 초래할 수 있다는 것이다. 외부 실패비용은 시장점유율의 하락이나 매출하락, 이미지 하락 등 주로 시장이나 소비자들로부터 발생하는 실패비용을 의미한다. 이와 같이 마케팅조사는 단순히 마케팅관리자에게 의사결정 정보만을 제공해주는 것이 아니라 기업경쟁력 확보나 매출확대 등 보다 폭넓은 관점에서 활용되는 필수불가결한 요소인 것이다.

활용사례

Campbell사의 시장실패

본 사례는 시간이 많이 지났지만 마케팅조사를 등한시 해 소비자의 Needs를 파악하지 못하고 결과적으로 해외시장에 진출했다가 실패한 사례로 시사점이 많은 사례이다.

Campbell 수프회사는 미국 수프시장의 선두주자로 미국 내 수성수프 매출액의 80% 이상을 점유하고 있다. 그러나 이 회사의 해외시장 진출성과는 좋지 못한 경우가 많았다.

Campbell사가 해외시장 진출 초기에 겪었던 좋지 못한 경험의 예를 영국시장에서 볼 수 있다 Campbell사가 자랑하는 응축소형 적색라벨 캔수프를 1960년대 영국시장에 도입하고 미국식의 광고테마를 사용했다가 결국 3,000만 달러의 손실만 보고 말았다. 실패 이유는 의외로 간단한 곳에 있었다. 소비자들이 Campbell수프 바로 옆에 진열되어 있는 대형 영국산 캔수프를 보고 Campbell수프가 비싸다고 생각했기 때문이다. 영국 소비자들은 Campbell수프가 한 컵의 물만 부으면 먹을 수 있도록 되어 있는 응축형 수프임을 감지하지 못했기 때문에 오히려 다른 수프보다 싸다는 것을 깨닫지 못했던 것이다.

활용사례

1978년에 Campbell사는 브라질회사와의 합작투자로 브라질시장에 진출하면서 600만 달러를 투자했다. 이때의 투자는 주로 야채와 고기 혼합형 수프로 초대형 캔에 포장했는데 유명한 적색 라벨은 그대로 사용하였다. 초기의 판매는 성공적으로 보였으나 곧 정체상태에 빠졌다. 3년 동안 200만 달러를 광고비로 지출했지만 브라질에서의 수프사업을 성공적으로 이끌지 못했다. 실패가 확실해진 후에야 알았지만 브라질의 주부들은 직접 수프를 끓인다는 주부 특유의 기쁨을 누리려고 Campbell사의 인스턴트수프를 피했던 것이다. 이들은 오히려 Knorr사나 Maggi사의 건조수프를 사서 양념과 조미료를 치고 끓여 먹는 것을 좋아했던 것이다. 그러니까 Campbell수프는 급한 경우에만 샀던 셈이다.

이러한 결과를 보면 Campbell사가 브라질시장에 진출할 때 마케팅조사를 심층적으로 하지 못했다는 사실이 드러난다. 또한 시장테스트도 기후가 온화한 도시인 Curitiba에서만 실시하고 아열대지역들은 무시했다.

Campbell사가 해외시장을 정확하게 파악하지 못한 이런 유형의 실수를 많은 미국회사들이 되풀이하고 있다. Campbell사가 실패한 뒤 몇 개월 후에 Gerber사가 브라질에서의 유아식품사업을 포기했다. 수지를 맞추기 위해 8년 동안 각고의 노력을 한 후에 일어난 일이다. 브라질의 가정주부들이 유아용 인스턴트 식품을 자신이 직접 마련한 신선한 식품에 비길 바 없는 것으로 생각했기 때문이다. 인스턴트식품을 구입한 경우란 겨우 일가친척을 방문할 때나 여행을 떠날 때에 불과했던 것이다.

(자료원 : 유동근역, 최신마케팅론(제3판), 석정, p.704)

Campbell사의 캔 수프

4. 마케팅조사의 정의

마케팅조사(marketing research 혹은 시장조사)는 끊임없이 변화하는 소비자의 니즈(needs)와 시장에서의 경쟁상황 하에서 보다 효율적이면서도 차별적인 경쟁우위를 확보하기 위한 목적을 가지고 실시되는 활동이다. 소비자들의 니즈변화와 경쟁구조 등에 대한 가장 기초적인 정보를 얻는데 마케팅조사의 목적이 있다. 다시 말하면 소비자 니즈의 변화를 사전에 파악하여 특정제품이나 서비스의 문제를 해결하고 시장에서의 새로운 기회를 포착해 차별적인 경쟁우위전략(differential competitive advantage strategy)을 수립하는데 목적이 있는 것이다. 또한 기업경영상의 위협이 상존(常存)해 있는 경쟁상황에서 이러한 위험을 회피하고 지속적인 성장과 발전을 추구할 수 있는 경영의사결정을 지원하는데 목적이 있다.

이러한 마케팅조사에 관하여 미국마케팅학회(American Marketing Association, AMA)는 마케팅조사에 관해 다음과 같이 정의하고 있다.

|표 1-1| 미국마케팅학회의 마케팅조사 정의

마케팅조사는 마케팅활동을 함에 있어서 마케팅 기회와 문제해결방법의 규명과 관련해 의사결정을 보다 효율적으로 하기 위한 목적으로 체계적이고도 객관적으로 문제를 규명하고 자료를 수집하며 분석하고 이를 널리 알려주는 활동이다.

Marketing research is the systematic and objective identification, collection, analysis, and dissemination of information for the purpose of improving decision making related to the identification and solution of problems and opportunities in marketing.

마케팅조사에 관한 미국마케팅학회의 정의에는 다음과 같은 의미가 포함되어 있다.

첫째, 마케팅조사는 체계적(systematic)이다.

다시 말하면 마케팅조사의 모든 과정은 체계적으로 관리되고 수행되어야 한다는 것을 의미한다. 모든 단계에서의 절차와 방법은 합리적이어야 하며 문서 등으로 잘 기술되어져야 하고 가능한 한 충분한 시간을 두고 계획 하에 이루어져야 한다는 것이다. 아울러 마케팅조사는 가설(hypothesis, 假說)[2]이나 생각들을 검증하기 위하여 과학적인 방법으로 자료를 수집하고 분석해야 한다는 것을 의미한다.

---

2) 가설(假說, hypothesis): 가설이란 연구문제와 관련하여 검증되지 않은 잠정적인 결론을 의미하며, 귀무가설(null hypothesis)과 연구가설(alternative hypothesis)을 설정하여 검증한다.

둘째, 마케팅조사는 객관적(objective)이어야 한다.

마케팅조사는 어떤 현상이나 사건을 진실 되게 반영할 수 있는 정확한 정보를 제공하고자 하며 이를 위해서는 공정하게 모든 절차가 이루어져야 한다. 비록 마케팅조사가 마케팅조사연구자의 개인적 성향이나 철학에 의해 영향 받을 수 있기는 하지만 그렇다하더라도 모든 자료의 수집과정이나 결과를 해석하는데 있어서 가능한 한 객관적인 태도를 유지해야 한다는 것을 의미한다.

마케팅조사는 기업의 위치를 획기적으로 제고시키거나 시장에서의 경쟁우위성을 확보할 수 있도록 하기 때문에 과학적이고 체계적인 방법을 통해 이루어진다.

셋째, 마케팅조사는 의사결정을 지원하는데 있어 매우 중요한 과정(important process)이라는 것이다.

마케팅조사는 의사결정을 지원하기 위하여 문제를 규명하고 관련 자료를 수집하며 이를 분석하고 분석결과를 해석해서 널리 보급하는 과정을 포함한다는 것을 의미한다. 많은 마케팅조사들은 마케팅에 있어서의 문제나 시장에서의 기회요인들을 찾아내기 위하여 실시하며, 이를 통해 경영자의 의사결정 문제를 보다 명확하게 제공하는 역할을 하기 때문이다.

넷째, 마케팅조사는 발견된 사실이나 결과, 제언 등이 마케팅의사결정에 직접적으로 도움이 될 수 있도록 특별한 형태의 정보로 정리되어져야 한다는 것이다.

마케팅조사는 궁극적으로 기업이 지속적으로 성장하고 발전하기 위해서 필요로 하는 의사결정과정에 직접적으로 도움이 될 수 있어야 한다. 특히 시장에서의 경쟁우위를 확보하기 위해서 기업이 마케팅전략을 어떤 방향으로 수립해야 하는지를 구체적으로 지원할 수 있어야 한다는 것을 의미한다.

|그림 1-3| 기업환경변화와 마케팅조사의 역할

활용사례

미국에서 장사를 제일 잘하는 가게

닷컴 시대, 저무는가?

연평균 25%씩 성장하던 미국의 온라인 판매업은 2007년 10%대 성장에 머물렀다. 이를 두고 뉴욕타임스에서는 "닷컴(.com) 시대는 가고, 이제 닷캄(Dot calm)의 시대가 오고 있다"고 표현했다. 온라인 판매에 주력하던 일부 업체들이 오히려 오프라인 판매망을 강화하면서 온·오프 반전현상도 벌어지고 있다.

특히 2006년 애플의 직영 매장이 명품 보석업체 티파니(Tiffany)를 누르고 장사를 가장 잘한 매장으로 알려지면서 오프라인 직영매장에 대한 기업들의 관심이 커지고 있다. 티파니 매장에서는 3.3㎡(1평)당 9만 달러를 판매한 데 비해, 애플은 평당 14만 달러를 판매했다. 스티브 잡스가 애플의 직영 매장에도 마법을 걸었을까? 애플 직영 매장의 성공 비결을 파헤쳐 보자.

활용사례

애플 직영 매장의 성공

애플이 처음 직영점을 낸 것은 온라인 버블이 최고조에 달한 2001년이다. 당시 사람들은 "애플이 시대에 뒤떨어진 행동을 한다.", "얼마 못 가서 오프라인을 접고, 다시 온라인으로 돌아올 것이다.", "스티브 잡스가 괜한 고집을 부리고 있다."고 비판했다. 하지만 그로부터 6년이 지난 지금 애플은 전 세계에 180개가 넘는 직영점을 보유하고 있다. 이 직영점들은 엄청난 흑자를 기록하며 성황을 이루고 있다. 곧 망할 것이라던 초기의 예상은 보기 좋게 빗나갔다. 2006년에 애플 매장에서 벌어들인 돈은 총 8억5500만 달러, 영업 이익만 2억 달러가 넘는다. 직영 매장에서 크나큰 성공을 거둔 것이다.

기본에 충실해 성공한 애플

어떻게 이런 성공을 거둘 수 있었을까? 결론부터 말하자면 스티브 잡스의 마법은 전혀 없었다. 애플 직영점의 성공은 무엇보다 가장 기본적인 것, 즉 소비자의 요구를 충실히 반영한 결과다. 애플이 직영점을 열 때 스티브 잡스가 강조한 것은 딱 하나였다. "고객이 매장에서 마음에 드는 물건을 보고, 구입해서 즉시 가지고 갈 수 있게 하라." 재고가 없어서 고객이 며칠 동안 기다리는 일은 없어야 한다는 의미다. 그래서 애플은 매장마다 항상 넉넉한 재고를 보유하고 있다.

제품과 고객을 만나게 하라

애플은 고객이 매장을 부담 없이 수시로 들를 수 있게 만드는 데도 심혈을 기울였다. 임대료가 더 비싸더라도 큰길에 매장을 마련했고, 멀리서도 애플의 로고인 사과가 잘 보이게끔 만들었다. 고객이 매장에서 신제품을 직접 사용해 보는 것은 물론 웬만한 애프터서비스는 매장 안에서 바로 마칠 수 있게 했다. 이는 매장 직원들이 애플 제품에 대해 최고의 전문 지식을 가지고 있기에 가능한 일이었다. 고객에게 꼭 필요한 서비스를 대부분 매장 안에서 해결할 수 있으니 손님이 몰려드는 것은 당연한 결과였다.

소니의 직영 매장

애플과는 다른 방법으로 성공적인 매장을 운영하는 기업이 바로 소니다. 애플보다 조금 늦은 2004년에 직영 매장을 연 소니는 현재 전 세계에서 39개 매장을 운영하고 있다. 소니의 특징은 직영 매장의 운영 목적이 '판매'가 아니라는 점이다. 소니 매장은 플래그십 매장, 즉 소니라는 고급 브랜드 이미지를 고객에게 전달하기 위해 만든 일종의 갤러리다.

활용사례

갤러리 같은 플래그십 매장

소니 직영점은 명품 브랜드 매장을 연상케 한다. 매장 위치도 뉴욕이나 베를린과 같은 패션과 유행의 상징인 대도시 다운타운 한가운데에 있다. 일부러 샤넬이나 프라다 같은 명품 매장 옆에 터를 잡기도 한다. 내부 인테리어도 대단하다. 분홍, 보라, 샴페인색 등 화려한 색깔로 매장을 장식하고 제품 디스플레이도 최신 첨단 제품 위주로 구성해 방문 고객들에게 명품 이미지를 강조한다.

소니 스타일이 살아 있는 곳

소니는 매장 컨셉트를 "여성과 어린이를 위한 패션 부티크"라고 설명한다. 소니 매장에는 1년에 35만 명 정도의 고객이 방문해 소니 스타일을 경험한다. 소니는 직영 매장에서 매출이 얼마나 발생하는지 중요하게 여기지 않는다. 고급 브랜드 이미지를 제고하는 것이 더 중요하다.

애플과 소니의 공통점

애플과 소니 직영 매장은 컨셉트와 목적이 전혀 다르다. 하지만 중요한 공통점이 있으니 바로 고객과의 커뮤니케이션을 위해 직영 매장을 운영한다는 사실이다. 온라인 매장을 이용하면 비용 부담도 적고, 시간과 공간적 제약을 극복할 수 있지만 고객과 직접 대면할 수는 없다. 고객과 정확한 커뮤니케이션을 못 한다는 것은 치명적 단점이다.

오프라인 직영 매장에서는 고객이 순간순간 궁금한 점을 바로 물어보고 확인할 수 있으며, 제품을 직접 만지고 사용할 수도 있다. 온라인 기술이 발달해서 제품을 3D 애니메이션이나 동영상으로 보여준다 하더라도 직접 경험하는 것만큼 강렬한 자극을 주기는 어렵다. 게다가 형식적이고 무뚝뚝한 기계 응답은 고객의 궁금증을 적극적이고 상냥하게 응대해 풀어주는 매장 직원과 비교할 수는 없다.

변화하는 고객을 잡아라.

시장과 고객은 오늘도 계속 변하고 있다. 이에 발맞춰 기업의 판매 방식과 고객에게 접근하는 방식도 변해야 한다. 그렇다고 무작정 애플이나 소니의 방식을 그대로 따라하는 것은 곤란하다. 가장 중요한 점은 자사의 고객이 어떤 가치를 원하는지를 먼저 파악하는 것이다. 이에 따라 유통과 마케팅을 어떻게 할 것인지를 결정할 수 있기 때문이다. 과거와 달리 물건을 파는 방법은 매우 다양하지만 고객이 우리 제품에서 어떤 것을 원하는지를 정확히 알아야 그에 맞춰 가치를 제공할 수 있을 것이다.

(자료원 : 동아비즈니스 리뷰, 2008년 5월, Vol.08)

Chapter

02

마케팅조사의 종류

1. 마케팅조사의 분류기준

마케팅조사는 마케팅 의사결정(마케팅전략수립이나 신제품개발계획, 4P Mix 개발을 위한 아이디어의 도출 등)에 필요한 정보를 획득하기 위한 목적으로 실시하는 것으로 분류기준을 어떻게 정의하느냐에 따라 다양한 종류로 구분한다. 마케팅조사의 종류를 살펴보기 위해서는 문제의 유형에 따른 분류와 조사방법의 특성에 따른 분류, 그리고 수집된 데이터의 원천(源泉)에 따른 분류와 조사기획주체에 따른 분류 등 크게 4가지 기준을 사용하여 분류할 수 있다.

문제유형에 따라서는 문제규명조사(problem identification research)와 문제해결조사(problem solving research)로 구분한다. 또한 자료를 수집하기 위하여 사용되는 조사방법의 특성에 따라 정성적 조사(qualitative research)와 정량적 조사(quantitative research)로 구분한다. 수집된 자료의 원천에 따라서 1차 자료조사(primary data research)와 2차 자료조사(secondary data research)로 구분한다. 마지막으로 조사기획의 주체가 누구인가에 따라 단독조사(혹은 ad-hoc 조사)와 신디케이트조사(syndicated research)로 구분한다. 단독조사는 기업 스스로가 기획을 해서 종속적인 리서치 전문기관에 의뢰해서 실시하는 경우이고, 신디케이트조사는 마케팅조사 전문회사나 여론조사 전문기관이 자신의 목적에 의해 조사를 기획하고 수집된 정보를 타 기관에 판매하기 위한 조사를 일컫는다. 자세한 내용은 각 절에서 다루기로 한다.

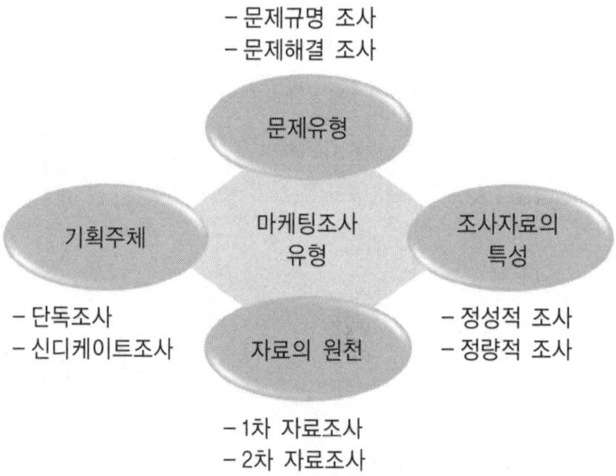

|그림 2-1| 마케팅조사의 유형 분류

도입사례

마케팅은 전쟁…戰場에서 우리 위치

'마케팅 과학(marketing science)'이라는 말이 있다. 직감(直感)에 의존해 물건을 파는 것에서 나아가 '언제 어디서든 동일한 조건이라면 동일한 결과를 가져오는' 과학적 요소가 적용된 마케팅을 뜻한다. 세계적인 마케팅 조사 전문 기업인 AC닐슨은 이런 마케팅 과학의 대표주자로 꼽힌다. AC닐슨 코리아㈜의 첫 여성 CEO인 신은희 대표는 최근 조선일보 주최 강연에서 "우리나라 기업도 마케팅 담당자뿐 아니라 전(全) 사원이 과학적인 마케팅으로 무장해야 성공할 수 있다"고 말했다.

■ '시장 점유율(market share)'은 AC닐슨에서 시작된 개념

'시장 점유율'은 마케팅에서 빼놓을 수 없는 개념이다. '시장에서 한 기업의 상품 판매량이 차지하는 비율'을 의미하는 이 개념은 1923년 AC닐슨의 창립자인 '아서 C 닐슨(Arthur Charles Nielsen, Sr.)'에 의해 시작됐다.

"마케팅은 사실 전쟁이잖아요. 우리 것을 더 팔기 위한 전쟁에서 우리의 위치가 어딘지, 경쟁사 대비 얼마나 잘하는지를 파악하는 도구가 AC닐슨에 의해 처음 도입됐습니다."

신 대표는 "객관적 자료를 토대로 고객 회사가 전쟁에서 승리할 수 있도록 돕는 것이 AC닐슨의 목적"이라고 말했다. AC닐슨이 과학적 마케팅을 위해 벌이고 있는 대표적인 조사가 '소매유통조사'이다. 대형 할인마트에서 동네 구멍가게까지 제품의 판매 및 진열·취급 상황을 파악하는 대규모 조사로 매달 한 번씩 실시된다. AC닐슨은 이를 바탕으로 제품의 강·약점을 분석하고 트렌드를 예측해 고객사에 제공한다.

온라인 조사와 해외 조사가 늘어나는 추세

개개인의 소비 성향을 묻는 소비자 조사도 여전히 중요한 마케팅 조사의 한 형태다. 소비자 조사는 예전엔 개별면접이나 전화조사 위주로 이뤄졌으나 최근엔 온라인 조사 비중이 늘고 있다. AC닐슨 코리아의 지난해 온라인 조사 비중은 2005년 대비 115% 성장했다.

온라인 조사는 흔히 불특정 소비자들이 건성으로 대답해 '신뢰성'이 낮다는 인식이 있다. AC닐슨 코리아는 이 같은 문제점을 개선하기 위해 '조사에 성실히 응답하겠다.'고 동의한 소비자를 중심으로 온라인 패널을 구축하고 있다.

국내뿐 아니라 해외에서 실시하는 소비자 조사 비중도 늘고 있다. 신 대표는 "한국 경제가 수출 의존적이므로 대기업뿐 아니라 중소 식품·음료 회사들까지도 해외 조사를 많이 하고 있다"고 말했다. 과학적 조사를 바탕으로 해외 진출을 하는 기업이 늘고 있다는 것이다. 신 대표는 "AC닐슨 코리아의 지난해 소비자 조사 전체 물량 중 48%가 해외 조사"라며 "앞으로 그 비중은 점차 커질 전망이다"라고 말했다.

한국은 전 세계 다국적 기업의 테스트 시장

빠르게 변화하는 환경에 잘 적응하는 기업이 성공하는 시대이다. 기업이 생산한 제품 역시 이런 환경 변화를 잘 반영했는지 여부를 시장에서 확인할 필요가 있다. 이 확인 작업을 하는 장소로 다국적 기업들은 한국을 선택하고 있다. 신 대표는 "다국적 기업 관계자를 만나면 한국 소비자들이 새로운 변화를 인지하고 트렌드를 따라가는 데 탁월하다고 입을 모은다."며 "중국이나 베트남에 출시할 제품도 한국에서 먼저 출시해 반응을 알아본다."고 말했다. 한국 소비자가 '좋다'고 말하면 다른 나라에서도 실패하지 않는다는 얘기였다.

(자료원: 조선일보, 2008.4.16)

2. 문제의 유형에 따른 분류

마케팅조사를 실시하는 것은 대부분 기업경영활동상에서 발생하는 현안문제들의 구조를 알고자 하는 문제규명조사(problem identification research)와 파악된 문제를 어떻게 해결해 기업에 유리하게 할 것이냐의 문제해결조사(problem solving research)로 구분할 수 있다.

마케팅조사와 관련한 경영문제에는 크게 경영의사결정의 문제(issues of decision making)와 마케팅조사의 문제(issues of marketing research)로 구분할 수 있다. 경영의사결정의 문제는 경쟁우위의 확보나 효율적인 경영전략 수립을 위해 무엇을 할 것인가(what to do~?)를 결정하는 문제를 말한다.

경영의사결정 문제	마케팅조사 문제
- 신상품을 소개할 것인가? - 광고 캠페인을 변화시킬 것인가? - 상품가격을 상승시킬 것인가? - 새로운 유통채널을 구축해야 할 것인가?	- 신상품에 대한 소비자들의 Needs가 있을까? - 소비자들의 자사제품에 대한 인지도/선호도는? - 가격에 대한 소비자들의 감수성은 어떠한가? - 어떤 유통채널에서 제품을 구매하는가?
행동지향적(What to do~?)	정보지향적(How to do~?)

|그림 2-2| 마케팅조사의 유형 분류

즉 경영의사결정의 문제는 기업 전체 혹은 특정부문이나 특정제품에 대한 직접적인 행동을 유발하는 행동 지향적 특성을 가지고 있다. 반면에 마케팅조사의 문제는 경영의사결정의 문제를 지원하기 위하여 어떻게 할 것인가(how to do~?)를 결정하는 문제이다. 다시 말해 어떤 조사를 통해 의사결정자에게 유용한 정보를 제공해 줄 수 있을 것인가의 문제를 의미한다. 그렇기 때문에 마케팅조사의 문제는 이러한 행동을 실행하도록 구체적인 정보를 제공하는 정보 지향적 특성을 가지고 있다.

여성을 읽어야 한국이 보인다. 무슨 車 어떤 집 살까...이젠 여자가 정한다.

한국은 전 세계에서 가장 빠르게 변화하는 나라이다. 늦은 결혼과 급증하는 이혼율, 고령인구 증가와 출산율 저하 등. 변화의 원인으로 여러 가지를 꼽을 수 있지만, IMF 경제위기 이후 크게 달라진 사회 풍토와 여성들의 '자기 인식'이 변화의 핵심이다. 부(富)의 생산과 소비, 권력의 창출과 힘의 배분, 가정과 일 사이에서 균형 잡기에 성공한 여성들을 통해 한국 사회가 겪고 있는 변화를 살펴본다.

맞벌이 부부인 임현민(35)씨 가족의 한 달 소득은 320만원이다. 이 중 보험과 적금, 공과금과 집세, 부모님 용돈 등에 들어가는 돈은 170만원 정도. 딸(5)과 아들(3)을 둔 임씨 부부는 나머지 150만원으로 살림을 꾸리고 있다. 임씨 부부 중 생활비 150만원의 사용처를 주로 결정하는 사람은 누구일까? 임씨는 "목돈이 들어갈 때는 서로 상의하지만 대부분의 생활비는 아내가 알아서 쓴다."며 멋쩍게 웃었다.

150만원 중 아들과 딸 앞으로 들어가는 돈은 70만원 정도. 아이들이 먹는 과자부터 장난감, 학원 선택까지 모두 여성인 아내가 결정하고 있다. 올해 가장 큰돈이 들어간 자동차를 구입하는 데도 아내의 입김이 컸다.

아내 김현진(32)씨는 "남편은 스포츠유틸리티 차량(SUV)을 원했지만 아이들이 쉽게 타고 내리려면 낮은 차가 편할 것 같아 세단을 구입했다."며 "디자인보다는 안전장치 쪽에 더 관심이 갔다."고 했다. 남편 임씨는 "사실 어떤 보험을 들지, 어떤 적금을 고를지도 아내가 결정하기 때문에 우리 집안의 모든 금전출납은 아내 손에 달려 있다고 해도 과언이 아니다."라고 했다.

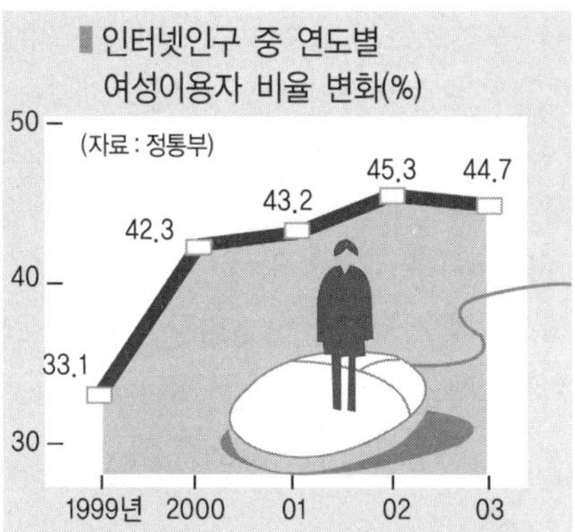

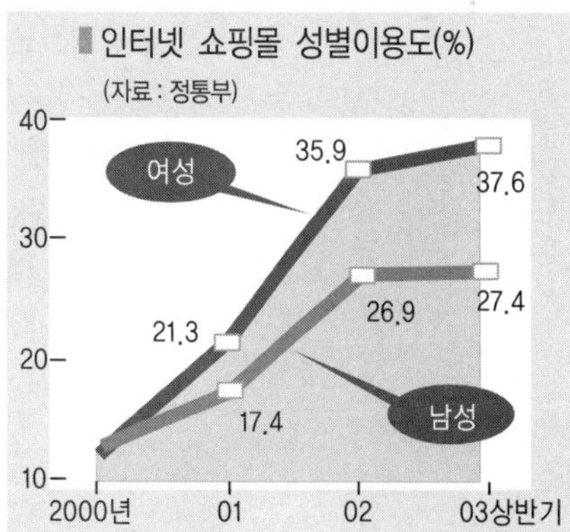

백화점매출 90%·넷쇼핑 37% 차지
여성관심 끄는 '타깃마케팅' 크게 늘어

활용사례

소비의 주도권이 남성에서 여성으로 옮겨가고 있다. 여성들이 가계 지출의 결정권을 쥔 것은 물론이고, 사회진출이 늘면서 '통 크고 돈 잘 쓰는 여성'이 늘고 있기 때문이다.

이경희 한국창업전략연구소장은 "창업시장에서는 경기가 침체될수록 여심(女心)을 잡아야 성공한다는 속설까지 있다"고 했다. 남성들의 소비 분야는 오락·레저·유흥 쪽이 많아 경기 민감도가 높은 데 반해 여성들의 소비 분야는 대부분 필수품목들이라 경기 영향을 덜 받는다는 얘기다. 게다가 여성들의 미(美)에 대한 욕구는 경기를 별로 타지 않아 창업 대상으로 적합하다.

맥주체인점을 운영하고 있는 김영동(45) 사장은 "부서 회식 때 여직원들이 원하는 장소로 남성들이 따라오는 경우가 많기 때문에 여성 직장인들에게만 화분을 나눠주는 전략을 쓴다"고 했다.

백화점에서 물건을 사는 고객 중 여성의 비율과 구매금액 비중은 무려 80%에 달한다. 신세계백화점 김윤섭 주임은 "남편 카드를 가지고 와서 결제하는 비율까지 합하면 여성들이 물건을 사는 비중은 90%에 육박할 것"이라고 말했다.

2000년 이전까지 남성들의 전유물로 생각돼왔던 인터넷 쇼핑몰에서도 남성과 여성 간 역전현상이 펼쳐지고 있다. 전체 남성 중 인터넷 쇼핑몰을 이용하는 비율이 2000년 12.5%에서 2003년 27.4%로 증가하는 데 그쳤지만 여성은 12.1%(2000년)에서 37.6%(2003년)로 급증했다. 또 전체 인터넷 인구 중 여성이 차지하는 비율 역시 99년 33.1%에서 2003년 44.7%로 크게 늘었다(정통부). 이에 맞춰 여성들의 전통적 관심분야인 쇼핑과 육아, 패션 정보를 제공하는 사이트도 대거 생겨나고 있다.

이 때문에 기업들은 '사이버 여성파워'의 위력에 새삼 놀라고 있다. 최근 한 분유회사는 8억원의 모델료를 내고 여성 톱스타를 쓰려다 "고가의 모델료가 분유값 상승을 불러온다"는 주부들의 항의 메일이 쇄도하자 계획을 포기했다. 백화점 매장에서 홀대당한 한 주부가 만든 안티사이트로 골머리를 앓은 한 외국계 화장품 회사는 공개사과를 하고 나서야 한숨을 돌릴 수 있었다. 삼성경제연구소 강우란 박사는 "서구 사회에서 가계지출의 80%는 여성이 쥐고 있다"며 "우리나라 역시 여성들의 사회진출이 늘면서 소비의 주도권이 이미 남성에서 여성으로 옮겨갔다"고 했다.

(자료원: 조선일보, 2004.1.1)

1) 문제규명조사

기업 활동을 영위하거나 의사결정의 문제에 직면했을 때 경영자는 현상을 나타내는 문제가 무엇인지를 규명하고자 하는 욕구를 느낀다. 예를 들어 자사제품의 시장점유율(M/S)이 하락하거나 매출 혹은 순익이 하락하는 문제가 나타났을 때 의사결정권자는 이러한 문제가 어떤 요인에 의해 야기되는지를 구체적으로 파악해야 명확한 의사결정을 내릴 수 있다. 이렇듯이 문제규명조사는 명백하지는 않으나 실제로 존재하거나 혹은 미래에 발생할 가능성이 높은 문제들의 원인들을 밝혀 보다 정확한 의사결정을 내리고자 할 때 활용하게 된다. 이러한 문제규명조사의 유형은 대체로 다음과 같은 것들이 있다.

- **시장잠재력조사** : 시장의 잠재적인 성장성이나 매력도(attractiveness) 등을 파악해 잠재력이 큰 시장을 설정해 진입전략을 구사하고 싶을 때
- **시장점유율조사** : 현재 진입해 있는 시장에서의 시장점유율의 구성 비율이나 점유율의 변화추이를 파악해 자사제품의 경쟁전략을 수립하고자 할 때
- **이미지 조사** : 잠재적인 소비자나 현재소비자 혹은 가망고객들에게 자사 혹은 자사제품의 이미지를 조사해 긍정적인 포지셔닝전략을 수립하고자 할 때
- **시장특성조사** : 세분화된 시장의 특성들을 파악해 표적시장을 선정하거나 포지셔닝전략 혹은 마케팅 프로그램을 계획하고자 할 때
- **판매분석조사** : 현재 진입한 시장에서 제품별, 월별 판매추이 등을 파악해 현장판촉전략을 수립하거나 영업전략 등을 수립하고자 할 때
- **예측조사** : 소비자들의 트렌드 예측이나 판매예측 등을 통해 미래의 마케팅전략 등을 사전에 기획하고자 할 때. 또는 수요예측을 통해 제반 마케팅 프로그램을 계획하고자 할 때
- **경기동향조사** : 관련 산업이나 국가의 경기 동향 등을 사전에 조사해 경기변동에 따른 손실을 최소화하기 위해

2) 문제해결조사

마케팅조사는 당면한 문제를 해결하는데 매우 유용한 지침을 제공해 준다.

문제해결조사는 시장에서의 매출 하락이나 순익 감소, 고객 이탈현상 등에 대한 문제를 이미 알고 있거나 문제규명조사를 통해 문제를 진단한 내용에 대해 해결방법을 강구하기 위해 실시하는 마케팅조사이다. 문제해결조사에서는 문제를 해결하거나 마케팅전략을 수립하거나 혹은 광고 컨셉트를 개발하기 위한 보다 구체적인 의사결정을 위해 활용된다. 즉 소비자 시장이 세분화(market segmentation) 되어 있지 않거나 시장세분화가 되어 있다고 하더라도 일부 시장이 겹쳐서 세분시장의 고객반응을 제대로 파악하기 어려운 경우, 시장진입(market launching)시에 결정된 제품가격이 소비자들에게 제대로 수용되지 않을 때 소비자의 가격감수성(price sensitivity) 등을 조사하는 것이 문제해결조사에 해당한다. 이러한 문제해결조사에는 다음과 같은 조사들이 있다.[3)]

시장세분화 문제해결을 위한 조사

- 시장세분화 기준을 결정하기 위한 조사
- 각 세분시장의 잠재력 및 반응성을 탐색하기 위한 조사
- 표적시장(target market)의 선정 및 이에 알맞은 lifestyle, 프로파일(profile), 제품이미지 특성을 창조하기 위한 조사 등

제품과 관련된 문제해결을 위한 조사

- 신제품개발 시 개발된 제품 컨셉트와 시장진입 후 소비자들이 인지하는 제품개념간의 차이에 대한 검증조사
- 제품디자인을 결정하기 위한 조사
- 제품 패키징에 대한 검증을 위한 조사
- 브랜드 포지셔닝 및 재포지셔닝
- 테스트 마케팅활동에 대한 조사 등

3) 이명식, 최천규, 구자룡(2004), 마케팅리서치(개정판), 형설출판사, pp.22-23의 내용을 약간 수정해서 인용.

가격과 관련된 문제해결을 위한 조사

- 소비자 구매의사결정시 가격속성의 중요성에 대한 조사
- 가격결정을 위한 가격 감수성 곡선(price sensitivity curve)에 대한 조사
- 제품 라인업에 따른 가격결정조사
- 소비자 가격탄력성에 대한 조사 등

유통과 관련된 문제해결을 위한 조사

- 유통경로의 형태(배타적, 집중적, 선택적 유통경로)를 결정하기 위한 조사
- 유통경로 구성원들의 태도와 갈등해소를 위한 조사
- 특정제품 혹은 특정기업의 도매 및 소매경로 장악 정도
- 유통마진에 관한 조사
- 소매상 및 도매상의 위치 설정을 위한 조사 등

촉진문제 해결을 위한 조사

- 최적 촉진예산 결정을 위한 조사
- 판매촉진요소간의 상호관련성 파악을 위한 조사
- 최적 촉진믹스(광고, 인적판매, 판촉, 홍보)를 결정하기 위한 조사[4]
- 광고 카피 결정을 위한 조사
- 광고, 홍보매체 선정을 위한 조사
- 광고 컨셉트 개발(크리에이티브)을 위한 개념 검증 조사
- 광고효과와 반응조사 등

4) 촉진믹스는 통합마케팅믹스(IMC; Integrated Marketing Communication)라고 하기도 함.

활용사례

늙은 부모가 다 큰 자식과 손자까지 업고 살아… '3대 캥거루'

늙은 부모가 다 큰 자식과 손자까지 업고 살아…

'3代 캥거루'

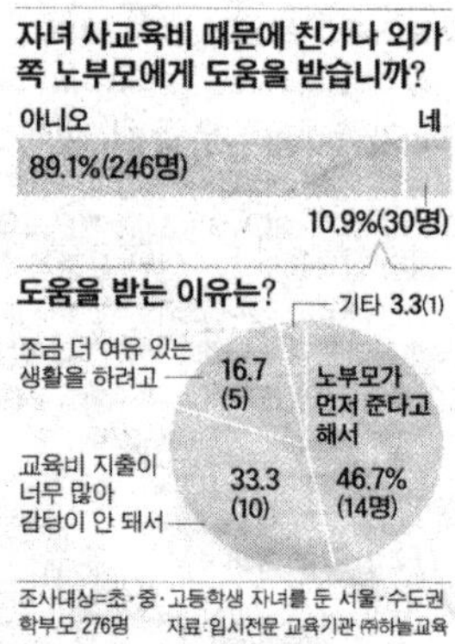

남편과 맞벌이를 하는 회사원 이모(여·32·서울 홍제동)씨는 주중 평일에 시댁과 친정에 번갈아 가며 딸(6)을 맡긴다. 교직에서 은퇴해 연금을 받고 있는 시아버지가 분기별로 50만~100만원씩 손녀딸 유치원비를 보탤 뿐 아니라 장을 대신 봐주는 등 '노력봉사'도 해준다. 이씨는 "처음에는 시부모님께 매달 50만원씩 용돈을 드렸는데, 아이가 크면서 교육비 대고 나면 집 사느라 빌린 은행 대출금 갚기도 빠듯해 오히려 도움을 받게 됐다"고 했다.

경기도 용인에 사는 대기업 과장 하모(34)씨는 작년 12월 첫아들을 낳았다. 어머니와 장모가 돈을 모아서 산후조리비용(200만원)을 대주고 수입 유모차(160만원)와 놀이용품 세트(200만원)를 사줬다. 요즘도 양가 어머니가 힘을 합쳐서 2주일에 한 번씩 손자 옷을 사 주고, 분유값·기저귀값에 보태라고 매달 50만원씩 준다.

하씨는 "대기업에 다니지만, 혼자 벌어서 은행 대출금에 생활비까지 내려니 감당이 안 된다"며 "부모님이 과하게 도와주신다는 생각도 들지만, 여유가 있는 편인 데다 첫 손자에게 잘해 주고 싶어하시는 것 같아 말리고 싶진 않다"고 했다.

하씨의 어머니(58)는 "옛날 부모들은 '자식들이 손자·손녀를 어떻게 키우나' 하고 지켜보는 입장이었다면 요즘에는 적극적으로 자식 내외와 함께 손자·손녀를 키운다"며 "하나뿐인 내 아들이 하나뿐인 손자를 키우느라 고생하는데 능력껏 보태주고 싶은 게 부모 마음"이라고 했다. 60대 이상 노부모에게 자녀 교육비와 생활비를 타 쓰는 30~40대가 늘고 있다. 장성한 자식뿐 아니라 어린 손자까지 나이 든 부모의 등에 업혀 사는 이른바 '3대(代) 캥거루' 현상이다.

심층 리포트

자식 생활비·손자 교육비 경제력있는 노부모가 대줘 "언제까지나 자식 돌보려는 한국 부모 특유의 현상"

본지가 입시전문 교육기관 ㈜하늘교육과 함께 초·중·고등학생 자녀를 둔 서울과 수도권의 학부모 276명에게 설문한 결과, 전체 응답자 중 30명(10.9%)이 노부모에게 자녀 교육비 명목으로 돈을 받고 있다고 응답했다. 도움을 받는 이유는 ▲부모가 먼저 도와준다고 해서(46.7%) ▲혼자 힘으론 교육비를 감당할 수 없어서(33.3%) ▲조금 더 여유 있는 생활을 하려고(16.7%) 순이었다.

본지 설문조사에 응한 학부모 276명의 한달 가계 수입은 ▲700만원 이상이 10.2% ▲500만~700만원 사이가 22.9% ▲300만~500만원 사이가 42.2% ▲300만원 이하가 24.7%였다. 이들이 전체 사교육비 중 부모에게 지원받는 돈의 비율은 ▲절반 이상(50~100%) 타 쓴다는 사람이 13.3% ▲10~50%를 받는다는 사람이 66.6% ▲10% 이하를 도움받고 있다는 사람이 20%였다. **A9면에 계속**

전현석 기자 winwin@chosun.com
손장훈 기자 lustfor@chosun.com

(자료원 : 조선일보, 2009.6.30)

3. 자료의 특성에 따른 분류

마케팅조사의 유형을 분류하는 또 하나의 기준은 조사를 통해 얻어지는 자료의 질적 특성(qualitative character)이나 양적 특성(quantitative character)에 의해 분류하는 것이다. 질적 특성이란 조사결과를 양적으로 표현할 수 없는 자료를 의미하며 사람의 느낌이나 감정 등을 통계적 수치가 아닌 말이나 글로 표현한 자료를 뜻한다. 양적 특성에 의한 자료는 우리가 흔히 하는 설문조사의 결과를 통계적인 숫자로 나타낼 수 있는 자료를 의미한다.

1) 정성적 조사

조사 자료의 질적 특성을 파악하기 위한 마케팅조사를 정성적 조사(定性的 調査, qualitative research)라고 양적 특성을 파악하기 위한 조사를 정량적 조사(定量的 調査, quantitative research)라고 한다. 정성적 조사는 마케팅조사문제에 대한 통찰력과 이해를 제공하기 위해서 하는 실시하는 조사로 대부분 탐색적인 방법에 의해 진행이 된다. 그렇기 때문에 정성적 조사를 탐색적 조사(exploratory research)라고 한다.

정성적 조사는 필요한 정보를 막연하게 규정하거나 혹은 구체적인 문제들을 찾아내기 위한 사전과정으로서 조사과정이 유연하고 비구조적으로 행해지는 특성을 가지고 있다. 그렇기 때문에 이를 통계적 데이터로 활용하기 보다는 정량적 조사를 하기 위한 사전과정으로 행해지거나 정량적 조사결과를 보완하기 위해 행해지는 경우가 많다. 대표적인 방법으로 전문가 의견조사(key informant survey), 여론주도자 혹은 여론형성자 인터뷰(opinion leader interview), 관련 담당자 인터뷰 등이 있다. 또한 보다 구조화된 방법으로 포커스그룹 인터뷰(FGI, Focus Group Interview, '표적 집단 심층면접법'이라고 함) 등이 정성적 조사를 위한 대표적인 기법들이다.[5)]

특정문제에 관한 전문가 의견조사는 당면한 문제에 대한 정보가 전혀 없거나 부족할 경우에 마케팅조사의 방향을 설정하거나 문제를 해결하는데 있어 매우 유용한 방법이다.

5) 한국갤럽에서는 FGI대신에 FGD(Focus Group Discussion)를 쓰기도 함.

활용사례

월가 전문가 4인 긴급인터뷰 "美경제 침체, 세계로 급속 확산"

미국의 서브프라임모기지(비우량 주택담보대출) 발(發) 금융위기가 재발, 다시 세계경제를 흔들고 있다. 최근 미국 월가에서 시작된 양대 모기지(mortgage) 업체의 위기론으로 뉴욕증시가 요동치고, 바다를 건너 유럽증시와 아시아증시가 폭락했다. 미국 재무부와 연방준비제도이사회(FRB)는 지난 주말 긴급 구제방안을 내놓았지만, 시장의 불안감은 여전하고, 자본확충 요구에 몰린 월가의 투자자들은 한국 등에서 주식을 팔아 현금을 확보하는 패턴이 반복되고 있다.

본지는 위기의 진원지인 월가에서 활동 중인 경제 전문가 4명을 15일(현지시각) 긴급 인터뷰했다. 전문가들은 미 당국의 조치에도 불구하고, 시장의 패닉(공황)은 좀처럼 가시지 않을 것이며, 미국경제에 이어 세계경제도 본격적인 침체국면이 시작될 것으로 내다봤다.

또 유가(油價)를 향후 세계경제의 향배를 가늠할 결정적인 변수로 보았다. 브루스 카스먼(Kasman) JP모간 경제리서치 글로벌 헤드, 존 론스키(Lonski) 무디스 수석이코노미스트, 켄 골드스틴(Goldstein) 콘퍼런스보드 수석이코노미스트, 손성원 미 캘리포니아대 교수 등이 인터뷰에 응했다.

미국 월스트리트 경제 전문가들의 미국 및 세계 경제 진단 IMF의 올해 세계 경제 성장률 전망치는 3.7%임	 브루스카스먼 JPahrks 경제리서치 글로벌 헤드	 켄 골드스틴 콘피렌스보드 수석 이코노미스트	 존 론스키 무디스수석이코노미스트	 손성원 미 캘리포니아대 교수
금융위기 끝나는 시기는	6~9개월 뒤 정상화	1년 뒤에도 끝날지 의문	내년 초	올해 말까지 해결 안 될 것
향후 글로벌 경제 전망은	침체 국면으로 전환될 것	향후 6~12개월 동안 격변할 것	약세로 돌아서 내년엔 세계경제가 3% 성장에 그칠 것	금융·유가문제로 약세를 보일 것
향후 결정적인 경제 변수는	노동시장 동향	유가	유가	유가

"투자자 불안은 여전"

미 정책당국은 양대 모기지업체인 패니메이와 프레디맥의 위기가 촉발할 금융시스템 붕괴를 우려해 긴급 구제책을 내놓았다. 월가의 전문가들은 하지만 당장 두 업체의 유동성 문제는 틀어막았을지 모르지만, 바닥에 깔려 있는 투자자들의 불안감은 여전하다고 지적했다. 골드스틴 콘퍼런스보드 수석이코노미스트는 "최근 증시의 과매도(過賣渡)는 사실 두 모기지업체와 관계가 없다"며 "두 업체는 걱정하는 것만큼 그렇게 나쁘지 않다"고 말했다. 그는 "작년 10월 이후에는 베어스턴스가 문제였고, 이번에는 두 모기지업체에 초점이 모여진 것일 뿐"이라며 "투자자들은 '다음은 누구 차례인가'라며 기다리고 있다"고 말했다. 투자자들의 불안감이 이렇게 강한 상태에서는 어떤 거시정책조합과 납세자의 세금을 투입하는 조치를 내놔도 투자자들의 패닉을 막기에 충분치 않다는 것이다.

JP모간의 카스먼 글로벌 헤드도 "은행시스템 개혁과 자본 확충, 신용경색 등 보다 넓은 의미의 금융문제는 여전히 남아 있다"고 진단했고, 무디스의 론스키 이코노미스트도 "금융시장에 남아 있는 불안감을 해소하기에는 충분치 않다"고 말했다.

패니메이와 프레디맥 문제 불씨 남아

전문가들은 일단 두 모기지업체의 유동성 위기는 해소된 것으로 보고 있다. 카스먼 헤드는 "긴급구제조치로 두 모기지업체 문제가 전체 모기지 시장 및 금융시장으로 확대되는 것을 막았다"고 평가했다. 골드스틴 이코노미스트도 "미 정책당국이 재빨리 개입해서 이 문제에 관해서는 투자자들에게 확신을 주었다"며 "패니메이와 프레디맥 문제는 대부분 해결됐다"고 말했다.

그러나 양대 모기지업체의 문제가 모두 해결되지 않았다는 시각도 있다. 손성원 미 캘리포니아대 교수는 "두 업체의 유동성 문제는 막았을지 모르지만, 앞으로 자본확충의 문제가 남아 있다"며 "이미 미 정부의 부채가 9조5000억 달러에 이르는데, 두 모기지업체가 지고 있는 5조 달러의 부채를 정부가 떠안으면 미 정부의 신용등급에 심각한 영향을 줄 것"이라고 우려했다.

"글로벌 경제, 침체국면으로 이동"

인터뷰에 응한 전문가들은 지난해부터 계속되고 있는 금융위기와 이로 인한 경제약세가 올해 중 해소될 것으로 보지 않았다. 카스먼 헤드는 "솔직히 시계(視界)가 매우 흐리다"며 "6~9개월이 지나면 정상적인 흐름을 찾을 것으로 본다."고 조심스럽게 전망했다. 골드스틴 이코노미스트는 "내년 이맘때가 돼도 경제는 계속 약세일 가능성이 있다"고 말했고, 론스키 이코노미스트도 "내년 초까지 약세가 이어질 것"이라고 예상했다. 손성원 교수는 "현재의 위기는 규모가 엄청나다"며 "올해 중에는 이 문제들이 해결되기 어려울 것"이라고 말했다.

전문가들은 그동안 미국 경제로부터 어느 정도 분리되었던 세계경제도 하반기엔 본격적으로 영향을 받을 것으로 보았다. 골드스틴 이코노미스트는 "작년 이맘때는 미국경제는 약세였지만, 세계경제는 강했다"며 "하지만 지금은 글로

도입사례

벌 에너지 가격 급등과 투자자들의 패닉이 수면 위로 올라왔다"고 말했다. 그는 "앞으로 6~12개월 동안 세계경제는 격변의 시기를 보낼 가능성이 있다"고 전망했다. 카스먼 헤드는 "글로벌 경제는 이제 침체국면으로 이동하고 있다"며 "일본과 서유럽 경제가 침체를 이끌고, 이머징마켓의 열기도 식고 있다."고 말했다.

■ 유가(油價)가 열쇠

론스키 이코노미스트는 "지난 5월 중순 이전만 하더라도 금융위기가 바닥에 근접했다는 공감대가 있었다."며 "그러나 유가가 배럴당 125달러를 넘으면서 소비자들의 불확실성이 커지고, 미 자동차 3사의 자동차 매출이 급감하는 등 위기가 촉발됐다"고 말했다. 그는 "유가가 하락하면 지루한 금융위기 터널을 탈출하는 불빛을 보게 될 테지만, 내년 초까지는 그런 일이 일어나지 않을 것으로 본다."고 예상했다.

손성원 교수도 "유가가 극적으로 떨어지면 경제의 많은 문제가 해결되지만, 별로 그렇게 될 것으로 기대하지 않는다."고 말했다.

(자료원: 조선일보, 2008.7.17)

2) 정량적 조사

반면에 정량적 조사는 문제를 해결하기 위하여 보다 구체적인 정보를 필요로 하는 것으로 설문지를 이용한 표본조사 등이 대표적인 정량적 조사방법이다. 정량적 조사는 탐색적 혹은 정성적 조사와는 다르게 비교적 필요한 정보를 보다 구체적으로 규정하고 조사과정이 공식화(문제정의-조사 설계-자료수집-분석-보고서 작성 등) 되어 있는 조사를 의미한다. 정량적 조사를 통해 수집된 자료는 대부분 통계분석을 위한 전문 프로그램(SPSS, SAS, AMOS, LISREL, MINITAB, MATLAB, EXCEL 등)에 의해 분석되어지며, 통계량(statistics)에 의해 그 결과나 의미를 해석하는 것이 일반적이다.

이와 같은 정성적 조사와 정량적 조사의 특성을 정리하면 <표 2-1>과 같다.

|표 2-1| 자료특성에 따른 조사유형

	정성적 조사(Qualitative Research)	정량적 조사(Quantitative Research)
목 적	- 기초적인 원인이나 동기에 대한 질적인 이해를 얻기 위해 실시	- 자료를 계량화 시키고 표본으로부터 모집단의 특성을 추론(Inference)하고 결과를 일반화
표 본	- 대표성 있는 소규모의 표본을 활용	- 대표성 있는 대규모의 표본을 활용
자료수집	- 비구조화	- 구조화
자료분석	- 비통계화	- 통계적 분석
결 과	- 조사문제에 대한 초기 이해 증진	- 조사문제의 구조를 파악해 전략적 행동원칙 권고

활용사례

노인 "희망활동 1순위는 일" 2명중 1명은 "性생활 중요"

복지부, 2008년 노인 실태 조사
男 소득 2.7배, 용돈 1.8배 많아

한국의 남성 노인은 여성 노인보다 소득은 2.7배, 용돈은 1.8배 많아 노인 남녀 간 경제력 차이가 큰 것으로 나타났다. 또 노인의 절반 이상이 노후 성생활을 중요하게 생각하고 있는 것으로 조사됐다.

보건복지가족부는 계명대학교산학협력단에 의뢰해 전국 60세 이상 노인 1만 5000여명과 동거 자녀 등을 대상으로 실시한 '2008년 노인 실태조사' 결과 이같이 나타났다고 29일 발표했다.

이에 따르면 노인 스스로 '노인'이라고 생각하기 시작하는 연령으로는 절반 이상이 70~74세를 꼽았다. 노후 준비로는 '건강한 신체'(50.1%)와 '경제적 준비'(44.7%)를 가장 많이 꼽았다. 노후 생활을 준비했거나 현재 준비하는 노인은 38%로 나타났다.

또 '적어도 자녀 1명이 같이 살아야 하느냐'는 질문에는 71%가 '아니오'라고 답했다. 노인의 월평균 소득은 69만원인데 남성(108만원)이 여성(40만원)보다 많았으며 용돈(평균 15.6만원)도 남성 20만 8000원, 여성 11만7000원으로 큰 격차를 보였다.

노후에 하고 싶은 활동은 근로(37%), 여가나 취미활동(33.1%), 종교(29.3%) 등의 순이었다. 노인의 절반 이상인 56.2%가 노후 성생활을 중요하게 여기고 있고 홀로 된 노인의 이성 교제가 필요하다고 생각하는 경우도 4분의 1 이상인 것으로 집계됐다.

60세 이상 노인의 성별 분포는 42.6% 대 57.4%로 여성이 많았다. 결혼 상태는 배우자 있는 기혼 69.9%, 배우자 없는 기혼 29.8%, 미혼 0.3% 순이며 부부가 함께 사는 세대가 47.4%, 자녀동거 세대 29.9%, 독거세대 16.6%였다.

노인이 생각하는 노인을 위해 가장 필요한 정책은 '기본적 생활 유지를 위한 소득보장'(67.7%)이었으며 그 다음은 '일자리 지원'(12.1%)과 '건강증진 서비스'(7.5%)였다.

복지부는 이번 조사를 바탕으로 하반기에 기초노령연금 및 국민연금의 내실화와 노인 일자리 확대, 건강관리 서비스 강화 등에 초점을 맞춘 '노인 보건복지 종합계획'을 만들 방침이다.

서욱진 기자 venture@hankyung.com

2008년 한국 노인의 자화상

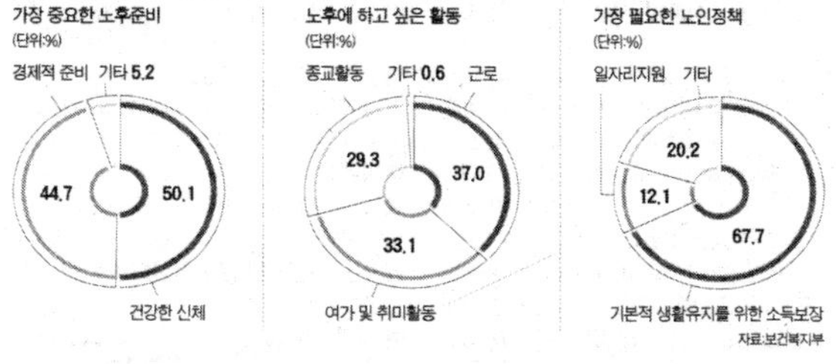

자료:보건복지부

표적집단 심층면접법은 자연스러운 분위기에서 자유롭게 의견을 제시하는 방법에 의해 문제의 핵심에 접근하는 기법이다.

4. 자료의 원천에 따른 분류

마케팅조사를 수행하기 위해 얻고자 하는 자료의 원천은 1차 자료(primary data)와 2차 자료(secondary data)로 분류할 수 있다. 1차 자료는 연구자가 당면한 문제를 해결하기 위하여 현재의 시점에서 직접 수집한 자료를 의미하며, 2차 자료는 타인이 다른 목적으로 이미 수집하여 분석, 정리해 놓은 기존 자료를 의미한다.

1) 1차 자료조사

1차 자료는 체계화된 수집과정을 가지기 때문에 매우 복잡한 과정을 거치며, 시간과 비용이 많이 소요되는 단점을 가지고 있으나 당면한 문제를 현 시점에서 규명한다는 측면에서는 매우 유용한 방법으로 활용되고 있다. 일반적으로 1차 자료조사는 설문지나 우편조사, 전화조사, 포커스 그룹 인터뷰 등을 통해 자료를 수집된다. 설문지나 우편조사, 전화조사 등은 구조화된 설문지(structured questionnaire)를 활용하여 조사를 진행하고 이를 통계 소프트웨어를 이용해 분석하고 정량화한다. 설문조사와 관련된 내용은 Ⅲ장에서 자세히 다루기로 하겠다.

포커스그룹 인터뷰는 한 그룹당 7-8명의 참석자로 구성해 참석자간의 상호작용에 의해 주어진 화제나 테마를 발전·전개시켜가는 조사기법으로 대화나 토론의 형태를 취하게 된다. 따라서 포커스그룹 인터뷰 결과는 어떤 특정한 의견을 나타내는 참석자를 숫자로 표시하는 것이 아니라 발언내용을 요약해서 써 넣는 방법이 주로 활용된다. 그렇기 때문에 포커스그룹 인터뷰는 정성적 자료로 정리가 되는 것이다. 포커스그룹 인터뷰는 설문지를 이용한 개별면접(individual interview)보다 다음과 같은 점에서 유용하다.[6]

6) 김재영, 김덕구(1991), 마케팅조사 매뉴얼, 스몰비즈니스.

- 단기간에 손쉽게 시행할 수 있다.
- 참석자간의 상호작용(interaction)을 기대할 수 있다.
- 분석자가 참석자의 반응(발언, 태도, 표정)을 직접 관찰하는데 편리하다.

포커스그룹 인터뷰를 실시하기 위해서는 몇 가지 고려해야 할 사항이 있다.

첫째, 참석자의 구성을 어떻게 할 것인가의 문제이다. 참석자가 주어진 화제나 테마에 어느 정도 관심이 있는가를 판단해 참석자로 초청할 것인지의 여부를 결정해야 한다. 또한 참석자를 구성하는데 있어서 성별(gender)이나 연령, 결혼여부, 직업 등으로 구분해서 같은 계층에 있는 사람들로 구성해야 한다.

둘째, 어느 정도의 그룹이 적정할 것인가를 결정하는 것이다. 동일한 관심사항을 가지고 있거나 동일한 계층에 속해 있는 그룹은 통상적으로 1개 그룹이나 2개 그룹 정도만 구성하면 충분히 해당 주제를 파악할 수 있다. 포커스그룹 인터뷰에서는 해당 그룹이 어떤 발언을 했는지와 그 배경이 중요하기 때문에 양적인 특성으로 얼마나 많은 사람이 그런 발언을 했느냐 보다 질적인 다양성이 더 중요하기 때문이다. 그러나 그룹을 결정하는데 있어 중요한 것은 잠재적인 소비자 계층을 '서로 배타적이면서 부분의 합이 전체를 구성하는(MECE; Mutually Exclusive, Collectively Exhaustive) 방식으로 결정하는 것이 타당하다는 것이다.

셋째, 그룹당 최적 인원수를 어느 정도로 할 것이냐의 문제이다. 통상적으로 한 그룹당 5~8명 정도가 적당하다. 그 이상 많아지면 1인당 발언시간이 짧아지기 때문에 참석자들이 충분한 의견을 표출하기 어렵기 때문이다.

넷째, 그룹당 인터뷰 시간을 어느 정도로 할 것인가의 문제이다. 대체로 1~2시간 이내로 설정하여 인터뷰를 실시하는 것이 좋다. 지나치게 길어지면 참석자들이 흥미를 잃거나 토론에 무성의해지기 쉽기 때문에 적절한 인터뷰 시간을 지키는 것이 좋다.

다섯째, 인터뷰를 실시하는 시간대를 언제로 할 것인가의 문제이다. 주부들을 대상으로 하는 인터뷰라면 통상적으로 오전 11시부터 오후 2, 3시까지가 적당하며 직장인들이라면 밤이나 금요일 오후, 토요일 등이 적당할 것이다. CEO들을 대상으로 포커스그룹 인터뷰를 실시하는 것은 매우 어려운 일이기 때문에 이들을 대상으로 하는 경우에는 다른 방법을 강구하는 것이 타당하다.

활용사례

한국산업의 고객만족도

KCSI(Korean Customer Satisfaction Index : 한국산업의 고객만족도)는 한국산업의 각 산업별 상품, 서비스에 대한 고객들의 만족 정도를 나타내는 지수로서 미래의 질적인 성장을 보여주는 지표이다.

KCSI는 KMAC가 1992년 한국산업의 특성을 감안하여 개발하였다. 2008년 현재 17년째 시행되는 고객만족도 조사제도인 KCSI는 국내에서 가장 오랜 역사와 공신력을 인정받고 있는 한국산업의 대표적인 고객만족지수로서 일반 소비자들에게도 널리 알려져 있다. 이는 미국의 ACSI에 2년, 국내 NCSI에 5년 앞선 평가 모델로써 조사대상 산업이 전체 GDP의 약 75%를 차지할 만큼 국내 산업의 대표적 고객만족도 조사제도이다.

KCSI는 경제성장의 양적 성장을 평가하는 GNP, GDP등 생산성 지표와는 달리 국가산업경제의 질적 성장을 평가하는 지표입니다. KCSI는 우리나라 산업의 질적 성장을 유도하고 각 산업 또는 기업들이 경쟁력을 확보할 수 있도록 개발되었다.

KCSI조사 결과는 매년 우리나라 경제사회에 공표함으로써 각 산업 및 기업의 현 위치를 확인하고 향후 관련산업 및 기업의 경쟁력 향상을 위한 기초자료로 활용할 수 있도록 하는 데에 그 목적이 있다.

KCSI 조사결과를 통해 각 기업은 시장에서의 자사 경쟁력 파악은 물론 고객의 불만을 야기하는 상품이나 서비스의 문제점들을 개선함으로써 고객지향적인 경영활동을 전개할 수 있도록 할 수 있다. 또한 미래에 자사의 성장 가능성을 예측함으로써 미래에 대한 대비를 할 수 있게 해준다.

(자료원: 한국능률협회컨설팅 홈페이지)

2) 2차 자료조사

2차 자료조사는 당면한 문제와 직접적인 관계나 혹은 현실적인 가정에서 약간 문제가 있을지라도 당면한 문제를 어떤 방향으로 풀어가야 할지,

활용사례

한국의 전자상거래 총규모

통계청이 실시한 2001년 2/4분기 사이버쇼핑몰 통계조사에 따르면 사업체수는 1,998개로 나타났으며, 이 중 전문몰 1,693개, 종합몰 305개로 전문몰이 전체의 84.7%를 차지하였고, 사이버몰 운영형태별로 보면, 온-오프라인(on-offline) 병행업체 1,421개, 순수 온라인업체 577개로 조사되었다. 이 기간의 사이버쇼핑몰을 통한 거래액은 7,900억원으로 나타났다. B2C거래액은 5,880억원, B2B는 920억원이며, 나머지 1,100억원은 인터넷경매를 통한 개인간 거래 및 기타 거래 등으로 나타났다.

종합쇼핑몰 거래액은 5,300억원, 전문몰 거래액은 2,600억원으로서 종합몰 거래액 구성비가 67.1%로서 전문몰 구성비 32.9%보다 높게 나타났으며, 거래상품군별 거래액 구성비는 컴퓨터 및 주변기기 29.0%, 가전/전자/통신기기 23.7%, 생활용품·자동차용품 5.7%, 서적 5.5% 등으로 나타났다.

(자료원 : 통계청, 2001. 2/4분기 전자상거래 통계조사 결과, 2001.12.)

과거에는 어떠했는지를 가늠하기 위한 양호한 기초자료의 역할을 하며 비용과 시간을 줄여줄 수 있다는 장점을 가지고 있다. 2차 자료조사는 주로 기업내부의 자료나 국가나 공공기관 등이 수집, 분석해 놓은 통계자료나 연보자료 등을 조사하는 것을 의미한다.

1차 자료에 비해 손쉽게 조사할 수 있는 2차 자료는 1차 자료에 비해 다양한 장점을 가지고 있다. 첫째, 2차 자료는 1차 자료의 문제를 보다 상세하게 규명하거나 혹은 1차 자료조사의 내용을 보완, 설명, 논리적 근거의 제시가 될 수 있다는 것이다. 둘째, 당면한 문제를 해결하는데 있어 접근방법을 개발하는데 도움을 줄 수 있다는 것이다. 먼저 연구된 선행연구(先行硏究)는 나중에 연구하는 연구자들에게 귀한 이정표가 되어 줄 수 있는 것이다. 셋째, 조사 설계를 하는데 있어 매우 유용한 지침을 제공해 줄 수 있다. 넷째, 조사문제에 대한 명확한 해답을 제시하거나 혹은 가설을 설정하고 검증하는데 매우 유용한 지침이 되어 줄 수 있다는 것이다.

2차 자료조사는 1차 자료조사를 수행하는데 있어 전제가 되는 것이 타당하고 최우선적으로 수집해 1차 자료조사를 보완하는 것이 좋다. 그러나 이러한 2차 자료조사에 의해 수집된 2차 자료는 몇 가지의 한계와 단점을 가지고 있기 때문에 사용에 주의를 기울어야 한다. 즉 2차 자료는 자료가 수집되어질 때 사용된 방법이나 목적, 본질 등이 연구자가 현재 당면한 문제와 다를 수 있기 때문에 그 사용에 있어 주의를 기해야 한다는 것이다. 또한 2차 자료는 정확하지 않을 수도 있으며, 현실성이나 신뢰성에 있어 완전하지 못할 수도 있으므로 사용하기 전에 이들 요소들에 대한 면밀한 검토할 필요하다. 1차 자료조사와 2차 자료조사의 특성을 비교하면 다음과 같다.

2차 자료들은 그다지 큰 비용이나 시간, 노력을 기울이지 않고도 당면한 문제해결을 위한 방법에 접근할 수 있다.

|표 2-2| 1차 자료조사와 2차 자료조사의 특성

구분	1차 자료조사	2차 자료조사
정 의	· 연구자가 당면한 연구과제를 해결하기 위해 대상자로부터 직접 조사하여 수집/분석하고자 할 때	· 타인(자신)이 다른 목적으로 이미 조사하여 수집/분석한 자료를 활용하여 당면한 문제를 해결하고자 할 때
수집목적	· 당면한 문제규명 및 해결	· 과거의 다른 연구목적으로 기 수집된 자료
수집과정	· 매우 복잡하다	· 빠르고 용이하다
수집비용	· 높다	· 비교적 낮다
수집시간	· 길다	· 비교적 짧다

자료원 : 이명식, 최천규, 구자룡(2004), 마케팅 리서치, 형설출판사.

활용사례

세련되고 감성적인 데미소다

2000년 3월에 (주)동아오츠카 '데미소다'의 브랜드 이미지 조사에서 사용된 조사 방법은 표적집단면접법(Focus Group Interview)이었으며, 조사에 참여한 집단은 대학생 남녀 각각 1집단 총 2집단이었다. 각 집단은 '데미소다'와 같은 저탄산 과즙음료와, '2% 부족할 때', '니어워터' 등과 같은 미과즙음료 각각을 일주일에 적어도 한번 이상 음용한 경험을 공통조건으로 가지고 있는 사람들로 구성되었다.

콜라, 사이다 등의 탄산음료 음용자는 10대 이미지가 강하지만 모든 연령층이 즐겨 마신다는 이미지 또한 강한 것으로 인식되고 있다. '포카리스웨트', '파워에이드', '게토레이'와 같은 스포츠 이온음료의 경우 10대-20대 젊은 층을 중심으로 이미지가 형성되어 있으며, 특히 '게토레이', '파워에이드'의 경우 남성이미지가 강한 데 반해, '포카리스웨트'는 아직까지 여성이미지가 강한 것으로 인식되고 있다. 그리고 올해 음료시장에서 돌풍을 일으키며 독자적인 영역을 구축하고 있는 미과즙음료인 '2%부족할 때'의 경우, 광고 및 제품 이미지 영향으로 10~20대 여성이미지가 강하지만, 남녀에 관계없이 젊은 층에 폭넓게 선호되고 있는 음료로 조사되었다. 마지막으로 저탄산과즙음료인 '데미소다'의 음용자는 여성이미지가 다소 강하며, 연령으로 볼 때 초기의 10대 후반에서 20대 초반 이미지 중심에서 다소 상향된 연령층이 마시는 음료로 인식되고 있다.

분석 결과 '데미소다'는 "세련된 음료, 감각적인 음료, 고급스런 음료"의 이미지가 여전히 강한 것으로 인식되고 있으며, '2%부족할 때'의 경우는 "새로운 음료, 부드러운 음료, 이상적인 음료"등으로 포지셔닝되어 있어 2%부족할 때의 돌풍은 당분간 강력하게 지속될 것으로 판단된다. 물론 여기서 나온 결과를 일반화하는 것에는 주의를 해야 할 것이다. 왜냐하면 본 조사에 선정된 조사 대상자의 수가 너무 적을 뿐만 아니라 조사 대상자도 특정 브랜드에 대한 로열티를 가지고 있는 사람들이기 때문에 일반사람에게 적용하기에는 다소 무리가 따를 수 있을 수 있다는 것이다.

(자료원 : MBC 애드컴 사외보, 2000.7/8.)

5. 조사기획 주체에 따른 분류

마케팅조사는 흔히 자체적으로 실시하는 것보다는 클라이언트가 갤럽이나 한국리서치 등과 같은 여론조사기관이나 마케팅조사전문기관, 혹은 한국능률협회나 한국표준협회, 한국생산성본부 등 전문 컨설팅기관에 의뢰해서 실시하는 경우가 많다. 이렇게 클라이언트의 조사주문을 받아 실시하는 조사를 단독조사(ad-hoc survey)라고 한다. 그와는 반대로 여론조사기관이나 마케팅조사 전문기관이 독자적으로 기획해서 조사·분석하고 이러한 조사결과를 판매하는 것을 신디케이트조사(syndicated survey)라고 한다.

1) 단독조사

단독조사는 클라이언트로부터 의뢰를 받아 조사전문기관이 행하는 마케팅조사를 뜻한다. 단독조사의 정보는 오로지 클라이언트에게만 제공되며 클라이언트는 마케팅조사와 관련된 모든 기법이나 스킬 등에 대해 조사기관에 일임하여 추진하도록 한다. 다만 제안서(proposal)의 제출 등을 통해 마케팅조사기관들끼리 경쟁 입찰을 시켜 최적의 조사비용에 최적의 마케팅 정보를 제공할 수 있는 업체에 의뢰를 하게 된다. 이때 클라이언트는 제안요청서(RFP, Request For Proposal)를 마케팅조사기관들에게 제공해 제안서 작성에 참조하도록 하는 것이 일반적이며, 우리나라의 정부기관들이 조달청을 통해 이와 같은 방식을 활용한다.

한국에서의 대표적인 단독조사기관으로는 한국갤럽, 한국리서치, 코리아리서치센터, 동서리서치, 유니온리서치, 현대리서치 등이 대표적인 기관들이다. 경영컨설팅을 전문으로 하는 한국능률협회나 한국표준협회, 한국생산성본부, 기타 전문 컨설팅기관들도 컨설팅을 수행하는 과정 중에 컨설팅문제를 포착하거나 해결하기 위해 대부분 단독조사를 실시한다.

단독조사는 경영이나 마케팅문제에 직면한 기업이 이를 타개하고자 직접 마케팅조사를 실시하거나 전문조사기관에 의뢰해 실시하는 조사이다.

2) 신디케이트조사

신디케이트조사는 기획조사(企劃調査)라고도 불리며 대체적으로 마케팅조사기관이나 여론조사기관이 스스로의 목적, 즉 자사를 홍보하거나 조사정보를 판매해 수익을 창출하기 위한 목적으로 하는 조사를 의미한다. 신디케이트조사는 마케팅조사를 실시할 때 한 가지 제품만을 대상으로 하는 것이 아니라 관련되는 몇 가지 제품을 패키지형태로 묶어 조사설문지를 구성해 조사를 실시하고 통계분석결과 보고서를 필요로 하는 회사에 판매하거나 책자로 만들어 시판(市販)하는 경우가 이에 해당한다. 예를 들어 샴푸, 비누, 치약, 칫솔, 티슈 등에 관한 조사내용을 한 가지 설문지에 종합해서 구성한 다음 면접조사원을 투입해 조사를 하고 이를 분석해 P&G나 애경, LG생활건강 등에 정보를 판매하는 경우가 대표적인 신디케이트조사에 해당한다. 동서리서치 등이 신디케이트조사를 활발하게 한다. AC닐슨의 경우에는 세계적으로 유명한 소매력 지수 등을 조사해 이러한 정보를 필요로 하는 유통회사나 제조회사들에게 판매한다.

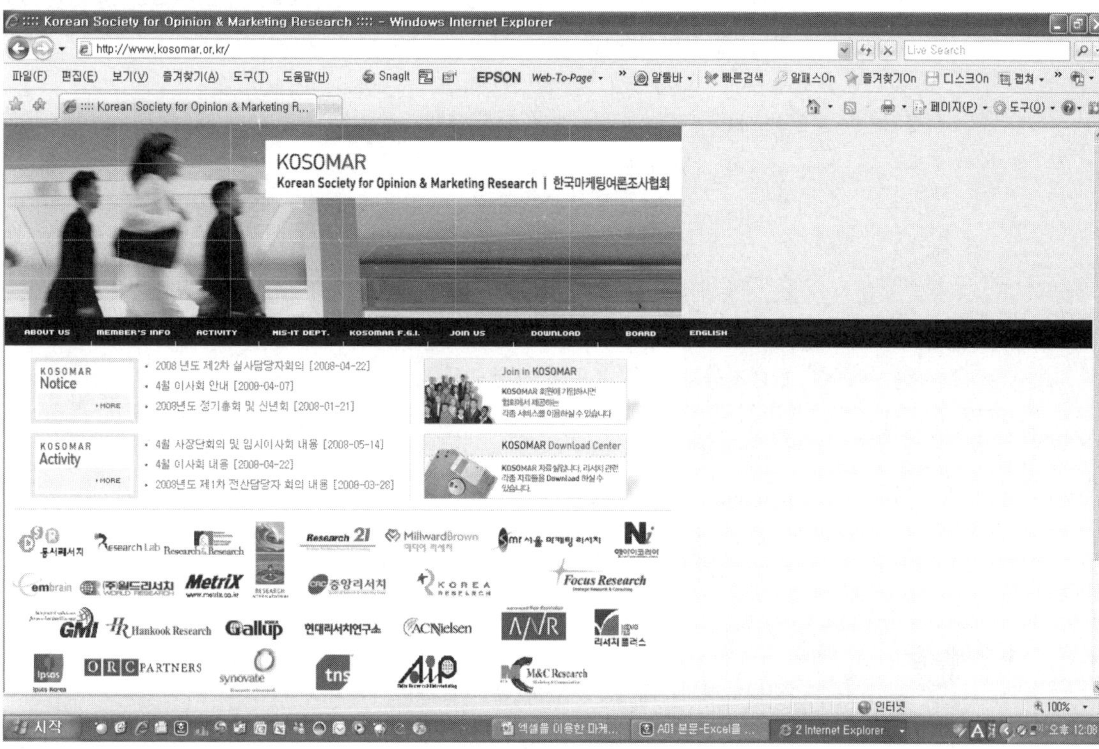

기업브랜드 이미지조사 계획서

예를 들어 현대자동차의 기업브랜드에 대한 이미지를 확인하기 위한 마케팅 리서치 계획을 수립하면 다음과 같다.

1. 조사목적

현대자동차에 대한 소비자의 이미지 조사를 통해 현재 현대자동차의 브랜드 이미지를 분석하고 브랜드 아이덴티티 도출 및 방향성 설정에 필요한 정보를 수집

2. 조사설계

1) 모집단 : 20세 이상 자동차 소유자
2) 표본프레임 : 서울시내 거주자
3) 표본수 : 500명
4) 표본추출방법 : 제조사별 할당에 의한 임의표본추출(convenience sampling)
5) 조사방법 : 구조화된 설문지를 이용한 일대일 대인 면접조사

2008년형 그랜저 럭셔리

6) 분석방법 : 분산분석, 요인분석, 회귀분석, 다차원척도법 등
7) 표본구성 :

- 연령별 표본구성

연령별	20대	30대	40대	50대 이상	계
표본수	70	180	150	100	500
구성비(%)	14.0	36.0	30.0	20.0	100.0

* 자동차 등록 통계월보의 연령별 비율로 할당

- 현대자동차 소유 유무별 표본구성

연령별	현대자동차 소유자	현대자동차 비소유자				계
		국내자동차			외국자동차	
		기아	대우	삼성		
표본수	300	50	50	50	50	500
구성비(%)	60.0	10.0	10.0	10.0	10.0	100.0

* 유의 할당

3. 조사일정

- 설문지 설계 및 작성 : 5월 20일~5월 30일

- 실사 : 6월 1일~6월 10일
- 코딩, 자료처리 : 6월 7일~6월 12일
- 통계분석 : 6월 13일~6월 20일

4. 주요 조사내용

- 현대자동차 및 경쟁사의 연상이미지
- 현대자동차 브랜드 인지도 및 선호도
- 현대자동차의 이미지 속성 중요도
- 자동차산업에 대한 인식 및 속성 중요도
- 재구매 의향(브랜드 충성도)
- 자동차 구매선택 고려속성(브랜드 포지셔닝 맵)
- 브랜드 개성
- 기타

5. 조사비용 : 12,417,500원(VAT별도)

항 목	세 부 내 역		금액(원)
인쇄비	설 문 지	35원 x 500부 x 10쪽 x 1.1배	192,500
	보 고 서	10,000원 x 10부	100,000
	소 계		292,500
조사 인건비	책임연구원 인건비	5,000,000원 x 1명 x 0.5개월	2,500,000
	선임연구원 인건비	4,000,000원 x 1명 x 0.5개월	2,000,000
	전산연구원 인건비	2,200,000원 x 1명 x 0.05개월	110,000
	실사감독자 인건비	2,000,000원 x 1명 x 0.4개월	800,000
	면접원교육 수당	5,000원 x 50회	250,000
	면접조사원 수당	8,000원 x 500부	4,000,000
	편집원 수당	35,000원 x 2명 x 5일	350,000
	검증원 수당	35,000원 x 1명 x 10일	350,000
	코딩원 수당	35,000원 x 4명 x 2일	280,000
	타이핑 수당	100원 x 500부 x 5카드	250,000
	소 계		10,890,000
조사 진행비	응답자 사례품	1,700원 x 500부 x 1.1배	935,000
	기타 회합비	100,000원 x 3회	300,000
	소 계		1,235,000
합 계			12,417,500

(자료원 : 이명식, 최천규, 구자룡(2004), 마케팅리서치, 형설출판사)

신디케이트 자료는 다수의 의뢰인에게 필요한 정보를 공급하기 위해 리서치 디자인을 하고 수집한 자료로 이런 자료를 전문적으로 수집, 가공하여 판매하는 회사들이 있다. 이 자료는 마케팅 리서치 문제의 해결을 목적으로 직접 수집되는 것은 아니지만 의뢰회사에게 공급하는 자료와 보고서를 특정한 필요에 적합하게 맞춤화할 수 있다. 신디케이트 서비스는 1차 자료 수집보다는 비용이 적게 든다.

신디케이트의 원천은 측정단위를 기준으로 소비자 자료와 유통점 자료로 구분할 수 있다.

소비자로부터 얻어진 신디케이트 자료

신디케이트 조사기관에서 소비자를 대상으로 자료를 수집하여 의뢰기관에 정보를 제공하는 것으로 서베이, 다이어리 패널, 전자스캐너서비스 등의 방법이 있다.

▮ 서베이(Surveys)

미리 작성된 설문지를 사용하여 많은 응답자들로부터 면접에 의하여 조사가 이루어지며 주로 정기적인 조사가 이루어진다. 주로 인구통계적인 특성, 라이프스타일, 광고 평가, 일반적인 소비관련 내용으로 광범위하게 이루어지는 경우가 많다.

국내에서 이루어지는 대표적인 예는 국내 6개 광고대행사(금강기획, 동방커뮤니케이션즈, LG애드, MBC애드컴, 오리콤, 코래드/DBM KOREA)가 연합하여 구성한 CPR 협의회에서 주관하고 있는 CPR(Consumer Profile Research)조사로 우리나라 국민들의 구매 및 소비 행동으로부터 생활양식과 의식구조에 이르기까지 한국인의 다양한 상품 이용실태 및 라이프스타일을 연구하고 있다. 또한 이들의 매체 접촉 실태를 동시에 파악하여 소비자에 대한 포괄적인 이해를 통해서 매체 및 광고 전략과 종합적인 마케팅 전략 수립을 위한 기초 자료로 이용되고 있다. 이 자료에 대한 기본적인 정보는 닐슨미디어리서치 홈페이지(www.adchannel.co.kr)에서 얻을 수 있다.

매체와 관련된 조사로 가장 널리 애용되는 자료는 한국리서치에서 나오는 HRC Media Index로 매체기획의 기본 자료로 활용되고 있다. 이 외에도 한국조사개발원의 KMR AD.데이터, (주)리스피아르조사연구소의 Lee's PR MMR(Mass Media Research) 보고서, 한국광고주협회의 KAA인쇄매체수용자 조사 등이 있다.

■ 다이어리 패널(Diary Panels)

다이어리 패널은 일정 기간 이상을 정기적인 간격으로 정보를 제공하는 패널로 가구 다이어리 패널이 가장 일반적인 응답자들이다. 다이어리 패널의 가장 두드러진 특징은 응답자가 다이어리에 특정 형태를 기록한 다음 보통 4주에 한번 모든 자료를 조사기관에 보내는 것이다. 여기에는 구매 패널과 매스미디어 패널로 구분이 될 수 있으며, 매스미디어 패널은 전자장치를 통해 자동적으로 행동이 기록되는 것으로 시청률 조사가 대표적인 예가 될 수 있다. 현재 국내에서는 (주)미디어서비스코리아(MSK)가 일종의 전자감응 장치인 Peoplemeter 조사 방법으로 서울지역을 대상으로 하는 조사가 있으며, TNS미디어 코리아에서는 1999년부터 전국 1,000가구의 패널가구를 선정하여 조사하고 있는데 패널 가구로부터 조사된 결과는 밤사이 모뎀을 통해 컴퓨터로 송신. 컴퓨터에서는 각 가구의 데이터를 Picture Matching[7] 이라는 기법을 통해 시청 화면을 분류하여 시청률로 나타내게 된다.

닐슨미디어리서치는 국내에서 방송 및 발행되고 있는 4대 매체(TV, Radio, 신문, 잡지)의 광고를 실시간으로 직접 모니터링하여 광고운행 여부를 판단함과 동시에 모니터링된 소스를 이용, 회사별, 상품별, 매체별, 경쟁사별 등 다양한 포맷으로 광고비를 집계하는 역할을 담당하고 있다.

7) TNS MEDIA KOREA가 국내에 도입한 새로운 방식의 피플미터 시스템으로 화면 인식을 통한 시청률 조사방법이다.

■ 전자스캐너서비스(Electronic Scanner Services)

스캐너 데이터는 첨단기술을 반영한 조사 시스템이다. 패널에 가입한 소비자가 제품을 구매할 때 전자스캐너를 가지고 있는 슈퍼마켓에서 신용카드와 같은 카드를 제시하고 계산을 함으로써 구매기록을 수집하게 된다. 수집된 구매 데이터를 토대로 브랜드, 크기, 가격 등에 대한 정보를 제공하게 되며, 패널 구성원이 가격수준과 변화에 민감성을 가지지 않으므로 현실적인 데이터를 얻을 수 있으나 대표성을 확보하기 어려운 한계가 있다. 아직까지 국내에서는 상용화되어 있지 않으나 기술발전과 더불어 조만간 서비스가 이루어질 것으로 전망된다. 미국에서는 여러 중소도시에 패널을 운영하고 있는 IRI(Information Resources Inc.)사와 같은 스캐너 데이터 수집 전문회사들이 있다.[8)]

활용사례

리스피알연구소의 다이어리 패널조사

우리나라에서는 (주)리스피아르 조사연구소(LPR)에서 지난 1975년부터 국내 최초로 소비자 패널(Consumer Panel) 1,500세대를 구성하여 [상품구입일기장]을 통한 일기장식 기입법(the Diary Method)의 조사를 현재까지 매월 실시해 오고 있다.

소비자패널조사(CPS: Consumer Panel Survey) 보고서는 일반 소비용품을 누가(who), 어디서(where), 얼마나(how much), 어떤 이유로(why) 구매했으며, 누가 최종 소비자(real user)였는지를 알 수 있도록 설계된 소비자실태조사 자료이다. LPR에서는 1988년 이후 품목별 관련 Data Base를 구축하고 있으며, 각 회원사에서는 이 정보를 상품개발과 마케팅 정책수립 및 광고정보, 경영정보 등의 분야에 폭넓게 이용하고 있다.

한 예로 1998년 상반기 [참치] 구매 관련 보고서의 일부를 살펴보면 다음과 같다. 1997년 1월의 참치 구매량을 100으로 기준했을 때, 1998년 1월부터 1998년 6월까지의 구매량 변동추이를 지수화 시켜서 도표화하고 있는데, 1998년 상반기의 가정 내 참치 구매량은 예년 대비 침체 국면에 있는 것으로 분석되었다. 다만, 후반기로 갈수록 구매량이 소폭 상승하는 추세를 보이고 있다.

(자료원 : (주)리스피아르 조사연구소 홈페이지(www.leespr.co.kr))

8) 스캐너 데이터에 대한 보다 상세한 내용은 "마케팅신조류 : 스캐너 패널 자료를 이용한 마케팅 모델링(경문사, 1995)"을 참조하기 바란다.

유통점으로부터 얻어진 신디케이트 자료

소매점을 대상으로 소비자들의 제품 구매 상황을 조사하는 가장 규모가 큰 서비스로는 Nielsen Retail Index가 있다. 이 지수는 슈퍼마켓, 약국 등에서 2주 간격으로 조사되고 있다. 국내에서는 1982년부터 식품, 약품, 생활용품 등을 중심으로 다양한 품목에 걸쳐 전체시장동향과 개별제품의 경쟁상황 등에 대한 서비스가 이루어지고 있다.

한편 최근에는 도·소매 유통점에 바코드(bar code) 등을 이용한 POS시스템(point-of-sale system)을 설치하여 제품의 흐름을 조사하고 있으며, 여기서 얻어진 자료는 소비자 패널에 의한 조사보다 더욱 정확한 결과라고 할 수 있다.

활용사례

A.C닐슨 소매점조사

국내 식품 소매점시장에서 대형 슈퍼마켓, 할인점 등 대형 유통점포의 점유율이 높아지고 있는 것으로 나타났다. 시장조사 전문기업 AC닐슨코리아의 소매점 센서스에 따르면 약 30조원으로 추정되는 식품 소매시장에서 점포수 점유율 2.5%인 대형 유통점의 연간 판매액 점유율은 44.3%에 이르는 것으로 조사됐다. 이 같은 수치는 지난 96년의 점포수 점유율(2%)과 연간 판매액 점유율(25.3%)에 비해 크게 증가한 것이다.

소형 슈퍼마켓은 점포수 점유율이 13.7%로 96년(12.8%)에 비해 다소 늘어난 반면 판매액 점유율은 33.5%에서 26.1%로 감소했다. 일반 식품점의 점포수, 판매액 점유율은 각각 83.8%, 29.7%로 모두 96년(85.2%, 41.2%)보다 감소세를 보였다.

대형 슈퍼 및 할인점의 연간 판매액 점유율이 가장 높은 곳은 서울(47.7%)이며, 인천·경기·강원(47.5%), 부산·경남(47.3%) 지역도 높은 점유율을 보였다.

(자료원 : 식품음료신문(www.thinkfood.co.kr), 2001.8.23)

Chapter

03

PART 1
마케팅조사

마케팅조사의 절차

1. 마케팅조사 5단계와 사전조사

1) 마케팅조사 5단계

마케팅조사를 수행하기 위한 절차는 전체적으로 5단계로 구분된다. 단계별로 보면 ① 조사문제의 정의(problem definition) ② 조사 설계(research

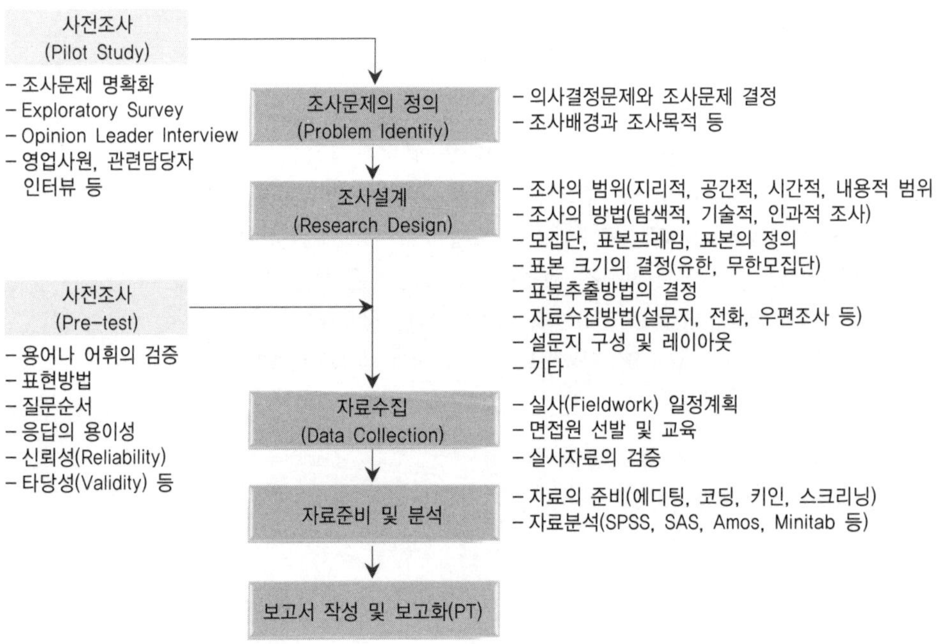

|그림 3-1| 마케팅조사 절차

design) ③ 자료수집(data collection) ④ 자료준비 및 분석(data preparation and analysis) ⑤ 보고서 작성 및 보고회(report and presentation)의 5단계로 구성된다. 각각의 내용에 대해서는 다음의 절(節)에서 상세하고 설명하고자 한다.

2) 사전조사

마케팅조사를 실시하는데 있어 사전조사는 두 가지로 구분된다. 사전조사의 하나는 조사문제를 정의하기 전에 탐색적으로 실시하는 사전조사, 즉 파일럿 스터디(pilot study)가 있다. 다른 하나는 조사 설계과정을 마치고 최종적으로 구성된 설문지를 이용해 실질적인 자료수집단계인 실사(field work)를 실시하기 전에 실시하는 사전조사, 즉 프리 테스트(pre-test)가 그것이다.

파일럿 스터디(Pilot Study)

조사문제를 정의하기 전에 실시하는 사전조사, 즉 파일럿 스터디는 조사문제를 보다 명확화하거나 전체적으로 마케팅조사의 방향을 설정하기 위해 실시하는 탐색적 조사(exploratory survey)에 해당한다. 주로 전문가 인터뷰(expert interview)를 활용하거나 2차 자료조사를 통해 조사 설계의 방향을 잡거나 혹은 조사의 내용, 조사의 범위, 조사방법 등에 대한 아이디어나 조사문제에 대한 통찰력을 얻기 위해 하는 조사를 의미한다. 조사현장에서는 가끔 프리테스트와 구분 없이 혼용하기도 한다.

도입사례

국가고객만족도조사(NCSI)

국가고객만족지수(National Customer Satisfaction Index : NCSI)는 국내외에서 생산, 국내 최종소비자에게 판매되고 있는 제품 및 서비스에 대해 해당제품을 직접 사용한 경험이 있는 고객이 직접 평가한 만족수준의 정도를 모델링에 근거하여 측정, 계량화한 지표이다.

NCSI의 최소 측정단위는 개별기업이 생산하는 제품 또는 제품군(Product Line)이며, 측정결과는 개별기업(Company Level), 산업별(Industry Level), 경제부문별(Economic Sector Level) 그리고 국가(Nation Level) 단위로 발표된다.

도입사례

NCSI 모델은 제품 및 서비스에 대한 고객의 기대수준, 인지품질수준, 인지가치수준, 종합만족수준, 고객불만수준, 고객충성도, 고객 유지율로 구성되어 있으며, 모델구성요소간의 인과관계를 종합적으로 분석할 수 있어 기존에 소개된 고객만족측정모델에 비해 신뢰도와 완성도가 매우 높다. 특히 기업의 최대 관심사인 고객만족도의 변화가 고객 유지율로 대변되는 수익성에 어떻게 영향을 미치고 있는가를 NCSI Simulation Software 를 통해 분석할 수 있다.

(자료원: 한국생산성본부 홈페이지)

프리 테스트

조사문제를 정의하고 조사 설계과정에서 설문지를 구성하였다면 대규모의 실사작업을 하기 전에 설문지에 대한 내용이나 어휘 등을 점검할 필요가 있다. 이러한 점검을 하기 위해 실시하는 것이 프리테스트이다.

프리테스트는 대개 두 가지 목적을 가지고 실시한다.

첫째는 구성된 설문지의 내용이나 어휘 등에 대한 점검을 위해 실시한다. 잘 구성된 설문지는 조사대상자나 응답자로 하여금 응답을 용이하게 하고, 조사문제에 관심을 갖고 성실하게 응답하도록 하는 유인작용하기 때문이다. 이는 곧 조사결과에 대한 신뢰성을 의미하기도 한다. 프리테스트를 하기 위해 보통 예상 표본중의 일부(5-10% 정도)를 활용하여 프리테스트를 실시한다. 프리테스트에서는 대규모의 실사를 하기 전에 설문지의 구성이나 사용된 용어가 조사대상자에게 혼동이나 혼란을 주는지의 여부, 설문작성시간, 난이도(難易度), 누락된 문항이나 내용이 있는지의 여부를 점검하기 위해 실시한다. 그렇기 때문에 연구자와 가까운 사이에 있는 사람 중에 조사 표본에 포함되는 사람이 있다면 이들을 대상으로 하는 경우도 있다. 이는 설문지가 잘못되거나 문제가 있을 때 가감 없이 솔직하게 얘기해 줄 수 있는 사람의 의견을 듣고 설문지를 수정하기 위해서다.

두 번째 목적은 조사 설문지나 조사항목의 신뢰성(reliability)과 타당성(validity)을 검증하기 위해서 실시하는 것이다. 아무리 잘 구성된 조사내용이나 항목이라고 할지라도 통계적으로 검증했을 때 의미가 없을 수도 있다. 특히 많은 비용과 시간을 들여 실시한 조사내용이 실제 통계분석과정이나 검증과정에서 의미 없는 내용이라면 되돌릴 수 있는 방법이 없기 때문이다. 따라서 프리테스트를 통해 실사 전에 조사내용의 신뢰성과 타당성을 검증해 보는 것이 반드시 필요하다.

정확한 조사결과를 얻기 위해 연구자는 실제 조사를 수행하기 이전에 프리테스트를 통해 다양한 점검을 실시해야 한다.

<그림3-2>는 사회과학에서 사용되는 SPSS(Statistical Package for Social Science)를 활용해 프리 테스트한 설문지의 내용에 대하여 신뢰성을 분석

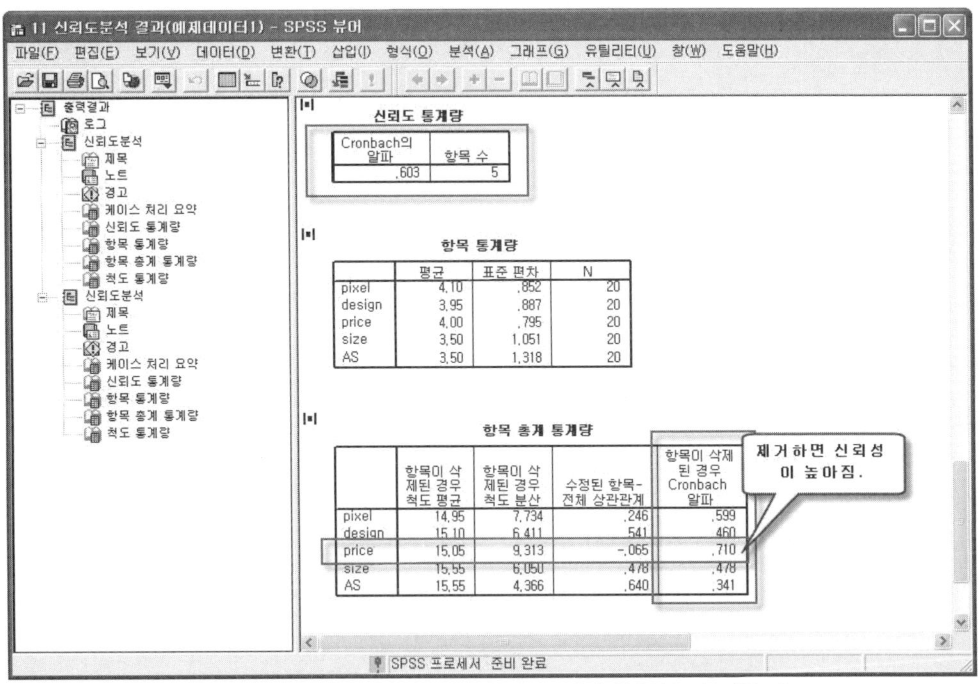

|그림 3-2| 예비조사결과를 활용해 신뢰성분석을 실시한 예

한 결과이다. 5가지 항목을 이용하여 측정한 결과, 전체 신뢰도 계수(Cronbach's Alpha)가 0.603으로 60.3%의 신뢰수준을 나타내고 있는 것을 알 수 있다. 또한 항목 총계 통계량을 보면 5개 항목 중 'Price'항목을 제거할 경우 전체 신뢰도계수가 0.710, 즉 71.0%로 높아지므로 실제 조사에는 'Price'항목을 제거하고 설문조사를 실시하는 것이 좋다는 것을 의미하는 것이다. 이와 같이 마케팅조사에서는 프리테스트를 통해 신뢰성이 없다고 생각되는 문항들을 과감하게 제거하고 실사를 진행해야 신뢰성 있는 조사결과를 얻을 수 있다.

2. 조사문제의 정의

어떤 마케팅조사에서든지 조사의 문제를 정의하는 것은 매우 중요하다. 이는 향후 조사를 진행함에 있어 조사 전체의 방향을 결정하는 데 절대적인 지침이 되기 때문이다. 예컨대 조사문제의 유형에 따라 조사를 어떻게 진행할지, 정성적 조사를 실시해야 할지 아니면 정량적 조사를 실시해야 할지, 내용은 어떻게 해야 할지 등을 총체적인 측면에서 방향을 설정하는 데 결정적인 도움을 준다. 이러한 마케팅조사문제는 의사결정문제와 조사문제로 구분할 수 있다.

1) 의사결정문제와 조사문제

조사문제를 정의함에 있어 의사결정의 문제는 경영자가 의사결정을 하는데 있어 필요한 정보를 지칭하며, 해당문제에 대하여 "~을 해야 할 것인가?"를 결정하는 문제이다. 예를 들어 "시장점유율을 높이기 위해 신제품을 개발해야 할 것인가?", "소비자 인지도를 높이기 위해 광고캠페인을 변화시켜야 할 것인가?" 등의 문제를 결정해야 하는 것이 의사결정의 문제이다. 반면에 조사문제는 이러한 의사결정의 문제를 지원하기 위해 "~ 어떤 내용을 조사해 지원할 것인가?"의 문제이다. 예컨대 "신제품을 개발하기 위한 의사결정에 도움을 주기 위해 어떤 내용의 문제를 조사해야 할 것인가?"의 문제이다.

의사결정의 문제는 행동 지향적이어서 의사결정자가 취할 수 있는 가능한 행동과 관련이 있다.[1] 즉 "시장점유율 손실을 어떻게 막을 수 있을 것인가?", "신상품을 소개해야 할 것인가?", "현재의 세분화된 시장을 다르게 세분화(segmentation)해야 할 것인가?" 등이다. 반면에 마케팅조사의 문제는 정보 지향적이어서 의사결정을 지원하기 위하여 무슨 정보가 필요하며 어떻게 하면 효과적이고 효율적으로 정보를 얻을 수 있을 것인가의 문제를 포함한다.

2) 조사배경과 목적의 설정

조사문제를 정의하는데 있어 중요한 문제의 하나가 조사배경에 대한 충분한 이해가 이루어져 한다는 것이다. 조사의 배경은 전체적으로 의사결정의 문제나 마케팅조사의 문제를 명확하게 하기도 하며, 조사의 전체적인 방향을 가늠해 볼 수 있는 중요한 척도가 된다. 조사배경은 내부적으로 문제가 발생한 부분뿐만 아니라 시장의 흐름이나 거시적 관점에서의 배경 등을 구체적으로 명시하면 조사방향을 설정하는데 도움을 주기 때문이다.

조사목적의 설정은 향후 추진될 조사에서 얻게 될 질적인 효과(qualitative effects)와 양적인 효과(quantitative effects)를 구체적으로 명시하는 것이다. 예컨대 의사결정을 지원하기 위하여 수집하고 분석해서 제고해야 될 정보와 관련되어 보다 구체적으로 명시되어져야 한다.

활용사례

LG생활건강: 소비자/시장환경정보시스템

현대는 소비자와 환경정보가 필요

대다수 기업은 마케팅 의사결정시 시장 및 소비자에 대한 정보를 필요로 한다. 최근 들어 기업의 입장에서 미래에 일어날 상황에 대한 예측이 너무나 불확실하고 변화되는 환경에 대처할만한 기업의 경영능력도 그 한계를 보이고

1) 이명식, 최천규, 구자룡(2004), 마케팅 리서치, 형설출판사, p.51.

있다. 따라서 기업의 마케팅 활동은 기존의 양적인 측면에서 벗어나 점점 더 질적인 측면이 강화되어야 할 시대를 맞이하게 된 것이다. 질적인 경쟁이 치열해지는 현상은 시장의 전체적인 규모 자체가 더 이상 과거처럼 자연적인 증가를 유지하는 게 아니라 기업의 마케팅 전반에 대한 노력에 의해 시장규모가 유동적으로 변화되고 있음을 의미한다. 이러한 시장구조의 변화로 말미암아 시장에서 살아남기 위한 전략이 보다 더 필요하게 되고 기업이 장기적인 전략을 명확히 수립하지 않으면 시장변화에 융통성 있게 대처하지 못하고 나아가 기업의 생존조차 위협받게 될 수 있는 것이 현실이다.

마케팅조사는 이러한 변화하는 소비자 및 시장 환경적인 정보를 마케터에게 제공하는 정보 연결고리(information linkage)의 역할을 하여 변화하는 시장에 보다 적극적으로 대처할 수 있게 해주는 전략수립을 위한 원천이 된다. LG생활건강에서는 마케팅조사를 4P의 각 영역에서 활용하고 있다.

4P영역에서 마케팅조사시스템의 활용

먼저 『제품』과 관련하여 신제품에 대한 컨셉트를 개발하고 타겟을 선정하고 제품의 포지셔닝에 대한 전략을 수립하고 나아가 브랜드 네이밍과 디자인에 있어서 마케팅조사가 중요한 역할을 하고 있다. 『가격』 측면에서는 자사 제품에 대한 소비자의 수용도를 타진하고 시장에서의 경쟁가격 및 가격에 대한 탄력도 분석을 통해 시장가격에 대한 재검증 작업이 가능하다. 『촉진』 측면은 자사 광고에 대한 크리에이티브와 광고전략 수립, 사후 광고효과 분석 및 광고 경쟁력 파악과 판촉에 대한 아이디어 도출 및 소비자 판촉효과 분석이 리서치에 근간을 두고 행해지고 있으며 『가격』은 기존 채널별 성과 비교와 채널의 변화 파악 및 매장에 대한 효율적 관리 등에 마케팅 리서치가 활용되고 있다.

이러한 일련의 과정을 LG생활건강에서 수행하고 있는 조사로 구분하자면 우선 소비자 태도와 니즈 및 트렌드를 파악하고 제품에 대한 구입 과정(history)에 대한 정보를 추적하고 신제품에 대한 소비자의 반응을 알아보기 위한 소비자 조사가 있다. 또한 유통에서의 LG생활건강 제품의 판매성과와 그 변화를 추적하는 소매점(retail)조사와 광고에 대한 크리에이티브 도출 및 광고 집행 후 효과측정을 위한 광고조사가 있다.

활용사례

첫째, 소비자 조사의 경우 먼저 소비자 태도 및 트렌드를 파악하기 위해서 제품에 대한 소비자 행동을 연구하고 사용행태를 파악하고 브랜드별 구입행태를 지속적으로 파악하는 조사가 수행되고 있다. 이 조사는 LG생활건강의 제품군별로 행해지고 있으며 이를 통하여 마케팅 활동의 중심적인 핵을 이루는 포지셔닝 전략을 수립하는데 활용하고 있다. 즉 자사 브랜드에 대한 이미지를 강화하거나 표적시장의 마음속에 경쟁 브랜드 대비 상대적인 우위를 가져가기 위한 전략을 수립함에 있어 제품군별 소비자 태도 및 구입실태 조사가 활용되고 있다.

둘째, 제품별로 구입에 대한 정보를 파악하는 조사이다. 이 경우 LG생활건강은 소비자 패널자료를 활용하고 있으며 전국 3000명의 다이어리 패널자료를 통하여 LG생활건강 및 경쟁사 브랜드별 침투율, 충성도와 와 브랜드간 경쟁관계를 분석하고 각 소비자의 구매 행동 단계별로 주요 브랜드에 대한 문제점을 발견하는 브랜드 관리 가이드로서의 역할을 수행하고 있다.

셋째, 소비자 조사의 가장 중요한 부분인 신제품에 관련된 조사이다. 신제품을 출시할 때 소비자의 잠재 니즈를 파악하거나 컨셉트를 결정하고 품질수준에 대한 객관적 검증을 위한 일련의 신제품 조사가 수행되고 있다. 이 경우 소비자의 니즈를 사전에 파악하여 개발방향을 설정하고 이 결과 도출된 컨셉트를 정량적으로 검증하고 아울러 제품을 평가하고 디자인과 브랜드 네이밍에 대한 수용도를 평가하는 소비자조사가 LG생활건강 신제품 개발 과정의 중요한 역할을 차지하고 있다.

넷째, 소매점 조사는 LG생활건강 제품의 객관적인 팔림새에 대한 정보로 브랜드별 성과 지수로서의 역할과 동시에 유통별 취급 및 판촉에 대한 정보와 영업활동에 대한 성과 파악 및 향후 정책 방향을 결정하는데 중요한 역할을 하고 있다. 특히 소매 자료는 최근에 급변하는 유통환경의 변화를 충분히 반영하지 못하는 자료의 한계는 있지만 LG생활건강 제품의 판매성과를 파악하기 위해 어떤 자료보다도 객관적이라고 말할 수 있다.

다섯째, 광고조사의 경우 소비자 검증 단계를 거쳐 제작된 광고가 집행된 후 의도된 광고 메시지가 제대로 전달되는지, 제품에 대한 선호도 또는 구매의향이 증가하는지에 대해 살펴보는 사후 광고효과 측정 조사가 이루어지고 있다. 이러한 광고전반에 걸친 조사는 진정한 광고 크리에이티브의 가치를 평가할 수 있다는 점에서 반드시 필요한 조사라 할 수 있겠다. 그러한 필요성을 일찍이 깨달은 LG생활건강은 98년을 시점으로 경쟁력 있는 광고 제작과 정확한 광고효과 측정을 위해 아래와 같이 광고조사를 크게 두 부분으로 나누어 실행하고 있다.

활용사례

먼저 LG생활건강의 TV광고 제작 과정별 소비자 조사는 소비자 및 제품에 대한 통찰력 확보를 위해 표적집단면접을 실시한 후 광고 전략 방향 및 크리에이티브를 위한 아이디어를 도출하고 스토리 보드 및 광고 모델에 대한 소비자 정성 평가가 이루어진다. 이 결과를 바탕으로 선정된 광고물에 대한 사전테스트를 거쳐 기존 LG생활건강 표준(norm)과의 비교를 통해 경쟁력이 있다고 판단되는 광고에 대해서만 최종적으로 방영을 결정한다.

그 다음으로는 방영된 후 사후 광고 효과측정을 하며 이 조사는 현재 진행중인 광고 캠페인을 광고의 커뮤니케이션 목표 달성 측면에서 평가하여 그 소비자 반응을 알아보고 향후 전개될 광고 캠페인의 전략적 방향에 아주 중요한 기초자료를 제공하는 목적을 가지고 있다.

광고 캠페인을 기획하고 집행하는 단계에서 여러 번 소비자 검증을 거치는 가장 큰 이유는 소비자의 제품에 대한 관심을 유발하고 관여도 수준을 제고하여 결국 소비자의 니즈를 만족시켜주는 광고의 핵심메시지가 소비자의 구매행동에 중대한 영향을 끼치기 때문이다.

다시 말해서 핵심 메시지를 통해서 소비자 지향적이고 차별화 되는 편익을 제공하는 것은 결국 그 제품이 시장에서 성공할 수 있는 중요한 관문이 되기 때문이다.

한편 사후 광고효과 조사는 광고목표 달성 정도를 정확하게 파악하기 때문에 향후 광고비를 계획적이고 효율적으로 집행하는데 큰 도움을 줄 수 있고 핵심 메시지가 소비자에게 얼마나 침투되었는가를 파악하여 향후 일어날 구매행동을 예측할 수 있다는 점에서 매우 유용하고 중요하다고 할 수 있다.

마케팅조사는 소비자 지향적인 전략 수립 및 평가를 위한 하나의 도구이며 마케팅조사결과는 마케팅 의사결정을 위한 단편적인 사실들의 모임이다. 따라서 그 사실은 없어서는 안 될 중요한 자료이며 마케터가 어떠한 가설을 가지고 접근하고 검증하여 전략을 수립 하는냐에 따라 마케팅의 핵심으로서의 역할을 할 수 있다.

(자료원 : 양재현(2001), LG생활건강의 마케팅 조사, 맥스컨설팅(www.maxconsulting.co.kr))

3. 조사 설계

조사 설계의 품질(quality of research design)은 품질은 향후 수집·분석될 마케팅조사결과에 대한 신뢰성을 판단할 수 있는 중요한 준거가 된다. 조사 설계가 체계적으로 잘 되어 있다면 그 조사결과는 기본적으로 믿을 수 있을 것이다. 물론 조사과정에서 다양한 오류들이 발생할 수는 있지만 기본적으로 모집단을 대표할 수 있는 표본 집단의 선정과 체계적이고 합리적인 표본추출의 방법, 적절한 표본의 크기 등에 대한 종합적인 정보가 조사 설계과정에 있는 것이다.

조사 설계는 집을 짓는 것과 마찬가지로 조사의 전체적인 청사진(Blue Print)이다. 따라서 청사진이 얼마나 정교하냐에 따라 조사결과의 신뢰성이 달라지게 된다.

1) 조사의 범위

조사범위는 기본적으로 다음의 내용들이 포함되어져야 한다.

- **지리적 범위** : 지리적으로 전국을 대상으로 할 것인지, 6대 도시(서울, 부산, 대구, 광주, 대전, 인천)를 대상으로 할 것인지 등을 구체적으로 명시
- **공간적 범위** : 공간적으로 6대 도시의 지하철 역세권을 중심으로 한다든가, 재래시장으로부터 반경 3km 이내의 지역을 대상으로 한다든지 하는 것을 명시
- **시간적 범위** : 제품 보유자를 대상으로 한다면 구입한지 3년 이내의 소비자라든가 혹은 2005년 이후 구매자라든가 하는 식으로 시간적 범위를 명시
- **내용적 범위** : 실질적으로 조사를 통해 얻고자 하는 내용을 구체적으로 명시
- **기타의 범위** : 제품의 용도, 사이즈, 크기, 가격 등으로 세분화해 조사 범위를 명시

활용사례

와인구입 속성에 관한 소비자 태도조사

제주관광대학의 이상태교수는 와인을 구매하는 소비자들의 와인구매태도를 연구하기 위해 일반소비자를 대상으로 '와인구매속성에 관한 연구'를 실시하였다. 이러한 연구목적을 달성하기 위하여 다음과 같은 조사설계 하에 조사를 실시하였다.

(1) 자료수집방법 : 1:1 대인면접법에 의한 설문조사
(2) 조사대상 : 제주시에 거주하는 20세 이상의 성인 남여 216명
(3) 표본추출방법 : 와인 판매점을 방문한 소비자를 대상으로 한 Mall Intercept방법을 활용한 단순무작위추출법
(4) 조사시간: 2008년 11월 1일 - 11월 20일
(5) 조사내용 : 와인구입시 고려속성(와인숙성, 생산지역, 포도품종, 와인의 색, 알콜 함량, 와인 품질 및 등급, 수확년도, 브랜드명, 와인의 맛, 와인의 향, 음식과의 조화, 와인가격 등), 인구통계적 속성(성별, 연령, 직업, 소득수준)

(자료원: 이상태(2008), 와인구입속성에 관한 연구, 제주관광대학논문집.)

2) 조사의 방법

조사의 방법은 앞에서 언급한 바와 같이 탐색적 조사(exploratory research)와 확인적 조사(conclusive research)분류된다. 확인적 조사는 다시 기술적 조사(descriptive research), 인과적 조사(causal research)로 구분할 수 있다.

탐색적 조사는 대규모 기술적 조사를 시행하기 이전에 실시하는 정성적 조사의 개념이 강하며, 대규모 조사를 위한 아이디어나 통찰력을 얻기 위해 실시한다. 전문가 의견조사나 포커스그룹 인터뷰, 심층면접법 등이 있다.

기술적 조사는 탐색적 조사와는 다르게 가설(hypothesis)을 설정하고 이

를 규명해 가는 과정을 중시하는 조사로 대부분 설문조사에 의해 양적인 특성을 파악하고자 하는 조사가 이에 해당한다. 특히 기술적 조사는 자료를 수집하기 위해 사전에 구체적이고 형식화된 절차에 의해 수행하는 것이 일반적이다. 예를 들어 모집단(母集團, population)을 정의하고 표본 프레임(sample frame)을 설정하고 표본의 크기(sample size)를 결정하고 표본을 추출(sampling)하는 과정들이 체계적으로 진행되는 특성을 가지고 있다. 인과적 조사는 원인(cause)과 결과(effect)간의 관계를 파악하고자 하는 조사로 흔히 실험실 조사로 알려져 있다. 인과적 조사의 경우 사회과학에서는 자연과학 실험실에서와 같이 외생변수(extraneous variable)를 완전하게 통제하기가 어렵기 때문에 인과성(causality)을 파악하기기 어려운 단점이 있으나 회귀분석을 이용하거나 혹은 구조방정식 모델을 활용해 인과성을 측정하는 기법들이 발달해 있다.[2] 탐색적 조사와 기술적 조사, 인과적 조사의 특성을 정리하면 <표 3-1>과 같다.

전문적인 견해와 경험을 가진 전문가의 의견은 전체 조사방향을 결정하는데 있어 매우 유용한 지침을 제시해준다.

|표 3-1| 탐색적 조사와 기술적 조사, 인과적 조사의 특성 비교

구분	탐색적 조사	기술적 조사	인과적 조사
목적	• 아이디어와 통찰력 발견	• 시장특성과 기능의 발견	• 원인과 결과의 상호관계
특징	• 유연성과 융통성 • 모든 리서치의 예비 성격	• 사전에 가설의 공식화 • 사전 계획되고 구조화된 설계	• 하나 혹은 그 이상의 독립 변수 조작 • 다른 매개체의 통제
방법	• 전문가 의견조사 • Pilot Survey • 2차 자료분석 • 정성적 조사	• 2차 자료 분석 • Survey • Panel • 관찰(기계적/자연적…)	• 실험 - 실험변수의 조작 - 외생변수의 통제 - 실험대상의 무작위화

3) 모집단과 표본 프레임, 표본

마케팅조사 결과에 신뢰성을 가늠할 수 있는 잣대의 하나가 표본을 추출하는 과정의 체계성으로 판단한다. 특히 표본으로 추출된 조사대상자

2) 인과성을 분석하기 위한 방법의 하나로 최근에는 구조방정식을 활용하며, 인과성을 분석하기 위한 소프트웨어로 LISREL과 AMOS라는 프로그램이 많이 활용된다.

집단이 전체의 모집단을 대표(representative)할 수 있느냐의 문제가 가장 큰 문제이며, 조자대상 집단이 모집단을 대표할 수 있을 때 조사결과를 일반화(generalization) 할 수 있는 것이다.

모집단(population)은 조사대상이 되는 모든 개체들의 전체 집합을 의미한다. 예를 들어 대통령선거나 국회의원 선거 시 여론조사를 하려고 한다면, 모집단은 조사일 현재 대한민국 국적을 가진 사람으로서 투표권이 있는 국내외 모든 유권자가 모집단으로 설정이 될 것이다. 이와 같이 모집단을 정의하기 위해서는 보다 상세한 조건을 설정하여 모집단을 정의해야 한다. 특히 그 구성요소와 표본추출의 단위(sampling unit), 조사지역이나 범위, 그리고 시간(time) 등에 대한 명확한 기준을 적용해서 모집단을 정의해야 한다.

모집단을 정의하고 난 다음에는 표본 프레임(sample frame)을 결정해야 한다. 표본 프레임이란 모집단을 대표할 수 있는 구성요소들의 실질적인 집단을 말한다. 예컨대 모집단을 반영하는 어떤 리스트나 디렉토리 혹은 명부 등을 말하며, 이러한 표본 프레임으로부터 최종적으로 표본을 추출하는 것이다. 표본 프레임으로 활용되는 대표적인 자료로는 전화번호부나 기업명부나 산업연감, 백화점이나 기업의 마케팅 부서에서 보유하고 있는 구매인 명부, 도시 인명부 등이 활용된다. 이러한 표본 프레임은 모

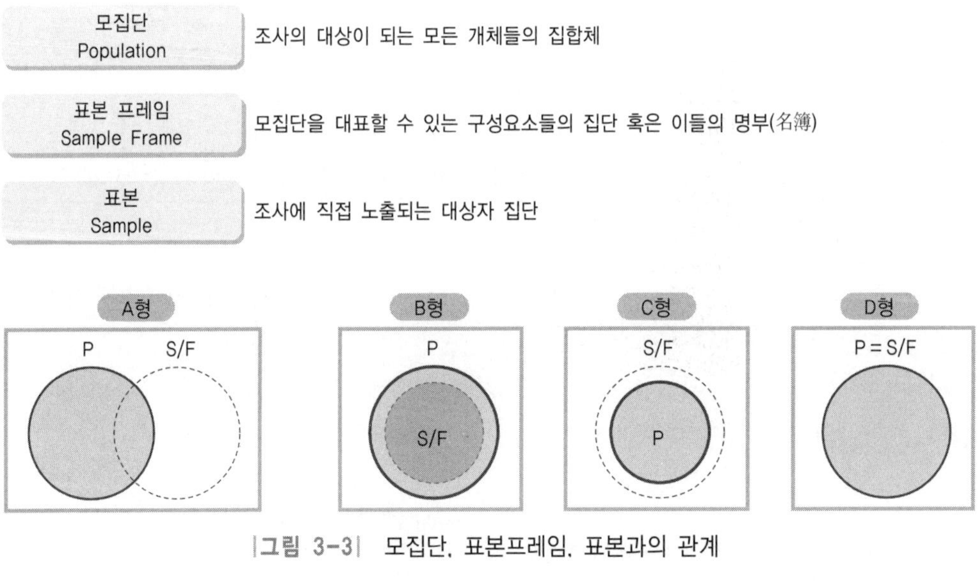

|그림 3-3| 모집단, 표본프레임, 표본과의 관계

집단의 성격이나 구성요건들을 얼마나 잘 대변하고 있느냐에 따라 최종적으로 추출될 표본의 좋고 나쁨을 결정하는 잣대가 될 수 있다. 좋은 표본 프레임이란 모집단과 완벽하게 일치하는 경우이며, 마케팅조사를 하고자 할 때 조사대상에 대한 정보를 완전하게 담고 있는 표본 프레임일수록 좋은 표본 프레임이 되는 것이다. 즉, 모집단과 표본 프레임의 모순정도가 작으면 작을수록 좋은 표본 프레임이 되는 것이다.

표본 프레임이 결정되었으며, 최종적으로 조사를 실시하게 될 조사대상자를 추출해야 한다. 실제적으로 조사에 노출되는 일단의 부분집합을 표본(sample)이라고 한다. 또한 표본에 포함되는 대상자의 크기를 표본의 크기(sample size)라고 하며, 표본 세대 數, 표본 가구 數 등 구체적으로 표현한다. 표본의 크기는 조사시간과 비용. 조사결과의 신뢰성과 정확성 등을 결정하는 매우 중요한 요소이다. 지나치게 크게 조사할 경우 조사결과의 신뢰성은 증대되지만 그로 인해 발생하는 조사비용은 신뢰성을 높이는 효과보다 비효율적일 수 있다. 반대로 조사비용의 절감만을 고려해 지나치게 작은 표본 크기를 추출하였다면 조사결과를 일반화하거나 타인을 설득하는데 무리가 있을 것이다. 따라서 적절한 표본 크기를 결정하는 것은 매우 중요하며 이러한 방법은 『제5장 표본추출방법』에서 상세하게 다루기로 한다.

4) 표본추출방법

모집단과 표본 프레임, 표본의 크기가 결정되었으면 실질적으로 표본을 추출하는 과정이 남아 있다. 표본추출방법은 크게 두 가지로 나눠지며 확률표본추출법(probability sampling method)과 비확률 표본추출법(non-probability sampling method)이 있다. 확률표본추출법은 단순무작위추출법(simple random sampling method)과 층화표본추출법(stratified sampling method), 군집표본추출법(cluster sampling method), 체계적 표본추출법(systematic sampling method)이 있다. 비확률적 표본추출법은 편의표본추출법(convenience sampling method), 판단표본추출법(judgmental sampling method), 할당표본추출법(quota sampling

표본을 추출하는 것은 미래의 조사결과에 대한 성공 가능성을 알수 있도록 해준다.

method), 눈덩이 굴리기식 표본추출법(snowballing sampling method)이 있다. 표본추출방법에 대해서는 『제5장 표본추출방법』에서 상세하게 다루기로 한다.

5) 설문지의 작성

설문지를 작성하는 것은 매우 기술적인 문제에 해당한다. 설문은 필요한 정보를 얻을 수 있는 수단임과 동시에 응답자들로 하여금 흥미를 유발하고 공감대를 형성하며, 협조적인 분위기 하에서 이루어질 수 있도록 레이아웃을 구성해야 한다.

설문지를 잘 구성하기 위해서는 기본적으로 다음과 같은 과정을 거쳐서 체계적으로 작성해야 한다. 1단계로는 조사목적을 달성하기 위해 필요한 정보를 결정하고 이를 구체화하는 것이다. 2단계는 조사방법 및 자료수집방법을 결정한다. 설문조사를 대인면접법으로 할 것인지, 우편조사를 실시할 것인지, 혹은 전화조사를 실시할 것인지를 결정한다. 3단계는 2단계의 조사방법에 따라 설문의 개별항목을 결정한다. 설문지의 양을 적게 할 것인지, 혹은 많이 할 것인지를 결정하며, 개방형 질문으로 할 것인지 혹은 다중선택형이나 양자택일형 질문으로 할 것인지를 결정해야 한다. 4단계는 질문의 형태를 결정하고 5단계에서 개별항목을 결정하게 된다. 6단계로는 질문의 난이도 등을 고려하여 질문의 순서를 결정한다. 또한 정보의 유형(기본정보, 분류정보, 확인정보)에 따라 위치를 결정하고, 설문 응답시간 등을 조정해야 한다. 7단계에서는 설문지의 외형과 배열을 결정하고, 초벌인쇄를 통해 설문지의 내용이나, 문맥, 용어의 혼성 등을 검토한다. 8단계에서는 설문지나 조사내용의 점검하기 위하여 사전조사(pre-test)를 실시한다. 사전조사결과를 토대로 설문항목에 대한 내적일관성(reliability)과 내용 타당성(validity) 등을 검증한다. 이러한 검증을 거쳐 9단계에서는 최종적으로 설문지를 수정하고 인쇄한 후 실사(field work)를 실시하게 된다. 설문지를 최종적으로 인쇄하기 위해서는 설문지의 외형, 질문간의 간격, 지시문의 정확성, 페이지 구분, 설문 문항간의 번호, 지침사항 등을 꼼꼼히 검토한 다음 최종인쇄를 해

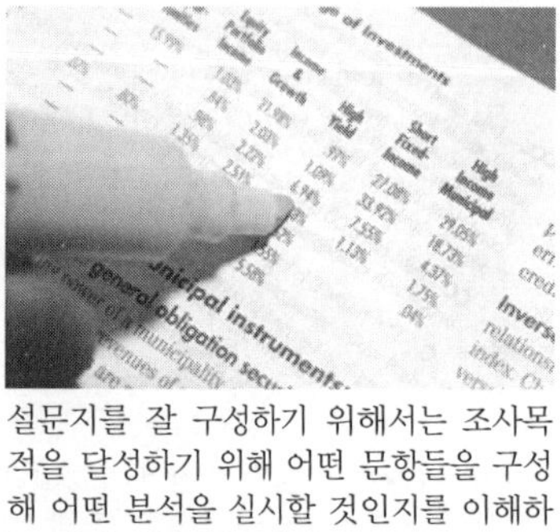

설문지를 잘 구성하기 위해서는 조사목적을 달성하기 위해 어떤 문항들을 구성해 어떤 분석을 실시할 것인지를 이해하는 것이 매우 중요하다.

야 한다.

설문지의 작성과 관련해서는 『제7장 설문지 구성』에서 상세하게 설명하도록 한다.

4. 자료의 수집

자료의 수집단계에서는 조사 설계에서 설계된 설문지나 조사방법에 따라 실제 데이터를 수집하는 단계이다. 자료수집단계에서는 실질적인 조사 작업인 실시(field work)를 위해 면접원을 모집하고 훈련시키는 과정을 포함한다. 또한 실사자료를 검증하고 실사 면접원을 평가하는 과정도 자료수집단계에서 이루어진다.

|그림 3-4| 자료수집 과정

1) 실사일정의 결정

실사 일정은 통상적으로 조사 설계단계에서부터 결정된다. 실사일정은 조사대상자의 수(數)와 면접원 1인당 일일 완료가능건수, 투입될 면접원 수 등을 고려하여 실사일정을 결정한다. 즉 (총 대상자수 / 면접원 1인당 1일 완료건수 × 투입될 면접원 수)의 산식을 통해 실사에 소요될 일정을 계획하면 된다.

2) 면접원 수

면접원의 수는 조사대상자의 수와 조사지역 등을 고려하여 면접원의 수를 결정해야 한다. 또한 면접원의 수를 결정할 때 면접원이 실사를 통해 완료 가능한 1일 완료건수를 보통 25-30부를 넘지 않는 것이 좋다. 이를 넘을 경우 조사가 부실해질 가능성이 있고 경우에 따라 속임수(cheating)를 쓸 수도 있기 때문이다.

3) 조사물품의 준비

실사작업을 진행함에 있어 필요한 조사물품은 설문응답자에게 제공할 사은품을 비롯해 설문지(설명용과 응답용), 면접원 가이드북, show card(경우에 따라서), 면접원 신분증 등이 필요하다.

4) 면접원의 선발

면접원은 응답자들이 명확하게 응답할 수 있도록 영향을 줄 수 있는 자격(특성)과 태도 등을 갖추어야 한다. 특히 경륜이 풍부한 면접원은 경험이 적은 면접원들보다 응답자들이 편안하게 응답할 수 있도록 분위기를 조성할 수 있기 때문에 면접의 성과가 더 높다. 따라서 이러한 면접원을 선발하는 것은 조사의 성공을 위해 매우 중요하다.

또한 면접원은 면접조사를 성공적으로 이뤄내기 위하여 건강(healthy)과 외향성(outgoing), 의사소통능력(communicative), 호감 가는 용모(pleasant appearance), 교양 및 지적인 자질(educated & elegant personality) 등을 고루 갖추어야 한다.

면접원에게 요구되는 일반적인 자격요건은 다음과 같다.

면접원은 지적이고 경험이 풍부하며 외향적인 성격을 갖춰야 한다. 이는 응답자들의 응답거절을 매우 효과적으로 극복할 수 있는 자질이 되기 때문이다.

건강(Healthy)

면접조사원은 분투할 수 있어야 한다. 그리고 반드시 이 일을 하기 위한 끈기와 지구력이 요구된다. 그렇지 않을 경우 조사가 진행 중이거나 혹은 조사가 끝나가고 있는데 그만두는 현상이 나타나게 되며, 결과적으로 조사 전체에 심각한 영향을 미칠 수 있기 때문이다.

외향성(Outgoing)

면접조사원은 응답자와 교감할 수 있어야 한다. 면접 조사자들은 그들과 전혀 다른 세계의 사람들과도 공감하고 교감을 이끌어 낼 수 있는 적극적인 성향을 갖고 있는 사람이어야 한다. 항상 부정적인 성향을 가지고 문제만을 지적하는 면접조사원들은 항시 조사결과 역시 부정적이거나 혹은 매우 좋지 않은 응답을 유발시켜 결과적으로 조사 데이터를 왜곡하는 현상까지도 나타날 수 있다.

의사소통 능력(Communicative)

효과적으로 말하고 듣는 스킬은 대단히 큰 자산이다. 특히 목적에만 치우쳐 성급하게 조사를 끝내려 할 경우에는 오히려 응답자가 조사 자체에 부정적인 성향을 가지게 되고, 설혹 응답자가 응답했을지라도 불성실한 응답오류를 나타내게 될 것이다.

호감 가는 용모(Pleasant Appearance)

만약 면접조사원이 심리적으로 유쾌하지 않거나 일상적인 것이 아니라면 바이어스가 들어간 자료가 수집될 것이다.

교양 및 지적인 자질(Educated & Elegant Personality)

면접조사원은 반드시 잘 읽고 쓸 수 있는 스킬을 갖추어야 한다. 실사

전문기관이 요구하는 주요 조건은 고등교육을 받은 사람을 요구하며, 대개의 경우 대학교육을 받은 면접조사원을 선호한다.

6. 풍부한 경험(Experienced)

경험 있는 면접조사원은 지도에 잘 따르고, 응답자들의 협조를 잘 이끌어 내어 면접을 잘 수행할 수 있을 수 있기 때문이다.

활용사례

응답 거절에 대한 극복

최근 미국 여론조사협의회(Your Opinion CountsTM"(YOC) National Steering Committee)에서는 소비자 조사에 있어서 응답자들의 응답 거부율의 본질과 수준을 결정하는 벤치마킹연구 결과를 발표했다. 전반적으로 응답 거부율은 38%로 나타났으며, 전체 응답거부율의 약 90%가 초기에 응답을 거부한 것이라고 밝히고 있다. YOC위원회는 실사과정에서의 응답 거부를 줄이기 위한 몇 가지의 지침을 제시하고 있다.

응답의 거절은 다양한 종류가 있으며, 응답이 발생했을 경우 면접원은 크나큰 마음의 상처를 입게 된다. 따라서 풍부한 경험을 가진 면접원을 활용해 응답거절상황이 자주 발생하지 않도록 하는 것이 중요하다.

- 면접조사원 훈련 프로그램은 그들이 효과적으로 직무를 수행할 수 있도록 통상적으로 관리되어야 한다.
- 전화 응답자들에게는 하루 중 어떤 시간대가 좋은지를 선택해서 전화하는 예절이 있어야 한다. YOC위원회는 오전 9:00 - 오후 9:00 사이가 적당하다고 추천하고 있다.
- 만약에 쇼핑몰 인터셉트 조사의 응답자가 불편해하는 시간이라면 면접을 뒤로 미루어 약속한 후 실시해야 한다.
- 주요한 문제는 응답자들에게 편향성(bias) 발생하지 않도록 자세하게 알려주어야 한다. 응답자들에게 보다 충분한 정보를 주게 되면 그들은 의심 없이 응답을 하게 될 것이다.
- 실사 면접조사원은 즐거움을 주고 흥미를 끌 수 있는 면접이 되도록 해야 한다.

(자료원 : Malhatra, Naresh K(1999). *Marketing Research* : An Applied Orientation, 3rd ed., Prentice Hall.)

5) 면접원의 교육/훈련

면접원들을 교육/훈련시키는 것은 품질이 뛰어난 실사자료를 수집하는 데 있어 결정적인 역할을 한다. 면접원의 교육/훈련은 조사본부에서 실시하거나 면접원들이 지리적으로 분산되어 있을 경우에는 우편이나 인터넷 등을 통해 실시한다. 교육/훈련은 동일한 방법에 따라 균일하게 자료를 수집할 수 있도록 훈련하며, 응답자들에게 최초로 접촉하는 방법, 질문하는 방법, 캐어묻기(probing) 방법, 응답의 기록, 그리고 면접을 종료하는 것까지 모든 것을 총망라해서 훈련시킨다.

미국연구조사기관협의회(The Council of American Survey Research Organization)에서 제시한 면접조사원 훈련지침을 보면 다음과 같다.

|표 3-2| 면접원 훈련지침

1. 조사과정을 알려 주라. 설문지가 어떻게 개발되고, 도구화되고, 보고서화 되는지를 연구하도록 해야 한다.
2. 이 과정에 있어서 면접조사원의 중요성을 인식시켜라. 정직과 객관성, 조직적 스킬, 그리고 전문가라는 것이 요청된다는 것을 알려 주라.
3. 응답자와 조사 의뢰자에 대하여 비밀을 지키도록 하라.
4. 시장조사와 관련된 용어와 친숙해지도록 하라.
5. 정확한 용어와 응답 그대로를 기록하는 것이 중요하다는 것을 주지시켜라.
6. 캐어묻기와 명확하게 하는 기법의 사용과 목적을 알려 주라.
7. 응답자 정보와 분류가 왜 필요한지의 이유를 알려 주라.
8. 교육과 설문지의 샘플을 보여 주라.
9. 연구조사에 관한 응답자들의 긍정적 감정이 중요하다는 것을 알려 주라.

응답대상자와의 최초 접촉방법 훈련

응답대상자와의 성공적인 접촉은 잠재적으로 응답자들의 협력(응답)을 얻느냐 혹은 그렇지 않으냐를 결정하는 중요한 단계이다. 따라서 면접원은 잠재적인 응답자들이 참여하는 것이 중요하다는 것을 확신시키는 것으로 주의를 이끌어야 한다.

질문하기

비록 하찮은 것일지라도 어법(wording)이나 순서, 왜곡되거나 바이어스가 걸린 응답이 될 수 있는 설문에 대해서는 질문하는 방법을 기교 있게 해서 이러한 오류를 줄여야 한다. 정교하거나 잘된 질문은 잠재적으로 편향된 자료를 제거하는데 유용하게 활용된다. 질문을 잘하기 위해서는 다음과 같은 지침에 입각해 질문하도록 훈련시켜야 한다.[3)]

(1) 설문지와 최대한 유사하게 질문하라.
(2) 설문지에 나타난 순서대로 질문하라.
(3) 설문지에 주어진 용어나 어법을 정확하게 사용하라.
(4) 각 각의 질문을 천천히 정확하게 읽어 주라.
(5) 이해하지 못하는 질문에 대해서는 반복해서 읽어 주라.
(6) 언제나 활용 가능한 설문을 물어 보라.
(7) 지도지침이나 건너뛰는 패턴(skip patterns)을 따르고, 조심스럽게 캐어물어라.

캐어묻기(probing)

캐어묻기는 응답자들에게 스스로 그들의 응답에 대하여 확신을 주거나 보다 명확성을 증대시켜주는 역할을 한다. 캐어묻기는 또한 면접을 진행함에 있어 응답자들에게 특별한 문맥에 관한 초점을 잡는데 도움을 주거나 혹은 단순히 관련된 정보를 제공하는 것으로 활용되기도 한다. 캐어묻기가 또 다른 바이어스를 제공해서는 안된다. 일반적으로 캐어묻기는 다음과 같은 방법으로 실시한다.[4)]

캐어묻는 것은 조사결과의 신뢰성을 더 한층 높여주며, 보다 나은 아이디어의 도출이나 전략수립에 도움이 된다.

① 질문의 반복(repeating the question)

동일한 단어나 어휘를 반복하는 것은 응답을 명확하게 하는데 보다 효과적이다.

② 응답자의 대답을 반복/복창(repeating the respondent's reply)

응답자들은 그들 자신의 응답에 대하여 말 한대로 반복해 주는 것에 의

3) 이명식, 최천규, 구자룡(2004), 마케팅리서치, 형설출판사, p.282.
4) 이명식, 최천규, 구자룡(2004), 마케팅리서치, 형설출판사, pp.282-283.

해 보다 확실한 응답을 할 수 있도록 자극시켜 준다. 이것은 면접조사원이 응답을 기록하는 것으로 완료된다.

③ 잠시 중단하거나 묵시적인 캐어묻기(using a pause or silent probe)

묵시적인 캐어묻기나 혹은 잠시 중단하고 기다리거나 바라보는 것은 응답자에게 보다 완전한 응답을 제공해주는 것으로 암시할 수 있다. 그러나 침묵은 응답자들을 난처하고 당황하게 한다.

④ 응답자 후원 및 격려하기(boosting or reassuring the respondents)

응답자가 머뭇거리거나 주저하면 면접조사원은 반드시 응답자가 격려해야 한다. 즉 "여기에는 맞거나 틀린 응답이 없습니다. 단지 선생님의 의견을 듣는 것에 불과합니다."라는 등의 코멘트를 통해 격려해야 한다.

⑤ 설명을 이끌어 내기(elicit clarification)

면접조사원이 협력을 이끌어 내기 위하여 응답자에게 동기를 부여하거나 완전한 응답을 제공받기 위해서는 질문을 통해 이끌어 낼 수 있다. 즉 "저는 그것에 대해 선생님이 어떤 의미를 갖는지를 이해하지 못하겠습니다. 조금만 더 저에게 말씀해 주시겠습니까?"라는 등의 질문을 통해 구체적인 응답을 이끌어 낼 수 있다.

⑥ 객관적이거나 혹은 중립적 질문 혹은 코멘트를 활용하기(using objective or neutral question or comments)

캐어묻기에 의해 통상적인 질문이나 코멘트를 활용하는 것이다. 생략을 활용하기도 한다. 면접조사원은 다음 설문을 질문하기 위한 질문을 괄호 안에 생략(축약)하여 기록할 수 있도록 한다.

응답의 기록

응답자의 응답을 기록하는 것이 단순하게 보일지라도 통상적인 실수가 발생할 수 있다. 이러한 실수는 곧바로 오류가 될 수 있으며 이는 자료를 처리하는데 있어 크나큰 오류가 발생할 수 있다. 따라서 모든 면접조사원

면접원들이 종종 겪는 실수 중에서 가장 중대한 것은 피면접자에게 도움을 준다고 응답을 주관적으로 해석하거나 어느 방향으로 유도하는 것이 가장 큰 실수이며, 잘못 기록하는 오류 또한 정보를 왜곡되게 하는 중대한 실수들이다.

은 면접결과를 기록하기 위해 동일한 형식과 형태를 사용하도록 해야 한다. 구조화된 설문의 경우에는 숫자에 동그라미 표시를 한다거나 혹은 사각형의 체크 박스에 체크(V)표시를 하는 것이다. 반면에 구조화되지 않은 자유 응답형 질문(혹은 개괄식 질문, open question)에 대한 응답은 면접원이 주관을 반영하지 말고 응답한 그대로를 기입하도록 해야 한다. 구조화되지 않은 질문을 기록하기 위한 원칙은 다음과 같다.

|표 3-3| 자유 응답식 질문응답 기록원칙

1. 면접조사를 진행하는 중에 응답을 기록하라.
2. 응답자가 사용한 어휘 그대로를 사용하라.
3. 응답자의 응답을 요약하거나 의역하거나 부연하지 말라.
4. 질문을 객관화하기 위해 관계된 모든 것을 포함시켜라.
5. 모든 캐어묻기와 코멘트를 포함시켜라.
6. 쓰인 응답도 반복하라.

* 자료원 : 이명식, 최천규, 구자룡(2004), 마케팅리서치, 형설출판사, p. 283.

면접조사의 종결

면접조사는 모든 정보를 획득하기 전에는 종료해서는 안된다. 공식적인 질문 이후에 응답자가 제공하는 자발적인 코멘트 역시 기록하는 것이 바람직하다.

6) 면접원의 감독

실사가 진행되는 동안 실사감독원(슈퍼바이저, supervisor)은 면접원들이 훈련받은 절차와 기법대로 실사를 진행하고 있는지를 확실하게 관리/감독해야 한다. 실사의 관리/감독은 통상적으로 중앙의 통제본부를 통해 품질통제와 편집, 표본추출의 통제, 속임수의 통제를 포함하는 것이다. 다음의 내용들은 실사감독원이 면접원들을 관리/감독해야 하는 내용들이다.

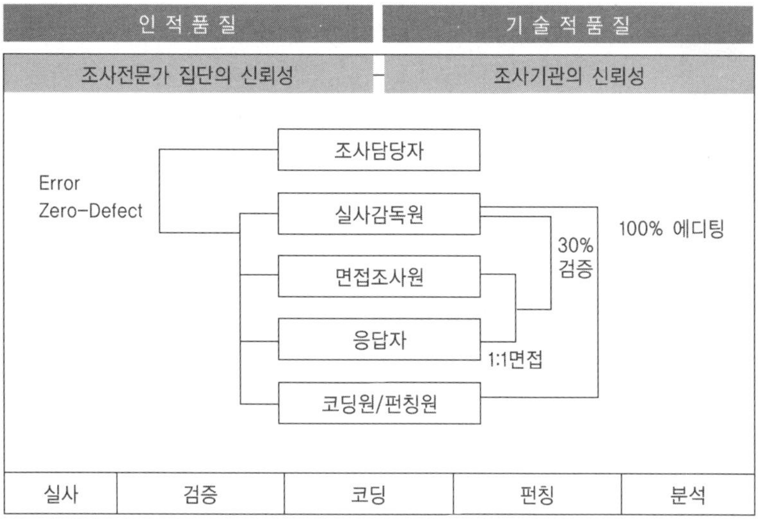

|그림 3-5| 실사품질관리도

품질통제와 편집

면접원들의 실사품질을 통제하는 것은 현장에서의 조사절차를 적합하게 활용하는지를 점검하고자 하는 것이다. 만약 어떤 문제가 발생했다면 실사감독원은 면접원들과 논의를 통해 문제를 해소해야 하며 경우에 따라서는 면접원을 재교육시켜 투입하거나 면접원을 적시에 교체해야 한다. 또한 실사감독원은 면접원이 현장에서 겪게 될 수 있는 문제들을 사전에 알기위하여 실사감독원 스스로 일부의 면접조사를 수행해야 한다.

실사감독원은 매일 같이 설문지를 수거하고 모든 질문들에 적합하고 완전하게 응답이 기록되었는지를 검증해야 한다. 또한 면접원들의 작업시간을 기록해 향후 지급될 면접비용의 근거가 될 수 있도록 해야 한다. 이것은 면접조사당 비용지출이 계획대로 진행되었는지의 여부를 판단하고 나아가 어떤 면접원이 문제를 가지고 있는지를 결정하는 중요한 작업이다.

표본추출의 통제

실사감독원의 또 다른 직무의 하나는 응답대상 표본추출을 통제하는 것이다. 조사대상자의 표본분포에 따라 제대로 조사가 진행되고 있는지를 매일 매일 체크해야 한다. 또한 면접원들이 자신의 거주지나 응답을

면접원들을 매일 같이 만나 그들의 면접진행결과를 점검하는 것은 실사품질을 높이는 있어 매우 중요하다.

받기 쉬운 대상만을 조사하는 것을 감독해야 한다. 경우에 따라서는 면접원에게 표본 할당표(sample quota table)를 만들어 할당된 표본을 적절하게 조사할 수 있도록 요구할 수도 있다.

이러한 문제들을 통제하기 위해 실사감독원은 매일 응답된 설문의 숫자와 부재중인 사람의 수, 거절한 사람의 수, 개별 면접조사원들이 완료한 면접조사의 숫자, 그리고 실사감독원의 통제 하에 있는 모든 면접조사원들을 매일 같이 확인하여 기록하여야 한다.

속임수의 통제

속임수(cheating)는 일부 혹은 전체 질문을 왜곡하거나 실제 조사하지도 않았으면서 아는 사람의 이름을 기입하고 조사된 것처럼 속이는 것까지를 의미한다. 이러한 속임수를 방지하기 위해서는 항상 실사 후 조사될 설문지 일부를 무작위로 추출해 조사여부를 검증해 보는 것도 한 방법이다.

|표 3-4| 실사감독원의 감독 지침

모든 조사 프로젝트는 적절하게 감독되어져야 하며 그것은 조사 자료를 수입하는 실사기관의 책임이다.

(1) 면접조사원들은 적절하게 감독해야 한다.
(2) 면접조사원들의 전화성공비율을 보기 위하여 모니터링을 실시해야 한다.
(3) 프로젝트 관리자는 별도의 지시가 없는 한 매일같이 프로젝트의 진행상황에 대하여 보고를 해야 한다.
(4) 모든 연구과제나 관련 부속물, 비밀유지 의무를 지켜야 한다.
(5) 만약 예상계획과 다를 때에는 관련된 부문에 통보해야 한다.
(6) 모든 면접조사원들로부터 간략한 브리핑을 들어야 한다.
(7) 면접조사 진행과정 중 정확한 기록과 현상을 유지해야 한다.
(8) 면접조사원들은 시간 내에 모든 자료를 확실하게 해야 한다.
(9) 개별적인 설문지를 편집해야 한다.
(10) 면접조사원들에 일관되고 긍정적인 피드백을 제공해야 한다.
(11) 어떤 작업이든 속임수나 혹은 왜곡해서는 안된다.

본사 통제

실사감독원은 조사본부에 조사품질과 비용에 관한 정보 등 조사 전 과정에 대해 보고서를 제출해야 한다. 또한 현장에서 통제를 어떻게 실시했는지, 잠재적인 문제를 인식하기 위하여 어떤 방법을 사용했는지를 밝혀야 한다. 조사본부에서 통제하는 사항은 할당변수의 테이블, 주요 인구통계학적 특성, 핵심변수들에 대한 응답자 정보 등을 보고서에 제출해 검증이 가능하도록 해야 한다.

7) 실사의 검증

실사가 끝난 후 회수된 설문지는 무작위로 10-25%의 응답자들에게 전화를 걸어 면접원들이 실제적으로 면접조사를 실시했는지의 여부와 중요한 사항 몇 가지 등을 질문해 실질적으로 조사가 진행되었는지를 판단할 수 있다. 또한 면접조사에 걸린 시간과 품질, 면접조사원의 반응, 그리고 기본적인 인구통계학적 자료에 대하여 질문하게 된다. 인구통계학적 정보는 설문지에 면접조사원이 기록한 정보와 다른 것이 없는지 교차 검색해야 한다.

실사검증 역시 실사품질을 높이는 있어 매우 중요하다.

8) 면접조사원에 대한 평가

실사작업이 끝난 후 면접원들에게 성과를 피드백 해주는 것은 보다 유능한 면접조사원을 확보하고 이들 면접원 집단의 구축을 통해 향후에도 우수한 실사품질을 유지시키기 위해 필요한 것이다. 면접원에 대한 평가는 교육훈련과정에서의 커뮤니케이션 능력뿐만 아니라 비용과 시간, 응답률, 면접조사의 품질, 그리고 자료의 품질 등에 기초하여 평가한다.

비용과 시간(Cost and Time)

면접원에게 지급된 비용과 시간소비행태를 비교해야 한다. 면접원에게 지급된 비용이 크다면 그만큼 면접스킬이 좋은 것으로 봐야 하며, 이를 평가할 때 면접에 소요된 기간과 대비해 평가해서 면접원의 스킬을 평가해야 한다.

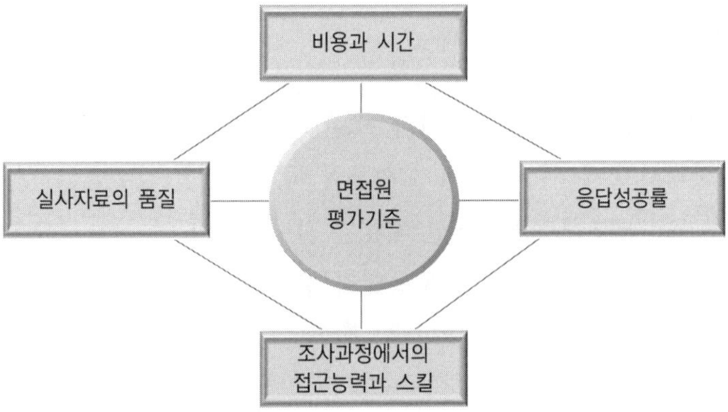

|그림 3-6| 면접원에 대한 평가기준

응답성공률(Response Rate)

면접원의 응답성공률이 너무 낮다면 면접을 위해 접근하는 방법 등을 수정해 줄 필요가 있다. 따라서 실사감독원은 면접원이 조사를 위해 접근한 방법을 모니터링해서 이를 수정하도록 지도해야 한다. 특히 접근 시 사용한 자신의 소개방법 등을 들어보고 즉각적인 피드백에 의해 과도한 응답거절이 나온 면접원에게 면접방법의 개선을 지도할 수 있다. 모든 실사가 끝나면 면접원간의 응답성공률의 차이를 비교분석해 유능한 면접원 DB에 입력해 향후에도 이들을 활용할 수 있도록 한다.

조사과정에서의 접근능력과 스킬(Quality & Skill of Interviewing)

면접원의 면접조사의 품질을 평가하기 위하여 실사감독원은 반드시 직접적인 방법을 통해 면접조사의 전 과정을 모니터링 할 필요가 있다. 모니터링은 사람별로 실시할 수 있으며 그렇지 못할 경우 하여금 면접과정을 테이프에 녹음하도록 하는 것도 한 방법이다.

면접조사의 품질은 다음의 관점에서 평가될 수 있다.

실사를 통해 수집된 데이터를 검증해 면접원의 스킬 등을 최종적으로 판단해 향후 조사에 투입할 것인지를 결정해야 한다.

(1) 면접 조사할 내용을 응답자에게 적절하고도 충분하게 소개하는가의 여부
(2) 진행하는 설문에 대한 질문을 적절하고도 세밀하게 실시하는지의 여부
(3) 특정한 방향으로 질문을 유도하거나 혹은 바

이어스 되게 질문하는지의 여부

(4) 질문에 대한 응답이 충분하지 않거나 보충적인 답변을 이끌어 내기 위하여 추가적인 질문을 실시하는 등의 캐어묻기 하는 능력
(5) 응답자 개인이나 혹은 사회적인 가치관 등에 따른 민감한 질문들을 유연하게 처리하는 능력
(6) 면접과정 중에 나타나는 대인관계 스킬
(7) 면접조사가 종결되었을 때의 매너 등

실사자료의 품질(Quality of Data)

면접원들이 실사를 통해 완성한 설문지는 다음과 같은 관점에서 평가해야 한다.

(1) 기록된 자료가 읽기가 용이하고 코딩하기 쉽도록 했는가?
(2) 건너뛰기 패턴 등 모든 지시를 제대로 따라 했는가?
(3) 구조화되지 않은 설문은 응답 그대로를 기록하였는가?
(4) 구조화되지 않은 설문의 응답은 의미가 있는 것이고 충분히 부호화 할 수 있는 것인가?
(5) 무응답 항목이 불규칙적으로 일어났는가?
(6) 선행설문과 나중에 질문한 설문간의 응답이 논리적으로 타당하고 일관성 있게 응답되고 있는가?

5. 자료준비 및 분석

실사과정을 거쳐 수집된 자료는 통계분석을 실시하기 전에 통계분석이 가능하도록 데이터를 검증하고 논리적인 모순이 있는 문항들을 편집(editing)하게 된다. 그 다음으로는 통계분석이 가능하도록 응답자들의 응답결과를 숫자나 문자로 부호화 혹은 코딩(coding)하는 과정을 거치며, 이러한 데이터를 입력(key-in)한다. 입력이 끝나면 최종분석을 실시하기 전에 입력에러(key-in error)나 코딩에러(coding error)를 찾아내기 위하여 스크리닝(screening)과정을 거치며, 마지막으로 통계분석 전문프로그램(SPSS, SAS,

MATLAB, Minitab 등)을 활용해 분석하게 된다.

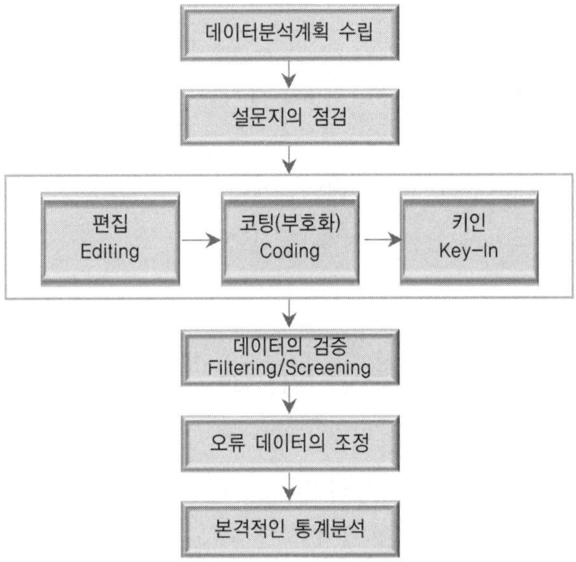

|그림 3-7| 실사자료의 처리 과정

1) 데이터분석계획의 수립

분석에 대한 구체적이고 상세한 계획은 분석결과를 활용해 보다 더 나은 전략적 아이디어를 도출하는데 절대적이다.

데이터의 분석계획은 조사목적과 문제해결을 위한 아이디어의 도출과정이라고 할 수 있다. 다시 말해 측정된 설문문항들을 활용해 조사문제의 어떤 문제를 해결할 것인가를 결정하고 개별항목들간의 연계성을 파악해 분석모듈을 설정하는 것이다. [문1]에서부터 [문7]까지를 독립변수(independent variable)로 하고 [문8]을 종속변수(dependent variable)로 해서 회귀분석(regression analysis)을 실시한다든지, [문9]의 제품 구매시 고려속성 20개를 활용해 요인분석(factor analysis)을 실시한다든지 하는 것들을 결정하는 것이 데이터분석계획이다. 이러한 상세한 데이터 분석계획은 궁극적으로 조사문제를 해결하거나 마케팅전략을 수립하는데 매우 유용하게 활용할 수 있다.

2) 설문지의 점검(Questionnaire Checking)

회수된 설문지를 점검하는 것은 조사된 설문지의 품질을 점검하고 부족하거나 불합리한 설문지를 찾아내 이를 보완하고자하는 목적에서 실시한다. 이 과정에서 만약 설문지가 심각하게 응답이 결여되어 있거나 혹은 어느 한쪽 방향으로 치우쳐져 있는 경우(예: 5점 척도로 평가하도록 한 문항에서 3,3,3,3,…이라든가 4,4,4,4,…라든가 등으로 평가한 경우)는 이를 폐기할 수도 있다. 또한 이러한 설문지의 점검과정은 설문조사가 진행되는 중에 매일 같이 점검하는 일일점검시스템(daily control system)을 활용해 조사품질을 보다 높일 수 있다.

회수된 설문지를 중심으로 폐기 처분해야 할 경우가 발생하는데 일반적으로 다음과 같은 상황에서 조사된 설문지를 폐기한다.

- 설문지의 일부가 불완전하게 응답되어 있다.
- 응답의 내용을 응답자가 이해하지 못했거나, 혹은 지시에 따르지 않은 것으로 판단될 때는 설문지를 폐기한다. 예를 들어 선택적인 질문의 경우 건너뛰기(skip)를 하지 않고 그대로 진행한 경우는 설문지의 내용을 제대로 이해하지 못했다고 할 수 있다.
- 응답결과의 분산이 적은 경우이다. 예를 들어 5점 척도나 7점 척도로 평가하는데 하나의 숫자만을 나란히 적어 놓은 경우이다. 이러한 응답은 결코 성실한 응답결과라고 볼 수 없기 때문이다.
- 회수된 설문지 중 일부의 페이지가 분실된 경우에는 해당 설문지를 폐기한다.
- 설문지가 예정된 마감일 이후에 회수된 경우에도 마찬가지로 폐기한다.
- 설문지에 응답자격이 없는 응답자가 응답한 경우에는 이를 폐기한다.

3) 편집

편집(editing)은 응답의 정확도와 정밀도를 증대시키기 위한 일련의 수정행위를 말한다. 즉 논리적으로 모순되거나 불명확한 응답들이 있다면 이를 수정할 필요가 있다. 또한 구조화되지 않은 자유 응답형(open-ended) 질문인 경우 빈약하게 기록된 문항을 보완하여 완전하게 할 필요가 있는데 이러한 모든 과정을 편집이라고 한다.

편집단계에서 조사자는 응답자의 논리적 모순에 대하여 면밀하게 점검해야 한다. 예를 들어 소득수준이 월 200만원인데 롯데백화점이나 갤러리

부실한 실사데이터는 결과적으로 분석에 악영향을 미치며 마케팅조사의 비용과 비효율성을 극대화 시키는 원인이 된다.

아백화점 등에 자주 쇼핑한다고 응답하는 경우에 논리적인 모순이 어디에 있는지를 파악하여 올바르게 응답을 조정하여야 한다.

또한 비구조적인 질문의 경우에 응답자들은 애매한 용어를 사용하거나 혹은 생략하거나 단축형의 단어를 쓰는 경우가 있다. 구조적인 질문의 경우에도 5점 척도로 응답하게 했는데도 명확하게 2 아니면 3에 응답한 것이 아니라 2와 3 사이에 응답하는 경우가 발생한다. 이러한 문제를 해결하기 위하여 설문지를 올바르게 편집하는 과정이 필요한 것이다. 물론 응답자의 응답결과를 왜곡하지 않는 선에서 말이다.

불만족스러운 응답이 발생했을 경우 이를 해소하기 위한 몇 가지 방법을 제시하면 다음과 같다.

■ 현장으로 다시 반려함(returning)

불만족스러운 응답설문은 다시 실사현장으로 반려하여 재조사가 가능하도록 한다. 표본의 크기가 작거나 경영 혹은 마케팅조사에서 일반적으로 사용되는 방법이다. 이 경우 최초의 조사 자료와 두 번째 응답한 결과 사이에는 약간의 변동이 있을 수 있다

■ 결측치(missing value)로 처리

응답이 적정하지 않을 때 조사자는 이 응답을 결측치로 처리할 수 있다. 불만족스러운 응답자가 적거나 혹은 주요변수가 아닐 경우에는 이와 같이 처리하는 것이 오히려 합리적일 수 있다. 결측치는 2가지 경우가 있다. 하나는 시스템 결측치(system missing)로 무응답인 경우 데이터 쉬트에 아무런 숫자를 입력하지 않는 경우가 이에 해당한다. 두 번째는 사용자 결측치(user missing)로 연구자가 무응답 결과를 특정한 숫자나 문자로 처리하는 것이다. 예를 들면 9 혹은 99 등으로 처리하는 경우이다. 이때 사

용자 결측치인 9가 다른 응답결과와 중복되지 않도록 유의해야 한다.

■ 설문지의 폐기(discarding)

불만족스러울 때는 간단히 폐기 처분한다. 불만족스러운 응답의 비율이 적거나(일반적으로 10% 미만), 표본의 크기가 커서 폐기해도 큰 문제가 없을 경우, 불만족스러운 응답이 만족스러운 다른 명백한 응답과 큰 차이가 없을 때, 혹은 주요변수에 대한 응답이 결여되어 있거나 불만족스러울 때 조사결과의 신뢰성을 확보하기 위하여 폐기하는 것이 합리적이다.

또한 조사자가 설문지를 폐기하였다면, 적절한 절차와 기준에 의해 폐기했음을 기록하고 이를 보고해야 한다.

4) 코딩(Coding) 혹은 부호화

응답결과에 대한 코딩(Coding Question)

부호화 혹은 코딩(coding)이라고 하는 과정은 응답자들의 응답결과를 통계분석이 가능하도록 숫자로 바꿔주는 일련의 과정을 의미한다. 예를 들어 성별을 코딩하게 되면 남성은 "1", 여성은 "2"로 코딩이 되게 된다. 자유 응답형의 경우에는 응답의 결과들을 보면서 미리 고유번호를 부여한

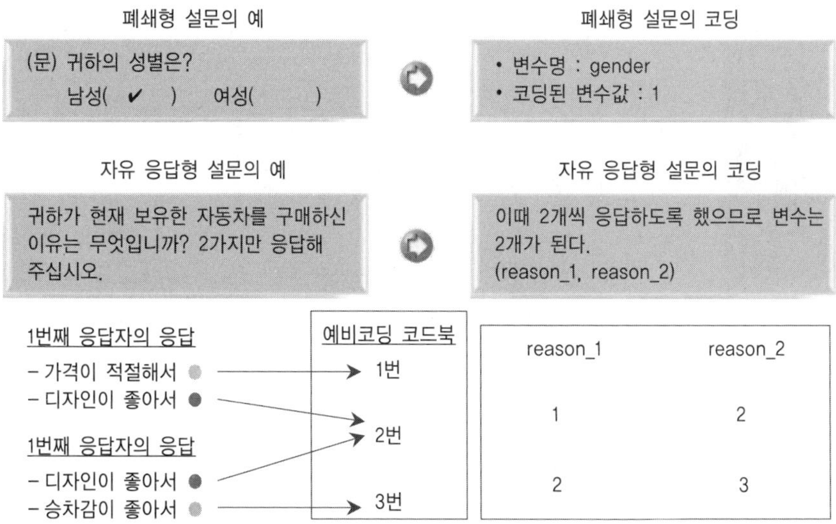

|그림 3-8| 설문응답형태를 이용한 코딩의 예

다음 코딩을 한다. 즉, 동일한 응답이나 유사한 응답을 하나의 동일 번호로 사전 코딩을 실시한 다음 응답을 보면서 코딩을 하게 된다.

사지선다형(四肢選多型)과 같은 구조적 질문에 대한 코딩작업은 비(非)구조화된 설문의 코딩보다 단순하다. 이는 이미 설문을 구성할 때, 기본적으로 코딩값이 주어져 있기 때문이다. 다음으로 비(非)구조화된 설문이나 자유응답형의 질문의 코딩은 사지선다형의 코딩보다 복잡하다. 이 경우 응답자의 축약된 응답내용이 차례대로 별도의 응답지에 기록되면서, 고유의 수치가 부여된다. 경우에 따라서는 실사과정 이전에 코드가 개발되는 경우도 있지만, 대부분의 경우에는 설문지가 최종적으로 회수되었을 때 코딩작업에 들어가게 된다. 자유응답형의 응답을 코딩하는 경우에 설문지의 숫자에 따라 코딩값이 달라지는 것이 아니라, 응답자의 응답유형으로 고유 번호를 부여하게 되므로 같은 응답을 한 경우에는 하나의 코드값으로 코딩이 되는 것이다.

코딩과정에서는 응답결과와 다르게 코딩하는 코딩에러가 발생할 수 있으므로 주의해서 코딩해야 한다.

코드 북(Code Book)

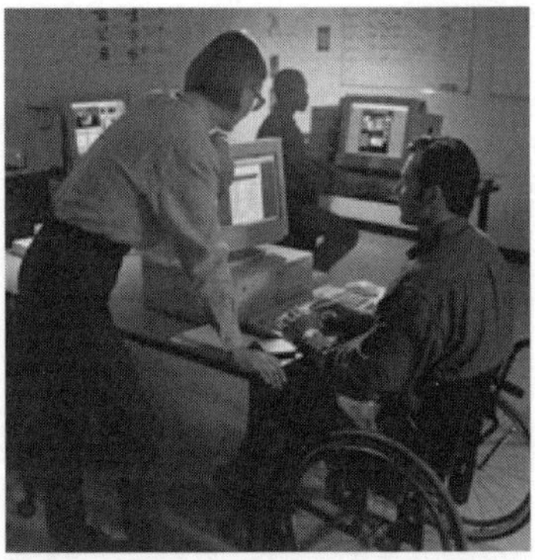

정확한 코딩은 통계분석작업의 신뢰성을 담보해주는 매우 중요한 업무이다.

코드 북은 코딩방법과 데이터세트의 각각의 변수들에 대한 정보를 모두 포함하는 것이다. 변수들에 대한 정보란 변수의 이름과 레이블, 그리고 각각의 변수값(value label)들이 의미하는 바를 포함하고 있다. 즉, 코딩을 하는 과정에 있어서 조사자가 정보를 식별하는데 도움을 준다. 코드 북에는 일반적으로 다음의 내용을 포함한다.

- 컬럼 번호(현재는 엑셀이나 다른 스프레드시트를 활용해 처리하는 경향이 많기 때문에 굳이 필요는 없으나 만약에 '흔글' 등에서 처리할 경우에는 반드시 필요함.)
- 변수의 번호와 변수의 이름
- 질문번호와 코딩방법
- 기타 관련 정보

|표 3-5| 코딩시 활용되는 코드 북(예)

컬럼번호	변수숫자	변수이름	설문번호	코딩지침
1-3	1	id	-	001-500 (500명의 응답자)
5	2	gender	1	(문) 귀하의 성별은 ? 1. 남성 2. 여성 9. 무응답
7-8	3	age	2	(문) 귀하의 연령은? 만____세
10	4	edu	3	(문) 귀하의 학력은 ? 1. 고졸 이하 2. 대학교 재학 중 3. 대졸 4. 대학원 졸 이상 5. 기타 :__________
12	5	maker	4	(문) 보유하고 있는 PDP TV의 제조회사는? 1. LG 2. 삼성 3. 대우 4. 아남 5. 소니 6. 기타 :__________

자료의 전환(Transcribing)

자료의 전환단계에서는 설문지나 혹은 코딩 시트 등에 코딩된 자료를 컴퓨터나 기타 통계분석이 가능한 도구에 입력하는 과정을 의미한다. 그러나 인터넷을 활용한 조사나 CATI, CAPI 시스템으로 입력된 데이터는 별도의 입력과정이 필요 없으며, 그렇지 않은 경우에는 별도의 프로그램이나 편집 소프트웨어를 이용해 입력해야 한다. 이러한 과정을 키 펀칭(key punching) 혹은 키인(key-in)과정이라고 지칭한다. 키 펀칭 이외의 수단을 활용하는 경우도 있는데 이때는 별도의 특수한 장비에 의해 데이터를 입력할 수 있다.

■ 특별한 표시(mark sense form)

특정한 응답에 대하여 미리 설계된 지역에서 특수한 펜으로 기록되는 응답을 요구하는 방법으로 특수한 기계에 의해 읽어 들일 수 있다.

■ 광학 판독기(optical scanning)

코드의 판독과 입력을 동시에 기계를 통해 직접적으로 하는 것을 말한다. 유사한 예로써 슈퍼나 각종 유통점에서 사용되는 국제제품코드(UPC)가 있다.

■ 자동화된 입력시스템(computerized sensory system)

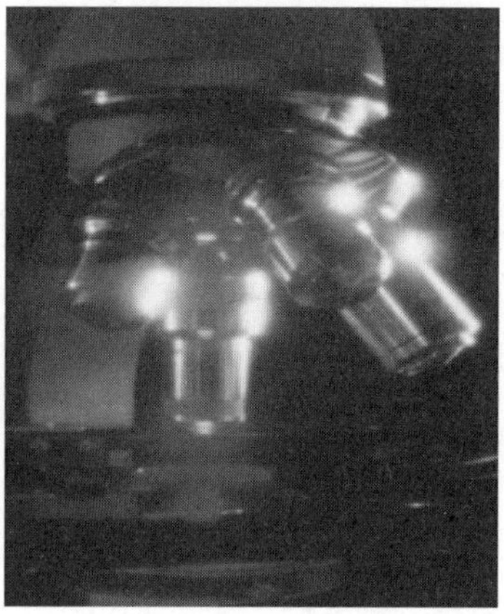

데이터 입력의 편리성을 기하기 위하여 다양한 과학적 방법이 시도된다. 예를 들어 대한민국에서 선거 시 집계를 위해 광학 판독기를 활용하는 것 등이 좋은 예이다.

자동으로 자료의 수집과정이 처리되며, 질문은 컴퓨터로 처리된 전자판에 나타나고 응답은 컴퓨터 장치에 의해 자동적으로 기록된다.

이와 같은 시스템이 아닌 키 펀칭 혹은 키인 작업을 수행하게 되면, 다양한 오류가 발생할 가능성이 크다. 그렇기 때문에 입력된 자료에 대하여 검증할 필요가 있다. CATI나 CAPI를 사용하여 자료를 수집하는 경우에는 자료가 수집되는 과정에 이미 검증절차를 거치면서 자료가 입력된다.

5) 키인(Key-In) 혹은 입력

입력은 부호화나 코딩이 이루어진 설문지를 순서에 따라 Excel이나 기타 편집기에 입력(key-in)하는 과정을 말한다. 입력과정에서는 입력에러가 발생할 수 있으므로 주의를 기울여서 입력해야 한다. 예를 들어 성별에서 여성 "2"를 입력하려고 하다가 숫자판에서 "3"을 누르거나 "5" 등을 잘못 입력할 수 있다. 이러한 입력에러가 발생할 경우 스크리닝(screening) 과정을 거쳐 수정할 수 있다.

6) 데이터의 검증(Filtering / Screening)

데이터의 검증은 응답 데이터의 입력이 끝난 후 빈도분석(frequency analysis)을 통해 입력의 에러나 코딩에러 등을 찾아내는 과정을 의미한다. 예를 들어 성별(gender)이라는 변수값에 "남성(1)이나 여성(2)"이 아닌 다른 숫자가 나타나는지를 살펴보는 과정을 의미한다. 이러한 경우 오류 데이터의 수정을 위해 설문지의 번호(id)를 입력과정에서 입력하는 것이 좋다.

데이터의 검증단계에서는 다음과 같은 작업이 이루어진다.

일관성 검증(Consistency Check)

응답된 자료에 대하여 일관성을 검증하는 것은 논리적으로 타당성이나 일관성이 없는 데이터를 검증하는 것이다. 또한 아웃라이어(outlier)을 찾아내고 이를 식별하기 위해서 이러한 검증단계를 거치는 것이다.

극한값들은 분석 데이터에 포함시켜서는 안되며 논리적으로 타당한 근거에 의해 수정하거나 혹은 실제 응답자에게 전화나 기타 매체를 통해 다시 질문하는 등 문제를 재정의 할 필요가 있다. 예를 들어 5점 척도를 이용해 라이프스타일을 측정하는 문항이 있다고 하자. 이때 수용 가능한 점수는 1-5까지의 점수이고, 9는 무응답을 나타내는 값이라고 하자. 이때 0, 6, 7, 8 등의 숫자는 자료의 범위를 벗어난 값이기 때문에 이를 그대로 적용해 데이터를 입력해서는 안된다. SPSS나 SAS 등과 같은 통계전문 패키지에서는 이를 편리하게 이용할 수 있도록 프로그램을 작성할 수 있다.

입력된 데이터는 본격적인 통계분석을 실시하기 전에 오류가 없는지를 다양한 방법을 통해 검증해야 한다. 그런 연후에 데이터분석계획에 따라 통계분석을 실시해야 한다.

일관성이 없는 응답은 다양한 방법으로 나타날 수 있다. 예를 들어 백화점 이용자들을 대상으로 쇼핑장소를 묻는 질문에서 백화점 쇼핑경험이 전혀 없음에도 불구하고 있는 것처럼 응답할 수도 있다. 이러한 응답들은 설문지 내에 검증할 수 있는 여과 질문(filtering question)을 삽입해 찾아낼 수도 있고, 동일 설문지내의 다른 문항들에서 찾아낼 수도 있다.

무응답(Missing Responses)의 처리

무응답은 응답자가 애매한 대답을 하거나 혹은 응답자의 응답을 면접조사자가 적절하게 기록하지 못했을 때 발생한다. 이러한 무응답률이 전체 응답자의 10%를 초과할 경우에는 조사결과의 신뢰성에 상처가 생길 수도 있기 때문에 별도의 방법을 통해 처리해야 한다.

■ 척도의 중간값(neutral value)으로 처리

무응답에 대하여 척도의 중간값으로 처리하는 경우가 있다. 이것은 변수의 의미변화를 주지 않으며 상관관계와 같은 다른 통계량에 그다지 큰 영향을 주지 않기 때문에 자주 활용되는 방법이다.

예를 들어 7점 척도를 조사하는 질문이 있을 때 무응답에 대하여 지나치게 높은 6 이나 7 혹은 1 이나 2 를 대입시키는 것이 아니라 중간값 4로 대입시켜 처리하는 것이다. 경우에 따라서는 전체의 평균(mean)으로 무응답을 대체하는 경우도 있다. 왜냐하면 전체의 평균을 대입시키면 다른 통계량에 영향을 끼치지 않기 때문에 조사결과의 왜곡을 최소화 할 수 있기 때문이다.

■ 다른 응답자들의 응답결과에 귀속시킨 값(imputed value)으로 처리

무응답자와 유사한 패턴이나 상황을 보유한 응답자들의 응답결과를 대용하여 데이터를 처리하는 방법이다.

예를 들어 무응답자와 유사한 크기의 주택을 보유한 응답자의 제품 사용량을 무응답자의 응답으로 대체하여 사용할 수도 있다. 그러나 이러한 방법을 선택하기 위해서는 신중한 고려가 있어야 하며 아울러 다양한 통계적 절차가 필요하다.

■ 사례별로 분석에서 제외(Case-wise Deletion)

무응답이 발생했을 경우 연구자는 이를 버릴 것인지 포함시킬 것인지를 심각하게 고민하게 된다.

무응답에 대하여 분석단계에서 사례별로 제거한 다음 분석하는 방법이다. 그러나 이러한 접근방법은 결과적으로 표본의 크기를 줄인다. 그렇기 때문에 만약 대량의 데이터를 폐기하는 경우에는 비용과 시간손실이 그만큼 많아지기 때문에 바람직한 방법은 아니다.

또한 무응답을 많이 낸 응답자들과 완전하게 응답한 응답자들의 특성은 서로 다르기 때문에 무응답자를 제거할 경우 데이터에 편중(偏重)현상이 발생하여 조사결과를 왜곡하는 현상이 일어날 수 있다.

■ 쌍대 제거(Pair-wise Deletion)

사례별로 완전하게 응답자를 제거하는 방안과는 다르게 질문에 따라 응답한 응답자들만을 분석에 포함시키는 방법이다. 그 결과로 각각의 분석결과에 대한 표본 크기가 다르게 나타나게 된다. 이러한 방법을 활용할 때는 조사표본이 충분히 크고, 무응답이 적거나 혹은 각 변수간의 상관관

계가 낮을 경우에 활용하는 것이 적절하다. 그러나 경우에 따라서 적절하지 못한 결과를 유도해 낼 수도 있음에 유의해야 한다.

이러한 과정이 모두 끝나면 본격적인 통계분석작업을 실시하게 된다. 통계분석은 빈도분석(frequency analysis), t-테스트(t-test), 분산분석(ANOVA; ANalysis Of VAriance), 상관분석(correlation analysis), 회귀분석(regression analysis), 요인분석(factor analysis) 등을 실시하게 된다. 이러한 통계분석기법은 『Part2. SPSS를 활용한 통계분석』에서 상세하게 다루도록 한다.

7) 데이터 분석 전략의 선택

데이터를 분석하기 위한 전략적 방향설정은 초기 조사 설계단계에서부터 조사목적을 달성하기 위하여 분석계획을 미리 감안한 다음에 조사내용이나 설문내용을 구성하게 된다. 그렇기 때문에 일반적으로 데이터를 분석하기 위해서는 우선적으로 데이터의 특성을 이해하는 것이 중요하다. 그런 다음 유능한 분석전문가를 활용해 분석을 실시한다. 이때 분석자가 긍정적인 사고를 가지고 있는지의 여부, 끈기 등이 있는지의 여부 등도 고려해야 한다.

데이터의 특성을 이해

데이터의 특성을 이해하는 것은 매우 중요하다. 데이터 특성에 따라 분석방법이 달라지기 때문이다.

데이터분석을 위한 전략적 방법의 선택하기 위해서는 우선적으로 조사 데이터의 특성을 이해해야 한다. 다시 말하면 조사 데이터의 척도 특성을 먼저 이해해야 한다는 것이다. 측정된 데이터의 척도의 유형은 데이터를 분석하는데 매우 큰 영향을 미치기 때문이다. 즉 척도에 따라 조사 분석방법이 다르게 적용이 되기 때문이다. 따라서 분석자는 우선적으로 조사된 응답들에 대한 척도의 특성을 가장 먼저 이해해야 한다. 이러한 내용은 척도를 이해할 때 자세하게 언급할 것이다.

통계적 분석능력의 보유

데이터분석을 위한 충분한 통계적 분석능력을 보유하거나 혹은 보유한 전문가를 활용할 계획을 가지고 있어야 한다. 이는 분석결과에 대한 신뢰성과 타당성의 문제뿐만 아니라 향후에 분석결과에 의문을 품은 질문자들을 설득하는데 매우 중요한 역할을 담당하기 때문이다. 이러한 통계적 분석능력의 보유는 조사 설계단계에서 설문지를 작성할 때도 유용하게 활용된다. 왜냐하면 분석능력을 보유하고 있어야 설문지를 보다 유용하게 작성할 수 있기 때문이다.

연구자의 철학과 배경

연구자의 철학적 배경을 이해해야 한다. 왜냐하면 연구자의 철학적 배경은 분석단계에서 많은 영향을 미치게 된다. 또한 경험이 풍부한 분석자는 통계적으로 유용한 분석기법을 활용하여 조사문제를 보다 효율적으로 해결할 수 있는 방안을 제시하기 때문이다. 다시 말하면 자료 분석은 분석 그 자체로서는 별다른 의미가 없다. 즉, 연구자가 조사문제를 해결할 수 있는 방안을 도출할 수 있을 때 그 의미가 있는 것이기 때문이다.

8) 통계분석방법의 선택

분석방법의 선택은 분석결과의 신뢰성에 절대적인 영향을 미친다.

통계적 분석방법의 결정은 우선적으로 변수가 단일변량(univariate)에 의한 것이냐 아니면 다변량(multivariate)에 의한 것이냐를 파악해야 한다. 왜냐하면 변수의 특성에 따라 사용되는 분석기법에 차이가 있기 때문이다.

단일변량이란 하나의 단일 변수에 의해 측정된 것을 말하며 이러한 단일변량은 단지 그 자체만의 분석결과를 통해 의미를 전달할 수 있다. 다변량이란 여러 가지 측정변수들을 연결하여 연관성을 분석하거나 할 때 효과적으로 활용되는 분석기법이다.

단일변량에 의한 분석기법의 선택

단일변량분석기법에서 활용되는 변수 중에서 계량적 데이터는 등간이나 비율척도로 측정된다. 하나의 변수일 때는 t 검증이나 z 검증을 통해 데이터를 분석할 수 있다. 또한 비계량적 데이터는 명목이나 서열척도에 의해 측정된 데이터를 말한다. 모수통계에서는 빈도분포를 활용하거나 비모수통계에서는 카이스퀘어검증(chi-square test), 연(連)의 검증(run test), 콜모고로프-스미르노프검증(Kolmogorov-Smirnov test) 등의 다양한 방법을 통해 분석이 가능하다.

▮ *t* 검증

독립된 2개의 집단간 평균의 차이를 검증하는데 이용된다. 예를 들어 성별에 따른 디지털카메라 사용만족도에 대한 평균의 차이를 검증할 때 t 검증기법을 활용한다. 디지털 카메라 사용만족도 평균이 남성은 76.4점이고 여성은 78.3점이라고 가정했을 때 차이는 1.9점의 차이가 난다. 그러나 실제 통계학적으로 그 차이가 의미 있는 차이인지, 아니면 무시해도 좋을 만한 차이인지를 검증하고자 할 때 *t* 검증기법을 활용한다. 이때는 가설(hypothesis)[5]을 설정하여 검증한다. 가설에는 영가설 혹은 귀무가설(null hypothesis, H0)과 연구가설 혹은 대체(립)가설(alternative hypothesis, H1)이 있다.

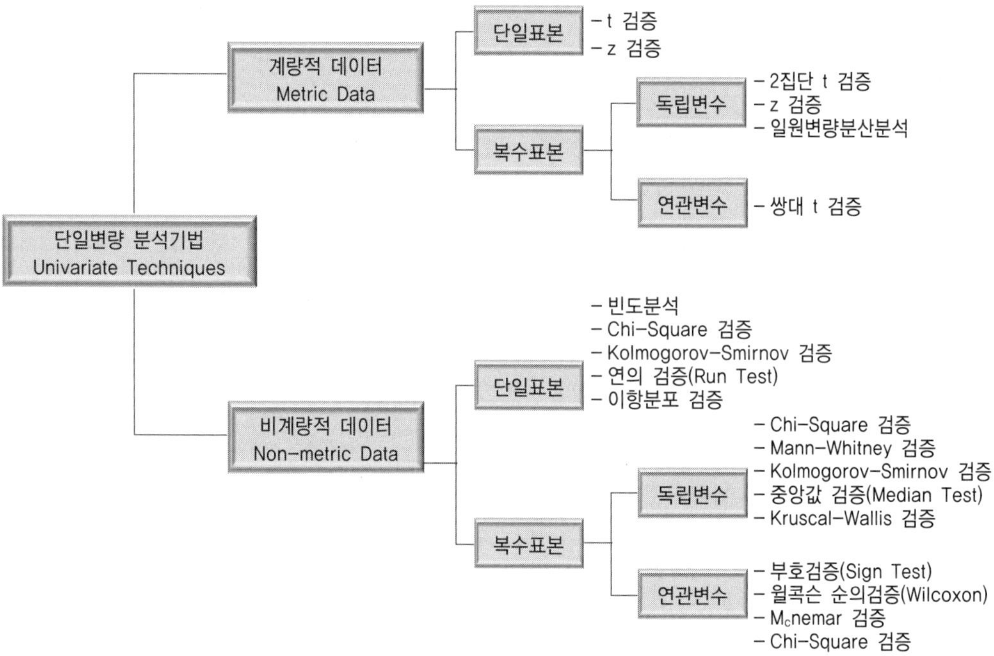

|그림 3-9| 단일변량 분석기법의 분류

5) 가설(Hypothesis)이란 검증되지 않은 잠정적 결론을 의미한다.

▮ z 검증

두 개 집단의 이항비율의 동질성을 검증하는데 이용된다. z 검증에서는 z 값을 이용하여 검증하는데 z 값은 관측치가 그 기댓값으로부터 그 표준오차 단위로 얼마나 떨어져 있는지를 알려주는 값이다. 여기에서 기댓값이란 항상 영가설(귀무가설) 하에서 계산이 된다. 즉 z 통계량은 관측치와 영가설 하에서 계산된 기댓값의 차이를 표준단위로 나타내게 된다. 실제 관측치와 이론상의 기대된 값들의 표준화된 차이, 이것이 바로 z 값의 의미이다. z 값은 다음과 같은 식에 의해 구해진다.

$$z = \frac{\text{관측치} - \text{기대값}}{\text{관측치의 표준오차}}$$

▮ 일원변량분산분석

2 개 이상의 집단간의 평균의 차이를 검증하는데 이용되는 통계분석기법으로 독립변수와 종속변수가 각 각 1개씩일 때 사용하는 분석기법이다. 즉 1:1의 대응관계를 가지며 이러한 분산분석을 일원분산분석(one-way ANOVA)이라 한다.

▮ 빈도분석

빈도분석(frequency)은 측정된 변수들의 도수분포(度數分布)와 분포의 특성을 파악하는데 이용된다. 빈도분석에서는 도수분포표와 평균값(mean), 중앙값(median), 최빈값(mode), 표준편차(standard deviation), 분산(variance), 범위(range), 최소값(minimum)과 최대값(maximum), 첨도(kurtosis)와 왜도(skewness) 등을 파악할 수 있다.

▮ 카이스퀘어(Chi-Square, χ^2) 검증

측정된 자료의 척도가 명목척도일 때 2가지 목적을 위해 사용된다. Chi-Square 검증은 두 변수간의 독립성(independence test)과 적합도(goodness of fit test)를 검증하는데 활용된다.

독립성 검증은 특정 속성에 대하여 집단별로 어떤 차이가 있는지를 알아보기 위해 사용된다. 예를 들어 가족의 수와 보유하고 있는 세탁기의 용량(대, 중, 소)간에 어떤 관련성이 있는지를 알아보는 것이다.

적합도 검증이란 어떤 측정변수에서 기대된 빈도값과 실제 관측된 빈도값이 어느 정도 적합(fit)한가를 검증하는 기법이다. 예를 들면 주사위를 던졌을 때 각 각의 숫자가 나올 기대빈도와 실제 실행했을 때 측정된 관측빈도가 어느 정도로 적합성을 이루는지를 검증할 때 활용된다.

콜모고로프-스미르노프(Kolmogorov-Smirnov)검증

무작위로 추출된 표본의 값이 갖는 분포가 특정한 분포와 어느 정도 일치하는지를 검증하기 위하여 이용된다. 검증방법은 표본의 누적확률분포(cumulative probability distribution)와 검증하고자 하는 확률분포함수의 누적치를 비교함으로써 검증한다. Kolmogorov(1933)에 의해 제안되었고 Smirnov(1939)에 의하여 발전된 검증기법이다.

연의 검증(Run Test)

일련의 연속적인 관측치의 경향이 무작위적으로 나타나는지 혹은 앞의 경우가 영향을 미치는지를 검증하는 이용된다. 연(run)이란 동일한 관측치가 연속적으로 이어지는 것을 의미하며, 이항분포(binomial distribution)를 이룰 때 활용된다. 예를 들어 6개월간 비가 온 날과 비가 오지 않은 날을 관측해 이러한 현상이 무작위적으로 발생하는지, 그렇지 않은지를 검증하는데 활용된다.

이항분포 검증(Binomial Test)

이항분포의 검증이한 이항분포를 갖는 변수의 관측치와 기대빈도가 일치하는지의 여부를 판단하는데 활용된다. 예를 들어 동전 던지기를 10회 실행했을 때 동전의 앞면과 뒷면이 나올 기대빈도는 각 각 5회씩이지만 실제 그러한 결과가 나타났는지를 검증할 때 이용된다.

만-휘트니(Mann-Whitney) 검증

측정하고 있는 2개의 표본집단이 동일한 확률분포를 갖는 모집단으로부터 추출되었는지를 검증하기 위하여 활용되는 분석기법이다.

■ 중앙값 검증(Median Test)

2개 이상의 표본이 추출된 모집단의 분포가 동일한 것인지의 여부를 검증하기 위하여 활용되며, 중앙값을 이용하여 검증한다.

■ 크루스칼-왈리스(Kruscal-Wallis) 검증

Mann-Whitney 검증이 2개의 표본집단에 대한 검증기법이라면 Kruscal-Wallis 검증은 3개 이상의 표본집단이 동일한 모집단으로부터 추출되었는지를 검증하기 위하여 활용된다.

■ 부호 검증(Sign Test)

모수통계기법의 쌍대 t 검증(paired t test)과 유사한 분석기법으로 2개의 변수(variables)가 이루는 확률 분포상에 차이가 있는지를 검증하기 위하여 활용되는 분석기법이다. 부호검증에서는 단지 2개의 변수값을 비교하여 (+), (-) 방향만을 검증하는 것이다.

■ 윌콕슨 순위검증(Wilcoxon Test)

부호검증이 2개 변수간의 값의 차이를 방향(부호)만을 고려하여 검증하는데 반해 윌콕슨 순위검증은 크기까지도 고려하여 2개 변수간의 차이를 검증한다.

■ 맥네마르 검증(Mcnemar Test)

이항분포를 갖는 2개 변수간의 분포의 차이를 검증하기 위하여 활용된다.

비계량적 데이터를 분석하는 방법을 비모수통계라고 하는데 카이스퀘어(Chi-square) 검증이나 연의 검증 등이 모두 비모수 통계분석기법이다. 비모수 통계분석기법은 다음과 같은 경우에 활용한다.

(1) 모집단의 특성이 정규분포를 이루고 있지 않을 때
(2) 자료의 형태가 비연속적일 때
(3) 표본의 수가 적을 때

비모수 통계분석기법을 사용한다. 그러나 분포의 검증이나 연의 검증은 비모수 통계분석기법에만 있지만 대부분의 분석기법들은 모수통계기법을 대신해 개발되었기 때문에 보다 정확한 통계분석을 위해서는 모수통계분석기법을 활용하는 것이 바람직하다.

다변량에 의한 분석기법의 선택

다변량분석이란 분석에 사용되는 변수가 2개 이상의 변수일 때를 다변량분석이라 한다. 즉, 2개 이상의 변수들간의 상호관련성이나 연관정도를 파악하기 위해 실시하는 방법을 말한다. 이러한 다변량분석기법에는 크게 2가지 유형의 분석방법이 있다. 그 하나는 변수들간의 종속관계를 파악하는 기법과 상호관계를 파악하는 기법으로 크게 분류된다. 이러한 다변량에 의한 분석기법을 정리하면 다음과 같다.

교차분석(Crosstab Analysis)

교차분석은 명목척도로 측정된 두 변수간의 상호관련성(독립성과 연관성)을 파악하기 위하여 교차(交叉)해서 분석하는 기법이다.

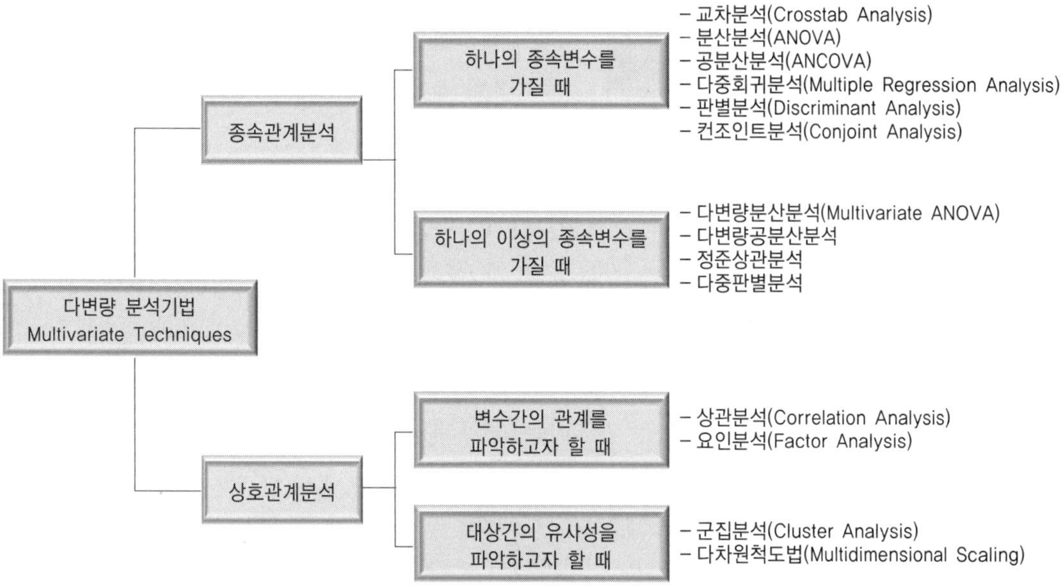

|그림 3-10| 다변량 분석기법의 분류

■ 분산분석(ANOVA)

분산분석은 ANOVA(Analysis of variance)라고도 하며 2개 이상의 집단간의 평균의 차이를 검증하는데 이용되는 분석기법이다. 독립변수와 종속변수가 각 각 1개씩인 일원분산분석(one-way ANOVA)과 독립변수가 2개이고 종속변수가 1개인 이원분산분석(two-way ANOVA), 그리고 2개 이상의 독립변수를 갖는 다원분산분석(multi-way ANOVA)이 있다.

■ 공분산분석(ANCOVA)

2개 이상의 집단간의 평균의 차이를 검증하는 분산분석에서 외생변수의 효과를 완전하게 제거하고 그 차이를 검증하는데는 한계가 있을 수 있다. 그래서 이러한 외생변수를 공변량(covariate)으로 처리하여 그 효과를 제거하는 분산분석을 공분산분석(analysis of covariance)이라 한다.

■ 다중회귀분석(Multiple Regression Analysis)

다변량분석에서는 원인과 결과에 대한 분석을 많이 사용한다.

다중회귀분석은 독립변수와 종속변수간의 종속적인 관계를 분석하기 위해 활용하는 분석기법이다. 독립변수가 1개인 단(單)회귀분석과 독립변수가 2개 이상인 다중회귀분석이 있다. 회귀분석은 독립변수와 종속변수간의 원인과 결과를 분석하기 위해 매우 다양하게 활용되는 분석기법이다.

■ 판별분석(Discriminant Analysis)

판별분석이란 등간척도나 비율척도로 측정된 독립변수와 명목척도로 측정된 종속변수를 활용하여 집단들을 구분하는 분석기법이다. 예를 들어 금융기관에서 독립변수로 개인의 자산상태(x_1), 부채상태(x_2), 월급여수준(x_3), 과거의 대출상환 신뢰도(x_4)를 이용하여 대출가능여부(1: 가능집단, 2: 불가능집단)를 판별하는 등의 분석기법이 판별분석이다.

■ 컨조인트분석(Conjoint Analysis)

컨조인트분석은 소비자들이 제품이나 서비스를 선택하는데 있어 다양한 속성들 중에서 현저하게 두드러지게 선호하는 속성들의 최적의 결합

(optimal conjoint)을 찾아내기 위한 분석기법이다. 예를 들어 신제품을 개발하는데 있어 포함될 수 있는 다양한 속성들을 제시하고 소비자가 각 속성에 부여하는 상대적 중요도와 각 속성들의 효용의 정도를 측정하는 분석기법이다. 신제품 개발시에 자주 활용되는 기법이다.

다변량 분산분석(MANOVA)

다변량 분산분석은 ANOVA와 동일한 점이 있으나 종속변수가 2개 이상일 때 평균값의 차이를 검증하는데 활용된다.

정준상관분석(Cannonical Correlation Analysis)

정준상관분석은 2개 이상의 독립변수와 2개 이상의 종속변수간의 상호관계구조를 분석하기 위한 다변량 분석기법이다. 다시 말해 정준상관분석은 상관분석이다 회귀분석과 달리 독립변수와 종속변수가 모두 복수라는 점에서 차이가 있다.

상관분석(Correlation Analysis)

상관분석은 하나의 변수(x, 예를 들어 소득수준)와 다른 하나의 변수(y, 저축수준)가 어느 정도 밀접한 관련성을 갖고 있는지를 파악하기 위한 분석기법이다. 상관성의 정도는 상관계수(coefficient; r)에 의해 판단한다.

요인분석(Factor Analysis)

요인분석은 어떤 제품이나 서비스를 구성하는 다양한 속성변수들을 등간척도로 평가하여 이들 속성변수들의 유사성(inter-dependence)을 이용하여 유사한 변수끼리 결합시켜주는 분석기법이다. 즉 상관관계가 높은 변수들끼리 동질적인 몇개의 집단으로 분류해주는 분석기법이다.

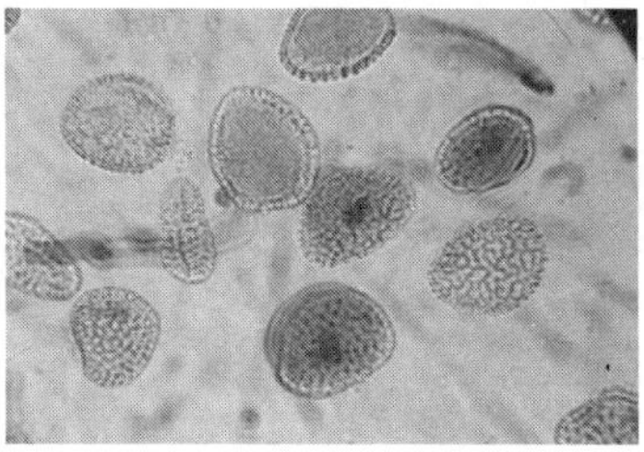

군집분석은 유사한 특성을 가지고 있는 개체(objects)들을 동질적인 몇개의 집단으로 분류하는 기법이다. 계층군집과 비계층군집(퀵 클러스터)이 있다.

군집분석(Cluster Analysis)

요인분석은 유사한 속성변수들끼리 묶어주는 분석기법이지만 군집분석은 유사한 성향을 갖는 응답 대상자들을 동질적인 몇 개의 집단으로 묶어 주는 분석기법이다. 군집분석은 시장세분화(market segmentation)를 할 때 자주 활용된다. 군집분석은 계층적 군집화(hierarchical clustering)와 비계층적 군집화(nonhierarchical clustering) 방법이 있다.

■ 다차원 척도법(Multidimensional Scaling; MDS)

다차원 척도법은 평가 대상(예를 들어 자동차 브랜드나 TV브랜드 등)들에 응답자들의 평가를 기준으로 주요 차원들을 규명하고 지각도(perceptual map)를 공간상에 그려주도록 하는 분석기법이다. 마케팅전략에서 제품의 포지셔닝전략을 수립하는데 요인분석과 함께 자주 활용되는 분석기법이다.

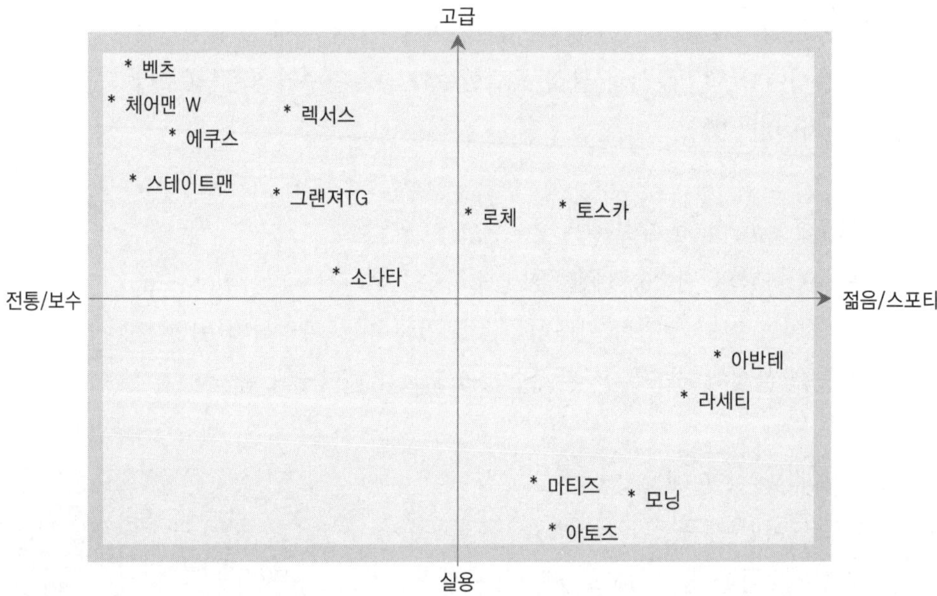

|그림 3-11| MDS를 이용한 국내 자동차브랜드의 지각도

Chapter

04

마케팅조사의 방법

마케팅조사를 실시하는데 있어 실제적인 자료수집방법으로 탐색적 조사방법과 기술적 조사방법, 인과적 조사방법이 있음은 이미 3장에서 언급하였다. 이러한 조사방법을 간략하게 정리하면 다음과 같다.

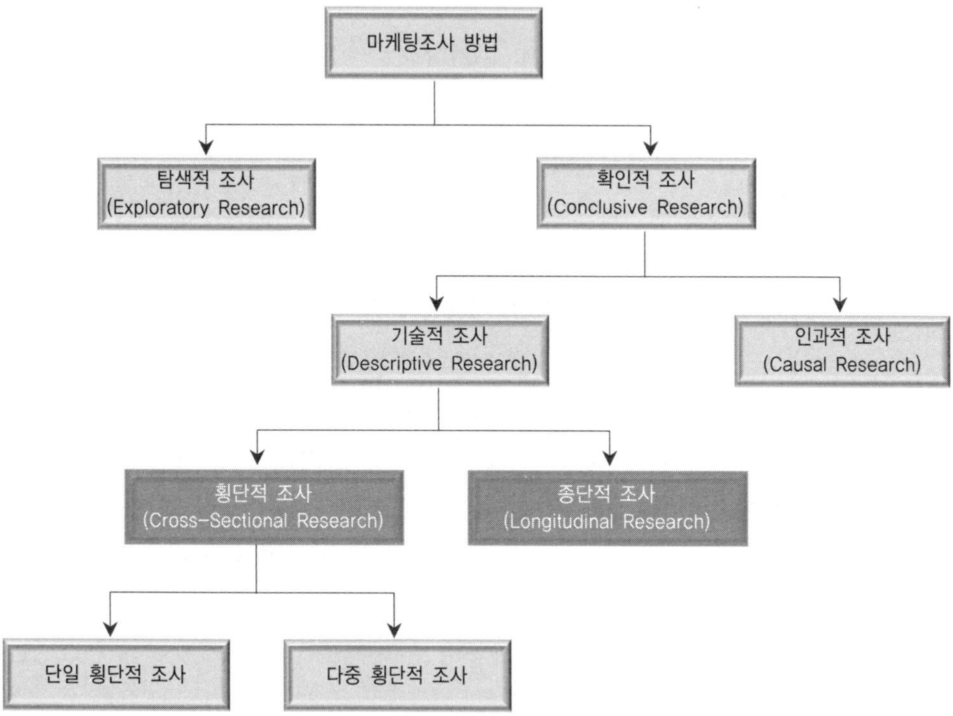

|그림 4-1| 마케팅조사의 방법

1. 탐색적 조사

탐색적 조사는 조사문제에 대한 통찰력과 이해력을 증진시키기 위하여 실시하는 것이다.

탐색적 조사의 구체적인 목적은 다음과 같다.

- 조사문제를 더욱 명확하게 하고 의사결정문제와 조사문제를 정의한다.
- 선택적인 조사 수행과정을 확인한다.
- 조사를 통해 검증할 가설(hypothesis)을 개발한다.
- 보다 나은 조사를 위해 주요 변수와 관계를 정리한다.
- 문제에 접근하기 위한 방법을 개발하는데 필요한 통찰력을 획득한다.
- 보다 나은 조사를 위한 우선적으로 고려할만한 사항을 정의한다.

이러한 탐색적 조사방법에는 우선적으로 2차 자료를 조사해 분석하는 방법이 있으며, 전문가 조사나 파일럿 스터디, 관련 담당자 인터뷰, 오피니언 리더 인터뷰(opinion leader interview) 등이 있다. 탐색적 조사는 대부분 정성적인 특성을 가지며, 시험적 혹은 임시적인 결론을 유도하기도 한다. 또한 탐색적 조사결과를 바탕으로 대규모의 기술적 조사나 인과적 조사가 이루어진다. 탐색적 조사로 자주 활용되는 조사방법은 직접조사방법으로는 포커스그룹 인터뷰(FGI)와 심층면접법(depth interview)이 있다. 간접적인 방법으로는 투사법(projective techniques)이 있다. 직접적인 조사방법은 대상자가 조사하고 있다는 것을 인지하고 있는 것이며, 간접적인 조사방법은 대상자가 조사대상자가 되고 있다는 사실을 인지하지 못할 때를 의미한다.

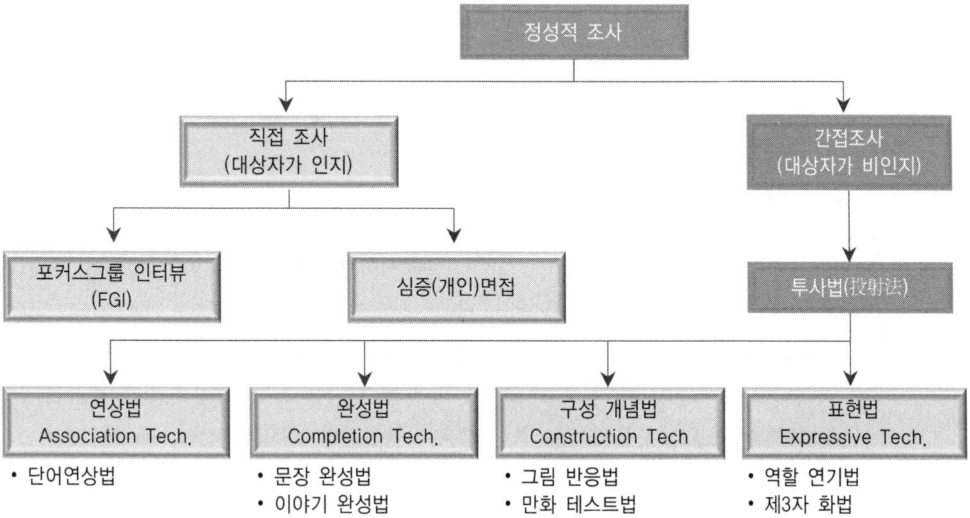

* 자료원 : Naresh K. Malhotra(1999), Marketing Research, 3rd ed., Prentice-hall, p.149.

|그림 4-2| 정성적(탐색적) 조사방법의 분류

1) 포커스그룹 인터뷰

포커스그룹 인터뷰(FGI)는 잘 훈련된 진행자(moderator)가 소수의 응답자들을 일정한 장소에 모이도록 한 후 진행자가 비체계적이고 자연스러운 분위기 속에서 조사목적과 관련된 대화를 유도하면서 핵심주제에 접근하는 방법이다. 이는 응답자들이 정성적으로 자유롭게 의사를 표시하도록 하는 면접 방식의 일종이다.

|표 4-1| 포커스그룹 인터뷰방법의 특징

구 분	내 용
집단 규모	5~8명
집단 구성	동질적인 집단(사전에 응답자의 특성 파악)
집단의 수	4~8개 집단
물리적 환경	편안하고 비공식적인 분위기
소요 시간	1~2시간
기 록	비디오테이프와 카세트테이프, 속기록 등
면접가이드	질문(script) 원고 준비
면접진행자	훈련받은 전문 진행자 요구
면접 장소	FGI 전용 Room
진행 방식	자유토론방식

*자료원: 이명식, 최천규, 구자룡(2004), 마케팅 리서치, 형설출판사, p.102.

포커스그룹 인터뷰는 일반적으로 5~8명 정도로 구성하는 것이 적절하며, 구성원이 너무 많은 경우에는 집중력과 응집력이 떨어져 자유로운 토론을 이끌어내기가 어렵다.

도입사례

NCSI 모델의 검증을 위한 파일럿 스터디

미디어리서치(MRI)가 수행한『아파트 분양률 제고를 위한 시장조사 결과』가 월드건설의 파주 교하 월드 메르디앙의 분양 전략에 유용한 자료로 사용되었습니다. 당사에서 시장조사를 의뢰 받은 지난 5월말 '월드'의 전략적 난제는 최적의 분양가와 품질수준의 조합에 있었으며, 부차적으로 가망고객의 주요 니즈를 파악하여 분양전략에 반영하는 것이었습니다.

이러한 '월드'의 욕구를 충족시키기 위해, 먼저 모집단에 대한 개념규정 및 조사대상 선정 작업을 했습니다. 그 동안 MRI에서 시행한 아파트 관련 조사들에 따르면, 아파트 구매 결정은 부부가 공동으로 하지만, 정보 탐색 과정 및 아파트 선정에 있어서는 주부가 절대적 영향력을 행사하고 있었으므로 일단 주부를 조사대상으로 선정했습니다. 둘째, 지역적으로 볼 때 현재 생활권이 파주의 교하지역이거나 경제활동을 하는 가구원이 파주의 교하 지역에서 출퇴근이 가능해야 할 것이라는 판단하에 현재 이러한 사람들이 주로 거주하고 있는 수도권 서부지역을 조사 대상 지역으로 한정했습니다. 셋째, 실수요자를 대상으로 조사를 진행해야 유효한 자료가 될 것이라는 판단 하에 수도권 아파트 분양 신청자의 주 연령층을 고려하여 연령을 35세~45세로 한정했습니다.

이러한 조건들을 충족시키는 응답 대상자를 무작위로 추출하여 아파트를 분양 받기 위해 세우고 있는 계획들, 아파트에 대한 일반적인 태도, 품질대비 가격민감도, 금융민감도 등에 대한 소비자 조사가 가구방문 일대일 개인 면접으로 수행되었습니다. 이러한 소비자 조사 이외에도 월드건설에서는 부동산 전문 컨설팅 회사에 의뢰해 주택시장에 대한 전망을 비롯하여 최근 수도권에서 분양을 성공리에 마친 아파트에 대한 벤치마킹을 통하여 소비자 조사 결과와 비교하기도 했습니다.

조사결과, 목표집단이 수용 가능한 분양가는 평형에 따라 약간씩 차이가 있지만, 평당 314만원~333만원으로 나타났습니다. 또한, 모든 평형에서 마이너스 옵션보다는 고급화된 옵션을, 특히 평형이 커질수록 고급화된 옵션을 선호하고 있었습니다. 이에 근거하여, 소비자들은 무조건 가격이 낮은 아파트를 원하는 것이 아니라, 일정수준 이상의 품질이 보장되면서도 상대적으로 가격이 저렴하

도입사례

다는 느낌을 주는 아파트를 원하고 있다는 판단을 하였고, 월드에서는 잠재고객이 수용 가능한 가격대에서 최고 품질의 아파트를 분양하자는 전략적 의사결정을 할 수 있었습니다(실제 분양가: 평당 310만원~330만원대). 이는 단기적으로 볼 때 기업의 이윤을 희생한 것이지만, 아파트 사업의 특성을 고려한다면 대단히 높게 평가받아야 할 전략적 결단이라고 생각합니다.

(자료원 : 미디어리서치(www.mediaresearch.co.kr))

포커스그룹 인터뷰에서는 진행자의 역할이 매우 중요하다. 진행자는 집단 구성원들 간에 친근감을 형성하도록 하고 자유로운 참여를 유도해야 한다. 이렇게 해야만 자유로운 응답이 나올 수 있기 때문이다. 진행자는 또한 포커스그룹 인터뷰 결과의 분석과 해석에 절대적인 역할을 수행한다. 그렇기 때문에 진행자는 토론 주제에 대한 기술, 지식, 경험 등을 풍부하게 갖춘 사람이 하는 것이 좋다. 즉 진행자의 능력이 포커스그룹 인터뷰의 성공을 좌우한다고 할 수 있다.

포커스그룹 인터뷰는 다음의 <그림 4-3>과 같은 장소에서 실시하는 것이 좋으며, 주제나 혹은 참석대상자 계층의 특성에 따라 호텔 같은 곳을 선정해 실시하는 것도 좋은 인터뷰결과를 얻기 위해 필요하다.

포커스그룹 인터뷰의 장점을 보면 다음과 같다.

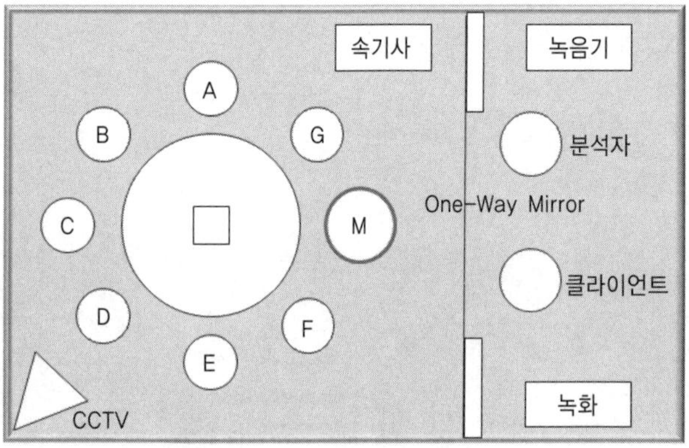

|그림 4-3| 포커스그룹 인터뷰실의 구성

- 설문지를 활용하여 실시하는 개별 면접하는 것보다 더 많은 정보와 통찰력을 얻을 수 있다.
- 한 사람의 설명이 다른 사람의 설명을 유도할 수 있기 때문에 의견 통일을 기하기 쉽다.
- 응답자들은 일정 기간이 지나면 그들의 생각을 설명하고 그들의 감정을 내보이기 때문에 적절한 시간을 두고 조사하면 마음속에 있는 진실을 쉽게 파악할 수 있다.
- 참석자들 간의 감정이 유사할 경우 그들은 커다란 장애 없이 만족스럽게 그들의 생각과 감정을 표현한다.
- 특별한 경우 대답을 하지 않아도 되므로 크게 위축되거나 불안해하지 않아도 되므로 자유롭게 자신의 견해를 표현할 수 있다.
- 설문지에 의한 구조화된 질문에 응답하는 것이 아니기 때문에 자유롭게 자신의 감정이나 생각을 표출하도록 할 수 있다.
- 자발적인 참여를 전제로 하므로 핵심주제에 접근하기가 용이하다.
- 포커스그룹 인터뷰가 진행되는 동안 카메라를 통해 그들의 얼굴표정이나 말투, 감정 등을 기록할 수 있기 때문에 향후 분석 시 이를 보다 효과적으로 활용할 수 있다.
- 포커스그룹 인터뷰는 다룰 수 있는 핵심주제의 범위와 깊이에 대한 유연성을 가지고 있기 때문에 인터뷰 상황에 따라 자유롭게 질문을 조정하고 변경할 수 있다.
- 다수의 개인을 동시에 면접하므로 자료 수집과 분석이 비교적 빠르게 처리할 수 있다.

반면에 다음과 같은 단점도 가지고 있다.

- 포커스그룹 인터뷰 내용을 확인적 조사에 활용할 때는 대표성에 문제

가 있어 결과를 호도할 수 있다.

- 포커스그룹 인터뷰결과는 연구자나 진행자, 클라이언트에 의해 영향을 받기 때문에 윤리적 판단이나 주관적 판단을 내릴 때에는 심사숙고할 필요가 있다.
- 인터뷰 진행 후 구조화되지 않은 응답들을 자료화하고 분석하고 해석하는데 있어 고도의 스킬을 필요로 한다.
- 포커스그룹 인터뷰결과는 일반적으로 모집단을 대표하는데 한계가 있기 때문에, 이 결과를 중심으로 마케팅현황이나 소비자행동의 특성을 일반화하는데 한계가 있다.

2) 심층면접법

심층면접법(depth interview)은 전문가나 표본으로 선정된 대상자에게 직접적이면서 개별적인 면접을 통해 소비자의 심리 전반에 내재되어 있는 지식(knowledge), 신념(normative belief), 태도(attitude), 동기(motivation), 감정(emotion) 등의 정보를 획득하기 위한 전문적인 면접방법이다. 그렇기 때문에 심층면접은 30분~1시간 정도의 긴 시간 동안 개인을 대상으로 인터뷰를 진행한다.

심층면접을 실시하기 위해서는 조사문제에 대해 전문적인 식견을 가지고 있거나 해당 업종에 근무하는 사람을 대상으로 선정하는 것이 일반적이다. 이는 조사문제를 보다 심층적으로 파악하고 문제를 해결하기 위한 아이디어를 구하기 위해서 실시하는 것이 심층면접법이기 때문이다.

심층면접을 실시하기 위해서는 전문적인 면접 스킬(skill)이 필요하다. 조사문제를 보다 심층적으로 캐어묻기(probing) 하거나 상대를 편안하게 유도할 수 있는 다양한 면접 스킬이 필요한 것이다. 캐어묻기(probing)는 의미 있는 응답을 획득하거나 숨어있는 문제를 찾아내는데 있어 매우 중요한 기법이다. 일례로 "왜 그렇게 생각하십니까?", "어떤 내용인지 좀 더 말씀해 주시겠습니까?", "무엇이든지 좀 더 말씀해 주시겠습니까?" 등과 같은 질문을 통해 보다 근원적인 문제의 핵심에 접근하는 것이다.

심층면접을 효과적으로 실시하기 위해서 활용되는 주요 기법에는 래더링(laddering)기법이나 잠재적 문제 질문하기(hidden issue questioning), 상징

심층면접법은 대상자의 마음 깊숙한 곳에 있는 심리적 정서를 이끌어내는데 매우 유용한 기법이다.

성 분석(symbolic analysis)기법 등이 있다.

래더링기법(laddering techniques)은 통상적인 질문에서부터 구체적인 질문까지 사다리(ladder)와 같이 질문의 깊이를 더해가는 기법으로 '깔때기 기법'의 한 예로 볼 수 있다. 잠재적인 문제 질문하기 기법(hidden issue questioning skill)은 미면접자(인터뷰 대상자)의 개인적 특성에 관심을 가지고 질문하는 것이다. 심리적 상담기법 등에서 이러한 질문기법을 활용하는 경우가 많다. 심리 상담에서 잠재적인 문제나 원인을 찾아내기 위하여 활용하는 역할연기법(role playing) 등이 여기에 해당한다. 상징성 분석(symbolic analysis)은 반대되는 개념들을 대비시켜 비교하도록 함으로써 피면접자의 심리적 특성을 파악하는 기법이다. 즉 상징적 이미지를 비교하도록 함으로써 피면접자의 심리상태나 가치관이 어떠한지를 분석하는 것이다.

심층면접을 성공적으로 진행하기 위해서는 면접자의 자세가 매우 중요하다. 교만하지 않고 정중한 자세로 피면접자를 대하고 피면접자가 대답하기 전에 미루어 짐작하거나 대답을 방해해서는 안된다. 다만 보다 심층적인 답변을 유도하기 위해 피면접자들에게 캐어묻기를 할 수는 있다.

일반적으로 심층면접법은 포커스그룹 인터뷰보다 더 많은 통찰력을 얻을 수 있다. 심층면접법은 1:1로 이루어지기 때문에 집단적으로 이루어지는 포커스그룹 인터뷰보다 훨씬 더 심층적인 답변을 구할 수 있고, 집단의 의견에 순응해야 하는 압박 역시 적기 때문에 보다 깊은 의견을 구할 수 있기 때문이다.

그러나 심층면접법은 전문적으로 훈련받은 면접자를 투입해 조사를 진행해야 하기 때문에 시간과 비용이 많이 드는 단점이 있다. 또한 면접을 하고자 하는 조사문제를 설문지처럼 구조화하기가 어렵기 때문에 면접내용의 품질(quality)이 결과적으로 면접자의 면접기술에 크게 의존해야 하는 단점이 있다. 이는 면접자의 개인적 가치관이나 주관이 조사문제에 개입될 소지가 그만큼 크다는 것을 의미하며, 이는 분석결과를 일반화(generalization)하기에 그만큼 문제가 많다는 것을 의미하기도 한다. 그러나 이러한 단점에도 불구하고 소비자들의 심리적 특성이나 기술적 조사를 통해서 알 수 없는 부분들을 파악하는데 유용하기 때문에 심층면접은 아직도 많은 분야에서 활용되고 있다.

일례를 들어 다음과 같은 경우에는 설문지를 활용한 기술적 조사보다 심층면접을 활용하는 것이 보다 유용한 조사결과를 얻을 수 있다.

- 자동차와 같은 고관여(高關與, high involvement) 제품의 의사결정에 어떤 요소가 중요한지를 알고자 할 때
- 개인적인 재무 상태나 신상에 대해 비밀스럽고 민감한 주제를 다룰 때
- 쇼핑센터에서의 쇼핑행위와 같이 복잡한 행동에 대한 보다 상세한 이해가 요구될 때
- 산업재 시장(industrial market)과 같이 그 분야에 종사하는 전문가들에게 설문지 등을 이용해 조사하기 어려운 경우 등

3) 투사법

투사법(projective technic)은 포커스그룹 인터뷰나 심층면접법과는 달리 조사의 목적을 숨기고 면접자의 행동을 관찰하거나 측정하는 간접적인 방법이다. 예컨대 투사법은 조사대상자 내면의 세계에 숨겨져 있는 어떤 관심사에 대한 동기나 신념, 태도, 감정 등을 측정하기 위해 비체계적이고도 간접적인 방법을 통해 조사를 실시하는 것이다.

투사법에는 연상법, 완성법, 구성개념법, 그리고 표현법 등이 있다.

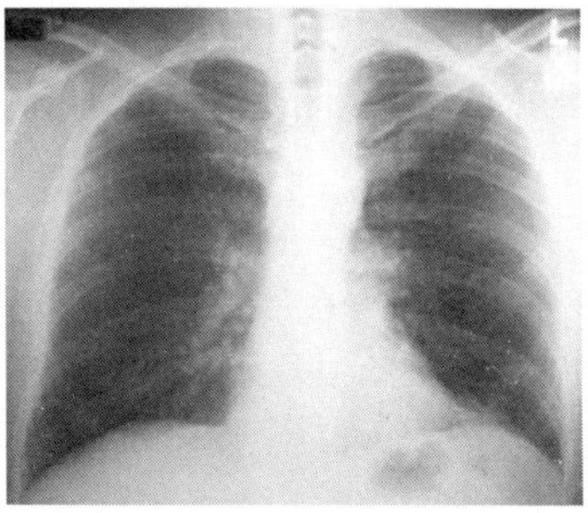

투사법은 응답자 내면의 세계를 특정한 언어나 장면 등을 통해 X-Ray 사진을 찍듯이 투사하도록 하는 특성을 갖고 있다.

연상법(Association Techniques)

연상법은 개인들을 자극에 노출되도록 하고 처음으로 생각한 것(top of mind)이 무엇인지를 응답하도록 하는 기법이다. 연상법의 가장 대표적인 방법으로는 단어연상법(word association)이 있으며, 이는 어떤 주제나 상황에 관련된 단어들을 나열해 연상되는 내용을 표현하도록 하는 것이다. 나열된 단어들 속에는 면접자들이 관심을 가질 만한 미끼단어인 테스트단어(test words)와 조사문제를 반영한 숨겨진 단어(hidden word)가 포함되어 있다. 예를 들어 화장품 브랜드에 대

한 소비자들의 구매 태도(purchasing attitude)를 알아보기 위해 가격이나 품질, 이미지, 패키지 등의 테스트단어와 연구목적단어인 브랜드(brand)를 나열하고 가장 먼저 연상되는 것을 질문하는 방식으로 조사를 진행한다. 이렇게 하면 조사대상자는 조사의 목적을 분명하게 알지 못하는 사이에 조사에 응하게 되는 것이다.

완성법(Completion Techniques)

완성법은 문장이나 이야기 등을 완성하지 않은 상태에서 조사대상자에게 보여주고 이를 조사대상자가 완성하도록 하는 기법이다. 일반적으로 사용되는 완성법에는 문장완성법과 이야기완성법이 있다.

문장완성법(sentence completion)은 단어연상법과 비슷한 방법으로 조사대상자들에게 불완전한 문장을 제시해주고 그것을 완성하도록 하는 것이다.

예를 들면 버버리코트(Burberry社의 trench coat) 브랜드에 대해 다음과 같이 질문하고 이를 완성하도록 하는 것이다.

- 버버리코트를 입고 있는 사람은 ________________________.
- 버버리코트는 ____________________한 사람에게 어울린다.
- 코트를 구매하려고 할 때 나는 ________________________.

버버리코트를 입고 있는 사람에 대한 느낌이나 생각들을 문장완성법을 통해 추론해 볼 수 있다.

문장완성법은 단어연상법보다 조사문제에 대한 더 많은 정보를 제공하지만 조사대상자들이 조사의 목적을 어느 정도 추측할 수 있다. 이러한 문장완성법의 변형으로 조사대상자가 문단을 완성하는 문단완성법(paragraph completion)을 활용하기도 한다. 또 하나의 방법으로 이야기완성법(story completion)d 있다. 조사대상자에게 결론에 대한 특별한 암시 없이 특정한 주제에 대해 직접 그 이야기의 나머지 부분을 완성하도록 하는 방법이다. 예컨대 조사대상자는 자신이 사용하는 단어나 어휘를 사용해 비어져 있는 나머지 이야기들을 완성하도록 하는 것이다. 이는 잠재적인 소비자나 고객에게 친근한 내용이 무엇인지, 그들이 원하는 결말이 무엇인지를 알도록 해 소비자 밀착형의 전략을 구사하거나 광고 컨셉트를 찾아내는데 매우 유용하게 활용된다.

구성 개념법(Construction Techniques)

구성 개념법은 완성법과 밀접하게 관련되어 있다. 구성 개념법은 이야기나 대화, 특정상황에 대한 묘사 등을 통해 조사대상자의 반응을 측정하고자 하는 조사기법이다. 이러한 구성 개념법에는 그림반응법과 만화테스트법 등이 있다.

그림반응기법(picture response techniques)은 조사대상자들에게 조사문제와 관련된 그림을 제시한 다음, 그 그림에 대해 연상되는 이야기를 구성해보도록 하는 것이다. 그림들은 일련의 연속적 그림으로 구성하며, 모호한 그림을 보여주어 조사대상자의 개성이나 태도를 알아보기 위해서도 활용된다. 만화테스트(cartoon tests) 기법은 조사문제와 관련된 구체적 상황을 만화로 보여주고 만화에 등장하는 등장인물 중 한 명이 말하는 것에 다른 인물이 어떻게 말할지를 예측하도록 해보는 방법이다. 이것은 조사대상자가 특정 상황에 대해 어떤 감정이나 태도, 신념 등을 가지고 있는지를 파악하고자 할 때 활용되는 조사기법이다.

자료원 : 이명식, 최천규, 구자룡(2004), 마케팅리서치, 형설출판사, p.111.

|그림 4-4| 만화테스트기법

표현법(Expressive Techniques)

표현법은 시청각적인 상황을 제시한 다음 그 상황에서 다른 사람의 감정이나 태도에 대해 말해보도록 하는 측정방법이다. 조사대상자들은 자신의 감정이나 태도를 나타내는 것이 아니라 제3자의 관점에서 말을 하기 때문에 민감한 사안이나 주제에 대한 소비자 반응을 조사할 때 주로 활용된다. 이러한 기법에는 역할연기법과 제3자 화법이 있다. 역할연기법(role playing)은 특정 상황을 제시해주고 자신이 아닌 다른 사람이 그 상황에 처했을 때 다른 사람이 어떤 역할이나 행동을 취할 수 있을지를 보여주도록 하면서 측정한다. 제3자 화법(third-person technique)은 시청각적인 상황을 제시하고 그 상황에 대해 조사대상자의 개인적인 신념과 태도가 아닌 제3자의 입장에서 신념과 태도를 표현하도록 하는 방법이다.

탐색적 조사방법으로서의 투사법은 포커스그룹 인터뷰나 심층면접법과 같이 비구조화된 체계를 활용해 조사대상자들에게 직접적인 방법으로 조사를 진행하는 방법이다. 투사법의 가장 큰 장점은 조사의 목적을 조사대상자들에게 비교적 노출시키지 않고 반응을 측정할 수 있다는데 그 장점이 있다. 직접적인 질문은 경우에 따라 의도적이든 비의도적이든 잘못된 응답을 유도할 수 있다. 이런 경우 투사법에 의한 조사는 조사목적을 감춤으로써 조사대상자들의 반응을 타당성 있게 측정할 수 있는 것이다. 특히 조사문제가 개인적인 내용이거나 민감한 사안일 경우에는 더욱 더 그 빛을 발하는 것이 투사법이다. 반면에 투사법의 반응을 해석하기 위해서

|표 4-2| 탐색적 조사기법의 특징

기 준	포커스그룹 인터뷰	심층면접	투사법
구조화의 정도	비교적 높음	비교적 중간	비교적 낮음
개별적인 캐어묻기	낮음	높음	중간
면접진행자의 바이어스	비교적 중간	비교적 높음	약간 높음
해석상의 바이어스	비교적 낮음	비교적 중간	비교적 높음
잠재의식 정보의 노출	낮음	어느 정도 높음	높음
혁신정보의 발견	높음	중간	낮음
민감한 정보의 획득	낮음	중간	높음
비일상적인 행동과 질문	없음	제한적	있음
전반적인 유용성	매우 유용함	유용함	약간 유용함

는 전문가가 필요하다는 것이다. 따라서 이들로 인해 비용 부담이 증가될 수 있으며, 반응결과를 해석하는데 있어 편기(bias)가 발생할 경우에는 심각한 위험이 될 수도 있다.

탐색적 조사기법으로 활용되는 포커스그룹 인터뷰와 심층면접법, 투사법의 특징을 비교하면 다음과 같다.

활용사례

투사법을 활용한 구매 마인드 게임

미국인들은 이상하고 기대되어지지 않은 이유로 인해서 제품들을 산다. 예를 들면 어떤 평범한 가정용 청소기 제품은 그들의 남자 친구들에게 복수를 하기 원하는 여성들에게 강력한 소구를 하고 있다.

몇 년 전 McCann-Erickson 광고대행사는 "Raid" 바퀴벌레 스프레이가 "Combat" 살충제 디스크보다 어떤 시장에서 왜 더 많이 팔리는가를 발견하기를 원했다. 인터뷰에서 대부분의 사용자들은 "Combat이 더 좋은 제품이다. 왜냐하면 Combat은 사용자의 부분적인 어떤 노력 없이도 바퀴벌레를 죽이기 때문이다"라고 동의했다. 그래서 대행사는 가장 많이 사용한 사람들에게(낮은 수입의 남부 여자들) 그들의 희생자들의 그림을 그리기를 요구했다. 그 의도는 이런 더러운 일에 대한 그들의 기초가 되는 감정을 얻기 위해서였다.

대행사의 인터뷰에 참가한 100명 여성 모두가 남자와 같은 바퀴벌레를 그렸다. 그들의 바퀴벌레에 대한 많은 감정들이 그들의 삶에 같이 있는 남자들에 대하여 가지고 있는 감정과 매우 유사했다. McCann-Erickson의 부사장인 Paular Drillman은 "그들은 그들의 삶에 같이 있는 남자처럼 바퀴벌레는 그가 음식을 원할 때 단지 그 주변에 있다"라고 말했다.

바퀴벌레에 스프레이를 뿌리고 그 벌레들이 죽는 것을 바라보는 행동은 이런 좌절되어지는 힘없는 집단에 만족하고 있는 것이다. Combat 디스크를 제작하는데 어려움이 덜 하였다. 하지만 그들에게 같은 감정을 준 것은 아니다. Drillman이 말하기를 "이런 여성들은 통제를 원했다. 그들은 스프레이를 원했다. 왜냐하면 그것은 그들로 하여금 살인에 참여할 수 있도록 그들에게 허락해 주었기 때문이다."

(자료원 : Rebecca Piirto, "Beyond Mind Games," American Demographics, (December 1991), p.52.)

4) 래더링기법(Laddering Technique)

래더링기법(흔히 사다리기법이라고도 함)은 광고컨셉트나 신제품의 연상 이미지, 포지셔닝의 개발 등을 위해 활용되는 심층면접법의 일종으로 소비자행동을 연구하는데 있어 매우 유용하게 활용되는 기법이다. 래더링기법은 수단-목적 연쇄모형에 따라 특정 브랜드제품의 속성(attribute)과 이 속성에 의해 얻게 되는 결과(consequence) 그리고 그 결과에 의해 실현되어지는 개인적 가치(value)간의 인과적 연결고리(A-C-V모형)를 활용하는 것이다.

래더링기법에서는 수단-목적 연쇄고리에 의해 소비자에게 특정 브랜드제품의 속성을 제시하고 "왜 이 점이 당신에게 중요합니까?" 라는 질문으로부터 시작해서 결과적으로 그러한 속성을 통해 궁극적으로 얻고자 하는 개인적 가치를 연쇄적인 심층질문을 이용해 파악하는 기법이다. 이렇게 해서 나온 결과는 계층적 가치도(hierarchy value map: HVM)로 표현된다. 즉 수단-목적 연쇄고리에 의해 속성→편익→가치로 계층화 시킬 수 있다.

다음의 사례는 S 통신사의 대학생 고객들을 대상으로 구매 전 정보탐색기 고객 니즈를 분석한 결과이다. 래더링기법을 활용하기 위한 면접방법은 표적집단 심층면접법(FGI: focus group interview / FGD:focus group discussion)을 활용하였다. S통신사의 대학생 고객들의 구매 전 정보탐색시 고객가치를 A-C-V 모형에 의해 키워드를 정리하면 다음과 같다.

|표 4-3| 구매 전 정보탐색시의 Keyword Profiling

속성(Attribute)		결과(Consequence)-1		결과(Consequence)-2		가치(Value)	
1	다양한 단말기 기능	1	시간 절약	1	시간적 여력 생산적 일투자	1	여유있는 생활
2	단말기 기능 - DMB	2	따분한 시간 메움	2	편리함	2	즐거운 삶
3	단말기 기능 - 메모리 크기	3	더 많은 사진/음악 저장	3	재미/스트레스 해소	3	풍요로운 삶
4	단말기 디자인(미적)	4	선택 위험성(고장, A/S 부담 줄임 등) 줄임	4	추억을 남김	4	자기 만족
5	단말기 품질(사용 후기 확인)	5	개성 표현	5	경제적 이득	5	우월감
6	내게 맞는 요금제	6	타인의 인정	9	1등 품질 누림	6	자부심
7	요금 할인 서비스 (장기 사용/가족 할인 등)	7	비용 절약	7	새로운 체험, 추억 만듦	7	행복한 삶
8	다양한 멤버십(제휴) 서비스	8	가족간 통화량 증대	8	현명한 선택 확신	6	가족간 유대/소통 강화
9	저렴한 단말기 가격	9	다양한 혜택 (영화/쇼핑/외식 등)				
10	좋은 통화 품질	10	Stress Free				
11	브랜드의 평판	11	어디서나 통화가능				

이러한 키워드를 중심으로 수단-목적의 연쇄고리에 의해 래더링기법을 활용해 계층화 시키면 다음의 <그림 4-4>와 같다. <그림4-4>의 주요 경로결과를 해석하면 '좋은 통화품질'이라는 속성은 사용자들에게 '통화 끊김이나 불통에 의한 스트레스로부터의 해방'을 주고 이는 '행복한 삶'이라는 가치를 제공한다고 대학생 고객들은 생각하고 있는 것이다. 이러한 래더링기법은 설문조사를 통한 정량적 조사나 기술통계로 분석할 수 없는 소비자들의 잠재적 내면세계를 파악할 수 있는 정성적 조사기법으로 광고컨셉트 도출이나 소비자의 가치를 분석하는데 주로 활용된다.

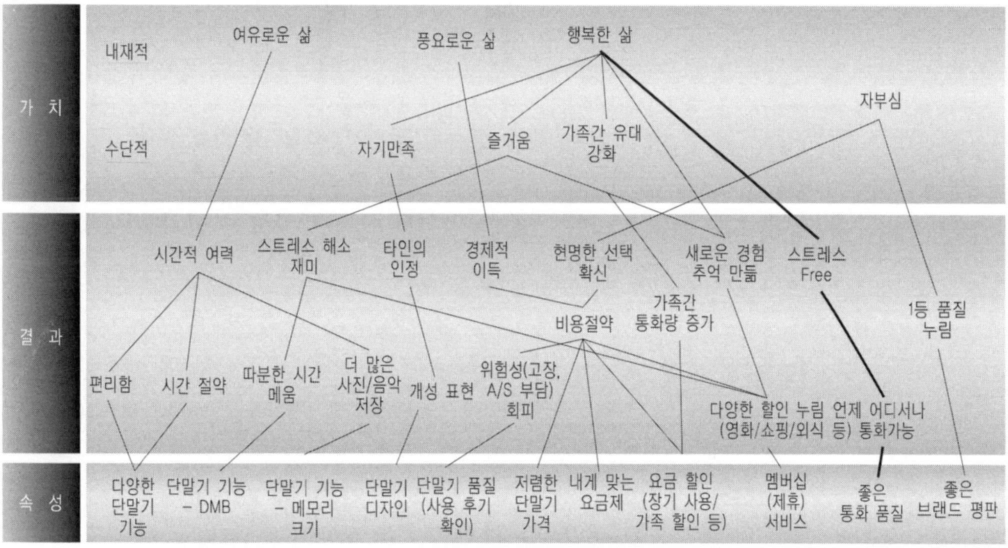

|그림 4-4| 래더링기법을 활용하여 정리한 예

5) 스토리텔링기법(Storytelling Technique)

스토리텔링기법 또는 스토리 완성(story completion)기법은 정성적 조사방법의 하나로 FGI 조사 등에서 면접참가자들의 관심을 유도하고 보다 적극적인 응답을 이끌어내기 위하여 활용되는 기법이다. 즉 참석자들에게 사진이나 그림, 쇼카드(show card) 등을 보여주면서 대화를 이끌어가는 기법이다. 스토리텔링기법은 통상적으로 그림형태의 꼴라쥬(collages)를 많이 활용하며 자료의 준비는 진행자(moderator)가 하거나 혹은 면접에 참석하는 참석자들에게 사전에 과제를 부여해 준비하도록 한다.

|그림 4-5| 스토리텔링기법에서 사용된 사진자료의 예

또 다른 방법으로는 일정한 양식의 문서를 주고 자신의 일상생활이나 생각들을 기록하게 하는 방법도 있다.

|표 4-4| 스토리텔링기법의 기록지 예

라이프스타일 측정을 위한 주간 다이어리

ID			문서번호	

주간 다이어리는 귀하의 하루 일과를 7일간 기록하는 것입니다.
일-토요일까지 비교적 특별한 일(외출이나 쇼핑, 스포츠 몇 여가활동 등)과 일상생활을 기록해 주십시오. 일기를 쓰듯 기상시간부터 취침시간까지 하루 동안 있었던 일들을 가능한 한 6하 원칙(언제, 어디서, 누구와, 무엇을, 어떻게, 왜)에 입각해 자세히 기록해 주십시오.
* 작성방법: 예시 참조
* 문의사항: ㅁㅁㅁ조사연구소 / 담당자 ○○○ (Tel. 02-123-3456)

▶ 응답자 : 성명 (전화:)
▶ 작성기간: 2009년 6월( )일 ( )요일 - 6월( )일 ( )요일(1주간)

*그 룹	(응답자는 표기하지 마세요): Group

※ 작성방법
1. '일과'란에 아침 기상시간부터 취침시간까지 하루 일과를 시간대별로 기록해 주십시오. 지나치게 일상적인 행동(세수, 양치질 등)은 기록하지 않으셔도 됩니다. 2. 특징적인 행동(외출, 쇼핑, 모임, 여가 및 문화활동, 스포츠활동 등)인 경우 일련번호를 기록하고 '일과 세부내용'란에 일련번호를 동일하게 부여하고 보다 상세하게 기록해 주시면 됩니다. 3. 일과를 기록하실 때는 6하 원칙(언제, 어디서, 누구와, 무엇을, 어떻게, 왜)에 의해 기록하시면서 그 일을 하면서 느꼈던 기분이나 만족도 등 정서적이거나 감정적인 내용도 같이 기록해 주십시오. 여백이 부족한 경우 뒷페이지에 나머지 내용을 기록해 주시거나 별도의 종이를 사용하여 기록하신 다음 붙여주셔도 됩니다.

시간대	일과	일과 세부내용
AM 10:00	골프연수 (1)	(1) 집에서 차를 타고 10분 정도의 거리에 있는 인도어골프장에 가서 80분가량 골프 연습을 함. 연습 도중 옆 타석의 골퍼가 멋진 드라이버 샷을 해서 넋을 놓고 바라보다 공연히 마음이 심란하였음. 앞으로 더욱 열심히 연습해 나도 멋진 샷을 해야겠다고 생각함.
AM 11:30	귀가, 외출준비	
PM 12:40	할인매장 쇼핑 (2)	

일과 세부내용(계속)
(2) 저녁 찬거리를 사러가기 위하여 집에서 가까운 E마트에 장을 보러 감. 시장을 보러 가는 것이지만 맨 얼굴로 가기는 그래서 간단하게 화장을 하고 화사한 옷으로 치장하고 감. 저녁에 친구를 불러 와인을 한잔 하려고 와인을 1병 사고 정육코너에 들러 스테이크용 한우고기를 사고 7일간 먹을 수 있는 각종 야채와 생선류 등을 사고 푸드코트에 들러 간단하게 점심식사를 함.(이하 생략)

6월 (　　) 일 (　　)요일

* 일과 세부내용은 가능한 한 6하 원칙(언제, 어디서, 누구와, 무엇을, 어떻게, 왜)에 따라 자세하게 기록해 주시고 돈이 지출된 경우 총지출액도 적어 주십시오.

시간대		일과	일과 세부내용
AM	04:00		
	05:00		
	06:00		
	07:00		
	08:00		
	09:00		
	10:00		
	11:00		
PM	12:00		
	01:00		
	02:00		
	03:00		
	04:00		
	05:00		
	06:00		
	07:00		
	08:00		
	09:00		
	10:00		
	11:00		
AM	12:00		
	01:00		
	02:00		
	03:00		

일과 세부내용(계속)

2. 기술적 조사

기술적 조사(descriptive research)는 어휘에서 알 수 있듯이 소비자의 특성이나 시장특성 등을 조사하여 그 결과를 분석하고, 결과가 의미하는 시사점을 기술(describe)하는 것을 의미한다. 기술적 조사는 이러한 기술(describe)의 방법으로 통계량(statistics)을 해석하거나 그 의미를 서술적(敍述的)으로 표현한다.

기술적 조사는 다음과 같은 내용들을 설명하기 위해 실시한다.

- 소비자, 판매원, 조직, 혹은 시장과 같은 관련된 집단의 특성을 기술하기 위해
- 일정한 행동을 하는 구체적인 집단에서의 비율을 추정하기 위해
- 제품 특성의 인지도를 결정하기 위해
- 마케팅 변수들이 관련되어져 있는 정도를 결정하기 위해
- 구체적인 예측을 위해
- 기타 마케팅과 소비자행동 등의 설명을 위해

|표 4-5| 기술적 조사의 연구 분야와 주요 내용

연구 분야	주요 내용
시장 특성	- 시장의 크기 - 소비자의 구매력 - 유통업자의 능력 - 소비자 특성
시장점유율	- 자사 시장점유율 - 경쟁사의 시장점유율
판매 분석	- 지역별, 제품별, 거래고객의 유형 및 규모별 판매
이미지	- 기업이나 제품의 소비자 인지
제품 사용	- 소비 형태
유통	- 유통업자의 물류 형태 - 입점 위치 - 경로구성원의 수와 범위
가격	- 가격 변화의 범위와 빈도 - 제시된 가격 변화에 대한 소비자 반응
광고	- 매체 소비습관 - 구체적인 텔레비전 프로그램과 잡지의 청중 특성

* 자료원 : 이명식, 최천규, 구자룡(2004), 마케팅 리서치, 형설출판사, p.70.

기술적 조사는 연구자가 조사문제에 대한 중요한 지식을 가지고 있다고 전제하고 있기 때문에 탐색적 조사와 달리 필요한 정보를 명백히 정의할 수 있다. 그렇기 때문에 구체적인 가설(hypothesis)을 사전에 공식화하고 이를 검증하고자 하는 것이다. 따라서 기술적 조사는 탐색적 조사보다 구체적이고 형식화된 조사 설계과정에 의해 사전에 계획되고 구조화될 수 있는 것이다.

기술적 조사는 크게 서베이(survey, 설문조사법)와 관찰(observation)로 나눌 수 있다. 또한 조사시점(research time point)과 표본추출이 당면한 문제를 해결하기 위하여 일시적으로 이루어진 횡단적 조사(橫斷的 調査, cross-sectional research)와 조사대상자를 고정시켜 놓고 시점을 연속적으로 추적하면서 조사하는 종단적 조사(縱斷的 調査, longitudinal research)로 나뉜다.

|표 4-6| 기술적 조사내용을 이용하여 분석한 결과

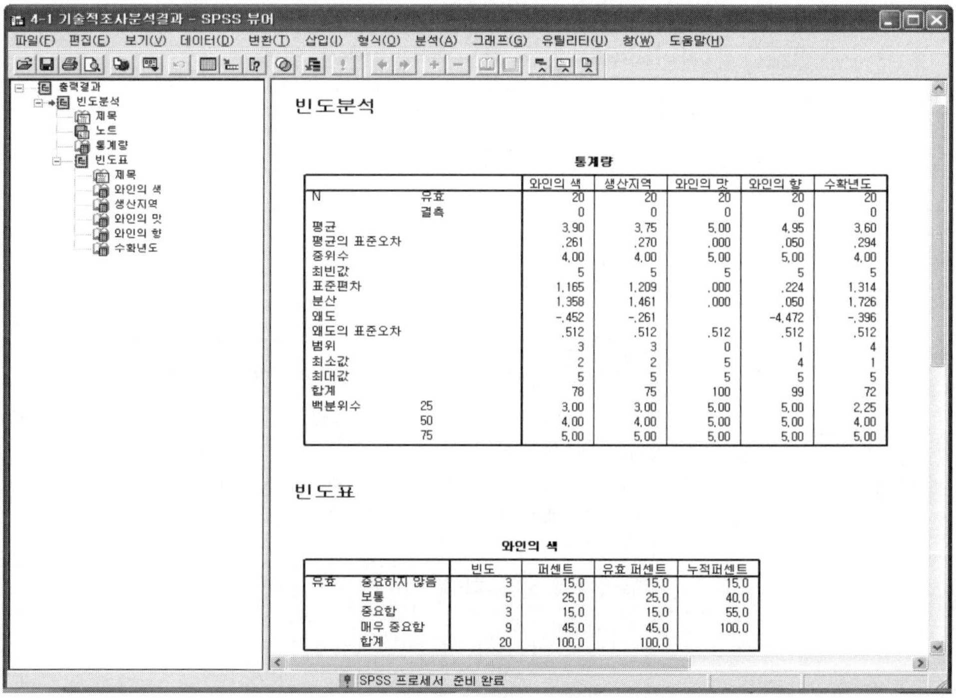

통계량

		와인의 색	생산지역	와인의 맛	와인의 향	수확년도
N	유효	20	20	20	20	20
	결측	0	0	0	0	0
평균		3,90	3,75	5,00	4,95	3,60
평균의 표준오차		,261	,270	,000	,050	,294
중위수		4,00	4,00	5,00	5,00	4,00
최빈값		5	5	5	5	5
표준편차		1,165	1,209	,000	,224	1,314
분산		1,358	1,461	,000	,050	1,726
왜도		-,452	-,261		-4,472	-,396
왜도의 표준오차		,512	,512	,512	,512	,512
범위		3	3	0	1	4
최소값		2	2	5	4	1
최대값		5	5	5	5	5
합계		78	75	100	99	72
백분위수	25	3,00	3,00	5,00	5,00	2,25
	50	4,00	4,00	5,00	5,00	4,00
	75	5,00	5,00	5,00	5,00	5,00

빈도표

와인의 색

		빈도	퍼센트	유효 퍼센트	누적퍼센트
유효	중요하지 않음	3	15,0	15,0	15,0
	보통	5	25,0	25,0	40,0
	중요함	3	15,0	15,0	55,0
	매우 중요함	9	45,0	45,0	100,0
	합계	20	100,0	100,0	

1) 서베이

서베이(survey, 설문조사법)는 조사대상자들에게 구조화된 설문이나 질문을 해 조사대상자들이 그들의 행동양식이나 의도, 태도, 인식, 동기, 인구 통계적 속성이나 라이프스타일 등에 기초해 일정한 응답패턴을 보여주게 된다. 설문조사는 면접원이 조사대상자를 직접 1:1로 만나(1:1 face to face) 진행하는 방식과 우편이나, 전화, 컴퓨터 화면, 혹은 E-mail, 인터넷으로 연결된 온라인 실시간 설문조사방법 등 다양한 수단을 활용해 실시한다.

설문조사의 질문들은 대체적으로 구조화(structured) 되어 있고 논리적인 절차를 따라 구성되어진다. 구조화되어 있다는 것은 조사대상자에게 질문할 문안들이 이미 인쇄된 상태로 준비되어 있고, 응답내용들의 순서가 폐쇄형(closed type) 정해져 있다. 경우에 따라서는 '기타:__________'라는 형태로 개방형 질문(open question)을 덧붙여 폐쇄형 질문(closed question)과 함께 질문하기도 한다.

|표 4-7| 폐쇄형 질문과 개방형 질문을 혼합한 질문유형

(질문) 귀하는 주로 어떤 상태일 때 쇼핑을 하시는 편입니까?

(1) 시간이 많이 남아 혼자 시간을 보내야 할 때
(2) 친구를 만났을 때
(3) 기분이 우울하거나 외로움을 느낄 때(혹은 화가 났을 때)
(4) 기분이 매우 좋을 때
(5) 특별한 날 일 때만 쇼핑
(6) 기타 :__________________

이와 같이 혼합형으로 질문을 할 경우 통계분석을 하기 위해서 코딩할 경우 주의해야 한다. '기타'에 응답한 결과를 [보기 질문]의 응답에 연속적으로 코딩값을 부여할 것인가 혹은 [보기 질문]의 코딩값을 1번에서 6번까지만 부여하고 6번 '기타'에 응답한 결과를 별도의 변수(variable)를 만들어서 새로운 코딩값으로 처리할 것인가를 결정할 필요가 있다. '기타'라는 응답에 응답을 하고 별도의 응답을 기입한 경우가 적다고 한다면 [보기 질문]의 코딩값을 연속적으로 6번부터 다시 부여해 코딩을 처리하면 된다.

구조화된 설문지를 이용하는 서베이법의 장점은 다음과 같다.

① 설문지로 구조화되어 있기 때문에 조사대상자들의 결과를 보관하거나 관리하기가 쉽다.
② 응답자들이 선택할 수 있는 응답의 대안들이 제한되어져 있기 때문에 면접원들이 주관적으로 판단하거나 할 수 있는 오류를 최소화시켜 수집된 자료의 신뢰성을 높여준다.
③ 수집된 자료는 코딩(부호화, coding), 통계분석(statistical analysis)을 통해 요약할 수 있기 때문에 조사결과를 해석하기에 용이하다는 장점을 가지고 있다.

반면에 서베이법의 단점은 다음과 같다.

① 응답자들이 바람직한 정보를 제공하지 못할 수도 있고, 제공하지 않을 수도 있다는 것이다. 예를 들면 응답자들은 의식적으로 특정 브랜드를 선택하거나 혹은 쇼핑을 할 때 정확한 구매동기를 갖지 않은 상태에서 충동구매(impulse buying)를 할 수도 있기 때문에 구매동기에 대한 질문에 제대로 응답하지 못할 수도 있다는 것이다.
② 응답자들은 질문을 요하는 정보가 민감하거나 혹은 비밀을 요하는 개인적인 사항이라면 응답을 하지 않거나(무응답, no answer 혹은 NA) 응답을 꾸며서 할지도 모르기 때문에 신뢰성이 떨어질 수 있다는 것이다. 이러한 경우에는 제3자 화법을 통해 질문하거나 다른 면접기법을 사용하는 타당하다.
③ 인쇄된 문장이나 말로 표현할 수 없는 질문의 경우에는 응답을 유도하기가 쉽지 않다는 단점이 있다. 이 경우에는 Show Card를 활용하거나 다른 면접기법(예를 들어 심층면접이나 정성적 기법)을 활용하는 것이 타당하다.

그러나 이러한 단점에도 불구하고 서베이법은 마케팅조사에서 정량적인 1차 자료를 수집하는데 있어 가장 일반적인 방법으로 사용되고 있다.

서베이법은 <그림 4-6>과 같이 (1) 전화면접법 (2) 개인 면접법 (3) 우편면접법 (4) 온라인면접 등으로 분류할 수 있다.

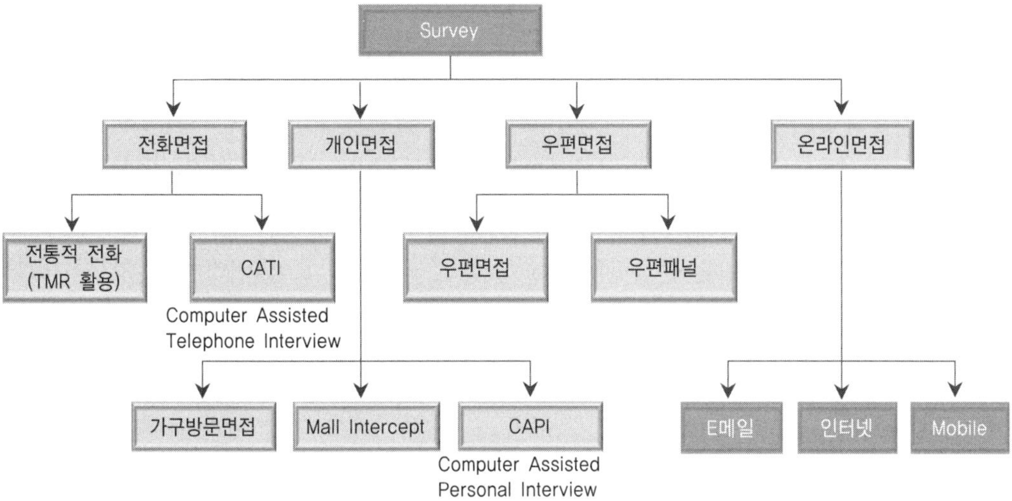

* 자료원 : Malhotra, Naresh K.(1999), Marketing Research, 3rd ed., Prentice-hall, p. 179에서 일부 수정

|그림 4-6| 서베이법의 분류

전화면접법(Telephone Interviewing)

전화면접법은 콜센터의 텔레마케터(tele-marketer, 혹은 전화면접원)가 직접 전화를 걸어(혹은 auto dialing 기능을 사용) 조사대상자와 대화를 하면서 조사를 진행하는 휴먼 터치형(human touch type)의 전통적인 전화면접과 컴퓨터를 활용하는 전화면접법이 있다.

전통적인 전화면접법은 전화번호부와 같은 표본프레임(sample frame, 리스트나 디렉토리 혹은 명부)에서 추출된 표본에 직접 전화를 해서 당면한 문제의 질문을 하는 것이다. 그런 다음 텔레마케터는 준비된 설문지에 응답을 기입하거나 혹은 응답 쉬트(answering sheet)에 기록하는 방식으로 진행한다.

전화면접법은 조사의 시간을 절약할 수 있는 장점이 있는 반면 많은 내용을 조사하기가 어렵고 상대방이 불성실한 응답을 할 수 있는 단점이 있다.

컴퓨터지원 전화면접법(CATI, Computer Assisted Telephone Interviewing)은 전화면접원이 일반 설문지가 아니라 컴퓨터화 된 설문지를 사용한다는 점이 다르다. 면접조사원이 모니터 앞에 앉고 미니 헤드셋을 착용한다. 모니터는 종이-연필 설문지를 대신하고 미니 헤드셋은 전화를 대신한다. 컴퓨터가 자동으로 전화번호를 걸고 접속이 이루어졌을 때 전화면접원은 모니터에 나타나는 질문들을 읽고 바로 컴퓨터에 응답자들의 답변을 기록하면 된다. 이러한 답변은 곧바로 메인프레임이나 혹은 LAN선을 타고 통계분석실로 보내지며, 실시간으로 응답결과가 미리 준비되어진 통계분석 프로그램에 의해 실시간으로 분석되어진다. CATI는 면접시간이 절감되고 조사 데이터의 질이 우수하다는 특성이 있다. 또한 자료 수집 절차와 응답설문지를 분석하기 위한 일련의 과정(편집-코딩-입력)이 제거되어 빠른 시간에 조사를 마무리 할 수 있다는 장점이 있다.

활용사례

전화면접법에 의한 '통일의식' 조사

서울대학교 통일연구소가 한국갤럽에 의뢰해 2008년 8월21일부터 9월10일까지 전국 16개 시·도에 거주하는 만 19세 이상 65세 이하의 성인 남녀 1천213명을 대상으로 전화조사한 결과에 의하면, '통일이 필요하다'는 응답이 '매우 필요'(25.9%)와 '약간 필요'(25.7%)를 합해 51.6%를 차지했다.

이는 지난해 같은 질문에 대한 응답률(63.8%)에 비해 12.2% 포인트나 감소한 것으로, 통일 의식의 약화가 심각하게 진행되고 있음을 보여준다고 연구소는 분석했다.

통일 필요성이 '반반'이라는 응답이 23.4%를 차지했고, '별로 불필요'(19.6%), '전혀 불필요'(5.4%)라는 응답이 뒤따랐다. 연구소가 27일 발표한 자료에 따르면 통일이 가능한 시기에 관한 질문엔 '30년 이상 걸릴 것'이라는 응답이 24.9%로 가장 많이 나타났으며 이는 지난해보다 13.8% 포인트 늘어난 것이다.

아예 '통일이 불가능하다'는 응답도 지난해의 9%에서 이번에 22.3%로 급증한 반면 '5년 이내'(2.3%)나 '10년 이내'(13%) 등 가까운 미래에 가능할 것이라는 기대는 적었다.

(자료원: 한국갤럽 홈페이지)

개인 면접법(Personal Interviewing)

개인 면접법은 개인과 직접 접촉해 조사를 진행하는 방법으로 가구방문 면접법과 몰 인터셉트, 컴퓨터지원 면접으로 세분화할 수 있다.

(1) 가구방문 면접법(In-Home Interviewing)

가구방문 면접법은 면접원이 직접 조사대상자의 가정을 방문해 실시하는 것으로 응답자들은 그들의 집에서 개인적으로 조사에 응하게 된다. 즉 면접원이 조사대상자 가정을 직접 방문하여 응답자들을 접촉하고 질문을 하며 응답을 기록하는 방법이다.

(2) 몰 인터셉트 면접법(Mall-Intercept Interviewing)

몰 인터셉트 면접은 백화점이나 쇼핑센터 혹은 가게 점포 내방객을 대상으로 점포에 관련된 내용을 질문하기 위한 면접방법으로 면접원이 내점한 고객에게 응답을 요청한 후 설문지를 통해 면접조사를 실시하게 된다. 몰 인터셉트 면접법의 장점은 면접조사원들이 응답자에게 가는 것보다 응답자들이 면접조사원들에게 오게 하는 것이 더욱 효율적이라는 것이다. 가장 대표적인 예가 선거 때마다 실시되는 출구조사(exit poll)방법이다. 출구조사는 선거구내의 일부 투표소를 대상으로 투표를 마친 유권자를 체계적으로 추출한 후 그들에게 직접적으로 응답을 받는 방식으로 진행된다.

(3) 컴퓨터지원 개인 면접법(Computer Assisted Personal Interviewing)

컴퓨터지원 개인 면접법(CAPI)은 응답자들이 컴퓨터 터미널 앞에 앉아서 키보드, 마우스 또는 터치스크린을 이용해 모니터 상에 주어진 설문지에 응답을 기록하는 것이다. 인터넷을 이용해 설문조사를 진행하는 것도 이와 같은 방식이라고 할 수 있다.

컴퓨터지원 개인 면접은 쇼핑몰, 회의장, 무역전시회 등 공공장소에서 자료를 수집하기 용이하며 멀티미디어 환경에서 조사를 하기 때문에 음향이나 동화상 등을 이용해 보다 현실감 있는 자극재료를 응답자들에게 제공할 수 있는 장점이 있다. 이를 통해 수집된 자료는 보다 더 신뢰할 수 있다. 따라서 이 시스템은 광고평가 등과 같이 멀티미디어를 이용해야 하는 조사에서 매우 강력한 시스템으로 이용할 수 있다. 또한 자극재료의 제시를 엄격하게 통제할 수 있을 뿐만 아니라 응답자에 따라 여러 가지로 다르게 제시할 수 있기 때문에 엄격하게 통제된 상황을 필요로 하는 실험적 연구나 조사에서 광범위하게 이용할 수 있다.

우편면접법

(1) 우편면접(Mail Interviewing)

전통적인 우편 면접은 표본프레임에서 추출된 응답자들에게 우편을 이용해 설문지를 발송한 다음, 응답자가 설문에 응답을 하고 회송용 봉투에 설문지를 넣어 연구자에게 다시 보내주는 방식으로 진행된다. 우편 발송시 패키지에는 회송용 봉투, 표지 인사말, 설문지, 회송용 봉투와 우표 그리고 응답 답례품(예를 들어 전화카드나 혹은 cyber money, cash back point 등)으로 구성된다.

개인면접법은 심층적인 면접을 할 수 있다는 장점이 있으나 우선적으로 응답자의 적극적 협조가 필요하다는 것이 어려운 점이다.

우편면접의 장점은 원(遠)거리에 위치한 조사대상자들을 대상으로 자료를 수집할 수 있고, 비용이 비교적 적게 들어간다는 장점이 있다. 반면에 조사 설문지에 응답하는 사람이 실제 조사대상자인지를 파악하기가 어렵고, 제한된 조사 기간 내에 조사를 종료하기 어려운 경우가 있다는 것이다. 이러한 단점을 보완하기 위해 텔레마케팅을 통해 조사를 독려하거나 혹은 팩스나 E-Mail 등의 수단을 보조적으로 활용하는 경우도 있다.

(2) 우편 패널(Mail Panel)

우편 패널은 고정적인 패널로 구성된 조사대상자에게 주기적으로 우편 설문지를 발송하여 조사하는 것을 말하며, 패널구성은 전국규모의 가구표본으로 구성할 수 있다. 그리고 이들 패널들은 다양한 인센티브제도를 통해 조사기관으로부터 보상을 받는다. 또한 우편 패널은 응답자가 고정되어 있기 때문에 이들로부터 반복적으로 정보를 수집하므로 종단적 조사로 분류된다.

활용사례

신제품 테스트: 올 인터셉트 활용

제일제당은 '솔의 눈'이 나오기 전에 '파인버드'라는 이름으로 제품을 만들었다. 제일제당에서 운영하는 대학생, 젊은 사원들의 소그룹에서 나온 아이디어였다. 약10개 정도의 아이디어가 나왔는데, '파인버드'는 3위로 평가받았다. 그리고 컨셉트 수용도를 조사했다. 상품개발위원회에서 최종심사시 '파인버드'가 새로운 맛이고, Only One이라는 개념에 적합한 관계로 1, 2위를 제치고 최종 결정되었다. '솔'음료보다 평가가치가 훨씬 더 좋은 제품도 있었지만 이 제품은 아주 좋아하는 사람과 아주 싫어하는 사람들로 극단적인 양극화 현상이 나왔기 때문이다. 대개의 경우 중간적인 결과가 나오는데 비해 극단적인 양극화는 가능성을 의미할 수도 있기 때문이다. 따라서 보다 구체적인 정보를 얻기 위해 테스트마케팅을 하기로 했다.

구체적인 내용을 살펴보면, 구입 음용자에 대한 조사와 매출 트래킹 등 두 가지였다. 구입 음용자에 대한 조사에서 보고자 했던 것은 구매하는 이유, 재구매하는 이유, 컨셉, 맛, 브랜드, 디자인에 대한 소비자의 반응 등이었다. 10개 정도의 편의점을 선정해 인터셉트 조사를 하여 자료를 모았다. 매출 트래킹은 8주간 실시했다. 준거제품을 게토레이와 코카콜라로 정하고, 장소는 사우나, 골프장, 대형업체의 자판기 등을 대상으로 했다.

테스트 결과, 주 구매층은 예상 타겟과 변화가 없었다, 예상했던 대로 30대 남성 회사원들이 주로 구매하였다. 컨셉트 수용도에서도 마찬가지로 양극화 현상이 나타났다. 처음 마셔보고 '정말 좋다'와, '뭐 이런 음료가 있어?'라는 두 가지 반응을 보였다.

테스트 마케팅을 거친 후, '파인버드'를 '솔의 눈'으로 새로운 브랜드를 붙이기로 결정했다. 타겟은 종전대로 하기로 하였다. 컨셉트는 파인버드가 목을 상쾌하게 한다는 데 초점은 맞추었으나 실제 구매자들은 거기에 별로 의미부여를 하지 않는 것으로 나타났으므로, 기능성 음료보다는 청량음료 쪽으로 포지셔닝하기로 하였다.

(자료원 : 이태근, 제일제당의 '솔의 눈', 월간 마케팅, 1997.1.)

온라인면접법

(1) E-Mail 면접(E-mail Interviewing)

E-Mail 면접을 실시하기 위해서는 우선적으로 조사대상자들의 E-Mail 주소록이 필요하다. E-Mail 메시지에 설문지를 첨부하거나 특정한 사이트에 접속하도록 유도해 설문응답을 받는다. E-Mail 면접법의 장점은 특

정 계층의 조사대상자를 추출해 조사를 실시할 수 있다는 것이다. 이는 이미 구축되어 있는 고객들의 DB를 활용할 수 있기 때문이다. 또한 특정 조사에 응답한 사람을 대상으로 일정 기간이 지난 후에 같은 종류의 조사를 실시하는 추적(tracking) 조사가 가능하다는 장점이 있다. 단점으로는 정크메일이나 스팸메일로 인식되어 조사가 원활하지 않을 수도 있다는 것이다.

|표 4-8| 이메일을 이용한 설문조사의 예

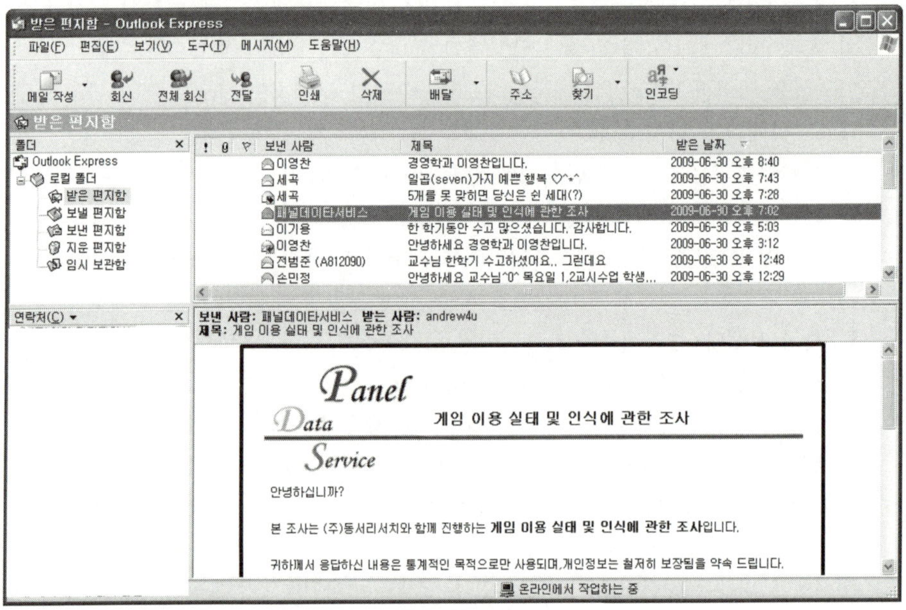

(2) 인터넷 면접(Internet Interviewing)

인터넷 면접법은 E-Mail 면접조사와 다르게 웹 언어(HTML, XML 등)를 사용하기 때문에 설문지 디자인 및 레이아웃을 구성하는데 보다 용이한 장점이 있다. 또한 버튼에 특정 숫자를 사전에 부여해(coding) 응답결과가 메인프레임에 저장이 되기 때문에 별도의 코딩이나 입력 작업이 불필요하다는 장점이 있다.

인터넷 면접법은 또한 응답을 제어하거나 건너뛰는 문항(skipped question)의 통제 등이 용이해 응답의 논리적 오류(error of logic)를 최소화 시킬 수 있는 장점이 있다.

활용사례

인터넷 패널을 이용한 온라인 쇼핑행태조사

1. 온라인 쇼핑몰 이용

1개월 이내에 온라인으로 물품을 구매한 20대 이상 성인남녀의 경우 의류/패션잡화는 G-마켓, 전자기기류는 옥션을 주로 이용하는 것으로 나타났다. 또한 디앤샵은 패션잡화, GS-e shop과 CJ Mall은 휴대기기/가전품목에서 다른 품목에 비해 상대적으로 주이용 비율이 높게 나타났다.

2. 마케팅 이슈

☞ 온라인 구매시 품목별로 주이용 Site는 다름.
☞ 의류/패션잡화의 비계획 구매는 37.8 %, 특히 2만원 이하의 제품은 43.2 %
☞ 온라인 구매시 절반 가량은 가격비교를 하고 가격 때문에 타 Site에서 11% 가량 구매
☞ 주이용 Site에서 구입하게 되는 가장 큰 이유는 “최저가여서”가 52.5 %

3. 조사개요

- 조사 대상 : R & R 서울 신도시 20 대 이상 리서치 패널 492 명
- 조사 일시 : 조사기간 8월 1일 부터 8월 4일
- 조사 방법 : on-line survey

(자료원: 패널데이터서비스 홈페이지)

(3) 모바일 면접(Mobile Interviewing)

모바일 면접이란 휴대폰 단문메시지서비스(SMS)를 이용하는 조사기법이다.[1] 조사기관이 조사대상자들에게 단문메시지서비스로 조사를 공지하면 참여를 원하는 대상자는 통화 버튼을 눌러 여론조사 자동 응답시스템에 접속, 음성으로 설문을 듣고 응답하면 되는 시스템이다. 휴대폰 사용자를 대상으로 실시하는 모바일 면접의 가장 큰 장점은 표본의 대표성이다. 단문메시지서비스 기술을 이용하기 때문에 모든 휴대폰 사용자를 대상으로 조사를 진행할 수가 있다. 특히 성인 인구 중 대다수가 휴대폰을 이용하고 있는 현실을 감안할 때 일반 국민을 대상으로 하는 사회 여론조사와 간단한 마케팅 조사가 가능하기 때문이다. 또한 모바일 면접법의 가장 큰 특징으로는 시간과 장소에 따른 제약이 크지 않으며 조사응답과 동시에 실시간 분석이 가능하다는 점이다. 아울러 의뢰자는 사전에 부여

1) SMS(short message service)는 휴대전화 이용자들이 별도의 부가장비 없이도 40자 내외의 짧은 문장을 주고받을 수 있는 문자 서비스이다.

받은 ID와 패스워드만 있으면 인터넷상에서 조사결과를 확인할 수 있어 편리하다. 설문 참가자에게는 휴대폰 요금 대납이나 사례금 등으로 인센티브를 제공을 통해 조사를 독려할 수 있는 장점도 있으나 비용이 많이 들어간다는 단점도 동시에 갖고 있다.

서베이 방법별 장/단점 평가

지금까지 살펴본 모든 서베이들이 주어진 항상 상황에 적절하게 사용될 수 있는 것은 아니다. 그래서 연구자는 어떤 방법들이 적절한지를 결정할 수 있는 적당한 평가 기준에 따른 장·단점을 고려해야 한다. <표 4-9>는 다양한 요소들에 걸쳐서 서베이 방법들을 비교한 것이다. 어떤 특정 조사과제에 대해서는 이러한 요소들에 따라 상대적인 중요성은 다르게 나타날 수 있다. 이러한 요소들은 자료수집의 유연성, 질문의 다양성, 물리적 자극의 사용, 표본 통제, 자료 수집환경의 통제, 실사(field work)의 통제, 자료의 양, 응답률, 속도, 비용 등으로 구성된다.

|표 4-9| 서베이 방법별 비교

구 분	전화면접	개인 면접			우편면접		온라인면접		
	컴퓨터 지원 전화	가구 방문 면접	몰-인터셉트 면접	컴퓨터 지원 개인	우편 서베이	우편 패널	e-mail 면접	인터넷 면접	모바일 면접
자료수집의 유연성	약간 높다	높다	높다	약간 높다	낮다	낮다	낮다	약간 높다	약간 높다
질문의 다양성	낮다	높다	높다	높다	보통	보통	보통	약간 높다	낮다
물리적인 자극의 사용	낮다	약간 높다	높다	높다	보통	보통	낮다	약간 높다	낮다
표본 통제	약간 높다	매우 높다	보통	보통	낮다	약간 높다	낮다	약간 낮다	높다
자료수집환경 통제	보통	약간 높다	높다	높다	낮다	낮다	낮다	낮다	낮다
실사의 통제	보통	낮다	보통	보통	높다	높다	높다	높다	높다
자료의 양	적다	많다	보통	보통	보통	많다	보통	보통	적다
응답률	보통	높다	높다	높다	낮다	보통	낮다	매우 낮다	보통
속도	빠르다	보통	약간 빠르다	약간 빠르다	느리다	약간 느리다	빠르다	매우 빠르다	매우 빠르다
비용	보통	높다	약간 높다	약간 높다	낮다	중의 저	매우 낮다	매우 낮다	매우 낮다

* 자료원 : 이명식, 최천규, 구자룡(2004), 마케팅 리서치, 형설출판사, p.131.

(1) 자료수집의 유연성

자료수집의 유연성은 주로 응답자가 면접조사원과 서베이 설문지와 상호 작용할 수 있는 정도에 의해서 결정된다. 가구방문 면접이든 혹은 몰 인터셉트 면접이든 간에 개인 면접은 자료수집의 가장 큰 유연성을 제공한다. 왜냐하면 응답자와 면접조사원은 얼굴을 맞대고 만나 면접조사원은 복잡한 설문지를 제공하여 설명하고 어려운 질문들을 명백하게 설명하고 심지어 비구조화 된 기술들을 이용할 수 있다.

대조적으로 전통적인 전화면접은 단지 어느 정도의 유연성을 제공한다. 왜냐하면 비구조화 된 기술들을 이용하고 복잡한 질문들을 묻고 또는 전화를 통하여 개방형 질문에 대한 깊이 있는 답을 얻기는 더욱 어렵다. CATI, CAPI, 인터넷 면접, 그리고 모바일 면접은 설문지가 상호작용 상황에서 시행되기 때문에 약간의 유연성을 허락한다. 연구자는 다양한 질문 유형을 이용하고 설문지를 개인화시키고, 복잡한 스킵 패턴을 조정할 수 있다. 왜냐하면 이러한 유형들은 면접과 응답자들 사이의 상호작용을 허락하지 않기 때문에 우편 서베이, 우편 패널 그리고 e-mail 서베이는 낮은 유연성을 가진다.

(2) 질문의 다양성

서베이에서 요청되어질 수 있는 질문의 다양성은 실질적으로 질문을 인식할 수 있는 응답자의 능력뿐만 아니라 면접조사원과 설문지와 관계되어지는 상호작용의 정도에 의존한다. 응답자가 설문지를 볼 수 있고 면접조사원이 모호성을 명확하게 하기 위해서 존재하기 때문에 개인 면접에서는 여러 가지 다양한 질문들이 요청되어질 수 있다. 그래서 가구방문, 몰 인터셉트, 그리고 CAPI 방법들은 다양성을 허용한다. 인터넷 서베이는 멀티미디어 능력들이 사용되어질 수 있고 다양한 질문들을 요청하기 위한 그러한 능력들은 면접조사원의 부재에도 불구하고 높다.

(3) 물리적인 자극의 사용

종종 면접이 이루어지는 동안에 제품, 견본, 광고, 혹은 촉진 디스플레이와 같은 물리적 자극을 이용하는 것이 도움이 되고 필요하다. 예를 들

서베이 방법에 따라 다양한 장/단점이 존재하므로 연구자는 문제의 심각성과 긴급성 그리고 비용과 노력 등을 고려하여 조사방법을 합리적으로 선택해야 한다.

어 신제품인 경우는 시제품을 보여주는 것을 포함한다. 다른 경우에서는 사진, 지도 또는 다른 시청각 도구들이 도움이 된다. 이런 경우에서는 몰 인터셉트, CAPI 등의 면접법이 선호된다. 물리적인 자극의 이용은 e-mail 서베이 뿐만 아니라 전통적인 전화면접과 CATI에서는 제한된다.

(4) 표본 통제

표본 통제는 효과적이고 효율적으로 그 표본에서 구체화된 단위체(개인, 가구)에 미칠 수 있는 서베이 형태의 능력이다. 적어도 원칙적으로 가구방문 면접은 최상의 표본 통제를 제공한다. 가구방문 개인 면접은 가정의 다른 구성원들의 참여의 정도, 그리고 자료 수집에 대한 많은 다른 국면에서 어떤 표본 단위체가 면접될 것인지, 누가 면접될 것인지를 통제하는 것이 가능하다. 모바일 면접도 개인의 휴대전화번호를 명확히 인식할 수 있기 때문에 표본을 통제하기 용이하다. 우편 서베이는 표본에 포함시키기 위한 적합한 개인 또는 가구의 주소록을 필요로 한다. 우편 서베이는 지리학적으로 분산되어진 응답자들과 도달하기 어려운 지역에도 도달하게 할 수 있다. 그러나 주소록은 때때로 이용할 수 없고 구식이고 미완성인 경우가 있다. 또 다른 요소는 설문지가 대답되어질 수 있는지 없는지와 누가 그것을 답변하느냐 하는 것이다. 몇몇 사람들은 관심과 동기의 부족으로 답변을 거절한다. 나머지 사람들은 그들이 무지하기 때문에 응답할 수 없다. 이런 이유 때문에 우편 서베이에서의 표본 통제의 정도는 낮다.

(5) 자료 수집환경에 대한 통제

응답자가 설문지에 대답하는 환경에 대하여 연구자가 가지는 통제정도는 여러 가지 서베이 형태들을 구별시키는 또 다른 요소이다. 개인 면접(몰 인터셉트와 CAPI)은 가장 큰 환경 통제의 정도를 제공한다. 예를 들어 연구자는 제품을 설명하기 위해 특정한 촉진을 만들 수 있다. 우편 서베이, 패널 e-mail, 인터넷, 그리고 모바일 서베이에서 연구자들은 환경에 대해 거의 통제를 할 수 없다.

(6) 실사의 통제

실사업무는 자료 수집과 관련이 있는 면접조사원과 감독자로 구성되어 진다. 실사 통제의 문제는 우편 서베이, 우편 패널, e-mail, 그리고 인터넷 서베이 등에서는 요구되지 않는다. 전통적인 전화 면접, CATI, 몰 인터셉터, CAPI, 그리고 모바일 면접 등은 중간 정도의 통제 수준을 제공한다. 가구방문 면접은 이러한 면에서 문제가 있다. 많은 면접조사원들이 많은 다른 위치에서 일을 하고 있기 때문에 감독하기가 곤란하기 때문이다.

(7) 자료 양

가구방문 개인 면접은 연구자들에게 많은 자료 양을 수집하도록 한다. 면접조사원은 개방형 질문에 대해 대답을 기록하고 길고 복잡한 측정사항을 돕기 위해 시각적인 보조물을 제공할 수 있다. 우편 패널은 패널 구성원들과 후원 조직체 사이의 특별한 관계 때문에 많은 자료를 산출할 수 있다.

전통적 전화 면접과 CATI는 가장 한정된 자료 양을 만든다. 이들은 응답자들이 자신들의 판단으로 쉽게 전화 대화를 종결할 수 있기 때문에 다른 서베이보다 더 짧은 경향이 있다.

(8) 응답률

서베이 응답률은 완성된 것으로 전체 시도된 면접의 퍼센트로 널리 정의된다. 일반적으로 개인, 몰 인터셉트, 그리고 컴퓨터를 이용한 면접은 높은 응답률을 보인다. 인터넷 서베이는 심지어 e-mail 서베이 보다 낮은 가장 나쁜 응답률을 가지고 있다. 이것은 몇몇 응답자들이 e-mail에는 접근하지만 웹에는 접근하지 않을 지도 모른다는 사실 때문이다. 더욱이 응답자들은 일반적으로 웹 서베이를 완성하는 동안 인터넷에 접속되어져야 할 필요가 있다. 응답자들이 미리 모집되어지면 그들은 웹사이트에 로그온 해야 한다. 많은 사람들이 이러한 노력을 꺼린다.

(9) 속도

설문지가 만들어진 다음 응답자에게 배포되고 회수되어 돌아오는데 속도가 있다. 인터넷은 많은 응답자들로부터 자료를 얻을 수 있는 가장 빠른 방법인 것이다. 또한 e-mail 조사는 비록 e-mail 리스트를 편집하기 위해 시간이 걸리고 자료 기입이 또한 요구되기 때문에 인터넷보다 더 늦을지라도 빠르다. 전통적인 전화면접과 CATI, 그리고 모바일 면접은 또한 정보를 얻는 빠른 방식이다. 우편 서베이는 전형적으로 가장 늦다. 완성된 설문지를 받기 위해서는 보통 몇 주가 걸린다. 재차 보내는 우편은 더 걸린다. 우편패널은 우편 서베이 보다는 더 빠르다. 재촉하는 것이 필요하지 않기 때문이다.

(10) 비용

대규모 표본을 조사하기 위하여 인터넷 서베이를 이용할 경우 비용은 가장 낮게 소요된다. 인터넷 면접은 설문지 인쇄비, 우편료, 자료처리 및 면접 비용들이 제거되며 응답자당 추가비용은 전형적으로 낮은 편이다. 개인 면접은 가장 비용이 많이 들어간다. 하지만 상대적인 비용은 일반적으로 문제해결의 중요도와 난이도, 선택되어진 절차 등에 의존한다.

2) 관찰법

관찰(observation)은 서베이와 함께 기술적 조사에서 자주 사용되는 기법이다. 관찰은 체계적인 방식으로 관심 주제에 대한 정보를 얻기 위해 사람, 사물, 사건의 행동 형태를 기록하는 것으로 관찰자(觀察者, observer)는 피관찰자(彼觀察者)에게 질문이나 별도의 어떠한 의사소통도 하지 않는다. 예를 들어 소비자들이 어떤 브랜드를 선택하는지 또는 어떤 TV프로그램을 보는지 응답자에게 물어보는 것이 아니라 기계 등을 활용해 단지 관찰하고 기록하는 것이다. 할인점이나 슈퍼마켓, 쇼핑센터 등에서 스캐너로 바코드(bar code)를 읽은 자료를 분석하거나 People Meter를 이용해 TV시청률을 조사하는 것들이 주로 사용되는 관찰의 방법들이다.[2] CCTV

2) People Meter는 1975년 영국의 AGB에 의해 개발된 것으로 국내에서는 1990년 한국갤럽이 사용하기 시작했다. People Meter는 사전에 동의한 가정의 TV수상기에 부착되어 언제 어떤 채널이 "On"이었는지, 그리고 어떤 채널로 바뀌었는지를 정확히 기록한다. [이학식(2006), 마케팅조사, 법문사, p.101.]

를 활용해 관찰하는 것도 한 방법이다.

관찰법은 관찰자의 측면에서 분류하는 것과 관찰대상자의 측면에서 분류하는 것, 그리고 환경여건의 측면에서 분류하는 것이 다르게 구분된다. 관찰자의 측면에서는 구조화된 관찰법이냐, 비구조화된 관찰법이냐로 구분한다. 관찰대상자의 측면에서는 직접적으로 관찰되어지는 것인지, 혹은 간접적인 관찰이 이루어지는지의 여부에 따라 구분한다. 또한 환경여건에 따른 분류에는 자연적인 관찰인지, 그렇지 않은지에 따라 분류한다. 관찰법의 특징을 정리하면 <그림 4-7>과 같다.

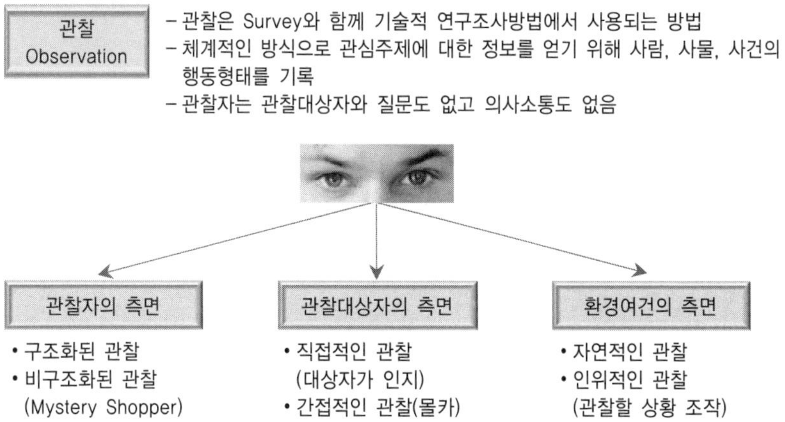

|그림 4-7| 관찰법의 특성

관찰자 측면에서의 분류

관찰자의 측면에서 관찰을 분류하면 구조화된 관찰과 비구조화된 관찰로 구분할 수 있다.

(1) 구조화된 관찰(Structured Observation)

구조화된 관찰은 연구자가 무엇을 관찰해야 되고 측정된 내용을 어떻게 기록해야 하는지를 사전에 명확하게 기술한 후 관찰하는 방법이다. 이렇게 함으로써 관찰자 바이어스를 감소시키고 자료에 대한 신빙성을 강화시킬 수 있다. 구조화된 관찰은 마케팅 조사문제가 명백히 정의되고 요구되어지는 정보가 상세하게 정의되었을 때 유용한 조사방법이다.

(2) 비구조화된 관찰(Unstructured Observation)

관찰(Observation)은 관찰대상자를 기술적 장치 등을 활용해 행동을 상세하게 분석하는 것이다.

비구조화된 관찰은 연구자가 무엇을 관찰해야 되고 측정내용을 어떻게 기록해야 하는지 사전에 명확하게 정해놓지 않은 경우에 사용되는 방법이다. 예를 들어 매장이나 식당 등의 서비스나 제품에 어떤 문제가 있는지 명확하게 알고 있지 못한 경우에 미스터리 쇼퍼(mystery shopper)[3]를 고객으로 가장시켜 서비스 만족도, 제품 만족도 등을 관찰함으로써 서비스 및 제품의 개선점을 파악하는 방법이 대표적인 비구조화 관찰이다. 그렇기 때문에 비구조화된 관찰은 관찰자의 바이어스가 발생할 수 있으나 관찰현장에서의 유연성은 높다.

관찰대상자 측면에서의 분류

관찰대상자의 측면에서 관찰을 분류하면 직접적인 관찰과 간접적인 관찰로 구분할 수 있다.

(1) 직접적인 관찰(Direct Observation)

직접적인 관찰은 관찰대상자들이 관찰되고 있다는 것을 알고 있는 경우를 의미한다. 예를 들어 교통량조사를 하는 경우에 관찰자가 버스 안이나 특정한 장소에서 조사하고 있는 모습을 확인함으로써 자신이 관찰 당하고 있다는 것을 알 수 있다. 관찰자의 존재가 행동에 얼마나 영향을 끼치는지에 대해서는 관찰자 영향은 작고 금방 없어진다는 견해와 관찰자로 인해 행동에 바이어스를 가하게 된다는 의견 등이 분분하나 아직까지 일반화된 의견은 없다.

(2) 간접적인 관찰(Indirect Observation)

간접적인 관찰은 관찰대상자들이 관찰되고 있다는 것을 모르게 하고

3) 미스터리 쇼퍼는 고객과의 직접접촉이나 전화통화 같은 간접접촉 등 모든 접점에 대한 정보를 체계적으로 제공하기 위해 엄격하고 체계적으로 훈련된 가상고객들이 반복적으로 매장을 방문하거나 전화통화를 함으로써 고객의 눈을 통해 직원들의 서비스 태도를 객관적으로 평가할 수 있는 제도이다.

관찰하는 방법으로 피관찰자들이 자연스럽게 행동하도록 유도해 정확한 결과를 이끌어내고자 하는 것이다. 사람들은 때때로 그들이 관찰되고 있다는 것을 알고 있을 때 의도와는 다른 행동을 할 수 있기 때문에 관찰과정에 바이어스가 발생한다. 따라서 이러한 오류를 방지하기 위해 반투명경이나 몰래 카메라 또는 눈을 끌지 않는 기계적인 장치를 이용하기도 한다. 경우에 따라 관찰자는 쇼핑객이나 판매점원으로 가장하여 그 역할을 하기도 한다.

환경여건 측면에서의 분류

(1) 자연적인 관찰(Natural Observation)

자연적인 관찰은 자연적으로 형성된 환경 속에서 일어나는 행동을 관찰하는 것이다. 예를 들어 식당에서 음식을 먹고 있는 사람들의 행동을 관찰하거나 할인점에서 라면을 구입하는데 몇 개의 브랜드를 집어보고 비교/구매하는지를 관찰할 수 있다. 자연적인 관찰의 장점은 관찰되어지는 현상이 더욱 정확하게 사실적인 현상을 반영할 것이라는 것이다. 약점은 그 현상이 일어날 수 있는 것을 기다리는 비용과 자연적인 무대에서 현상을 측정하기 어렵다는 것이다.

(2) 인위적인 관찰(Contrived Observation)

인위적인 관찰은 관찰대상자의 행동을 관찰하기 위해 인위적으로 가상환경(virtual reality)을 만들어 관찰하는 것이다. 이렇게 함으로써 관찰대상자를 기다리는 시간을 절약할 수 있다. 예를 들어 카센터의 수리비용 및 공임에 대한 정보를 얻고자 하는 경우 특정한 부분에 대한 고장을 인위적으로 조작한 다음 여러 카센터를 방문하거나 여러 관찰자가 한 카센터를 시간 간격을 두고 방문하여 관찰함으로써 원하는 정보를 획득할 수 있다.

적용유형에 따른 관찰 방법

다음의 <그림 4-8>에서 분류된 것처럼 관찰방법은 적용유형에 따라 개인 관찰, 기계적 관찰, 감사, 내용분석, 추적분석으로 분류할 수 있다.

(1) 개인 관찰(Personal Observation)

연구자는 관찰대상자의 행동이 발생할 때 실제적인 행동을 직접적으로 관찰하는 것이다. 관찰자는 관찰되어지는 현상을 통제하거나 조정하지 않고 다만 자연적(예: 상점) 또는 인위적(예: 연구시설)인 환경 속에서 무엇이 발생하는지를 관찰하게 된다. 할인점에 입장하는 고객의 수를 기록하고 흐름을 관찰할 수 있다. 이러한 흐름을 관찰하기 위해 쇼핑카트의 바퀴에 특수한 약품을 바른 다음 영업이 끝난 다음에 특수한 조명으로 바꾸어 쇼핑객들의 동선(動線, moving line)을 파악할 수 있다. 이 정보를 바탕으로 전반적인 레이아웃(layout)을 바꾸거나 진열대의 위치, 제품 디스플레이 위치를 바꿀 수 있다.

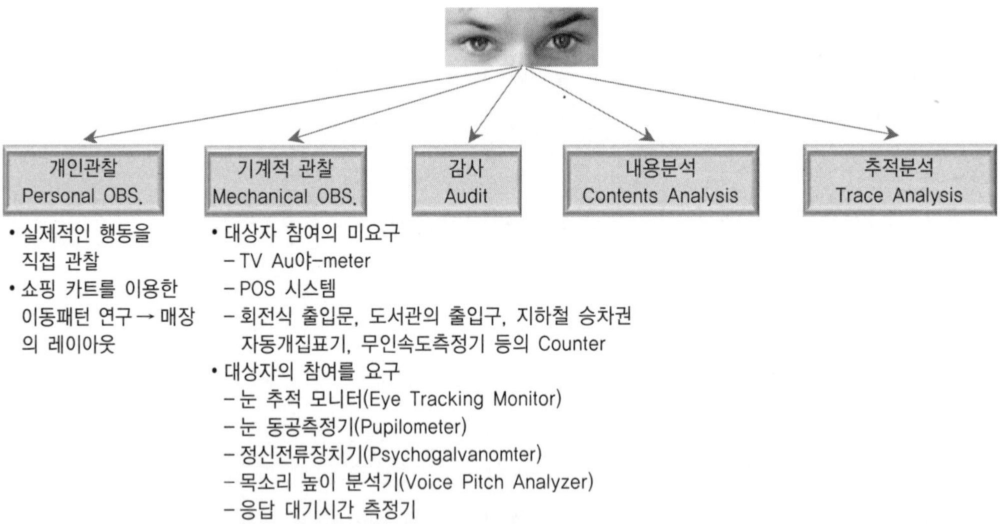

|그림 4-8| 적용유형에 따른 관찰방법

(2) 기계적 관찰(Mechanical Observation)

기계적 관찰은 기계적인 장치를 활용하여 관찰하는 것이다. 이러한 장치들은 조사대상자의 직접적인 참여를 요구할 수도 있다.

가. 응답자의 직접적인 참여를 요구하지 않는 기계적 관찰

응답자의 참여가 요구되지 않는 기계장치 중에서 가장 널리 알려져 있는 장치는 A. C. Nielsen의 오디미터(audi-meter)가 있다. 이 장치는 TV세트가 어떤 채널로 돌려지는지를 계속적으로 기록하기 위하여 동의한 가정의 TV에 부착해 채널의 어떤 상태인지를 파악해 TV 시청률 등을 조사하는데 활용된다. 영국 AGB사의 People Meter 역시 같은 원리이다. 바코드를 읽을 수 있는 스캐너 장비가 부착된 POS 시스템[4] 역시 응답자의 참여를 강제적으로 요구하지는 않는다. 또한 사람이 빌딩을 들어오고 나가는 수를 기록하는 회전식 출입문(turnstiles)이나 도서관 입구의 카운터 기기(counters), 지하철의 승차권 자동개집표기(automatic gate machine), 무인속도측정기 등도 응답자의 직접적인 참여를 요구하지 않는 특성이 있다.

그러나 단점 역시 존재한다. 예를 들어 오디미터가 작동되고 있다고 하더라도 TV를 틀어 놓고 다른 일을 한다든가, 외출 한다던가 할 때는 집계가 되더라도 오류정보일 수밖에 없다는 것이다. 또한 지금 현재 TV를 시청하고 있는 사람이 표적 청중인지의 여부도 확인하기가 매우 어렵다는 단점이 있다.

나. 응답자의 개입을 요구하는 기계적 관찰

응답자의 개입을 요구하는 기계적인 장치는 눈 추적 모니터(eye-tracking monitor), 눈 동공 측정기(pupilo-meters), 정신전류 장치기(psychogalvano-meters), 목소리 높이 분석기(voice pitch analyzers), 응답대기시간(response latency) 측정기 등이 있다.

▶ 눈 추적모니터(eye-tracking monitor)

안구 운동측정기, 눈 카메라, 눈 관점 기록기와 같은 눈 추적 장비는 눈의 초점운동을 기록한다. 이 장치는 응답자들이 광고를 어떻게 읽는지 또는 TV광고물을 어떻게 보는지를, 응답자가 다양한 자극부분을 얼마나 오랫동안 바라보는지를 관찰하기 위하여 사용한다. 이러한 관찰정보는 직

---

4) 판매시점(point of sales)관리를 위한 유통시스템으로 유통업체 매장에서 판매와 동시에 품목, 가격, 수량 등의 유통정보를 컴퓨터에 입력시켜 정보를 분석, 활용하는 관리시스템이다. 판매정보의 입력을 쉽게 하기 위해 상품포장지에 고유 마크나 바코드를 인쇄 또는 부착시켜 판독기(핸드 스캐너)를 통과할 때 해당 상품의 각종 정보가 자동으로 메인컴퓨터에 들어간다. 유통업체는 이 정보를 토대로 수시로 매출동향을 파악하며, 재고를 적정수준으로 유지하고, 잘 팔리는 상품의 진열을 확대하는 등 상품관리 및 업무자동화가 이 시스템을 통해서 이루어진다. 이 시스템의 발달은 판매시점에서부터 정보의 즉각적인 피드백(feedback)에 의한 상품관리를 가능하게 한다.

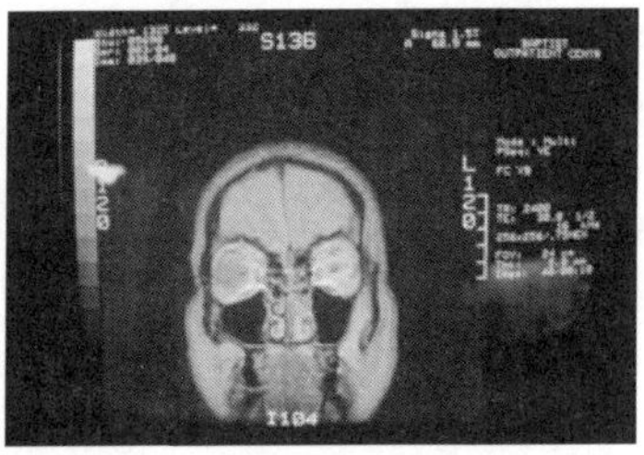

관찰(Observation)은 무의식 상태에서 자연스럽게 행동함으로써 심리적/행태적 특성을 파악하고자 하는데 목적이 있다.

접적으로 광고의 효과성을 평가하는데 유용하게 활용된다.

▶ 눈 동공측정기(pupilo-meters)

눈 동공 측정기는 동공직경의 변화를 관찰하는 것이다. 조사에 참여한 응답자들은 광고 또는 다른 자극을 투사될 때 스크린을 보도록 요구받는데 이때 동공의 크기변화를 관찰하는 것이다. 동공크기의 변화는 자극의 노출로부터 발생되는 인식활동의 변화로 받아들여진다. 통상적으로 동공크기의 변화는 자극에 대한 관심과 태도를 반영하는 것으로 해석한다.

▶ 정신전류장치기(psychogalvano-meters)

정신전류장치는 피부에 전기 자극을 가해 피부의 전기저항에 대한 변화를 관찰하는 것이다. 실험에 참가한 응답자는 전기저항을 나타내주는 자그마한 전극을 피부에 달고 연구자가 제시하는 광고와 포장, 슬로건 같은 자극을 보게 된다. 자극에 노출되었을 때 증가되는 땀의 분비량이나 피부의 변화를 통해 감정적인 변화를 관찰하여 기록하는 것이다. 대체적으로 흥분은 피부의 전기저항을 증가시키고 이러한 변화는 땀의 분비를 촉진시키는 결과를 가져오게 된다. 이러한 반응 강도를 활용하여 연구자는 자극에 대한 응답자의 관심수준과 태도를 추론하게 된다.

▶ 목소리 높이분석기(voice pitch analyzers)

목소리 높이분석은 응답자의 목소리 변화를 통해 감정적인 변화를 관찰하는 것이다. 감정적인 반응을 동반하는 목소리의 상대적 진동수의 변화는 오디오가 장착된 컴퓨터 장치로 관찰한다.

▶ 응답대기시간(response latency)

응답대기시간은 질문에 대답하기까지의 대기사간을 관찰하는 것으로 여러 가지 대안들을 제시하고 응답까지 걸린 시간을 측정하는 것이다. 예를 들어 두 개의 대안 중에서 응답에 걸린 시간이 긴 답변이 더 선호되는 경향이 있다.

눈 추적모니터, 눈 동공측정기, 정신전류장치 그리고 목소리 높이분석기들을 사용한 관찰방법은 심리적인 변화가 응답자들의 인식 혹은 신념 등과 상호 연관성이 있을 것이라는 가정 하에서 시작된 것이다.

(3) 감사(Audit)

감사는 물리적인 기록이나 스캐너 등을 통해 정리된 자료를 이용하여 재고분석이나 브랜드 점유율(brand shares) 등을 파악하기 위해 사용된다. 감사는 두 가지 독특한 특성을 가지고 있다. 첫째, 감사에 활용되는 자료는 개인적으로 연구자에 의해 수집되어진다. 둘째, 보통 물리적인 대상의 계산에 근거를 둔다.

(4) 내용 분석(Content Analysis)

내용분석은 발간되는 매체나 방송되는 빈도 등 커뮤니케이션채널을 중심으로 분석하는 경우가 많다. 특히 내용에 대한 객관성과 체계성에 관해 양적인 기술(describe)로서 측정한다. 이것은 분석뿐만 아니라 관찰도 포함한다. 분석의 단위는 단어(메시지에서 다른 단어 또는 단어의 형태), 캐릭터(개인 또는 대상), 주제(제안), 공간과 시간측정(메시지의 길이와 지속성), 토픽(메시지의 제목) 등이 된다.

마케팅 분야에서는 광고의 내용이나 메시지, 신문이나 잡지의 기사, TV

|표 4-10| 내용분석의 예

순위	가치의식 키워드	최고경영자 강조정신(연설문)	보도자료 (뉴스모음)	사사 (社史)	합 계	
					빈도	%
	품질경영/품질개선/향상	3	5	2	10	
	기술력/기술개발	7	8	10	25	
	브랜드인지도	13	20	10	43	
	기업이미지					
	고객만족					
	애프터서비스					
	혁신					
	....					

* 자료원: 이명식, 최천규, 구자룡(2004), 마케팅 리서치, 형설출판사, p.141.

나 라디오 프로그램, 보도자료 등을 관찰하고 분석할 때 사용한다. 예를 들어 소비자 트렌드를 파악하기 위해 특정 키워드가 신문기사에 어느 정도로 빈번하게 나타나느냐를 분석하는 것 등이 내용분석이다. 내용분석은 <표 4-10>에 나타난 바와 같은 형태로 분석된다.

(5) 추적 분석(Trace Analysis)

추적분석은 과거의 소비행동이나 구매행동 등의 분석을 통해 관찰하는 방법이다. 예를 들어 마일리지시스템을 도입한 주유소에서 고객카드를 계속 사용한다면 그 고객의 주기적인 소비행동을 추적할 수 있게 된다. 또한 신용카드로 할인점에서 결재하는 경우 고객의 카드전표가 그 상점에서의 신용카드 사용행동을 조사하는데 활용할 수 있을 것이다. 이와 같이 추적분석은 다양한 응용분야에서 활용되고 있다. 인터넷의 경우에는 컴퓨터에 남아 있는 쿠키(cookie)[5]파일을 추적 분석해 사용자의 인터넷 사용 패턴을 분석할 수 있다.

관찰방법의 비교

지금까지 살펴 본 관찰방법들의 특징을 <표 4-11>에 비교해 놓았다. 이들 관찰방법들을 비교하는 범주로서 구조화의 정도, 위장(僞裝)의 정도, 자연 상태에서 관찰할 수 있는 능력, 관찰에서의 바이어스, 측정과 분석에서의 바이어스, 그리고 추가적인 일반적 요소 등이 있다.

|표 4-11| 관찰방법별 특징 비교

구 분	개인 관찰	기계적 관찰	감사	내용분석	추적분석
구조화의 정도	낮다	약간 높다	높다	높다	보통
위장의 정도	보통	약간 높다	낮다	높다	높다
자연 상태에서의 관찰능력	높다	약간 높다	높다	보통	낮다
관찰에서의 바이어스	높다	낮다	낮다	보통	보통
분석에서의 바이어스	높다	약간 낮다	낮다	낮다	보통
기타 요소	가장 유연하다	강요할 수 있는	비싸다	의사소통에 제한	최후 수단으로

* 자료원: 이명식, 최천규, 구자룡(2004), 마케팅 리서치, 형설출판사, p.142.

5) 웹 서버가 웹 브라우저에게 보내어 저장했다가 서버의 부가적인 요청이 있을 때 다시 서버로 보내 주는 문자열 정보이다. 예를 들면, 어떤 사용자가 특정 웹 사이트에 접속한 후 그 사이트 내에서 어떤 정보를 보았는지 등에 관련된 기록을 남겨 놓았다가 다음에 접속하였을 때 그것을 읽어 이전의 상태로 유지하면서 검색할 수 있게 하는 역할을 한다.

3) 횡단적 조사와 종단적 조사

횡단적 조사

횡단적 조사는 마케팅조사 전문기관이 컨설팅기관들이 실시하는 대부분의 조사를 일컫는다. 예컨대 횡단적 조사는 현재 당면한 조사문제나 의사결정 문제를 해결하기 위하여 실시하는 조사를 의미한다. 시장에서의 시장점유율 분석을 통해 새로운 마케팅전략을 수립하고자 현재 조사를 기획한다면 이는 횡단조사에 해당한다. 그렇다면 과거에도 동일한 문제로 조사를 실시했다면 이 조사는 시계열적으로 이루어지기 때문에 종단적 조사가 아닐까라고 생각하기 쉽다. 그러나 과거에 동일한 문제로 조사를 실시했다고 하더라도 조사대상 표본이 다르다면 이는 횡단적 조사에 해당한다. 다시 말하면 횡단적 조사는 모집단에서 단 한번 추출된 어떤 조사 표본으로부터 정보를 수집하는 것을 의미한다.

횡단적 조사에는 단일 횡단적 설계(single cross-sectional designs)와 다중 횡단적 설계(multiple cross-sectional designs)로 분류한다. 단일 횡단적 설계는 모집단으로부터 단일 집단의 표본이 추출되며, 이들 집단을 활용해 조사를 실시하는 것을 말한다. 반면에 다중 횡단적 설계는 모집단을 다양한 계층이나 분류기준으로 구분한 다음, 각각의 계층으로부터 표본 집단을 추출하는 것을 말한다. 다중 횡단적 설계의 한 유형으로 코호트분석(同 세대분석, cohort analysis)이 있다. 일례로 386세대라던가, X세대라던가 하는 용어가 코호트를 의미하는 것이다.

횡단적 조사는 특정 시점에서 관련 대상자들의 특성을 조사하는 것으로 대부분의 마케팅조사가 횡단적 조사에 해당한다. 횡단적 조사는 조사대상자가 고정되어 있지 않기 때문이다. 즉 특정한 시점에서 한 단면(斷面)의 특성을 파악하고자 하는 것이 횡단적 조사이다.

종단적 조사

종단적 조사는 표본 집단을 고정시켜 놓고 동일한 문제를 시점(時點)을 달리하면서 반복적으로 측정하는 추적조사(tracking survey)가 여기에 해당한다. 다시 말하면 종단적 조사는 조사대상자인 표본이 시간이 지나가도 그대로 유지·활용된다는 측면에서 횡단적 조사와는 다르다.

종단적 조사에서의 조사 표본은 패널(panel)로 고정된 표본(fixed sample)

의 성격을 가진다. 패널은 일정기간 동안 구체적인 간격을 두고 정보를 제공하는데 동의한 응답자들로 구성되며, 여론조사기관들이 특히 다양한 계층의 패널을 두고 사회적 관심사나 정치적 관심사 등을 신속하게 조사하는데 활용된다.

조사기관들은 이들 패널집단을 유지하기 위해 선물이나 쿠폰, 정보 혹은 Cash Back 등을 통해 그들을 유지하며, 이들 기관은 이러한 패널들로부터 얻은 정보를 활용해 그들이 추구하는 조사사업을 유지하기도 한다.

활용사례

음료수 패키지 디자인을 위한 종단적 조사

예를 들어 휘튼(Whitton)이라는 마케팅 조사 회사와 그 고객회사인 웨스트포트(Westport)사는 제품과 브랜드 조사를 위해 3,700명의 10대들로 패널을 구성했다. 이 10대 패널들은 전화, 면담, 이메일리스트, 배너광고, 웹상의 커뮤니티 등 다양한 방법을 통해 모집되었으며, 참여에 대한 보상이 약속되었다. 휘튼사는 최근 한 음료수 회사의 새로운 패키지 디자인에 대한 설문조사를 이 패널을 통해 실시했다. 75가지의 다양한 라벨과 병 모양 디자인이 제시된 10-15분 분량의 인터넷 설문 조사 프로그램을 짜는데 1주일이 걸렸고, 완성된 설문에 약 600여명의 10대들이 참여하여 4일만에 조사가 완료되었다. 조사결과는 5일 후에 통계 처리되어 클라이언트에 보고되었다. 오프라인을 이용한 조사와 비교하면 매우 신속한 조사 절차인 것이다.

(자료원, 대홍기획 인터넷 사보, 2001.9/10.)

횡단적 조사와 종단적 조사의 장단점

기술적 조사에서 표본계층의 분류방법과 조사시점의 관계를 고려해 횡단적 조사와 종단적 조사로 분류하는 바, 이들 조사의 장점과 단점은 <표 4-12>에 나타난 바와 같다.

종단적 조사 자료는 개별적인 단위의 행동에서 변화를 살펴보거나 광고, 패키지, 가격, 유통 등에서의 변화와 같은 마케팅 변수들을 측정하고 소비자 행동의 변화를 파악하기 위한 연구에게 유용하게 활용된다. 왜냐하면 동일한 단위와 조사정보가 반복적으로 측정되고 표본의 응답변화가 어떻게 달라지고 있는지를 파악할 수 있기 때문에 매우 유용한 소비자행동변화 정보를 제공해주기 때문이다.

종단적 조사는 조사대상자의 태도나 의식의 변화를 지속적으로 추적하는 조사이다. 즉 조사대상자를 고정시켜 놓고 자극에 따른 변화를 측정해 원인과 결과를 검증하는데 활용한다.

패널조사의 또 다른 장점은 많은 양의 설문내용을 조사할 수 있다는 것이다. 패널 구성원들은 그들이 소속된 조사기관의 조사에 참가함으로써 보상을 받기 때문에 내용이 복잡하거나 많은 내용의 질문에도 기꺼이 참여하고자 하는 특성이 있기 때문이다. 또한 패널로부터 얻어진 마케팅정보나 소비자행동변화 자료가 횡단적 조사자료 보다 더욱 정확하다는 특성을 가지고 있다.

반면에 패널조사의 가장 큰 단점은 패널 구성원들이 대표성(representative)을 가지지 못한다는 것이다. 통계조사의 무엇보다도 대표성을 가진 표본을 추출해 조사를 하고, 그 결과를 일반화(generalization) 하는데 특성이 있으나 일정 패널을 고정해 놓고 조사의 편의성을 기하기 때문에 이러한 대표성에 문제가 발생할 수 있다. 또 하나의 단점은 응답패널들의 응답편기(偏嗜, bias)가 발생할 수 있다는 것이다. 익숙해진 패널 구성원들은 그들 자신이 전문가라고 믿는다거나 혹은 조사기관이나 연구원에게 좋게 보이려고 하는 성향이 있기 때문에 편기가 발생할 수 있다. 또한 지루함이나 응답자들의 피로감 등에 의해서도 발생할 수 있다.

|표 4-12| 횡단적 조사와 종단적 조사의 장·단점

평가 기준	횡단적 조사	종단적 조사
변화 탐지	-	+
자료 수집의 량	-	+
정확성	-	+
표본의 대표성	+	-
응답 바이어스(bias)	+	-

* 자료원: 이명식, 최천규, 구자룡(2004), 마케팅 리서치, 형설출판사, p.73.
* 범례 : + 다른 조사 설계에 비해 상대적인 장점; - 상대적인 단점

3. 인과적 조사

1) 인과관계의 개념

인과관계(因果關係, causality)란 일반적으로 어떤 사실과 다른 사실 사이의 원인과 결과관계(cause-and-effect relationships)를 의미한다. 즉 어떤 사실이 다른 사실을 발생시킨 관계를 말한다. 이러한 인과관계를 밝히는 조사를 인과적 조사라고 하며, 인과관계조사는 실험(experiment), 서베이(survey), 관찰(observation) 등에 의해 자료를 수집한다.

인과관계는 과학자들이 말하는 것과 일반인들이 말하는 것에 차이가 있다. "X는 Y의 원인"이라는 문장에 대해 과학자와 일반인은 다르게 의미를 부여하고 있다.

■ 일반적인 의미에서의 인과관계

- X는 단지 Y의 원인이다.
- X는 항상 Y의 원인이 되어야 한다(X는 Y의 원인이라고 단정한다).
- X는 Y의 원인이라는 것은 증명 가능하다.

■ 과학적인 의미에서의 인과관계

- X는 Y의 원인일 가능성 중의 하나이다.
- X가 일어나면 아마 Y가 일어날 것이다(X는 Y의 원인 가능성이다).
- X가 Y의 원인이라는 것을 증명 할 수 없다. 단지 X가 Y의 원인이라고 추측할 수 있다.

인과관계(因果關係)란 원인(cause)과 결과(outcome) 간의 관계를 검증하기 위한 방법이다. 주로 실험조사에서 많이 활용하고 있으며, 최근에서 사회과학에서도 구조방정식을 이용해 인과관계를 분석하는 것을 주류로 사고 있다.

인과관계의 이런 과학적인 의미는 일반적인 의미보다 마케팅조사에 더욱 적합한 개념이다. 마케팅효과는 개연성 있는 원인과 결과 사이의 관계와 다수의 변수에 의해 나타나기 때문이다. 나아가 인과관계를 증명할 수 없을뿐더러 단지 원인과 결과의 관계를 추론(inference)할 수 있을 따름이다.

2) 인과관계의 조건

추론은 일반적으로 자료의 수집과 분석에 이루어지는데 인과관계를 추론하기 위해서는 동시 발생, 시간의 선행성, 그리고 다른 제3의 변수 배제 등 3 가지 조건이 필요하다. 물론 이러한 3 가지의 어떤 것 또는 모든 조건을 충족시키는 것으로 인과관계를 결정적으로 나타내기는 어렵다.

동시 발생(Concomitant Variation)

동시 발생은 X(원인)와 Y(결과)가 동시에 일어나거나 함께 변화하는 정도이다. 동시 발생에 속하는 증거는 정성적 또는 정량적인 방법으로 확인해 볼 수 있다. 예를 들어 자동차제조사의 마케터는 교육 수준이 높을수록 고급승용차를 가지고 있다고 믿고 있다. 여기서 원인요소 X는 교육 수준이고, 결과요소 Y는 승용차의 크기이다.

시간의 선행성(Time Order of Occurrences)

시간의 선행성은 원인이 되는 사건이 결과가 되는 사건보다 먼저 일어나야 한다는 조건이다. 한 사건이 다른 사건의 원인이 된다면 원인이 되는 사건이 먼저 일어나고, 결과는 원인이 되는 결과가 발생한 후에 일어난다는 조건이다.

제3의 변수 배제(Absence of Other Possible Causal Factors)

제3의 변수 배제는 인과관계를 설명할 수 있는 원인과 결과에 대한 변수 이외의 제3의 변수들은 제거되어야 한다는 것이다. 결과에 영향을 미치는 제3의 변수를 흔히 외생변수(extraneous variables)라고 한다. 이들 외생변수들은 결과변수에 영향을 미치기 때문에 원인변수의 영향 정도를 명확하게 파악하기 어려우며, 분석결과의 신뢰성을 위해 이러한 외생변수를 통제해야 한다.

활용사례

광고와 객관적 증빙

광고가 소비자의 제품평가에 직접적으로 미치는 영향보다는 광고주가 주어진 후 객관적 증빙과 같은 다른 정보가 주어졌을 때 어떤 제품평가결과를 낳고 또한 어떠한 정보처리 과정을 거치는지를 조사하기 위하여 실험 디자인을 하였다.

광고3(속성 광고, 품질광고, 광고 없음) × 증빙6 (증빙1-5, 증빙 없음) 피실험자 집단간 디자인을 사용하였다. 광고와 증빙이 둘 다 주어지지 않는 조건은 없으므로 전체적으로 유효한 17셀이 나오고 각 셀堂 20명의 피실험자를 배정하였다. 전체 340명의 피실험 학생집단을 대상으로 실험을 실시하였다. 스테레오와 요구르트 제품을 실험제품으로 사용하였다. 이 두 제품은 각각 소비자 내구품 및 빈번히 구매하는 편의품으로 피실험 학생집단에 비교적 친숙한 제품들이다.

피실험자는 먼저 두 제품 범주 중 하나의 제품에 대해서 특정 속성의 우월성을 강조한 속성 광고 또는 품질 우월성을 강조한 품질광고에 노출되고, 5분이 지난 다음 해당제품에 대한 증빙을 관찰하여 표적 브랜드(target brand)에 대한 평가를 내리도록 하였다. 또한 증빙이 광고의 주장과 일치 또는 불일치하는 정도에 대해서 판단하도록 하였다. 그런 다음 피실험자는 광고 및 증빙에 대해서 기억할 수 있는 만큼 쓰도록 하였다. 이와 같은 자유회상(free recall)후 피실험자는 표적 브랜드의 5개 속성에 대한 신념평가와 표적 속성의 중요도를 평가하도록 하였다.

연구결과 소비자가 속성 광고에 노출된 후 속성 증빙을 보았을 때만 가설검증적인 정보처리를 하며 다른 경우에는 동화적 부호화 등의 정보처리를 하는 것으로 나타났다. 즉 공신력 있는 기관이 한 기업 제품의 우월성을 증빙하는 자료는 기업의 홍보에 도움을 줄뿐만 아니라 실제 자사제품에 대한 소비자의 평가에 지대한 영향을 미친다고 할 수 있다. 이러한 객관적 증빙은 관리자의 통제범위를 넘기 때문에 활용에 한계가 있으나 자사제품의 우월한 특정속성을 객관적 증빙이 나오기 전에 집중 광고할 수 있다. 실제 광고에 접한 소비자가 증빙을 보았을 때, 그 속성에 주의를 기우려서 광고의 주장과 일치되는 경험을 거친다면 결과적으로 자사 제품의 선호도는 높아질 것이다.

(자료원 : 정형식(1997), 광고와 객관적 증빙의 혼합 정보가 소지자 제품평가에 미치는 영향, 마케팅연구, 제12권 제2호.)

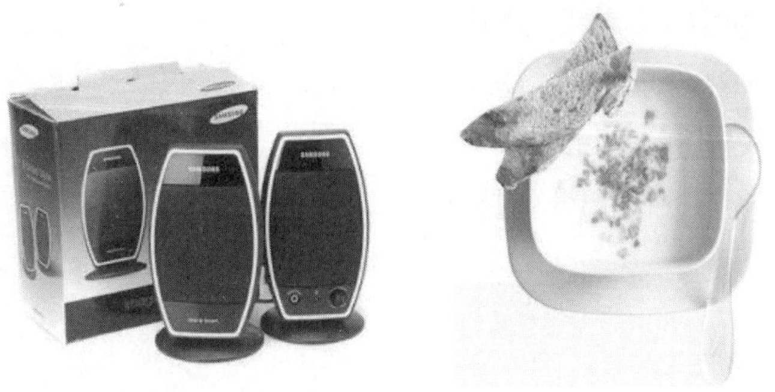

광고에서 어떤 자극과 감성을 전해주느냐가 소비자의 구매욕구를 얼마만큼 자극할 수 있을 것인가를 결정한다.

3) 실험디자인에서 사용되는 용어

■ 독립변수(Independent Variables)

독립변수는 연구자에 의해 조작되어지는 변수로 실험변수(experimental variables)나 처리변수(treatments) 혹은 설명변수라고도 한다.

■ 종속변수(Dependent Variables)

종속변수는 독립변수의 의해 영향을 받는 변수로 기준변수(criterion variables) 혹은 목적변수라고도 한다.

■ 외생변수(Extraneous Variables)

외생변수는 종속변수에 영향을 주는 변수로 실험디자인에서 독립변수로 설정되지 않은 변수를 의미한다. 일반적으로 실험 디자인에서 외생변수는 통제되어야 하나 현실적으로 모든 외생변수를 통제하기는 어렵다.

■ 실험단위(Experiment Units)

실험단위는 실험에 참가하는 개인, 조직, 혹은 다른 실체를 말한다. 실험단위에는 소비자, 점포, 혹은 지리적인 지역 등이 포함된다.

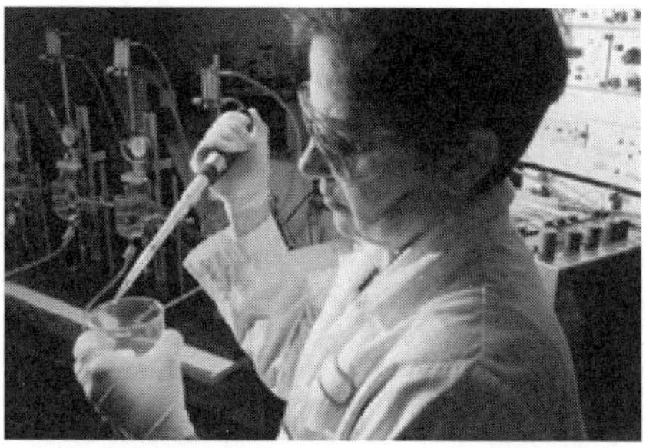

실험은 실생활에서 파악할 수 없는 것을 파악할 수 있도록 편의성을 제공한다. 특히 사회과학에서는 실험을 통해 특정사안에 대한 원인과 결과 간의 인과성을 검증하고자 노력한다.

■ 실험(Experiment)

실험은 연구자가 하나 혹은 그 이상의 독립변수를 조작할 때 그리고 외생변수의 효과가 통제되는 동안 하나 혹은 그 이상의 종속변수의 결과를 측정하는 것을 말한다.

■ 실험 디자인(Experiment Design)

실험 디자인은 특정한 절차를 정해 놓은 것이다. 즉 실험단위와 표본추출 절차, 독립변수나 취급변수의 조작, 종속변수의 측정, 그리고 외생변수의 통제를 어떻게 할 것인지를 정해 놓은 것이다.

■ 실험집단(Experimental Group)과 통제집단(Control Group)

실험집단이란 실험처리를 행하는 집단을 의미하고 통제집단이란 실험처리를 하지 않고 실험집단과 비교해 보는 집단을 의미한다. 즉 실험집단은 실험처리를 하고 사후검사를 하는 한편 통제집단은 실험처리를 하지 않고 그대로 두었다가 사후검사만을 실시하여 이들 두 집단의 사후검사치의 차이로서 실험처리(실험변수)의 효과를 알아보는 것이다.

실험집단 : R X O_1

통제집단 : R O_2

차이검증 : O_1 - O_2

4) 실험의 타당성

실험의 타당성(validity)이란 연구 집단에서 독립변수의 효과에 대한 타당한 결론을 도출하고 이것을 일반화시키고자 하는 목적을 가지고 있다. 첫째 목적은 내적 타당성에 관련되고, 둘째 목적은 외적 타당성에 관련된다.

내적 타당성(Internal Validity)

내적 타당성은 독립변수나 취급변수의 조작이 실제적으로 종속변수에 영향을 미쳤는지에 관한 것이다. 내적 타당성은 실험단위에서 관찰된 영향이 독립변수 보다 다른 변수 즉 외생변수에 의해 영향을 받았는지를 알아보는 것이다. 만약 관찰된 영향이 외생변수에 의해 영향을 받았다면, 그것은 독립변수와 종속변수간에 인과관계에 대한 타당한 영향이라고 하기 어렵다. 다시 말해 내적 타당성이 없다면 실험의 결과는 받아들여질 수 없는 것이다. 따라서 내적 타당성은 실험에서 어떤 결론을 내리기 전에 검토해야 하는 최소한의 조건이며, 내적 타당성이 있도록 하기 위해서는 외생변수를 통제하는 것이 필요하다.

외적 타당성(External Validity)

외적 타당성은 실험에서 발견된 인과관계를 일반화(generalization)시킬 수 있는지에 관한 것이다. 다시 말해 모집단, 실험실, 시점, 독립변수, 종속변수 등을 고려한 실험실 상황 아래에서 얻어진 결과를 일반화할 수 있다면 외적 타당성이 있는 것이다. 외적 타당성은 특별한 실험실 조건이 실제 세계를 어느 정도로 반영하여 실험 조건을 만드느냐에 따라 달라지므로 최대한 현실과 맞는 조건에서 실험하는 것이 중요하다.

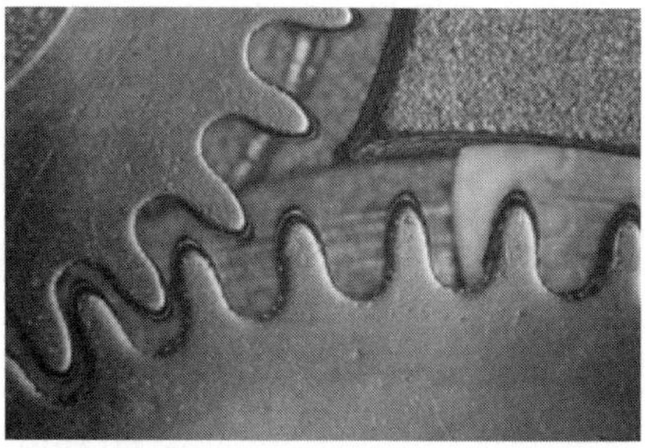

실험에 있어서 타당성은 매우 중요한 의미를 지닌다. 즉 실험에 의해 도출된 결과에 대하여 공식적으로 인정할 것이냐의 문제로 귀결되기 때문이다.

실험 디자인은 내적 타당성과 외적 타당성을 함께 고려하는 것이 바람직하지만, 종종 마케팅 리서치에서는 이들이 상충되는 경우가 있다. 연구자는 외생변수를 통제하기 위해서 인위적인 환경에서 실험을 하게 된다. 이렇게 하면 내적 타당성을 향상시킬 수 있으나 오히려 그 결과를 일반화시키는데 제한을 가하기 때문에 외적 타당성을 저하시키게 된다. 반대로 실험에서 내적 타당성이 부족하게 된다면 외적 타당성을 제한하였더라도 그 결과를 일반화시키는 것이 무의미할 수 있다. 즉 내적 타당성을 저해하는 요소는 또한 외적 타당성도 저해할 수 있는데 그러한 요소 중에서 외생변수가 가장 심각한 요소이다.

4) 실험의 타당성을 저해하는 외생변수

실험에서 내적 및 외적 타당성을 높이기 위해서는 외생변수를 통제하게 되는데 일반적으로 외생변수는 우발적 사건, 성숙효과, 시험효과, 측정수단의 변화, 통계적 회귀, 실험단위 선정의 바이어스, 실험대상의 소멸 등으로 분류하게 된다.

우발적 사건(Historical Events)

우발적 사건은 실험과 관계없는 외부에서 실험기간에 발생하는 사건으로서 종속변수에 영향을 미칠 수 있는 사건이다. 예를 들어 특정 지역 할인점에서 판매촉진 활동의 효과를 측정하기 위해 일정 시점에 매출액을 측정(O_1)하고 촉진활동(X_1)을 한 다음 일정 기간이 지난 시점에 다시 매출액을 측정(O_2)하였고 가정하자. 이를 부호로 나타내면 다음과 같다.

$$O_1 \quad X_1 \quad O_2$$

여기서 $O_2 - O_1$의 차이는 촉진활동에 의한 효과이다. 이 차이를 단순히

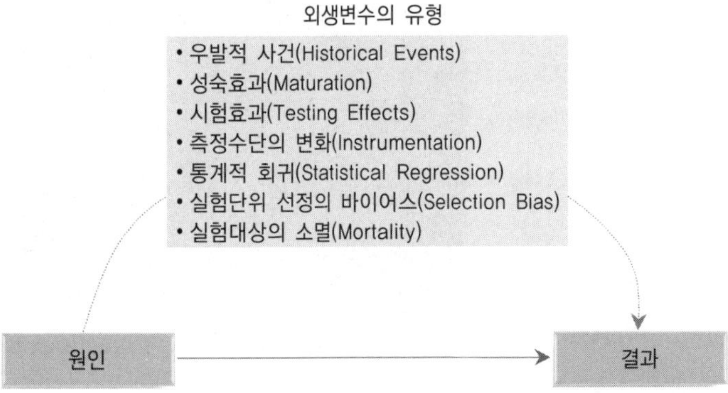

|그림 4-9| 외생변수의 유형

촉진활동에 의한 효과라고 단정할 수는 없지만 만일 이 기간 동안에 동일 상권에 있는 경쟁업체에서 보다 강한 촉진활동을 했다면 이러한 요소가 우발적 사건인 것이다. 따라서 이런 우발적인 사건으로 인해 실험의 원인과 결과간의 관계를 확신할 수 없게 되며 실험의 내적 타당성을 저해하게 된다.

성숙효과(Maturation)

성숙효과는 실험단위 자체에 변화가 있다는 것 외에는 우발적 사건과 비슷하다. 이런 변화는 독립변수나 처리변수의 변화에 의해 나타나는 것이 아니라 시간의 경과에 의해 나타나는 것이다. 예를 들어 사람이 포함된 실험에서 시간이 경과함에 따라 사람이 성숙하거나 많은 체험을 하게 되는 경우가 그것이다. 혹은 싫증이 나거나 흥미를 잃어버리게 되는 경우에도 성숙효과가 나타난다. 성숙효과는 사람 이외에도 점포의 물리적인 배치나 장식, 교통, 구조 등과 같은 변화에 의해서도 나타나게 된다.

시험효과(Testing Effects)

시험효과는 실험을 진행하는 과정에서 발생하며 종속변수에 대한 측정 실험을 진행할 때 영향을 미친다. 즉 어떤 실험을 진행할 때 동일한 사람을 대상으로 반복 측정을 하게 되면 처음에 측정 받은 사실이나 기억의 효과로 인해 실험대상자의 반응이 달라지는 것을 말한다. 시험효과에는 주(主)시험효과(main testing effects)와 상호작용 시험효과(interactive testing effects)가 있다.

주(主)시험효과는 이전의 관찰 결과가 나중의 관찰에 영향을 미칠 때 발생한다. 예를 들어 어떤 브랜드에 대한 태도에서 광고의 효과를 측정하기 위한 실험을 고려해 보자. 브랜드에 대한 배경정보와 태도를 측정하기 위한 설문지를 응답자에게 제시하고 사전 질문에 응답하게 한 다음 적당하게 테스트 광고를 노출시킨 광고를 보게 한다. 응답자들은 다시 브랜드에 대한 태도와 그 밖의 여러 가지 질문에 응답하게 된다. 처음 브랜드에 대한 태도와 광고를 본 후의 브랜드에 대한 태도 사이에 차이가 없다고 가정한다면 과연 광고의 효과는 없는 것일까? 아마도 응답자들은 사전 및 사후 측정에 일관성을 유지하려고 할 것이다. 즉 주 시험효과의 결과는 광고의 노출과 같은 취급변수 그 자체보다도 사전에 형성된 태도가 사후의 태도에 더 많은 영향을 미치는 것을 말한다. 따라서 주 시험효과는 실험에 대한 내적 타당성을 조정해 준다.

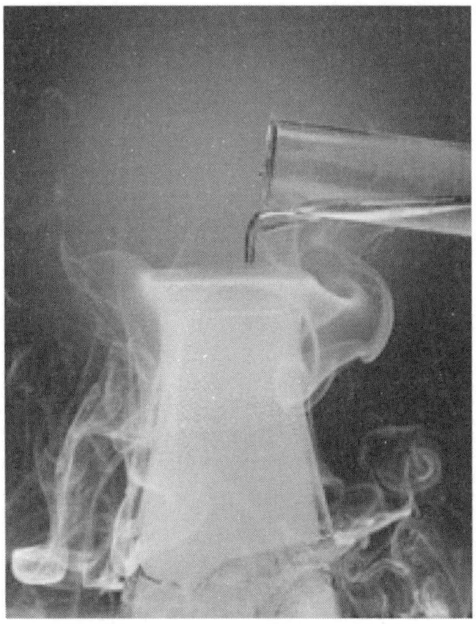

시험효과는 외생변수들에 의해 최종적인 결과에 영향을 받는 것을 의미한다.

상호작용 시험효과는 이전 측정이 독립변수에 대한 실험단위의 반응에 영향을 주는 것을 말한다. 예를 들어 광고 실험을 계속해서 할 때 사람들은 그 브랜드를 의식하게 되고, 그 브랜드에 대해 감성을 가지게 되며, 실험에 참가하지 않는 사람들 보다 그 광고에 더 주의를 기울이게 된다. 이러한 결과를 일반화시킬 수 없으므로 상호작용 시험효과는 실험의 외적 타당성에 영향을 주게 된다.

측정수단의 변화(Instrumentation)

측정수단의 변화는 측정도구나 관찰자 혹은 관찰 점수 자체의 변화를 말한다. 간혹 실험이 진행되는 동안에 설문지가 변경되거나 면접자가 바뀌는 경우가 있다. 예를 들어 광고실험을 하는 경우에 광고가 노출된 후의 태도를 측정하기 위해 새롭게 설계된 설문지를 사용하여 측정한 결과가 노출 전 결과(O2-O1)와 다르다면 그 원인은 측정수단의 변화에 기인한다고 할 수 있다. 또한 면접자의 효율성에 의해 다른 결과를 얻을 수도 있다.

통계적 회귀(Statistical Regression)

통계적 회귀 효과는 극단적인 점수를 가지고 있는 실험단위가 실험이 진행되는 동안 평균적인 점수에 수렴(收斂)할 때 나타난다. 예를 들어 광고실험에서 어떤 응답자는 매우 호의적이거나 매우 비호의적인 태도를 가지고 있다고 하자. 사후 측정에서 그들의 태도는 평균 쪽으로 이동하게 된다. 사람들의 태도는 계속적으로 변화하며 극단적인 태도를 가진 사람일수록 그 만큼 변화가 클 것이다. 따라서 실험 후의 측정 결과는 광고 노출에 의한 것이 아니라 통계적 회귀에 의한 것일 수도 있다.

실험단위 선정의 바이어스(Selection Bias)

실험단위 선정의 바이어스는 실험조건에서 실험단위의 타당하지 않은 할당을 말한다. 이 바이어스는 실험단위의 선정이나 할당을 실험집단과 통제집단에 다르게 하게 되는 경우에 발생하게 된다. 예를 들어 서로 다른 할인점에서 신제품과 기존제품 2개를 다르게 진열한 실험을 통해 매출효과를 알아보기로 하자. 두 집단인 서로 다른 할인점은 점포의 규모나 개성이 다르기 때문에 나타난 결과를 제품 진열의 차이에 의한 매출효과라고 하기는 어렵다.

활용사례

브랜드 자산 구축을 위한 실험디자인

웹 서비스의 품질이 사이버 브랜드 자산에 미치는 영향을 분석하기 위해 실험 디자인을 하였다. 먼저 실험 대상자의 선정은 먼저 실험대상기업의 웹 광고나 홈페이지를 한 번도 본 적이 없는 사람들을 피실험자로 선정하였다. 또한 실험대상기업의 브랜드에 대해 자세히 인지하지 못하는 집단(미인지 집단)과 그 기업의 브랜드를 잘 인지하고 있는 집단(인지집단)으로 구분하여 사이버 브랜드에 대한 인식의 정도에 따른 효과의 차이를 분석하였다(조정변수).

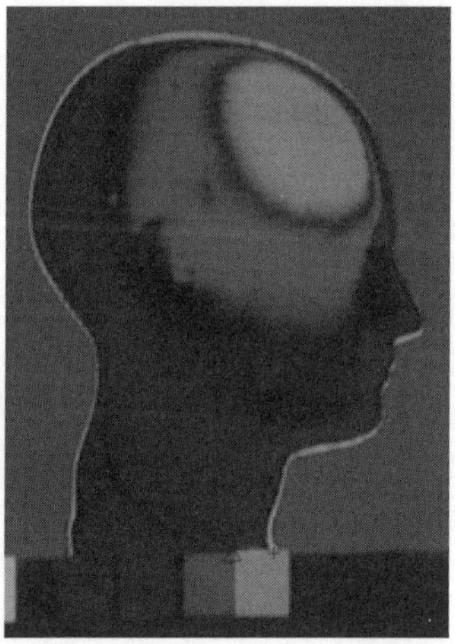

브랜드 자산이란 다양한 요소들로 구성되며 소비자의 마음속에 연상이미지로 굳어져 있는 이미지의 현실적 가치를 의미한다고 할 수 있다.

실험과정은 첫 단계로 앞에서 나누어진 두 집단을 대상으로 먼저 실제 세계에서 쌓인 기존의 브랜드 자산 구성요인의 크기를 측정하고 두 번째 단계로 피험자들에게 웹 서비스를 공개하여 1주일 동안 e-mail을 보내고 상세한 제품정보를 읽어보고 관련 그림파일을 다운받아 보는 등 충분히 웹 서비스 품질 상태를 파악하게 한 다음 브랜드 자산 구성요소의 크기를 다

활용사례

시 측정하였다. 여기서 첫 단계와 두 번째 단계의 측정치의 차이가 웹 서비스의 품질이 사이버 브랜드자산에 미친 영향이라고 할 수 있을 것이다.

실험대상으로 선정한 웹 사이트는 비슷한 내용의 전자제품을 다루는 사이트로 12곳을 선정하였고 실험기간 동안 신문광고나 TV광고의 노출빈도가 상대적으로 높았던 3곳을 실험대상에서 제외시켰다. 실증분석결과 모든 정보제공 서비스품질이 사이버 브랜드 자산에 영향을 미친 것으로 나타났다.

(자료원 : 이훈영, 박기남(2000), 웹 서비스품질이 사이버 브랜드자산의 구축에 미치는 영향에 관한 연구, 마케팅연구, 제15권 제1호.)

실험대상의 소멸(Mortality)

실험대상의 소멸은 실험이 진행되는 동안 실험단위가 사라지는 것을 말한다. 여러 가지 이유로 인해 실험단위가 더 이상 실험에 참가하지 않을 경우에 실험대상의 소멸이라 한다. 이런 경우 남아있는 측정에서 실험단위가 앞의 측정에서와 같은 방식으로 반응을 나타낼 것인지를 결정하기는 어렵다. 예를 들어 실험대상자가 이사를 감으로써 더 이상 실험에 참가하지 않는 경우 그 사람의 이전 응답과 같은 방식으로 반응할 것이라고 가정할 수 없는 것이다.

5) 외생변수의 통제

외생변수는 실험에서 내적 및 외적 타당성을 심각하게 위협하는 요소이다. 따라서 적절하게 통제되지 않으면 종속변수에 영향을 미쳐 결과를 혼동하게 한다. 외생변수를 통제하는 방법으로는 무작위화, 균형화, 통계적 통제, 디자인 통제 등이 있다.

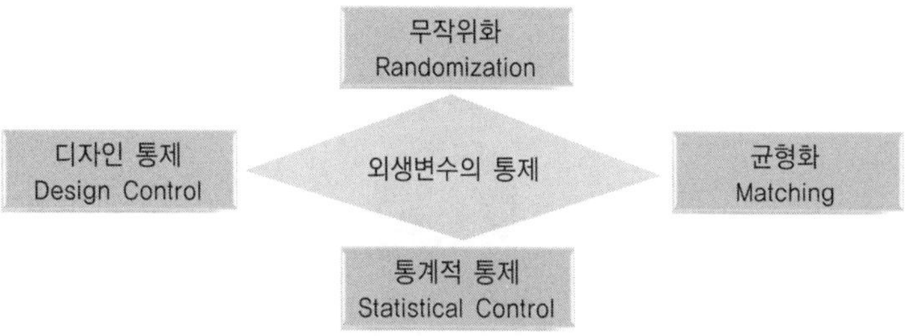

|그림 4-10| 외생변수의 통제방법

무작위화(Randomization)

무작위화는 무작위 수(數를) 사용해 실험집단의 실험단위를 무작위(無作爲)로 할당하는 방법이다. 처리변수조건 역시 실험집단(experimental group)에 무작위로 할당된다. 즉 표본을 추출함에 있어 연구자가 조작하는 독립변수 이외의 모든 변수들에 대한 영향을 동일하게 만드는 것이다. 예를 들어 광고실험을 하기 위해 3개의 실험집단을 구성한다면 모집단에서 응답자를 각 집단에 무작위로 할당하게 되는 것이다. 3가지 테스트 광고 중에서 무작위로 선택된 하나를 각각의 집단에 할당하게 된다. 무작위 할당에 의한 결과로서 외생요소는 각 취급변수조건에서 동일하게 나타나도록 하는 것이다.

균형화(Matching)

균형화는 외생변수의 영향이 동일한 집단을 선택하도록 하는 것이다. 즉 외생변수를 적용할 수 있는 요인들을 알고 있을 경우, 실험변수를 가하는 실험집단(experimental group)과 실험변수를 가하지 않는 통제집단(control group)을 선정할 때 해당 외생변수의 영향을 동일하게 받을 수 있는 집단으로 선정한다. 그리고 두 집단에서 나타난 종속변수의 수준 차이는 단지 독립변수에 의해서만 이루어진 것으로 간주하게 된다. 예를 들어 매장 진열 실험에서 연간 판매액이나 규모, 위치 등 점포에 대한 기초적인 상황을 균형화시킴으로서 진열 방법에 의한 영향만을 파악할 수 있게 되는 것이다.

통계적 통제(Statistical Control)

통계적 통제는 외생변수를 측정하거나 통계적인 분석을 통하여 그들의 효과를 조정하는 것을 포함한다. 보다 향상된 통계적 방법으로 공분산분석(analysis of covariance)을 이용하기도 한다. 공분산분석에서 독립변수에 대한 외생변수의 효과는 각 처리변수조건 내에서 독립변수의 평균값(mean value)을 조정해 제거한다.

외생변수를 통제하기 위한 시도는 결과적으로 조사결과를 매우 양호하게 해준다.

디자인 통제(Design Control)

디자인 통제는 특별한 외생변수 통제를 위한 실험 디자인의 사용을 포함한다. 적합하게 디자인된 실험을 통해 외생변수를 통제하는 것이다. 일반적으로 테스트 마케팅(test marketing)을 고려할 수 있다.

6) 실험실 실험과 현장 실험

실험은 실험실이나 현장 환경(Laboratory/Field Experiments)에서 실시할 수 있다. 실험실 환경은 인공적인 것으로 연구자가 실험에 특별히 요구되는 조건들을 구성하게 된다. 현장 환경은 실제 시장 조건과 동일하게 구성해야 한다. 예를 들어 테스트 광고의 효과를 측정하려는 실험은 테스트 광고를 테스트 방송에서 TV프로그램에 끼워 넣어 응답자에게 보여줌으로써 실험실 환경을 구성하는 것이다. 또한 동일한 실험을 실제 TV방송국에서 테스트 광고를 집행함으로써 현장 환경에서 시행할 수 있다.

실험실 실험

실험실 실험은 연구자가 연구목적을 달성하는데 적합한 상황을 인위적으로 만들어 실험하는 것이다. 외생변수를 통제하고 독립변수를 조작하여 그에 따른 종속변수의 변화를 측정하는 것이다. 예를 들어 신제품으로 개발 중인 소주 브랜드의 선호도를 알아보기 위해 기존의 식당을 실험을 위한 환경으로 구성하여 선호도를 측정할 수 있다.

실험실 실험은 현장에서 행하는 실험보다 몇 가지 더 장점을 가지고 있다.

첫째, 실험실 실험은 높은 수준의 통제를 제공하는데 이는 주의 깊게 관찰된 환경에서 실험을 독립적으로 수행할 수 있도록 한다. 그래서 우발적 사건의 효과가 최소화된다.

실험은 현장실험에서 얻을 수 없는 다양한 이점을 제공해준다.

둘째, 실험실 실험은 동일한 주제를 반복적으로 측정하는 경우 내적 타당성을 유도하여 동일한 결과를 얻을 수 있다.

셋째, 실험실 실험은 현장 실험보다 실험단위의 수를 적게 사용하고, 보다 짧은 시간이 소요되며, 더욱 지리적으로 제한되고, 보다 용이하게 수행할 수 있다.

넷째, 실험실 실험은 일반적으로 현장실험보다 비용이 적게 소요된다.

활용사례

"한국인이 OK 할 때까지"
글로벌 기업, 왜 한국에 공 들이나
"한국에서 통해야 세계서 통한다" … 신제품 테스트시장 1번지로
IT강국 등극이 계기… 첨단형 가전제품·자동차 등으로 확대

한국이 글로벌 테스트마켓(시험시장)으로 떠오르고 있다. 올림푸스와 소니처럼 한국에서 세계 최초로 신제품을 공개하는 글로벌 기업이 늘어나고 있기 때문이다. 한국이 글로벌 테스트마켓으로 관심을 받기 시작한 것은 2000년대 초 한국이 세계적 IT(정보기술) 강국으로 떠오르면서부터이다. 한국이 온라인게임, 휴대폰 등 IT분야의 신흥 강국으로 떠오르면서 해당 분야 기업을 중심으로 "한국에서 통해야 세계에서 통한다."는 말이 정설(定說)로 받아들여졌다.

▲ 지난 9월 베를린에서 열린 AV/멀티미디어 전시회 IFA 2007의 LG전자 부스. 휴대폰 등 다양한 전자제품이 관람객들의 높은 관심을 끌었다. (photo 조선일보 DB)

올림푸스는 지난 10월 17일 한·일 양국에서 기자간담회를 갖고 DSLR(디지털) 카메라 'E-3'를 세계 최초로 선보였다. 올림푸스 E-3는 전문가 및 준전문가를 위한 DSLR 카메라로, 올림푸스가 야심차게 선보이는 DSLR의 최상위 기종이다. 회사 측은 "세계 최고속 AF(자동초점), 초당 5장 고속 연사, 셔터 스피드 8000분의 1초 등 고성능을 갖추고 있다"고 말했다.

이에 앞서 소니의 한국법인인 소니코리아는 지난 9월 12일 준전문가용 고성능 DSLR카메라인 '알파700(α 700)'을 세계 최초로 한국에서 출시한다고 발표했다. 소니코리아는 지난 9월 12일부터 18일까지 7일간 예약을 받아 9월 18일 현장판매를 했다. 이 회사는 "9월 18일의 현장판매는 소니 본사에서도 'α 700'에 대한 한국 고객들의 뜨거운 관심을 특별히 반영해 진행하는 것"이라고 말했다.

한국이 글로벌 테스트마켓(시험시장)으로 떠오르고 있다. 올림푸스와 소니처럼 한국에서 세계 최초로 신제품을 공개하는 글로벌 기업이 늘어나고 있기 때문이다.

복득규 삼성경제연구소 수석연구원은 "한국시장은 테스트마켓이 될 만한 충분한 요건을 갖추고 있다"고 말했다. 그는 그 이유로 네 가지를 들었다. △우선 신제품에 관심이 많은 소비자(얼리 어답터)가 많다는 점 △소비자들이 정보를 교류할 수 있는 네트워크, 즉인터넷이 발달했다는 점 △신제품 사용소감을 빨리 인터넷에 올리고 관심을 기울이는 소비문화가 있다는 점 △개방적이며 소득이 뒷받침되는 시장이 있다는 점 등이 그것이다. 업종에 따라서는 중국 시장을 염두에 두고 한국시장을 테스트마켓으로 활용하는 기업도 있다.

▲ 세계 최초로 한국에서 출시된 일제 '소니 알파 700'

한국이 글로벌 테스트마켓으로 관심을 받기 시작한 것은 2000년대 초 한국이 세계적 IT(정보기술) 강국으로 떠오르면서부터이다. 와이브로, HSDPA(고속하향패킷접속방식), 인터넷TV(IPTV), 전자태그/유비쿼터스 센서 네트워크(RFID/USN), 글로벌 ERP(전사적자원관리), 디지털멀티미디어방송(DMB), 통신·방송 융합, 트리플플레이서비스(TPS), 차세대 금융 등 IT 업종이 한국엔 널려 있다. 한국 외엔 세계 어느 나라도 이를 동시에 수용할 테스트마켓을 갖고 있지 않다.

한국이 온라인게임, 휴대폰 등 IT분야의 신흥 강국으로 떠오르면서 해당 분야 기업을 중심으로 "한국에서 통해야 세계에서 통한다"는 말이 정설(定說)로 받아들여졌다. 온라인게임은 한국이 종주국으로 대접받고 있으며 한국에서 떠야 세계적으로 히트치는 구조가 일찌감치 확립됐다. 한국이 세계 12대 경제 강국으로 떠오른 것과 맞물려 이런 경향은 자동차, 디지털 가전 등 첨단 제품으로 확대되고 있다. 특히 하루가 다르게 트렌드가 변하는 첨단 디지털 기기의 경우 한국 소비자의 반응을 보고 세계 시장을 대상으로 마케팅 전략을 수립할 정도다.

모토로라는 지난 6월 '레이저 스퀘어드'를 세계 최초로 한국시장에 선보였다. 이 제품은 2004년 출시돼 세계적으로 1억대 가량 팔린 베스트셀러인 레이저의 후속 모델이다. 업계 관계자는 "이 제품이 한국시장에서 세계 최초로 공개됐다는 점은 모토로라가 한국 시장에서 다시 한 번 레이저의 영광을 재현하려는 의지를 보여주는 것"이라고 분석했다.

최근에는 글로벌 자동차기업들의 한국 중시 경향이 뚜렷하다. 한국은 수입자동차 시장이 작았을 때도 자동차 편의장치에서 주종을 이루는 반도체, IT 쪽이 세계 최고 수준이어서 무시할 수 없는 특성이 있었다. 그런데다 최근 수년간 한국의 수입자동차 시장이 급속하게 커졌고 한국 소비자의 안목이 세계적으로 수준급이어서 테스트마켓으로 적격이 됐다. 수입자동차 회사들이 한물 간 구형

활용사례

렉서스는 2004년 8월 렉서스 ES330의 마이너 체인지 모델인 뉴ES330을 세계 최초로 한국에서 출시했다. 지난해 5월에는 중형차인 뉴ES350도 한국에서 선보였는데 이 역시 세계 첫 공개다.

▲ 한국에서 세계 최초로 출시된 일본 닛산의 '뉴 인피니티 G35'

렉서스보다 한국에 늦게 진출한 인피니티는 한국을 테스트마켓으로 적극 활용하고 있다. 인피티니는 지난해 10월 한국에서 세계 최초로 뉴 인피티니 G35 세단을 출시했다. 이 차종은 인피니티가 글로벌 럭셔리 브랜드 등극을 목표로 수년간 심혈을 기울여 준비한 핵심 모델이다. 실제로 이 모델은 출시 직후 국내외에서 선풍적 인기를 끌고 있다. 인피니티는 지난 4월에는 거의 같은 시간대에 뉴욕모터쇼와 서울모터쇼에서 뉴 인피니티 G37 쿠페를 공개했다. 인피니티는 제품뿐만 아니라 인피니티 전시장의 세계 표준인 '인피니티 전시장 환경 디자인 계획'을 세계 최초로 한국에 적용했다.

그러나 빛이 있으면 그림자가 있게 마련이다. 한국이 테스트마켓으로 떠오르는 현상에 대해 마냥 좋아할 만한 일은 아니라는 지적도 나오고 있다. 화장품이나 명품처럼 한국을 소비시장으로만 인식하고 투자를 하지 않는 사례도 적지 않아 경각심을 가져야 한다는 것이다.

한국이 테스트마켓으로 각광 받으면서 한국에 R&D(연구개발)센터를 설치하는 다국적 기업도 늘어나고 있다. 지멘스, 3M, 구글 등 세계적 기업들이 한국에 R&D센터를 두고 있다. 복득규 수석연구원은 "글로벌 기업이 한국에 R&D센터를 설치하면 고용을 늘리는 것은 물론 국내 기업과 상호 자극을 주고받아 국내 소비자가 누리는 제품과 서비스의 수준이 올라가는 긍정적 효과가 기대된다"고 말했다. 그는 "한국이 테스트마켓으로 각광받는 것에 만족해서는 안 되며 국가적 차원에서 R&D센터를 적극 유치해야 한다"고 말했다.

한국이 테스트마켓으로 뜨는 이유는 다음과 같다.

- 신제품에 관심이 많은 소비자가 많다
- 인터넷 발달로 소비자 간 정보 교류가 빠르다
- 개방적이고 소득이 뒷받침된다
- 신기술·신시스템을 빨리 흡수한다
- 중국시장 진출 위한 전초기지

(자료원 : 주간조선 [1980호] 2007.11.19)

현장 실험

현장 실험은 실제적인 상황이나 자연적인 상황에서 실험을 하는 것이다. 그런 다음 독립변수를 조작하여 종속변수에 미치는 영향을 측정하는 것이다. 예를 들어 쿠폰광고가 할인점 매출에 미치는 영향을 측정하고자 할 때 실제 할인점에서 수행하는 경우가 현장 실험에 해당한다.

현장 실험은 실험실 실험과 달리 현실성이 높기 때문에 외적 타당성이 높으며 그 만큼 일반화하기가 용이하다. 반면 외생변수를 통제하기 어려운 단점을 가지고 있다. 현장 실험은 경우에 따라 경쟁자에게 정보가 노출될 수 있고, 경쟁자로부터 실험이 방해를 받을 수 있다.

7) 실험디자인과 비실험디자인

실험 디자인(Experimental Design)

인과적인 디자인은 인과관계를 추론하는데 매우 적합한 방법이다. 비록 기술적인 조사인 서베이자료(비실험 디자인, Non-experimental Designs)가 인과관계를 보완하는 자료로 제공되기는 하지만 이러한 기술적 조사자료가 인과성을 요구하는 모든 조건을 충족시키는데 한계가 있다. 예를 들어 기술적 조사에서는 독립변수와 종속변수 모두를 고려하는 응답자 집단의 인과성을 파악하기가 매우 어렵기 때문이다.

그러나 실험은 집단에 실험단위를 무작위로 할당하여 이러한 인과성을 확인할 수 있다. 기술적인 조사에서는 변수의 시간적 선행성을 설정하기가 어렵다. 실험에서는 연구자가 측정의 시간이나 처리변수의 도입을 유연성 있게 통제할 수 있기 때문에 기술적 조사보다 인과관계 설명에 보다 적합하다.

실험의 한계

실험은 마케팅조사에서 점차 중요성이 증가하고 있지만 실험의 소요시간, 비용, 실험 시행 등에 한계를 가지고 있다.

첫째, 실험은 결과를 얻기 위한 일련의 실험시간이 요구되는데, 특히 연구자가 광고 캠페인의 효과와 같이 처리변수의 장기적인 효과를 측정하고자 할 때는 더욱 그렇다. 실험은 독립변수의 대부분 혹은 전체 효과를 포함하는 사후처리 측정을 위해 충분히 긴 시간을 확보해야 한다.

둘째, 실험을 진행하는데 있어 많은 비용이 소요된다. 실험집단, 통제집단, 다중 측정의 요구는 조사비용을 증가시키는 주요 요소이다.

셋째, 실험은 시행하기가 쉽지 않다. 실험은 특히 현장 환경에서 외생변수의 효과를 통제하는 것이 불가능하기 때문에 실험을 진행하는데 어려움이 따른다. 현장 실험은 종종 기업의 지속적인 운영을 추론하고 소매상, 도매상, 그리고 아마 어려움을 포함하고 있는 다른 유통업자로부터 협력을 얻어내야 한다.

다섯째, 실험을 진행하는 동안 경쟁자가 현장 실험의 결과를 고의로 방해할 수 있다.

8) 테스트 마케팅

테스트 마케팅(test marketing)은 마켓 테스팅(market testing)이라고도 불리며, 테스트 마켓(test market)[6]이라고 불리는 제한된 시장(marketplace)에서 실험에 따른 반응을 조사하는 통제된 실험이다. 독립변수로 활용되는 마케팅 믹스변수들은 테스트 마케팅에서 변화를 주면서 자극을 주게 되고, 이러한 결과로 나타나는 판매량(종속변수)은 향후 전반적인 마케팅전략을 수립하는데 유용한 도구로 활용된다.

테스트마켓은 실질적인 시장과 유사한 환경에서 진행되기 때문에 본격적인 시장진입 시 겪을 수 있는 다양한 오류를 최소화하고 소비자들의 제품 수용성을 극대화 시킬 수 있다.

테스트 마케팅의 주요한 목적은 다음과 같다.

첫째, 제품의 시장 수용도(market acceptance)를 측정하기 위한 것이다.

둘째, 마케팅 믹스 변수들에 변화를 기하면서 종속변수(판매량)를 측정했기 때문에 향후 마케팅믹스변수를 어느 정도로 투입할지를 판단하기 위한 것이다. 다시 말해 테스트 마케팅은 신제품의 대량생산과 시장도입에 앞서서 실제의 시장 환경 내에서 잠재고객들의 반응을 평가하기 위하여 실시하는 소규모

6) 테스트 마켓(test market)은 연령이나 소득 또는 교육수준 등의 특성에서 전체시장과 유사한 분포특성을 갖는 지역(도시)으로서 마케터는 이곳에서 테스트 마케팅을 실시하고 그 결과로부터 전체시장의 반응을 추정한다.

의 마케팅조사이다. 대체로 테스트 마케팅은 소비재인 경우는 신제품 시용율, 최초 구매량, 신제품 수용률, 구매빈도 등을 조사하게 되며, 산업재인 경우는 제품의 성능, 구매 센터의 구성, 가격변화에 대한 반응, 잠재시장의 규모, 세분시장별 전망 등을 조사하는데 유용하게 사용된다.

테스트 마케팅은 그 절차에 따라 표준 테스트 마켓, 통제 테스트 마켓, 모의 테스트 마켓 등으로 분류할 수 있다.

표준 테스트 마켓(Standard Test Market)

표준 테스트 마켓에서는 테스트 마켓이 선정되고 제품이 실제 유통경로를 통해 테스트마켓에서 판매가 된다. 전형적으로 자사의 영업력이 제품을 유통시키는데 반영된다. 판매사원이 일정한 간격을 두고 제품을 선반에 진열하거나 재고조사 및 보충을 하게 된다. 제품, 가격, 유통, 촉진 등 마케팅 믹스 변수들을 하나 혹은 그 이상 사용하여 시험하게 된다.

표준 테스트 마켓의 디자인은 테스트 마켓을 선정하는데 유용한 기준이 무엇이고, 몇 개 정도의 테스트 마켓을 사용하고, 테스트의 기간을 어느 정도로 해야 하는지 등을 결정하는 것을 포함하고 있다. 테스트 마켓은 조심스럽게 결정되어야 한다.

테스트 마켓을 선정하기 위해서는 다음과 같은 점들을 고려해야 한다.

- 테스트 마켓이 의미 있는 결과를 도출할 수 있는 정도로 충분히 커야 한다. 적어도 잠재적인 실제 모집단의 2% 정도는 포함해야 한다.
- 테스트 마켓이 인구 통계적으로 대표성을 가지고 있어야 한다.
- 테스트 마켓이 제품 소비 행동을 반영하는 대표성을 가지고 있어야 한다.
- 테스트 마켓이 매체 사용을 반영하는 대표성을 가지고 있어야 한다.
- 테스트 마켓이 경쟁상황을 반영하는 대표성을 가지고 있어야 한다.
- 테스트 마켓이 매체와 물적 유통에 대해 비교적으로 분리되어 있어야 한다.
- 제품 분류에서 표준적인 실제 개발을 가지고 있어야 한다.
- 마케팅 리서치와 감사가 가능해야 한다.
- 과잉 테스트가 되어서는 안 된다.

일반적으로 테스트 마켓이 많으면 많을수록 더욱 유용하게 사용될 수 있다. 만약 자원에 한계가 있다면 테스트를 위한 각 프로그램의 변화를 고려하여 적어도 두 개의 테스트 마켓은 사용되어야 한다. 그러나 만약 외적 타당성이 중요하다면 적어도 4개의 테스트 마켓은 사용되어야 한다.

테스트 마켓은 경쟁자에게 쉽게 노출될 수 있으며, 만약 테스트에 경쟁자의 반응이 개입된다면 조사 기간을 짧게 가져가야 한다. 테스트의 비용은 중요한 요소이며, 테스트 기간이 길어지면 그 만큼 더 많은 비용이 발생하게 된다. 어떤 점에서 부가적인 정보의 가치는 그 정보를 획득하기 위해 들어간 비용에 비례한다고 할 수 있다. 테스트 마켓은 제품의 성공적인 도입에 매우 유익하게 사용되는 방법이다.

표준 테스트 마켓은 일회적 사례연구로 구성된다. 이 디자인에 관련된 문제로 테스트 마케팅이 2가지의 독특한 문제에 직면하게 된다는 것이다. 첫째는 경쟁자가 종종 테스트 마케팅 프로그램을 방해하기 위해 그들의 촉진활동을 증가시키는 노력을 하게 된다는 것이다. 또 다른 문제는 자사의 테스트 마케팅이 진행되는 동안 경쟁사가 앞질러 기회를 가져가는 경우이다.

통제 테스트 마켓(Controlled Test Market)

통제 테스트 마켓은 전반적으로 테스트 마케팅 프로그램이 외부의 전문 조사기관에 의해 수행된다. 조사기관들은 시장의 현황을 사전에 파악하여 대표할 수 있는 소매점에 제품을 유통시키는 책임을 지게 된다. 그리고 선반에 상품진열을 하거나, 판매, 재고 통제와 같은 창고와 현장 판매에 대한 운영을 다루게 된다. 즉 통제 테스트 마켓은 소매점에 제품을 진열하고 매출을 측정하는데, 선반의 위치와 면적, 가격, POP촉진 등을 변화시키면서 매출 변화를 측정하는 방법으로 제한된 범위와 시간 내에 실험이 가능하므로 비용과 시간이 적게 든다. 이 경우 유통점의 협조가 절대적으로 중요한 요소인데 이들의 협조를 구하기 위해 특별한 보상이 주어진다. 이런 서비스는 한국리서치, A. C. Nielsen 등과 같은 리서치기관에 의해 제공된다.

모의 테스트 마켓(Simulated Test Market)

모의 테스트 마켓은 실험실 테스트(laboratory test)나 테스트 마켓 시뮬레이션(test market simulation) 등으로 불리며, 신제품에 대한 소비자의 초기 반응을 기준으로 시장점유율을 수학적으로 산출하게 된다. 전형적으로 응답자들은 쇼핑몰과 같은 인구밀집지역에서 추출되며, 제품 사용에 대한 사전 설명을 듣게 된다. 표본으로 추출된 응답자들은 제시된 신제품 컨셉트에 노출되고, 실제 생활이나 실험실 환경에서 신제품을 구매할 기회를 얻게 된다. 신제품을 구매한 사람들은 그 제품에 대한 평가와 재구매 의도에 대해 질문을 받게 된다. 최초구매나 재구매의 추정치는 시장점유율이 반영된 촉진과 유통의 자료와 혼합되어 분석된다.

모의 테스트 마켓은 충분한 정보를 수집하기 위해 보통 10~16주 정도 소요된다. 여기서 획득된 정보는 철저하게 비밀이 유지되며, 경쟁자는 이 정보를 확보하기 어렵다. 이 방법은 앞의 테스트 마켓에 비해 비용과 시간이 절약되며, 마케팅조사기법으로 꾸준히 인기를 얻어가고 있는 방법이다.

활용사례

주류업계의 현장실험: 테스트 마켓

하이트맥주는 심혈을 기울여 만들어낸 하이트를 시장에 본격적으로 내놓기 전 테스트 마케팅을 통하여 소비자 의견을 반영하기로 하고 다음과 같은 디자인을 하였다.

- 일 시 : 1992년 11월 30일~12월 1일 (13:00~19:00)
- 장소 및 대상
  - 여의도 라이프 쇼핑센타 지하 1층 슈퍼마켓-직장인과 주부300명
  - 동숭동 대학로 훼미리 마트(편의점)대학로점-남·녀 대학생 212명

테스트 마케팅은 주로 표적세분화와 상품컨셉트, HITE 브랜드 네임에 대한 검증 등에 중점을 두고 실시되었다.

- 표적시장 세분화

  하이트맥주의 열세를 극복하기에 가장 유리한 집단을 세분화하여 주 표적시장은 20-30대의 남성 직장인으로 조사되었으며, 이들의 특성은 상표의 충성도가 낮고, 잠재적인 여론선도자이며, 신상품에 대하여 강한 욕구를 가지고 있는 것으로 나타났다.

활용사례

▌상품 컨셉트에 대한 검증

'지하 150m의 천연수로 만든 순수한 맥주로, 오염된 강물로 만든 맥주와 차별화한다'는 컨셉트를 설정하고 이를 전체 521명의 대상으로 검증한 결과, 86.3%가 상당한 호감도를 나타냄으로서 제품의 성공가능성이 매우 높을 것으로 예상되었다.

▌브랜드 네임 "HITE"에 대한 검증

여러 가지의 이름을 가지고 브랜드 네임의 선호도를 조사한 결과 59%가 다른 후보명보다 탁월하게 나타났고, 선호하는 이유는 상쾌하고 깨끗한 느낌, 정상(Height)이란 생각, 하일라이트와 맥주 거품 연상, 고급, 속도감, 독일풍 이미지 등인 것으로 조사되었다.

▌가격전략에 대한 검증

중가가격대와 고가가격대를 두고 설문 조사하여 본 결과 고가가 중가에 비해 구매의향이 다소 높은 것으로 조사되었고, 실제 구매조사를 통하여 고가가 실제 구매율이 현저히 높은 것으로 나타났다.

이런 테스트 마케팅의 결과를 중심으로 표적시장은 20~30대 직장인, 2차 표적시장은 대학생(남·녀), 그리고 표적 청중은 20~30대 가정주부로 정하였다. 제품 컨셉은 100% 암반 천연수로 만든 순수한 맥주로 정했으며, 브랜드 네임은 하이트(HITE)로 결정하게 되었다. 가격은 열처리 맥주보다 20% 고가로 설정하였다. 이런 결과를 바탕으로 하이트맥주은 1993년 출시되었으며, 1996년 시장점유율 1위를 차지한 이후 지금까지(2001년 시장점유율 59%) 그 자리를 지키고 있다.

(자료원 : 박복동(2002), 하이트로 바꾼 기업운명, 명성출판사, 1995.7./매일경제.)

Chapter

05

PART 1
마케팅조사

표본추출방법

1. 표본조사와 전수조사

마케팅조사에서는 당면한 마케팅문제를 해결하기 위하여 잠재적인 소비자나 가망고객들로부터 마케팅문제해결을 위한 정보를 획득하는데 목적이 있다. 잠재적인 소비자집단으로부터 정보를 얻기 위한 방법으로 전수조사(全數調査, census)와 표본조사(標本調査, sample survey)가 있다. 전수조사는 인구센서스와 같이 조사대상자 전체(모집단, population)를 조사하는 것이고, 표본조사는 조사대상자의 일부만을 추출(sampling)하여 조사를 진행하는 것이다.

마케팅조사를 실시하기 위해 선정한 모집단은 다양한 요소들로 구성되며, 다양한 종류의 마케팅조사문제를 해결할 수 있다. 모집단의 특성을 모수(parameter)라고 하며, 이러한 모수에 관한 정보는 전수조사나 표본조사를 통하여 얻을 수 있다. 전수조사는 모집단 모두를 조사한 다음, 모수를 직접적으로 계산하여 비교한다. 반면에 표본조사는 모집단의 일부를 선택(표본, sample)하여 조사하는 특별한 방법을 택하고 있다. 그런 다음 표본 집단을 통해 얻어진 정보를 기초로 모집단의 특성인 모수를 추정하거나 추론(inference)하는 것이다.

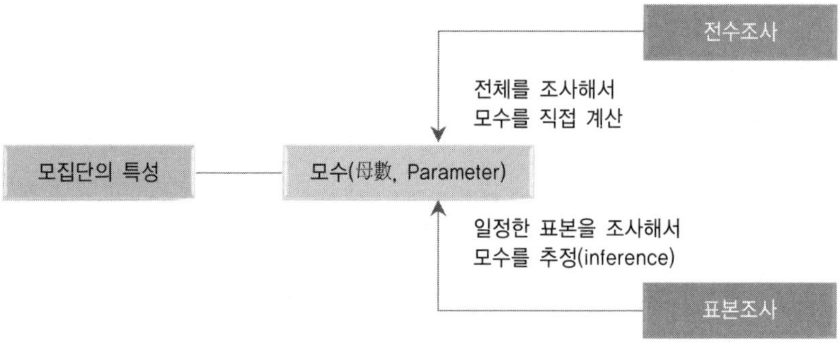

|그림 5-1| 전수조사와 표본조사

전수조사와 표본조사는 다양한 특성들에서 차이가 있다. 즉 소요되는 예산이나 자료의 사용기간, 모집단의 크기, 특성에 대한 분산 등 다양한 속성에 차이가 있다. <표 5-1>은 전수조사와 표본조사의 특성을 비교분석해 놓았다.

|표 5-1| 전수조사와 표본조사의 특성 비교

		조사의 방법	
		표본조사	전수조사
1	예 산	적다	많다
2	자료의 사용기간	짧다	길다
3	조사 소요 시간	비교적 짧다	비교적 오래 걸린다
4	모집단의 크기	크다	작다
5	특성에 대한 분산	작다	크다
6	표본추출 오차의 비용	낮다	높다
7	비표본추출 오차의 비용	높다	낮다
8	측정의 본질	파괴적이다	비파괴적
9	개인적 상황의 고려	고려한다	고려하지 않는다

자료원 : Malhotra, Naresh K(1999). *Marketing Research* : An Applied Orientation, 3rd ed., Prentice Hall.

대부분의 마케팅조사에서는 표본조사를 실시하는데 이는 조사비용이 적게 들고 조사시간이 비교적 짧기 때문에 마케팅 문제해결의 긴급성을 해결하는데 유리하기 때문이다. 표본조사를 실시하는데 있어 가장 중요한 속성은 표본 집단을 선정하는데 있어 모집단의 특성을 가능한 한 많이 반영하는 표본 집단을 선택해야 한다는 것이다. 왜냐하면 그러한 집단으로부터 얻어진 통계량(statistics)은 모집단의 모수를 추정하는데 오류가 적으며, 나아가 이들로부터 얻은 결과를 일반화(generalization)하는데 어려움이나 오류가 줄어들기 때문이다. 즉 표본의 특성을 가지고 추론한 결과가 진실과 크게 벗어나지 않아야 하기 때문이다. 이러한 표본의 속성을 일반적으로 표본의 대표성(representative)이라고 한다.

활용사례

표본추출과 전화조사의 개요

한국갤럽과 (주)인디시스템이 공동으로 출자하여 설립한 온라인 조사회사인 (주)베스트사이트에서는 국내 인터넷 이용자의 특성을 전화조사를 통해 실시하였다. 모집단은 인터넷 이용이 가능한 7세 이상의 대한민국 국민으로 설정하였으며, 표본 프레임은 전국 시도별 전화번호부(인명편)를 설정하였다. 표본추출방법은 광역시도별로 인구비례로 할당한 후, 다시 성별과 연령별로 비례할당하여 표본을 추출하였다.

다음은 본 조사와 관련된 조사개요를 정리한 것이다.

▮조사개요

조사기간 : ○○○○년 ○○월 ○○일 - ○○일(○○일간)
조사지역 : 전국(제주도 포함)
조사대상 : 7세 이상 일반국민 10,000명
조사방법 : 구조화된 질문지를 통한 전화조사
표본오차 : ± 0.98 (95%신뢰수준)

인터넷 이용자 특성을 파악하기 위해 전화조사를 실시한 것은 모집단의 특성을 보다 잘 반영한 표본을 추출하기 위해서다.

▮조사기관 : (주)베스트사이트,한국갤럽조사연구소

▮주요조사내용

1. 인터넷 이용률
2. 인터넷 이용장소
3. 가정 내 인터넷 접속방법
4. 인터넷 이용빈도 및 시간
5. 이동전화를 통한 인터넷 이용률
   - 지역, 지역형태
   - 성별, 연령별, 학력(학교)
   - 가족수, 직업, 주택형태 등
6. 인구통계학적 특성
7. 인터넷이용과 PC이용과의 관계

(자료원: (주)베스트사이트 홈페이지(www.bestcite.com))

2. 표본추출 절차

표본을 추출하는 절차는 <그림 5-2>와 같이 7단계로 구분된다. 표본을 추출하기 위해서는 무엇보다도 모집단을 명확하게 정의하고, 모집단의 특성을 가장 잘 반영한 표본프레임(sample frame)을 확보하는 것이 우선이다. 그 다음으로는 적절한 표본추출방법과 문제해결을 위해 신뢰성 있는 표본의 크기를 결정하는 것이다.

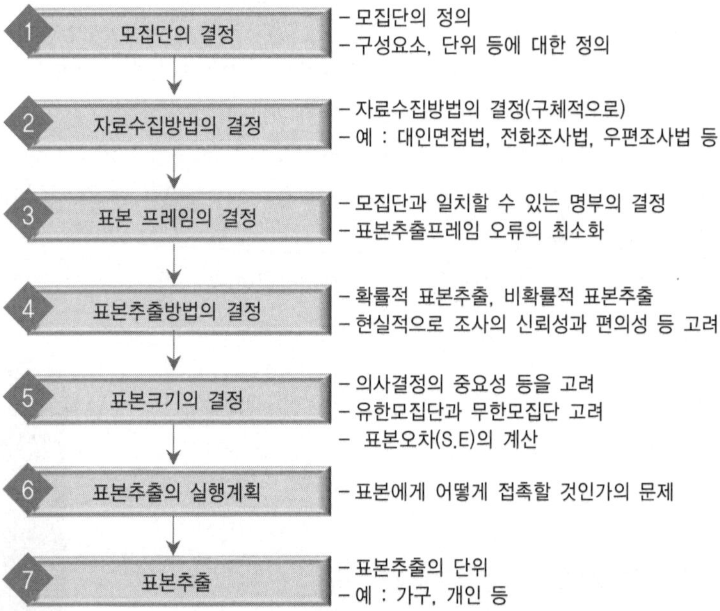

|그림 5-2| 표본추출의 절차

1) 모집단의 결정

신뢰성과 타당성을 갖춘 조사결과를 추출하기 위해서는 우선적으로 표본을 추출할 모집단에 대한 명확한 정의가 우선되어야 한다. 모집단은 조사대상이 되는 집단의 모든 개체를 다 포함한 집단을 의미한다.

모집단을 정의하기 위해서는 모집단을 구성하는 구성요소에 대한 구분(가구, 개인 등)이 명확하게 정의되어야 하며, 조사지역이나 범위, 시간 등에 대한 정의가 이루어져야 한다. 예를 들어 '마케팅조사 강의만족도'를 조사하기 위한 조사계획이라고 하면 다음과 같이 모집단을 정의할 수 있다.

- 모집단 : ○○○○년도 ○학기 현재 등록한 학생으로 조사일 현재 마케팅조사론 강의를 수강하고 있는 학생
- 표본추출단위 : 학생 개인
- 범　　　위 : 서울캠퍼스와 수원캠퍼스

2) 자료수집방법의 결정

자료수집방법을 결정해야 하는 것은 향후 실사작업을 진행하는데 있어 표본의 크기를 결정하는데 매우 중요한 영향을 미치기 때문이다. 자료수집방법은 기술적 조사와 인과적 조사로 구분하여 자료수집방법을 결정한다. 즉 서베이법과 관찰법, 실험법 등이 그것이다. 서베이법을 사용하고자 한다면 1:1 대인면접법(1:1 face to face)을 사용할 것인지, 몰 인터셉트(mall intercept)를 사용할 것인지를 결정해야 한다. 또한 전화조사법을 사용할 것인지, 우편조사법을 사용할 것인지, 인터넷 조사법을 사용할 것인지를 결정해야 한다. 조사방법에 따라 표본추출방법과 표본의 크기, 심지어는 조사내용까지도 달라지기 때문이다.

모집단을 어떻게 설정하느냐는 조사결과의 신뢰성을 초기에 결정하는 매우 중요한 작업이다.

3) 표본 프레임의 결정

표본 프레임(sample frame)이란 모집단의 특성을 반영한 명부(名簿)나 디렉토리, 회원수첩 등을 의미한다. 표본 프레임은 모집단과 완전하게 일치하는 것이 이상적이며, 그렇지 못할 경우 표본 추출과정에서 오류가 발생해 조사결과를 신뢰할 수 없게 된다.

좋은 표본 프레임이란 모집단과 완벽하게 일치하는 경우이며 또한 마케팅 리서치나 기타 조사연구를 하고자 하는 대상에 대한 정보를 완전하게 담고 있는 표본프레임일수록 좋은 표본프레임이 되는 것이다. 즉, 모집단과 표본프레임의 모순정도가 작으면 작을수록 좋은 표본프레임이 되는 것이다.

어떤 경우에는 표본을 추출하는데 있어서 2가지 이상의 표본프레임을

활용해야 하는 경우도 있다. 다단계 층화표본추출을 실시하는 경우가 이러한 경우이며, 이러한 경우 각 층화단계마다 다른 표본프레임을 활용하여 표본을 추출해야 하는 경우도 있다.

마케팅 조사에서는 대부분의 경우 모집단과 완벽하게 일치하는 표본프레임을 얻기가 어렵다. 이러한 경우 모집단과 표본 집단간 차이가 발생하게 되는데 이때의 오차를 흔히 표본프레임 오차라고 한다. 따라서 연구자는 이러한 표본프레임 오차를 줄이기 위해 가장 적합한 표본프레임을 찾도록 노력해야 한다.

4) 표본추출방법의 결정

표본추출방법은 크게 확률표본추출법(probability sampling techniques)과 비확률 표본추출법(non-probability sampling technique)으로 구분된다. 확률표본추출법은 표본을 추출하는데 있어 확률적 이론을 활용하며, 비확률 표본추출법은 조사의 편의성과 비용, 시간 등을 고려하여 판단이나 할당 등에 의해 표본을 추출하는 방법이다.

전통적인 표본추출방법으로는 복원추출(sampling with replacement)방법과 비복원추출(sampling without replacement)방법의 2가지가 있다. 복원추출방법은 일단 표본프레임으로부터 표본을 추출하여 자료를 얻은 다음, 해당 표본을 다시 표본프레임으로 돌려보내고 반복적으로 표본을 추출하는 방법을 말한다. 비복원추출방법은 이와는 정반대의 개념이다.

5) 표본크기의 결정

표본의 크기는 조사결과의 품질과 신뢰성 및 타당성을 결정하는 매우 중요한 요소이다. 그러나 또한 조사의 기간이나 비용 등과도 상호관련성이 높아 적절한 표본의 크기를 결정하는 것은 조사에 있어 매우 중요한 문제이다.

표본의 크기를 결정하기 위해서는 다음의 요소들을 고려해야 한다.

- 의사결정의 중요성
- 조사의 목적은 무엇인가?
- 조사에 사용된 변수들의 수는? 특히 요인분석 시 활용되는 변수의 수

- ▸분석을 통해 무엇을 얻을 것인가?
- ▸유사한 조사에서 사용된 표본의 크기
- ▸조사가 실패할 경우의 확률
- ▸완전하게 조사가 이루어질 수 있는 확률
- ▸자원의 제약이나 한계, 특히 비용이나 시간 등

일반적으로 보다 중요한 의사결정을 위해서는 보다 더 정보가 필요하고, 그러한 정보는 보다 정확하고도 정밀하게 획득되어야 한다. 이렇게 하기 위해서는 보다 큰 표본이 필요하지만 이 경우 표본의 크기가 증가하게 되면 정보를 얻는데 들어가는 비용 또한 증가하게 된다.

표본의 크기는 유사한 조사연구에서도 영향을 받는다. 다른 마케팅 리서치에서 사용된 표본의 크기는 손쉽게 표본의 크기를 결정할 수 있는 정보를 제공해 준다. 특히 비확률표본추출방법이 사용될 때 선행연구의 표본의 크기는 매우 중요한 결정자료가 된다.

마지막으로 얻고자 하는 정보의 양을 얻기 위해서는 적절한 표본의 크기가 결정되어야 하지만 정보를 얻는데 소요되는 비용이나 시간 등의 자원에 대한 제약조건을 고려하지 않을 수 없다. 아무리 좋은 정보일지라도 그 정보를 얻는데 소요되는 비용이 크다면 결코 좋은 방법이 될 수 없기 때문이다.

6) 표본추출의 실행계획

표본추출의 실행계획은 실사를 진행하는 현장에서 해당 표본에 어떻게 접근해야 하는지를 결정하는 것이다. 예를 들면, 체계적으로 표본추출을 실행할 경우 회원명부의 회원번호 중 끝 번호를 몇 번으로 한다든지 혹은 난수표(亂數表)를 활용하여 표본을 추출할 때 어떤 방법으로 진행할 것인지를 결정하는 것이다.

7) 표본추출

표본추출의 마지막 단계로 최종적인 표본을 추출계획에 따라 추출하는 것이다. 과거에는 난수표나 전화번호부 등을 이용해 체계적으로 추출하였으나 시간이 많이 걸리는 관계로 최근에는 컴퓨터를 활용해 표본을 추출한다. 특히 Excel이나 SPSS 등을 활용해 표본을 추출하는 것이 시간을 절약하고 확률적으로 표본을 추출하는데 유용하다.

3. 표본추출방법

표본추출방법은 확률표본추출법과 비확률표본추출법으로 분류된다.

확률표본추출방법은 표본을 추출하는데 있어 확률적 이론을 포함하는 방법이다. 확률표본추출법은 표본으로 추출될 확률이 사전에 알려져 있고, 모집단에 대한 정보를 명확하게 알고 있는 경우에 사용된다. 즉 모든 표본이 표본으로 추출될 확률이 동일할 때 활용된다. 확률표본추출법은 일반적으로 4가지 방법이 있는데 단순무작위추출(simple random sampling), 체계적 표본추출(systematic sampling), 층화표본추출(stratified sampling), 군집표본추출(cluster sampling) 등이 그것이다.

비확률표본추출법은 표본을 추출하는데 있어 확률적 이론을 이용하는 것이 아니라 연구자의 개인적 판단에 의존해 표본을 추출하는 방법이다. 비확률표본추출법은 연구자가 모집단의 특성을 잘 알고 있거나 추정하고 있다고 할지라도 결과에 대하여 정확성과 객관성을 부여하는데 한계가 있다. 비확률표본추출법에는 편의표본추출(convenience sampling), 판단표본

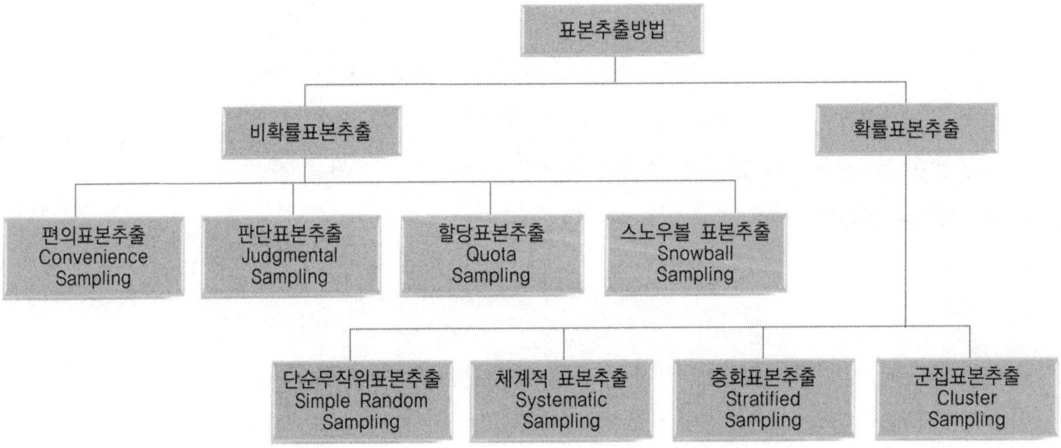

|그림 5-3| 표본추출방법

추출(judgmental sampling), 할당표본추출(quota sampling), 스노우 볼(snowball sampling) 방법 등 4가지가 있다.

활용사례

층화표본추출법

미국의 플로리다 여행국에서는 플로리다주에 거주하는 주민들을 대상으로 여행행태에 관한 전화조사를 실시하였다. 이를 해 각 가정을 북부와 중부, 그리고 남부지역으로 층화(stratified)하여 분류하였다. 이들 가구를 추출하기 위하여 컴퓨터를 이용, 무작위추출을 실시하였다 가구는 가족구성원에 대한 다음의 4가지 구성요건에 따라 분류되었다.

- 연 령 층 : 25세 이상
- 거주기간 : 최소한 조사하는 그 해에 7개월 이상 계속 플로리다에 거주하고 있는 사람
- 총 거주기간 : 최소한 2년 이상 거주한 거주자
- 플로리다 운전 면허증을 가지고 있는 개인

이와 같은 자격요건을 갖춘 개인을 표본으로 추출하기 위하여 무작위 방법을 사용하여 해당가구의 구성원을 추출하였다. 4가지 요건을 갖춘 모든 가구의 구성원들을 리스트로 정리하였으며, 다음 생일이 있는 사람이 표본으로 선정되었다. 휴가에서 돌아오면 전화해 주도록 반복적으로 요청하였으며, 이 단계에서 다음 과정을 거쳐 표본을 추출하였다.

- 목표모집단 : 조사기간 동안 플로리다州에서 전화가 가능한 가구들 중 4가지 요건을 갖춘 가정의 구성원
- 표본프레임 : 컴퓨터 프로그램에 의해 추출된 무작위 전화번호
- 표본추출단위 : 통화가 가능한 전화번호
- 표본추출방법 : 층화표본추출방법을 활용하였으며, 모집단을 3개의 지역으로 층화시켜 표본을 추출
- 표본의 크기 : 868 표본
- 표본추출 : 층화간에 표본을 추출하고, 전화는 컴퓨터를 통해 무작위로 전화를 하도록 함. 표본의 자격요건을 갖춘 구성원을 통해 조사를 실시하였으며, 가구의 구성원 중 돌아오는 생일이 가장 빠른 1 사람을 표본으로 추출하여 조사를 실시

(자료원 : Malhotra, Naresh K(1999), Marketing Research : An Applied Orientation, 3rd ed., Prentice Hall.)

1) 확률표본추출법

확률표본추출법(probability sampling techniques)을 사용하기 위해서는 표본추출비용과 정밀도(precision)를 고려해야 한다. 정밀도란 추출된 표본 집단이 모집단의 특성을 어느 정도 세밀하게 반영하고 있는가를 의미하는 것으로 정밀도는 표본추출비용과 실사비용 등 조사단계 전반에 걸쳐 비용의 상승을 유발한다. 정밀도는 비용과 비례관계에 있으며, 표본오차(sample error)와는 반비례적 관계에 놓인다. 즉 정밀도를 보다 높이기 위해서는 보다 많은 비용의 지출이 요구된다.

확률표본추출법은 단순무작위추출법, 체계적 표본추출법, 층화표본추출법, 군집표본추출법의 4가지가 있다.

단순무작위추출법(Simple Random Sampling Technique)

단순무작위추출법이란 모집단에 포함된 각각의 개체, 즉 표본단위가 표본으로 선택될 확률이 이미 알려져 있고, 표본으로 선택될 확률이 동일한 경우에 사용되는 방법이다. 단순무작위추출법은 초보적인 조사자들에 의해 자주 사용되는 방법으로 흔히 난수표를 활용하여 표본을 추출할 수 있다.

난수표를 이용하여 표본을 추출하는 방법을 간략하게 설명하면 다음과 같다.

- 모집단에 상호배타적(MECE, Mutually Exclusive Collectively Exhaustive)으로 일련번호를 부여한다. 모집단에 원래 번호가 부여되어 있다면 그대로 사용하면 되고 그렇지 않다면 새로이 번호를 부여한다.
- 출발점을 선택한다. 출발점을 선택하는 방법으로는 난수표(亂數表)를 놓고 눈을 감은 다음에 연필로 찍어 그 점(点)을 출발점으로 하는 경우도 있고, 해당하는 연월일을 출발점으로 선택할 수도 있다.
- 경로를 선택한다. 경로란 난수를 읽어 가는 방법을 말하는 것이다. 즉 난수를 종(縱)으로 읽어 내려갈 것인지 혹은 횡(橫)으로 읽어 갈 것인지를 결정하는 것이다.

난수를 이용하는 방법은 체계적이기 하지만 시간이 많이 걸리는 단점이 있다.

- 난수표와 모집단의 표본의 번호를 대응시켜 표본을 추출한다. 모집단의 자리수를 고려하여 선택된 난수를 중심으로 앞으로 몇 자리를 이용할 것인지 아니면 뒤로 몇 자리를 이용할 것인지를 결정한다.

난수표를 이용한 단순무작위추출법은 모집단의 수가 적을 경우에 효과적이지만 모집단의 수가 많거나 추출해야 될 표본의 수가 많은 경우에는 적용하기가 매우 힘들다. 이럴 경우에는 Excel이나 통계패키지를 이용해 빠른 시간 내에 표본을 추출하는 방법이 있다.

체계적 표본추출법(Systematic Sampling Technique)

체계적 표본추출법은 표본의 출발점을 무작위로 추출하고 그런 다음에 표본의 프레임으로부터 연속선상에 있는 i 번째 표본을 매번 선택하는 것이다. 표본들간의 간격은 i 가 된다. 예를 들어 10만 명의 모집단에서 1,000명을 표본으로 추출한다고 가정했을 때 표본간의 간격인 i 를 100으로 결정하였다면 무작위 숫자는 1과 100이 되는 것이다. 만약에 이 경우 최초의 표본이 33번째 표본이었다면 추출되는 표본의 번호는 33, 133, 233, 333, 433, … 등이 될 것이다.

체계적 표본추출방법은 모집단 구성요소들의 특성이 이미 알려져 있고 선택될 확률 역시 알려져 있다는 점에서는 단순무작위추출법과 유사한 특성을 가지고 있다. 그러나 체계적 표본추출방법은 무작위 추출이 한번만 이루어지기 때문에 단순무작위추출법보다 쉽고 비용 역시 적게 든다는 장점을 가지고 있다. 게다가 단순무작위추출법은 무작위 추출숫자와 표본프레임의 숫자가 맞지 않는 경우가 많기 때문에 체계적 표본추출방법보다 더 많은 시간과 노력을 요하게 된다.

층화 표본추출법(Stratified Sampling Technique)

층화표본추출법은 모집단을 부분집합이나 단층(斷層, strata)형태의 구조로 구분하여 층(層)을 이루게 하고, 각각의 층(層) 혹은 소집단에서 표본을 추출하는 방법을 말한다. 다시 말하면 특정한 분류기준(예: 성별, 연령별, 소득수준별, 학력별, 지역별, ...등)을 활용하여 상호 배타적이고 완전히 포괄적인 부분집합으로 구성(MECE, Mutually Exclusive Collectively Exhaustive)할 수 있도록 층(strata)을 구분한다. 그 다음에는 각각의 층화집단(層化集團)에서 단순무작위추출법과 같이 표본을 추출한다. 층화표본추출법은 기술적으로는 단순무작위추출법에서 무작위로 추출하는 방법만을 가져온 것이다.

층화표본추출의 주요 목적은 비용의 증가와 관계없이 표본의 정밀노를 증대시키기 위한 목적으로 사용된다. 또한 층화표본추출방법은 모집단의 표본오차를 감소시켜 표본의 대표성을 증대시킨다.

층화표본추출방법은 다음의 절차를 따라 수행한다.

- 1단계 : 조사대상이 되는 모집단을 상호 배타적이고 포괄적인 부분집단(MECE방식)으로 구분
- 2단계 : 각 부분집단들로부터 얻을 표본의 비율을 정하여 표본수를 결정한다. 이 때 부분집단들로부터 표본의 수를 정할 때 집단의 크기에 따라 비율적으로 정하게 되면 이를 비례층화표본추출법(proportionate stratified sampling)이라 한다. 반면에 부분집단들의 크기와 분산도 등을 모두 고려하여 표본을 추출하면 불비례층화표본추출법(disproportionate stratified sampling)이라 한다.
- 3단계 : 각 부분집단별로 표본의 수에 맞게 단순무작위추출법을 활용하여 표본을 추출한다.

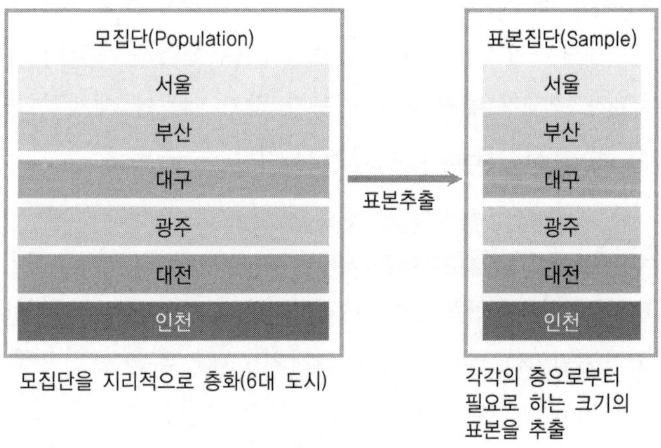

|그림 5-4| 층화표본추출과정

군집표본추출법(Cluster Sampling Technique)

군집표본추출법은 모집단을 층화표본추출에서와 같이 상호 배타적이고 완전히 포괄적인 부분집합(MECE, Mutually Exclusive Collectively Exhaustive)이나 군집(cluster)으로 분류한다. 그런 다음에 선택된 집단이나 군집으로부터 단순무작위추출법과 같이 무작위로 표본을 추출하는 것이다. 군집표본추출법이 층화표본추출법과 다른 점은 층화표본추출은 모집단에서 분류된 모든 층화집단에서 각각의 표본을 추출하지만, 군집표본추출법은 하나 혹은 그 이상의 군집을 선택한 다음, 선택된 군집으로부터 표본의 일부나 혹은 전부를 표본으로 추출한다는 것이 다른 점이다.

군집표본추출은 부분 모집단 자체를 표본추출 대상으로 하기 때문에 여러 개의 부분 모집단으로 분류할 수 있을 정도로 큰 모집단을 형성할 때 바람직한 방법이다. 이 추출법은 선택된 하나의 군집이 모집단의 특성과 정확하게 일치한다면, 하나의 집단만으로도 충분히 모집단에 대한 추정이 가능해지는 것이다. 그러므로 군집표본추출에서는 각각의 부분 모집단들의 집단내 분포가 모집단만큼 많은 차이를 이루고 있도록 구분하는 것이 중요하다.

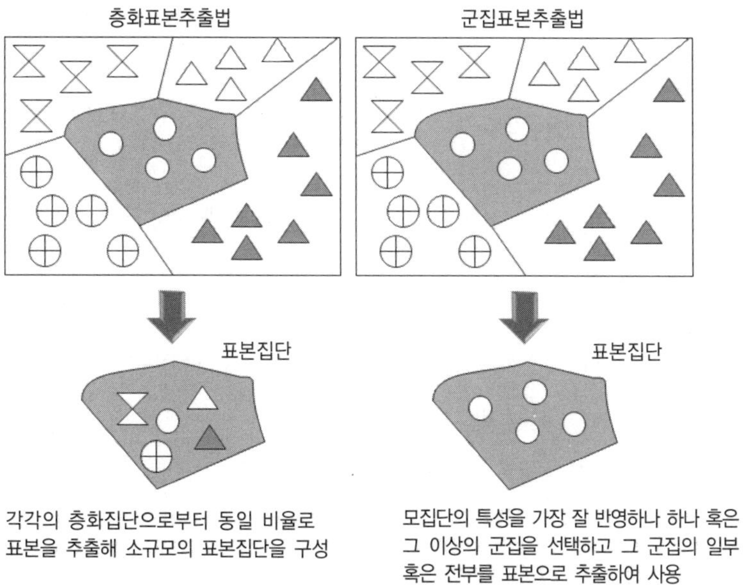

|그림 5-5| 층화표본추출과 군집표본추출 비교

2) 비확률표본추출법

비확률표본추출법(non-probability sampling techniques)은 연구자의 주관적 판단이나 편의에 기초해 표본을 추출하는 것으로 편의표본추출법과 판단표본추출법, 할당표본추출법, 스노우볼추출법의 4가지가 있다.

편의표본추출법(Convenience Sampling Technique)

편의표본추출법은 연구자가 조사의 편의에 기초해 표본을 추출하는 방법이다. 표본 추출의 선택은 주로 응답자에 의해 결정된다. 왜냐하면 조사자가 자신의 조사편의에 따라 주변에 있는 자신의 동료나 친구 등을 응답자로 선택하기 때문에 이들이 조사에 응하게 되면 표본으로 추출되기 때문이다.

편의표본추출법은 많은 추출방법 중 가장 편리하며 비용이 저렴하고 또한 최소의 시간으로 표본을 추출할 수 있다는 장점이 있다. 이때 표본의 추출단위는 면접 조사자가 있는 그 현장에서 이용접근이 가능하고, 측정이 용이하며, 비교적 협력적인 과정에서 편리하게 추출하여 진행하는 것이다.

판단표본추출법(Judgment Sampling Technique)

판단표본추출방법은 연구자가 자신의 판단에 근거하여 표본을 추출하는 편의표본추출의 한 형태이다. 이러한 경우 연구자는 많은 경험을 보유하고 있거나 혹은 그 분야의 전문가인 경우에 사용하면 적절하다.

판단표본추출방법의 일반적인 예를 보면 다음과 같은 경우가 여기에 해당한다.

- 신상품의 잠재적 판매량을 측정하기 위한 테스트 마켓
- 산업재 마케팅 리서치에서 구매회사의 엔지니어
- 법원에서 전문 감정인을 활용하여 조사
- 새로운 진열시스템을 조사하기 위해 백화점 점포를 선택하여 조사

할당표본추출법(Quota Sampling Technique)

할당표본추출법은 할당표본을 추출하기 위하여 적합한 통제변수를 먼

저 설정해야 한다. 예를 들어 지역 혹은 제품의 모델, 사용량 등을 활용해 모집단을 분류한 다음, 모집단의 분포비율을 활용해 표본을 할당하는 것이다.

할당표본추출법은 비확률표본추출법 중에서 비교적 그 정확성이 뛰어난 방법이다. 왜냐하면 제품이나 성별 등 인구 통계적 분포를 기준으로 할 경우 최소한 비율을 통해 모집단의 분포 특성을 반영했기 때문에 비교적 체계적이라는 것이다. 따라서 할당표본추출법은 무엇보다도 저렴한 조사비용을 가지고 비교적 정확한 표본의 특성을 얻을 수 있다는데 있다.

할당표본추출법은 2단계를 거쳐 이루어진다.

- 1단계 : 자료를 수집할 연구대상이나 범주, 지역 등의 할당량(quota)을 찾아낸다. 즉 모집단의 구성 비율이나 분포비율을 분석해 이 비율을 표본구성비율로 활용하는 것이다.
- 2단계 : 모집단의 비율과 동일하게 목표표본을 각각의 cell에 할당하는 것이다. 사례를 통해 할당표본추출법을 설명하고자 한다.

|표 5-2| 분포비율을 활용한 할당표본추출의 예

구분		모집단 구성비 (%)	표본 집단의 구성	
			표본구성비(%)	표본수(명)
성별	남성	48	48	480
	여성	52	52	520
연령	18-30	27	27	270
	31-45	39	39	390
	46-60	16	16	160
	60세 이상	18	18	180
교육수준	고졸이하	59	59	590
	전문대졸	35	35	350
	대학졸업 이상	6	6	60
전체 합계		100	100	1,000

스노우볼 표본추출법(Snowball Sampling Technique)

스노우볼 표본추출법은 눈사람을 만들기 위해 작은 눈덩어리를 굴려 크게 만들어 목적을 달성하듯이 최초의 소규모 표본을 통해 조사를 진행하고, 이들로부터 소개를 받거나 하는 식으로 표본을 늘려가는 표본추출법이다. 스노우볼 표본추출법은 모집단에 대한 정보가 제한적이거나 조사대상자를 선정하기 어려운 경우에 표본을 추출하는 방법이다. 예를 들어 블랙마켓(black market)의 유통업자를 조사하고자 할 때, 이들을 찾아내기 매우 어렵기 때문에 점 조직처럼 얽힌 응답자를 찾기 위해 스노우볼 표본추출법을 활용한다.

4. 표본크기의 결정

1) 표본크기의 결정

비율을 이용한 표본 크기의 결정

비율을 이용해 표본의 크기를 결정하기 위해서는 다음의 순서를 따라 결정한다.

1. 허용 가능한 최대 오차(e)의 수준을 결정한다.
2. 신뢰수준(α)을 결정한다. 대부분 95%로 정하는 경우가 많으며 좀 더 여유롭게 90%로 하거나 혹은 매우 엄밀하게(strict) 99%로 정하는 경우도 자주 쓰인다.
3. 모집단으로부터 측정될 비율(P)을 정한다. 예비조사나 과거에 모집단으로부터 얻은 결과가 있다면 그 결과를 활용하여 비율을 결정한다. 통상적으로 처음 실시하는 경우이거나 혹은 예측하기가 어려운 경우에는 비율(P)을 50%로 한다. 이 경우 모집단을 정규분포라고 전제하기 때문에 모집단으로부터 가장 안전한 크기의 표본을 추출할 수 있기 때문이다.

4. 표본의 크기를 주어진 공식에 대입하여 구한다.

○ 모집단의 크기 : N

○ 필요한 표본의 크기 : n

○ 허용할 수 있는 최대 오차 : e

○ 예상되는 모집단의 비율 : P

① 모집단이 유한모집단인 경우

$$n \geq \frac{N}{(\frac{e}{z})^2 \frac{N-1}{P(1-p)} + 1}$$

여기에서 z 는 신뢰수준을 정하면 자동적으로 결정되는 상수로 다음과 같다.

α =0.95 이면 z=1.96

α =0.90 이면 z=1.65

α =0.99 이면 z=2.58

② 모집단이 무한모집단인 경우

$$n \geq \frac{1}{(\frac{e}{z})^2 \frac{1}{P(1-p)}}$$

|표 5-3| 비율을 이용한 표본크기 결정 예

- 모집단의 크기: N=40,000명
- 요구 정밀도(허용 가능한 오차): e=0.1
- 모집단의 비율: P=0.5
- 신뢰수준: α =0.95 (신뢰수준 z값은 1.96)

[표본의 크기]

$$n \geq \frac{40000}{(\frac{0.1}{1.96})^2 \frac{40000-1}{0.5(1-0.5)} + 1} = \frac{40000}{0.0026 \times \frac{39999}{0.25} + 1} = \frac{40000}{416.48+1} = \frac{40000}{417.48} = 95.81$$

따라서 최종 표본의 크기는 96명이 적절하다.

활용사례

교통안전의식조사를 위한 대규모 표본크기

우리나라 운전자 10명 중 3명은 운전할 때 안전띠를 매지 않는 것으로 나타났다. 또 횡단보도 앞에서 정지선을 지키지 않는 운전자도 10명 중 3명 가량에 달했다.

이 같은 결과는 교통안전공단이 전국 각 시·군·구 232곳을 대상으로 올 상반기 운전과 보행 행태, 교통안전 등 10개 항목에 대해 조사, 7일 공개한 내용에 따른 것이다.

공단에 따르면, 안전띠 착용률의 경우 전국 평균은 70.23%, 도시 지역은 73.01%인 데 반해 농촌 지역은 63.34%였다. 고속도로에서는 75.92%의 운전자들만이 안전띠를 매고 있었다. 이는 전국 각 지역에서 14만3762명(조수석 포함)에 대해 조사한 결과다.

이 같은 수치는 경제개발기구(OECD) 가입국인 프랑스, 스웨덴, 독일 등이 2005년 기준으로 95~98%의 안전띠 착용률을 기록한 것을 감안하면 상당히 낮은 편이라고 공단은 설명했다. 안전띠 착용률이 가장 높은 지역은 대전 대덕구로 97.02%였다.

횡단보도 정지선 준수율은 전국적으로 72.12%였으며, 가장 높은 곳은 경북 상주시로 92.91%를 기록했다.

보행자들이 횡단보도 신호를 지키지 않고 건너는 경우는 조사 대상 5만9411명 중 1만3810명으로 18.86%에 해당했다. 이륜차 운전자들 중 안전모를 쓰지 않는 비율은 22.55%였다.

과속, 난폭운전, 불법주차 빈도 등을 통해 어린이들이 지역 교통안전에 대해 얼마나 만족하고 있는가를 측정한 '어린이 교통안전 종합 만족도'에서는 광역시 중 인천이 1위, 울산이 최하위였으며, 道 중에서는 제주도가 1위, 충청북도가 최하위였다.

조사항목을 모두 합쳐 나온 교통문화지수에서는 각 기초 지자체별로 경남 창원시, 강원 강릉시, 대구 달성군, 서울 성북구 등이 1위를 차지했다.

(자료원: 조선일보, 2008년12월8일)

평균을 이용한 표본크기의 결정

신뢰구간 접근법을 이용해 표본의 크기를 결정할 수 있다. 조사자가 실제로 모집단의 5% 이내에서 가구당 월 지출비용을 정밀하게 측정하고자 한다면 다음의 절차에 의해 표본의 크기를 결정할 수 있다.

- 허용할 수 있는 정밀도의 수준(허용 오차의 양)을 정한다. 이것은 표본의 평균과 모집단 평균 사이에서 최대로 허용할 수 있는 차이를 의미한다. 예를 들어 D=±5.0으로 하자.
- 신뢰구간을 결정한다. 희망하는 신뢰구간을 95%로 가정하자.
- 통계표를 이용하여 95% 수준에서의 z값을 구한다. 이때 ±1.96이 된다.
- 모집단의 표준편차를 결정한다. 모집단의 표준편차는 2차 자료를 이용하여 산출할 수 있다. 만약 그렇지 않다면, pilot study에 의해 추정할 수 있다. 경우에 따라서는 연구자가 주관적 판단에 의해 정할 수도 있다. 모집단의 표준편차를 σ =55라고 설정하자.
- 평균의 표본오차공식을 이용하여 표본의 크기를 결정한다.

$$n=\frac{\sigma^2 z^2}{D^2}=\frac{55^2(1.96)^2}{5^2}=\frac{3025\times 3.8416}{25}=\frac{11620.8}{25}=464.83$$

따라서 최종 표본의 크기는 465명이다.

2) 표본오차의 계산

표본의 크기를 결정했으면 실질적으로 표본의 오차가 얼마나 발생할 수 있을지를 재산출할 필요가 있다. 표본의 오차는 표본의 크기에 영향을 받기는 하지만 표본이 무한정으로 커진다고 해서 표본의 오차가 완전하게 제거되지는 않는다. 이는 조사과정에서 다양한 오차가 발생하기 때문이다.

표본오차를 구하는 공식은 다음과 같다.

$$S.E = \pm Z \cdot \sqrt{\frac{p(1-p)}{n}}$$

여기에서 S.E = Sample Error

Z = 신뢰수준에 따른 기각값

p = 측정비율. 통상적으로 모집단이 정규분포라고 전제하기 때문에 0.5를 활용

표본크기별로 표본오차공식을 이용해 포본 오차를 계산했을 경우 다음의 <표 5-4>와 같다. 이때 유의할 것은 표본이 커진다고 해서 표본오차가 표본수에 비례해서 줄어드는 것은 아니라는 것이다. 1,500명을 조사할 경우 표본오차 ±2.5% 이지만, 그 2배인 3,000명을 조사할 경우 표본오차는 ±1.8로 0.7 정도 밖에 개선이 되지 않는다. 이는 3,000명을 조사하기 위해 투입되는 비용에 비해 개선되는 표본오차의 크기가 경제성이 없어 리서치회사들에서는 통상적으로 1,000명~1,500명 선에서 조사를 수행하는 경우가 많다.

|표 5-4| 표본크기별 표본오차

Observed Percentage	표본의 크기								
	500	700	1000	1200	1500	2000	2500	3000	3300
	±%	±%	±%	±%	±%	±%	±%	±%	±%
50	4.4	3.7	3.1	2.8	2.5	2.2	2.0	1.8	1.7
40 Or 60	4.2	3.6	3.0	2.8	2.5	2.1	1.9	1.8	1.7
30 or 70	4.0	3.4	2.7	2.6	2.3	2.0	1.8	1.6	1.6
20 or 80	3.5	3.0	2.5	2.3	2.0	1.8	1.6	1.4	1.4
10 or 90	2.6	2.2	1.9	1.7	1.5	1.3	1.3	1.1	1.0

5. Excel을 활용한 표본추출

마이크로소프트사에서 개발한 Excel을 활용해 표본을 추출하는 방법을 살펴보면 다음과 같다. 먼저 표본추출을 실시하기 위해서는 [통계 데이터 분석도구]를 설치해야 하는데 다음과 같은 방법으로 설정한다.

▶ Excel 2003 버전의 경우

도구 메뉴에서 추가기능 > 분석도구 > 확인을 하면 도구메뉴에 [데이

터분석]이라는 메뉴가 나타난다.

▶ Excel 2007 버전의 경우

오피스단추 > Excel 옵션 > 추가기능 > (아래쪽 관리) Excel 추가기능 > 이동 > 추가기능 > 분석도구 > 확인을 하면 [데이터] 메뉴를 눌렀을 때 우측 상단에 [데이터분석]이라는 메뉴가 나타난다.

Excel을 활용해 표본을 추출하는 방법을 보면 다음과 같다. 최근에는 고객 DB 등 고객과 관련한 자료들이 컴퓨터와 되어 있거나 디지털자료로 되어 있어 Excel을 활용해 표본을 추출하는 것은 매우 유용한 방법이다.

1. 표본을 추출할 고객DB나 명부(名簿)자료를 확보한다. 즉 표본을 추출하기 위한 원시 자료(raw data)를 확보한다. 이들 데이터에는 반드시 {ID(식별번호)}를 붙여 놓아야 표본을 추출하는데 유용하다.

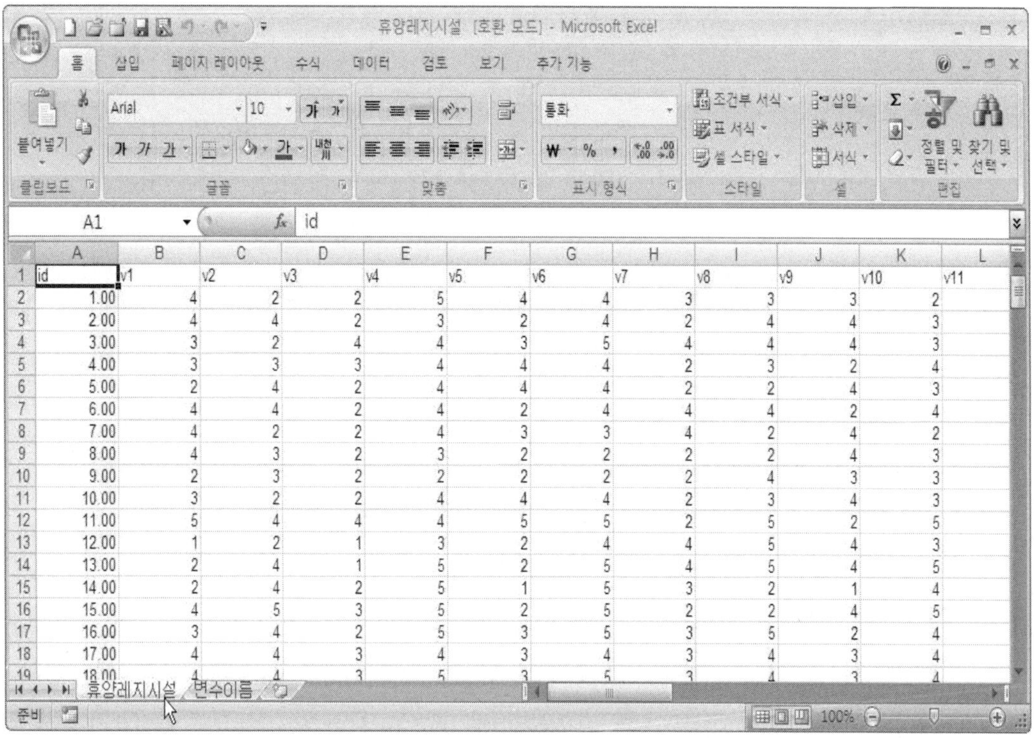

	A	B	C	D	E	F	G	H	I	J	K	L
1	id	v1	v2	v3	v4	v5	v6	v7	v8	v9	v10	v11
2	1.00	4	2	2	5	4	4	3	3	3	2	
3	2.00	4	4	2	3	2	4	2	4	4	3	
4	3.00	3	2	4	4	3	5	4	4	4	3	
5	4.00	3	3	3	4	4	4	2	3	2	4	
6	5.00	2	4	2	4	4	4	2	2	4	3	
7	6.00	4	4	2	4	2	4	4	4	2	4	
8	7.00	4	2	2	4	3	3	4	2	4	2	
9	8.00	4	3	2	3	2	2	2	2	4	3	
10	9.00	2	3	2	2	2	2	2	4	3	3	
11	10.00	3	2	2	4	4	4	2	3	4	3	
12	11.00	5	4	4	4	5	5	2	5	2	5	
13	12.00	1	2	1	3	2	4	4	5	4	3	
14	13.00	2	4	1	5	2	5	4	5	4	5	
15	14.00	2	4	2	5	1	5	3	2	1	4	
16	15.00	4	5	3	5	2	5	2	2	4	5	
17	16.00	3	4	2	5	3	5	3	5	2	4	
18	17.00	4	4	3	4	3	4	3	4	3	4	
19	18.00	4	4	3	5	3	5	3	4	3	4	

2. 메뉴에서 [데이터]를 클릭한 후 화면 우측 상단의 [데이터분석]을 클릭한다. [데이터분석]이라는 도구가 없으면 옵션에서 [추가기능]을 선택해 [분석도구]를 사전에 추가해야 한다.

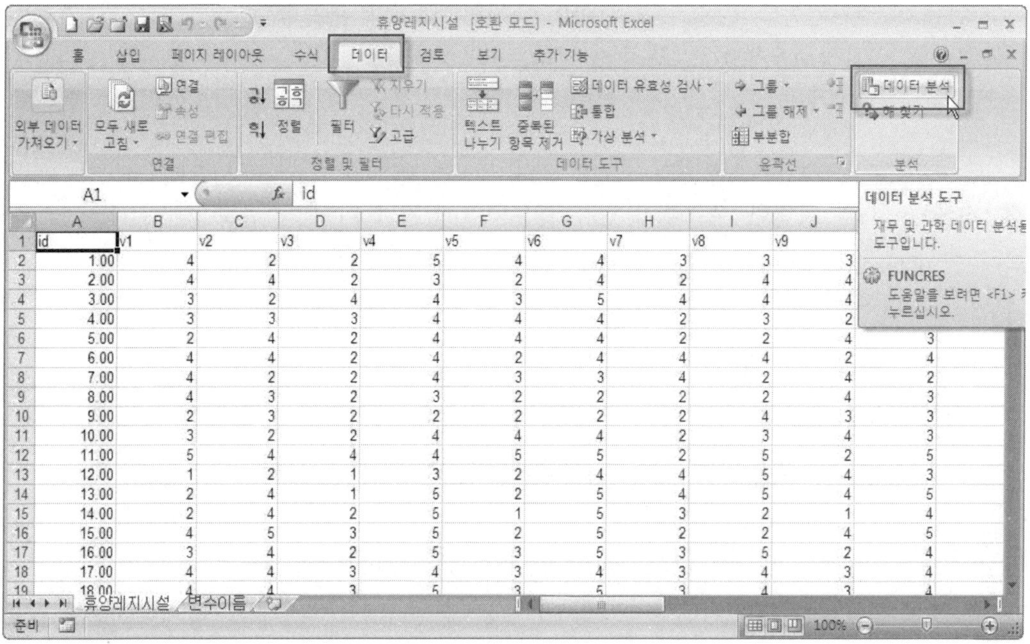

3. 통계 데이터 분석 도구상자에서 [표본추출]을 클릭한다.

4. [확인]을 누르면 [표본추출] 대화상자가 나타난다. 데이터의 입력범위를 선택하고 영역을 설정한 다음, 첫 행이 [id(식별번호)]라는 변수의 이름이므로 [이름표]에 체크 표시한다. 표본추출방법은 [무작위

추출]을 선택하고 뽑고자 하는 표본수를 입력한다. [출력옵션]은 [새로운 워크시트]를 선택한다. 그렇게 하면 표본으로 추출된 [id(식별번호)]를 새로운 워크시트에 출력해 준다.

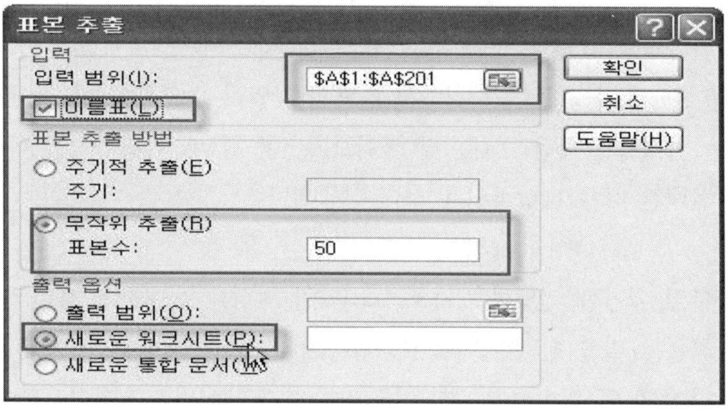

5. [확인]을 누르면 [Sheets1]이 새로 생기면서 표본의 번호를 출력해 준다. 이때 같은 번호가 중복되게 추출될 수도 있기 때문에 이런 경우 다시 추출과정을 되풀이 하면서 표본을 추출해 나가면 된다.

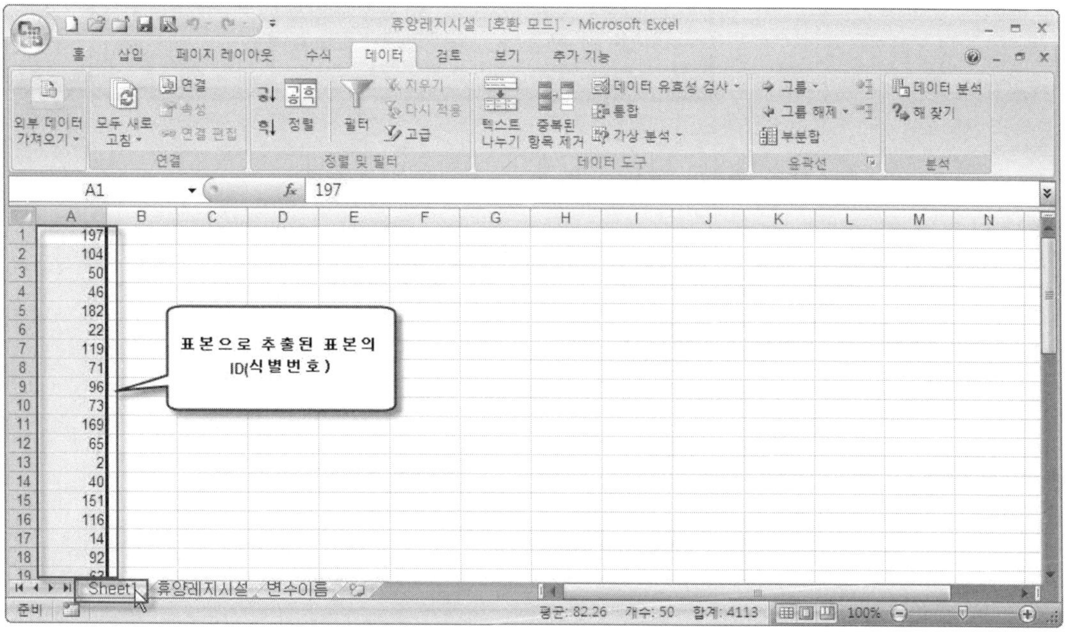

6. SPSS를 활용한 표본추출

SPSS를 활용하여 표본을 추출하기 위해서는 우선적으로 확장자가 '*.sav'로 된 모집단의 명부가 필요하다. 모집단의 명부가 다른 언어로 되어 있다고 한다면-예를 들어 Excel이나 텍스트 파일로 되어 있는 경우 이들 데이터를 SPSS로 불러들이기 위해서 별도의 작업이 필요하다. 본 예에서는 SPSS를 실행시킨 다음 「데이터 불러오기」를 할 때 파일형식을 다음과 같이 선택한 다음 해당파일을 불러오면 된다.

(1) 파일 열기를 선택하고 SPSS(*.sav)파일 형식을 선택하고 불러오고자 하는 파일을 선택한 다음 [열기]를 누른다. 본 예에서는 [예제 데이터(1)-와인구입속성에 관한 연구]라는 예제 데이터를 활용하고자 한다.

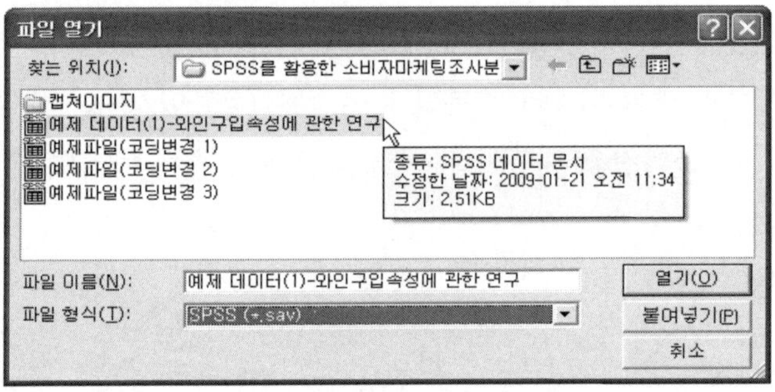

(2) 데이터 메뉴에서 케이스선택을 클릭한다.

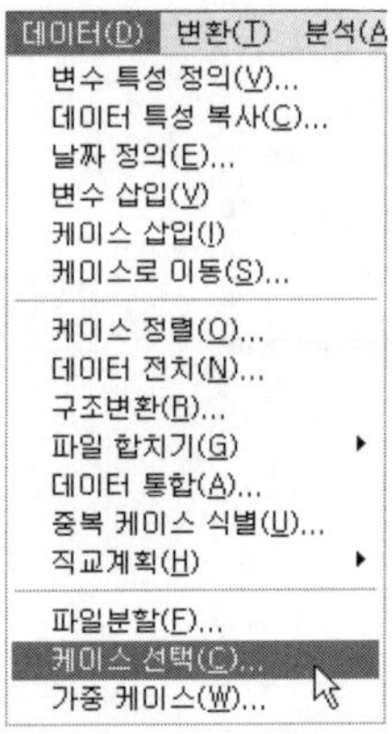

(3) 케이스 선택을 클릭하면 아래와 같은 박스가 나타난다. 그러면 [케이스 무작위 표본추출]을 선택하면 [표본]이라는 버튼이 활성화된다.

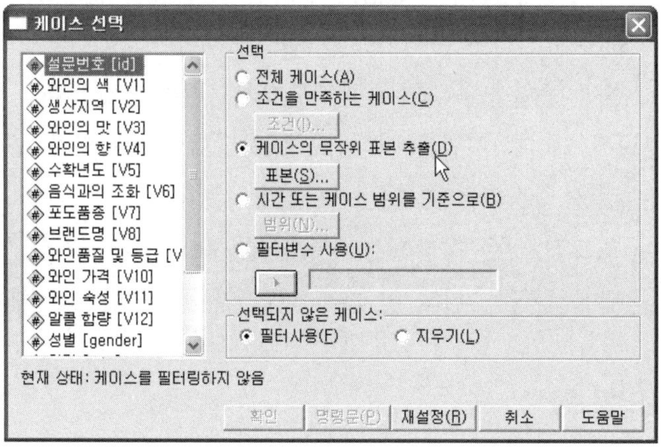

(4) [표본]단추를 클릭하면 [케이스선택: 표본추출]이라는 문답상자가 나타나고 전체 케이스 중에서 몇 %의 케이스를 추출할 것인지를 기입한 다음, 계속버튼을 누르고 [확인]을 클릭하면 해당하는 표본이 추출된다.

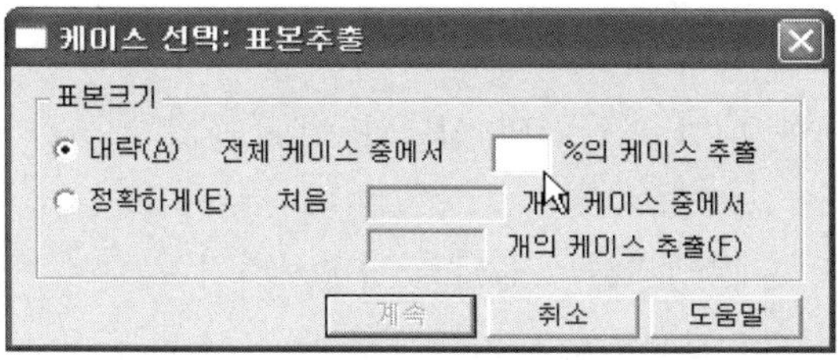

7. 표본추출에 있어서 무응답의 문제

표본추출에 있어서 두 가지의 주요한 이슈는 응답률을 보다 향상시키고 무응답을 최소화하는 것이다. 무응답 오류는 잠재적 응답자가 응답을 하지 않으므로 해서 발생하는 오류이다. 이것은 조사연구에서 가장 빈번하게 발생하는 문제들 중의 하나이다.

무응답 오류는 응답자들의 인구 통계적 특성과 심리학적 특성, 인격적 특성, 동기부여, 그리고 행동특성에 따라 다르게 나타난다. 선행연구에 의하면 만약에 무응답 오류가 응답자의 관심도에 따라 다르게 차이를 보인다면, 그 표본은 심각한 바이어스에 빠진 표본이 될 것이라는 것이다. 일반적으로 높은 응답율을 나타내게 되면, 낮은 편기를 갖는다고 알려져 있으나, 반드시 그러한 것만은 아니다. 즉, 응답률이 응답자가 모집단을 대표한다는 것을 측정하는 지표는 아니라는 것이다.

그러나 비교적 낮은 응답률은 무응답에 대한 바이어스를 증대시키기 때문에 응답률 향상을 위해 몇 가지 의미 있는 대안을 모색해야 한다.

1) 응답률 향상

낮은 응답이 나타나는 것은 우선적으로 잠재적인 응답자가 출타하고 부재중인 경우이다. 미국의 한 전화조사 연구에서 응답자들의 응답률이 낮아지는 이유를 다음과 같이 제시하고 있다.

- 조사연구에 있어서 신뢰성과 보안 유지에 대한 불안
- 리서치 조직에 대한 신뢰성 문제
- 인구통계학적 특성에 기인
- 전화조사에 대한 평상시의 신념과 태도

따라서 이러한 응답자들의 응답을 향상시키기 위해서는 우편이나 전화, 엽서 등을 통하여 사전통지를 하거나 혹은 응답자에 대하여 그들의 흥미와 관심도를 높여 동기를 유발시켜 주어야 한다. 동기를 부여하는 방법 중의 하나가 foot-in-the-door방법과 door-in-the-face[1] 전략이다. 또한 응답자들에게 응답에 대한 보상으로 금전적인 인센티브를 제공하는 것도 응답률을 높이는 방법의 하나이다. 다음은 설문지의 디자인을 응답자가 호기심을 가지고 응답할 수 있도록 하거나 혹은 설문지를 철저하게 관리하는

1) foot-in-the-door는 문이 열리면 발을 틈새에 밀어 넣어 문을 닫지 못하도록 하고, 대화를 통해 조사를 실시하는 것이다. 반면에 door-in-the-face는 응답자가 흥미를 느끼도록 처음부터 사은품 등 강력한 도구로써 소구함으로써 응답자가 응답을 하도록 유도하는 방법이다.

방안이 있을 수 있다. 디자인이 잘 된 설문지는 응답률을 높여주고, 거절률을 낮추어 주는 역할을 한다. 다음은 사전통지 이후나 혹은 다음의 조사를 위해 응답을 받은 이후에도 지속적으로 관리하는 것이 중요하다.

다음은 일상적으로 많이 쓰이는 응답률 향상 방안의 하나이다.

- 설문지 도착 전에 응답자에게 예보 혹은 사전통지편지를 발송하여 응답을 요청
- 사전통지편지 후 5일 이내에 설문을 발송
  인사편지와 설문지, 인센티브 내용물, 회송우표 등
- 첫 번째 설문지 발송 후 두 번째의 설문을 발송
- 두 번째 설문발송 후 1주일 이내에 엽서를 발송
- 첫 번째 엽서 발송 후 1주일 이내에 두 번째 엽서를 발송

2) 무응답의 조정

높은 응답률은 실질적으로 무응답에 의한 오류나 편기(bias)를 감소시켜 주는 효과가 있다. 그러나 발생한 무응답에 대하여 어떤 방법으로든 처리하여야 한다. 무응답을 처리하는 방법으로는 부분적으로 표본을 재추출하여 재조사를 실시하거나 혹은 현재 조사의 무응답을 이전조사나 혹은 유사한 조사로 대체하는 등의 방안이 필요하다.

Chapter 06

측정과 척도

1. 측정과 척도의 개념

측정(measurement)이란 특정하게 명시된 규정에 의하여 수치나 혹은 다른 기호(symbol)들을 통해 조사한 대상물의 특성을 기록하는 것이다. 일반적으로 측정이라는 것은 그 대상 자체를 측정하는 것이 아니라 측정대상이 가지는 고유한 특성을 측정하는 것이다. 이러한 관점에서 소비자를 측정한다는 것은 소비자가 갖는 제반 특성, 즉 특정 브랜드나 서비스에 대해 갖는 인식이나 선호도, 태도 등을 측정하는 것이다.

척도(scale)는 측정과정의 연장선상에 있는 개념으로 측정된 대상이 갖

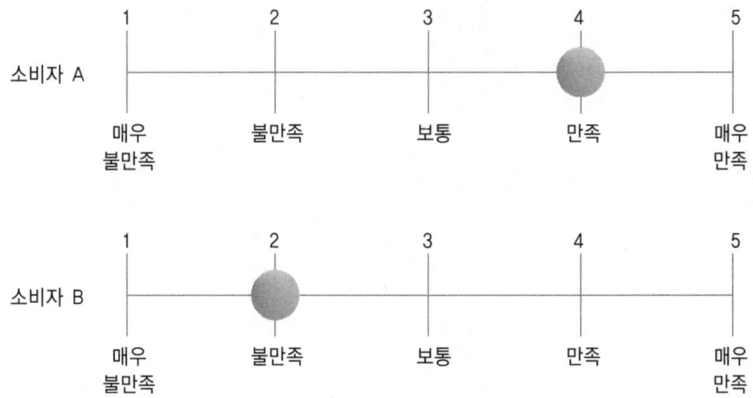

|그림 6-1| 척도평가에 의한 소비자의 위치

는 일직선상에서의 위치를 지정해주는 것이다. 예를 들어 백화점에 대한 쇼핑 공간 만족도에 대하여 측정하였다고 했을 때 소비자의 만족도나 선호도를 이용해 소비자의 위치를 정할 수 있다. 5점 척도에 의해 측정한다고 했을 때 다음과 같이 소비자의 위치가 결정된다.

2. 척도

측정을 위한 주요 척도의 형태는 크게 네 가지로 구분할 수 있다. 즉, 명목(nominal, 名目), 서열(ordinal, 序列 혹은 順位), 등간 혹은 간격(interval, 等間), 비율(ratio, 比率) 척도의 4가지로 구분한다. 이러한 4가지 척도의 주요 특성들에 대해서는 <표 6-1>에 간략하게 정리되어 있다.

|표 6-1| 척도의 분류

척도	기본특성	일상적인 활용사례	마케팅측면 활용사례	허용되는 통계량	
				기술통계	추론통계
명목척도	숫자를 확인하고 대상을 분류	주민등록번호 선수의 등 번호	브랜드 숫자 점포의 유형 성별 특성	퍼센트(%) 최빈값(mode)	카이스퀘어 이변량검증
서열척도	대상의 상대적 위치를 지정, 단, 대상들간의 크기나 차이는 없음	품질순위 팀간의 순위	선호도 순위 시장의 위치 사회계층	퍼센트 중앙값	순위서열상관 ANOVA
등간척도	비교된 대상물의 차이, 영점(Zero)은 임의적으로 정해짐	온도	태도 의견 Index	범위 평균 표준편차	단순상관관계 T 검증 ANOVA 회귀분석 요인분석
비율척도	절대영점(Zero)이 존재하고, 척도값 비율을 계산하여 이용	길이 무게	연령 수입 비용 판매량 시장점유율	기하학적 평균 조화평균	분산의 계수

도입사례

AT&T의 고객특성 조사

AT&T는 미국 장거리 전화 시장에서 거의 70%이상의 시장점유율을 차지하고 있는 시장지배기업으로 기존의 요율체계 속에서 매출증대를 도모하기 위한 시장조사에 의한 마케팅 전략의 성공적 수행으로 전략수행 후 5년 간 매년 1백만 달러의 매출증가를 기록한 기업이다. 즉, AT&T는 월요일부터 금요일까지 오전 8시부터 오후 5시까지는 요금할인이 없는 반면, 오후 5시부터 오후11시까지는 40%할인, 그리고 오후 11시부터 오전 8시까지는 60%의 할인율을 적용하였다. 그리고 토요일과 일요일에는 토요일 오후 5시부터 오후 11시까지 40%의 할인율을 적용하고, 그 이외의 모든 시간대에는 60% 할인율을 적용하는 요율체계를 구축하고 있다. 이와 같은 요율체계는 지금까지 할인율 적용 및 시간대에 있어서 약간씩의 변화를 주어 왔으나, 그 기본틀만은 계속적으로 유지해 왔다.

AT&T가 이와 같은 요율체계를 적용한 이유는 미국인들의 생활주기가 아침 8시부터 오후 5시까지는 비즈니스 시간대인 관계로 업무용 전화가 주를 이룰 뿐아니라, 이 시간대에는 거의 모든 회선이 포화상태에 이르는 시간대이기 때문이다. 반면에 오후 5시부터 11시까지는 비 업무용인 가정용 전화가 주를 이루고, 전반적으로 전화 소비량이 감소하는 시간대이다. 또 밤 11시부터 오전 8시까지는 취침시간대인 관계로 전화 이용률이 급격히 감소하는 시간대이기 때문이다.

AT&T 의 경우에는 매출증대가 변동비의 증가를 수반하는 제조업체와는 달리 매출증가가 부가적인 변동비의 증가를 초래하지 않는 특성을 갖는다. 따라서 매출증대 = 이익증대라는 등식이 성립돼 매출증대의 의미가 상대적으로 크게 나타난다. 매출을 증대시키기 위한 대안으로는 시장 지배기업으로서 설비의 증가 가격인상 등 다양한 대안을 쉽게 적용할 수 있으나, 이들 대안은 설비투자의 부담 또는 공공재로서 안게 되는 제약 등에 의해 실효성이 없는 것으로 판단했다 또한 마케팅의 궁극적인 목적이 주어진 조건에서 어떻게 매출을 증대시켜 이익을 창출하는가에 있는 관계로 이와 같은 관점에서 매출증대 방안을 모색하기로 했다. 따라서 AT&T가 적용 가능하다고 판단한 대안은 다음과 같이 3가지로 집약된다. 즉, ① 전화보급 증대를 통한 전화소비의 확대 ② 전화 통화빈도의 증가에 의한 매출증대 ③ 전화 통화시간이 확대에 의한 매출증대안으로 정의할 수 있다. 이들 3가지 대안 중 제1안은 전화 보급률이 이미 포화상태에 들어와 있는 관계로 그 실효성이 없어 제2안과 제3안을 매출증대를 위한 대안으로 하였다.

도입사례

AT&T는 제2, 제3의 대안을 적용함에 있어 적용가능성 및 목표고객 선정을 위해 전화 통화의 주요 용도, 그리고 이용계층간의 특성차이를 조사하였다. 먼저 전화통화의 주요 용도에 있어서는 업무용의 경우 현재 거의 모든 회선이 포화상태에 있어 현 설비 상태만으로의 매출증대에는 상대적인 한계가 있는 관계로 업무용 전화는 대상에서 제외하고 '가정용 전화의 이용빈도와 이용시간을 어떻게 확대시킬 것인가'를 목표로 하였다. 그리고 다음으로 어떤 계층을 대상으로 가정용 전화의 이용빈도 및 시간을 확대시켜 나갈 것인가를 조사하였다. 모든 전략수립에 있어서 목표고객 설정은 향후 광고 마케팅 등 정책결정에 매우 중요한 요인이 되는 관계로 신중을 기해야 한다. AT&T는 목표 고객 선정을 위해 자사 이용고객을 4그룹으로 구분하고, 자사 카드에 입력된 자료를 중심으로 계층간의 명확한 특성을 도출코자 했다. 먼저 성별, 직업별, 학력별, 소득별 등 인구 통계학적 변수를 기초로 한 고객집단별 특성을 파악한 결과 모든 계층에서 명확한 차이를 발견할 수 없었다. 따라서 이들 계층을 구분할 수 있는 요인을 찾기 위한 조사를 실시한 결과, Light User와 Non-User 계층에서 다른 계층과 구분되는 독특한 특성을 발견할 수 있었다. 즉 Light User와 Non-User 계층에서의 장거리 전화 이용이 부진한 이유는 이들 계층은 장거리 전화를 '낭비요인'으로 인식하고 있다는 것에 기인한다는 것을 발견하였다. 여기에서 주의 깊게 보아야 할 것은 이와 같은 결과의 도출이 단순하게 나온 것이 아니라, 조사결과 비이용계층으로 갈수록 대상자 스스로가 산정한 요금에 있어서의 분산폭이 커질 뿐 만 아니라 산정요금의 평균치가 높게 나타나고 있는 분석결과에 기인한 것이다. 즉, 장거리 전화의 비이용계층일수록 무의식적으로 장거리 전화요금을 비싸게 인식하고 있는 관계로 이를 낭비요인으로 인식하고 있는 것이라는 해석이 가능한 것이다 .

(자료원: 한국마케팅연구원 홈페이지(www.kmarketing.co.kr)

1) 명목척도

명목척도(nominal scale)란 대상을 숫자로 구분하고 식별하는데 사용되는 라벨이나 태그(tags) 등의 역할만을 하는 척도이다. 척도로 사용되는 숫자는 대상간에 엄격하게 1:1로 일치해야 한다. 즉 성별특성을 나타내는 명목척도인 1이 남성이고, 2가 여성이라고 할 때 어떠한 경우에도 1이 여성의 의미를 가져서도 안되며 그 반대의 경우에도 있어서는 안된다.

명목척도는 이와 같이 숫자에 일종의 상징적 의미를 부여해 분류하는

측정은 매우 다양한 방법에 의해 실행된다.

것으로 각 숫자는 하나의 대상물에 지정되며 각각의 측정대상물들 역시 하나의 고유한 속성을 갖는 숫자만을 갖게 된다.

분류나 구분을 목적으로 사용되는 명목척도는 등급이나 분류를 위한 라벨의 역할을 담당한다. 즉 실험조사의 경우 통제집단을 '1'로 표시하고, 그렇지 않은 집단을 '2'로 표시하는 것과 같은 의미이다. 이와 같이 명목척도에서 사용되는 숫자는 측정 대상물이 갖는 특성을 반영하지는 않는다. 그렇기 때문에 통계적인 분석은 단순히 숫자를 집계하는 빈도의 계산에 국한되어 사용되며, 산술평균은 의미가 없다.

활용사례

식료품의 쇼핑행태

소득수준이 높아지고 웰빙에 대한 관심이 높아지면서 소비자들의 식품소비 트렌드가 변화하고 있다.

소비자들의 식료품 쇼핑행태를 조사하는 프로젝트에서 연구자는 1부터 7까지의 숫자를 통해 쇼핑장소를 지정하였다. 1은 시내 주요지역의 백화점을 의미하고, 2는 쇼핑센터, 3은 E마트나 까르프 등의 대형할인매장, 4는 주거지 주변의 일반 슈퍼마켓, 5는 재래시장, 6은 인터넷을 통한 쇼핑, 7은 기타로 구분하여 지정하였다. 여기에서 소비자들이 1(백화점)을 선택했다고 해서 식료품의 품질이다른 쇼핑장소에서 구입한 것보다 우월하다거나 혹은 다른 부분에서 우월하다는 것을 의미하는 것은 아니다. 단지 소비자들이 쇼핑하는 공간을 구분하는 의미 외에는 다른 의미가 없다는 것이다.

(자료원: 이명식, 최천규, 구자룡(2004), 마케팅리서치, 형설출판사.)

2) 서열척도

서열척도(ordinal scale)는 일종의 순위(ranking 혹은 ordinary) 척도로써 측정대상들의 우열관계를 파악하고자 하는 척도이다. 서열척도를 이용하게 되면 특정의 대상이 다른 대상들에 비해 어느 정도 우월한지를 판단할 수 있다. 그러나 서열척도는 측정대상들의 상대적 위치(location)를 나타내주는 것이지 대상들이 가지고 있는 속성간의 차이를 나타내주는 것은 아니다. 예를 들어 순위에 있어 1번째의 대상은 2번째의 대상보다 상대적으로 더 많은 특성을 가지고 있다는 것뿐이지, 2번째 순위에 있는 대상이 2번째에 보다 가깝게 위치하고 있다든가 혹은 그에 미치지 못한다는 정보를 가지고 있지는 않다는 것이다. 즉 달리기에서 1위를 한 선수와 2위를 한 선수는 단지 순위에 있어서의 차이만을 나타내줄 뿐 1위나 2위라는 척도가 몸무게나 키, 다리의 길이 등을 나타내주는 정보를 가지고 있지는 않다는 것이다.

서열척도는 명목척도에서 계산이 가능한 통계량(statistics) 외에 백분위수와 관련된 기초적인 통계의 사용이 가능하다. 백분위수(percentile), 사분위수(quartile), 중앙값(median), 순위상관(rank-order correlation) 등의 통계적인 계산이 가능하다.

|표 6-2| 측정에 있어 주요 척도의 활용 예

명목척도 (Nominal)		서열척도 (Ordinal)		등간척도 (Interval)		비율척도 (Ratio)
No	백화점	선호도순위 (Ranking)		선호도 비율 (Ratings)		지난 2개월간 소비율
				1–7	11–17	
1	서울백화점	7	79	7	17	0
2	소공동백화점	2	25	7	17	200
3	퇴계로백화점	8	82	5	15	0
4	청량리백화점	3	30	6	16	100
5	영등포백화점	1	10	5	15	250
6	신촌백화점	5	53	4	14	35
7	강남백화점	9	95	5	15	0
8	반포백화점	6	61	6	16	100
9	역삼백화점	4	45	2	12	0
10	목동백화점	10	115	3	13	10

활용사례

백화점의 선호도 순위

<표 6-2>에는 서울시내에 있는 가상의 백화점들에 대한 소비자들의 선호순위가 나와 있다. 소비자들은 가장 선호하는 백화점에 1을, 두 번째로 선호하는 백화점에는 2라는 방식으로 10개의 백화점을 평가하였다. 서열척도로 측정된 위의 사례에서 연구자는 영등포백화점이 1위이고, 종로백화점이 1위로 나타난 것 외에 그 어떤 것도 알 수가 없다는 점에 주의할 필요가 있다. 즉, 영등포백화점의 선호도가 2위인 소공동백화점보다 단지 높다는 것 외에 어느 정도나 높은지에 대해서는 알 수 없다는 것이다. 첫 번째 척도의 두 번째 칸에 나타나 있는 숫자는 첫 번째 척도의 단조로움을 피하기 위해 변형한 것에 불과하며, 마찬가지로 동등한 척도이다. 순위 역시 동일한 순위로 나타나고 있음을 알 수 있다.

(자료원: 이명식, 최천규, 구자룡(2004), 마케팅리서치, 형설출판사.)

3) 등간척도

등간척도(interval scale)의 경우 척도상의 동등한 간격은 측정하는 특성들의 간격이 동등한 차이로 나타남을 의미한다. 등간척도에서는 서열척도가 갖는 특성을 모두 포함하고 있으며, 또한 측정 대상간의 평가된 값을 가지고 그 차이를 비교할 수 있는 특성이 있다. 즉 척도 값들 사이에는 동등하거나 일정한 값의 차이가 있기 때문이다. 등간척도에서는 임의의 인접한 2개의 척도 값의 차이(예를 들어 2와 3사이의 차이)는 다른 임의의 2개의 척도 값의 차이(4와 5사이의 차이)와 같다.

등간척도에서는 절대 영점(Zero)이 고정되어 있지 않은 특성이 있다. 0점과 측정 단위 모두 유동적이라는 특성이 있다. 등간척도에서 사용할 수 있는 통계량은 산술평균(mean), 표준편차(standard deviation), 적률상관(product moment correlation)과 마케팅조사에서 일반적으로 통용되는 통계량뿐만 아니라 명목척도나 서열척도에서 사용되는 통계량을 모두 사용할 수 있는 특성이 있다.

연구원이 등간척도를 활용해 실험을 하고 있다.

활용사례

등간척도를 이용한 선호도 평가

<표 6-2>에 제시된 것과 같이 서울시내에 있는 가상의 백화점 10개에 대하여 7점 척도(seven scale)에 의해 선호도 점수를 평가하도록 한 결과는 등간척도에 나타나 있다. 사례에서 반포백화점이 선호도 점수를 6점을 얻고, 역삼백화점이 2점을 얻었다고 해서 반포백화점이 정확하게 역삼백화점보다 3배의 선호도가 있다고 보지는 않는다. 이를 좀 더 변형하여 반포백화점을 16점이라 하고, 역삼백화점을 12라고 했을 때, 처음의 선호도가 3:1이었다고 할 지라도 이제 더 이상 3:1의 선호도의 차이는 발견되지 않는다. 이러한 현상이 발생하는 것은 등간척도에서는 절대 영점(Zero)이 존재하지 않기 때문에 척도들간의 간격이 유동성을 갖기 때문이다.

(자료원: 이명식, 최천규, 구자룡(2004), 마케팅리서치, 형설출판사.)

4) 비율척도

비율척도(ratio scale)에는 명목척도나 서열 및 등간척도의 모든 특성이 포함되며 절대 영점(零點, zero)이 존재한다. 따라서 비율척도에서는 대상을 식별하고 분류하기도 하며 등급을 매겨 간격이나 차이를 비교할 수도 있다. 척도 값의 비율을 비교하는 것은 의미 있는 일이라고 할 수 있다. 2와 7의 차이는 14와 19의 차이와 같을 뿐만 아니라, 14는 절대적 인식의 바탕위에서 볼 때 2의 7배의 숫자임을 알 수 있다. 이와 같이 비율척도에서는 높이나 무게, 나이, 그리고 화폐단위의 금액 등이 포함되는 척도이다. 마케팅조사에서는 매출액이나 비용, 시장점유율 등이 비율척도에 포함되는 것이다. 따라서 비율척도로 측정된 자료는 모든 분석통계량을 사용할 수 있다. 기하평균이나 조화평균, 그리고 분산계수 등과 같은 특수 통계량까지도 사용할 수 있다.

주식투자자는 자신의 주가가 어느 정도의 비율로 상승 혹은 하락하는지 끊임없이 관심을 가지고 있어야 한다.

3. 척도법의 비교

마케팅조사에서 사용되는 척도는 비교척도법(comparative scale)과 비비교척도법(non-comparative scale)으로 분류할 수 있다. 비교척도법은 자극의 대상들에 대한 직접비교에 의하여 측정하는 척도법이다. 예를 들면, 대부분의 소비자들은 마케팅 조사들로부터 코카콜라나 펩시콜라 혹은 콜라나 사이다 중 어느 것을 선호하느냐는 질문을 받을 수 있다. 이때의 비교척도는 상대적인 개념에서 해석이 되어야 하며, 서열이나 순위특성만을 가지게 된다. 이러한 이유로 비교척도법을 비계량적 척도(nonmetric scale)라고 부르기도 한다.

비교 척도법에는 쌍대비교(paired comparison)과 순위서열(rank order), 고정총합(constant sum), Q-소트(Q-sort)기법과 기타 기법들로 구성되며, <그림 6-2>에 나타나 있다.

비교척도법의 장점은 자극(stimuli, 척도점) 대상자들간의 작은 차이도 찾아낼 수 있다는 것이다. 자극의 대상들을 비교함으로써, 응답자들은 이들 중에서 본인이 선호하거나 혹은 그렇지 않은 것들을 선택하게 되는 것이다. 또한 응답자들은 이미 알고 있는 동일한 기준점(reference point)으로부터 평가를 시작하게 된다는 것이다. 따라서 비교척도는 다른 척도보다 이해하기가 용이하며, 또한 적용이 쉬운 장점이 있다. 비교척도법의 또 다른 장점의 하나는 이론적 가정(assumption)을 적게 사용한다는 것이다. 한 가지를 평가하고 또 다른 한 가지를 평가할 때 발생하는 후광효과(halo effects)나 이월효과(carryover effects)를 감소시켜주는 경향이 있다는 것이다. 반면 단점으로는 자료의 서열특성이나 자극 대상들의 범위를 넘어, 일반화시키기에는 무리가 있다는 것이다. 예를 들어 코카콜라와 펩시콜라를 비교하지 않고, 815콜라와 코카콜라 혹은 815콜라와 펩시콜라를 비교하기 위해서는 다시 조사설계를 통해 조사를 해야 한다는 단점이 있다. 이러한 단점을 보완하기 위하여 사용되는 척도가 비비교 척도이다.

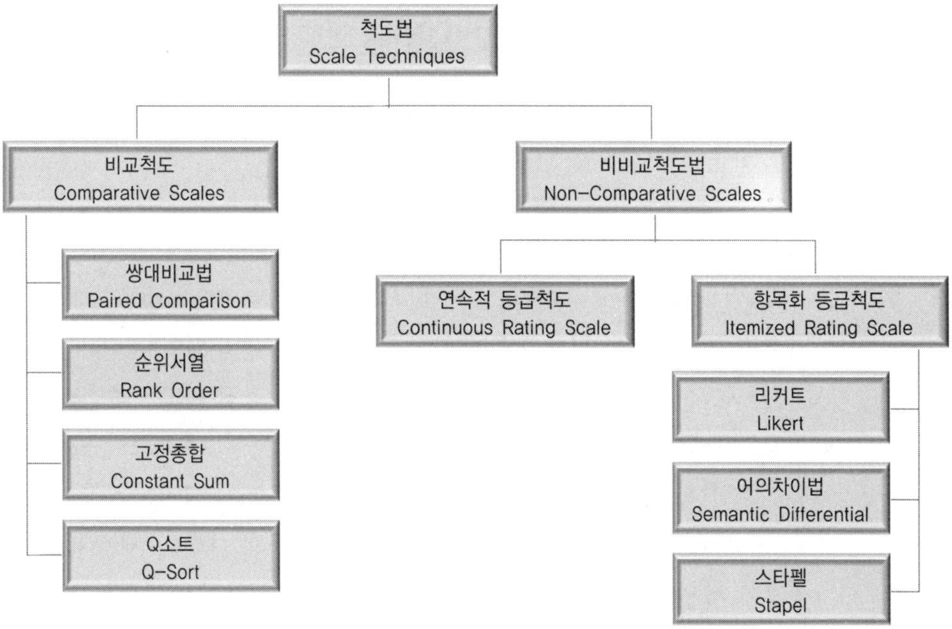

자료원 : Malhotra, Naresh K(1999), Marketing Research : An Applied Orientation, 3rd ed., Prentice Hall.

|그림 6-2| 척도법의 종류

또한 계량적 척도와 관련된 비비교척도법은 자극의 집합들에서 다른 대상들과는 독립적으로 척도화되는 특성이 있다. 결과적으로 비비교척도법의 자료들은 등간척도나 혹은 비율척도로 가정한다. 예를 들어 응답자들은 백화점 쇼핑공간에 대한 선호도를 평가할 때, 롯데백화점에 대한 선호도를 1점(전혀 선호하지 않는)부터 6점(매우 선호함)까지 평가한다면, 신세계백화점이나 갤러리아백화점에 대해서도 동일한 척도에 의해 평가하기 때문이다. <그림 6-2>에 나타난 바와 같이 비비교척도법은 연속적인 등급척도나 혹은 항목화된 등급척도를 통해 측정할 수 있다. 항목화된 등급척도는 리커트척도나 어의차이 척도, 또는 스타펠 척도법을 활용하여 측정한다.

4. 비교척도법과 비(非)비교척도법

1) 비교척도법

쌍대비교척도법(Paired Comparison Scaling)

쌍대비교척도법은 상응하는 두 개의 측정 대상을 쌍(paired)으로 대비시켜 놓고, 이 중에서 하나를 선택하도록 요구하는 척도법이다. 이때 수집된 자료는 사실상 서열특성을 가지고 있게 된다. 응답자가 서울백화점보다 영등포백화점을 더 선호한다고 할 수 있고, 지하철 7호선보다 5호선을 더 선호한다고 할 수도 있다. 삼성보다 LG를 선호한다고 할 수도 있다. 이러한 쌍대비교척도는 대부분 평가해야 할 자극의 대상이 제품일 경우에 많이 사용되며, 또한 시장에서의 지위가 비교적 경쟁적 지위를 가지고 있을 때 사용되는 경향이 많다.

다음의 <표 6-3>은 최근의 HDTV에 대한 선호도를 쌍대비교법에 의해 가상적으로 표현한 것이다. 여기에서 1이 의미하는 것은 행(row)에 있는 HDTV보다 열(列,column)에 있는 HDTV를 더 선호한다는 의미이다. 예에서 알 수 있듯이 응답자는 비교가 가능한 8쌍의 쌍대비교를 통해 4가지 브랜드의 HDTV의 선호도를 평가하였다. 일반적으로 이러한 쌍대비교법에서 비교가능한 쌍대의 결합은 (n(n-1)/2)의 쌍들이 나타나게 된다.

|표 6-3| HDTV에 대한 쌍대비교척도

구 분	국내 브랜드 A	국내 브랜드 B	외국 브랜드 A	외국 브랜드 B
국내 브랜드 A	-	0	0	1
국내 브랜드 B	1	-	0	1
외국 브랜드 A	1	0	-	1
외국 브랜드 B	0	0	1	-
총 합 계	2	0	1	3

이러한 방법을 통해 얻어진 쌍대비교척도는 백분율로 계산할 수 있다. 또한 쌍대비교 자료를 서열 데이터로 변환 시킬 수 있다. 서열로 변환하

기 위해서는 각 칸의 항목들을 더하여 선호되는 각 브랜드마다 배수를 곱하여 결정하게 된다. 따라서 선호순위는 일제B사 제품, 국내A사 제품, 일제A사 제품, 국내B사 제품의 순으로 선호도 서열이 나타나게 된다.

쌍대비교척도법은 브랜드의 수가 제한적일 때 사용하는 것이 유용하다. 왜냐하면 직접비교를 하거나 혹은 명확한 선택이 필요하기 때문이다. 비교하고자하는 브랜드의 수사 너무 많게 되면, 비교하고자 하는 쌍대 결합수가 너무 많아져 응답자들의 평가에 혼란을 가져올 수 있기 때문이다. 또 다른 단점으로는 이행성의 가정(transitivity assumption)에 역행할 수 있다는 것과 대상들이 존재하는 서열에 의해 한 쪽으로 치우치는 결과를 초래할 수도 있다는 것이다. 즉, 쌍대비교척도는 일반적으로 여러 가지의 다양한 상품들에 의한 경쟁상황에서 선택되는 현실적인 시장의 상황을 그대로 반영하지 못한다는 것이다. 또한 응답자들은 두 개의 쌍으로 이루어진 결합중에서 하나를 선택할 수는 있지만 선택된 브랜드에 대하여 완전하게 만족하지 않을 수도 있다는 것이다. 즉, 선택의 범위가 2개로 제한되어 있기 때문에 어쩔 수 없이 하나를 선택할 수도 있다는 것이다.

순위서열 척도(Rank Order Scale)

가장 일반적인 비교척도법의 하나로 순위서열 척도법이 있다. 순위서열척도법은 동시에 여러 측정대상들을 놓고 특정한 자극의 기준에 따라 순위(rank)나 혹은 서열(ordinary)을 매기는 것이다. 예를 들면 응답자들은 여러 가지 브랜드의 치약을 놓고 선호하는 순서대로 순위를 매기도록 하는 방법이 바로 순위서열 척도법이다. 제일 마지막 브랜드에 대한 순위평가가 끝날 때까지 응답자들은 치약 브랜드의 순위서열을 평가해야 한다. 쌍대 비교척도법과 유사하게 순위서열 척도법에서는 비교특성을 가지게 되며 어떤 응답자가 순위 1로 평가했다고 하더라도 완전하게 모든 치약 브랜드 중에서 선호도가 1위라고 보기에는 어렵다. 왜냐하면 비교특성을 가지기 때문이다.

운동경기에서의 순위는 대표적인 서열척도이다.

순위서열척도는 주로 속성뿐 아니라 브랜드의 선호도를 측정하는데 가장 많이 사용되는 척도법이다. 순위서열 자료는 또한 뒤에서 배울 컨조인트 분석의 형태로 얻어지기도 한다. 또한 쌍대비교법과 비교해 볼 때 순위서열 척도는 쇼핑과정에서의 선호 형태와 아주 유사한 특성을 가지고 있다. 그것은 또한 시간을 절약해 주며, 자동적인 반응들을 제거시키는 장점이 있다. 만약에 n 개의 자극이 주어져 있다면, 순위서열척도에서는 n-1개의 서열만을 평가하면 된다. 그러나 쌍대 척도에서는 <n(n-1)/2>의 선호도 결정을 해야 하기 때문이다. 순위서열 척도법의 또 다른 이점의 하나는 응답자들 누구나 순위서열에 대하여 쉽게 이해하고 이용할 수 있다는 점이다. 이러한 순위서열척도는 비교적 비교하는 대상이 적을 경우에 보다 효과적으로 응답을 얻을 수 있다. 만약 비교하는 대상이 많아지게 되면 쌍대비교법에서와 마찬가지로 비교대상이 지나치게 많아져 응답자가 응답에 혼란을 겪게 되기 때문이다.

|표 6-4| 순위서열척도에 의한 측정설문(예)

(치약브랜드에 대한 선호순위 평가)

다음은 국내에서 생산/판매되는 가정용 치약제품의 브랜드들입니다.
귀하께서 선호하시는 순서대로 순위를 평가해 주십시오.
1위는 1로 평가하고, 2위는 2, 3위는 … 10위는 10과 같이 평가해 주십시오.

	치약 브랜드	선호도 순위
1.	브렌닥스	______
2.	페리오	______
3.	콜게이트	______
4.	송염치약	______
5.	클로렐라	______
6.	울트라 브라이트	______
7.	펩소던트	______
8.	크레스트	______
9.	클로즈 업	______
10.	플러스 화이트	______

고정총합 척도법(Constant Sum Scale)

고정총합척도법은 특정 기준에 따라 자극 대상의 집합들을 놓고 응답자들에게 일정한 양의 비율이나 점수를 주고 이를 상대적인 중요도나 비율에 따라 자극대상 집합들에 배분하는 방법으로 자료를 수집하는 방법이다. 즉, 아래의 예와 같이 특정 브랜드의 여러 가지의 속성을 나열해 놓고 응답자들로 하여금 고정 점수(10점 혹은 100점, 혹은 100%)를 주어 할당하게 하는 방법을 고정총합척도법이라 한다. 이때 응답자들은 속성이 중요하지 않으면 0점을 줄 수도 있으며 평가하고자 하는 속성이 다른 속성에 비해 2배의 중요성을 갖는다면 비교 속성보다 2배의 점수를 줄 수도 있다. 그러나 최종적인 점수의 총합은 연구자가 정해 놓은 범위를 초과할 수는 없다는 것이며 이러한 점이 가장 중요하다.

모든 응답자들이 각 속성에 할당하거나 분배한 점수를 계산하고 이를 응답자들의 수로 나누어 속성의 척도를 계산해 낸다. 여기에서 한 가지 주의할 점은 고정총합 척도법에서 응답자가 응답하지 않고 누락한 경우 그 속성은 결측치(missing)로 계산해서는 안되며 결측치로 처리할 경우 나중에 고정총합이 맞지 않는 결과를 가져오게 된다.

|표 6-5| 고정총합 척도법에 의한 예

(설문)
귀하는 자동차를 구입할 때 어떤 요소들을 가장 중요하게 생각하십니까 ?
중요하게 생각하는 정도를 각 각의 속성에 평가해 주십시오. 이때 전체의 합은 100점입니다.
또한 전체의 합이 100점을 초과하거나 부족해서는 안됩니다.

평가속성	집단1	집단2	집단3
승차감	30	10	5
디자인	35	10	10
가 격	5	15	50
크 기	5	5	25
안전성	15	55	5
품 위	10	5	5
전체의 총합	100 점	100 점	100점

상기의 예를 보면, 고정총합척도에 의해 평가하면서 3개의 집단으로 구분하여 평가하고 있다. 집단1의 응답자들은 비교적 승차감이나 디자인 등 외적 요소를 중시하는 계층인 것으로 판단할 수 있으며, 집단2의 응답자

들은 안전성 위주의 자동차를 선호하는 계층으로 볼 수 있다. 집단3의 응답자들은 가격을 중시하는 계층으로 나누어 볼 수 있다. 서열 데이터를 등간척도로 변환하기 전에는 이러한 자료나 정보를 서열 자료를 통해 얻기는 거의 불가능하다고 보아야 할 것이다.

고정총합 척도법은 비율척도 법에서와 마찬가지로 절대적인 영점을 갖는다. 10점은 5점의 두배이며, 5점과 3점의 차이는 57점과 55점의 차이와 동일하다. 이러한 연유로 고정총합 척도법에 의해 수집된 자료는 계량적인 자료로 취급된다. 고정총합 척도법의 주요 장점으로는 응답자들의 응답을 받기에 그다지 많은 시간이 소요되지는 않는다는 것이며, 또한 자극대상자들을 정확하게 차별하여 구분할 수 있다는 장점이 있다. 반면에 응답자들은 고정된 총합보다 더 많은 양의 점수를 각 속성에 부과할 수 있다는 것과 지나치게 적은 단위가 사용될 경우 오차의 발생이 우려된다는 것이 단점으로 평가되고 있다. 반대로 지나치게 큰 단위의 고정총합을 사용하게 되면, 응답자들에게 부담감을 주고 혼란스러움을 줄 수도 있다는 단점이 있다.

Q-소트 척도법(Q-Sort Scale)

Q-소트기법의 척도법은 상대적으로 큰 숫자나 특성을 가지고 있는 집단을 손쉽게 차별하여 구분할 수 있도록 하기 위하여 개발된 것이다. 이 방식은 측정 대상들이 갖는 특정한 기준과 관련된 유사성에 기초하여 분류하는 서열 분류방식을 채택한다. 즉, 100가지의 카드를 나누어주고, 이들을 각각 "가장 동의하는"과 '가장 싫어하는"의 집단으로 구분하여 이를 분류하도록 하는 방법이며, 각 집단에는 사전에 놓여질 카드의 수를 지정하는 것이다.

2) 비(非)비교 척도법(Noncomparative Scale)

비비교척도법에는 연속적인 등급 척도법과 항목화된 등급 척도법으로 분류되며, 특히 항목화된 등급 척도법에는 리커트척도법(Likert scale)과 어의차이척도법(semantic differential scale), 스타펠척도법(Stapel scale) 등이 있다.

|표 6-6| 기본적인 비비교 척도법의 특성

구분	연속적 등급 척도법	항목화 등급 척도법		
		리커트 척도법	어의차이 척도법	스타펠 척도법
기본적 특성	연속선 위에 표시	1점(전혀 동의하지 않음)부터 5점(매우 동의함)까지 동의 (agreement)정도를 평가	양극단(bipolar)을 이용하여 평가하는 7점 척도법	중간값(0)을 제외하고, 일방향의 10점 척도로 구성 (+5, -5)
활용 사례	상업TV에 활용	태도를 측정	브랜드, 제품, 기업이미지 평가	태도나 이미지
장 점	구조화가 용이 사용에 용이	구조화가 용이 관리가 용이 이해가 용이	다용도로 쓰임	구조가 용이 전화사용에 용이
단 점	계산하지 않으면 사용이 불편	많은 시간이 소요	자료 간격에 관한 논쟁의 소지	적용에 어려움과 혼란스러움

연속적인 등급 척도법(Continuous Rating Scale)

그래픽 척도법으로 지칭되는 연속적 등급 척도법은 기준이 되는 한 쪽 끝의 한 점으로부터 연속적으로 이어진 선이나 공간 위의 적정한 위치에 표시를 함으로써 대상들을 측정하는 척도를 의미한다. 그러므로 응답자들에게는 연구자기 조사를 실시하기 전에 응답자들로 하여금 강제적으로 어떤 특성을 선택하도록 하지 않는다는 장점이 있다. 연속적인 등급 척도는 다양한 형태로 이용되어진다. 예로써 수직선으로 등급을 매기도록 하거나 혹은 수평선으로 등급을 매기도록 하는 등 사용자에 따라 다양한 형태로 활용이 된다. 또는 숫자나 간략한 설명 형태로 구성된 척도가 주어질 수도 있다.

이러한 등급 척도법에는 보통 3가지 형태의 방법에 의해 자료를 수집하는 것이 일반적이다. 첫 번째는 숫자에 의한 방법(numeric method)이며, 두 번째는 그래픽을 이용한 방법(graphic method), 세 번째는 언어적인 방법(verbal method)에 의해 척도화 하는 것이다.

숫자법

(1) 매우 안 좋음
(2) 안 좋음
(3) 그저 그렇다
(4) 좋음
(5) 매우 좋음

언어법

___ 경쟁제품보다 맛이 월등
___ 경쟁제품보다 조금 나음
___ 경쟁제품보다 비슷한 수준
___ 경쟁제품보다 약간 떨어짐
___ 경쟁제품보다 매우 형편없음

그래픽법

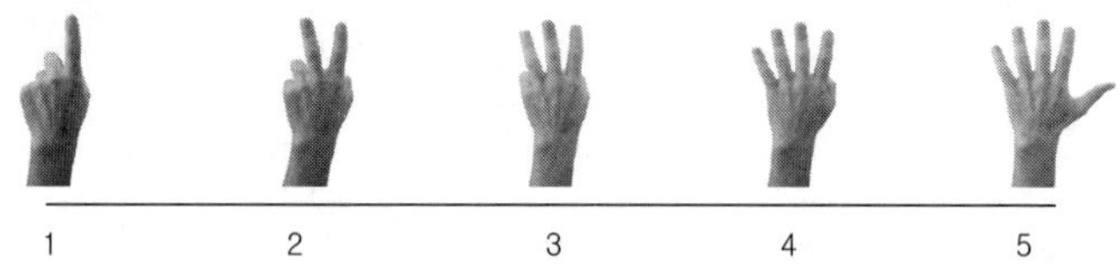

어의차이 척도법

가볍다 ├─┼─┼─┼─┼─┼─┼─┤ 무겁다
전통적 ├─┼─┼─┼─┼─┼─┼─┤ 현대적
싸다 ├─┼─┼─┼─┼─┼─┼─┤ 비싸다

스타펠 척도법

+5
+4
+3
+2
+1
현대적이다
−1
−2
−3
−4
−5

|그림 6-3| 등급법에 의한 다양한 척도법

항목화 등급 척도법(Itemized Rating Scale)

항목화 된 등급 척도는 응답자들에게 간단한 숫자 척도나 혹은 각각의 개별적인 범주화를 통하여 간단한 설명을 덧붙인 형태로 제시된다. 이러한 범주들은 척도의 위치라는 관점에서 순서가 매겨진다. 그라고 응답자들은 측정하고자 하는 대상의 등급을 가장 잘 설명한 척도를 선택하게 되는 것이다. 항목화 된 등급 척도는 마케팅 리서치에서 매우 폭 넓게 사용되는 척도로 다중 척도와 같이 보다 복잡한 구조를 가진 척도로도 구성된다. 통상적으로 많이 활용되는 척도를 살펴보면, 리커트척도, 어의차이척도와 스타펠 척도로 구분된다.

① 리커트 척도(Likert Scale)

리커트 척도는 개발자인 Rensis Likert의 이름을 따 명명한 것으로, 매우 폭 넓게 사용되는 척도이며, 응답자들은 자극 대상들이 갖는 연속적 상태를 갖는 동의(agreement)와 비동의(disagreement) 정도를 지칭하는 척도로 구성된다. 전통적으로 리커트 척도는 5가지의 응답 척도로 구분되는 것이 일반적이며, 등급은 '전혀 동의하지 않는(strongly disagree)'부터 '매우 동의하는(strongly agree)'까지의 범주로 구성된다.

|표 6-7| 리커트 척도법의 예

[1번 설문]
귀하가 현재 이용하고 있는 휴대폰 서비스는 어느 곳입니까?

____

[2번 설문]
귀하는 현재 보유하고 있는 휴대폰 서비스에 대하여 각각의 항목에 어느 정도나 만족하고 계십니까?
평가척도를 보시고 각각의 항목에 평가해 주십시오.

1	2	3	4	5
매우 불만족	불만족	보통	만족	매우 만족

1. 깨끗한 통화 품질 ·· ( )
2. 전화통화 중 끊김 정도 ·································· ( )
3. 지하공간에서의 연결 정도 ····························· ( )
4. 건물공간 사이에서의 연결 정도 ······················ ( )
5. 다양한 부가서비스 ·· ( )

리커트 척도를 사용하기 위해서는 무엇보다도 사용되는 개념이 동일한 의미로 사용되어야 한다는 것이다. 만약에 각 항목이 서로 다른 개념을 측정하기 위한 것으로 측정을 하게 된다면 차후에 측정된 값들을 합산하여 이용할 수 없기 때문이다. 리커트 척도법은 일반적으로 2~30개의 서술문들을 이용하여 평가한 다음, 이를 합산하는 방법으로 사용되는 경우가 많다. 리커트 척도로 수집된 자료를 분석하기 위해서는 우선적으로 각 항목에 -2부터 +2까지 혹은 1에서부터 5까지의 수치를 부여해야 한다. 그런 다음 항목별로 분석하거나 혹은 항목 전체를 합산하여 분석하는 등의 방법을 활용하게 된다.

② 어의차이 척도법(Semantic Differential Scale)

리본체조선수들의 묘기에 대하여 심사위원들은 어의차이척도에 의해 심사평가를 할 수 있다.

어의차이 척도법은 마케팅 리서치에서 기업이미지나 광고이미지 측정에 자주 사용되는 척도이다. 이와 같이 어의차이 척도법은 소비자의 태도나 방향 혹은 정도를 파악하기 위한 방법으로 양극단(bipolar)의 라벨을 가지며, 전통적으로 7점 척도형태를 갖는다. 예를 들어 양극단이란 한 쪽은 "추운(cold)"이라는 의미의 등급을 나타내며 다른 한쪽은 '더운(warm)'이란 의미를 갖는 등급으로 배치하여 척도를 구성한다. 어의차이 척도법은 위의 예와 같이 '추운 - 더운'과 같이 대립되는 형식의 구성과 혹은 '춥다 - 춥지 않다'와 같이 어느 한 쪽 방향(unipolar)으로 척도를 구성하는 2가지 방식이 있다.

양극단을 이용하는 경우 척도의 중앙점은 어느 한 쪽에도 속하지 않는 중위점(neutral point)이 되며 응답자들은 각각의 등급에 정확하게 X 표나 기타 다른 표식을 함으로써 자료가 수집된다. 즉, 응답자들은 주어진 등급에 측정하고자 하는 대상을 가장 잘 설명하는 등급에 표시를 하는 것이다.

개별적인 항목과 어의차이척도는 -3부터 +3까지 혹은 1부터 7까지 점수를 부여한다. 이러한 자료는 프로파일 분석을 통하여 분석된다. 프로파일 분석을 하는데 있어 각각의 등급들은 통계분석을 통해 분산(variance)이나 산술평균(mean) 등으로 분석할 수 있다.

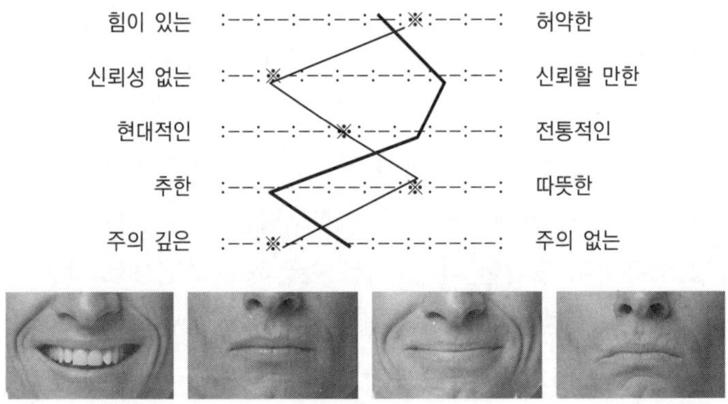

|그림 6-4| 어의차이 척도법을 이용한 대조 프로파일

이러한 어의차이 척도법이 사용되는 경우를 간단하게 정리하면 아래와 같다.

- 특정의 제품이나 서비스, 기업에 대해 소비자나 제조회사가 가지는 이미지를 비교할 때 주로 사용된다.
- 경쟁제품과 비교할 때 주로 사용된다.
- 특정 제품군을 구매하는 사람들의 태도를 조사하는 경우에 사용된다.
- 광고나 판촉활동에 대하여 소비자들의 태도나 지각이 변화할 때 효과적인 광고나 판촉 도구나 혹은 컨셉트를 개발하기 위하여 사용된다.

③ 스타펠 척도법(Stapel Scale)

스타펠 척도법은 어의차이척도법의 변형된 형태로 개발자인 Jan Stapel의 이름을 붙여 명명한 척도이다. 스타펠 척도는 단일의 일방향(unipolar)의 등급을 갖는 범주형의 척도이며, 중위점(neutral point) 0(zero)이 없는 +5점부터 -5점까지로 형성된 척도이다. 응답자들은 각각의 항목의 점에 명확하게 응답해야 하며 중간에 어정쩡하게 응답점을 표시해서는 곤란하다.

스타펠 척도에서 -5점은 측정 대상을 전혀 이해하지 못하거나 혹은 전혀 그렇지 않다는 것을 의미하며, +5점은 조사대상을 매우 정확하게 설명하거나 그러한 속성을 최대한 많이 보유하고 있다는 것을 의미한다. 또한 스타펠 척도는 전통적으로 수직 형태를 취하는 것이 일반적이다.

여러 가지 유형의 척도

+5	+5	+5	+5
+4	+4	+4	+4
+3	+3	+3	+3
+2	+2	+2	+2
+1	+1	+1	+1
고품질의	서비스가 불량한	현대적이다	잡음이 심하다
−1	−1	−1	−1
−2	−2	−2	−2
−3	−3	−3	−3
−4	−4	−4	−4
−5	−5	−5	−5

|그림 6-5| 스타펠 척도의 유형

5. 비(非)비교 항목화 등급척도의 결정요인

비비교법에 의한 척도법 중 항목화된 등급척도를 결정하는데 있어 고려해야 될 6가지의 사항이 있다. 그 첫째는 사용하고자 하는 척도범주(척도점)의 수를 어느 정도로 정하는냐 하는 것이며, 두 번째로는 균형 잡힌 척도를 쓸 것인지 아니면 불균형의 척도를 사용할 것인지를 결정하는 문제이다. 세 번째는 범주의 수를 홀수(odd)로 할 것인지 혹은 짝수로 할 것인지를 결정하는 것이며, 네 번째는 강제적으로 선택하게 할 것인지 아닌지를 결정하는 것이다. 또한 다섯 번째로 말의 의미의 본질과 정도에 대한 결정이며, 여섯 번째는 척도의 물리적 형태를 결정하는 것이다.

1) 척도점의 수(Number of Scales Category) 결정

척도점의 수나 응답의 범주를 결정하는 것은 두 가지의 갈등을 내포하고 있다. 즉, 척도점의 수를 많게 하면 자극들 사이의 가능한 차이점들을 보다 상세하게 얻을 수 있다는 것이고, 다른 하나의 갈등은 응답자들이 응답을 회피하거나 혹은 혼란스럽게 느껴 실질적으로 유효한 응답을 많이 얻기가 어렵다는 상반된 갈등을 겪게 되는 것이다. 전통적으로 적절한 척도점의 수는 5개와 9개 사이에서 7 plus(+) 한 수의 척도점이거나 혹은 2 minus(-) 한 수의 척도점을 사용하는 것이 일반적이다. 그러나 아직도 척도점이 어느 것이 최적이라고 하는 정의된 바는 없다. 척도점의 수를 결정하는 방법의 하나로 분산의 정도를 고려해 분산이 너무 작으면, 척도점들 사이의 응답의 결과가 애매모호 해지기 때문에 척도점을 늘여줄 필요가 있으며, 분산이 너무 크게 되면 응답자들의 응답이 지나치게 커 응답의 특성을 판단하기가 어려워지는 경향이 있게 되므로 척도점의 수를 줄여주는 것이 타당하다.

일반적으로 마케팅 조사에서 주로 사용되는 척도점의 수는 5점 척도를 많이 사용한다. 5점 척도는 응답자가 응답하기 용이한 장점이 있으나 대부분의 응답자들이 극단적인 값을 회피하는 경향이 있어 대부분의 응답이 중앙 척도점인 3점을 기점으로 정규분포와 유사한 형태를 띠며 분포하는 경우가 많다. 이를 분산시키기 위하여 7점 척도나 혹은 11점 척도를 사용하는 경우도 있다. 또한 응답자가 질문의 내용을 완전하게 이해하지 못할 경우에도 응답의 중심화 경향이 두드러지게 나타나게 된다. 이러한 중심화 경향을 없애기 위하여 최근에는 짝수의 4점 척도나 6점 척도 혹은 10점 척도를 사용하는 경우도 많이 나타나고 있다.

짝수의 척도점을 이용하게 되면 응답자로 하여금 반드시 부정적이거나 혹은 긍정적인 의사를 표현케 할 수 있기 때문에 중심화 경향을 방지할 수 있는 장점이 있다. 이 경우 중앙점에 위치하는 의사를 갖고 있는 응답자로 하여금 반드시 어느 한 쪽을 선택하게끔 하는 강제성이 있다.

일반적으로 응답자들은 응답 범주가 7개 이상을 넘게 되면 자신의 의사나 태도, 생각을 명확하게 판단하기가 어려운 것으로 알려지고 있다. 따라서 수집된 자료의 신뢰성을 확보한다는 차원에서 연구자는 척도점의 수를 세심하게 정해야 한다.

2) 척도의 균형성

척도를 표현하는데 있어 균형 잡힌 척도는 긍정과 부정형의 척도의 수가 동일하게 균형을 이루는 것이 특징이며, 불균형의 척도점은 그와는 다른 형태를 띄게 된다. 전통적으로 척도점은 균형을 이루는 것이 바람직한 것으로 여겨지고 있다. 만약에 척도점이 어느 한 쪽으로 치우치게 되면 긍정적이든 부정적이든 객관적인 정보의 수집이 어려울 수 있다. 또한 마케팅 조사 이후에 많은 논란의 소지를 남겨두게 된다.

3) 척도의 짝, 홀수의 결정

일반적으로 홀수(odds)의 척도로 구성하게 되면 중간 척도점은 중립적이거나 혹은 어느 한쪽으로 치우치지 않도록 구성하여야 한다. 즉, 중립적인 위치와 중립인 척도점을 표현해 줄 수 있는 라벨링(혹은 앵커링) 등이 명확하게 규정이 되어야 한다.

척도의 수를 짝수나 홀수로 정하는 문제는 설문의 내용이 얼마나 중립적이냐의 문제와 응답자들이 얼마나 중립적 성향이 있느냐에 달려 있다. 만약에 응답자들이 중립적인 성향이 없이 냉철하게 설문에 응답할 수 있다면 홀수 척도를 사용해도 중앙치에 집중되는 경향이 적어질 것이다. 그러나 중앙에 집중되는 경향이 많다면 짝수 척도를 사용하여 강제적으로 어느 한 쪽을 선택하도록 하는 방법이 보다 타당한 척도 결정방법이다.

균형 잡힌 척도	
최고로 좋은(Extremely Good)	________
매우 좋은(Very Good)	________
좋은(Good)	________
나쁜(Bad)	________
매우 나쁜(Very Bad)	________
최고로 나쁜(Extremely Bad)	________

불균형의 척도	
최고로 좋은(Extremely Good)	________
매우 좋은(Very Good)	________
좋은(Good)	________
어느 정도 좋은(Somewhat Good)	________
나쁜(Bad)	________
매우 나쁜(Very Bad)	________

|그림 6-6| 척도점의 균형성

4) 강제적 응답의 유도

비비교 척도에서는 응답자들이 의견이 없다고 "응답 없음"으로 표현할 만한 척도가 없다. 다만 이러한 경우 응답자들이 중앙의 척도점에 표시하는 경우는 있을 수 있다. 만약 응답자들의 일정 비율이 질문사항에 대하여 적절한 응답이 없는데도 척도법상 중앙에 표시하였다면, 이는 심각한 사실의 왜곡이 일어날 수 있을 것이다.

5) 의미 표현의 본질과 정도

척도와 관련하여 척도점의 의미를 묘사하거나 혹은 표현하는 정도에 따라 응답자들에게 영향을 주게 된다. 보다 정확한 척도점의 묘사를 위해 마케팅 리서치에서는 단순히 숫자의 나열이 아닌 그림이나 어휘 등을 동원하여 척도점의 의미를 응답자들에게 정확하게 전달하고자 노력한다. 그러나 정확하게 의미를 전달한다고 해서 수집된 자료의 신뢰성을 보장하는 것은 아니며 신뢰성 보장의 문제는 조사현장에서 혹은 면접자들의 태도여하에 따라 의존되는 경우가 많다.

6) 척도의 물리적인 형태

척도의 물리적인 형태는 어떤 형태를 취하든 응답자들로 하여금 혼동이나 혼란을 최소화하는 형태가 좋다는 것이다. 예를 들어 어휘로 표현된 척도를 그림으로 표현하게 되면 더욱 명확한 의미를 전달할 수 있게 된다. 또한 수평으로 놓는 것보다 수직인 형태로 놓는 것이 보다 타당할 수도 있다. 예를 들어 온도계 그림을 수평으로 놓고 온도를 측정하도록 하는 것보다는 수직으로 놓고 측정하도록 하는 것이 보다 설득력이 큰 것과 같은 맥락이다.

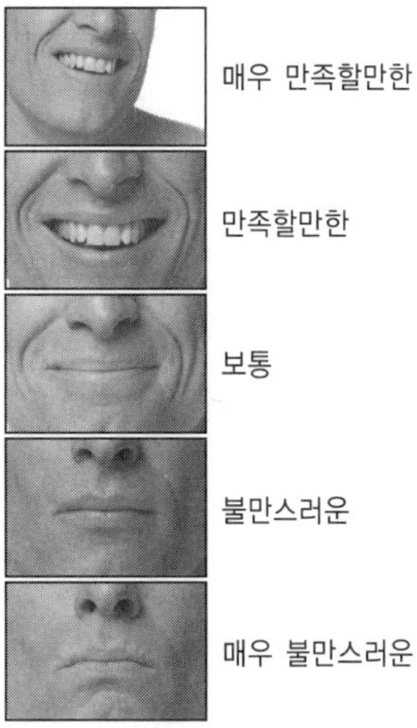

|그림 6-7| 척도의 물리적 형태의 한 예

6. 다중항목 척도와 척도의 평가

1) 다중항목 척도

다중항목척도를 개발하는데는 심각한 기술적 전문능력이 요구되는 작업이다. 다중항목 척도를 개발하는 절차는 <그림 6-8>과 같으며, 다중항목 척도를 개발하기 위해서는 빈번하게 요구되는 측정목적을 명확하게 정의할 필요가 있다. 즉 척도를 개발한다는 것은 우선적으로 측정구조를 이론적으로 정의한 다음에 척도개발을 시작해야만 한다.

새로운 다중항목의 척도를 개발하는 일반적인 절차는 다음과 같으며, 상관관계분석이나 요인분석, 군집분석, 컨조인트 분석들을 사용하여 통계적으로 검증한 다음, 일반화한 척도를 개발해야 한다. 또한 충분히 큰 표본으로부터 조사 자료를 수집해야 하며, 통계분석을 통해 사전에 검증된 척도는 다시 비교집단으로부터 자료를 수집해 차이검증 등을 통해 최종적으로 척도를 개발해야 한다.

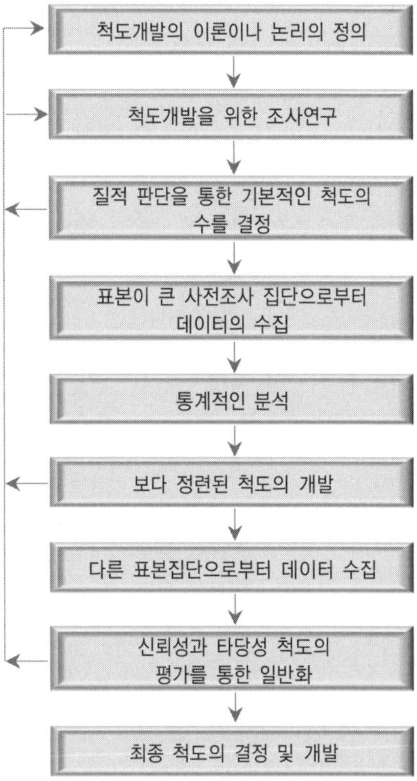

|그림 6-8| 다중항목 척도의 개발절차

2) 척도의 평가

측정된 척도는 정확하게 사용되었는지 혹은 적용이 타당한지를 검증할 필요가 있다. 측정된 척도를 검증하는 방법으로 크게 신뢰성(reliability) 검증과 타당성(validity) 검증의 방법이 있다.

신뢰성을 검증하는 것은 일반적으로 측정하고자 하는 속성이 신뢰성 있게 측정되었는가를 검증하는 것으로, 일반적으로 동일한 대상에 대하여 동일한 측정도구로 측정하였을 때 동일한 응답이 나올 확률을 검증하는 것이다.

이러한 신뢰성 검증방법에는 다음과 같은 방법이 있다.

- 검증 - 재검증(test-retest)방법
- 대안적 형태를 검토하는 방안
- 내적 일관성을 검증하는 방안

내적일관성을 검증할 때는 통계적인 방법을 통해 신뢰성을 검증한다.

타당성검증에는 내용타당성의 검증과 기준타당성의 검증, 그리고 구조적 개념 타당성의 검증방법이 있으며, 또한 구조적 개념 타당성을 검증하는 방법으로는 다시 집중타당성의 검증과 판별타당성, 이해타당성의 검증이 있다. 타당성 검증이란 한 마디로, 측정하고자 하는 개념이나 속성을 정확하게 측정하였는가를 검증하는 것이다.

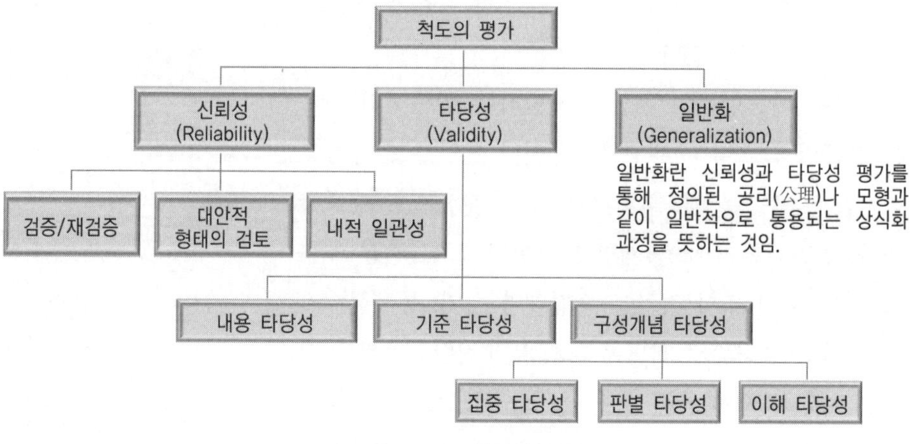

|그림 6-9| 척도의 검증

Chapter

07

PART 1
마케팅조사

설문지 구성

1. 설문지의 정의

설문지는 기술적 마케팅조사에서 정량적인 자료를 수집하는 방법으로 가장 일반적인 수단이다. 표준화되고 잘 구성된 설문지는 측정된 자료에 대한 신뢰성과 타당성을 보장해 줄뿐만 아니라 측정된 자료의 비교 가능성을 높여준다. 또한 기록의 신속성과 응답의 정확성을 보장하며 통계처리가 용이하도록 해준다.

설문지는 응답자들에게 미리 정형화된 응답을 제시함으로써 조사대상자들을 일관된 기준에 의해 분류하고 집계하여 통계분석이 가능하도록 해준다. 전통적으로 설문지는 자료를 수집하는 요소들 중 하나로 다음의 내용을 포함한다.

- 응답자를 선정하는 것과 접근하는 방법 등의 실사의 절차
- 선물이나 응답의 사례 등의 보상관련 내용
- 개인면접에서 지도나 그림, 광고 등을 이용하는 방법과 우편조사에서 회송비율을 높이는 방법 등의 커뮤니케이션 개선방법

2. 설문지 작성절차

조사의 신뢰성과 타당성을 높일 수 있는 설문지를 만들기 위해서는 다음과 같은 목적을 항시 잊지 말고 유념하면서 설문지를 작성해야 한다.

- 응답자들이 손쉽게 응답할 수 있도록 구체적으로 설문지를 구성해야 한다. 응답자들이 정확하게 응답하고 공감할 수 있는 설문지를 개발해야 한다.
- 설문지는 반드시 응답자들에게 흥미와 응답하는 것이 자신에게 좋을 것이라는 동기를 부여해야 한다. 또한 즐겁고 유쾌한 감정을 고조시킬 수 있어야 하며 협조적인 분위기를 조성해 조사에 적극적으로 참여할 수 있도록 해야 한다. 그렇게 하기 위해서는 지나치게 많은 지시문을 넣거나 선택할 수 있는 예시응답을 너무 많이 제시해 혼란을 주지 않도록 해야 한다. 심리학자들에 의하면 인간은 7개 이상의 문항을 제시하고 선택하도록 할 때 가장 큰 혼란을 겪고 피로감을 느낀다고 한다. 따라서 응답자가 피곤해하거나 응답을 회피할 가능성, 지루함 등을 최대한 해소할 수 있도록 설문지의 난이도(難易度)를 조정해서 작성해야 한다.
- 응답오류를 최소화하도록 작성해야 한다. 예를 들어 응답자가 부정확한 응답을 할 경우와 면접자가 현장에서 응답자의 응답을 잘못 기재하는 등 발생할 수 있기 때문에 이를 해소할 수 있도록 작성해야 한다.

설문지를 작성하는데 있어 가장 큰 단점은 '왜 그렇게 질문해야 하는지?'에 대한 이론적인 배경이 매우 취약하다는 것이다. 과학적인 원칙에 입각했을 때 현재의 설문지가 최적의 설문지라거나 가장 이상적인 설문이라는 확신을 할 수 없기 때문에 설문지를 작성할 때는 연구자의 경험적 스킬(skill)이 가장 중요한 요건이 된다. 설문지의 작성은 과학이라고 하기보다는 차라리 예술에 가깝다고 해도 과언이 아닐 정도로 다양한 경험적 스킬이 요구되는 고난도의 작업인 것이다.

이러한 설문지 작성절차는 전체 10가지 단계로 구분된다.

|표 7-1| 설문지 작성절차

- 1단계 : 필요한 정보의 구체화
- 2단계 : 조사방법의 유형 구체화
- 3단계 : 개별 설문항목의 결정
- 4단계 : 부적절한 질문이나 응답회피 항목의 제거
- 5단계 : 설문지 구조의 결정
- 6단계 : 설문지 어휘(wording)의 결정
- 7단계 : 설문항목의 배열(질문순서)의 조정
- 8단계 : 설문지의 형태와 레이아웃 결정
- 9단계 : 설문지의 인쇄
- 10단계 : 사전조사(pre-test)의 실시와 문항의 조정

1) 필요한 정보의 구체화

설문지 설계의 첫 번째 단계는 연구자가 필요로 하는 정보를 구체화하는 과정이다. 이것은 조사 설계과정의 첫 번째 단계이기도 하다.

조사가 보다 진행이 되면 정보에 대한 니즈는 더욱 구체화된다. 이 과정에서 문제의 구성요소에 대하여 재검토하고 접근방법을 고민해야 한다. 또한 특정한 설문내용을 어떻게 설문지에 표현할 것인가를 구상하고 가설(hypothesis)을 설정하며, 이러한 가설을 검증하기 위한 설문을 구상해야 한다.

2) 조사방법의 유형 구체화

어떤 조사방법을 활용해서 조사를 할 것인가의 문제는 설문지 작성에 매우 큰 영향을 미친다. 만약 1:1 대인면접법(對人面接法, 1:1 face to face)을 활용한다면 조사시간이 길어도 어느 정도는 이해가 되기 때문에 조사설문을 많이 사용할 수 있지만 전화조사를 실시할 경우라면 최대 10-15문항 이상을 넘게 되면 응답을 받기가 어려워지기 때문이다. 물론 전화조사라고 해도 응답자에게 어떤 혜택이 돌아가느냐에 따라 다르긴 하지만, 전화조사는 대인면접법에 비해 절대적으로 설문의 수에 한계를 갖게 된다.

3) 개별 설문항목의 결정

3번째 단계는 개별 설문항목의 결정이다. 개별 항목은 내용을 보다 쉽고 의미가 복합적이지 않으며 응답이 용이하도록 작성해야 한다.

개별항목을 결정하는데 있어 다음의 내용들을 검토하면서 설문지를 작성해야 한다.

- 이 질문은 반드시 필요한 내용인가?
- 한 번의 질문으로 충분한가?
- 응답자를 선별하기 위한 적절한 질문이 필요한가?
- 응답자가 충분하게 질문에 대한 정보를 제공해 줄 수 있는가?
- 응답자가 과거의 내용을 충분히 기억할 수 있는 내용인가?

4) 부적절한 질문이나 응답회피 항목의 제거

응답자들이 필요한 질문에 응답을 하더라도 지나친 노력이 요구된다든가 혹은 대답을 하기에 상황이 좋지 않을 수도 있다. 또한 요구되는 정보에 대한 합법적인 취지가 분명하지 않을 수도 있고 질문의 내용이 지나치게 민감한 사안일 수 있다. 따라서 이러한 설문들을 제거해 응답을 회피하는 경우가 발생하지 않도록 해야 한다.

설문을 작성하는데 있어 다음과 내용들을 유념하면서 작성해야 한다.

- 응답자의 노력이 요구되는 설문의 제거
- 편안한 응답이 요구되는 상황이 연출되도록 해야
- 합법적인 목적의 정보를 요구
- 사회적으로 터부시되는 민감한 정보의 제거 혹은 3자 화법의 사용

5) 설문지 구조의 결정

설문지는 예상되는 응답을 예시로 제시하는 구조화된 설문(structured question)과 자유롭게 응답하도록 주관식으로 묻는 비구조화된 설문(unstructured question)으로 구성할 수 있다.

구조화된 설문은 발생 가능한 모든 응답의 대안을 제시하는 것으로, 다중 선택형(다지 선다형 혹은 중복선택형) 질문과 양자택일형 질문으로 구성된다.

다중선택형(Multiple Choice)

다중 선택형은 응답자가 응답할 만한 응답을 미리 제시해줌으로써 보조적인 상기작용(recall)을 유발시켜 응답하도록 하는 설문구조이다. 다중 선택형의 응답들은 상호 배타적이며, 모든 응답을 포괄적으로 포함해야 하는 특성을 갖고 있다. 그렇기 때문에 응답간의 중복성이 있어서는 안된다. 또한 연구자가 제시하지 못한 응답이 있을 수 있기 때문에 "기타(_____)"와 같은 형태로 응답을 유도해 미처 고려하지 못한 응답들까지 수집하도록 하는 것이 효율적이다.

다중선택형의 설문을 만들기 위해서는 많은 비용과 노력이 수반되는 단점이 있다. 즉 응답 가능한 응답들을 사전에 파악하여 제시해야 하기 때문에 이를 파악하기 위한 탐색적 조사가가 필요하다. 또한 사전조사 등을 통해 수정을 하기 때문에 최종 설문이 만들어지기까지 많은 시간을 요한다는 단점이 있다.

|표 7-2| 다중선택형 설문지의 예

(문) 귀하는 LED TV를 구입하실 때 어떤 요소를 중요하게 생각하십니까? 중요하게 생각하는 요소에 모두 V 표시하여 주십시오.

(　) 화질의 선명도	(　) 브랜드 이미지
(　) 제조업체 신뢰도	(　) 가격
(　) A/S의 체계	(　) 영업사원의 친절성
(　) 화면의 크기	(　) 기타:__________

양자택일형(Dichotomous Choice)

이는 다중선택형 설문의 형태 중에서 가장 극단적인 경우로 두 가지의 응답 중 하나를 선택하도록 하는 것이다. 즉 모든 질문에 대하여 두 가지의 대안만을 제시해주고, 그 중의 하나를 선택하도록 하는 강제적인 방법을 활용한다.

이분법적인 사고의 양자택일형의 설문은 코딩과 분석이 용이하고 응답이 간단하기 때문에 응답자들로부터 협조를 구하기가 용이한 장점이 있다. 즉 응답에 대한 교감을 쉽게 확보할 수 있다는 것과 비용이 저렴하다는 장점이 있다.

|표 7-3| 양자택일형 설문지의 예

※ 귀하는 LED TV를 구입하실 때 다음의 요소들에 대하여 중요하게 생각하시는지요?

1. 화질의 선명도	① 중요하다	② 중요하지 않다
2. 브랜드 이미지	① 중요하다	② 중요하지 않다
3. 제조업체 신뢰도	① 중요하다	② 중요하지 않다
4. 가 격	① 중요하다	② 중요하지 않다
5. A/S의 체계	① 중요하다	② 중요하지 않다
6. 영업사원의 친절성	① 중요하다	② 중요하지 않다
7. 화면의 크기	① 중요하다	② 중요하지 않다

|표 7-4| 자유응답형 질문의 장/단점

장 점	단 점
1. 설문설계자가 어떠한 답안도 제시하지 않으므로 응답자들이 자신의 용어로 자유롭게 응답할 수 있어 보다 자연스러운 분위기에서 조사를 진행할 수 있다. 2. 응답자 자신의 판단으로 해당 질문에 관계 있다고 생각하는 모든 아이디어를 자유롭게 표현하므로 매우 다양한 응답을 얻기에 유용하다.	1. 면접조사원이 응답자의 의견을 자의적으로 해석해 신뢰성을 저해할 수 있다. 2. 응답자들의 의견을 표준화하기가 어려워 조사결과를 집계하는 데 많은 시간이 소요된다. 3. 유요한 응답을 얻기 위하여 응답이 용이한 집단을 선택하여 조사할 우려가 있다. 이러한 경우 편기(bias)가 발생해 조사결과에 대한 신뢰성이 떨어진다.

비(非)구조화된 설문은 일종의 개방형 설문(open-ended)으로 응답자들은 그들이 사용할 수 있는 자신들만의 언어로 응답할 수 있다. 비구조화 된

설문은 자유 응답형(free-response 혹은 free-answer) 설문으로 불리기도 한다. 개방형 설문은 관심사항의 주제가 무엇인지를 질문하기 위해 가장 좋은 질문의 형태라고 할 수 있다. 이러한 질문방식은 응답자가 자유롭게 자신의 생각이나 의사를 표현할 수 있기 때문에 응답자의 진실한 반응을 측정하는데 유용한 결론을 이끌어 낼 수 있다. 또한 구조화 되지 않은 질문은 연구자가 설문을 구조화하는 과정에서 포함될 수 있는 왜곡현상을 최소화 시켜줄 수 있다. 따라서 구조화되지 않은 설문은 탐색적 조사과정에 매우 적합하다.

6) 설문지 어휘(wording)의 결정

설문을 구성하는데 있어 적절한 어휘를 선택하는 문제는 응답자들에게 조사에 보다 협조적인 분위기를 조성하는데 매우 중요하다. 아울러 명확한 단어나 어휘를 사용함으로써 응답의 오류를 최소화하는 것도 매우 중요한 사항이다.

설문지를 구성하는데 있어 적절한 어휘를 사용하기 위해서는 다음과 같은 사항들을 고려해야 한다.

(1) 주제를 명확히 해야 한다.
(2) 통상적인 용어를 사용하라.
(3) 명확한 의미의 용어를 사용하라.
(4) 응답을 유도하는 질문을 하지 말라.
(5) 연구자 임의로 가정하지 말라.
(6) 응답이 곤란한 경우는 우회적으로 질문하라.
(7) 긍정적 질문과 부정적 질문을 효과적으로 활용하라.

7) 설문항목의 배열(질문순서)의 조정

설문지의 내용에는 기본적으로 3가지의 정보를 내포하고 있다. ① 기본정보 ② 분류정보 ③ 확인정보가 그것이다.

■ **기본정보** : 마케팅조사문제와 관련된 본질적인 정보

■ **분류정보** : 인구 통계적 속성 등 통계분석 시 분류를 위한 정보 (예 : 성별, 연령별, 학력별, 소득수준별, 거주 지역별… 등)
■ **확인정보** : 조사가 끝난 후 실사내용에 대한 검증시 필요한 정보 (예 : 이름, 전화번호, 이메일주소… 등)

구성된 설문지의 질문들은 어떤 위치에 놓이느냐에 따라 실제 조사결과에 영향을 미친다. 지나치게 어려운 문항이거나 혹은 심사숙고해야 하는 문항, 또는 민감한 문항들이 설문지의 전반부에 배치할 경우 응답자들은 회피경향을 유발할 수 있으므로 가능하면 중반부 정도에 위치하도록 하는 것이 효율적이다. 또한 굳이 응답거절이 있어도 무응답으로 처리해도 좋을 문항들이나 민감한 문항들은 가능하면 후반부에 배치하는 것이 좋다.

또한 잠재적인 응답자들에게 흥미를 유발시키면서 공감대를 형성하고 교감을 느끼게 하기 위해서는 무엇보다도 (1) 처음 설문의 질문을 어떻게 하느냐 하는 것(opening question)과 (2) 설문의 난이도(degree of difficulty)에 따라 레이아웃이나 배치를 결정하는 것이 중요하다. 응답의 신뢰성을 높이고, 리서치목적을 달성하기 위하여 질문의 순서를 결정하는 원칙을 간략하게 정리하면 <그림 7-1>과 같다.

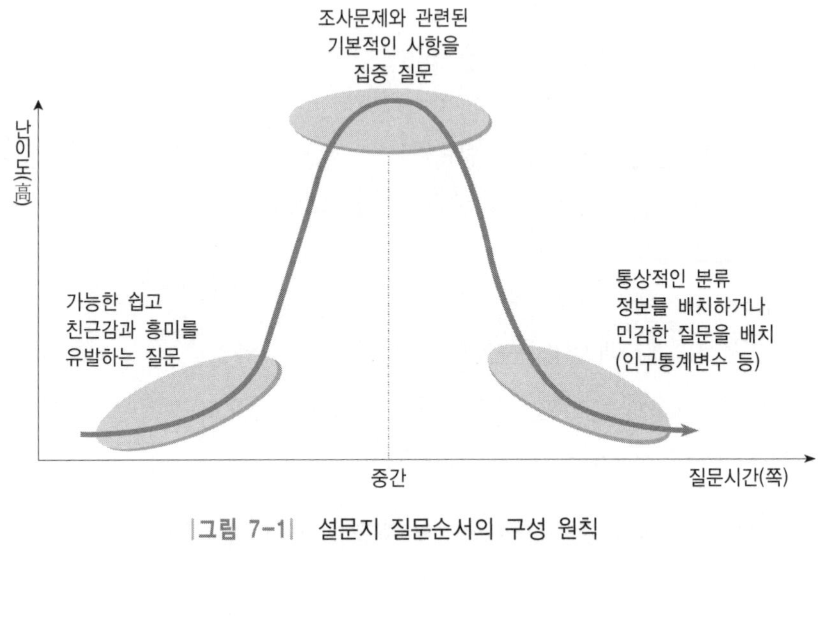

|그림 7-1| 설문지 질문순서의 구성 원칙

8) 설문지의 형태와 레이아웃 결정

설문지의 형태와 여백, 설문의 위치 등은 조사결과에 매우 중요한 영향을 미친다. 1980년 우편조사방법을 통해 실시된 미국의 인구센서스조사에서 밝혀진 바에 의하면 응답자들은 후반부에 위치한 설문보다 전반부에 위치한 설문에 더 큰 관심을 가지고 있다고 한다. 따라서 설문지를 몇 개의 부분으로 나누어 구성하는 것이 바람직하다.

|표 7-5| 설문지의 표지 형태의 예

ㅇㅇ행정서비스에 대한 시민만족도조사

안녕하십니까?

저는 ㅁㅁㅁ리서치(주)의 면접조사원 ㅇㅇㅇ입니다. 저희는 서울시청의 의뢰에 의해 지난 ㅇㅇㅇㅇ년도부터 매년 서울시민들을 대상으로 ㅇㅇ행정서비스에 대한 만족도를 평가하고 있습니다.

귀하가 응답해 주시는 내용에 대해서는 통계법에 의거·비밀이 보장되며, 귀하의 응답결과는 보다 나은 청소행정서비스를 구현하는데 개선자료로 활용될 것입니다. 바쁘시더라도 설문에 응해주시면 감사하겠습니다.

ㅁㅁㅁ리서치(주)
책임연구원 ㅇㅇㅇ (Tel. 00-0000-0000)
실사감독원 ㅇㅇㅇ (Tel. xx-xxxx-xxxx)

- 응답자 성명: (HP:)
- 면 접 일 시: 2009년 월 일 시 분부터 분간
- 면접원 성명:
- 검증원 성명:

9) 설문지의 인쇄

구성된 설문지는 인쇄를 통해 완성되어지며 통상적으로 수직으로 배열하여 인쇄하는 것이 좋다. 그리고 페이지수가 많다면 간단하게 클립으로 고정하는 것보다는 소책자와 같이 묶는 방식이 응답을 유도하는데 바람직하다.

인쇄는 양면으로 인쇄되도록 하며 중간에 인쇄되지 않은 부분이 없는지 반드시 검사해야 한다. 왜냐하면 그런 페이지가 있을 경우 응답자들은 설문의 끝인 줄 알고 더 이상 응답을 하지 않기 때문이다. 결과적으로 불완전한 응답을 유도하는 것과 같은 부정적 효과가 일어나게 된다.

또한 인쇄할 면을 줄이거나 설문이 적어 보이도록 하기 위하여 설문간의 간격을 좁히는 것은 피해야 한다. 지나치게 간격이 좁은 설문은 응답의 오류를 불러올 뿐만 아니라 설문을 복잡하게 보이도록 해 불충분한 응답이나 응답회피를 하도록 권장하는 격이 된다.

마지막으로 설문을 구성하는데 있어 설문작성과 관련된 안내문이나 참조사항, 지시사항들은 가능한 한 질문 바로 옆에 위치하도록 하는 것이 바람직하다. 예를 들어 "~번으로 가세요."라는 지시문의 경우에는 정확하게 번호가 맞는지를 다시 한 번 확인해야 한다.

10) 사전조사(pre-test)의 실시와 문항의 조정

최종적으로 인쇄와 검토가 끝났으면 사전조사(pre-test)를 통해 설문의 내용이나 응답의 용이성, 배열, 용어 혹은 어휘의 명확한 정의 등을 검토해 조정한 후 최종적으로 설문지를 재인쇄하고 조사 작업에 들어가면 된다.

사전조사는 다음과 같은 형태로 진행한다.

■ 방법

비교적 경험이 풍부한 면접조사원 7~8명을 선발하여 1차적으로 완성된 설문지를 나누어 주고 사전조사를 실시하도록 한다. 사전조사를 위한 조사대상자의 선정은 사전조사시에 설문의 내용이나 문제점 등을 허심탄회하게 지적해 줄 수 있는 면접조사원의 친구나 동료 등을 선택하여 사전조사를 하는 것이 좋다.

응답의 결과는 가능한 한 응답자가 한 말을 가감(加減)없이 있는 그대로 적는 것이 중요하다. 이는 나중에 설문의 문항을 조정하거나 어휘를 수정할 때 매우 유용한 지침이 되기 때문이다.

또한 사전조사를 진행함에 있어 조사를 담당하는 연구원들도 사전조사에 직접 면접조사원으로 참석하는 것이 중요하다. 이는 조사현장에서 향후 발생할 수 있는 상황들을 사전에 인지함으로써 설문지의 문항이나 내용의 조정, 면접조사원의 선발과 훈련에 활용하기 위해서이다.

■ 검토항목

사전조사가 끝나게 되면 면접조사원과 설문지의 설계자, 책임연구원, 고객사의 담당자 등이 함께 모여 협의과정을 거쳐서 설문항목에 대한 세심한 검토작업이 이루어져야 한다. 검토해야 할 사항은 다음과 같다.

① 설문의 질문에 대하여

설문의 질문내용이 읽기 쉽도록 되어 있는가, 표현은 자연스러운가, 조사대상자가 쉽게 이해하는가, 중요한 점이 빠지지 않고 조사대상자에게 제대로 전달이 되었는가, 조사대상자가 다른 의미로 받아 들이지는 않는가, 너무 지루하지 않는가, 설문의 내용이 너무 많지는 않은가 등에 대해 검토해야 한다.

② 설문의 순서에 대하여

설문의 질문순서가 조사대상자들의 사고의 흐름과 역행하지는 않는가, 화제가 바뀌는 곳이 물 흐르듯 자연스럽게 이어지고 있는가, 질문을 건너뛰는(스킵문항) 방법이 복잡하지 않은가 등에 대하여 검토해야 한다.

③ 사용하는 용어(어휘)에 대하여

발음하기 어렵지는 않은가, 조사대상자들의 귀에 익숙한 용어를 사용하고 있는가, 지나치게 전문용어만을 사용하고 있지는 않은가, 하나의 단어가 몇 가지의 의미로 사용되고 있지는 않은가, 다른 의미로 오해받는 용어는 아닌가 등에 대해 검토해야 한다.

④ 응답에 대하여

조사대상자들이 응답하기 쉬운가, 잘 생각나게 하는 질문인가, 선택하는 항목들에 대하여 조사대상자가 잘 이해하고 있는가, 선택항목에 대하여 그림이나 사진자료를 제시하는 것이 정확한 응답결과를 이끌어내는데 도움이 되는가, 자유응답형의 질문에 응답이 제대로 나올 수 있을 것인가 등에 대한 세심한 협의가 필요하다.

Chapter

08

통계분석을 위한 자료준비

실사과정을 거쳐 수집된 자료는 통계분석을 실시하기 전에 통계분석이 가능하도록 데이터를 검증하고 논리적인 모순을 검증한다. 그런 다음 응답결과들을 특정한 형식에 의해 숫자나 문자 등으로 변화해주는 작업이 필요한데 이를 코딩(coding)이라고 한다. 코딩이 끝난 다음에는 데이터를 컴퓨터에 입력(key-in)하고 데이터들을 여과하는 과정(필터링 혹은 스크리닝)을 통해 본격적인 통계분석에 들어가기 전에 데이터들의 오류를 검사한다. 스크리닝 작업이 끝난 다음에는 통계분석 프로그램이나 기타 관련 소프트웨어를 통해 기술적인 통계분석과 다변량분석 등을 통해 조사목적을 달성하게 된다.

1. 설문지의 점검(Questionnaire Checking)

실사를 통해 수집된 설문지를 점검하는 것은 최종적으로 조사된 설문지의 품질을 점검하는 작업이다. 응답이 부족하거나 오류가 발생한 설문지를 찾아내 이를 보완하고자하는 목적에서 실시한다. 이 과정에서 수집된 설문지의 응답이 심각하게 결여되어 있다면 즉각적으로 이를 폐기해야 한다. 등간척도로 질문된 설문지의 응답이 일률적인 방향으로 응답(예:

3-3-3-3 등)되어 있다면 이러한 설문 역시 폐기하는 것이 바람직하다.

조사의 품질을 높이기 위해서는 설문지의 점검과정은 설문조사가 진행되는 중에 매일 같이 점검하는 일일점검시스템(daily control system)을 활용하는 것이 좋다. 문제가 발생했을 때 즉각적으로 해결하는 것이 오히려 낫기 때문이다. 실사작업이 다 끝난 다음에 논리적으로 모순이 발생한 설문이 다량으로 나왔을 경우에는 재조사를 해야 하는 부담이 생기며, 이러한 상황에 대해 클라이언트는 불신감을 갖게 되기 때문이다.

수집된 설문지를 중심으로 폐기 처분해야 할 경우는 다음과 같다.

- 설문지의 일부가 불완전하게 응답되어 있다.
- 응답의 내용을 응답자가 이해하지 못했거나 혹은 지시에 따르지 않은 것으로 판단될 때는 설문지를 폐기한다. 예를 들어 선택적인 질문의 경우 건너뛰기(skip)를 하지 않고 그대로 진행한 경우는 설문지의 내용을 제대로 이해하지 못했다고 할 수 있다.
- 응답결과의 분산이 적은 경우이다. 예를 들어 5점 척도나 7점 척도로 평가하는데 하나의 숫자만을 나란히 적어 놓은 경우이다. 이러한 응답은 결코 성실한 응답결과라고 볼 수 없기 때문이다.
- 회수된 설문지 중 일부의 페이지가 분실된 경우에는 해당 설문지를 폐기한다.
- 설문지가 예정된 마감일 이후에 회수된 경우에도 마찬가지로 폐기한다.
- 설문지에 응답자격이 없는 응답자가 응답한 경우에는 이를 폐기한다.

2. 편집(Editing)

편집은 설문응답결과에 대한 정확도와 정밀도를 증대시키기 위해 실시하는 일련의 수정과정을 의미한다. 다시 말하면 불명확하고 불완전하거나 모순된 응답을 보이는 애매한 응답을 식별하기 위해 전체 설문지의 응답을 스크리닝(screening)하는 것이다. 구조화되지 않은 자유 응답형(open-ended) 질문인 경우에는 빈약하게 기록된 문항을 보완하여 완전하게 하는 과정을 편집이라고 한다.

편집과정에서 불만족스러운 응답이 발생했을 경우 이를 해소하기 위한 몇 가지 방법은 다음과 같다.

- 현장으로 다시 반려함(returning)
- 무응답이나 결측치(missing value)로 처리
- 설문지의 폐기(discarding)

편집과정에서 몇 가지 주의해야 할 사항이 있는데 이를 정리하면 다음과 같다.

(1) 전체 자료에 대해 일관성을 유지하면서 수행해야 한다.
특히 여러 사람이 작업을 하는 경우에는 사전에 편집의 기본방침이나 가이드라인을 정해서 혼란이 오지 않도록 하는 것이 중요하다.

(2) 응답이 빠져 있는 항목은 가능한 한 완결될 수 있도록 전화 등을 통해 보완적으로 조사를 실시한다.

(3) 자유응답형 설문에서 응답의 형태가 매우 다양하게 나타나기 때문에 유사한 응답은 하나의 응답으로 분류하여 처리하는 것이 유용하다.

(4) 면접조사자의 편견이나 조작된 자료를 찾아내어 정확성을 유지해 주어야 한다. 각 면접자별로 동일한 설문에서 일관된 응답패턴을 보이고 있는지를 살펴서 응답의 신뢰도를 높여야 한다.

3. 코딩(Coding)

코딩은 각각의 질문에 응답한 결과를 보통 숫자나 문자로 변환하여 일정한 값을 부여하는 과정을 뜻한다. 과거에는 각각의 응답이 위치하는 컬럼(열)을 고정하여 코딩하였으나 최근에는 마이크로소프트 엑셀 등을 활용해 각 셀(cell)에 입력하면 되기 때문에 훨씬 순조롭게 코딩작업을 할 수

있다. 그런 다음 전문 통계분석 프로그램에서 입력 데이터를 불러들여 통계분석을 실시하면 된다.

1) 설문내용에 대한 코딩(Coding Question)

응답자들이 응답한 설문내용에 대하여 각각 고유의 응답수치를 부여해야 하는데 이를 코딩이라고 한다. 즉 성별에 대한 질문에 대한 변수를 'gender'라고 하고 이에 대한 응답결과를 남성은 '1'로 하고, 여성은 '2'라는 고유번호를 부여하는 과정이 바로 코딩의 첫 번째 단계이다. 그런 다음에 자유응답형 설문에 대한 예비코딩을 실시한 후 본격적인 코딩을 실시하는 것이다.

객관식 질문에 대한 코딩방법은 중복법(multiple response method)과 이분법(multiple dichotomy method)의 두 가지 형태가 있다. 예를 들어 <표 8-1>과 같은 설문이 있다고 가정하자.

|표 8-1| 예제 설문

(문) 귀하가 ○○○ 할인매장을 이용하는 주요 이유를 3가지만 응답해 주십시오. (　　), (　　), (　　)

(1) 집 근처이므로	(2) 다른 할인점보다 저렴해서
(3) 물품의 구색이 좋아서	(4) 주차장이 넓고 편해서
(5) 매장이 넓어서 편리하므로	(6) 부대시설이 많아서
(7) 직원들이 친절해서	(8) 고객지향성이 좋아서
(9) 기타: ________________	

이와 같은 설문에 대하여 5 사람이 다음과 같이 응답 했다고 가정하자.

|표 8-2| 5 사람의 응답결과 예시

- 김 철수 : 1, 2, 5
- 이 만한 : 1, 4, 6
- 최 고봉 : 3, 4, 7
- 박 한별 : 2, 6, 8
- 장 나라 : 5, 6, 7

<표 8-2>의 응답결과를 중복법으로 코딩을 하게 될 경우에는 처리해야 되는 변수(variabl)가 3개에 불과하지만 이분법으로 처리하게 되면 변수는 제시된 응답 항목수 만큼 된다. 다시 말하면 설문에서 9개의 예시 응답항목이 주어져 있으므로 변수가 9개가 되는 것이다. 중복법으로 코딩해서 SPSS 데이터입력창에 입력한 결과를 보면 <그림 8-1>과 같다.

|그림 8-1| 중복법에 의한 코딩 및 입력결과

이때 변수보기는 <그림 8-2>와 같이 레이블을 명명한다.

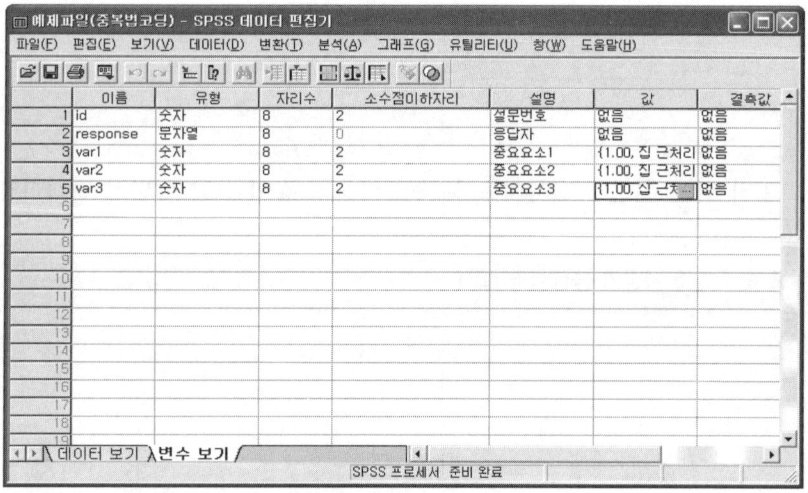

|그림 8-2| 중복법에 의한 코딩 후 변수와 변수값 정의

반면에 이분법으로의 코딩은 선택(1)과 비선택(0)이라는 관점에서 코딩을 진행하기 때문에 설문의 응답으로 제시된 모든 항목이 변수가 되어야 한다. <표 8-1>의 사례를 기준으로 하면 변수는 9개가 되며 코딩한 결과는 <그림 8-3>과 같다.

|그림 8-3| 이분법에 의한 코딩 및 입력결과

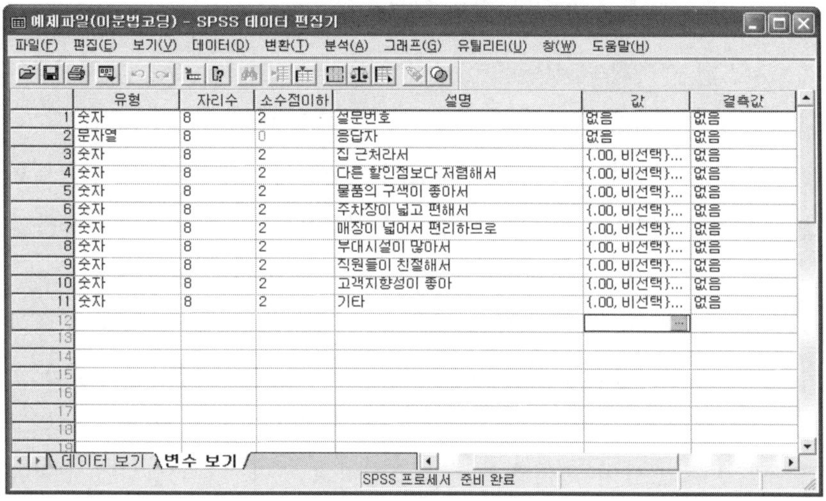

|그림 8-4| 이분법에 의한 코딩 후 변수와 변수값 정의

이분법으로 코딩한 후 변수와 변수값을 정의한 변수보기 창을 보면 중복법과는 다른 점을 발견할 수 있다. 중복법에서 응답 예시항목들이 변수값으로

정의되었으나 이분법에서는 응답 예시항목들이 모두 변수설명으로 바뀌어 있고 변수값에는 선택(1)과 비선택(0)으로 값을 정의하고 있는 것을 알 수 있다.

이와 같이 이분법으로 코딩한 결과는 분석시에 [다중응답변수군]으로 재정의 한 다음에 다중응답으로 처리하야 분석해야 하는 번거로움이 있다.

2) 무응답에 대한 코딩

무응답(missing value)에 대한 코딩은 두 가지 방법으로 할 수 있다. 시스템 결측치(system missing)와 사용자 결측치(user missing)로 나누어서 처리할 수 있는데 시스템 결측치는 무응답에 대하여 아무런 값도 부여하지 않고 공란으로 처리하는 것이고 사용자 결측치는 사용자가 임의로 특정한 값을 무응답에 부여하는 것이다. 변수값이 한 자리일 경우에는 '9', 두 자리일 경우에는 '99' 등을 부여해서 처리하는 것이 일반적이다. 다만 이 경우에 유의해야 할 것은 등간척도나 비율척도로 측정된 변수에 무응답을 사용자 결측치로 처리하고 평균(mean) 등을 구하면 안된다는 것이다. 왜냐하면 무응답으로 처리한 값이 평균값에 포함이 되어 응답결과가 왜곡이 되기 때문이다. 따라서 이러한 경우에는 변수를 새롭게 생성(recode)시켜 원하는 목적에 맞게 분석하는 것이 타당하다.

- 시스템 결측치: 무응답에 아무런 값을 부여하지 않고 그냥 처리하는 것으로 데이터 분석시에 단순히 '.'으로 표시됨.
- 사용자 결측치: 사용자가 무응답에 자신만이 식별할 수 있는 특별한 숫자를 부여해서 처리하는 방법. 통상적으로 '9', '99' 등으로 부여함.

3) 코드 북(Code book)

코드북은 코딩방법과 데이터세트의 각각의 변수들에 대한 정보를 모두 포함하는 것이다. 변수들에 대한 정보란 변수의 이름과 레이블, 그리고 각각의 변수 값들이 의미하는 바를 포함하고 있다. 다시 말하면 코딩을 하는 과정에 있어서 조사자가 정보를 식별하는데 도움을 준다.

코드북은 일반적으로 다음의 내용을 포함한다(3장 85쪽 참조).

- 컬럼 번호(현재는 Excel 등에서 처리하기 때문에 필요 없는 경우도 있음.)

- 변수의 번호와 변수의 이름
- 질문번호와 코딩방법
- 기타 관련 정보

4. 통계에 의한 데이터의 변형

일련의 데이터에 관해 일률적으로 데이터를 조정하는 방법을 사용할 수 있다. 일률적인 방법을 통해 통계적으로 데이터를 조정하는 방법에는 가중치를 적용하거나 변수를 재계산하는 방법이 있다. 또한 기존의 변수를 이용하여 새로운 변수를 생성(recoding)하는 경우도 있다. 이와 같은 최초의 조사된 데이터로부터 다양한 통계적 방법을 이용, 데이터를 분석 가능한 자료로 전환할 수 있다.

1) 가중치(Weight)의 적용

가중치의 적용은 각각의 데이터에 대하여 서로간의 상관관계를 고려하여 변수들이나 혹은 변수 값의 상대적 중요도를 가중치로 고려하는 방법이다. 일반적으로 가중치를 적용하는 것은 중요한 변수의 값을 다른 변수들에게도 적용하기 위해서 활용한다.

가중치 적용방법으로는 다양한 수학적 방법이나 모형에 의해 가중치를 환산하여 사용하게 된다. 대표적인 방법으로 변수간의 종속관계를 고려하지 않고 단순상관관계분석을 통해 산출된 상관계수의 합(sum)을 '1'로 놓고 각각의 항목들을 재계산하여 가중치로 환산하는 경우가 있다. 또 하나의 방법으로는 다중회귀분석(multiple regression analysis)을 실시해 산출된 베타계수를 가중치로 활용하는 방법이다. 독립변수와 종속변수간의 상대적 중요성을 반영하는 표준화된 베타계수의 합을 '1'로 놓고 각각의 비중을 가중치로 사용하는 방법이다.

2) 변수의 변형

변수를 변형(recode)한다는 것은 새로운 변수를 만들거나 혹은 기존의 변수 값을 조정하여 데이터를 분석하는 것을 말한다. 데이터의 변수를 조정하거나 혹은 변형하는 주된 목적은 최초의 조사 자료를 다른 기준에 의해 새롭게 정리하거나 연구목적에 맞게 데이터를 전환할 목적에 의해 행해진다. 대표적인 경우가 응답자들의 연령을 자유롭게 응답하게 한 다음 연령계층별로 범주를 구분해주는 방법이다.

예를 들어 응답자들이 자신들의 연령을 25세, 23세, 34세, 37세, 46세 등으로 응답하였다고 하자. 이러한 연령 응답을 ① 20-24세 ② 25-29세 ③ 30-34세 ④ 35-39세 ⑤ 40-44세 ⑥ 45세 이상으로 범주화시켜 변화시킬 수 있다. 또한 응답결과를 범주형 외에 0과 1의 값을 가질 수 있도록 이진법으로도 변환할 수 있으며 다른 여타의 수식변수를 활용하여 새로운 변수를 생성해 낼 수도 있다.

SPSS에서는 [변환]메뉴를 활용해 [같은 변수]의 값을 대체하거나 [새로운 변수]를 생성하거나 할 수 있다. [같은 변수]로 변환할 경우 기존의 값을 덮어 씌우기 때문에 심사숙고할 필요가 있다. 왜냐하면 원래의 데이터를 이용해 다른 분석을 할 필요도 있기 때문에 기존의 원 데이터는 남겨두고 [새로운 변수]를 생성시켜 활용하는 것이 보다 유용하다.

다음의 <그림 8-5> 기존의 연령 데이터를 그대로 두고 [새로운 변수]를 생성하는 방법을 보여주고 있다.

① 메뉴에서 [변환 > 코딩변경 > 새로운 변수]를 클릭한다.

② [새로운 변수로 코딩변경]이라는 대화상자가 뜨면 왼쪽에 있는 연령이라는 변수를 선택한 후 가운데 창으로 옮기고 출력변수에 '연령1'이라는 새로운 변수를 입력한 후 [바꾸기] 버튼을 누르면 아래의 창과 같이 된다.

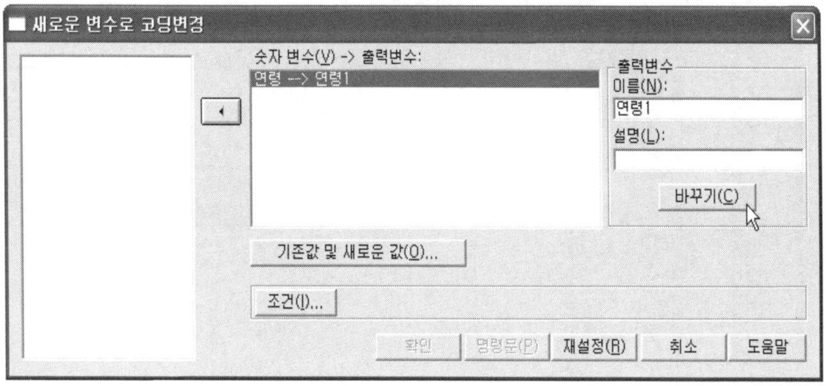

③ 그 다음으로는 기존값을 새로운 값으로 바꿔줘야 한다. [새로운 변수로의 코딩]이라는 대화상자의 중간에 있는 [기존값 및 개로운 값] 버튼을 클릭하면 값을 변환할 수 있는 창이 나타나고 기존값을 다음의 내용과 같이 변환한다.

- 20-24세 → 1
- 25-29세 → 2
- 30-34세 → 3
- 35-39세 → 4
- 40-44세 → 5
- 45세 이상 → 6

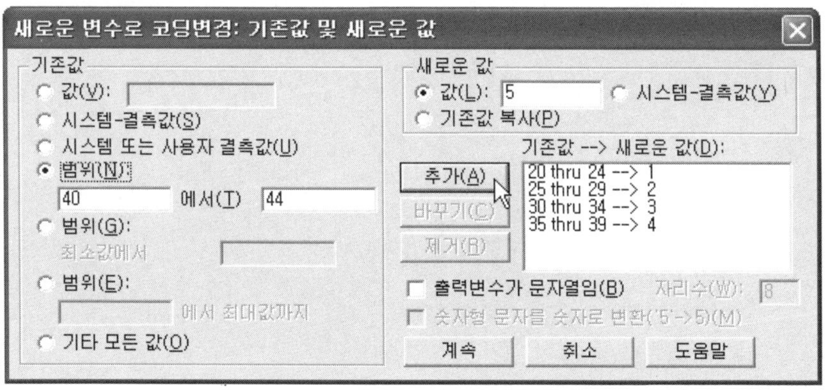

④ 45세 이상은 기존값에서 [범위]를 선택하고 45에서 최대값까지로 설정한 다음 새로운 값 '6'을 부여하고 [추가] 버튼을 누른 다음 [계속] 버튼

을 누르고 이전으로 돌아가 [확인]을 누르면 다음과 같이 새로운 변수가 생성이 되면서 연령값이 새롭게 바뀌는 것을 알 수 있다.

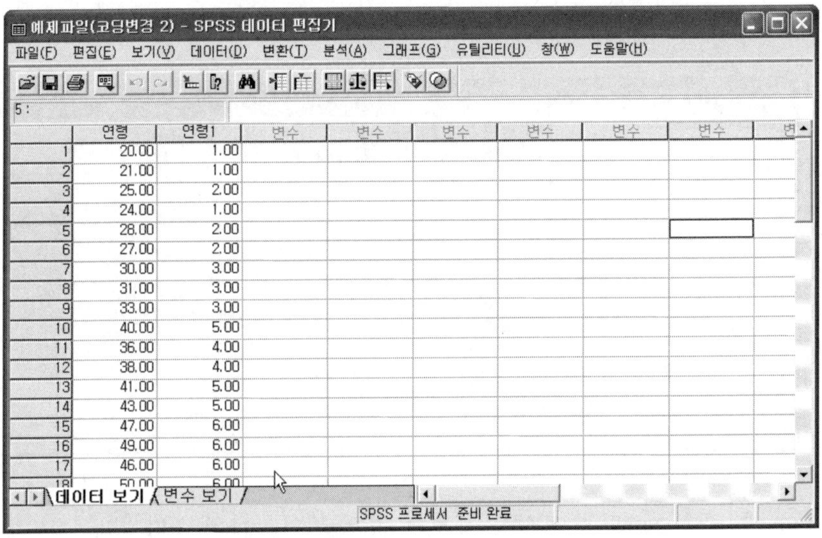

PART 2

SPSS를 활용한 통계분석

Chapter 09 빈도분석과 교차분석

Chapter 10 분산분석과 공분산분석

Chapter 11 상관분석과 회귀분석

Chapter 12 판별분석

Chapter 13 요인분석

Chapter 14 군집분석

Chapter 15 다차원척도법과 컨조인트분석

Chapter 16 보고서 작성과 프레젠테이션

Chapter

09

빈도분석과 교차분석

1. 빈도분포(Frequency Distribution)

일반적으로 기업의 마케팅 관리자는 경영자는 자사의 제품을 판매하기 위하여 자사의 제품에 대한 고객유형별 분포가 어떻게 이루어지고 있는지, 고객들은 각각의 제품들에 대하여 어떤 선호형태를 보이는지 등 다양한 마케팅상황에 대하여 의문을 가지고 있게 된다. 마케팅관리자나 경영자가 이러한 의문을 갖게 되는 것은 고객들의 특성이나 형태에 따른 분포(distribution)를 안다는 것 자체가 해당 제품의 마케팅전략이나 경영전략을 수립하는데 있어 가장 기본이 되는 정보이기 때문이다. 마케팅 관리자나 경영자들의 이러한 의문에 대하여 해답을 제시하기 위하여 마케팅 조사자는 아래와 같은 상황에서 다양한 답을 구하고자 하는 경우가 많다.

- 자사의 특정 브랜드에 대해 충성도(brand loyalty)를 갖고 있는 고객은 어느 정도가 될 것인가?
- 자사 제품의 사용자 계층을 분류할 때 heavy user와 medium user, light user, nonuser)의 유형별 비중은 어떻게 구성되어질까?
- 자사 제품을 구매하는 고객 중 재구매하는 비율은 어느 정도일까?
- 자사 제품을 구매하는 고객 중 신제품에 대한 제품 수용도가 높은 고객 비중은 어느 정도일까?

■ 자사 브랜드에 선호도가 있는 고객들의 선호도 정도는 어느 정도이고 그러한 고객들의 브랜드 전환비율(brand switching ratio)은 어느 정도일까?
■ 자사 브랜드에 대해 선호도가 높다는 것은 어떤 의미를 갖는 것이며 선호도를 갖는 고객들의 분산(分散, variance)은 어느 정도일까?
■ 자사 브랜드를 구매하는 구매자들의 인구통계학적 분포는 어떤 형태일까?

이러한 다양한 질문에 대한 답은 빈도분포(頻度分布)를 이용하여 답을 얻을 수 있다.

빈도분포는 변수의 다른 값들과 관련된 다양한 응답특성들의 분포를 계산하기 위하여 측정하는 것이다. 어떤 변수의 서로 다른 값(특정 변수가 갖는 다양한 값들로 예를 들어 성별의 경우에는 남성고 여성이라는 2개의 값을 갖게 되는 것)에 대한 상대적인 발생률이나 발생빈도를 의미한다. 어떤 변수에 대한 빈도분포는 그 변수와 관련된 모든 값들의 발생빈도를 계산한 도수(度數, count)와 비율(percent, %)로 나타나게 된다.

<표 9-1>은 216명의 소비자를 대상으로 조사한 와인구입속성에 관한 측정문항의 실제적인 사례이다. 예제 데이터는 편의상 20명의 데이터만 활용하였다.

|표 9-1| 와인 구입시 고려속성에 관한 조사설문 예

□ 다음의 내용은 귀하가 와인 구입 시에 중요하게 고려할 수 있는 고려속성들입니다. 각각의 속성에 대하여 어느 정도로 중요하게 고려하는지 <보기>를 참조하여 평가하여 주십시오.

보기	1점	2점	3점	4점	5점
	전혀 중요하지 않다	중요하지 않다	그저 그렇다 (보통)	중요하다	매우 중요하다

1. 와인의 색(레드, 화이트, 핑크) ………… (　　)
2. 생산지역 ………… (　　)
3. 와인의 맛(Taste) ………… (　　)
4. 와인의 향(Aroma/Bouquet) ………… (　　)
5. 수확년도(Vintage) ………… (　　)
6. 음식과의 조화 ………… (　　)
7. 포도품종 ………… (　　)
8. 브랜드명 ………… (　　)
9. 와인품질 및 등급 ………… (　　)
10. 와인 가격(Price) ………… (　　)
11. 와인 숙성(Young/Old) ………… (　　)
12. 알콜 함량 ………… (　　)

□ 귀하는 3개월 이내에 와인을 구입할 의향이 어느 정도입니까?
① 전혀 없다　② 그다지 구입할 의향이 없다　③ 그저 그렇다
④ 약간 구매할 의향이 있다　⑤ 반드시 구입 하겠다

□ 귀하는 어느 등급의 와인을 선호하십니까?
① 아펠라시용 도리진 콩트롤레(AOC)　② 뱅 델리미테 칼리테 쉬베리에르(VDQS)
③ 뱅드 페이(Vin de Pays)　④ 뱅드 타블(Vin de Table)

□ 다음은 세계적인 와인브랜드에 대한 속성별 만족도 평가문항입니다. 해당 브랜드에 대하여 <보기>와 같이 속성별로 만족 정도를 표시해 주십시오.

보기	1점	2점	3점	4점	5점
	매우 불만족	불만족	보통	만족	매우 만족

구분	샤토 마고	샤토 페트뤼스	로마네 콩티	3BSA 바롤로	바르바레스코	브루넬로 디 몬탈치노	슈퍼 토스카나
와인의 색							
와인의 맛							
와인의 향							
음식과의 조화							
와인 가격							
와인 숙성							
알콜 함량							

□ 다음의 문항은 응답자의 일반사항입니다.
1. 성별 ………… (　　)
① 남성　② 여성
2. 연령 ………… (　　)
① 20세 미만 ② 20-29세 ③ 30-39세 ④ 40-49세 ⑤ 50-59세 ⑥ 60세 이상
3. 월평균 소득 ………… (　　)
① 100만원 미만　② 100-200만원 미만　③ 200-300만원 미만
④ 300-400만원 미만　⑤ 400만원 이상
4. 직업 ………… (　　)
① 자영업　② 전문직/자유직　③ 사무직/기술직　④ 공무원
⑤ 전업주부　⑥ 학생　⑦ 기타

<그림 9-1>은 <표9-1>의 설문지를 이용하여 조사한 데이터를 SPSS의 [데이터 편집창]에 입력한 실제 사례이며 <그림 9-2>는 <그림 9-1>의 데이터에 관한 변수(variables)와 변수값(variable lables)들을 정의해 놓은 [변수보기] 창이다.

|그림 9-1| 와인 구입속성에 관한 데이터 입력 예(데이터 편집창)

|그림 9-2| 와인 구입속성에 관한 입력변수의 유형과 변수값 정의 창

이와 같이 데이터의 입력과 변수 및 변수값에 대한 정의가 끝나면 데이터를 오류를 검증하고 빈도분석을 실시하게 된다. 빈도분석을 통해 파악할 수 있는 있는 것은 우선적으로 빈도(頻度)와 분포비율(分布比率)을 파악할 수 있다. 상기 데이터에는 조사설문지에서 와인 브랜드에 따른 속성별 만족도 평가 문항를 편의상 '샤토 마고' 한 브랜드에 대해서 예제 데이터를 입력하였다.

통계량(統計量, statistics)으로는 사분위수(四分位數, quartiles), 절단점 혹은 절사점(切斷點 혹은 切捨點, cutoff point), 백분위수(百分位數, percentiles)를 알 수 있다. 또한 중심화 경향치로서 평균(平均, mean)과 중위수(혹은 중앙값, median), 최빈값(最頻값, mode), 합계(sum)를 도출할 수 있다. 또한 표분편차와 분산 등 산포도(散布度)를 파악할 수 있으며, 왜도(歪度, skewness)와 첨도(忝叨, kurtosis)를 파악해 분포의 형태를 파악할 수 있다.

<그림 9-3>은 SPSS를 활용한 빈도분석에서 통계량 옵션을 통해 파악할 수 있는 통계량의 유형들이다.

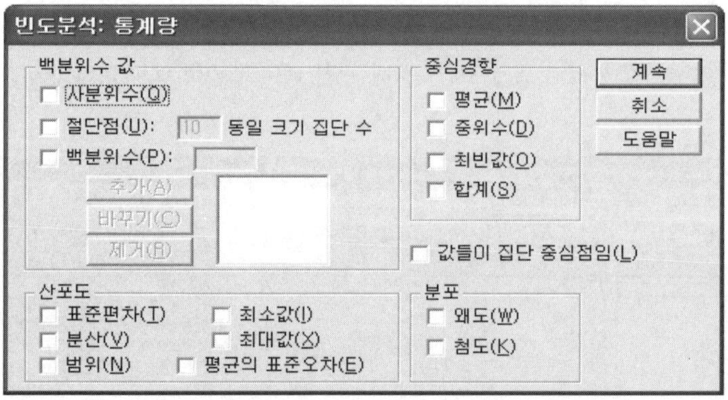

|그림 9-3| 빈도분석에서의 통계량

<그림 9-1>의 예제 데이터를 활용하여 인구 통계적 속성(성별, 연령, 월평균소득, 직업 등)에 대하여 빈도분석을 실시하기 위한 절차는 다음과 같다.

① 메뉴에서 [분석 > 기술통계량 > 빈도분석]을 선택한다.

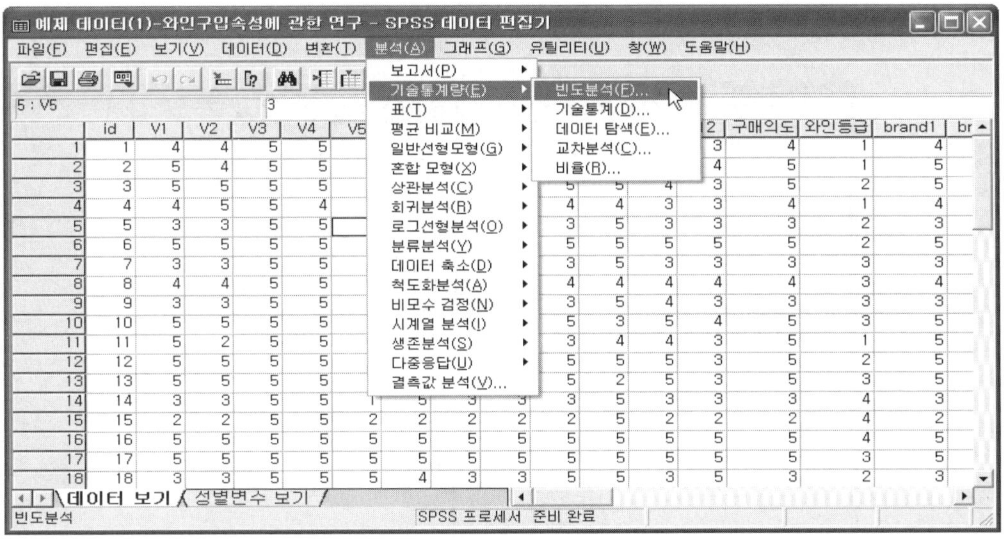

② 빈도분석을 실시할 변수를 왼쪽에서 선택하여 오른쪽으로 이동시킨 다음 [확인]버튼을 클릭하여 빈도분석을 실시한다. 이때 <그림 9-3>에서 예시한 통계량을 분석하고 싶으면 [통계량 옵션] 상자를 클릭해 분석하고자 하는 통계량을 선택한 후 [계속]버튼을 누른 후 [확인]버튼을 누르면 통계량이 분석된다.

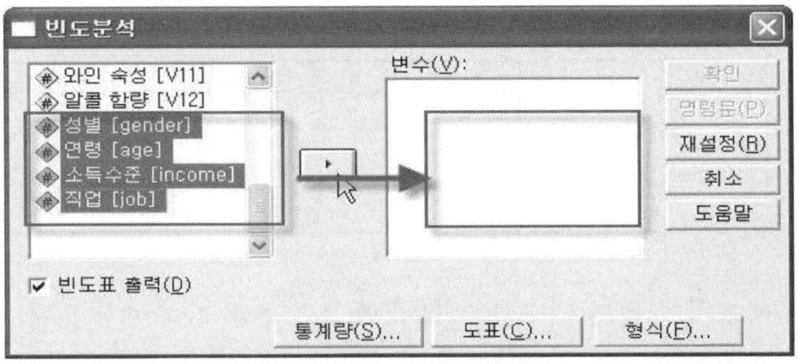

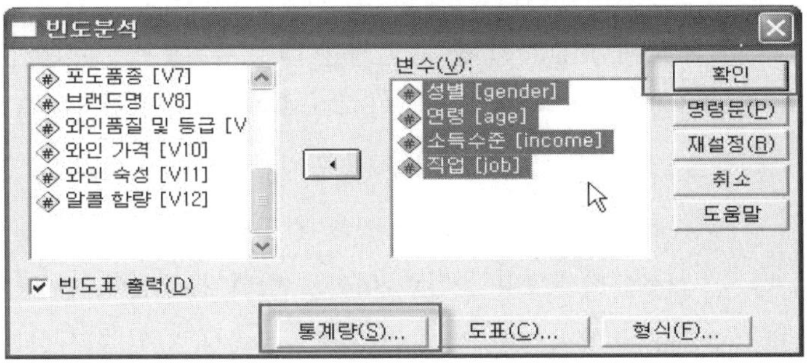

③ [확인]버튼을 누르면 다음과 같은 빈도분석결과가 출력된다.

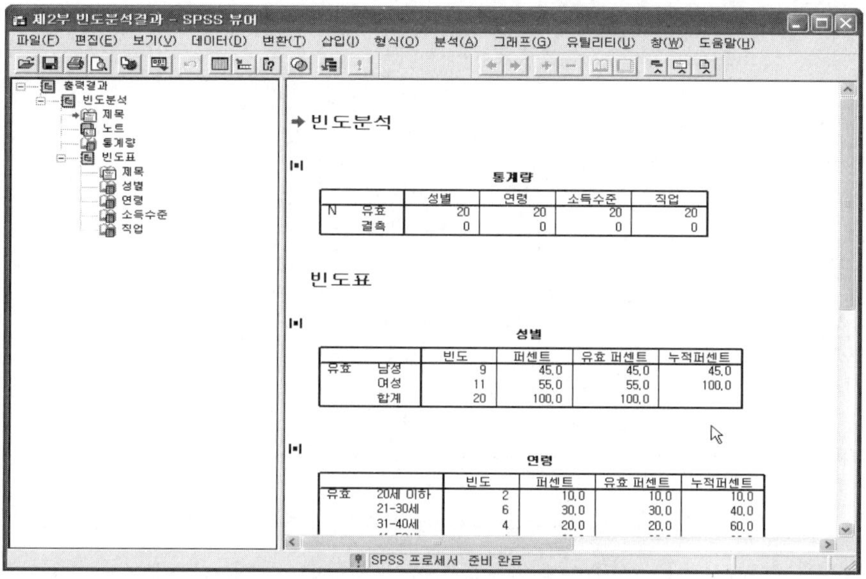

이와 같은 빈도분석방법을 활용하여 <그림 9-1>의 예제 데이터에 나타난 와인구입 속성 중 와인의 색에 대한 빈도분석결과는 <표 9-2>와 같다.

|표 9-2| 와인색에 대한 빈도분석 결과

와인의 색

		빈도	퍼센트	유효 퍼센트	누적퍼센트
유효	중요하지 않음	3	15.0	15.0	15.0
	보통	5	25.0	25.0	40.0
	중요함	3	15.0	15.0	55.0
	매우 중요함	9	45.0	45.0	100.0
	합계	20	100.0	100.0	

<표 9-2>의 좌측은 변수값의 설명(예: 1점 전혀 중요하지 않다, 2점 중요하지 않다, 3점 보통, 4점 중요함, 5점 매우 중요함)을 나타내고 있다. 빈도란(欄)은 조사대상자 20명 중 와인색에 대해 중요하게 생각하는 정도를 평가한 응답자들의 수이며, 퍼센트는 전체 응답자 대비 개별응답비율(%)을 나타내고 있다. 유효 퍼센트는 무응답자를 제외하고 실제적으로 응답한 전체 응답자 대비 개별응답비율(%)을 의미한다. 본 사례에서는 무응답자가 없기 때문에 퍼센트와 동일한 비율로 나타나고 있다. 누적 퍼센트(cumulative percent)는 유효 퍼센트를 위쪽으로부터 누적해 합산한 결과이

다. 이와 같이 빈도분석은 조사대상자들의 응답분포를 가장 쉽게 볼 수 있는 특징을 가지고 있기 때문에 통계분석에 있어 가장 기초적인 분석이라고 할 수 있다. 빈도분석을 통해 구체적으로 파악할 수 있는 정보의 유형을 정리하면 다음과 같다.

- 분포의 특성: 위치, 변동성, 왜도, 첨도, 기타 통계량
- 데이터 오류 스크리닝: 코딩 에러(coding errors), 데이터 입력 오류(data key-in errors)
- 기타: 분포 챠트(히스토그램, 막대그래프 등)

2. 빈도분포와 관련된 통계량

빈도분포와 관련된 통계량은 모든 분석에서 가장 기본적인 그러나 매우 중요한 개념이다. 빈도분포에서는 많은 통계량을 크게 3가지 차원으로 분류하고 있다. 즉 위치와 변동성, 형태를 분포의 3대 차원이라고 부른다.

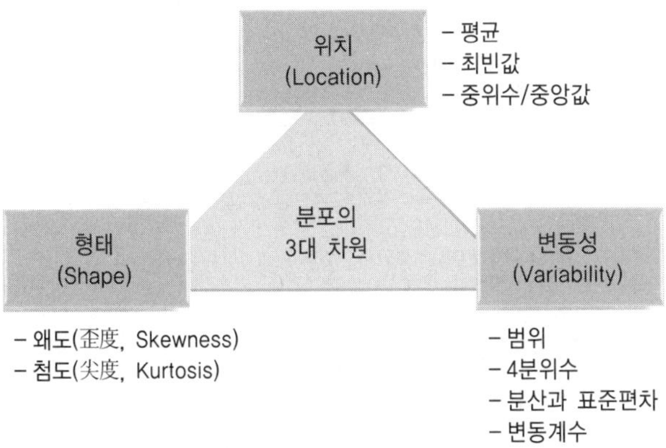

|그림 9-4| 분포의 3대 차원

1) 위치의 측정(Measure of Location)

빈도분포에서 가장 기본적인 속성으로는 위치의 측정을 들 수 있으며 위치는 분포의 첫 번째 차원(first dimension)이다. 응답자들의 응답결과를

통해 위치를 측정하는 것은 일반적으로 응답자들이 어떤 특정한 방향으로 집중하는 경향이 있기 때문에 위치측정을 통해 이를 분석할 수 있다. 이러한 방법으로는 평균(mean), 최빈값(mode), 중앙값(median)을 분석하는 것이다.

(1) 평균(Mean)

평균 혹은 평균값은 일반적으로 중앙으로의 집중화 경향을 측정하는 것으로 등간척도(interval scale)나 비율척도(ratio scale)로 측정된 자료로부터 구할 수 있다. 이러한 자료는 중앙으로의 집중화 경향을 설명해주며, 대부분의 값들은 이러한 평균의 주변에 흩어져 분포하게 된다.

$$mean = \frac{\sum_{i=1}^{n} X_i}{n}$$

x_i 변수 x에 대한 측정 값

n 측정의 수 (표본의 크기)

활용사례

시·군·구 70개 통합안 국민 43% 찬성

전문가는 54%가 찬성

전국의 기초자치단체 230개를 70개 정도로 통합하는 내용으로 정치권에서 논의 중인 '지방행정체제 개편안'에 대해 일반 국민의 43.8%, 행정학자 등 전문가들의 54.5%가 찬성하는 것으로 나타났다. 반대는 일반인 28.5%, 전문가 32.5%였다.

전국을 연방 수준의 자치권을 행사하는 6~7개 광역자치단체로 개편하는 방안에 대해서는 전문가 그룹의 경우 찬성(41.5%)과 반대(40%)가 비슷했지만, 일반인은 반대(42.4%)가 찬성(36%)보다 더 많았다.

한국지방발전연구원(이사장 윤여준)은 만 20세 이상 국민 1000명(일반인)과, 한국지방자치학회·한국정치학회 등 회원 200명(전문가)에 대해 지방행정체제 개편 및 지방분권 관련 여론조사를 벌인 결과 이같이 나타났다고 8일 밝혔다.

일반인들은 광역 시·도 폐지에 대해서는 반대(64.9%, 찬성은 17.5%)하는 의견이 월등히 많았다. 광역 시·도 폐지 후 그 기능을 중앙정부가 가져가는 안에 대해서도 반대(67.1%)가 많았다.

전문가들도 광역 시·도 폐지에 대해서는 반대(49%, 찬성은 34%)가 많았다. 반면 '대전과 충남도 통합' 같은 광역 시·도 간 통합에 대해서는 찬성(51%, 반대는 31%)이 절반을 넘었다. 충남·북도 통합과 같은 남·북도 통합에 대해서도 찬성(45%)이 반대(33%)보다 많았다.

전문가들은 21세기 국가 발전의 중심축이 돼야 할 정부형태에 대해서는 광역자치단체(30.5%), 도·도 통합 수준의 준연방 초광역자치단체(28.5%), 중앙정부(23.5%), 기초자치단체(17.5%) 순으로 꼽았다.

현재 정치권에서는 지방행정체제 개편 논의가 본격화되고 있다. 한나라당은 지난 7일 주민들 스스로 통합을 결정한 시·군·구에 대해 중앙정부가 파격적인 인센티브를 제공하는 법안(지방자치단체의 자율통합 지원을 위한 특례법안)을 자유선진당과 공동으로 국회 행정안전위원회에 상정했다.

국회 지방행정체제개편특위도 지난달부터 본격적인 활동을 시작했으며, 권경석·허태열(한나라당)·우윤근·박기춘(민주당)·이명수(자유선진당) 의원이 각각 발의한 지방행정체제 개편 특별법도 잇따라 국회에 제출돼 있는 상태다. 박중현 기자 jhpark@chosun.com

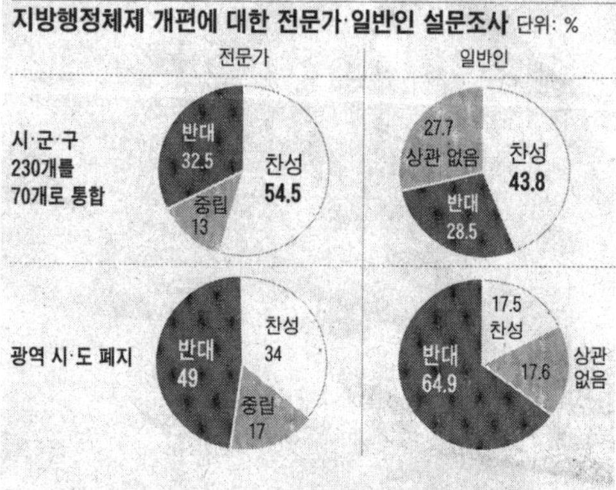

(자료원: 조선일보, 2009년 7월 9일)

일반적으로 평균은 정확한 측정이며 뚜렷하게 변화가 있는 데이터를 추가하거나 삭제해서 변화를 주어서는 안된다. <표 9-2>의 결과를 토대로 평균을 계산한 결과는 아래와 같다.

$$
\begin{aligned}
\text{평균} &= \frac{(2\times3)+(3\times5)+(4\times3)+(5\times9)}{20} \\
&= \frac{6+15+12+45}{20} \\
&= \frac{78}{20} \\
&= 3.9
\end{aligned}
$$

(2) 최빈값(最頻값, Mode)

최빈값이란 일반적으로 가장 빈도(혹은 도수)가 많은 관찰값을 말하며 도수분포표에서 가장 큰 계급을 최빈계급이라고 표현한다. 최빈값은 분포의 가장 높은 꼭지점(peak)을 제시해준다. 최빈값은 변수가 본질적으로 범주형(category type)이거나 혹은 범주형으로 그룹화된 것일 때 위치를 측정하는 방법으로 가장 좋은 것이다. <표 9-2>에서 최빈값(mode)은 9명의 빈도를 보인 5(매우 중요함)가 된다.

(3) 중위수 / 중앙값(Median)

중앙값이란 자료를 크기순으로 배열하거나 정렬할 때 중앙에 위치하는 값을 말하며 <표 9-2>에 나타난 바와 같이 1에서 5까지 홀수의 관찰값을 갖는 자료의 경우에는 가운데에 위치한 3이 중앙값이 된다. 6점 척도나 10점 척도의 경우와 같이 짝수의 관찰값을 갖는 경우에는 중앙의 2개의 값을 합한 다음 2로 나누어 준 값이 중앙값이 된다. 즉 6점 척도에서의 중앙값은 (3+4)/2=3.5 , 10점 척도의 경우에는 (5+6)/2=5.5가 중앙값이 된다. 일반적으로 관찰값들의 짝수나 홀수에 관계없이 중앙값을 구하는 공식은 (n+1)/2번째의 관찰값이 중앙값이 된다.

2) 변동성 측정(Measure of Variability)

변동성은 분포에 있어서 두 번째의 차원(second dimension)으로 등간척도(interval scale)나 비율척도(ratio scale)에 의해 측정된 자료를 중심으로 계산할 수 있다. 이러한 변동성 측정방법으로 범위, 4분위 범위, 분산과 표준편차, 그리고 변동계수로 측정할 수 있다.

(1) 범위(Range)

범위는 데이터의 흩어진 정도, 즉 산포도를 측정하는 것으로 표본의 가장 큰 값과 가장 작은 값의 차이를 단순하게 나타내는 방법이다.

$$범위(range) = X_{largest} - X_{smallest}$$

범위는 아웃라이어(outlier)에 의해 직접적으로 영향을 받으며 만약에 모든 데이타 값들을 일정한 상수(constant)에 의해 곱하게 되면 그 범위는 동일한 상수에 의해 곱해지게 된다.

<표 9-2>의 범위는 5-2=3이 된다. 이러한 범위는 데이터의 흩어진 정도를 손쉽게 파악할 수 있는 장점이 있으나 자료의 집단 중 극단적인 수치간의 차이(difference)만을 나타낼 뿐 그 사이에 자료가 어느 정도로 흩어져 있는가를 알기에는 어려운 단점이 있다.

(2) 4분위수(quartile)

4분위수는 자료를 같은 크기로 4등분 한다. 따라서 각 부분에는 25%의 자료가 포함된다.

4분위 범위(inter-quartile range)는 1사분위수(25%)와 3사분위수(75%에 해당하는 값을 의미하며)의 차이(Q3-Q1)를 의미하는 것이다. 4분위수는 범위(range)로 측정할 수 없는 단점을 보완하기 위해 이용하는 것이다. 또한 p분위수란 자료를 크기순으로 배열했을 때 p%의 관찰값이 그보다 작거나 같고 (100-p)%의 관찰값이 그 값보다 크거나 같게 되는 값을 말한다. 만약에 어떤 상수(constant)를 이용하여 모든 데이터에 곱할 경우 4분위수 역시 동일한 상수로 곱해져야 한다. 4분위 범위와 4분위 편차는 다음과 같이 구한다.

|표 9-3| 4분위 범위 및 편차의 계산

$$4분위\ 범위 = Q_3 - Q_1$$

$$4분위\ 편차 = \frac{Q_3 - Q_1}{2}$$

여기에서 Q_1 : 1/4 지점의 관찰치
Q_3 : 3/4 지점의 관찰치

예를 들어 다음과 같은 12개의 데이터를 크기 순서로 나열했다고 했을 때 4분위 범위와 4분위 편차를 구해보자.

40 60 80 100 120 140 160 180 200 220 240 260

이때 Q_1과 Q_3의 위치는 다음과 같다.

Q_1의 위치 = N × 1/4 = 12 × 0.25 = 3 이므로 3번째 관찰치인 80

Q_3의 위치 = N × 3/4 = 12 × 0.75 = 9 이므로 9번째 관찰치인 200

따라서 4분위 범위는 200-80=120이 된다. 또한 4분위 편차는 (200-80)/2=60이 된다.

활용사례

인구구조의 변화

인도, 2028년 中 제치고 인구 '세계 1위' 한국은 2050년 641만명 줄어 4234만명

통계청 인구 보고서

2028년부터 인도가 중국을 제치고 세계에서 가장 인구가 많은 국가가 될 것으로 전망됐다. 반면 우리나라 인구는 2050년까지 641만명 줄어 인구 순위가 현재보다 20계단이나 떨어질 것으로 예상됐다. 통계청은 이달 11일 인구의 날을 맞아 발표한 '세계 및 한국 인구현황 통계' 보고서에서 "2028년이 되면 인도 인구가 14억6400만명으로 중국 인구(14억6000만명)를 추월해 인도가 세계 1위 인구 대국이 될 것"이라고 밝혔다.

올해 중국 인구는 13억4600만명으로 세계 1위를 차지하고 있다. 이어 인도(11억9800만명)·미국(3억1500만명)·인도네시아(2억3000만명) 순이다. 하지만 2028년부터 중국과 인도 인구가 역전되기 시작해 2050년이 되면 인도 인구가 16억1400만명으로 중국(14억1700만명)보다 2억명가량이나 더 많아질 것으로 추정됐다.

2010년 인구피라미드 단위:명

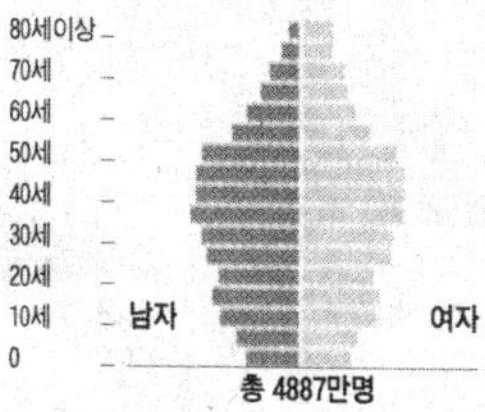

2050년 인구피라미드 단위:명

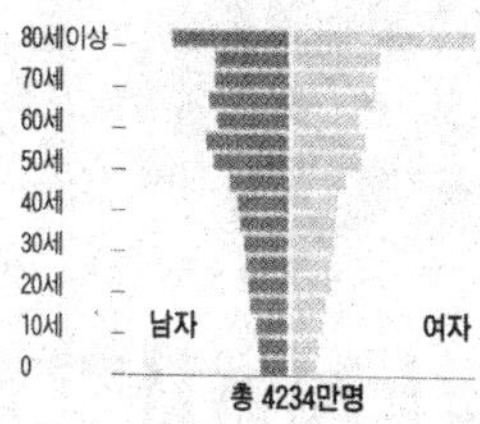

통계청 전백근 인구동향과장은 "중국은 출산억제정책을 시행해 인도보다 출산율이 낮기 때문"이라고 설명했다. 2005~2010년 인도의 예상 합계출산율(여성이 평생 낳는 평균 자녀 수)은 2.76명인 반면, 중국은 1.77명이다.

우리나라의 경우 낮은 출산과 노령화 현상이 빠르게 진행되면서 현재 4875만명인 인구가 2050년에는 4234만명으로 641만명 감소할 것으로 통계청은 전망했다. 이 같은 인구 감소폭은 경제협력개발기구(OECD) 30개 회원국 중 일본(2550만명), 독일(1166만명)에 이어 세 번째로 많은 것이다. 이에 따라 우리나라 인구 순위는 2009년 26위에서 2025년에는 32위, 2050년에는 46위로 계속 떨어질 것으로 전망됐다. 또 우리나라 65세 이상 고령인구 비중은 2010년(11.0%)에는 OECD 회원국 중 27위이지만, 2050년(38.1%)에는 1위로 올라설 것으로 전망됐다.

정혜전 기자 cooljjun@chosun.com

(자료원: 조선일보, 2009년 7월 11일)

(3) 분산과 표준편차(Variance and Standard Deviation)

분산(分散)과 표준편차(標準偏差)는 통계학에 있어서 평균 등과 같이 가장 많이 활용되는 통계량이다. 관찰값과 평균의 차이를 편차(偏差, deviation)라고 하며 자료의 흩어진 정도가 크면 클수록 편차가 커지게 된다. 분산은 관찰값과 평균의 차이를 제곱하여 합계(sum)를 구한 후 이를 전체 관찰수(사례수)로 나누어서 얻을 수 있다. 또한 표준편차는 분산에 제곱근(root)을 취하여 산출할 수 있다.

|표 9-4| 분산과 표준편차

구분	분산	표준편차
모집단	$\sigma^2 = \dfrac{\sum_{i=1}^{N}(X_i-\mu)^2}{N}$	$\sigma = \sqrt{\sigma^2} = \sqrt{\dfrac{\sum_{i=1}^{N}(X_i-\mu)^2}{N}}$
표본집단	$S^2 = \dfrac{\sum_{i=1}^{n}(X_i-\overline{X})^2}{n-1}$	$S = \sqrt{S^2} = \sqrt{\dfrac{\sum_{i=1}^{n}(X_i-\overline{X})^2}{n-1}}$

분산을 계산할 때 편차에 제곱을 하는 이유는 단순히 편차의 합을 구하면 항상 0이 되기 때문에 제곱을 해주는 것이다. 즉

$$\sum(X_i-\mu)=0$$

또한 표본집단의 분산을 계산할 때 표본의 크기 n에서 1을 뺀 $n-1$로 나누는 이유는 모집단의 분산을 추정하는데 더 적합하게 하기 위해서이다. 즉 $n-1$로 계산된 표본의 분산이 n으로 나눈 값보다 모집단의 분산에 더 가깝게 되기 때문이다. 다시 말하면 n 대신에 $n-1$로 나누어주는 것은 표본에서 관찰된 보다 작은 변동성으로 균형을 잡아주기 위해서이다. <표 9-2>를 이용하여 표본집단의 분산과 표준편차를 구하면 다음과 같다.

$$\begin{aligned}S^2 &= \frac{3\times(2-3.9)^2+5\times(3-3.9)^2+3\times(4-3.9)^2+9\times(5-3.9)^2}{20-1}\\ &= \frac{10.83+4.05+0.03+10.85}{19}\\ &= \frac{25.8}{19}=1.357895\end{aligned}$$

$$S=\sqrt{S^2}=\sqrt{1.357895}=1.165288$$

SPSS를 활용하여 빈도분석을 실시해 분산과 표준편차를 구하는 절차는 다음과 같다.

① 메뉴에서 [분석 > 기술통계량 > 빈도분석]을 선택한다.

② 빈도분석 대화상자에서 분산과 표준편차를 구할 변수 와인의 색[V1]을 선택하여 우측의 [변수(V)] 란으로 옮긴다.

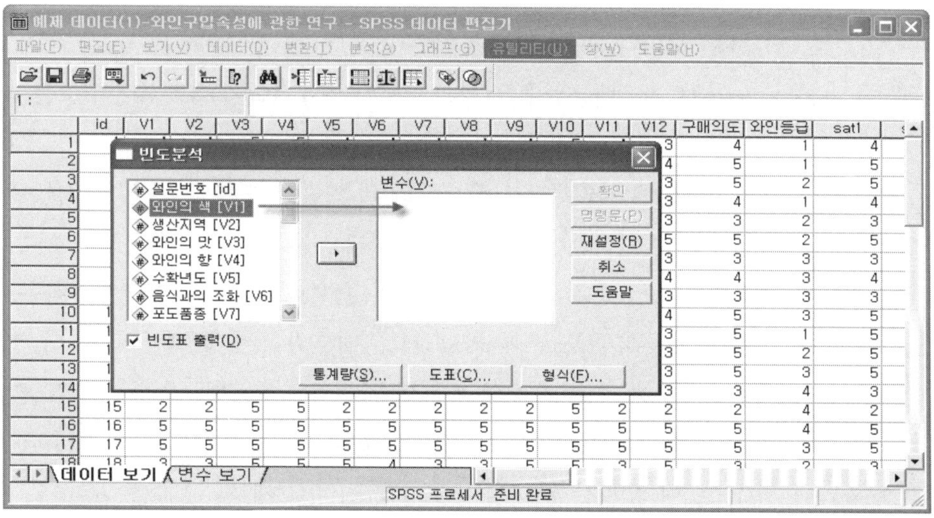

③ [통계량(S)] 버튼을 누르고 [중심경향]과 [산포도], [분포]의 통계량을 선택하고 [계속] 버튼을 누른다. 이전 대화상자로 돌아가 [확인] 버튼을 누르면 분석결과가 도출된다.

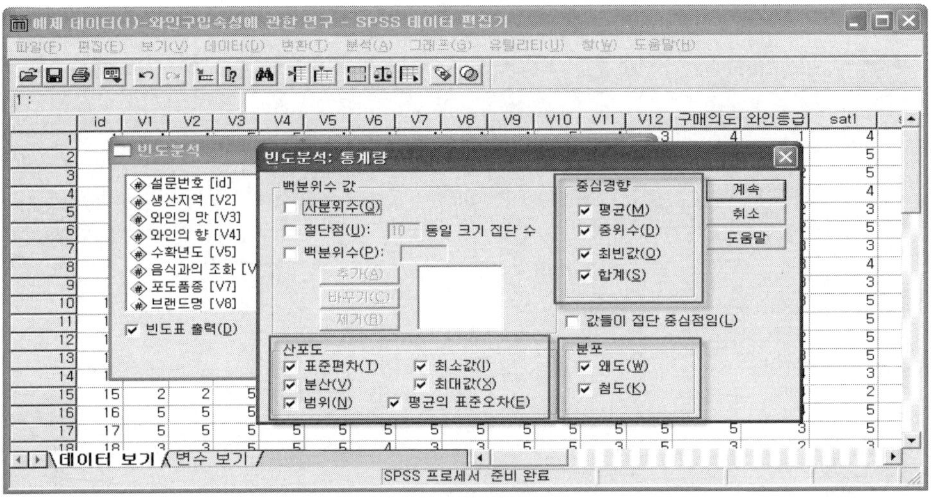

▶ 백분위수값

- 사분위수(Q): n개의 관측값이 있다고 했을 때 데이터를 작은 쪽으로부터 크기순으로 배열하여 전체 관측값을 4등분 하는 위치에 오는 값을 말한다. 즉 누적돗수가 $\frac{n}{4}$(1사분위수), $\frac{n}{2}$(2사분위수), $\frac{3n}{4}$(3사분위수)라고 한다. 특히 2사분위수는 중앙값과 같으며 전체의 50%에 해당하는 값이다. 또한 100 분위수 가운데 25 백분위수는 1사분위수(first quartile), 50 백분위수는 2사분위수(second quartile), 75 백분위수는 3사분위수(third quartile)라 부른다.
- 절단점(U): 주어진 확률변수 값의 왼쪽 혹은 오른쪽 혹은 양쪽을 무시하거나 절단하는 기준점을 의미한다.
- 백분위수(P): 측정된 데이터를 크기 순서로 배열하여 100 등분하는 수값을 백분위수(percentile)라고 한다. 백분위수는 제1백분위수부터 제99백분위수까지 총 99개의 백분위수가 있다. 제p백분위수는 자료를 크기 순서로 배열했을 때 p%의 관찰값이 그 값보다 작거나 같고 (100-p)%의 관찰값이 그 값보다 크거나 같게 되는 값을 말한다.

▶ 중심경향

- **평균(M)** : 자료의 대표치로서 산술평균을 의미한다.
- **중위수(D)**: 자료를 크기 순을 나열했을 때 가장 가까운데 위치하는 관찰값을 말한다. (n+1)/2번째의 관찰값이 중앙치가 된다.
- **최빈값(O)**: 가장 빈도(frequency)가 많은 관찰값을 말한다.
- **합계(S)**: 관찰값과 빈도수를 곱해서 전체 합한 값을 말한다.

▶ 분포

- **왜도(W)**: 자료 분포의 비대칭도(skewness)을 나타내는 것으로 +값을 가지는 경우에는 오른쪽으로 꼬리가 긴 분포가 나타나며 -값을 가지는 경우에는 왼쪽으로 꼬리가 긴 분포를 나타낸다[그림 9-5 참조]. 왜도가 0의 값을 가지는 경우란 정규분포를 의미한다.

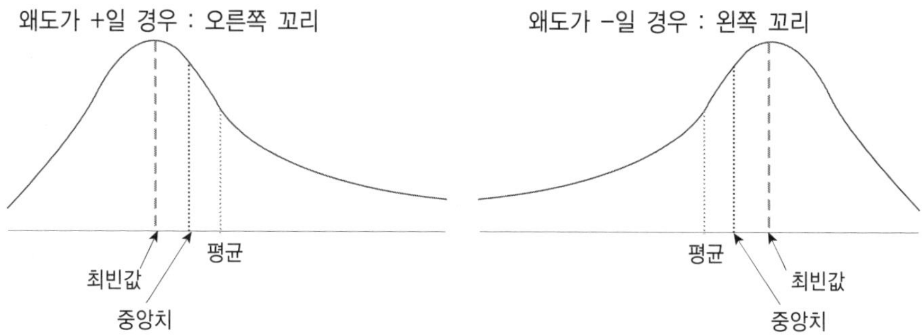

|그림 9-5| 왜도(Skewness)의 형태

- **첨도(K)**: 자료의 분포형태가 정규분포보다 뾰족하게 분포하는지 혹은 편평하게 분포하는지를 보여주는 값이다. 보통 k값으로 표현하며 0일 경우에는 정규분포와 같으며 +값을 가지는 경우에는 정규분포보다 뾰족하게 나타난다. 반대로 -값일 경우에는 정규분포보다 편평하게 분포된다.

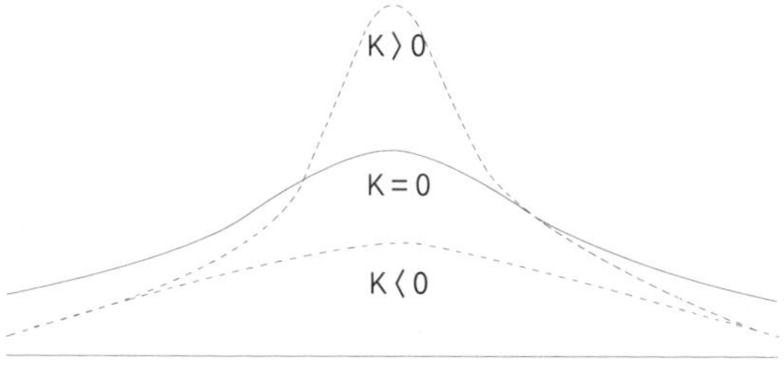

|그림 9-6| 첨도(kurtosis)의 형태

④ 구하고자 하는 통계량들이 산출된다. 평균은 3.90이며 분산은 1.358, 표준편차는 1.165로 분석되었다. 앞에서 수식을 이용하여 계산한 값과 동일하게 분석되었음을 알 수 있다.

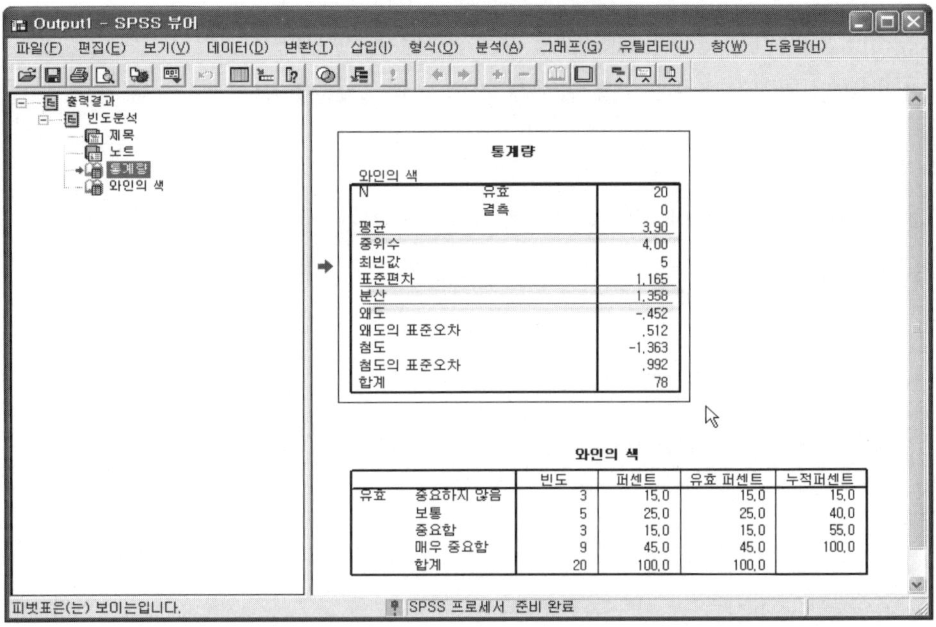

(4) 변동계수(Coefficient of Variance)

변동계수는 표준편차의 비율을 평균의 퍼센트로 나타내는 것으로 다음과 같은 공식(CV)으로 계산할 수 있다.

$$CV = \frac{S_x}{\bar{X}}$$

변동계수는 변수가 단지 비율척도로 측정되었을 때 의미가 있다. 변동계수는 측정 데이터에 일정한 상수를 곱했을지라도 변화하지 않고 그대로 남아있게 된다.

3) 형태의 측정(Measures of Shape)

(1) 왜도(歪度, 비대칭도, Skewness)

변동성을 측정하는 것으로 형태를 측정하는 것은 본질적인 분포를 이해하는데 의미 있는 결과를 제시해준다. 분포의 형태는 집중화 경향(central tendency)이나 산포도(dispersion)를 나타내는 분산 외에 왜도(비대칭도; skewness)와 첨도(kurtosis)에 의해 측정될 수 있다.

왜도는 분포의 세 번째 차원(third dimension)을 나타내는 중요한 개념으로 분포는 대칭적이거나 혹은 어느 한쪽으로 치우쳐 기울어질 수 있다. 대칭적인 분포는 평균을 중심으로 좌우로 동일한 크기로 분포를 보이는 정규분포곡선을 의미하며 이때 평균과 최빈값, 중앙값은 동일한 값을 갖게 된다[그림 9-5 참조].

왜도는 다음과 같은 특성을 가지고 있다.

$s_k = 0$: 좌우대칭
$s_k < 0$: 왼쪽으로 긴 꼬리(음수)를 나타내며, 자료의 많은 부분이 평균의 오른쪽에 분포
$s_k > 0$: 오른쪽으로 긴 꼬리를 나타내며, 자료의 많은 부분이 평균의 왼쪽에 분포

(2) 첨도(尖度, Kurtosis)

첨도는 분포의 4번째 차원(fourth dimension)으로 분포와 관련하여 곡선이 정규분포보다 얼마나 뾰족한가 혹은 얼마나 편평한가를 나타내는 통계량이다. 이러한 첨도는 분포에 있어서 4번째의 차원으로 분류될 정도로 중요한 통계량이다. 정규분포일 때 첨도는 "0"이다. 만약에 첨도의 값이 양(positive)의 값이면 분포는 정규분포보다 뾰족한 형태를 나타낼 것이며, 음(negative)의 값이면 정규분포보다 편평한 분포를 보이게 된다[그림 9-6 참조].

$K = 0$: 정규분포와 뾰족함이 동일
$K < 0$: 정규분포보다 편평(납작)함.
$K > 0$: 정규분포보다 뾰족함.

<표 9-2>의 결과를 통해 왜도와 첨도를 분석한 결과, 왜도는 음(negative)의 값을 갖기 때문에 데이터의 많은 부분이 평균을 중심으로 오른쪽에 분포되어 있으며 왼쪽으로 긴 꼬리를 나타내게 된다. 첨도 역시 음의 값을 가지므로 정규분포보다도 낮은 편평한 형태의 분포를 보이는 것으로 판단할 수 있다.

|표 9-6| 통계패키지를 활용한 왜도와 첨도 분석결과

기술통계량

	N	평균	왜도		첨도	
	통계량	통계량	통계량	표준오차	통계량	표준오차
와인의 색	20	3.90	-.452	.512	-1.363	.992
유효수 (목록별)	20					

3. 가설의 검증

일반적으로 과학의 세계에서는 현실세계에서 나타나는 현상을 어떤 특정한 형태의 자료를 통해서 측정하고 이를 통하여 인간이 보지 못하는 어떤 세계를 추측 혹은 추론하고자 하는 경향이 있다.

마케팅조사에서도 이와 다르지 않게 많은 소비자들의 어떤 행동적 특성이나 성격을 일부의 측정된 자료를 통하여 검증하고 결론을 내리고 싶어 하는 경향이 있다. 이러한 모집단(소비자 전체 집단)의 잠재적인 특성에 대하여 검증하고자 할 때 사회과학에서는 가설(hypothesis)을 통해 이러한 모집단의 특성에 대해 사실여부를 판단하게 된다. 이러한 가설에는 귀무가설(歸無假說, null hypothesis)[1]과 대립가설(對立假說, alternative hypothesis)[2]이 있으며 가설검증은 이러한 귀무가설과 대립가설의 진위여부를 검증하는 하나의 방법론이다. 귀무가설은 모집단의 특성이 변화가 없음 혹은 차이가 없음을 의미하며, 대립가설은 모집단의 특성간에 변화가 일어나거나 혹은 차이가 있음을 의미하는 가설이다.

마케팅조사에서는 다음과 같이 가설을 설정할 수 있다.

- 전체 구매고객들의 50% 이상이 와인색에 대하여 만족하고 있을 것이다.
- 전체 가구의 10% 이상의 ○○백화점에 대하여 애호도(愛好度)를 가지고 있을 것이다.
- 자사 제품을 많이 사용하는 계층과 그렇지 못한 계층 사이에는 라이

1) 영가설(零假說)이라고도 함.
2) 혹은 대체가설(代替假說)이라고도 함.

프스타일에 있어 차이를 보일 것이다.

- 특정호텔에 대하여 친근감을 갖는 소비자는 선호도에 있어서도 그렇지 않은 소비자보다도 높은 선호도를 나타낼 것이다.

1) 가설검증의 절차

모집단의 특성인 모수(母數, parameter)에 대한 가정이나 예상 등을 가설이라고 하는데 가설검증이란 표본 집단의 특성인 통계량(statistic)을 활용하여 가설의 진위여부를 판단하는 것이다.

일반적으로 이러한 가설검증의 절차는 다음과 같다.

(1) 귀무가설(H_0)과 대립가설(H_1)을 설정한다.

가설검증의 첫 번째 단계는 검증하고자 하는 귀무가설(null hypothesis)과 이에 대립되는 대립가설(alternative hypothesis)을 설정한다.

귀무가설은 차이가 없거나 혹은 영향이 없다는 것을 의미하는 것으로 만약에 귀무가설이 기각되지 않는다는 것은 기존에 주어진 상황(be made)에 변화가 없다는 것을 뜻한다. 대립가설은 어떤 차이가 있거나 혹은 어떤 기대된 영향이 있다는 것을 의미한다. 만약에 대립가설을 받아들인다는 것은 어떤 견해나 행동에 변화를 유발시킬 수 있다는 것을 의미한가. 즉 측정된 현상을 통해 가설을 검증한 결과, 차이가 발생하거나 혹은 영향이 있다는 것은 이를 해소하기 위한 노력이나 기타 행위가 뒤따른다는 것을 의미한다고 할 수 있다. 이상에서 살펴 본 바와 같이 귀무가설과 대립가설은 상호배타적인 특성을 갖게 된다.

귀무가설은 반드시 대립가설을 설정케 하며 또한 언제나 대립가설에 의해 검증되는 특성을 가지고 있다. 귀무가설은 모집단의 모수(μ , σ , π 등)를 구체화한 값을 가리키며 표본의 통계량(표본평균... 등)을 가리키는 것은 아니다. 귀무가설을 기각한다는 것은 단순히 하나의 검증에 의해서 기각해서는 안된다. 통계적 검증은 반드시 하나나 혹은 두 가지의 결과를 가져오기 때문이다. 즉 귀무가설이 기각되고 대립가설이 채택되거나 혹은 귀무가설이 기각되지 않는 것에 대해서는 명확한 통계적 근거를 가지고 있어야 한다.

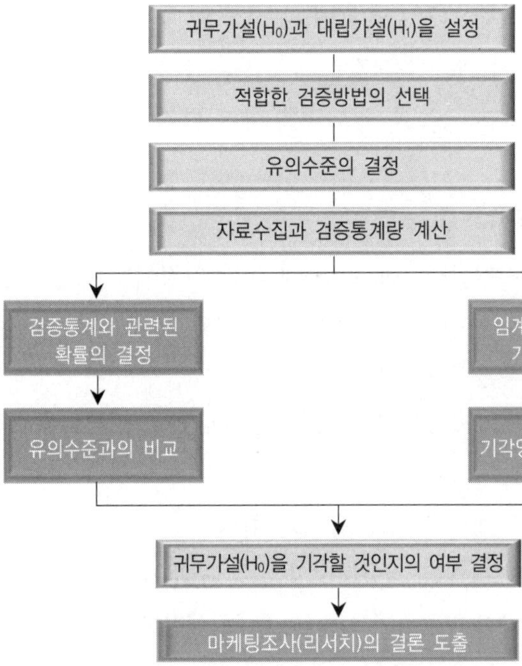

|그림 9-6| 가설검증의 절차

마케팅조사에서는 어떤 특정한 혹은 희망하는 마케팅적 결론을 도출하기 위하여 귀무가설을 설정하며 이를 위해 다양한 방법으로 기각여부를 검증하게 된다. 또한 대립가설은 분명한 근거에 의해 결론으로 나타나야 한다. 일례로 유압용 부품을 생산하는 기업이 새로운 서비스계획을 기획하고 있다고 가정해보자. 마케팅전략담당자는 새롭게 준비한 서비스계획을 현장에 직접 적용할지의 여부에 대하여 고민을 하게 된다. 마케팅전략담당자는 고객의 45% 이상이 이러한 새로운 서비스 플랜에 대하여 선호한다고 했을 때 이러한 계획을 실행에 옮기고자 했다면 가설은 다음과 같이 설정될 수 있다.

H_0 : $\pi \leq 0.45$ ....새로운 서비스계획에 대한 실행을 유보

H_1 : $\pi \geq 0.45$ ....새로운 서비스계획을 곧 바로 실행

만약에 귀무가설이 기각된다면 대립가설이 채택되고 마케팅전략담당자는 곧바로 새로운 서비스 계획을 현장에 적용하여 고객들의 만족을 추구하게 될 것이다. 반대로 귀무가설이 기각되지 않는다면 마케팅전략담당

자는 새롭게 기획된 서비스계획을 유보하고 특정한 상황에 도달할 때까지 별다른 행동을 보이지 않게 될 것이다.

앞에서 설명한 와인구입시 선택속성에 대하여 가설을 설정한다면 다음과 같이 설정할 수 있을 것이다. 예를 들어 성별에 따라 와인의 색을 중시하는지의 여부에 차이가 있을 것인지를 검증하기 위해서 다음과 같이 가설을 설정할 수 있을 것이다.

귀무가설(H_0): 와인 구입시 성별(남, 여)에 따라 와인의 색을 중시하는 정도에 차이가 없을 것이다.

대립가설(H_1): 와인 구입시 성별(남, 여)에 따라 와인의 색을 중시하는 정도에 차이가 있을 것이다.

만약 성별에 따라 와인의 색을 중시하는 정도에 차이가 있는 것으로 검증(귀무가설이 기각되고 대립가설이 지지되는 상황)되었다면 와인판매회사의 마케팅관리자는 성별에 따라 와인의 색을 다르게 어필할 수 있도록 프로모션계획을 세워야 할 것이다.

(2) 적합한 통계적 기법과 그와 부합되는 검증통계량을 선택한다.

마케팅조사를 실시한 이후에 귀무가설을 설정하여 검증하고자 할 때는 반드시 정확한 통계적 기법을 필요로 한다. 또한 연구자는 검증통계량을 어떻게 계산하고 표본통계량(평균과 같은)과 관련된 표본의 분포를 어떻게 계산할지를 심사숙고해야 한다. 검증통계량은 표본의 통계량을 이용해 귀무가설을 어떻게 어떤 방법으로 검증하느냐를 통해 측정될 수 있다. 검증통계량은 정규분포, t 분포, 카이스퀘어분포 등과 같이 잘 알려진 분포들로 구성되어 있다. 적합한 검증방법과 통계적 분석기법을 선정하는 방법이나 기준과 관련해서는 다음 장에서 구체적으로 설명을 하기로 한다.

하나의 예로써 z 통계량은 표준정규분포를 나타내는 적합한 방법이며 계산은 아래와 같은 공식에 의해 산출할 수 있다.

$$z = \frac{p - \pi}{\sigma_p}$$

이때 표준오차는

$$\sigma_p = \sqrt{\frac{\pi(1-\pi)}{n}}$$

(3) 유의수준 α 값을 결정한다.

유의수준은 연구자에 의해 결정되는데 일반적으로 사회과학에서는 0.05로 하는 것이 보통이다. 연구자에 따라서는 0.1 혹은 0.01로 하는 경우도 많기 때문에 어느 정도의 유의수준을 결정할 것인가의 문제는 통상적인 유사연구를 감안하여 연구자가 연구의 목적에 따라 결정하는 것이 가장 바람직하다.

가설을 검증하는데 있어서 발생할 수 있는 오류는 크게 2가지 오류가 있는데 『Type I 오류』[1]와 『Type II 오류』[2]의 2가지 있다. 'Type I 오류'는 귀무가설이 옳은데도 불구하고 귀무가설을 기각하는 오류를 말하며, 'Type II 오류'는 귀무가설을 기각해야 함에도 불구하고 반대로 귀무가설을 채택하는 오류를 말한다. 일반적으로 이러한 오류는 'Type I 오류'가 주로 고려의 대상이 되는데 이는 'Type I 오류'가 'Type II 오류'보다 심각하기 때문이다.

결론 / 진정한 상황	H_0을 거절하지 못하는 결정	H_0을 거절하는 결정
H_0이 진실한 경우	• 올바른 결론 • Prob = $1-\alpha$	• Type I Error • Prob = α
H_1이 진실한 경우	• Type II Error • Prob = β	• 올바른 결론 • Prob = $1-\beta$

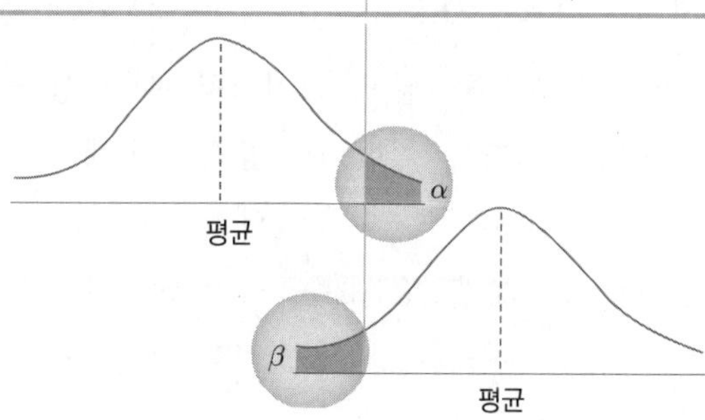

|그림 9-7| Type I 오류와 Type II 오류

1) '제1종 오류'라고도 함.
2) '제2종 오류'라고도 함.

하지만 어떠한 오류든 마케팅조사에서는 잘못된 마케팅조사의 결론을 유도함으로써 심각한 손실을 가져올 수 있기 때문에 모두 중요한 의미를 갖는다고 할 수 있다. 따라서 이러한 오류를 줄이기 위해서는 무엇보다도 표본의 크기를 늘려 조사 자료를 확보하는 것이 중요하다.

(4) 표본의 크기를 결정하고, 자료를 수집한다. 그리고 검증통계에 활용할 임계값을 계산한다.

표본의 크기에 대한 결정은 가설을 만족하는 α 와 β 오차를 계산하고 조사예산 등과 같은 제약조건들에 대한 질적인 고려를 한 다음에 결정하게 된다. 그 다음에 필요한 자료를 수집하고 검증통계량을 계산한다. 예를 들어 표본의 크기를 600명으로 하여 자료를 수집하였는데, 이 중에 새로운 서비스계획에 대하여 선호하는 소비자가 264명이라고 했을 때 표본의 비율(portion)은 다음과 같다.

$$\hat{p} = 264 / 600 = 0.44$$

이때 모집단의 표준오차(σ_p)는 다음의 공식에 의해 산출할 수 있게 된다.

$$\sigma_p = \sqrt{\frac{\pi(1-\pi)}{n}} = \sqrt{\frac{(0.45)(0.55)}{600}} = 0.0203$$

또한 검증통계량인 z값은 다음과 같이 산출할 수 있다.

$$z = \frac{\hat{p}-\pi}{\sigma_p} = \frac{0.44-0.45}{0.0203} = -0.493$$

임계값은 유의수준이 결정되었을 때 귀무가설의 기각여부를 결정하는데 기준이 되는 값을 의미한다. 임계값은 일반으로 다음과 같은 공식에 의해 산출되며 <그림 9-8>과 같은 형태이다. 즉 임계값은 귀무가설이 옳다는 가정에 도달하는 표본평균의 분포에 의해 그 위치가 결정된다.

임계값(치) = 귀무가설에서 가정한 평균 + $(Z \times \sigma / \sqrt{n})$

여기에서 Z는 유의수준 0.05일 대의 Z 값이며 $\sigma / \sqrt{n}$ 은 표준오차를 의미한다.

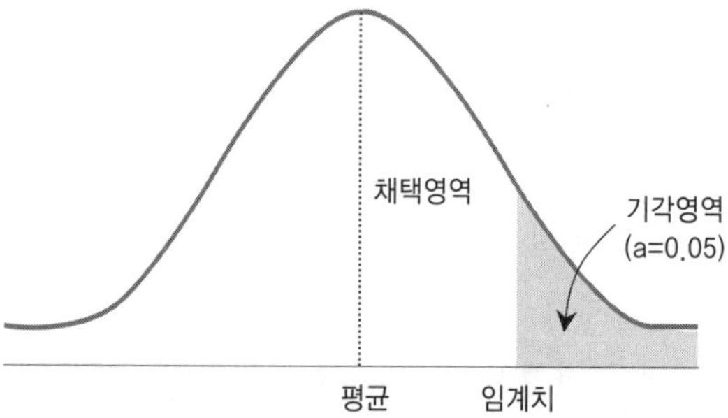

|그림 9-8| 임계값(치)와 기각영역의 의미

(5) 귀무가설에서는 검증통계량의 표본분포를 이용하여 검증통계와 연관된 확률을 결정한다.

대안적으로 기각영역과 채택영역을 결정하는 검증통계량과 관련된 기각값(critical value)을 결정한다.

(6) 유의수준과 검증통계에서 산출된 확률을 비교하여 기각역에 위치하는지 채택역에 위치하는지를 결정한다.

(7) 귀무가설을 기각할 것인지 채택할 것인지의 통계적 의사결정을 실시한다.

가설검증에서 귀무가설의 기각여부를 결정하는 방법은 두 가지가 있다. 그 하나는 유의수준에 해당하는 임계값을 계산하여 임계값과 표본통계량을 비교하는 방법이다. 두 번째 방법은 p값(p-value)을 이용하는 것이다. 앞에서 설명했듯이 임계값이란 유의수준이 결정되었을 때 귀무가설의 기각여부를 결정하는 기준이 되는 값을 말하며 p값이란 귀무가설을 옳다고 가정했을 때 실제적으로 귀무가설을 기각하게 되는 확률을 의미한다. 이때 p값이 유의수준 값보다 작게 되면($p<0.05$) 귀무가설을 기각하고 대립가설을 채택하게 된다.

다음의 <표 9-7>은 성별에 따라 와인 구입시 와인의 색을 중시하는 정도에 차이가 있는지를 검증한 결과이다. 가설을 검증함에 있어 독립된 2개의 표본평균의 차이를 검증하기 위해서는 t 검증을 활용하며 표본 집단이 3개 이상일 경우에는 분산분석(ANOVA)을 활용하게 된다. 여기에서 성별구분이 2개 이므로 가설을 검증하기 위해서는 t 검증을 실시하면 된다.

|표 9-7| t검증을 이용한 가설검증 결과

독립표본 검정

		Levene의 등분산 검정		평균의 동일성에 대한 t-검정						
									차이의 95% 신뢰구간	
		F	유의확률	t	자유도	유의확률 (양쪽)	평균차	차이의 표준오차	하한	상한
와인의 색	등분산이 가정됨	.089	.768	-2.146	18	.046	-1.030	.480	-2.039	-.021
	등분산이 가정되지 않음			-2.126	16.548	.049	-1.030	.485	-2.055	-.006

t 검증을 함에 있어 우선적으로 판단해야 할 것은 두 집단(남, 여)간 분산의 동질성 여부를 판단해야 한다. 분산의 동질성 여부는 <표 9-7>에 나타난 바와 같이 Levene의 등분산 검정값이 F 값을 이용한다. F 값의 유의확률이 $p>0.05$인 경우에는 두 분산이 유의하지 않다고 판단하여 등분산이 가정하고, $p<0.05$인 경우에는 등분산이 가정되지 않는 것으로 판단한다. <표 9-7>의 결과표에서 F 값의 유의확률은 0.768로 $p>0.05$의 조건을 충족시키므로 등분산의 가정이 지지되었으며 이때 t값은 -2.146, 자유도 18이며 양쪽검증의 유의확률값이 0.046으로 $p<0.05$의 조건을 만족시키므로 두 집단 간에 차이가 있는 것으로 검증되었다. 즉 와인을 구입하는데 있어 성별에 따라 와인의 색을 중시하는 정도에 차이가 있다는 것을 의미한다. 따라서 귀무가설이 기각되고 대립가설이 지지되었다.

SPSS를 이용하여 t 검증을 실시하는 순서는 아래와 같다.

① 메뉴에서 [분석 > 평균비교 > 독립표본 T검정]을 클릭한다.

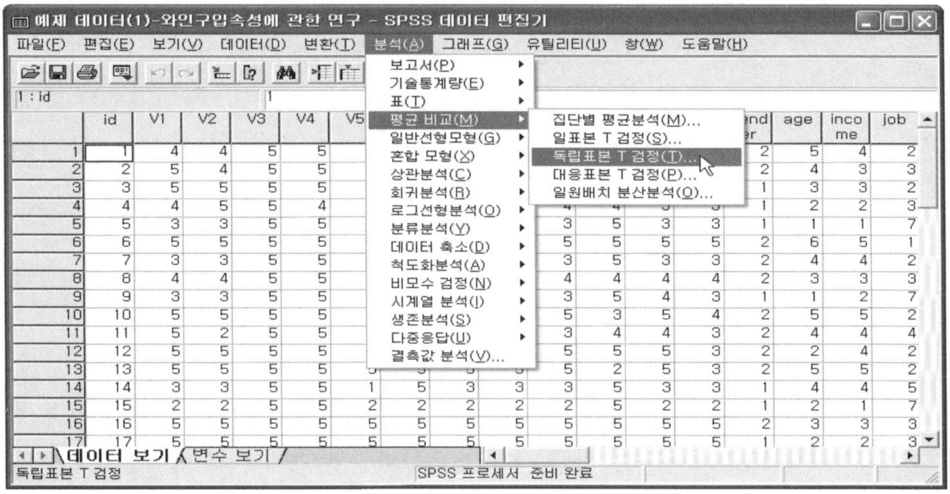

② 가설을 검증할 변수를 선택하여 검정변수란으로 이동시키고 집단변수(성별)를 선택한 다음 확인을 누르면 <표 9-7>과 같이 t검증이 완료된다.

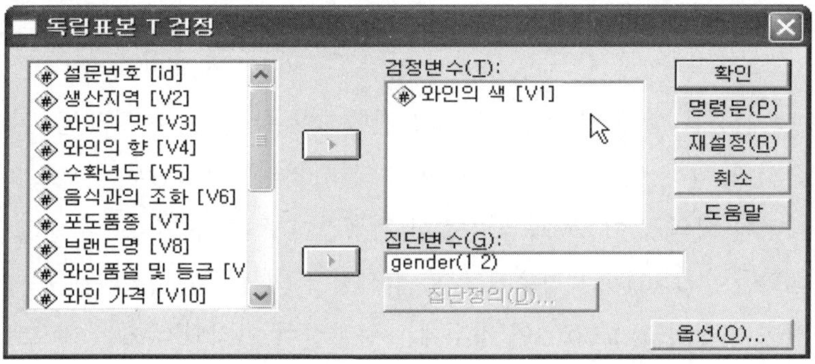

이상과 같은 절차를 통해 가설검증이 이루어지며 이러한 가설검증절차를 보다 확장하며 보면 다음과 같은 형태로 정리할 수 있다.

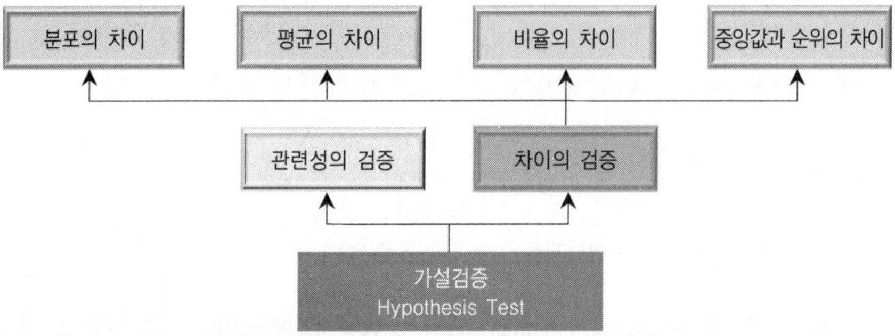

|그림 9-9| 확장된 가설검증 모형

4. 교차분석(Cross - Tabulation)

1) 2개의 변수를 활용한 교차분석

단일변수와 관련된 질문에 대한 응답결과가 비록 흥미로운 것이라 할지라도 연구자들은 가끔 다른 변수들과의 관계에 대해 궁금함을 느끼게 된다. 예로써 마케팅조사에 연구자들은 대체로 다음과 같은 질문에 도달하게 된다.

- 브랜드 충성도가 있는 사용자들 중에 남성은 어느 정도나 될까 ?
- 제품의 사용자 계층(heavy user, medium user, light user, nonuser)은 외부 활동에 대한 관심(high, medium, low) 정도와 어떤 관련성이 있을까?
- 신제품에 대한 친밀도는 연령이나 교육수준과 어떤 관계가 있을까 ?
- 제품을 보유하고자 하는 마음은 수입의 정도(high, medium, low)와 어떤 연관이 있을까?

이와 같은 궁금증을 해소하기 위해서는 교차분석을 이용하여 해결할 수 있다. 빈도분포는 한 변수에 대해 한 번에 설명해 주지만 교차분석은 2개 혹은 그 이상의 변수에 대해 연속적으로 설명해준다

다음의 <표 9-8>은 성별에 따라 와인의 색을 어느 정도로 중시하는지를 교차분석을 통해 분석한 결과이다. 성별에 따라 와인의 색을 중시하는 정도가 상세하게 나타나 있다. <표 9-8>에 나타난 결과를 해석해 보면 남성보다 여성의 경우에 와인의 색을 중시하는 경향이 강한 것을 알 수 있다. 이와 같이 교차분석을 실시하는 이유는 <표 9-2>의 경우에는 전체적으로 와인의 색을 중시하는 정도만을 분석해 줄 뿐 성별에 따른 분포의 차이를 나타내 주지는 못하고 있다. 이러한 단점을 보완하기 위하여 교차분석을 실시하면 전체 분포에 숨어 있는 특성들을 손쉽게 파악할 수 있다.

|표 9-8| 교차분석의 결과

성별 * 와인의 색 교차표

			와인의 색				전체
			중요하지 않음	보통	중요함	매우 중요함	
성별	남성	빈도	2	4	1	2	9
		성별의 %	22.2%	44.4%	11.1%	22.2%	100.0%
		와인의 색의 %	66.7%	80.0%	33.3%	22.2%	45.0%
		전체 %	10.0%	20.0%	5.0%	10.0%	45.0%
	여성	빈도	1	1	2	7	11
		성별의 %	9.1%	9.1%	18.2%	63.6%	100.0%
		와인의 색의 %	33.3%	20.0%	66.7%	77.8%	55.0%
		전체 %	5.0%	5.0%	10.0%	35.0%	55.0%
전체		빈도	3	5	3	9	20
		성별의 %	15.0%	25.0%	15.0%	45.0%	100.0%
		와인의 색의 %	100.0%	100.0%	100.0%	100.0%	100.0%
		전체 %	15.0%	25.0%	15.0%	45.0%	100.0%

이러한 교차분석은 상업적인 마케팅조사에서 폭넓게 활용되고 있는데 그 이유는 다음과 같다.

|표 9-9| 교차분석이 자주 이용되는 이유

(1) 교차분석은 통계적 지식이 부족한 관리자들일지라도 쉽게 결과를 해석하고 이해할 수 있기 때문이다.
(2) 명확한 해석을 통해 조사 결과와 관리적인 행동간의 결합을 보다 강하게 해 준다.
(3) 교차분석은 단일의 다변량분석에 의한 것보다 복잡한 현상을 해석하는데 보다 강한 통찰력을 제시해준다.
(4) 교차분석은 보다 구체적인 다변량분석을 통해 부족한 셀에 대한 문제를 경감시켜 준다.
(5) 교차분석은 세련되지 못한 연구자일지라도 단순하게 실해할 수 있기 때문이다.

교차분석을 실시하기 위한 절차는 다음과 같다.

① 메뉴에서 [분석 > 기술통계량 > 교차분석(C)]을 클릭한다.

② 왼쪽의 변수란에서 분석할 변수들을 선택하여 행과 열로 이동시킨다. 그런 다음 카이제곱(혹은 카이스퀘어)이나 분할계수, 람다, 상관

관계 등을 파악하기 위해서는 [통계량]이라는 옵션을 선택하여 지정하고, 교차분석표 각각의 셀에 관한 비율(%)을 얻기 위해서는 [셀]옵션을 클릭하여 지정한다.

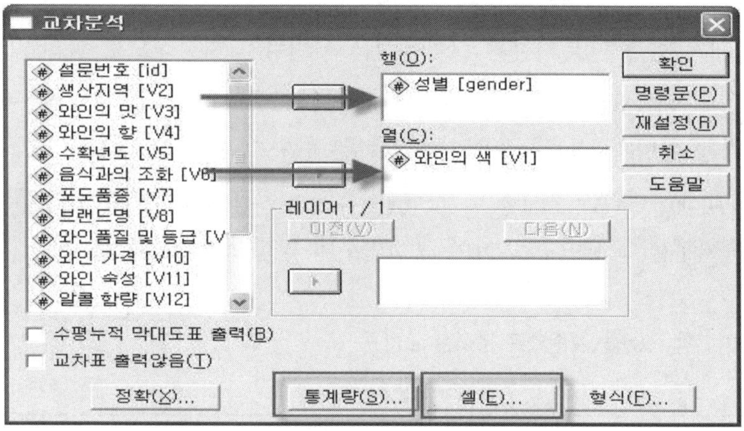

* 통계량 옵션 대화상자

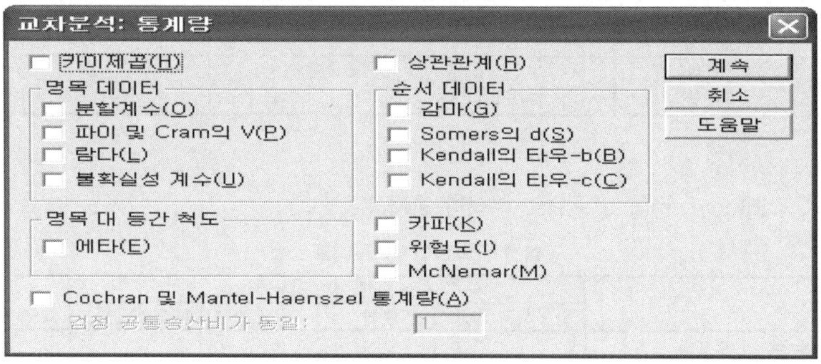

* 셀 옵션 대화상자

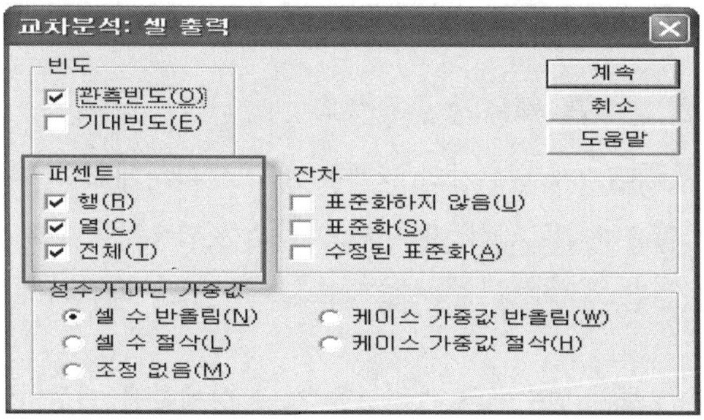

③ 분석하고자 하는 통계량을 선택하고 [계속]버튼을 누른 다음 [확인] 버튼을 누르면 <표 9-8>과 같은 분석결과를 얻을 수 있다.

1) 2개의 변수를 활용한 교차분석

2개의 변수를 분석하는 교차분석은 이변량 교차분석으로 알려져 있는 것으로 성별과 연령을 교차적으로 구분하여 분석할 수 있다. <표 9-8>의 결과를 행의 합(row total)을 기준으로 분석한 결과는 <표 9-10>이며 열의 합(column total)을 기준으로 분석한 결과는 <표 9-11>이다. 일반적으로 종속변수를 교차변수로 하여 독립변수의 방향으로 퍼센트를 계산한다.

|표 9-10| 행(row)을 기준으로 분석한 교차표

성별 * 와인의 색 교차표

			와인의 색				전체
			중요하지 않음	보통	중요함	매우 중요함	
성별	남성	빈도	2	4	1	2	9
		성별의 %	22.2%	44.4%	11.1%	22.2%	100.0%
	여성	빈도	1	1	2	7	11
		성별의 %	9.1%	9.1%	18.2%	63.6%	100.0%
전체		빈도	3	5	3	9	20
		성별의 %	15.0%	25.0%	15.0%	45.0%	100.0%

|표 9-11| 열(column)을 기준으로 분석한 교차표

성별 * 와인의 색 교차표

			와인의 색				전체
			중요하지 않음	보통	중요함	매우 중요함	
성별	남성	빈도	2	4	1	2	9
		와인의 색의 %	66.7%	80.0%	33.3%	22.2%	45.0%
	여성	빈도	1	1	2	7	11
		와인의 색의 %	33.3%	20.0%	66.7%	77.8%	55.0%
전체		빈도	3	5	3	9	20
		와인의 색의 %	100.0%	100.0%	100.0%	100.0%	100.0%

2) 3개의 변수를 활용한 교차분석

때때로 측정된 2개 변수간의 관계를 보다 명확하게 하기 위해 세 번째의 변수를 활용하기도 한다. 세 번째의 변수를 활용하여 교차분석을 진행하는 것은 다음의 4가지 가능성을 가져올 수 있기 때문이다.

■ 측정된 2개의 변수들의 관련성을 보다 상세하게 재정의할 수 있다.

- 최초로 관찰된 결합관계일지라도 별도의 변수를 투입하여 교차관계를 분석할 경우 최초 관계가 그다지 관련성이 없음을 밝혀줄 수 있다.
- 비록 최초로 관찰했을 때 연관관계가 없었을지라도 2개 변수간의 어떤 연관관계를 별도의 3번째 변수를 추가하여 분석할 경우 이를 증명해 낼 수 있다.
- 교차관계를 이용하여 최초에 분석했을 때 연관관계가 없었던 것과 마찬가지로 별개의 3번째 변수를 추가하여 분석했음에도 이러한 변수들간의 무관련성에는 변화가 없음을 증명해 줄 수 있다.

교차분석에 있어서 3번째의 변수를 투입하여 교차분석을 하는 경우를 간략하게 도식화 한 것은 다음과 같다.

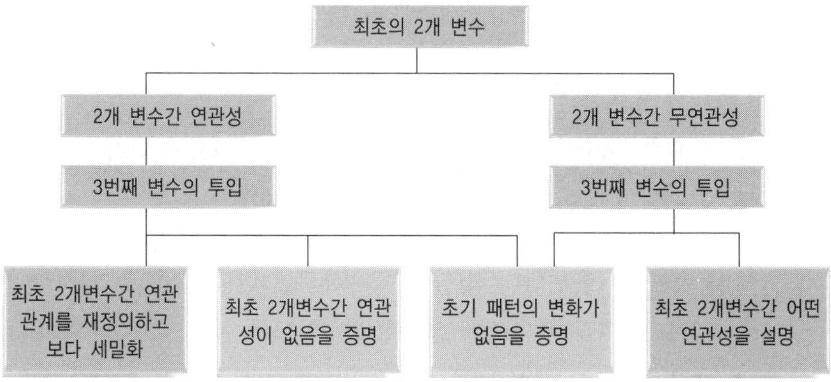

|그림 9-10| 3번째 변수를 활용하여 교차분석을 실시할 경우의 가능성

3) 교차분석과 관련된 통계량

일반적으로 교차분석을 이용하여 통계분석을 할 때 통계적 유의성과 연관성의 강도를 파악할 필요가 있다.

관찰된 연관성의 통계적 유의성은 카이스퀘어(chi-square) 통계에 의해 측정된다. 연관성의 강도 혹은 연관성의 정도는 현실적 혹은 실질적 시각에서 중요한 것이다. 일반적으로 연관성의 강도는 통계적으로 유의한 연관성을 가질 때 의미가 있는 것이다. 연관성의 강도는 파이 상관계수, 우발성 계수, Cramer's V, 람다계수에 의해 측정될 수 있다.

(1) 카이스퀘어(Chi-Square)

카이스퀘어(χ^2, 혹은 카이제곱)는 교차분석에서 관찰된 연관성에 대하여 통계적 유의성을 검증하기 위해 사용되는 통계량이다. 이것은 2개의 변수간의 대칭적 연관성이 있는지의 여부를 검증하는 것이다. 카이스퀘어 검증은 교차분석표에서 주어진 열과 행의 매트릭스 행렬에서 전체 값이 주어졌을 때 두 개의 변수가 상호관련성이 없다고 가정하였을 때 일어날 수 있는 기대빈도와 어느 정도 일치하여 일어나는가를 검증하는 것이다.

앞에서 예를 들은 와인 구입시 고려요소에 대한 중요도 평가결과를 이용하여 카이 스퀘어 검증을 실시해 보면 아래와 같다. 먼저 등간척도로 측정된 중요도 평가결과를 명목척도(nominal scale, 名目尺度)로 전환해 주기 위하여 다음과 같은 원칙에 의해 변수값을 변환하였다

- 전혀 중요하지 않다와 중요하지 않다는 1(미고려 계층)으로
- 보통은 2(유보계층)으로
- 중요함과 매우 중요함은 3(고려계층)으로

이를 위해서는 SPSS를 이용하여 기존의 변수값을 새롭게 변환시켜줘야 하는데 다음과 같은 절차를 따른다.

① SPSS 매뉴에서 [변환 > 코딩변경 > 새로운 변수로(D)]를 클릭하여 변수값을 변환하여 새로운 변수를 생성하도록 한다. 기존 변수로 할 경우에는 기존의 데이터에 덮어씌우기 때문에 별도의 분석을 실시할 경우 이와 같이 [새로운 변수]를 생성하는 것이 좋다.

② 변수 V1을 X1으로 새롭게 설정하고 [바꾸기(C)] 버튼을 누른 다음 [기존값 및 새로운 값(O)]버튼을 누른다.

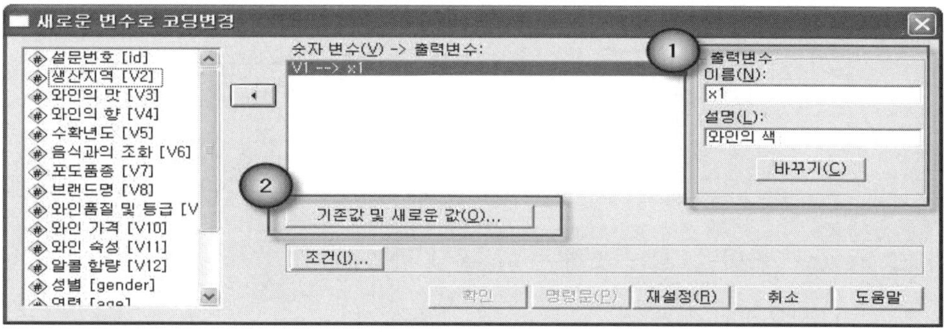

③ 기존값을 변경할 값으로 입력한 다음 [추가(A)]버튼을 누른 후 [계속] 버튼을 누르고 [확인]버튼을 누르면 데이터 보기 파일에 새로운 변수 X1이 생성된다.

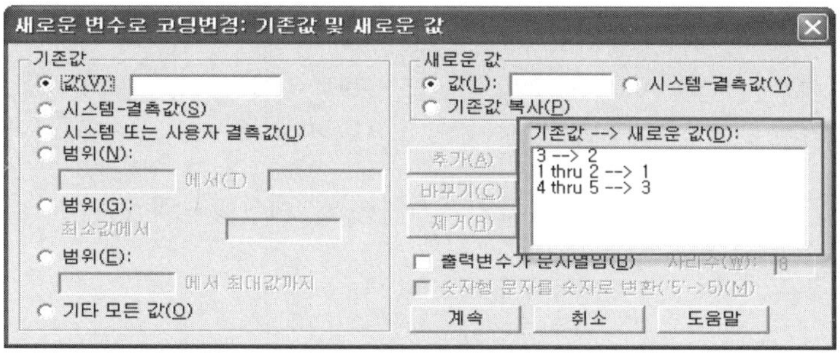

④ 새롭게 추가된 변수와 데이터

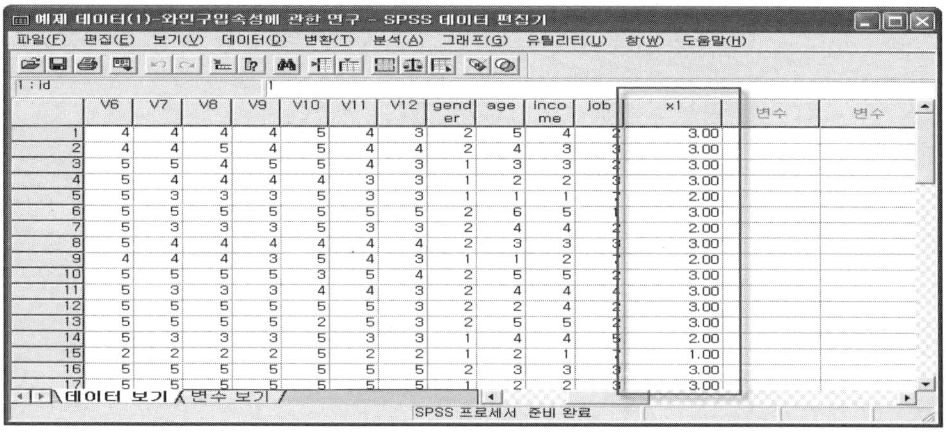

이와 같이 변환하여 얻은 교차분석표는 아래와 같이 나타났다.

|표 9-12| 성별에 따른 와인의 색 중요도 고려 정도에 관한 교차분석표

와인의 색 * 성별 교차표

빈도

		성별		전체
		남성	여성	
와인의 색	미고려 계층	2	1	3
	유보 계층	4	1	5
	고려 계층	3	9	12
전체		9	11	20

기대빈도를 산출하는 수식은 다음과 같다.

$$f_e = \frac{n_r n_c}{n}$$

f_e : 기대빈도

n_r : 행(row)의 전체 합

n_c : 열$(coumn)$의 전체 합

상기의 <표 9-12>을 이용하여 기대빈도를 산출하면 아래와 같다.

- (3×9)/20=1.35 (3×11)/20=1.65
- (5×9)/20=2.25 (5×11)/20=2.75
- (12×9)/20=5.40 (12×11)/20=6.60

산출된 기대빈도를 이용하여 카이스퀘어 값을 계산하는데 이때의 공식은 아래와 같다.

$$\chi^2 = \sum \frac{(f_o - f_e)^2}{f_e}$$

f_o : 특정 셀의 관측된 빈도

f_e : 기대빈도

위의 공식을 이용하여 카이스퀘어 값을 산출해 보면 아래와 같은 값으로 산출된다.

$$\begin{aligned} x^2 &= \{(2-1.35)^2/1.35\} + \{(1-1.65)^2/1.65\} \\ &\quad + \{4-2.25)^2/2.25\} + \{(1-2.75)^2/2.75\} \\ &\quad + \{(3-5.40)^2/5.40\} + \{(9-6.60)^2/6.60\} \\ &= 4.983 \end{aligned}$$

측정자료의 적합도(goodness-of-fit)를 판단하는 통계량인 카이스퀘어 값은 4.983으로써 자유도가 2일 때 카이스퀘어 분포표를 찾아보면 p=0.083

으로 나타난다. 카이스퀘어 값이 커지면 커질수록 실제빈도와 기대빈도 사이의 차이가 커짐을 의미하며 이때의 p 값은 점점 작아지는 특성이 있다. 이러한 경우에 p=0.083>0.05보다 크게 나타나기 때문에 유의수준 a=0.05 수준에서 통계적으로 유의한 차이를 보이고 있지 않다는 것을 알 수 있다. 따라서 이 경우 실제빈도와 기대빈도가 차이가 없을 것이라는 귀무가설(H_0)이 채택되고 대립가설(H_1)이 기각되는 것이다.

SPSS를 활용하여 카이스퀘어 값을 분석하기 위한 절차는 다음과 같다.

① 메뉴에서 [분석 > 기술통계량 > 교차분석(C)]을 선택한다.

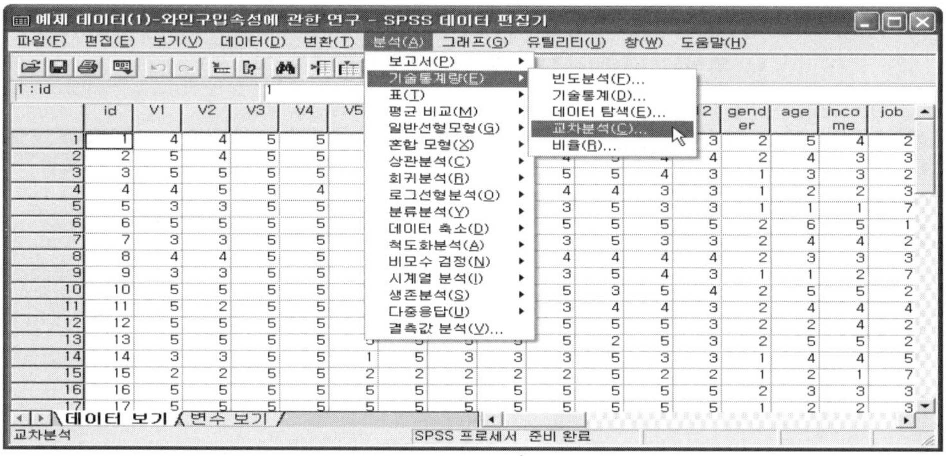

② 새롭게 생성된 '와인의 색(X1)'을 [행(O)]으로 이동시키고 '성별(gender)'을 [열(C)]로 이동시킨다. 그런 다음 [통계량(S)] 버튼을 누른다.

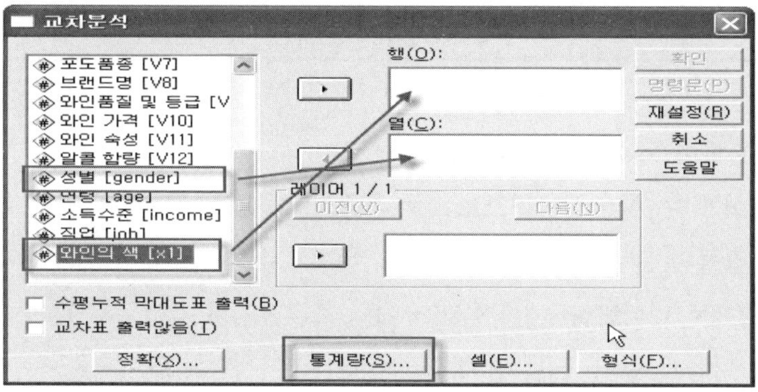

③ [통계량(S)] 버튼을 누르면 [카이제곱(H)]과 [상관관계(R)]을 선택한 다음 [계속] 버튼을 누르고 이전 대화상자에서 [확인] 버튼을 누른다.

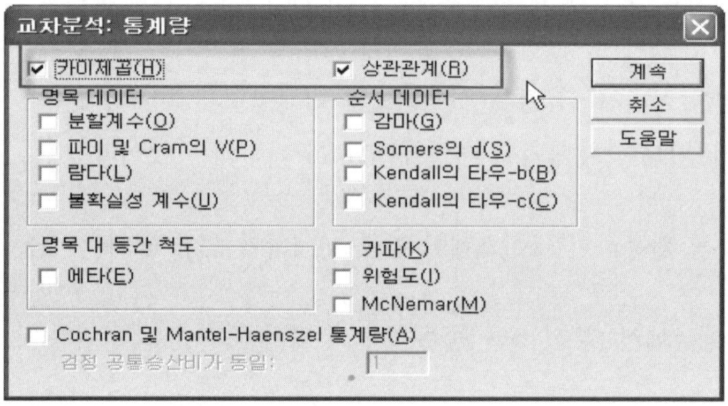

④ 분석된 결과는 다음과 같다.

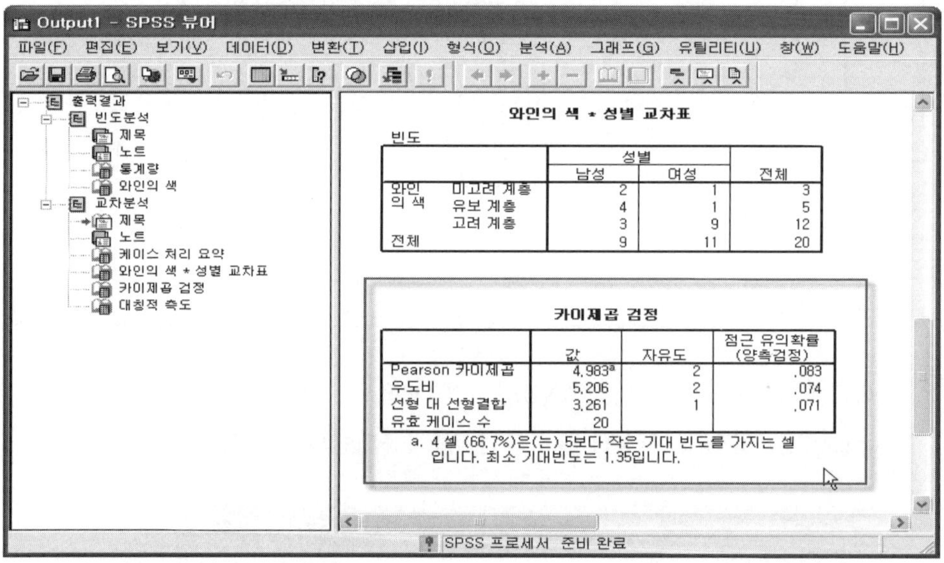

(2) 파이 계수(Phi Coefficient)

파이계수(Φ)는 일반적으로 2×2형태의 교차 집계표에서 어떤 특별한 측정값들의 관련성의 정도를 나타내는 것으로 카이스퀘어 통계량의 제곱근 값으로 나타난다. 예를 들어 n개의 표본크기를 갖는 측정값의 파이계수는 다음과 같이 구할 수 있다. 이러한 파이계수는 값이 클수록 상관성이 높은 것으로 판단하나 경우에 따라 0과 1사이의 값을 취하지 않을 수도 있다는 문제점을 가지고 있다.

$$\begin{aligned}\phi &= \sqrt{\frac{\chi^2}{n}} \\ &= \sqrt{\frac{4.983}{20}} \\ &= 0.499149\end{aligned}$$

(3) 우발성 계수 혹은 분할계수(Contingency Coefficient)

컨틴젼시 계수로 불리기도 하는 우발성 계수(C) 혹은 분할계수는 파이계수(Φ)가 2×2 형태의 분석표에서 측정값들의 상관성을 판단하는데 비해, 우발성 계수는 어떤 크기의 교차분석표에서도 변수간의 관련성의 정도를 평가할 수 있다는 장점이 있다. 우발성 계수(C)는 카이스퀘어 값과 관련지어 산출하며, 카이스퀘어를 표본수(n)와 카이스퀘어를 더한 값으로 나눈 제곱근 값으로 표현한다.

$$C = \sqrt{\frac{\chi^2}{\chi^2 + n}}$$

일반적으로 우발성 계수는 파이계수의 단점을 보완하기 위한 공식으로써 최대값이 1을 넘지는 않지만 측정값(행과 열의 수)에 따라 최대값이 다르게 산출된다. 앞의 예를 들어 우발성 계수를 산출하면 아래와 같다.

$$\begin{aligned}C &= \sqrt{\frac{4.983}{4.983 + 20}} \\ &= 0.4466\end{aligned}$$

(4) Cramer's V 행렬

크레이머의 V 행렬은 2×2 교차분석표보다 큰 분석표에서 파이상관계수(Φ)를 수정하기 위한 행렬이다. 크레이머의 V 행렬에서 파이계수를 조정해야 하는데 이때는 행과 열 중 적은 범주의 수를 사용하게 된다. 그러므로 2×2 교차분석표에서 조정된 크레이머의 V 값은 0과 1사이의 범주를 갖게 된다. 또한 크레이머의 V값 중 큰 값은 단지 관련성이 높다는 정도만을 의미하는 것일 뿐 어떤 변수와 관련성이 있는지를 분석해 주지는 않는다. r개의 행과 c개의 열이 있는 교차분석표에서 크레이머의 V 행렬과 파이상관계수(Φ)간의 관련성은 다음과 같이 표현할 수 있다.

$$V=\sqrt{\frac{\phi^2}{\min(r-1),(c-1)}} \text{ or } V=\sqrt{\frac{\frac{\chi^2}{n}}{\min(r-1),(c-1)}}$$

따라서 앞의 예에서 이용된 사례의 크레이머 V 행렬을 계산하면 아래와 같이 0.499가 산출된다.

$$V=\sqrt{\frac{\frac{4.983}{20}}{1}}=0.499$$

(5) 람다 계수(Lamda Coefficient)

람다계수는 독립변수가 종속변수를 예측하는데 어느 정도 정확성을 갖는지를 평가하는 통계량으로서 그 값은 0과 1 사이의 값으로 나타난다. 람다계수는 행과 열의 변수 중 어느 것이 원인변수인지를 알 수 없을 때는 대칭적 람다계수(symmetric lamda)를 이용하고 열 변수가 독립변수로 간주할 수 있으면 비대칭적 람다계수(asymmetric lamda)를 활용하게 된다.

교차분석을 통해 카이스퀘어, 파이계수, 우발성계수(분할계수), 크레이머의 V행렬, 람다계수 등을 SPSS를 활용해 분석하기 위해서는 다음의 절차를 따르면 된다.

① 메뉴에서 [분석 > 기술통계량 > 교차분석(C)]을 클릭한다.

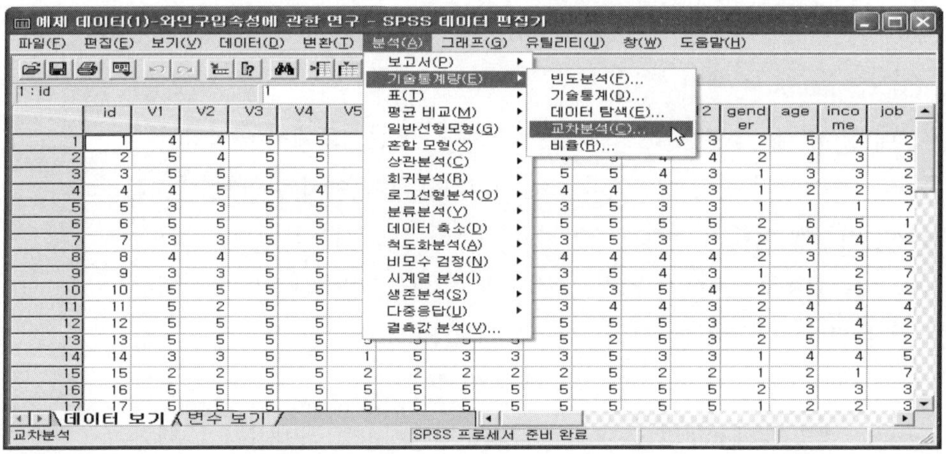

② 분석에 활용한 교차변수를 [행(O)]과 [열(C)]의 빈칸에 이동시킨다. 그런 다음 [통계량(S)]옵션을 클릭한다.

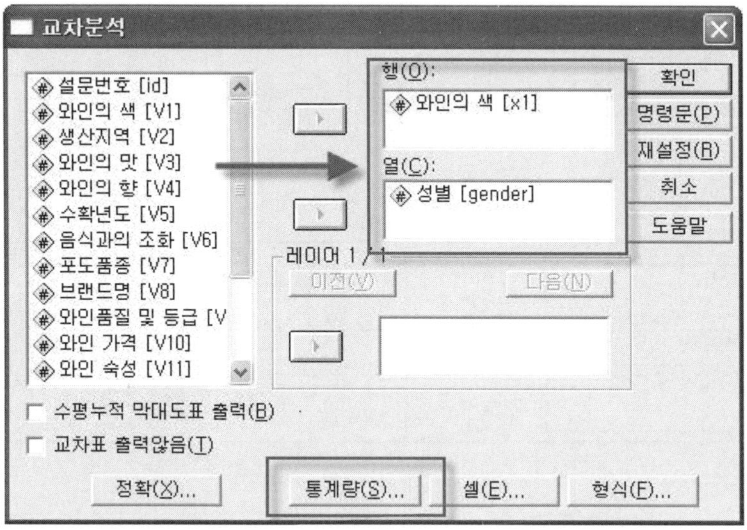

③ [통계량(S)]옵션에서 구하고자 하는 각종 계수들을 선택한 후 [계속] 버튼을 누르고 [확인]을 누르면 각종 계수들이 산출된다.

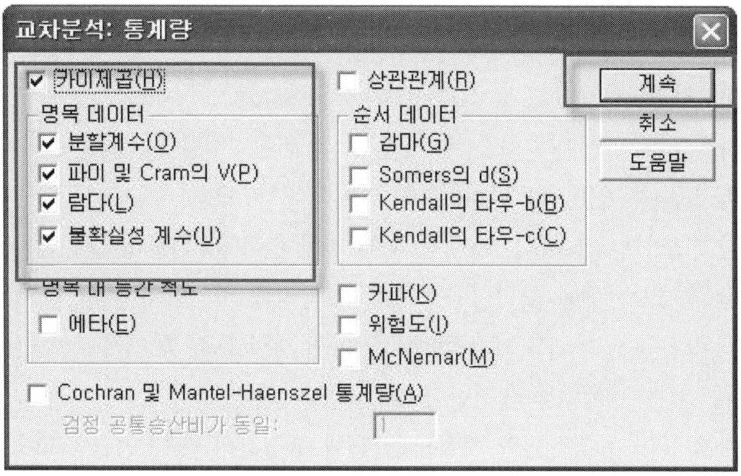

이상과 같은 절차를 거쳐 산출된 각종 교차통계량은 다음과 같다(예제 데이터 분석결과(1) 참조).

|표 9-14| SPSS를 활용한 교차통계량 분석결과

카이제곱 검정

	값	자유도	점근 유의확률 (양측검정)
Pearson 카이제곱	4.983[a]	2	.083
우도비	5.206	2	.074
선형 대 선형결합	3.261	1	.071
유효 케이스 수	20		

a. 4 셀 (66.7%)은(는) 5보다 작은 기대 빈도를 가지는 셀입니다. 최소 기대빈도는 1.35입니다.

방향성 측도

			값	점근 표준오차	근사 T 값	근사 유의확률
명목척도 대 명목척도	람다	대칭적	.294	.240	1.072	.284
		와인의 색 종속	.125	.309	.379	.704
		성별 종속	.444	.234	1.491	.136
	Goodman과 Kruskal 타우	와인의 색 종속	.168	.132		.041
		성별 종속	.249	.190		.094
	불확실성 계수	대칭적	.160	.130	1.231	.074
		와인의 색 종속	.139	.113	1.231	.074
		성별 종속	.189	.154	1.231	.074

대칭적 측도

		값	근사 유의확률
명목척도 대 명목척도	파이	.499	.083
	Cramer의 V	.499	.083
	분할계수	.447	.083
유효 케이스 수		20	

a. 영가설을 가정하지 않음.
b. 영가설을 가정하는 점근 표준오차 사용

(6) 자유도(自由度, df : Degree of Freedom)

자유도란 역학계(力學系)에 있어서 그 위치결정을 위하여 독립적으로 변화시킬 수 있는 좌표 값의 수를 의미한다. 피셔(R.A. Fisher)에 의해서 통계학에 도입된 자유도는 관측값 수에 대하여 특정 체계 내에서 임의로 결정될 수 있는 수를 뜻한다. 즉 표본의 특성을 파악하기 위한 값(예로써, 평균이나 분산 등...)을 계산하는데 있어서 자료(data) 중 자유로이 값을 취할 수 있는 관찰수를 의미한다.

예를 들어 표본평균의 자유도는 전체 측정값의 숫자 만큼인 n이 되는데 이는 표본평균의 경우 전체 자료 값들의 합계를 구하면 되기 때문에 관찰 값들이 어떤 값들을 취하든 동일한 평균을 구할 수 있기 때문이다. 다시 말하면 어떤 값이 정해지면 동일한 평균이 산출될 수 있는 다른 값들이 자연스럽게 결정이 되기 때문에 자유도가 n이 된다.

반면에 표본분산의 계산은 각 자료값과 평균과의 차이를 구하고 다시 이를 제곱하여 전체의 합(sum)을 구하게 되는데 이때의 표본평균은 이미 주어진 값이 된다. 그러므로 표본평균이 알려져 있다는 것은 결과적으로 표본분산을 구하기 위한 자료값 중의 하나가 이미 결정되었다는 것을 의미하기 때문에 n개의 자료값 중에서 정해진 하나(표본평균)의 관찰값을 뺀 n-1이 자유도가 되게 된다.

활용사례

자유도의 계산

신입사원 교육전문업체인 인재개발회사에서는 신입사원 중 8명의 표본을 추출하여 신입사원 교육에 대한 만족도를 측정하여 다음의 8개의 자료의 측정값을 얻을 수 있었다. 이러한 8개의 자료를 가지고 자유도를 계산해보자.

25 35 24 20 43 56 37 55

이 자료의 합계(sum)는 295이고 평균은 36.875이다.

이때 연구자는 8개의 평균이 36.875라는 사실을 알고 있으므로 8개 자료 중 하나의 자료값을 모를지라도 그 숫자를 찾아낼 수 있다. 처음의 숫자 25를 모른 상태에서 평균이 36.875임을 안다고 가정했을 때 숫자들의 합계가 295인 것도 알 수 있다. 전체 관찰값의 합계인 295에서 처음 모르는 숫자(x)를 제외한 7개의 숫자를 차례로 빼면 나머지가 25인 것을 알 수 있다. 이와 같이 표본 평균값을 알고 있으면 전체 자료 중 자유롭게 값을 취할 수 있는 자료의 수(자유도)는 7개가 되는 것이다.

그러나 표본 집단의 자유도를 구할 때 n-1을 사용하는데 비해 모집단의 분산을 계산하는데 있어서는 전체 자료 수인 N을 사용하게 되는데 이는 어떠한 이유에서 이와 같이 사용할까? 분산을 계산하는데 있어서는 전체 측정값들의 중심인 모집단의 평균을 사용해야 하지만 표본 집단에서는 모집단의 평균을 알 수가 없기 때문에 대신에 표본평균을 사용하게 된다. 그러나 표본평균이 모집단을 대표하는 표본 집단의 평균일지라도 완전하게 모집단의 평균과 일치한다고 보기에는 어렵다. 또한 표본평균은 표본자료에서 계산되었기 때문에 전체 자료의 분산을 계산하기 위해서는 n-1개의 자료만 활용하게 된다.

(자료원: 이명식, 최천규, 구자룡(2004), 마케팅리서치, 형설출판사)

5. 차이와 관련된 가설 검증

1) 가설검증의 방법

가설검증의 방법은 자료의 형태에 따라 다르게 검증해야 한다. 즉 계량적(metric) 형태로 측정된 자료와 비계량적(non-metric) 형태로 측정된 자료는 각 각 모수통계와 비모수통계로 분류되어 그 검증방법을 달리하고 있다. 계량적이라는 것은 연속적 범주의 형태(비율척도나 등간척도 등)를 갖는 자료형태를 일컬으며 비계량적 자료는 명목척도와 같이 추상적인 자료의 형태를 띠게 된다.

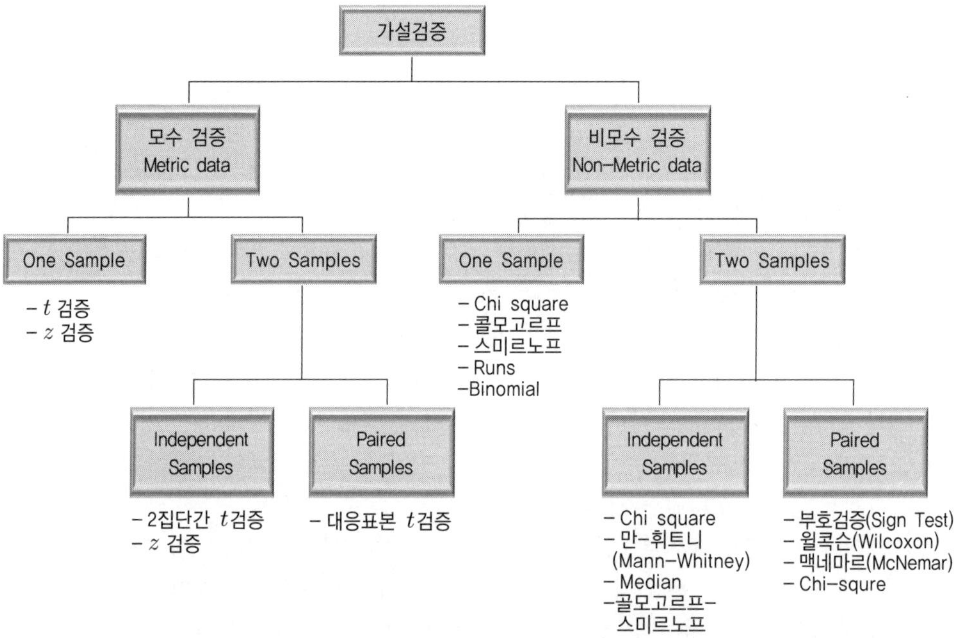

|그림 9-11| 가설검증의 방법 및 절차

2) 모수검증(Parametric Test)

(1) t 검증

모수검증은 근본적으로 모집단의 분포를 의미하며 이를 추정하기 위하여 활용되는 방법이다. 일반적으로 이러한 목적에 빈번하게 사용되는 기법이 t 검증으로 이 검증방법은 Student's의 통계량을 사용하여 분석한다. t 검증은 일상적으로 독립된 두 개의 표본평균간의 차이를 검증할 때 이용되는 것으로 두 개의 집단 간 평균이 통계적으로 유의한 차이를 보이고 있는지를 검증하는 방법이다.

앞의 예에서 사례로 설명했던 와인의 구입속성에 대한 중요도 고려 정도에 대하여 성별(성별에는 남성과 여성이라는 두 집단이 존재)에 따라 고려 정도에 차이가 있는지를 검증하고자 할 때 이용할 수 있는 방법이다. 이때 만약 성별이 아니라 연령(20세 미만, 20-29세, 30-39세, 40-49세, 50세 이상)과 같이 2개 이상의 집단이 존재한다면 t 검증으로 체감만족도의 차이를 검증할 수 없고 분산분석(ANOVA, analysis of variance)을 활용하여 평균의 차이를 검증해야 한다.

두 집단 간 평균의 차이를 검증하는 또 다른 방법으로 z 검증법이 있다. z 검증법은 모집단의 분산을 알고 있는 경우에 사용한다. 그러나 대부분 경우 모집단의 분산을 알고 있는 경우가 드물기 때문에 일반적으로 모집단의 특성을 추정하는데 t 검증을 활용하게 되는 것이다.

이러한 t 검증의 수학적 논리구조는 각 표본의 분산과 두 표본의 분산을 합한 전체집단의 분산을 이용하여 두 집단 간 평균의 차이가 통계적으로 유의한 차이를 보이는지를 검증하는 것이다. t 검증은 일반적으로 t분포- 鐘形(bell shape)의 대칭적 구조를 갖는 정규분포의 형태-의 표본수가 30개 이하일 경우에 유용한 방법으로 활용된다.

무작위 변수 X가 정규분포를 나타낼 때 평균을 μ , 알려지지 않은 모집단의 분산을 σ^2이라고 할 때 표본의 분산은 s^2 이 된다. 그리고 표본평균의 표준오차는 분산을 표본수로 나눈 제곱근 값(s_x=s/n$^{1/2}$)으로 산출할 수 있다. 그 다음 t값(t=(/X-μ)/s_x>은 자유도 n-1에 의해 분포를 나타내게 된다.

t 검증을 이용하여 가설을 검증하는 절차를 보면 아래와 같다.

(1) 귀무가설과 대립가설을 설정한다.

(2) t 검증의 적합한 공식을 선정한다.

(3) 귀무가설(집단 간 차이가 없다)을 검증하기 위한 유의수준(α)을 설정한다. 유의수준은 0.05 수준에서 정하는 것이 일반적이다.

(4) 각 표본에 대하여 평균과 표준편차를 계산하고 t통계량을 활용하여 귀무가설의 진위여부를 추정한다.

(5) 자유도를 계산하고 t 분포표에 나와 있는 통계량을 가지고 확률을 판단한다.

(6) 만약에 5번째 단계에서 계산된 유의수준 값이 3단계에서 설정한 유의수준보다 작게 나타난다면 귀무가설을 기각하고 유의수준보다 크게 나타난다면 귀무가설을 채택하고 대립가설을 기각하게 된다.(계산된 t 값이 t 분포표의 임계값보다 작으면 귀무가설을 채택하고 임계값보다 크면 귀무가설을 기각하고 두 집단 간의 차이가 있다는 대립가설을 채택하게 된다).

(7) 마케팅조사문제와 관련하여 t 검증에 의해 결론을 내리게 된다.

① 단일표본(One Sample)의 t 검증

단일표본에 의한 평균의 차이를 검증하기 위하여 앞에서 예로 들었던 와인의 구입 속성별 중요도 고려 정도에 대하여 t 검증을 실시해보자.

과거의 자료를 근거로 와인을 구매하는 소비자들은 음식과의 조화를 중요하게 생각(평균 4점)하는 것으로 조사되었다. 이에 따라 와인 구매자 20명을 대상으로 와인을 구매할 때 음식과의 조화 정도를 어느 정도 고려하는지를 조사하였다. 이러한 자료를 근거로 해서 와인 구매자들이 와인 구매 시 음식과의 조화를 중요하게 생각하는 정도에 4점 정도라고 할 수 있는지를 검증해보자. 이를 위하여 가설은 다음과 같이 설정하였다.

대립가설: 20명의 소비자들은 평균 고려정도는 4점과 차이가 있을 것이다.

SPSS를 활용하여 위의 가설을 검증하는 절차는 다음과 같다.

① 먼저 '예제 데이터(2) - 단일표본 t 검증.sav' 파일을 불러온다.

② 메뉴에서 [분석 > 평균비교 > 일표본 T 검정(S)]을 선택한다.

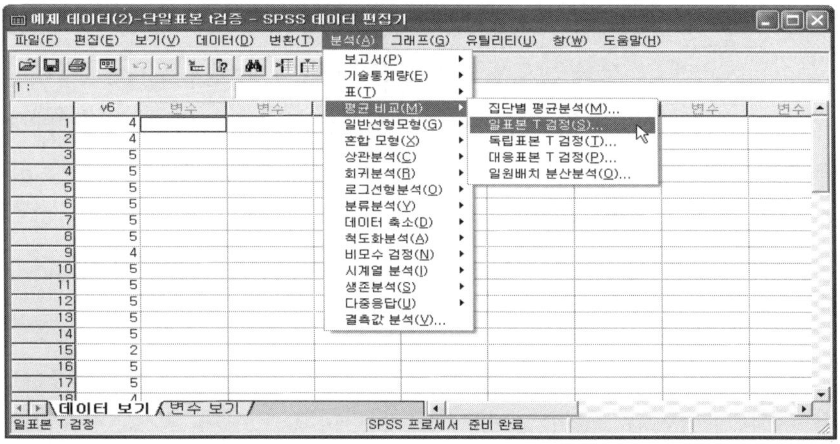

③ 일표본 t 검증 대화상자가 나타나면 검증하고자 변수를 [검정변수(T)]란으로 이동시킨 다음 [확인] 버튼을 누른다.

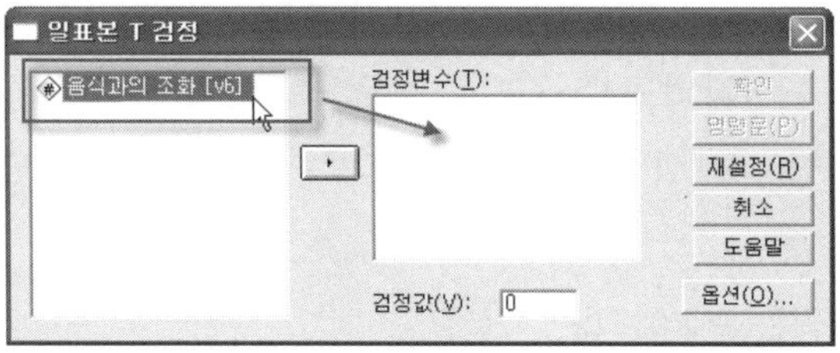

④ 단일표본 t 검증결과가 나타난다.

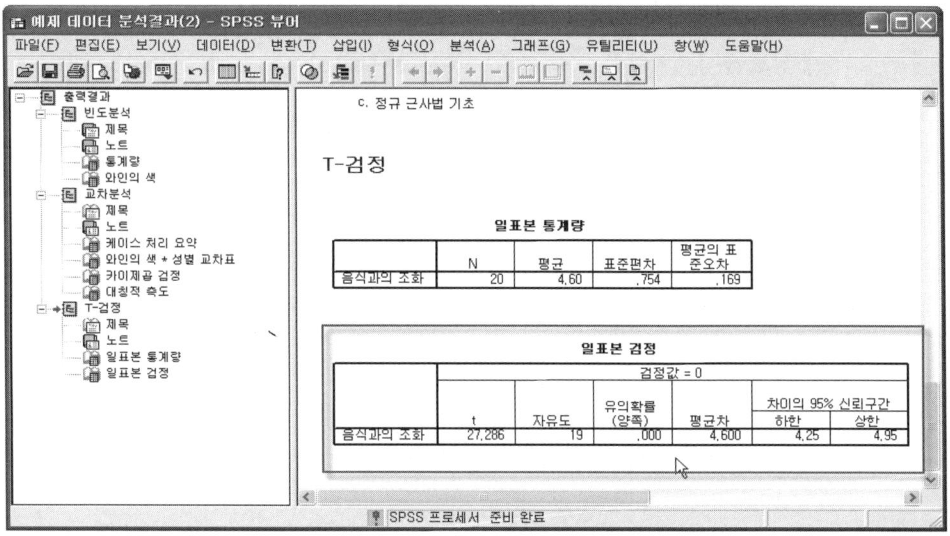

분석결과를 보면 케이스의 수, 평균, 표준편차, 평균의 표준오차 등이 분석되었으며 그 다음으로 일표본 검정통계량이 나타나 있다. 검정분석결과 t 값이 27.286이고 p-value(유의확률)는 α =0.05의 양측검증에서 0.000으로 유의적인 차이가 있는 것으로 나타났다(p-value=0.000 < α =0.05). 따라서 와인구입 소비자 20명이 와인 구입 시 음식과의 조화를 중요하게 고려하는 정도는 모집단의 평균인 4점(중요하게 고려한다)이라고 할 수 없다. 즉 이들 소비자들은 음식과의 조화를 모집단보다 더 중요하게 생각하는 것으로 검증되었다.

다시 말하면 t 값이 27.683으로 나타나고 있으며 전체 자유도는 20-1=19로 나타난다. t 분포표를 통해 자유도가 19인 양측검정의 임계값은 $t0.025=2.093$으로 $t=27.683$값이 크므로 귀무가설을 기각하고 대립가설을 채택하게 된다.

이러한 검증결과를 활용하여 마케팅관리자나 전략기획 담당자는 와인을 판매할 때 음식과의 조화를 더욱 강조하고 음식에 따른 다양한 와인상품의 개발에 힘써야 할 것이다.

② 2개의 독립된 표본에 의한 가설검증

어떤 특정한 브랜드에 대한 지각(perception)과 관련하여 사용자와 비사용자 계층의 브랜드에 대한 차이나 혹은 고학력 계층과 저학력 계층 간의 문화 오락에 관한 지출비용의 차이 또는 「I 세분시장」에 있어서 브랜드 충성도를 갖는 사용자 비율과 「II 세분시장 II」의 브랜드 충성도 관련 사용자 계층의 비율의 차이 등과 같이 독립된 2개의 모집단의 모수를 추정하는 경우가 있다. 이러한 집단은 독립된 집단으로 구분되어지며 단일표본의 경우에서와 같이 평균이나 비율과 관련하여 가설을 검증할 수 있다.

① 평균(Means)

2개의 독립된 표본의 평균을 검증하기 위한 가설의 검증은 다음과 같은 형태를 따르게 된다.

(1) 귀무가설 : 남성과 여성의 와인의 향에 대한 고려 정도에 차이가 없을 것이다.

$(\mu_1 = \mu_2)$

(2) 대립가설 : 남성과 여성의 와인의 향 대한 고려 정도에 차이가 있을 것이다.

$(\mu_1 \neq \mu_2)$

2개 모집단의 평균과 분산은 표본의 크기가 n_1과 n_2에 의해서 산출된 것이다.

2개 모집단의 분산이 동일하다면 동일분산추정(同一分散推定, equal variances assumed)을 활용하여 가설을 검증하며 동일하지 않다면 이질분산추정(異質分散推定, equal variances not assumed)을 활용하게 된다. 동일분산추정을 활용할 경우의 두 표본 집단의 분산은 다음의 공식에 의해 산출할 수 있다.

$$s^2 = \sum_{i=1}^{n_1}(\chi_{n_1} - \bar{\chi}_1)^2 + \sum_{i=1}^{n_2}(\chi_{n_2} - \bar{\chi}_2)^2 / n_1 + n_2 - 2$$

또한 검증통계량의 표준편차는 다음과 같이 추정할 수 있다.

$$s_{\bar{x}_1 - \bar{x}_2} = \sqrt{s^2(\frac{1}{n_1} + \frac{1}{n_2})}$$

또한 적합도를 판단하기 위한 t 값의 계산은 다음과 같이 할 수 있다.

$$t = \frac{(\bar{x}_1 - \bar{x}_2) - (\mu_1 - \mu_2)}{s_{\bar{x}_1 - \bar{x}_2}}$$

두 개의 독립된 모집단의 분산의 동질성을 검증하기 위해서는 F 값을 이용하게 되는데 F 값이 작다면 2개 집단의 분산이 동일하지 않다는 것을 의미한다. 이때는 이질분산추정을 활용해야 한다.

성별에 따라 와인 구입시 와인의 향에 대한 고려 정도에 차이가 있는지를 검증하기 위해서는 다음의 절차를 따른다.

① '예제 데이터(3)-독립표본 t 검증.sav' 파일을 불어온다.

② 메뉴에서 [분석 > 평균비교 > 독립표본 T 검정(T)]을 누른다.

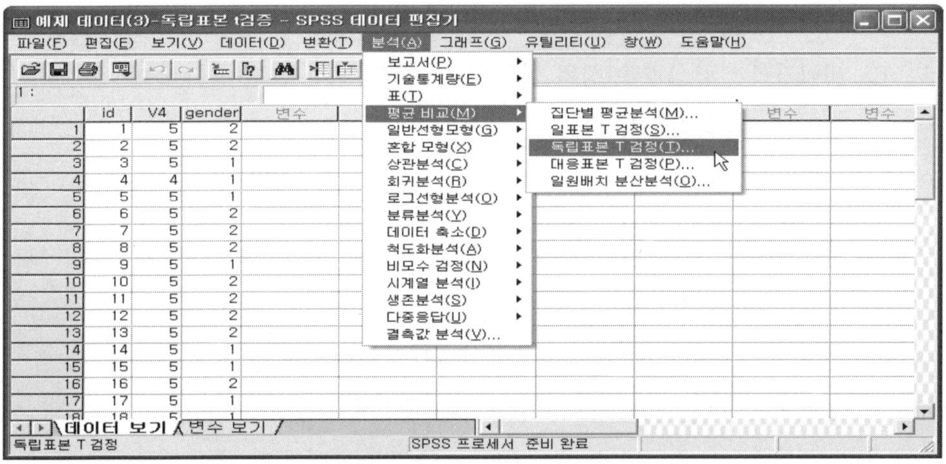

③ 독립표본 T 검정 대화상자가 나타나면 검증할 변수인 '와인의 향'을 선택해 [검정변수(T)]란으로 이동시킨다. 그런 다음 왼쪽에서 성별을 선정하여 [집단변수(G)]란으로 이동시킨다.

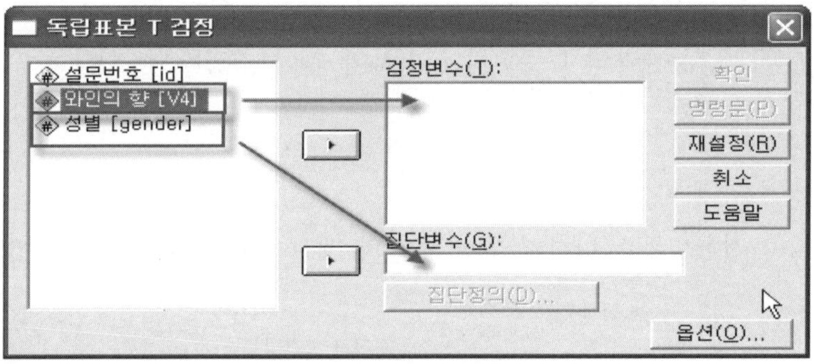

④ [집단정의(D)] 버튼을 눌러 남성은 '1', 여성은 '2'를 입력해야 하므로 [집단1[에는 '1'을, [집단2]에는 '2'를 입력한다.

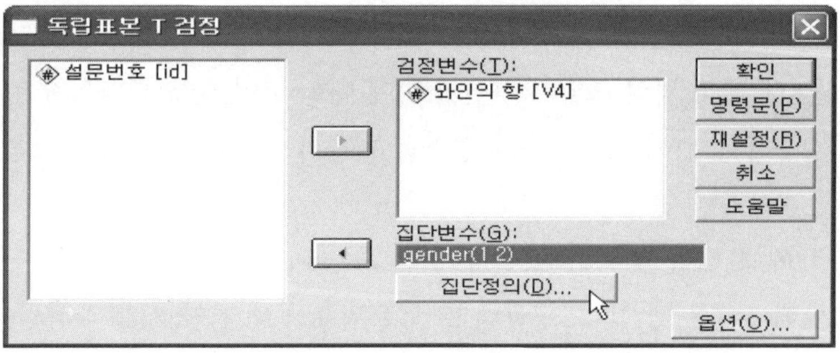

⑤ [옵션(O)]은 결측치의 처리방법을 설정하는 것으로 기본설정 되어 있으므로 [확인]을 누르면 분석결과가 나타난다[예제 데이터 분석결과(2) 참조].

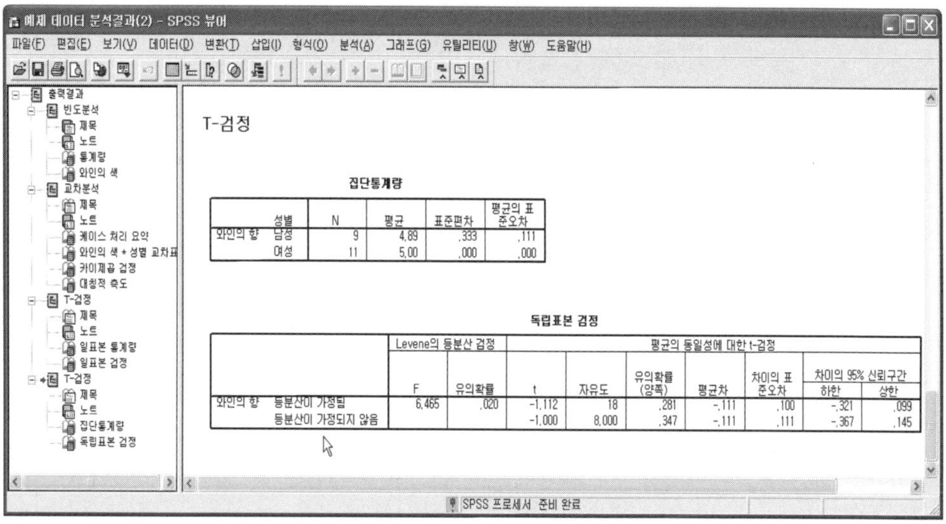

집단통계량

	성별	N	평균	표준편차	평균의 표준오차
와인의 향	남성	9	4.89	.333	.111
	여성	11	5.00	.000	.000

독립표본 검정

		Levene의 등분산 검정		평균의 동일성에 대한 t-검정						
		F	유의확률	t	자유도	유의확률 (양쪽)	평균차	차이의 표준오차	차이의 95% 신뢰구간 하한	차이의 95% 신뢰구간 상한
와인의 향	등분산이 가정됨	6.465	.020	-1.112	18	.281	-.111	.100	-.321	.099
	등분산이 가정되지 않음			-1.000	8.000	.347	-.111	.111	-.367	.145

분석결과를 보면 두 모집단의 분산이 동일하다는 가정을 전제(σ 12=σ 22)로 검증분석을 실시한다. Levene의 등분산(等分散) 검정결과를 보면 p-value(유의확률)가 0.020으로서 α =0.05에서 H_0: σ 12=σ 22 이 지지되지 못한다. 따라서 등분산이 가정되지 않는 것으로 검증되었다.

분석결과에 의하면 등분산이 가정되지 않은 상태에서 t값이 -1.000 이고 p-value(유의확률)가 0.347로 나타나 "H_0: μ 1=μ 2"는 α =0.05에서 기각되지 않는다. 즉 와인의 향에 대해서는 고려하는 정도가 성별에 따라 차이가 있다고 볼 수 없다. 여기에서 t-value는 '평균의 차이'를 '차이의 표준오차'로 나눈 값이다. 결과적으로 와인을 구입하는 소비자들은 성별에 따라 와인의 향에 대해 고려하는 정도에 차이가 있을 것이라는 대립가설이 지지되지 않았다.

또한 F 검증(F test)은 2개의 표본 집단의 분산이 동일한지의 여부를 알 수 없을 때 수행하는 방법이다. 또한 t 검증이 2개의 집단의 평균의 차이를 검증하는데 비해 F 검증은 2개 이상의 집단의 차이를 비교하는데 주로 활용되는 검증기법이다.

이 경우에 가설의 설정은 다음과 같이 하게 된다.

- 귀무가설(H_0): $\sigma_1^{\,2} = \sigma_2^{\,2}$
- 대립가설(H_1): $\sigma_1^{\,2} \neq \sigma_2^{\,2}$

이 때 표본의 분산으로부터 산출할 수 있는 F 통계량(F statistics)은 다음의 공식에 의해 산출할 수 있다.

$$F_{(n_1-1),(n_2-1)} = \frac{s_1^{\,2}}{s_2^{\,2}}$$

여기에서

n_1 : 표본집단 1의 표본의 크기

n_2 : 표본집단 2의 표본의 크기

n_1^{-1}: 표본집단 1의 자유도

n_2^{-1}: 표본집단 2의 자유도

s_1^2: 표본집단 1의 분산

s_2^2: 표본집단 2의 분산

이때 여기에서 F 분포(F distribution)의 기각값은 분자와 분모에 의해 형성된 자유도에 의해 영향을 받게 된다. 다양한 종류의 기각값은 통계분석표의 F 분포표를 통해 알 수 있으며 만약 F 값이 유의수준(α)보다 크게 되면 귀무가설(H_0)은 기각되지 않으며 동일한 분산의 t 값을 이용하게 된다. 반대로 F 확률값이 유의수준(α)보다 작거나 같게 되면 귀무가설(H_0)은 기각되고 대립가설(H_1)이 채택되게 된다.

3) 비모수검증(Nonparametric Test)

비모수검증(非母數檢證)은 변수가 비수량적(non-metric)인 경우에 사용되는 통계기법으로 모수검증(parametric test)과 마찬가지로 하나의 단일표본(one sample)일 때와 독립된 2개의 표본(two independent sample)일 때 검증통계를 실시한다. 비모수통계가 필요한 경우는 다음과 같다.

| 표 9-15 | 비모수통계가 필요한 경우

1. 모집단의 특성이 정규분포를 이루지 않을 경우 2. 자료의 형태가 비연속적일 때 3. 표본의 숫자가 작을 때

비모수통계에서 분포의 검증이나 연(run)의 검증은 비모수통계에만 있지만 기타 다른 통계기법들은 대부분 모수통계기법을 대신할 목적으로 개발된 것들이므로 보다 정확한 통계량을 구하기 위해서는 가능한 한 분석력과 검증력이 뛰어난 모수통계기법을 활용하는 것이 바람직하다.

비모수통계기법을 사용하기 위해서는 측정된 자료의 형태가 어떤 형태로 이루어져 있는지를 먼저 확인해야 한다. 자료형태에 따라 분석기법이 달라지기 때문이다.

|표 9-16| 자료형태에 따른 활용되는 비모수통계기법의 종류

이용 상황	독립변수 (집단구분변수)	종속변수의 형태	
		명목자료 (Nominal Scale)	순위자료 (Ordinal Scale)
1개의 표본, 1개의 변수	없음	-1표본 카이스퀘어분석 -연(連)의 검증(무작위성 검증) -이항분포검증	- 콜모고로프-스미르노프 검증
관련표본 표본간 비교 2변수 비교	없음	-맥네마르검증	- 부호검증 - 윌콕슨검증 - 스피어맨 순위상관분석
관련표본 3변 수 이상	없음	-코크란 큐 검증	- 프리드맨 검증 - 켄달의 일치도검증
1변수 2개의 독립된 표본간 비교	집단구분변수 (명목자료)	-카이스퀘어 검증	- 중앙값검증 - 맨-휘트니검증 - 2개 표본 콜모고로프-스미르노프 검증 - 왈드-월포비츠검증
1변수 3개 이상의 독립된 표본간 비교	집단구분변수 (명목자료)	-카이스퀘어 검증	- 중앙값 검증 - 크루스칼-왈리스검증

(1) 단일표본(One Sample)일 때의 검증

연구자는 가끔 어떤 표본의 분포가 정규분포인지 단일형태(uniform)의 분포인지 혹은 포아송 분포(Poisson distribution)를 이루고 있는지를 검증하고자 하는 필요를 느끼는 경우가 많다. 분포(distribution)에 대하여 알고자 하는 것은 분포를 알아야 확률통계를 알 수 있기 때문이다. 다시 말해 확률통계를 알고자 하는 것은 어떤 변수의 값을 알고자 하는 것과 동일한 것이며 어떤 변수의 값을 알고자 하는 것은 확률을 알고자 하는 것과 동일한 의미를 갖는 것이기 때문이다.

단일표본의 분포를 검증하는 방법으로서의 적합도 검증(goodness-of-fit test)방법인 콜모고로프-스미르노프(Kolmogorov-Smirnov; K-S) 단일표본검증(one sample test)[5])은 무작위로 추출된 표본의 값이 갖는 통계적 분포가 비교하고자 하는 어떤 특정한 표본의 분포와 일치하는지의 여부를 검증하는 방법이다. 이러한 K-S검증방법은 어떤 특정한 분포를 갖는 변수의 누적분포의 함수를 비교하는 방법을 통해 표본의 적합성 여부를 검증하는 방법이다. 즉 하나의 변수값이 가지는 분포의 형태가 정규분포(normal distribution)나 이항분포(binomial distribution) 또는 포아송 분포(Poissin distribution)[6])를 이루는지를 검증하는데 이때 표본의 누적확률분포를 활용하게 되는 것이다. 표본의 무작위성을 검증하는 것은 통계적 추론에 있어 가장 기본적인 가정이므로 이러한 것의 검증은 대단히 중요한 일이다.

이론적으로 추정된 분포의 개별적인 범주의 빈도분포와 관련된 누적분포를 A_i라하고 비교할 표본 빈도의 값을 O_i라고 표시할 때 K-S검증은 A_i와 O_i사이의 절대적인 차이의 최대값을 산출할 수 있으며 이때의 수식은 다음과 같이 나타낼 수 있다.

$$K = Max\ |A_i - O_i|$$

귀무가설을 기각할 것인가의 여부는 K값에 따라 결정된다. K값이 신뢰수준보다 크다면 귀무가설(H_0), 즉 지역별로 종합만족도의 분포가 정규분포와 같다는 귀무가설은 거짓(false)이 된다. 따라서 귀무가설이 기각되는 것이다. 단측검증(one-tailed test)에서 K값은 언제나 정(正, positive)의 값을 가지며 K값이 신뢰수준보다 클 경우에는 정규분포를 이룬다는 귀무가설을 기각하게 된다.

유위수준(α =0.05)이고 35개 이상의 표본값을 갖는 집단의 K의 기각값은 "1.36/n"[7])의 수식에 의해 구할 수 있다. 또 다른 방법으로서 K값은 정

---

5) Kolmogorov에 의해 1933년에 제안되고 1939년에 Smirnov에 의해 발전된 검증모형임.
6) 포아송분포(Poisson distribution): 포아송분포는 프랑스 수학자 포아송(1781~1840년)에 의해 확립된 개념으로 제품 또는 서비스의 수요, 전화교환대에 걸려오는 전화 통화 수, 고속버스 터미널의 버스 도착 수, 공항에 착륙하는 비행기의 수, 고속도로 톨게이트의 도착 차량 수, 옷감의 단위 면적당 흠집 수, 타이피스트의 한 장당 오타 수 등의 분포 등을 통계적으로 설명하는 개념이다.
7) Harnett L. Donald, *Statistical Methods*, 3rd ed. (Reading, MA: Addison-Wesley, 1982. Naresh

규분포를 갖는 Z 통계량과 그리고 그와 관련된 확률을 결정하는데 변형하여 사용할 수 있다.

본 장의 앞에서 제시된 <와인 구입속성에 관한 사례>를 활용해 측정값이 정규분포를 이루고 있는지를 검증해 보자. 이를 위해 귀무가설과 대립가설을 다음과 같이 설정할 수 있다.

귀무가설(H_0) : 와인의 향에 대한 응답분포는 정규분포를 나타낼 것이다.
대립가설(H_1) : 와인의 향에 대한 응답분포는 정규분포를 나타내지 않을 것이다.

이러한 가설을 검증하기 위한 절차는 다음과 같은 절차를 따른다.

① "예제 데이터(4)-비모수검증(단일표본).sav" 파일을 불러온다.

K. Malhotra, op. cit., p.534에서재인용.

② 메뉴에서 [분석 > 비모수검증 > 일표본 K-S(1)]을 선택한다.

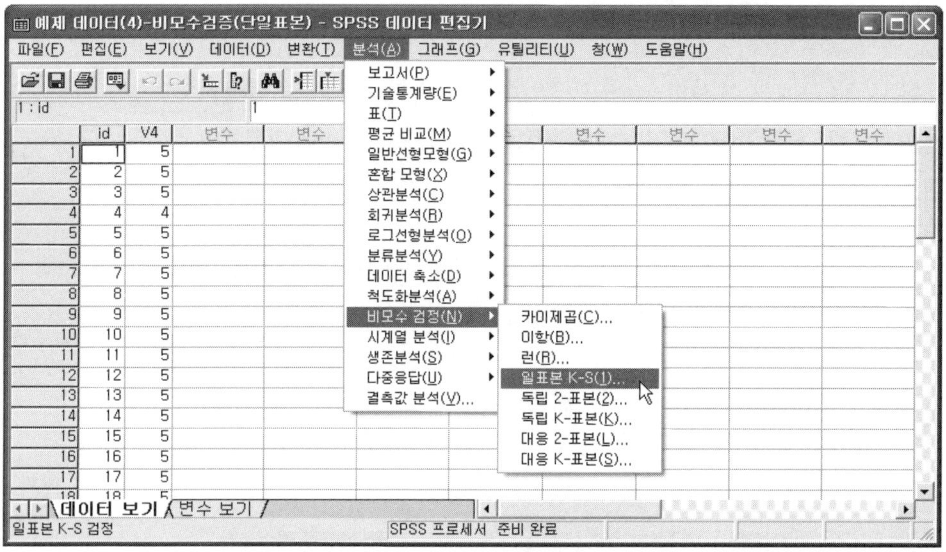

③ [옵션(O)] 대화상자에서 [기술통계(D)]를 선택하고 [계속] 버튼을 누른 다음 [확인] 버튼을 누르면 분석 작업이 이루어진다.

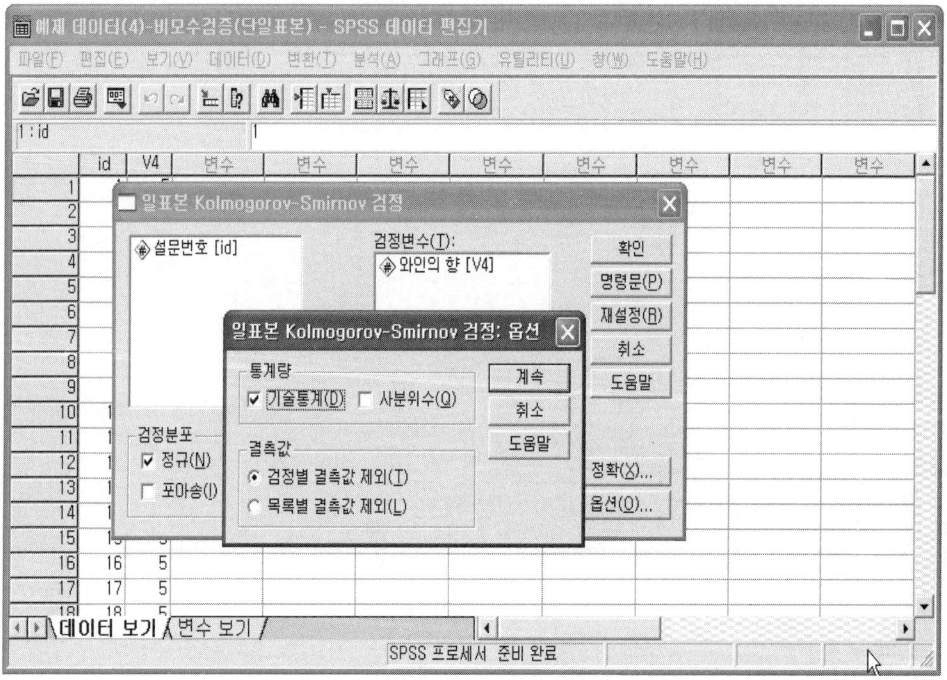

④ 분석결과는 다음과 같이 나타난다.

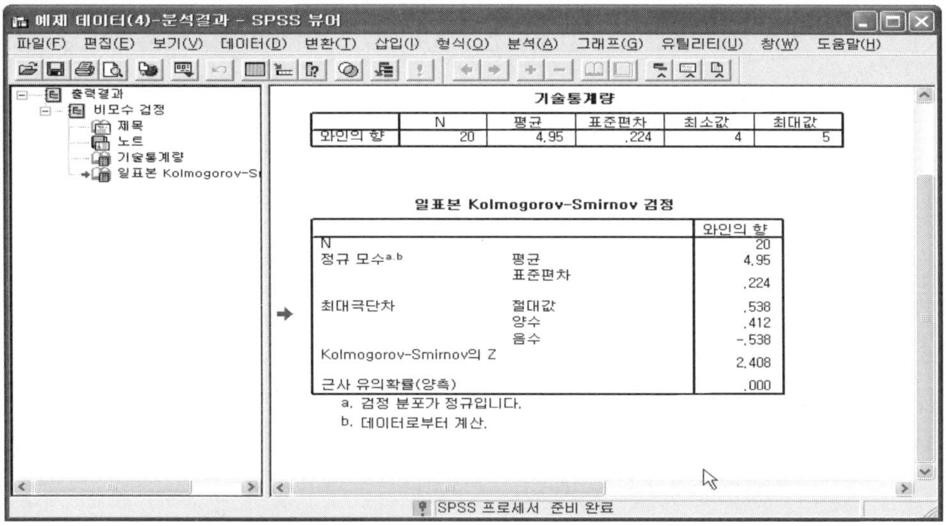

기술통계량을 보면 전체 20개의 케이스가 분석에 활용되었으며 이들의 평균은 4.95(본 사례는 5점 척도로 측정되었음), 표준편차는 0.224의 값을 가지고 있다. 분석결과에서 일표본 Kolmogorov-Smirnov 검정결과는 정규성을 측정하는 포아송분포를 검증한 것이다. 즉 '와인의 향'에 대한 응답자들의 평가가 정규분포를 따를 것이라는 귀무가설을 검증한 결과이다. 검증결과, K-S의 Z 값 2.408에 대한 p-value(유의확률)는 0.000으로 응답자들의 응답결과가 정규분포를 이룰 것이라는 귀무가설이 기각이 되고 있음을 알 수 있다. 따라서 본 사례에서 응답자들의 응답결과는 정규분포를 이루고 있지 않음을 알 수 있으며 정구분포를 이룰 것이라는 귀무가설이 기각되고 대립가설이 지지됨을 알 수 있다.

또 다른 검증방법으로는 단일 표본의 단일변수에 대하여 카이스퀘어검증을 실시할 수 있다. 카이스퀘어는 적합도 검증(goodness-of-fit)을 가능하게 하며 개별적인 범주와 기대된 숫자에 있어서 측정된 표본값들 사이에 존재하는 유의한 차이를 검증하는 방법이다. 그밖에 단일 표본의 비모수 검증은 연(連)의 검증(runs test)과 이항분포검증(binomial test)을 포함한다.

모집단으로부터 표본을 추출하는데 있어 첫 번째의 가정은 표본의 무작위성(randomness)이 어느 정도 보장이 되느냐의 문제이며 이는 통계적 추론을 하기 위한 가장 기본적인 가정이라고 앞에서도 언급한바 있다. 연의 검증은 이항변수(dichotomous variables)의 무작위성을 검증하는 방법으로 무작위로 얻어진 관찰값에 있어서 일련의 순위나 연속성이 있는지의 여부를 검증하기 위해 실시하는 것이다. 즉 일련의 연속적인 관찰값이 무작위성을 갖고 나타나는지 혹은 관찰값들 사이에 어떤 영향이 있는지를 검증하는 것이다. 여기에서 연이란 동일한 관찰값들이 이어지는 것을 의미하며 이러한 연의 수에 따라 무작위성을 검증하는 것이다. 이항분포검증이란 이항분포를 갖는 변수의 적합도를 검증하는 또 다른 방법이다. 적합도를 검증한다는 것은 각각의 개별 범주 안에서의 측정의 수와 어떤 특별한 이항분포 하에서의 기대된 수와의 일치 여부를 측정하는 것을 의미한다. 이러한 연의 검증과 기타 검증방법에 대한 보다 구체적인 정보는 통계전문서적을 통해 얻을 수 있다.

(2) 2개의 독립된 표본에서의 검증

두 개 모집단의 위치의 차이는 두 개의 독립된 표본으로부터 측정된 것을 기초로 비교하거나 서열척도로 측정된 변수일 때, 만-휘트니(Mann-Whitney)의 U 테스트를 사용한다. 이러한 U 테스트는 등간척도로 측정된 두 개의 모집단의 분산이 동일한 확률분포를 갖는 지를 검증하기 위해 이용되는 방법으로 두 개의 독립된 표본의 t 검증과 일치한다.

만-휘트니의 U 테스트는 두 개의 표본이 결합되거나 사례수가 서열로 증가되는 크기를 갖는 경우, 즉 순위로 측정할 수 있을 때 사용되는 것으로 검증통계량인 U는 첫 번째 표본이나 그룹의 점수가 두 번째 그룹의 점수보다 순위가 앞서는 경우의 수를 계산하여 산출하게 된다. 만약에 동일한 모집단으로부터 추출된 표본이라면 무작위한 서열(순위)을 갖는 두 개의 집단으로부터 점수화된 분포가 될 것이다. 극단적인 U 값은 무작위성을 갖지 않는 점들로 이루어진 두 개의 동일하지 않은 집단이라는 것을 의미한다. 표본의 숫자가 30개 이하일 경우에 U값의 실질적인 유의수준을 계산할 수 있다. 이보다 큰 표본을 갖는 경우에는 Z 통계량을 갖는 정상적인 분포로 변형된다. 여기에서 Z는 순위 안에서 조정될 수 있다.

<와인 구입속성에 관한 사례>를 이용하여 독립된 2개 표본의 분포의 동질성을 검증해 보기로 하다. 이 경우 다음과 같은 가설을 설정할 수 있다.

귀무가설(H_0) : 성별에 따라 와인의 향에 평가는 차이가 없을 것이다.
대립가설(H_1) : 성별에 따라 와인의 향에 평가는 차이가 있을 것이다.

① "예제 데이터(5)-비모수검증(독립두표본).sav"을 불러온다.

② 메뉴에서 [분석 > 비모수검증 > 독립 2-표본(2)]를 선택한다.

③ [검정변수(T)]에 검증할 변수인 '와인의 향'을 이동시키고 [집단변수(G)]에는 '성별'변수를 이동시킨 다음 [집단정의(D)] 버튼을 눌러 집단1에는 '1'을, 집단2에는 '2'를 입력한다. [옵션(O)] 버튼을 누른 다음 '기술통계'를 선택하고 [계속] 버튼을 누른 후 [확인]을 누르면 분석이 된다.

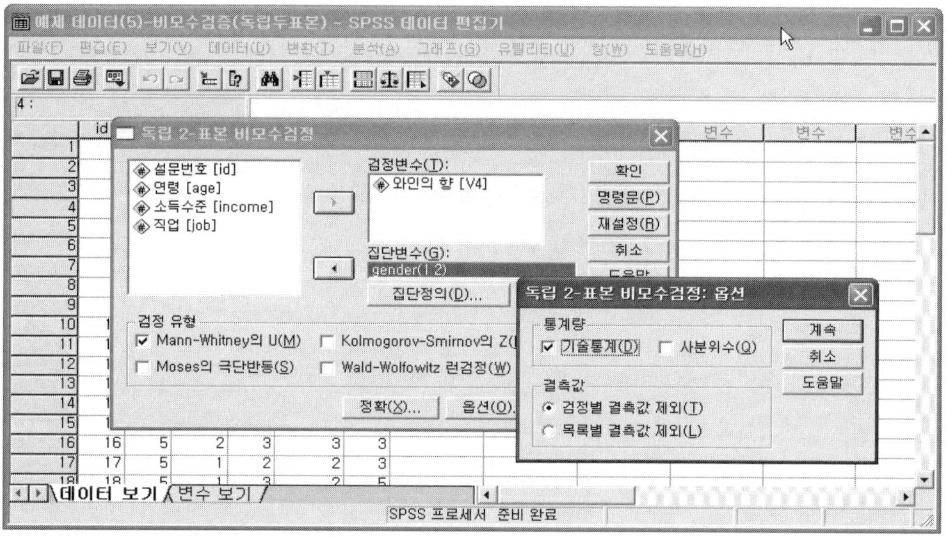

③ 분석결과는 다음과 같다.

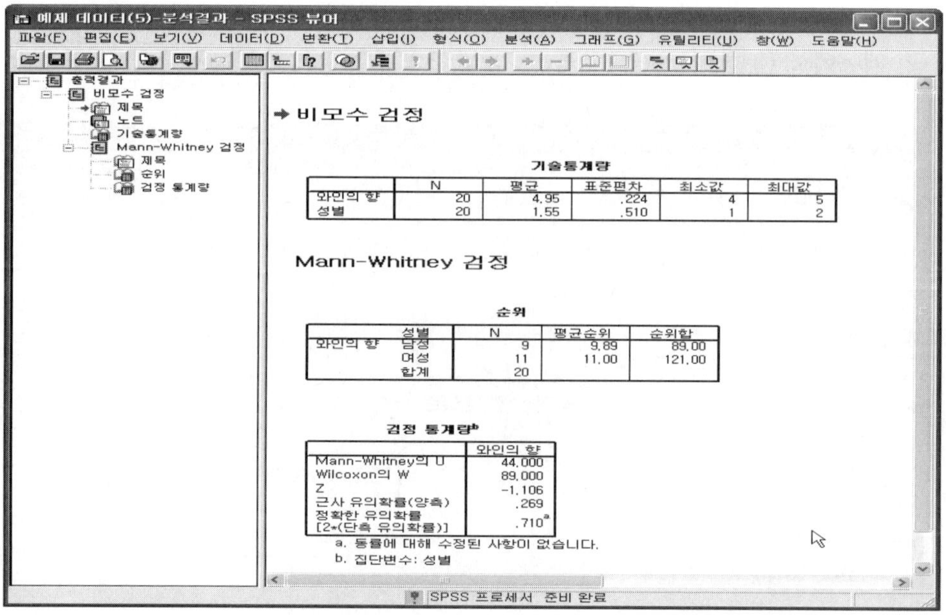

기술통계량을 보면 '와인의 향'의 평균은 4.95, 표준편차는 0.224로 나타나고 있다. 순위표는 와인의 향에 대한 평가자 중 남성평가자와 여성평가자들의 수와 각 집단(남성과 여성)별 케이스들의 평균 순위와 순위의 합을 보여준다.

가설검증결과를 보기 위하여 검정통계량을 보면 만-휘트니의 U값 44.000에 대한 p-value(유의확률)는 0.710으로 와인의 향에 대한 성별 평가결과에 차이가 없을 것이라는 귀무가설을 기각하지 못한다. 즉 남성과 여성들의 '와인의 향'에 대한 평가에는 차이가 없다는 귀무가설이 지지되었음을 알 수 있다.

활용사례

영어학습법의 차이에 따른 성적

국내 유명학습지도업체인 Y사는 유년기의 학생들에게 보다 효과적인 영어학습방법을 개발하기 위하여 다양한 시도를 실시하였다. 외국의 유명한 교수와 교육자들에게도 문의해보고 자체적인 실험을 통해 다양한 방법을 실시해 보았다. 최종적으로 Y사는 초등학교와 중학교 학생들을 대상으로 외국의 유명학습 프로그램과 국내 교수진에 의해 개발된 반복학습 프로그램인 자체 교육프로그램을 적용하여 영어 학습을 16개월간 실시하였다. 학습과정 중에 자체 평가를 통해 학생들의 영어 학습 진척도를 실시한 결과, 다양한 특성이 발견되었다.

Y사에서는 두 가지의 학습방법으로 학습한 학생들의 영어성적의 확률분포가 동일한지의 검증을 통해 향후 국내 영어 학습시장에 적용할 학습방법을 채택하여 시장점유율을 높이고자 하는 목적을 가지고 있었으며 이러한 목적을 가지고 U 테스트를 실시한 결과, 국내 학자들에 의해 개발된 학습방법을 활용하는 것이 학생들의 영어 학습에 보다 효율적이고 반복적인 학습방법이 보다 큰 효과를 보는 것으로 나타났다. Y사는 이 방법을 활용하여 영어 학습 시장에서 큰 성과를 보고 있다.

(자료원: 이명식, 최천규, 구자룡(2004), 마케팅리서치, 형설출판사)

두 개의 다른 독립적인 표본의 비모수검증(nonparametric tests)은 중앙값(median) 검증과 콜모고로프-스미르노프(Kolmogorov-Smirnov) 검증방법을 통해 검증할 수 있다. 두 개 표본의 중앙값 검증은 두 개의 집단이 동일한 중앙값을 갖는 모집단으로부터 추출되었는지를 결정하기 위한 것이다. 이러한 두 가지 방법은 순위 데이터가 아닌 중앙값과 관련된 측정의 위치만을 사용하기 때문에 만-휘트니 U 테스트(Mann-Whitney U test)와 같이 강력한 검증력을 제공하지는 못한다. 콜모고로프-스미르노프 두 집단 검증은 2개 집단의 분포가 동일한지를 검증하는 것이다.

(3) 대응표본(Paired Samples)의 검증

대응 측정(paired observation)된 두 개 모집단의 위치의 차이를 검증하기 위한 비모수 검증방법 중 중요한 하나의 방법으로 윌콕슨 결합-대응부호-순위검증(Wilcoxon matched - paired signed - ranks test, 간략하게 윌콕슨 순위검증이라고도 함)방법이 있다. 이 검증방법은 대응으로 측정된 관찰값들의 차이를 분석하는 것으로 차이를 크기를 산출하는 것이다. 즉 대응변수와 절대적인 순위차이간의 차이를 계산하는 것이다. 그 다음 단계로 정(正, +)의 순위와 부(負, -)의 순위를 합산하는 것이다. 검증통계량인 Z 값은 正의 순위(rank)와 負의 순위의 합으로부터 계산할 수 있다. 귀무가설하에서의 차이는 없으며 이때의 Z 값은 평균이 0이며 분산이 1인 표준정규분포를 갖는다. 이러한 검증방법은 앞에서 언급한 적이 있는 대응 t 검증(paired t test)과 같이 사용할 수 있다.

예를 들어 소비자들이 어떤 특정한 브랜드니 상점을 선택할 때 그 브랜드나 상점가 갖는 제공하는 구매과정에서의 서비스 품질을 보다 중시하는지 혹은 점포의 신용도나 인지도(awareness)를 보다 중시하는지를 결정하기 위해서는 윌콕슨 검증을 활용하면 된다. 이러한 의문을 해결하기 위해서는 변수에 대한 측정을 등간척도보다는 서열척도에 의해 자료를 수집하는 것이 보다 유용하게 활용할 수 있다. 또한 변수에 관한 통계적인 유의성 차이는 t 검증을 통해 확인하고, 검증하고자 하는 애용에 대한 최종결론은 대응 t 검증(paired t test)을 통해 할 수 있다.

활용사례

아로마테라피를 활용한 신제품 개발

20세기 후반에 접어들면서 정보통신기술의 급속한 발전은 인간생활에 있어 컴퓨터와 인터넷을 절대적인 생활의 한 부분으로 인식하게끔 만들었다. 이에 따라 현대인들의 삶의 질은 아직까지 상상해보지도 못한 그야말로 혁명과도 같이 변화되었으며 이제 컴퓨터와 인터넷을 활용한 무한한 정보통신기술의 편익을 향유하게 되었다. 그러나 이러한 과학기술의 발전은 인간의 삶을 보다 풍요롭고 편리하도록 만들었지만 그에 따른 심리적·육체적 피로를 더욱 가중시키는 아이러니를 가져오게 되었다. 이러한 컴퓨터와 인터넷에 중독되다시피 살아가는 현대인들의 정신적·육체적 스트레스는 인간의 생명까지도 위협할 정도로 매우 심각한 사회병리현상의 하나로 자리잡아가고 있다.

이원EDS(http://www.eoneinc.com)는 인간의 정신적·육체적 스트레스를 해소하는 아로마 테라피[8]라는 香 치료요법이 기원 전 3000년경부터 이집트에서 활용되어 왔다는 사실에 착안하여 디지털 기술과 인터넷을 활용한 "Digital 향 발현기(發現機)"를 개발하여 판매하고 있다. 향 발현기는 기존의 향기 마케팅 기법과 유사하지만 그 실현방법에 있어서는 전혀 다른 정보통신기술과 디지털 기술을 활용한다는 것이다. 예를 들어 여러분의 친구가 여러분에게 장미꽃 향기 정보를 담은 e-mail을 보내게 되면 여러분의 컴퓨터에 부착된 디지털 향 발현시스템이 이를 인식하여 컴퓨터 옆에 부착되어 있는 디지털 향 발현기에서 장미꽃 향기를 분출하도록 하는 시스템이다. 또한 여러분이 컴퓨터 게임을 하고 있을 때 디지털 향 발현시스템이 컴퓨터 시스템의 게임장면을 인식하여 화약냄새를 분사시켜 게임을 보다 현실감 있게 즐기도록 할 수도 있다. 이원EDS에서는 목걸이나 휴대폰에 걸거나 부착할 수 있는 디지털 향 발현기와 컴퓨터나 자동차 등에 부착할 수 있는 디지털 향 발현기 중 잠재고객들이 어떤 디지털 향 발현기를 선호할 것인지를 파악하여 제품을 개발하고자 시장조사를 한 실시하였으며, 측정된 데이터를 중심으로 윌콕슨 검증을 통해 잠재고객들이 선호하는 제품이 무엇인지를 파악한 결과 그다지 큰 차이는 없는 것으로 결론을 내렸다.

(자료원: 이명식, 최천규, 구자룡(2004), 마케팅리서치, 형설출판사)

8) 아로마 테라피(Aroma Therapy)란 기원 전 3000년경부터 자연 상태에서 향기오일을 추출하여 정신적 심리적인 질병을 치료하고, 질병의 예방수단으로 활용되는 향기치료요법임. 혹은 제3의 의료학으로 불리기도 하며, 최근에는 향기마케팅을 시작으로 마케팅 분야와 정신과 치료에 활용되는 방법임.

본 장의 앞에서 예시로 든 <와인 구입속성에 관한 사례>를 중심으로 연령에 따라 와인 제품 2개(대응 두 표본)에 대한 윌콕슨 부호검증을 실시하였다. 검증절차는 다음과 같다. 이를 위해 다음과 같은 가설을 설정할 수 있다.

귀무가설(H_0) : 와인A와 와인B에 대한 소비자 선호도 평가는 차이가 없을 것이다.

대립가설(H_1) : 와인A와 와인B에 대한 소비자 선호도평가는 차이가 있을 것이다.

① "예제 데이터-비모수검증(대응두표본).sav" 파일을 불러온다.

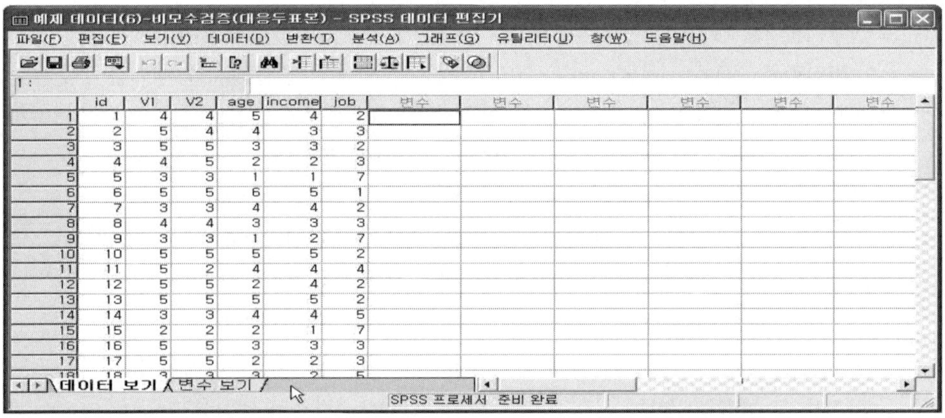

② 메뉴에서 [분석 > 비모수 검정 > 대응 2-표본(L)]을 선택한다.

③ 변수란에서 윌콕슨검증을 실시할 '와인A(브랜드A)'와 '와인B(브랜드B)'을 선택하여 [검정 대응변수(T)]로 이동시킨 다음 [확인] 버튼을 누른다. 기술통계량을 원할 경우 [옵션(O)] 버튼을 눌러 설정하면 된다.

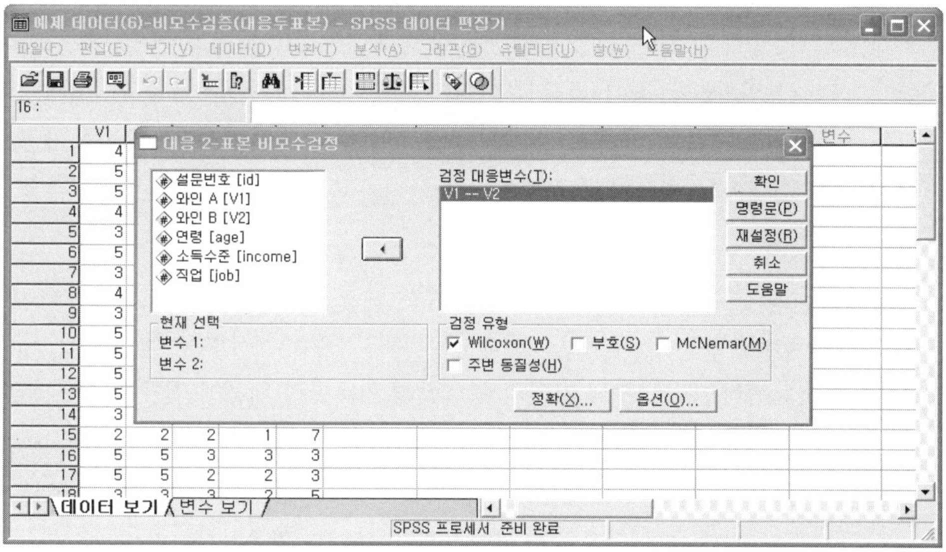

④ 분석된 결과는 다음과 같다.

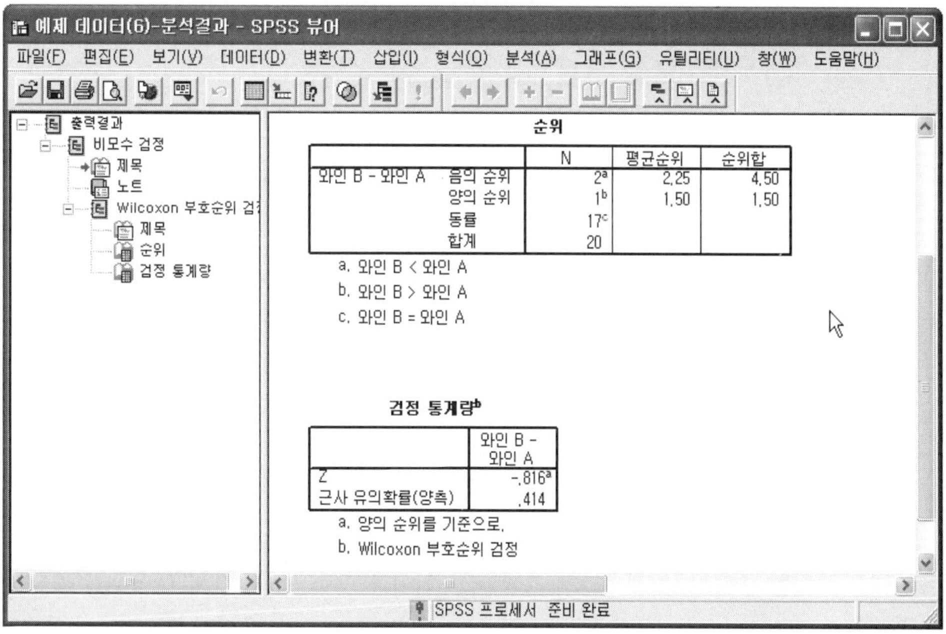

분석결과를 해석해 보면 와인B보다 와인A를 더 좋아하는 응답자는 2명이고 와인A보다 와인B를 좋아하는 응답자들은 1명으로 나타나고 있다. 동률로 좋아하는 응답자는 17명이었다.

와인A와 와인B의 소비자 선호도에 차이가 없을 것이라는 귀무가설을 검증하기 위한 검정 통계량을 보면 Z 값이 -0.816이고 이에 대한 p-value(유의확률)는 0.414로 귀무가설이 지지되었다. 즉 와인A와 와인B의 소비자 선호도에 차이가 없다는 것을 의미하는 것이다. 따라서 차이가 없을 것이라는 귀무가설이 지지되고 차이가 있을 것이라는 대립가설은 기각되었다.

대응표본의 비모수검증방법의 또 다른 하나로 부호검증(符號檢證, sigh test)방법을 들 수 있다. 부호검증기법은 계산된 차이의 크기에 관계없이 단순히 대응변수의 차이의 부호만을 비교하기 때문에 윌콕슨 검증기법보다 강력한 검증력을 제공하지는 못한다. 또한 이항변수(binary variables)간의 비율의 차이를 검증하기 위해서는 맥네마르 검증(Mcnemar test)방법을 사용한다. 대체안으로서 카이스퀘어 검증을 활용하기도 한다.

6. 독립성 검증과 적합성 검증

어떤 현상에 대하여 수집된 자료가 명목척도(nominal scale)로 측정되었을 때 두 변수간의 관계를 검증하는 방법으로 카이스퀘어검증(chi-square test)기법이 있다. 카이스퀘어검증기법은 두 변수간의 독립성검증(independence test)기법과 적합도검증(goodness of fit test)기법이 있다.

1) 독립성검증

독립성검증은 특정속성에 대하여 집단별로 어떤 차이가 있는지를 검증하기 위한 기법이다. 앞에서 예로 들었던 <와인 구입속성에 대한 사례>를 중심으로 카이스퀘어검증을 실시해보자. 이를 위해 다음과 가설을 설정할 수 있다.

귀무가설(H_0): 연령과 선호하는 와인원산지는 독립적이다(연령에 따라 와인의 원산지에 대한 선호형태는 다르지 않다).

대립가설(H_1): 연령과 선호하는 와인원산지는 독립적이지 않다(연령에 따라 와인의 원산지에 대한 선호형태는 다르게 나타난다).

독립성을 검증하기 위한 검증통계량은 다음과 같다.

$$\chi^2 = \sum_{i=1}^{n} \frac{[O_i - E_i]^2}{E_i} [df = (\text{행의 수} - 1) \times (\text{열의 수} - 1)]$$

여기에서 O_i는 i번째 셀의 관측빈도
E_i는 i번째 셀의 기대빈도

SPSS를 이용하여 독립성을 검증하는 절차는 다음과 같다.

① "예제 데이터(7)-비모수검증(독립성).sav"를 불러 온다.

② 메뉴에서 [분석 > 기술통계량 > 교차분석(C)]을 선택한다.

③ 교차분석 대화창이 뜨면 검증할 변수 "와인원산지"를 [행(O)]에, 비교할 집단변수 "연령"을 [열(C)]에 옮긴다. 그 다음으로 다양한 옵션 버튼 중 [정확(X)] 버튼을 클릭하면 [점근적 검정(A)]이 선택되어 있다. [계속] 버튼을 누른다.

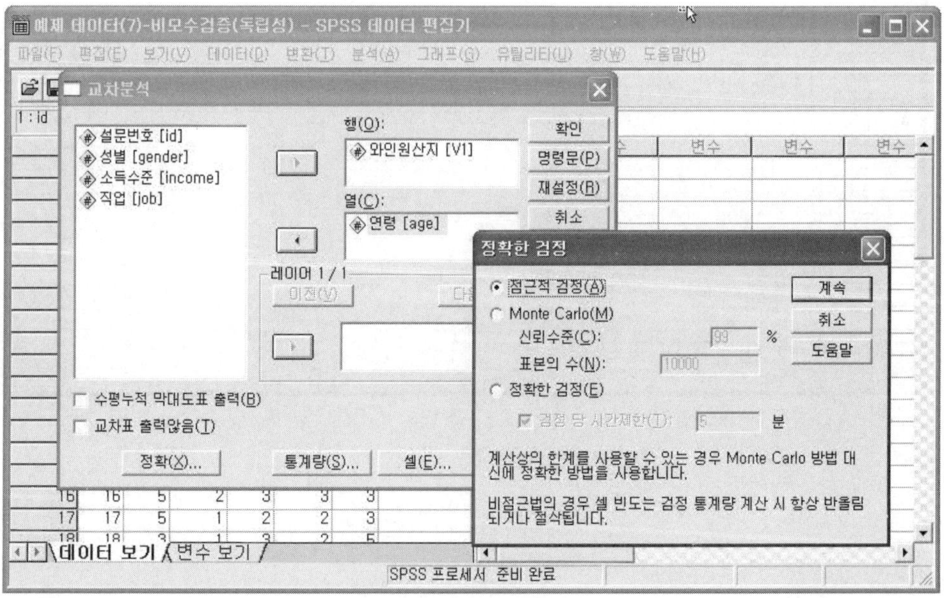

④ 그 다음으로 [통계량(S)] 버튼을 누른다. 대화상자에서 [카이제곱(H)], [분할계수(O)], [파이 및 크레이머의 V행렬(P)]을 선택하고 [계속] 버튼을 누른다.

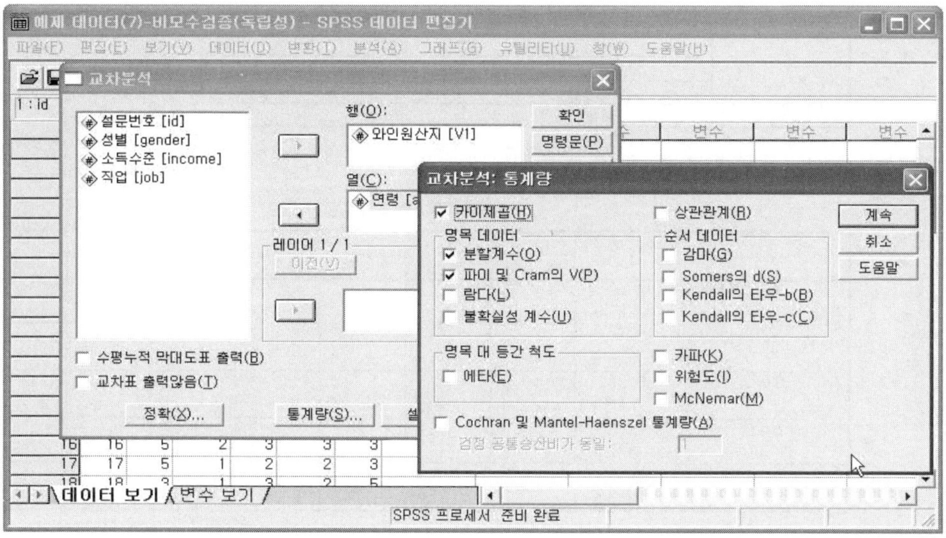

⑤ 다음으로 [셀(E)] 버튼을 클릭한다. [관측빈도(O)]는 기본적으로 선택되어 있으므로 [기대빈도(E)]를 선택한 다음 [계속] 버튼을 누른다.

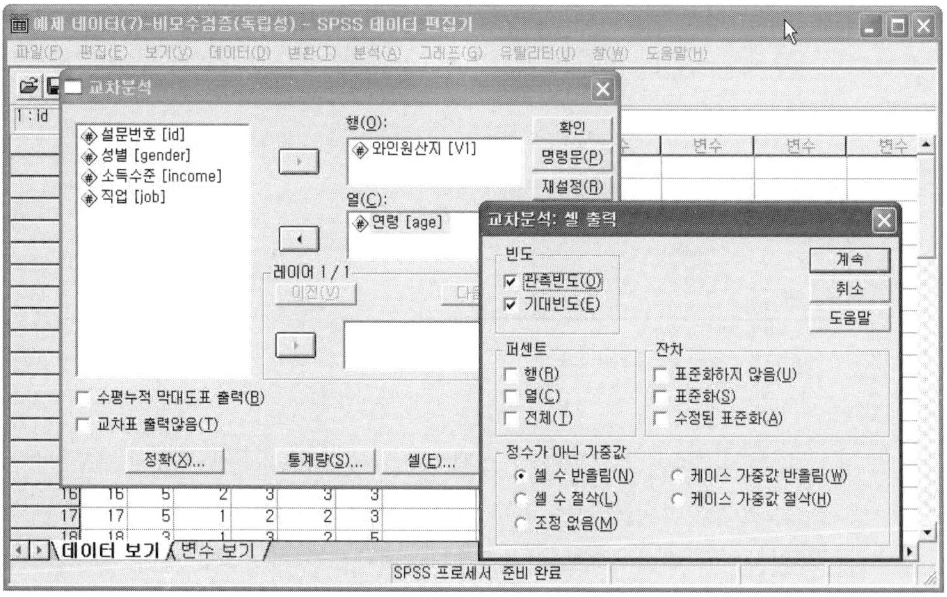

⑥ [확인] 버튼을 누르면 분석결과가 나타난다.

➡ 교차분석

케이스 처리 요약

	케이스					
	유효		결측		전체	
	N	퍼센트	N	퍼센트	N	퍼센트
와인원산지 * 연령	20	100,0%	0	,0%	20	100,0%

와인원산지 * 연령 교차표

			연령						전체
			20세 이하	21-30세	31-40세	41-50세	51-60세	61세 이상	
와인원산지	프랑스산 와인	빈도	0	3	0	0	0	0	3
		기대빈도	,3	,9	,6	,6	,5	,2	3,0
	캘리포니아산 와인	빈도	2	0	1	2	0	0	5
		기대빈도	,5	1,5	1,0	1,0	,8	,3	5,0
	이태리산 와인	빈도	0	1	1	0	1	0	3
		기대빈도	,3	,9	,6	,6	,5	,2	3,0
	페루산 와인	빈도	0	2	2	2	2	1	9
		기대빈도	,9	2,7	1,8	1,8	1,4	,5	9,0
전체		빈도	2	6	4	4	3	1	20
		기대빈도	2,0	6,0	4,0	4,0	3,0	1,0	20,0

카이제곱 검정

	값	자유도	점근 유의확률 (양측검정)
Pearson 카이제곱	19,111[a]	15	,209
우도비	21,183	15	,131
선형 대 선형결합	4,472	1	,034
유효 케이스 수	20		

a. 24 셀 (100,0%)은(는) 5보다 작은 기대 빈도를 가지는 셀입니다. 최소 기대빈도는 ,15입니다.

대칭적 측도

		값	근사 유의확률
명목척도 대 명목척도	파이	,978	,209
	Cramer의 V	,564	,209
	분할계수	,699	,209
유효 케이스 수		20	

a. 영가설을 가정하지 않음.

b. 영가설을 가정하는 점근 표준오차 사용

분석결과에서 보면 카이스퀘어(χ^2) 독립성 검증에 이용된 응답 케이스는 20개이며 결측치는 없는 것으로 분석된다. 그 다음의 <표>에는 와인원산지에 대한 선호도와 연령간의 교차표가 나타나고 있다. 빈도는 관측빈도(observed frequency)를 나타낸다.

연령에 따라 선호하는 와인의 원산지가 독립적일 것이라는 귀무가설을 검증하기 위한 카이제곱 검증통계량을 보면 Pearson의 카이제곱값이 19.111 이고 이 값의 p-value(유의확률)가 0.209로 귀무가설(H_0: 연령과 선호하는 와인원산지는 독립적이다)이 지지되었다. 결론적으로 선호하는 와인의 원산지는 연령과는 무관한 것으로 검증되었다. 이때 자유도는 x^2검증통계량에서 제시했듯이 (행의 수－1) × (열의 수－1)로서 (4－1) × (6－1)=3 × 5= 15 가 된다.

분할계수는 그 크기에 따라 두 변수간의 관계유무가 달라진다. 분할계수가 크면 클수록 두 변수의 관계는 크다고 할 수 있다. 일반적으로 분할계수가 0.01 이면 효과가 작은 것으로, 0.25이며 중간 정도의 관계로, 0.40 이상이면 효과의 크기가 큰 것으로 본다. 따라서 본 사례의 경우 분할계수가 0.699로 나타나 이를 기준으로 볼 때 두 변수의 관계는 크다고 할 수 있다.

지금까지 다양한 방법으로 설명한 모수 검증방법과 비모수 검증방법에 대한 기법을 종합적으로 정리하면 다음의 <표 9-17>과 같다.

|표 9-17| 가설검증기법의 요약표

표본유형	척도	활용방법	검증 및 설명
단일표본	비계량 척도 (Non-Metric)	분포의 활용	- K-S와 카이스퀘어(χ^2) 검증을 통해 적합도를 검증 - 연의 검증(run test)을 통해 무작위성 검증 - 이진변수의 적합도검증을 위한 이항분포검증
	계량척도 (Metric)	평균을 활용	- 분산을 알 수 없는 경우에는 t 검증 - 분산을 알 수 있는 경우에는 z 검증
	계량척도(Metric)	비율분포를 활용	- z 검증
2개의 독립된 표본	비계량 척도 (Non-Metric)	분포를 활용	- K-S 두 표본검증을 통해 두 표본분포의 동질성 검증
		비율분포를 활용	- z 검증 - 카이스퀘어 검증
		순위/중앙값을 활용	- 중앙값 검증보다 강력한 만-휘트니 U검증(U-test)을 실시
	계량척도 (Metric)	평균을 활용	- 두 집단에 대한 t 검증 - 분산의 동질성 검증을 위한 F 검증
대응분포	비계량 척도 (Non-Metric)	비율분포를 활용	- 이항변수를 이용한 맥네마르 검증 - 카이스퀘어 검증
		순위/중앙값을 활용	- 부호검증(sign test)보다 강력한 윌콕슨의 결합-대응순위 부호검증(Wilcoxon matched-pairs ranked-sign test)을 실시
	계량척도(Metric)	평균을 활용	- 대응 t 검증

활용사례

고전적 가설검증방법

통제하려고 하는 α 위험수준을 미리 정하여 가설검증 하는 방법을 고전적 방법이라고도 한다. 그러나 이러한 고전적 방법에는 몇 가지의 문제가 있다.

첫 번째는 $p(H_0:\mu) + p(H_1:\mu) = 1$이므로 α 값을 작게 할수록 반대로 β 값이 커진다는 점이다. 이러한 내용을 재판에 비유하여 보자. 재판관은 피고가 무죄인 가설 귀무가설(H_0)과 유죄인 대립가설(H_1) 중 하나를 선택해야 하는 고민에 빠지게 된다. 만약 피고가 무죄임에도 불구하고 유죄로 판결을 내리게 되면 앞에서 설명한 바대로 Type I 오류(제1종 오류라고도 함)를 범하게 되고 반대로 피고가 유죄인데도 불구하고 무죄를 선고할 경우에는 Type II 오류(제2종 오류)를 범하게 된다.

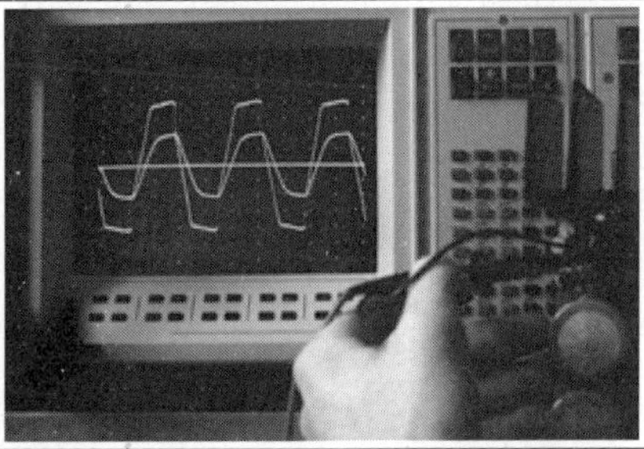

가설을 검증하는데 있어 전통적으로 활용된 p=0.05 수준을 습관적으로 따라갈 필요는 없다. 경우에 따라 0.1 혹은 보다 정밀하게 0.01의 수준으로 설정해도 무방하다.

재판의 불문율처럼 되어 있는 "유죄하는 확증이 없는 한 유죄판결을 내려서는 안된다."라는 원칙에 따라 재판을 하게 되면 α 의 위험은 아주 작아질 것이다. 그러나 이 때 β 의 위험은 아주 커진다는 사실에 유의할 필요가 있다. 즉 유죄인데도 불구하고 무죄로 석방될 확률이 그 만큼 커지게 되기 때문이다.

고전적 가설검증의 문제에 있어 두 번째는 의사결정자가 α 값을 미리 정해 놓은 다음 표본결과를 기초로 결론을 내리기 때문에 α 의 크기에 따라 결론이 달라진다는 것이다. 연구자의 주관적인 판단에 의존해 조사결과가 달라질 수 있다는 것을 의미하는 것이다. 오랜 관행의 하나로 학계에서는 95% 신뢰수준 하에서의 α =0.05 또는 99%의 신뢰수준 하에서의 α =0.01을 진리처럼 믿어 왔던 것이 사실이다. 그러나 반드시 그러할 필요는 없는 것이다. 따라서 이러한 주관적 관행을 더 이상 되풀이 하지 않기 위해서는 "귀무가설(H_0)을 채택한다."라는 단정적 표현보다는 "귀무가설(H_0)을 기각하지 않는다."라는 보다 유보적인 표현이 올바른 것이 아닌가 한다.

그러나 이와 같은 문제는 p 값을 이용한 가설검증을 지속하는 한 그리고 α 값을 임의로 정하는 문제가 없어지지 않는 한 계속적으로 문제시 될 수 있다. 따라서 마케팅 관리자나 의사결정자는 스스로 통계분석결과를 이해하고 업계 전반 혹은 제품이나 서비스의 특징적 상황을 인식한 연후에 의사결정을 하는 것이 바람직하며 무조건적인 p값의 맹신은 경계해야 할 것이다.

(자료원 : 김효석, "경상계열을 위한 통계학", 형설출판사, 1998)

Chapter

10

분산분석과 공분산분석

1. 분석방법간의 관계

분산분석 및 공분산분석은 통제되지 않는 독립변수의 영향을 고려한 뒤에 통제된 독립변수의 영향과 관련 있는 종속변수의 평균값의 차이를 조사하기 위해 사용된다. 본질적으로 분산분석은 둘 이상의 모집단에 대한 평균의 차이를 검증하는 분석방법이다.

예를 들어 소주를 많이 마시는 사람, 중간 정도 마시는 사람, 조금 정도 마시는 사람과 전혀 마시지 않는 사람들 간에 「참眞이슬露」 소주에 대한 선호도가 다른지에 대한 조사에 관심이 있어서 7점 리커트척도 상에서 측정한다고 가정해 보자. 네 개의 집단에 대하여 「참眞이슬露」의 선호도에 차이가 없을 것이라는 귀무가설을 설정하여 이들 집단 간의 차이를 분석할 수 있다. 이러한 분석이 분산분석이다.

가장 단순한 형식의 분산분석(analysis of variance; ANOVA)은 계량적인(등간 또는 비율척도) 자료로 측정된 종속변수와 한 개 이상의 비계량적인(범주형) 독립변수 또는 요인(factor)을 가진다. 여기서 오직 하나의 독립변수를 가지는 것을 일원분산분석(one-way ANOVA)이라고 하며 독립변수가 두 개인 경우에는 이원분산분석(two-way ANOVA)이라 한다. 세 개 이상의 독립변수가 사용되는 경우에는 다원분산분석(n-way ANOVA)이라고 한다.

참진이슬로 광고(www.jinro.co.kr)

집단이 2개 이상일 때 모집단 평균의 차이 검증

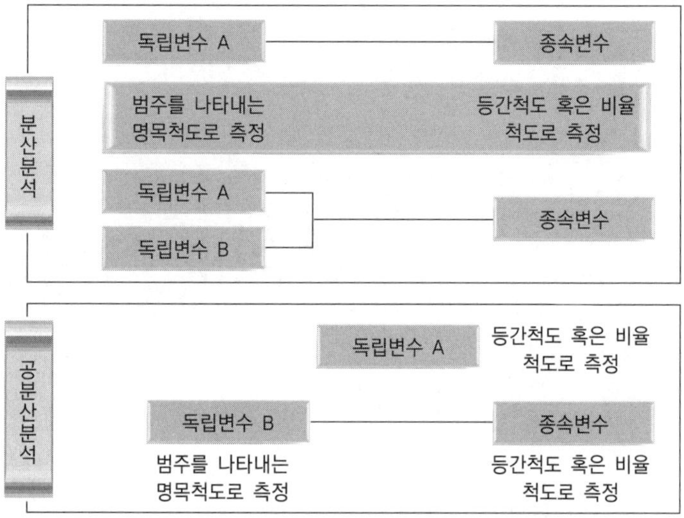

|그림 10-1| 분산분석과 공분산분석 비교

독립변수가 범주형 및 계량적인 변수 모두로 이루어진 경우 그 기법을 공분산분석(ANCOVA : ANalysis of COVAriance)이라고 한다. 예를 들어 조사자가 제품 사용 집단 및 충성도 집단의 선호도를 조사하여 주류에 대해 응답자들이 부여하는 술에 대한 태도 및 중요성을 고려할 경우 공분산분석이 필요하다. 두 변수는 7점 리커트 척도 상에서 측정된다. 이러한 경우 범주형 독립변수(제품사용 및 충성도)는 여전히 요인이라고 하며 반면 계량적 독립변수(술에 대한 태도 및 주류에 부여된 중요성)는 공분산(covariance)이라고 한다.

분산분석, t 검증 및 회귀분석과 같은 기타 기법의 관계가 <그림 10-2>에 정리해 놓았다. 이러한 기법은 모든 계량적 종속 변수를 포함한다. 분산 및 공분산분석은 2개 이상(제품 사용, 브랜드충성도, 태도, 중요성)의 종속변수를 포함할 수 있다. 적어도 독립변수 중의 하나는 범주형이어야 하며 범주형 변수는 3개 이상의 집단을 가지고 있을 수 있다. 한편 t 검증은 하나의 2진수 독립변수를 포함하고 있다. 예를 들어 충성도 그리고 비충성도 응답자의 선호도에서의 차이는 t 검증을 실시하여 검증될 수 있다.

분산 및 공분산분석과 같이 회귀분석도 2개 이상의 독립변수를 포함하고 있다. 회귀분석에서 독립변수는 2진수 또는 범주형 변수를 갖게 되는 경우도 있지만 궁극적으로 모든 독립변수는 등간척도나 비율척도로 측정되어야 한다. 만약 독립변수가 범주형 자료로 측정되었을 경우에는 더미(dummy)변수를 이용하여 분석해야 한다. 반면에 종속변수가 등간척도나 비율척도가 아닌 명목척도로 측정(특히 이분형(dichotomy) 척도)되었을 경우에는 로지스틱 회귀분석(logistic regression)을 실시한다.

|그림 10-2| t 검증, 분산분석, 공분산분석 그리고 회귀분석간의 관계

활용사례

중소기업 정보화 촉진을 위한 실증분석

21세기 지식정보 사회 구현을 위한 중소기업의 인트라넷 구축방안 기업들의 경쟁여건이 급변함에 따라 앞으로는 규모가 큰 대기업보다는 신축적이고도 탄력적인 중소기업이 유리해 질 것으로 전망됨에 따라 보다 새로운 중소기업의 시대가 요구된다. 이러한 시대적 요구에 부흥하기 위해서는 기업의 정보화가 필수적이라고 할 수 있겠다. 중소기업 정보화의 한 방안으로 최근 인트라넷의 붐이 일어나고 있다. 따라서 본 연구는 중소기업 정보화에 대한 전반적 현황을 고찰해 보고 중소기업 정보화의 한 방안인 인트라넷의 인지도, 만족도, 이용도

활용사례

를 빈도분석, 교차분석, T-test 그리고 분산분석을 이용한 실증분석을 통해 살펴보았다.

실증분석의 결과를 요약하면 인지도 분석에서는 전체 316개 업체 가운데 과반수가 훨씬 넘는 278개 업체가 인트라넷을 알고 있는 것으로 나타나 인트라넷의 인지도는 대체적으로 높은 것으로 나타났다. 이러한 실증분석의 결과를 토대로 인트라넷을 활성화하고 인트라넷 구축의 장애요인 해결을 통한 바람직한 인트라넷 구축 방안을 제시하였다. 우선 기업 내부적 추진 전략으로는 첫째, 회사의 특성에 맞는 인트라넷을 구축하고 둘째, 구성원 및 경영자의 정보화 마인드 고취 셋째, 인트라넷의 효과적인 보안방안 수립 넷째, 인트라넷 구축을 위한 풍부한 자금 확보방안이다.

또 기업 외부적 추진 전략으로는 효율적인 정보화 지원자금 마련, 정보화 전문 인력의 육성, 정보시스템 구축방법의 변화 등이다. 중소기업은 대기업에 비해 자금이나 조직면에서 작고 약하다고 하지만 기능성·신축성·창의성 등에서 유리하다. 다품종소량생산과 정확하고 짧은 납기 그리고 개별 고객에 대한 직접 서비스 제공 등은 당연히 중소기업이 대기업보다 잘 할 수 있는 것들이다. 따라서 중소기업은 중소기업다워야 한다. 끊임없는 변화를 시도하는 혁신자, 변화의 주체자가 되어야 한다. 그러려면 새로운 업무방식과 조직 구조를 지원하지 위한 정보시스템과 네트워크가 구축될 수 있으며 이러한 하부조직 구조위의 새로운 기업 경영의 새로운 시스템이 가동하게 된다.

(자료원 : 매일경제, 1999.10.21.)

2. 일원분산분석(One-Way ANOVA)

마케팅 연구자들은 종종 단일 독립변수의 몇 가지 집단 또는 요인에 대한 종속변수의 평균값의 차이를 조사하는데 관심을 가지고 있다.

- 다양한 세분집단에 따라 제품의 소비량이 다른가?
- 여러 광고에 노출된 집단 간에 브랜드에 대한 평가가 서로 다른가?
- 유통 정책에 대한 소매상, 도매상, 그리고 대리점 등의 태도는 차이가 있는가?
- 어떤 브랜드의 가격 수준이 다를 때 소비자의 구매 의도는 다양한가?

■ 소비자의 점포에 대한 친숙도에 영향을 주는 것은 무엇인가?

이러한 혹은 이와 유사한 질문에 대한 해답은 일원분산분석을 실시하여 확인할 수 있다. 방법을 설명하기에 앞서 일원분산분석과 관련된 중요한 통계량(statistics)을 정의해 보자.

1) 일원분산분석과 관련된 주요 통계량

- 에타자승(eta², η^2) : Y(종속변수)에 대한 X(독립변수 또는 요인)의 영향의 힘은 eta²에 의해 측정된다. η^2의 값은 0과 1 사이에서 정의된다.
- F 통계량(F statistics): 집단 평균은 모집단에서 동일하다는 귀무가설은 X와 관련 있는 평균자승과 오차와 관련 있는 평균자승의 비율에 기초한 F 통계량에 의해 검증된다.
- 자승평균(mean square): 이것은 적절한 자유도에 의해 나누어진 자승합(sum of squares)이다.
- 집단 간 분산($SS_{between}$): SS_x로 표시되는데 이것은 X의 집단 평균에 있는 분산과 관련 있는 Y에 있는 분산이다. 이것은 X의 집단 간의 분산 또는 X와 관련 있는 Y에 있는 자승의 합의 일부를 나타낸다.
- 집단 내 분산(SS_{within}) : SS_{error}로 표시되는데 이것은 각각의 X집단 이내에 있는 분산 때문에 Y에 있는 분산이다. 이 분산은 X에 의해 설명되지 않는다.
- 전체 분산(SS_y) : 이것은 Y에 대한 전체 분산이다.

활용사례

복권 구매량에 따른 복권브랜드 선호도

복권은 준조세로 기금조성이 목적이지만 소비자는 그런 목적보다는 행운과 사행심 조장이라는 양면적인 특성을 가지고 있는 상품이다. 새로운 복권발행자의 진입과 새로운 형태의 복권서비스(인터넷복권)가 실시되면서 복권소비자의 소비행태도 다양해지고 있다. 하지만 복권소비자의 행태에 대한 사전지식이 없었던 하이홈의 배팀장은 고민에 빠졌다. 서베이를 통하여 소비자들의 특성과 소비행태를 조사하였는데 과연 소득수준에 따라 복권구매량이 어떻게 차이가

활용사례

복권은 경기상황이나 경제상황, 그리고 상금액에 따라 매출이 크게 달라지는 특성을 가지고 있다.

나는지 자못 궁금해졌다. 이를 고민하다가 전부터 알고 지내던 마케팅 컨설턴트의 도움을 받기로 하였다. 이에 대해 그 컨설턴트는 이것을 해결할 수 있는 방법이 있는데, 그것은 다름 아닌 집단 간의 평균 차이를 검증하는 분산분석이라고 알려주었다.

다시 말해 소비자의 소득수준(고소득층, 중산층, 저소득층)에 따라 복권 구매량에 차이가 나는지를 검증하는 일원분산분석, 그리고 소득수준과 연령대(20대, 30대, 40대)에 따라 복권 구매량에 차이가 나는지를 검정하는 이원분산분석을 수행하면 소비자 집단에 따른 차이가 있는지 검증할 수 있다는 것이다.

(자료원: 이명식, 최천규, 구자룡(2004), 마케팅리서치, 형설출판사)

2) 일원분산분석의 실시

일원분산분석이란 두 개 이상의 독립된 집단 간의 평균의 차이를 검증하는데 활용되는 기법이다. 이때의 검증 통계량은 F값을 활용하며 독립변수가 1개인 분산분석을 일원분산분석(一元分散分析)이라 한다. 독립변수는 집단으로 나타나야 하기 때문에 범주를 나타내는 명목척도로 측정되어야 하고 종속변수는 평균을 포함하는 척도이어야 하기 때문에 등간척도나 비율척도로 측정되어야 한다.

분산분석을 실시하기 위한 전체조건으로는 각각의 모집단이 정규분포를 이루고 분산이 동일하다는 가정을 전체로 한다. 이때 분산의 동질성을 검증하는 통계량은 Levene의 검증통계량을 활용한다.

일원분산분석을 실시하기 위한 절차는 <그림 10-3>에 나와 있다. 이것은 종속 및 독립변수를 식별하는 것을 포함하고 있으며 전체 변동 분해, 효과 측정, 유의성 검증 및 결과 해석의 단계를 거친다. 이러한 단계를 세부적으로 살펴보고 응용 사례를 가지고 설명한다.

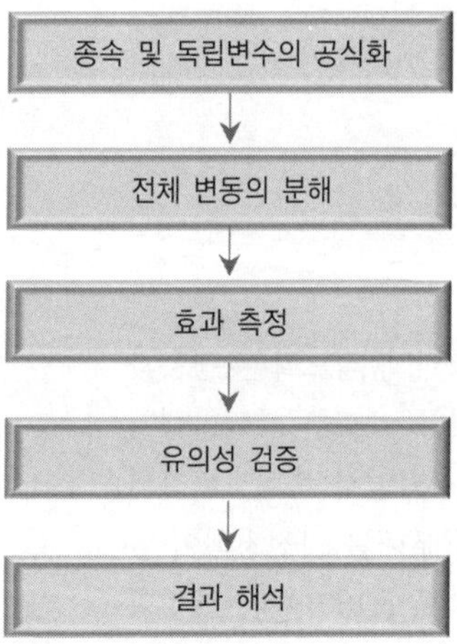

|그림 10-3| 일원분산분석의 절차

(1) 종속 및 독립변수의 공식화

종속변수는 Y로 독립변수는 X로 표시하며 X는 c 집단을 가지는 범주형 변수이다. <표 10-1>에 나타난 바와 같이 각각의 X의 집단에 대해 Y에 관한 n관찰치가 있다. 여기서 X의 각각의 집단에 있는 표본크기는 n이며 전체 표본크기는 N= $n \times c$ 이다. 단순화시키기 위해 X의 집단에 있는 표본크기(집단크기)가 동일하다고 가정할지라도 이것은 필요조건은 아니다.

|표 10-1| 전체 변동의 분해 : 일원분산분석

	독립변수		X				
	집단들					전체표본	
	X1	X2	X3	.....	X_c		
집단 내 분산= SS_{within}	y1 y2 . . yn	y1 y2 yn	y1 y2 yn	....	y1 y2 yn	Y1 Y2 . . YN	전체 분산 $=SS_y$
집단평균	y1	y2	y3	.....	yc	Y	

집단 간 분산= $SS_{between}$

(2) 전체 변동 분해

평균간 차이를 조사할 때 일원분산분석은 종속변수에서 관찰되는 전체 변동 분해를 포함하고 있다. 이러한 변동(variation)[1]은 평균(SS)을 수정하는 자승합(sum of squares)에 의해 측정된다. 분산분석은 표본(종속변수)에서의 변이성(variability) 또는 분산(variance)을 조사하기 때문에 그렇게 이름 지어졌다. 그리고 변이성에 기초하여 모집단 평균이 다르다고 믿을 만한 충분한 이유가 있는지를 결정한다.

Y에서의 전체 변동(total variation)은 SS_y로 표시되고 두 가지 구성요소

---

1) 변동(variation)과 분산(variance)은 엄밀한 의미에서는 차이가 있으나 경우에 따라서는 구분하지 않고 사용하는 경우도 있으며, 본서에서는 구분이 필요한 경우에 한해 구분하고 그렇지 않는 경우에는 동일한 의미로 사용한다. 분산은 평균으로부터 흩어진 정도를 나타내며, 변동은 그 흩어진 변화의 양을 말한다.

로 분해될 수 있다.

$$SS_x = SS_{between} + SS_{within}$$

이때 아래첨자 between과 within에는 X의 집단을 나타낸다. $SS_{between}$은 독립변수 또는 요인 X와 관련 있는 Y에 있는 자승합 부분이다. 이러한 이유로 인해 $SS_{between}$은 SS_x로 표시된다. SS_{within}은 X의 각각의 집단 내에 있는 분산과 관련 있는 Y에 있는 분산이다. SS_{within}은 X로 설명되지 않는다. 그러므로 SS_{error}로 표시된다. Y에 있는 전체 분산은 다음과 같이 분해될 수 있다.

$$SS_y = SS_x + SS_{error}$$

그래서

$$SS_y = \sum_{i=1}^{N}(Yi - \overline{Y})^2$$

$$SS_x = \sum_{j=1}^{c} n(\overline{Yj} - \overline{Y})^2$$

$$SS_{error} = \sum_{j}^{c}\sum_{i}^{n}(Yij - \overline{Yj})^2$$

Yi = 개별 관찰치
$\overline{Yj}$ = j번째 집단의 평균
$\overline{Y}$ = 전체 표본의 평균(총평균)
Yij = j번째 집단의 i번째 관찰치

분산분석에서는 집단 내(SS_{within}) 및 집단 간($SS_{between}$) 변동을 측정할 수 있다. 집단 내의 변동은 집단 내 관찰치 Y값이 얼마나 달라지는가의 척도이다.

이것은 모집단에서 집단 내 분산을 평가하는데 사용되어 진다. 모든 집단이 모집단에서 동일한 변동을 가지는 것으로 가정한다. 그러나 모든 집단이 동일한 평균을 갖는지 모르기 때문에 모든 관찰치의 분산을 함께 계산할 수 없다. 각 집단의 분산은 독립적으로 계산되어야 하고 평균(average) 또는 전체(overall) 분산으로 조합되어 진다.

마찬가지로 Y값의 분산의 추정은 평균 사이의 변동을 조사함으로서 얻어질 수 있다. 만약 모집단 평균이 모든 집단들에서 동일하다면 표본평균에서의 변동과 표본집단들의 크기들은 Y의 분산을 추정하는데 사용되어질 수 있다. Y 분산의 이러한 추정의 합리성은 귀무가설이 참인지에 달려 있다. 만약 귀무가설이 참이고 모집단 평균이 동일하다면 집단 간 변동이 참이라는 기초 하에서 Y 분산을 추정한다. 반면에 집단들이 모집단에서 다른 평균을 가진다면 집단 간 변동에 기초하여 추정한 분산이 지나치게 커질 것이다. 이렇게 집단 간 분산과 집단 내 분산에 기초한 Y 분산 추정치를 비교함으로서 귀무가설을 검증할 수 있다. 이런 식으로 전체 변동의 분해 역시 우리로 하여금 Y에 대한 X의 효과를 측정할 수 있게 한다.

(3) 효과 측정

Y에 있어서 X의 영향은 SS_x에 의해 측정된다. SS_x는 X 집단의 평균에 있어서의 분산과 관련되어 있기 때문에 SS_x의 상대적 크기(magnitude)는 X 집단의 증가에서 Y 평균 사이의 차이만큼 증가한다. SS_x의 상대적 크기는 또한 X 집단의 감소에서 Y 분산만큼 증가한다. Y에 있어 X의 영향의 강도는 다음과 같이 측정되어 진다.

$$\eta^2 = \frac{SS_x}{SS_y} = \frac{(SS_y - SS_{error})}{SS_y}$$

η^2의 값은 0과 1사이로 변한다. 모든 집단 평균이 동일할 때 X가 Y에 아무런 영향이 없다는 것을 표시함으로서 0의 값을 가정한다. X의 각 집단 내 변이성이 없지만 집단 사이에 어떤 변이성이 있을 때 η^2의 값은 1이 될 것이다. 그래서 η^2은 독립변수 X에 의해 설명되어진 Y 변동의 측정치이다. 즉 Y에 대한 X의 영향을 측정할 수 있을 뿐만 아니라 유의성 검증도 할 수 있다.

(4) 유의성 검증

일원분산분석에서 주요 관심은 집단 평균이 모집단에서 동일하다는 귀무가설을 검증하는데 있다. 즉

$$H_0 = \mu_1 = \mu_2 = \mu_3 = \cdots = \mu_c$$

귀무가설 하에서 SS_x와 SS_{error}는 변동의 같은 원천으로부터 나온다. 그런 경우 Y의 모집단 분산의 추정치는 집단 간 분산 또는 집단 내 분산에 기초할 수 있다.

다른 말로 Y의 모집단 분산의 추정치는

$$\begin{aligned} Sy^2 &= \frac{SSx}{c-1} \\ &= X\text{에기인한자승평균} \\ &= MSx \end{aligned}$$

혹은

$$\begin{aligned} S_y^2 &= \frac{SS_{error}}{N-c} \\ &= error\text{에기인한자승평균} \\ &= MS_{error} \end{aligned}$$

귀무가설은 이러한 두 개의 추정치 사이의 비율에 기초한 F 통계량에 의해 검증될 수 있다.

$$F = \frac{SS_x/(c-1)}{SS_{error}/(N-c)} = \frac{MS_x}{MS_{error}}$$

이러한 통계량은 (c-1)과 (N-c) 자유도(df)가 있는 F 분포[2)]를 따른다. F 분포는 표본 분산의 비율에 대한 확률 분포이다. 분자에 대한 자유도 및 분모에 대한 자유도에 의해 특성이 나타난다.

(5) 결과 해석

동일 집단 평균의 귀무가설이 기각되지 않을 경우 독립변수는 종속변수에 대해 유의성 효과를 가지지 못한다. 반면에 귀무가설이 기각될 경우 독립변수의 효과는 유의성이 있다. 즉 종속변수의 평균값은 독립변수의 다른 집단과는 다르다. 집단 평균값을 비교하면 독립변수의 영향의 특징을 알 수 있다.

---

2) F 분포의 표는 책의 끝 부분에 있는 부록의 통계표에 나와 있다.

3) 일원분산분석의 적용

일원분산분석의 개념을 이해하기 위해 먼저 손으로 직접 계산하는 예를 가지고 설명하고자 한다. 예를 들어 할인점에서 매출(Y)에 영향을 미치는 할인쿠폰의 효과를 알아보고자 한다. 할인쿠폰은 3개의 수준(고, 중, 저)으로 설정한다. 15개의 할인점을 무작위적으로 할당하고 실험 조건인 할인쿠폰의 수준에 따라 각각 5개씩 무작위로 할당한다. 실험은 1개월간 실시한다. 할인점의 규모와 교통 조건 등의 외생변수들은 표준화시키고 집계된 매출은 7점 척도로 변환시킨다. 획득된 자료는 <표 10-2>와 같다. 귀무가설은 집단 간의 평균이 동일하다는 것이다.

$$H_0 : \mu_1 = \mu_2 = \mu_3$$

귀무가설을 검증하기 위해 다양한 자승합을 계산하면 다음과 같다.

|표 10-2| 매출액에 대한 할인쿠폰의 효과

구 분		할인쿠폰의 수준		
		고	중	저
할인점	1	7	5	4
	2	5	4	3
	3	4	3	5
	4	6	5	1
	5	3	3	2
집단 평균 :		25/5 = 5	20/5 = 4	15/5 = 3
전체 평균		= (25+20+15)/15 = 4		

$$\begin{aligned} SS_y &= (7-4)^2+ (5-4)^2+ (4-4)^2+ (6-4)^2+ (3-4)^2+ \\ &\quad (5-4)^2+ (4-4)^2+ (3-4)^2+ (5-4)^2+ (3-4)^2+ \\ &\quad (4-4)^2+ (3-4)^2+ (5-4)^2+ (1-4)^2+ (2-4)^2 \\ &= 9 + 1 + 0 + 4 + 1 + 1 + 0 + 1 + 1 + 1 + 0 + 1 + 1 + 9 + 4 \\ &= 34 \end{aligned}$$

$$\begin{aligned} SS_x &= 5(5-4)^2+ 5(4-4)^2+ 5(3-4)^2 \\ &= 5 + 0 + 5 \\ &= 10 \end{aligned}$$

$$SS_{error} = (7\text{-}5)^2 + (5\text{-}5)^2 + (4\text{-}5)^2 + (6\text{-}5)^2 + (3\text{-}5)^2 +$$
$$(5\text{-}4)^2 + (4\text{-}4)^2 + (3\text{-}4)^2 + (5\text{-}4)^2 + (3\text{-}4)^2 +$$
$$(4\text{-}3)^2 + (3\text{-}3)^2 + (5\text{-}3)^2 + (1\text{-}3)^2 + (2\text{-}3)^2$$
$$= 4 + 0 + 1 + 1 + 4 + 1 + 0 + 1 + 1 + 1 + 1 + 0 + 4 + 4 + 1$$
$$= 24$$

즉 전체 분산은

$$SS_y = SS_x + SS_{error}$$

이므로 다음과 같다.

$$34 = 10 + 24$$

따라서 Y에서 X에 대한 효과의 강도는 다음과 같이 측정된다.

$$\eta^2 = \frac{SSx}{SSy} = \frac{(SSy - SSerror)}{SSy}$$
$$= 10/34 = .294$$

다시 말해 매출액(Y)에서 변동의 29.4%가 할인쿠폰(X)에 의해 계산된다. 귀무가설은 검증하면 다음과 같다.

$$F = \frac{SSx/(c-1)}{SSerror/(N-c)} = \frac{MSx}{MSerror}$$
$$F = \frac{10/(3-1)}{24/(15-3)}$$
$$= 2.5$$

F분포에서 2와 12의 자유도를 갖는 F 임계값은 α =.05 수준에서 3.89이다. F의 계산된 값은 임계값보다 작기 때문에 집단 간의 평균이 동일하다는 귀무가설을 기각하지 못하게 된다. 즉 할인쿠폰의 수준을 달리한 모집단의 평균이 집단 간에 매출에 미치는 영향에 대한 차이가 없다는 것이다.

제 9장에서 사례로 들었던 <와인 구매속성에 관한 사례>를 활용하여 분산분석을 실시해 보면 다음과 같다. 범주형으로 측정된 연령특성을 독립변수로 하고 등간척도로 측정된 와인의 브랜드를 종속변수로 하여 연

령에 따라 와인의 브랜드를 중시하는 정도에 차이가 있는지를 검증하고 자 한다. 이때 귀무가설과 대립가설은 다음과 같이 설정된다.

귀무가설(H_0): 연령에 따른 와인 브랜드에 대한 중요성 평가에 차이가 없을 것이다.

대립가설(H_1): 연령에 따른 와인 브랜드에 대한 중요성 평가에 차이가 있을 것이다.

SPSS를 이용하여 일원분산분석을 실시하는 절차는 다음과 같다.

① "예제 데이터(8)-일원분산분석.sav"를 불러 온다.

② 메뉴에서 [분석 > 평균비교 > 일원배치 분산분석(O)]을 선택한다.

③ 대화상자에서 [종속변수(E)]에 등간척도로 측정된 "브랜드"를 이동시키고 [요인(F)]에 "연령"을 이동시킨다.

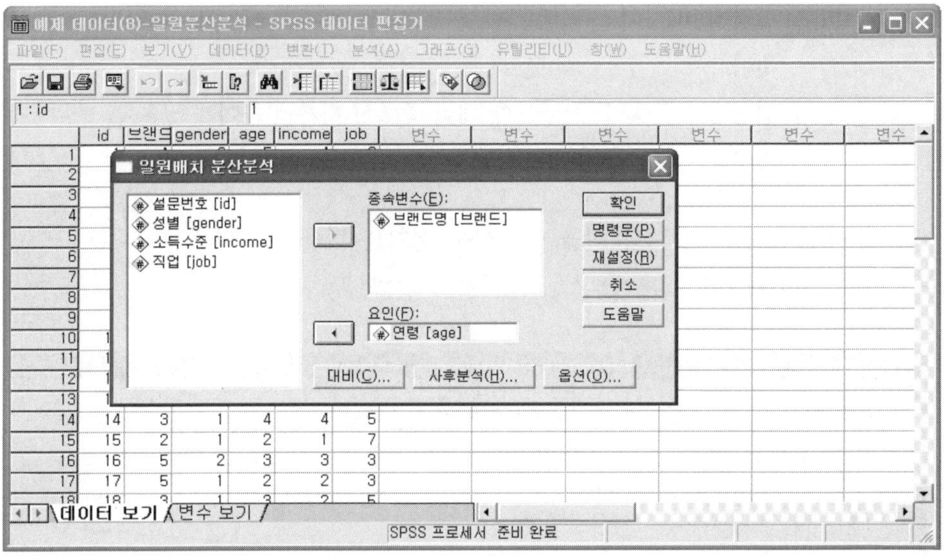

④ [대비(C)]버튼을 클릭하고 [다항식(P)]을 선택한다. 그렇게 하면 기본적으로 "1차"로 설정된 [차수(D)]가 활성화된다. 그런 다음 [계속] 버튼을 누른다.

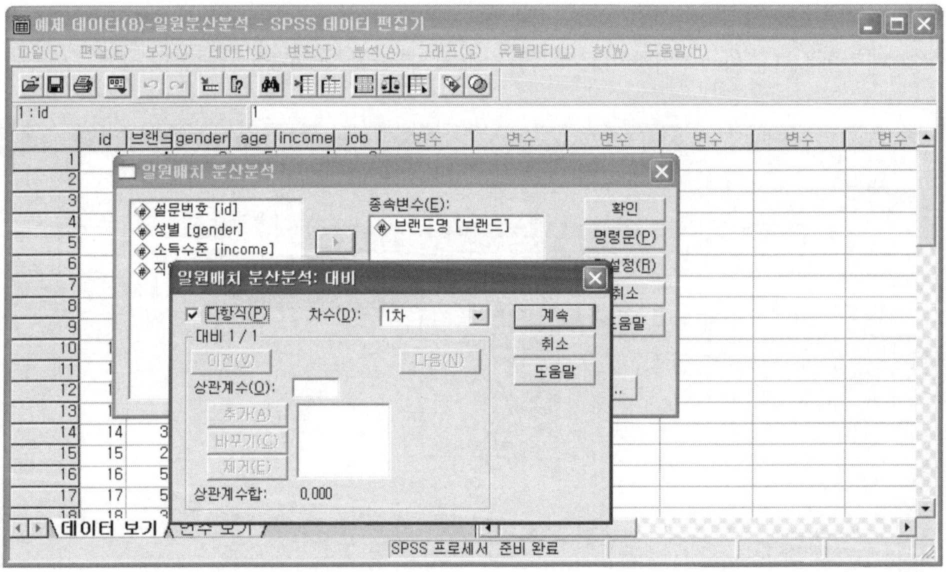

⑤ [사후분석(H)] 버튼을 누른 후 [Scheffe(C)]를 선택하고 [계속] 버튼을 누른다.

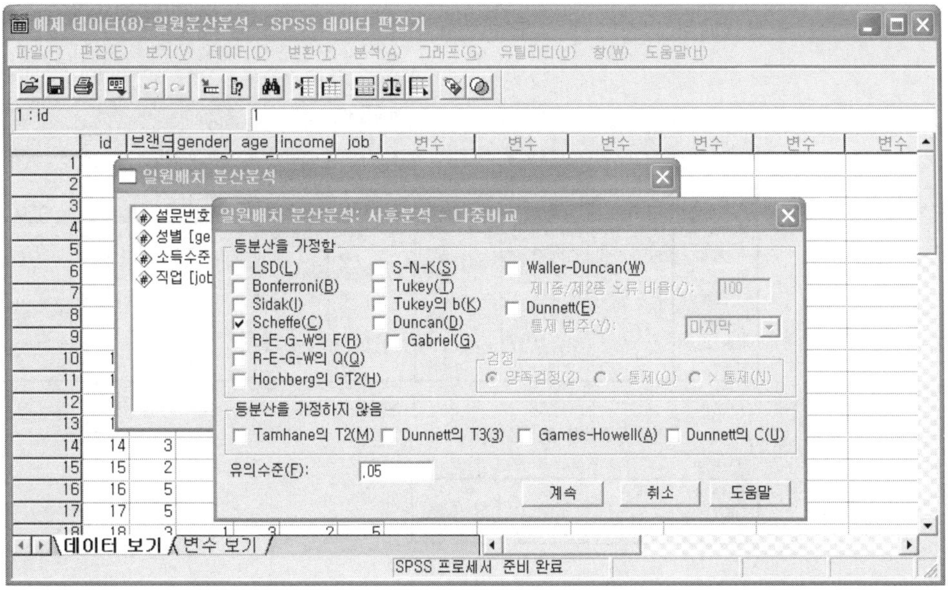

⑥ [옵션(O)] 버튼을 누른 후 [기술통계(D)]와 [분산의 동질성(H)]을 선택한 후 [계속] 버튼을 누른다.

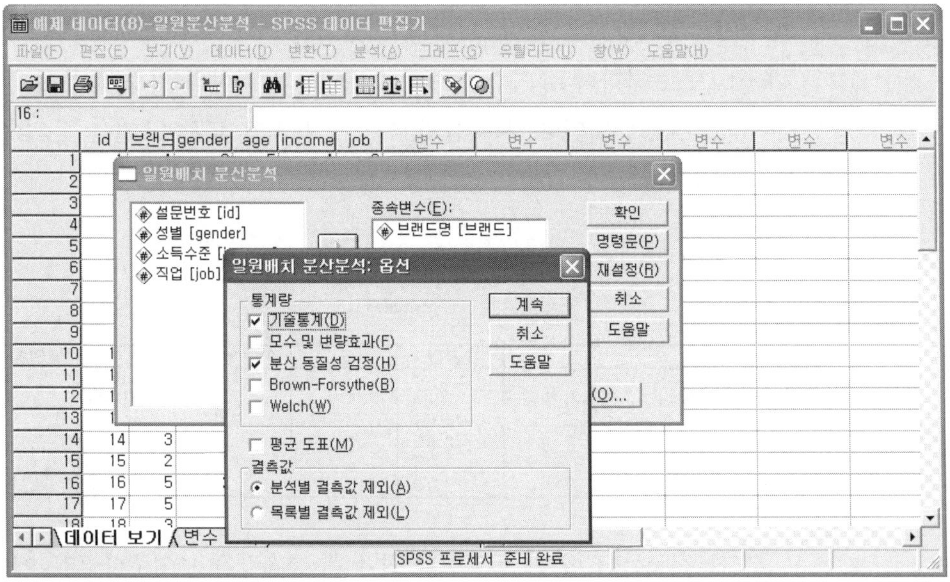

⑦ 분석결과는 다음과 같다.

▶ 기술통계량과 분산에 대한 동질성 검증결과

➜ 일원배치 분산분석

기술통계

브랜드명

	N	평균	표준편차	표준오차	평균에 대한 95% 신뢰구간 하한값	평균에 대한 95% 신뢰구간 상한값	최소값	최대값
20세 이하	2	3.50	.707	.500	-2.85	9.85	3	4
21-30세	5	3.20	1.643	.735	1.16	5.24	2	5
31-40세	4	4.00	.816	.408	2.70	5.30	3	5
41-50세	4	3.50	1.000	.500	1.91	5.09	3	5
51-60세	3	4.67	.577	.333	3.23	6.10	4	5
61세 이상	2	4.50	.707	.500	-1.85	10.85	4	5
합계	20	3.80	1.105	.247	3.28	4.32	2	5

분산의 동질성에 대한 검정

브랜드명

Levene 통계량	자유도1	자유도2	유의확률
3.905	5	14	.020

각각의 연령층에 따른 기술통계량(빈도수, 평균, 표준편차 등)이 산출되어 있다. 또한 분산의 동질성 검증결과가 나타나 있다. 분산분석에서는 모집단의 분산이 동일하다는 전제하에 분석을 실시하는데 이때 모집단의 분산의 동질성을 검증하는 검증방법으로 Levene의 통계량을 사용한다. Levene의 통계량이 3.905로 나타나고 있으며 이에 대한 p-value(유의확률)가 0.02으로 나타나 유의수준 0.05 수준에서 등분산의 가정에 문제가 있는 것으로 검증되었다. 등분산의 가정에 문제가 없는 조건은 유의수준 p-value(유의확률)가 0.05 이상일 경우에 해당된다.

▶ 분석 분석표

분산분석

브랜드명

			제곱합	자유도	평균제곱	F	유의확률
집단-간	(조합됨)		5.733	5	1.147	.919	.497
	선형항	가중되지 않음	2.614	1	2.614	2.095	.170
		가중됨	3.451	1	3.451	2.766	.118
		편차	2.282	4	.570	.457	.766
집단-내			17.467	14	1.248		
합계			23.200	19			

분산분석표는 집단 간 통계량과 집단 내 통계량을 보여준다. 연령에 따

라 와인 브랜드의 중요성에 대한 평가에 차이가 없을 것이라는 귀무가설을 검증하기 위해 집단 간 통계량을 보면 자유도가 5, F값이 0.919 이고 p-value(유의확률값)가 0.497 로 유의수준 0.05 수준에서 차이가 없는 것으로 검증되었다. 즉 와인 소비자들의 연령에 따른 브랜드명의 중요도 평가는 차이가 없으므로 귀무가설이 지지되었다. 반면에 차이가 있을 것이라는 대립가설은 기각되었다.

분산분석표에 나타난 바와 같이 집단 간 자승합(SS_x)값은 1.147 이고 자유도가 5 이다. SS_{error} 값(집단 내 자승합)은 1.248 이고 자유도는 14 이다.

$$MS_x = 1.147 \div 5 = 0.2294$$

$$MS_{error} = 1.248 \div 14 = 0.0891$$

F값은 자유도 5 인 평균제곱값을 자유도 14를 갖는 평균제곱값으로 나누어주면 다음과 같이 산출된다.

$$F = 1.147 \div 1.248 = 0.919$$

▶ 사후검증-다중비교

종속변수: 브랜드명
Scheffe

(I) 연령	(J) 연령	평균차 (I-J)	표준오차	유의확률	95% 신뢰구간	
					하한값	상한값
20세 이하	21-30세	,300	,935	1,000	-3,29	3,89
	31-40세	-,500	,967	,998	-4,22	3,22
	41-50세	,000	,967	1,000	-3,72	3,72
	51-60세	-1,167	1,020	,927	-5,09	2,75
	61세 이상	-1,000	1,117	,973	-5,30	3,30
21-30세	20세 이하	-,300	,935	1,000	-3,89	3,29
	31-40세	-,800	,749	,944	-3,68	2,08
	41-50세	-,300	,749	,999	-3,18	2,58
	51-60세	-1,467	,816	,669	-4,60	1,67
	61세 이상	-1,300	,935	,850	-4,89	2,29
31-40세	20세 이하	,500	,967	,998	-3,22	4,22
	21-30세	,800	,749	,944	-2,08	3,68
	41-50세	,500	,790	,994	-2,54	3,54
	51-60세	-,667	,853	,985	-3,95	2,61
	61세 이상	-,500	,967	,998	-4,22	3,22
41-50세	20세 이하	,000	,967	1,000	-3,72	3,72
	21-30세	,300	,749	,999	-2,58	3,18
	31-40세	-,500	,790	,994	-3,54	2,54
	51-60세	-1,167	,853	,858	-4,45	2,11
	61세 이상	-1,000	,967	,951	-4,72	2,72
51-60세	20세 이하	1,167	1,020	,927	-2,75	5,09
	21-30세	1,467	,816	,669	-1,67	4,60
	31-40세	,667	,853	,985	-2,61	3,95
	41-50세	1,167	,853	,858	-2,11	4,45
	61세 이상	,167	1,020	1,000	-3,75	4,09
61세 이상	20세 이하	1,000	1,117	,973	-3,30	5,30
	21-30세	1,300	,935	,850	-2,29	4,89
	31-40세	,500	,967	,998	-3,22	4,22
	41-50세	1,000	,967	,951	-2,72	4,72
	51-60세	-,167	1,020	1,000	-4,09	3,75

Scheffe의 사후검증이란 집단 간 차이가 있을 때 정확하게 어떤 집단 간 차이가 어느 정도 발생하고 있는지를 구체적으로 보여주는 과정이다. 집단 간 차이가 있을 경우 p-value(유의확률값)가 유의수준 0.05 수준에서 유의한 것으로 검증될 것이다. 본 사례에서는 모든 집단 간에 차이가 없어서 p-value(유의확률값)가 0.05 수준에서 유의한 값이 나타나고 있지 않다. 참고적으로 표본집단의 케이스가 다를 경우에는 Scheffe의 사후검증을 활용하고 케이스가 같은 경우에는 Turkey 검증방법을 활용한다.

▶ 동일집단군

브랜드명

Scheffe[a,b]

연령	N	유의수준 = .05에 대한 부집단 1
21-30세	5	3.20
20세 이하	2	3.50
41-50세	4	3.50
31-40세	4	4.00
61세 이상	2	4.50
51-60세	3	4.67
유의확률		.765

동일 집단군에 있는 집단에 대한 평균이 표시됩니다.

a. 조화평균 표본 크기 = 2.951을(를) 사용

b. 집단 크기가 같지 않습니다. 집단크기의 조화평균이 사용됩니다. 제1종 오류 수준은 보장할 수 없습니다.

동일집단군 분석표는 각각의 집단들 간의 유사성과 상이성을 나타내는 표로 각각의 집단들이 속해 있는 부집단의 분류표이다. 본 사례에서는 연령 집단 간 와인 브랜드에 대한 중요성 평가가 차이가 없으므로 1개의 부집단으로 그룹화 되어 있다.

4) 분산분석의 가정

분산분석은 다음과 같은 전제들을 충족시킨다는 가정 하에 분석을 실시한다.

- 보통 독립변수의 집단은 고정되어 있는 것으로 가정한다. 고려하고 있는 특정 변수에 대해서만 추론이 이루어진다. 이것을 고정효과모델(fixed-effects model)이라고 한다. 다른 모델 또한 이용 가능하다. 무작위영향모델(random-effects model)에서 집단은 무작위표본으로 간주된다. 다른 집단에 대해 추론을 하지만 분석 시 조사하지는 않는다.

혼합효과모델(mixed-effects model)은 일부 집단은 고정되어 있고 일부는 무작위라고 간주할 경우 나온다.

- 오차항(error term)은 보통 제로 평균 및 상수 분산으로 분류된다. 오차는 X의 집단과 전혀 관련이 없다. 이러한 가정으로부터의 출발이 분석의 타당성에 대해 심각한 영향을 미치지는 않는다. 더욱이 자료는 정규성(normality) 또는 동일 분산의 가정을 만족시킬 수 있도록 변형될 수 있다.
- 오차항은 상호 관련되지 않는다. 오차항이 서로 관련되어 있는 경우, 즉 관찰 내용이 독립적이지 않는 경우 F 비율은 심각하게 왜곡될 수 있다.

활용사례

분산분석에 의한 군집간 차이 검증

시장을 정의하는 분석적 기업에는 많은 종류가 있으나 여기서는 제품 선택 요소들에 대한 요인분석을 통하여 요인을 추출하고 척도의 신뢰성은 크론바하 알파(Cronbach's alpha)로 검증하고자 한다. 요인분석에 의해 산출된 요인점수를 이용하여 군집분석을 실시하여 시장을 세분화하고 분산분석으로 집단 간의 차이를 검증하며 나아가 고객의 특성을 분석하기 위하여 테이블분석을 실시하였다.

군집분석으로 와이드TV 구매자들의 고객집단을 세분화한 후 각 군집 간 선택 기준을 평가하는 기준의 차이를 검증하기 위하여 분산분석을 실시하였다. 각 요인별로 3집단 간의 차이를 검증한 결과 <표>에서 보는 바와 같이 5% 유의수준(p<.05)에서 집단 간의 차이가 있는 것으로 나타났다.

분산분석

		제곱합	자유도	평균제곱	F	유의확률
요인점수 1	집단 간	120.410	2	60.205	150.914	.000
	집단 내	78.590	197	.399		
	합계	199.000	199			
요인점수 2	집단 간	6.505	2	3.252	3.328	.038
	집단 내	192.495	197	.977		
	합계	199.000	199			
요인점수 3	집단 간	120.364	2	60.182	150.768	.000
	집단 내	78.636	197	.399		
	합계	199.000	199			

분산분석의 결과 각각의 요인에 관련된 군집, 즉 세분 집단 간에 차이가 있으므로 각 군집의 특성을 발견하기 위한 다음 분석을 시행할 수 있게 되었다.

(자료원 : 구자룡(1997), 시장세분화를 위한 군집(cluster)의 특성분석, SPSS사용자사례논문)

3. 이원분산분석(Two-Way ANOVA)

1) 다원분산분석의 개념

마케팅조사에서 사람들은 동시에 두 개 이상의 요인의 영향에 대해 관심을 가질 수 있다. 예를 들어

- 브랜드를 구매하려고 하는 소비자의 의도는 가격 수준이 다르고 유통 수단이 다를 때 어떻게 다른가?
- 광고 수준(고, 중, 저)은 브랜드 판매에 영향을 주기 위해 어떻게 가격 수준(고, 중, 저)과 상호작용 하는가?
- 교육 수준(고졸 이하, 대졸 이상)과 연령(20대, 30대, 40대)이 브랜드의 소비에 영향을 미치는가?

이러한 영향을 결정할 때 다원분산분석이 사용될 수 있다. 이러한 기법의 주요 장점은 요인들 간 상호작용을 연구자들이 분석할 수 있다는 것이다. 일반적으로 종속변수에 대한 1개 요인의 영향이 다른 요인의 수준(집단)에 의존할 때 상호작용이 발생한다.

다원분산분석을 실시하기 위한 방법은 일원분산분석의 방법과 유사하다. 다원분산분석과 결합된 통계량 또한 유사하게 정의된다. 예를 들어 두 요인 X_1과 X_2가 집단 c_1과 c_2를 가지고 있는 것을 고려해 보자. 이 경우 전체 변동은 다음과 같이 분해된다.

$$SS_{total} = X_1\text{에 의한 } SS + X_2\text{에 의한 } SS + X_1\text{과 } X_2\text{의 상호작용에 의한 } SS + SS_{within}$$

혹은

$$SS_y = SS_{x1} + SS_{x2} + SS_{xx2} + SS_{error}$$

X_1의 영향이 크면 클수록 X_1 수준에서 평균 차이가 더 크거나 SS_{x1}이 더 크게 영향을 줄 것이다. X_2의 효과에 대해서도 마찬가지이다. X_1

과 X_2의 상호작용이 크면 클수록 SS_{xx_2}가 커질 것이다. 만약 X_1과 X_2가 상호 독립적이라면 SS_{xx_2}의 값은 제로에 가까워질 것이다.

전반적인 효과 혹은 다중 η^2이라고 불리는 두 요인의 결합 효과(joint effect)의 강도는 다음과 같이 측정된다.

$$\text{multiple } \eta^2 = (SS_{x1} + SS_{x2} + SS_{x1x2}) / SS_y$$

전반적인 효과의 유의성은 F검증에 의해 검증되며 다음과 같다.

$$F = \frac{(SSx_1 + SSx_2 + SSx_1x_2)/dfn}{SSerror/dfd}$$

$$= \frac{SSx_1, x_2, x_1x_2/dfn}{SSerror/dfd}$$

$$= \frac{MSx_1, x_2, x_1x_2}{MSerror}$$

여기서

df_n = 분자에 대한 자유도

$= (c_1 - 1) + (c_2 - 1) + (c_1 - 1)(c_2 - 1)$

$= c_1c_2 - 1$

df_d = 분모에 대한 자유도

$= N - c_1c_2$

MS = 자승평균

만약 전반적인 효과가 유의성이 있을 때 연구자는 상호작용 효과(interaction effect)의 유의성을 분석해야 한다. 상호작용이 없다는 귀무가설을 검증하기 위한 F검증은 다음과 같은 산식에 의해 검증할 수 있다.

$$F = \frac{SSx_1x_2/dfn}{SSerror/dfd}$$

$$= \frac{MSx_1x_2}{MSerror}$$

여기서

$df_n = (c_1 - 1) + (c_2 - 1)$

$df_d = N - c_1c_2$

만약 상호작용 효과가 유의하다면 X_1의 효과는 X_2의 수준에 의존한다. 그 반대도 마찬가지이다. 한 요인의 효과가 일정하지는 않으나 다른 요인의 수준과 다르기 때문에 주효과(主効果, main effect)의 유의성을 검증하는 것은 의미가 없다.

그러나 만약 상호작용 효과가 유의하지 않다면 각 요인의 각각의 주효과의 유의성을 검증하는 것은 의미가 있다. 각 요인의 주효과에 대한 유의성은 다음과 같이 검증할 수 있다.

$$F = \frac{SSx_1/dfn}{SSerror/dfd}$$

$$= \frac{MSx_1}{MSerror}$$

여기서

$$df_n = (c_1 - 1)$$

$$df_d = N - c_1 c_2$$

2) 이원분산분석

마케팅조사에서는 종종 두 개 이상의 변수들의 관계에 따라 종속변수가 어떻게 달라지는지를 검증해야 할 때가 있다. 예를 들어 성별과 연령에 따라 구매하고자 하는 제품에 대한 구매의도가 어떻게 달라지는지 등을 검증하고자 하는 경우가 여기에 해당한다. 이러한 경우 독립변수(혹은 처치변수, treatment variable)가 두 개(성별, 연령)가 되고 종속변수(혹은 결과변수)가 하나(구매의도)인 분산분석을 실시하면 된다.

이와 같이 명목척도(범주형 척도)로 측정된 독립변수가 두 개이고 종속변수가 한 개(구매의도)인 분산분석을 이원분산분석(二元分散分析, two-way ANOVA)이라고 한다. 이원분산분석에서 분석에 활용되는 독립변수를 factor(요인)라고 부른다. 이원분산분석이나 다원분산분석은 두 개 이상의 독립변수의 효과를 분석할 때 활용되며 이때 팩토리얼 디자인(factorial design)이라는 실험디자인을 통해 분석을 수행한다. 팩토리얼 디자인은 두 개 이상의 독립변수(성별, 연령)의 변화수준에 따른 종속변수(구매의도)의 변화를 검증하기 위한 것으로 factor A의 변화수준은 a, actor BB의 변화수준을 b라고 할 때 이러한 이원분산분석의 실험디자인을 $a \times b$ factorial design 이라고 부른다. 만약에 독립변수의 수가 n개로 늘어나면 n차원분산분석이라고 부른다.

이원분산분석에서는 독립변수들의 효과로서 주효과(main effect)와 상호작용효과(interaction effect)를 분석해준다. 주효과는 한 독립변수(처치변수)의 변화가 종속변수(결과변수)에 미치는 영향에 관한 것이며 상호작용효과는 다른 독립변수(처치변수)의 변화에 따라 또 다른 독립변수(처치변수)가 결과변수에 미치는 영향에 관한 것이다.

제9장에서 사례로 들었던 <와인 구입 시 고려속성에 관한 조사>결과를 이용하여 이원분산분석을 실시하고자 한다. 선호하는 와인등급과 연령에 따라 구매의도(등간척도로 측정)가 다른지를 이원분산분석을 통해 검증해보자. 이 경우 다음과 같은 가설을 설정할 수 있다.

가설 1 (H_1) : 선호하는 와인등급에 따라 와인 구매의도에 차이가 있을 것이다.

가설 2 (H_2) : 연령에 따라 와인 구매의도에 차이가 있을 것이다.

가설 3 (H_3) : 선호하는 와인등급과 연령 간에는 상호작용이 존재할 것이다.

이러한 가설을 검증하기 위한 절차는 다음과 같다.

① '예제 데이터(9)-이원분산분석.sav' 파일을 불러 온다.

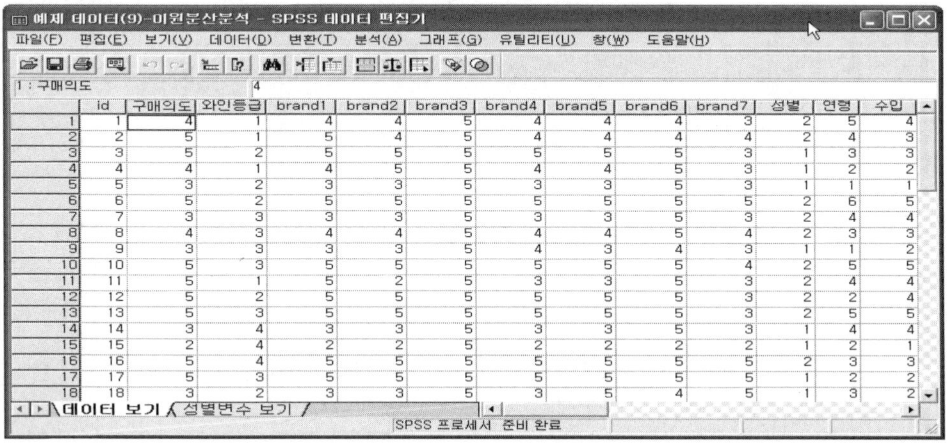

② 메뉴에서 [분석 > 일반선형모형 > 일변량(U)]을 선택한다.

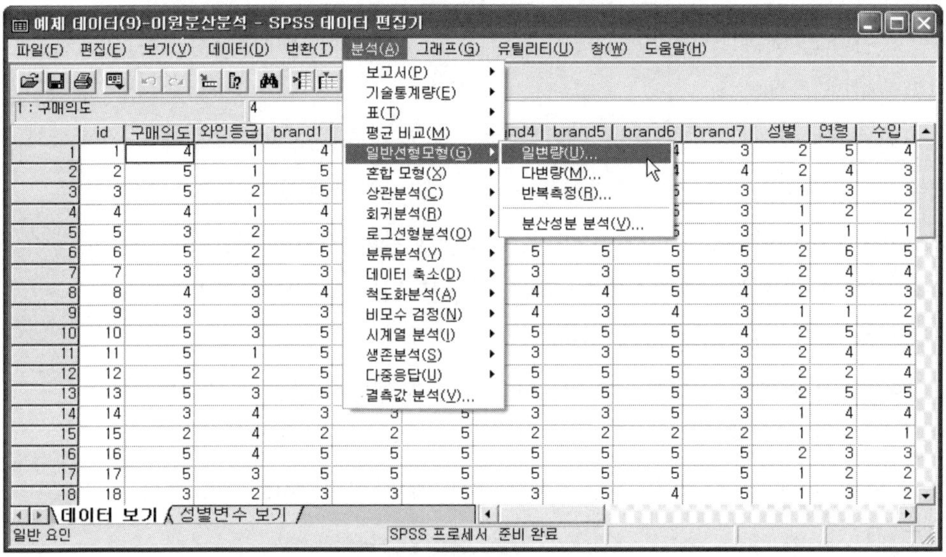

③ 일변량 대화상자에서 [종속변수(D)]에 '구매의도'를, [모수요인(F)]에 '와인등급'과 '연령'을 이동시킨다. 그런 다음 우측상단에 있는 [모형(M)] 버튼을 클릭하면 [완전요인모형(A)]이 기본적으로 설정되어 있다. 그대로 사용한다. [계속] 버튼을 누른다.

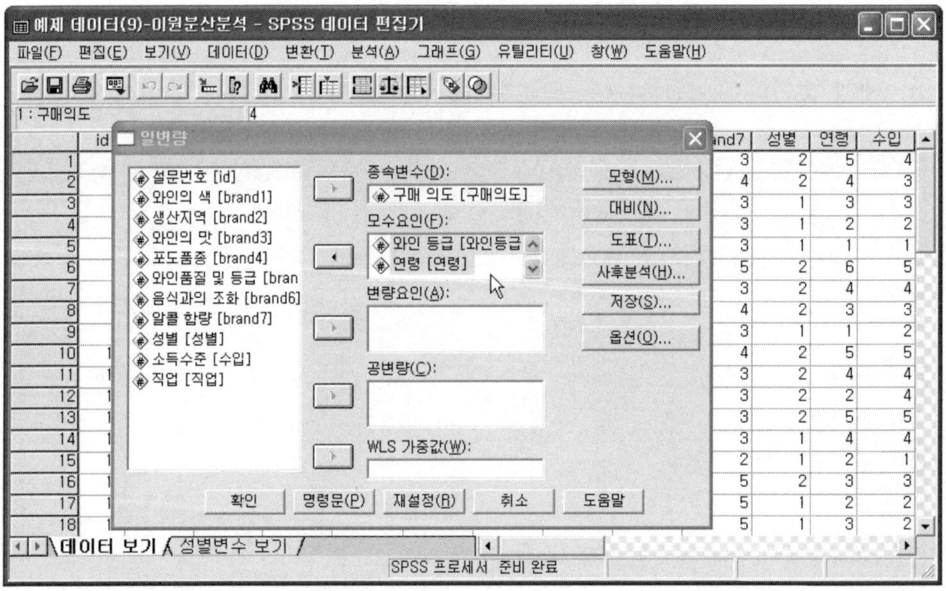

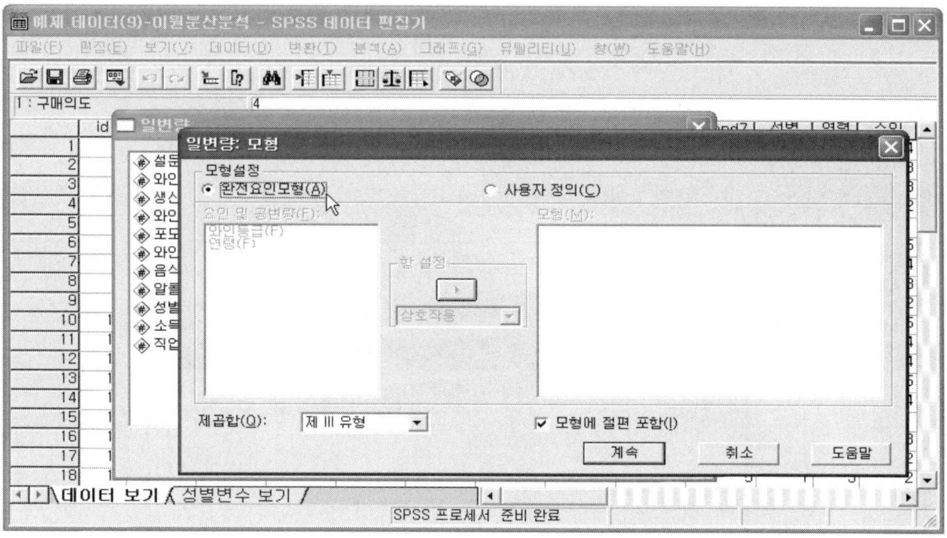

▶ 완전요인모형(A): 분석결과에는 두 처치변수(독립변수)의 주효과, 상호작용효과 및 절편이 포함된다.

④ [도표(T)] 버튼을 클릭하고 '와인등급'을 [수평축 변수(H)]로 이동시키고 '연령'을 [선구분 변수(S)]로 이동 시킨 후 [추가(A)] 버튼을 눌러 도표의 구성형태를 결정한다. 그런 다음 [계속] 버튼을 눌러 이전 대화상자로 돌아간다.

⑤ [사후분석(H)] 버튼을 누르고 '와인등급'을 [사후검정변수(P)]로 이동시킨 다음 [Bonferroni(B)], [Turkey의 방법(T)], [Scheffe(C)]를 선택한 다음 [계속] 버튼을 누른다.

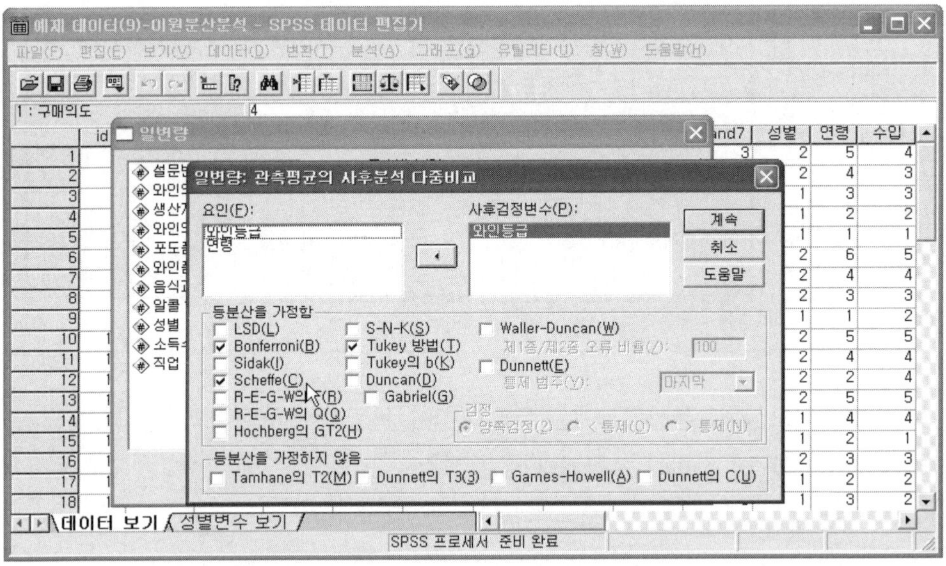

⑥ [옵션(O)] 버튼을 클릭한 다음 대화상자에서 [기술통계량(S)]과 [효과크기 추정값(E)]을 선택한 다음 [계속] 버튼을 눌러 이전 대화상자로 간다. [확인] 버튼을 누르면 분석결과가 도출된다.

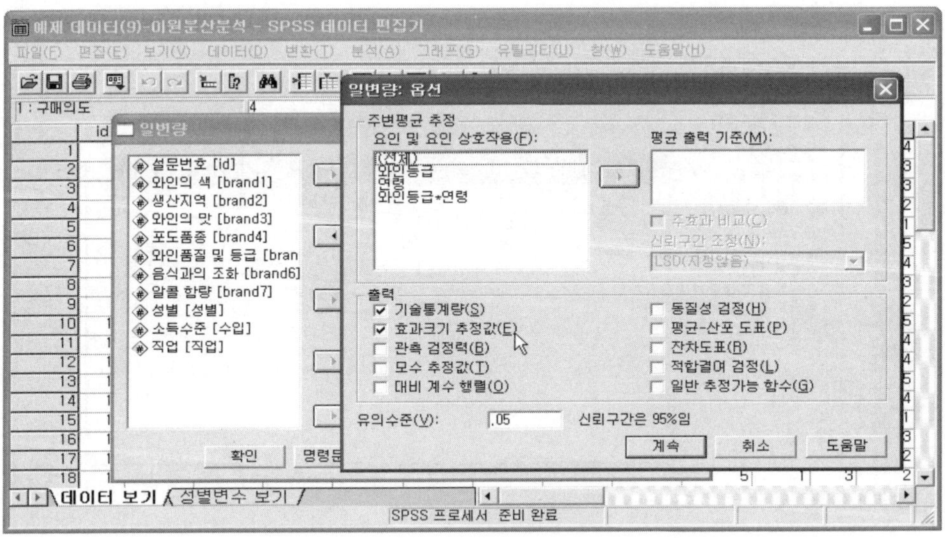

▶ 개체-간 요인

개체-간 요인

		변수값 설명	N
와인 등급	1	아페라시용 도리진 콩트롤레(AOC)	4
	2	뱅 델리미테 칼리테 쉬베리에르(VDQS)	5
	3	뱅드 페이(Vin de Pays)	7
	4	뱅드 타블(Vin de Table)	4
연령	1	20세 이하	2
	2	21-30세	6
	3	31-40세	4
	4	41-50세	4
	5	51-60세	3
	6	61세 이상	1

와인등급 및 연령 두 변수들의 측정된 케이스를 나타내주고 있다.

▶ 기술통계량

기술통계량

종속변수: 구매 의도

와인 등급	연령	평균	표준편차	N
아페라시용 도리진 콩트롤레(AOC)	21-30세	4,00	.	1
	41-50세	5,00	,000	2
	51-60세	4,00	.	1
	합계	4,50	,577	4
뱅 델리미테 칼리테 쉬베리에르(VDQS)	20세 이하	3,00	.	1
	21-30세	5,00	.	1
	31-40세	4,00	1,414	2
	61세 이상	5,00	.	1
	합계	4,20	1,095	5
뱅드 페이(Vin de Pays)	20세 이하	3,00	.	1
	21-30세	3,50	2,121	2
	31-40세	4,00	.	1
	41-50세	3,00	.	1
	51-60세	5,00	,000	2
	합계	3,86	1,215	7
뱅드 타블(Vin de Table)	21-30세	2,00	,000	2
	31-40세	5,00	.	1
	41-50세	3,00	.	1
	합계	3,00	1,414	4
합계	20세 이하	3,00	,000	2
	21-30세	3,33	1,506	6
	31-40세	4,25	,957	4
	41-50세	4,00	1,155	4
	51-60세	4,67	,577	3
	61세 이상	5,00	.	1
	합계	3,90	1,165	20

네 가지의 와인등급에 따른 연령별 특성에 관한 평균과 표준편차, 응답 케이스의 [기술통계량]을 나타내고 있다.

▶ 개체-간 효과검증(이원분산분석 결과표)

개체-간 효과 검정

종속변수: 구매 의도

소스	제 III 유형 제곱합	자유도	평균제곱	F	유의확률	부분 에타 제곱
수정 모형	19.300[a]	14	1.379	1.060	.516	.748
절편	237.535	1	237.535	182.719	.000	.973
와인등급	2.602	3	.867	.667	.608	.286
연령	4.809	5	.962	.740	.626	.425
와인등급 * 연령	8.536	6	1.423	1.094	.471	.568
오차	6.500	5	1.300			
합계	330.000	20				
수정 합계	25.800	19				

a. R 제곱 = .748 (수정된 R 제곱 = .043)

개체-간 효과를 검증한 결과로서 우선적으로 '와인등급*연령'이라는 상호작용효과를 보면 *F*값이 1.094, p-value가 0.471로 유의수준 0.05 이상으로 나타나 상호작용효과가 있을 것이라는 대립가설은 지지되지 못하였다.

선호하는 와인등급에 관한 주효과를 보면 *F*값이 0.667이고 p-value가 0.608로 유의수준 0.05보다 높게 나타나 선호하는 와인등급에 따라 구매의도에 차이가 있을 것이라는 대립가설이 기각되었다.

연령에 따른 주효과를 보면 *F*값=0.740, p-value=0.740으로 유의수준 0.05보다 높게 나타나 연령에 따라 구매의도에 차이가 있을 것이라는 대립가설 역시 지지되지 못하였다.

따라서 와인에 대한 구매의도는 선호하는 와인등급이나 연령과는 그다지 유의성을 갖지 못하는 것으로 나타났다.

개체-간 검증분석결과표의 마지막 칸에 나타나 있는 부분 에타 제곱값(η^2)은 효과크기(effect size)를 나타내는 값으로 도출산식은 다음과 같다.

$$\eta^2 = \frac{SS_B(\text{집단간 분산제곱합})}{SS_B + SS_W(\text{집단내분산제곱합})}$$

이러한 산식을 활용하여 선호하는 와인등급과 연령의 효과크기를 산출하면 아래와 같다.

$$\text{와인등급의 효과크기} = \frac{2.602}{2.602 + 6.5} = 0.286$$

$$\text{연령의 효과크기} = \frac{4.809}{4.809 + 6.5} = 0.425$$

분산분석의 결과로 산출할 수 있는 효과크기는 집단 간 평균의 차이를 나타내는 표준치(standard measure)로 효과크기가 클수록 통계적 검증력은 커진다. 일반적으로 효과크기를 판단하는 값으로 η^2의 값이 0.01이면 효과크기가 작으며 0.06이면 중간 정도의 통계적 검증력을 갖는다. 0.14 이상이면 큰 것으로 본다. 본 사례에서는 효과크기가 0.286과 0.425로 효과크기가 크다고 할 수 있다. 이는 집단 간 평균의 차이가 커진다는 것을 의미한다.

▶ 사후검증-다중비교

다중 비교

종속변수: 구매 의도

	(I) 와인 등급	(J) 와인 등급	평균차(I-J)	표준오차	유의확률	95% 신뢰구간 하한값	95% 신뢰구간 상한값
Tukey HSD	아페라시옹 도리진 콩트롤레(AOC)	뱅 델리미테 칼리테 쉬베리에르(VDQS)	.30	.765	.977	-2.52	3.12
		뱅드 페이(Vin de Pays)	.64	.715	.806	-1.99	3.28
		뱅드 타블(Vin de Table)	1.50	.806	.348	-1.47	4.47
	뱅 델리미테 칼리테 쉬베리에르(VDQS)	아페라시옹 도리진 콩트롤레(AOC)	-.30	.765	.977	-3.12	2.52
		뱅드 페이(Vin de Pays)	.34	.668	.952	-2.12	2.81
		뱅드 타블(Vin de Table)	1.20	.765	.469	-1.62	4.02
	뱅드 페이(Vin de Pays)	아페라시옹 도리진 콩트롤레(AOC)	-.64	.715	.806	-3.28	1.99
		뱅 델리미테 칼리테 쉬베리에르(VDQS)	-.34	.668	.952	-2.81	2.12
		뱅드 타블(Vin de Table)	.86	.715	.653	-1.78	3.49
	뱅드 타블(Vin de Table)	아페라시옹 도리진 콩트롤레(AOC)	-1.50	.806	.348	-4.47	1.47
		뱅 델리미테 칼리테 쉬베리에르(VDQS)	-1.20	.765	.469	-4.02	1.62
		뱅드 페이(Vin de Pays)	-.86	.715	.653	-3.49	1.78
Scheffe	아페라시옹 도리진 콩트롤레(AOC)	뱅 델리미테 칼리테 쉬베리에르(VDQS)	.30	.765	.983	-2.78	3.38
		뱅드 페이(Vin de Pays)	.64	.715	.845	-2.24	3.52
		뱅드 타블(Vin de Table)	1.50	.806	.413	-1.75	4.75
	뱅 델리미테 칼리테 쉬베리에르(VDQS)	아페라시옹 도리진 콩트롤레(AOC)	-.30	.765	.983	-3.38	2.78
		뱅드 페이(Vin de Pays)	.34	.668	.964	-2.35	3.03
		뱅드 타블(Vin de Table)	1.20	.765	.536	-1.88	4.28
	뱅드 페이(Vin de Pays)	아페라시옹 도리진 콩트롤레(AOC)	-.64	.715	.845	-3.52	2.24
		뱅 델리미테 칼리테 쉬베리에르(VDQS)	-.34	.668	.964	-3.03	2.35
		뱅드 타블(Vin de Table)	.86	.715	.711	-2.02	3.74
	뱅드 타블(Vin de Table)	아페라시옹 도리진 콩트롤레(AOC)	-1.50	.806	.413	-4.75	1.75
		뱅 델리미테 칼리테 쉬베리에르(VDQS)	-1.20	.765	.536	-4.28	1.88
		뱅드 페이(Vin de Pays)	-.86	.715	.711	-3.74	2.02
Bonferroni	아페라시옹 도리진 콩트롤레(AOC)	뱅 델리미테 칼리테 쉬베리에르(VDQS)	.30	.765	1.000	-2.93	3.53
		뱅드 페이(Vin de Pays)	.64	.715	1.000	-2.37	3.66
		뱅드 타블(Vin de Table)	1.50	.806	.731	-1.90	4.90
	뱅 델리미테 칼리테 쉬베리에르(VDQS)	아페라시옹 도리진 콩트롤레(AOC)	-.30	.765	1.000	-3.53	2.93
		뱅드 페이(Vin de Pays)	.34	.668	1.000	-2.47	3.16
		뱅드 타블(Vin de Table)	1.20	.765	1.000	-2.03	4.43
	뱅드 페이(Vin de Pays)	아페라시옹 도리진 콩트롤레(AOC)	-.64	.715	1.000	-3.66	2.37
		뱅 델리미테 칼리테 쉬베리에르(VDQS)	-.34	.668	1.000	-3.16	2.47
		뱅드 타블(Vin de Table)	.86	.715	1.000	-2.16	3.87
	뱅드 타블(Vin de Table)	아페라시옹 도리진 콩트롤레(AOC)	-1.50	.806	.731	-4.90	1.90
		뱅 델리미테 칼리테 쉬베리에르(VDQS)	-1.20	.765	1.000	-4.43	2.03
		뱅드 페이(Vin de Pays)	-.86	.715	1.000	-3.87	2.16

관측된 평균에 기초합니다.

사후검증-다중비교표는 선호하는 와인등급에 따라 구매의도가 어떻게 다른지를 보여주는 결과표이다. 유의성 여부는 유의확률값(p-value)에 의해 판단한다. 전체적으로 선호하는 와인등급에 따라 와인의 구매의도가 차이를 보이는 경우(유의수준 0.05 이하를 갖는)는 없는 것으로 나타나 차이가 있을 것이라는 가설은 지지되지 않았음을 알 수 있다.

▶ 동일집단군

구매 의도

	와인 등급	N	집단군 1
Tukey HSD[a,b,c]	뱅드 타블(Vin de Table)	4	3.00
	뱅드 페이(Vin de Pays)	7	3.86
	뱅 델리미테 칼리테 쉬베리에르(VDQS)	5	4.20
	아페라시옹 도리진 콩트롤레(AOC)	4	4.50
	유의확률		.292
Scheffe[a,b,c]	뱅드 타블(Vin de Table)	4	3.00
	뱅드 페이(Vin de Pays)	7	3.86
	뱅 델리미테 칼리테 쉬베리에르(VDQS)	5	4.20
	아페라시옹 도리진 콩트롤레(AOC)	4	4.50
	유의확률		.353

동일집단군의 그룹에 대한 평균이 표시됩니다.
유형 III 제곱합에 기초합니다
오차항은 평균제곱(오차) = 1.300입니다.
a. 조화평균 표본 크기 4.746을(를) 사용합니다.
b. 집단 크기가 동일하지 않습니다. 집단 크기의 조화평균이 사용됩니다. I 유형 오차 수준은 보장되지 않습니다.
c. 유의수준 = .05.

동일집단군 분석결과표는 사후검증-다중비교분석의 결과로 종속변수인 구매의도에 대해 독립변수들 간의 집단이 어떻게 달라지는지를 보여주는 표이다. 상기 결과에서와 같이 선호하는 와인등급은 하나의 집단으로 분류되고 있어 결과적으로 구매의도에 차이가 없는 것으로 설명할 수 있다.

▶ 프로파일 도표

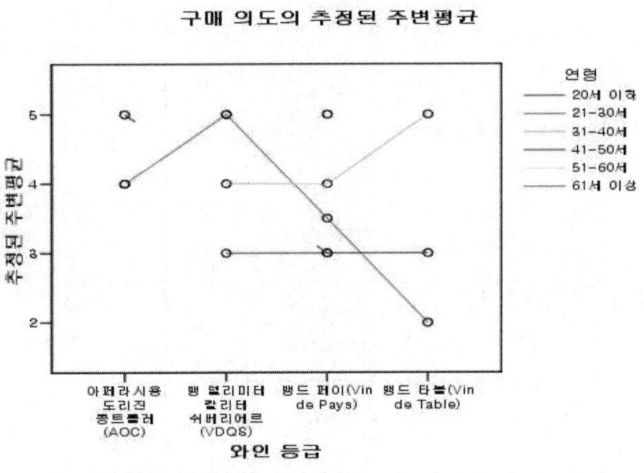

추정이 가능하지 않는 평균은 도표에 표시되지 않습니다.

프로파일 도표는 소비자들의 선호하는 와인등급과 연령이라는 두 독립변수를 고려할 경우 구매의도에 대한 평균과 상호작용을 그림으로 나타낸 것이다. 도표의 그림을 설명하면 선호하는 각각의 와인등급에 따른 연령층의 분포들이 여러 가지 방향으로 흩어져 있어 결과적으로 구매의도의 차이를 알 수 없다.

4. 공분산분석

통제된 독립변수의 영향과 관련된 종속변수의 평균값의 차이를 조사할 때 통제되지 않은 독립변수의 영향을 고려할 필요가 종종 있다. 예를 들어

- 브랜드를 구매하고자 하는 소비자의 의도가 가격 수준에 따라 어떻게 다른지 결정할 때, 브랜드에 대한 태도를 고려해야 할 것이다.
- 다른 광고에 노출된 다른 집단이 브랜드를 어떻게 평가하는지를 결정할 때 사전 지식을 통제할 필요가 있다.
- 다른 가격 수준이 가구의 외식 소비에 어떻게 영향을 주는지를 결정할 때 가구 크기를 고려하는 것은 필수적이다.

이러한 경우에 공분산분석(analysis of covariance: ANCOVA)이 사용된다. 공분산분석은 적어도 하나의 범주형 독립변수 및 적어도 하나의 등간 또는 계량적 독립변수를 포함한다. 범주형 독립변수를 요인(factor)이라고 하고 계량적 독립변수는 공변량(covariate)이라고 한다. 공분산의 가장 흔한 용도는 종속변수로부터 이질적인 분산을 제거하는 것이다. 요인의 영향이 주요 관심사이기 때문이다. 공분산으로 기인된 종속변수의 분산은 각 실험 상황 내에서 종속변수 평균값을 조정하여 제거된다.

각 공분산의 영향뿐만 아니라 공분산의 조합된 영향의 유의성은 해당 F 검증을 이용하여 검증된다. 공분산에 대한 상관계수는 공분산이 종속변수에 끼치는 그러한 영향에 대한 통찰력을 제공한다. 공분산분석은 공

분산이 종속변수에 선형으로 연결될 때 그리고 요인들과 연결되지 않을 때 가장 유용하다.

활용사례

뇌 호흡이 학습능력에 미치는 영향

최근 개발된 뇌 호흡 수련은 단기간의 수련으로도 투시력 등의 초능력이 개발되는 사례가 잇달아 보고되고 있어 관련학계 뿐만 아니라 일반 대중의 많은 관심을 모으고 있다.

특히 뇌 호흡 수련이 수련자의 심리적 안정, 감성지수 및 기억력 등을 향상시킬 수 있다는 주장은 그 수련의 대중적 효과를 교육적 측면에서 연구할 필요성을 제기하고 있다. 본 연구에서는 뇌 호흡이 학습능력에 미치는 효과를 측정하기 위하여 일반학생들을 대상으로 간단한 뇌 호흡 수련을 단기간(약 8주)에 걸쳐 실시하고 수련전과 수련이후의 변화를 살펴봄으로써 수련효과를 실증적으로 검증하고자 하였다.

초등학생 및 중등학생 138명을 뇌 호흡 실험집단으로 선정하고 수련을 받지 않는 144명의 학생을 통제집단으로 선정하여 실시한 연구의 결과는 대체로 뇌 호흡 수련의 긍정적 효과를 입증하고 있다.

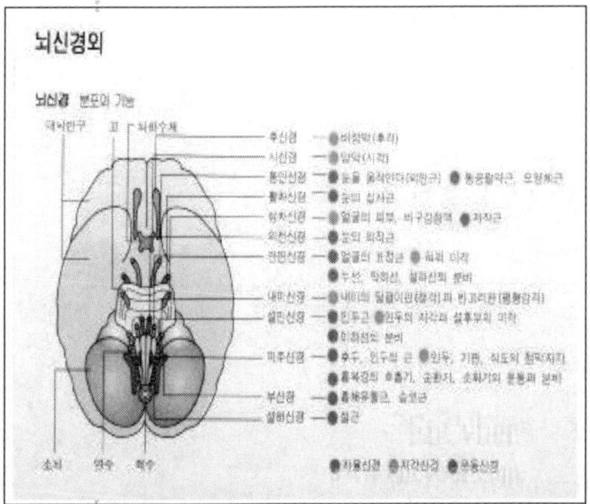

반복적인 학습과 마찬가지로 반복적인 분산분석은 보다 완전한 검증을 가능하게 한다.

공분산분석을 이용하여 분석한 결과 심리적 안정성에 대해서는 통계적으로 유의한 변화가 나타나지 않았지만 뇌 호흡 수련으로 학생들의 감성지수, 단기기억력 및 직감력은 증대되는 것으로 나타났다. 즉 뇌 호흡수련을 실시한 실험집단이 수련을 실시하지 않은 통제집단보다 단기기억력과 직감력에서 통계적으로 유의하게 증가되었으며 심리적 불안지수와 감성지수는 큰 변화가 없음을 보여주고 있다. 이는 뇌 호흡 수련이 심리적 불안지수를 제외한 학습능력에 긍정적인 영향을 미침을 보여주고 있다.

이러한 연구결과는 뇌 호흡 수련이 학생들의 학습능력 향상에 크게 도움이 될 수 있음을 시사하고 있다.

(자료원 : 유성모, 장휘용(1999), 학습능력 향상을 위한 뇌 호흡 수련의 가능성에 대한 실증적 연구, 한국인체과학회 학회지, Vol.1. No.1)

공분산분석은 독립변수(처치변수, treatment variable)가 종속변수에 미치는 영향을 알아보기 위하여 실험디자인에 의해 외생변수(종속변수에 영향을 미칠 수 있으나 실험디자인에서 독립변수로 설정되지 않은 변수)를 통제하고 공변량(covariate)으로 처리하여 그 효과를 제거하는 분석을 말한다. 공분산분석은 특히 통제하고자 하는 외생변수가 종속변수와 상관관계가 높을수록 분산분석 대신 공분산분석을 실시한다.

본 사례에서는 선호하는 와인의 유형을 공변량으로 처리하고 월평균소득을 독립변수, 구입의도를 종속변수로 설정하여 공분산분석을 실시해보자. 분석절차는 다음과 같다.

① ' 예제 데이터(10)-공분산분석.sav' 파일을 불러온다.

② 메뉴에서 [분석 > 일반선형모형 > 일변량(U)]을 선택한다.

③ 대화상자에서 '구매의도'를 [종속변수(D)]로, '소득수준'을 [모수요인(F)]으로, 선호하는 '와인등급'을 [공변량(C)]으로 이동시킨다.

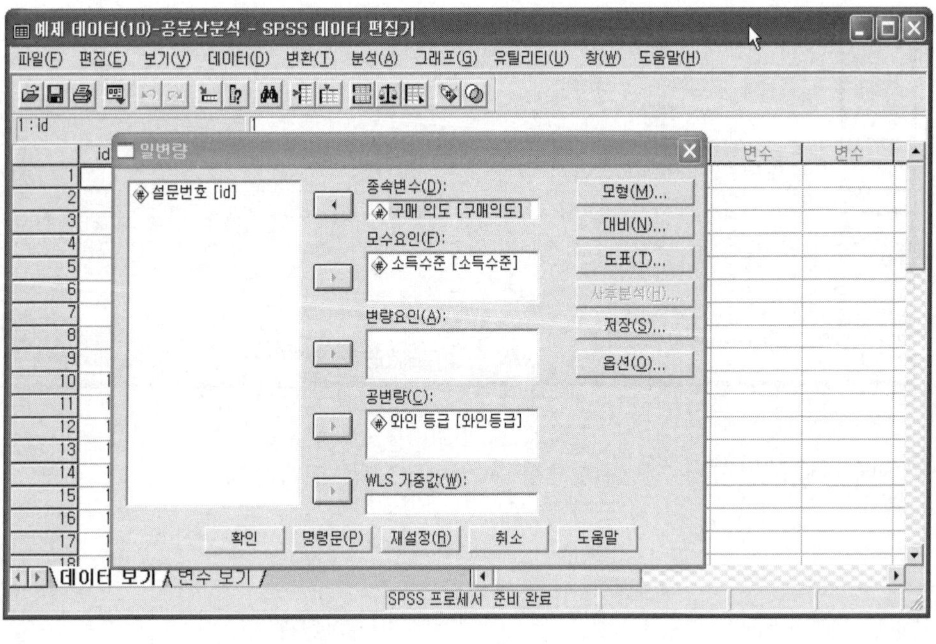

④ [모형(M)] 버튼을 누르면 기본설정된 [완전요인모형(A)]을 그대로 사용한다. [계속] 버튼을 누른다.

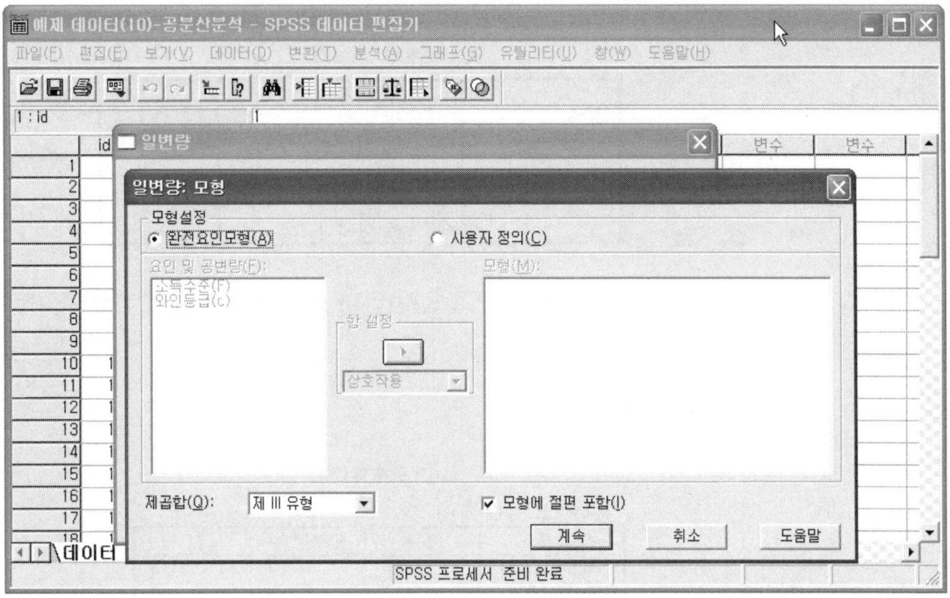

⑤ [옵션(O)] 버튼을 누른 다음 출력옵션에서 [기술통계량(S)]과 [동질성 검정(H)], [효과크기 추정값(E)]을 선택한 다음 [계속] 버튼을 누른다.

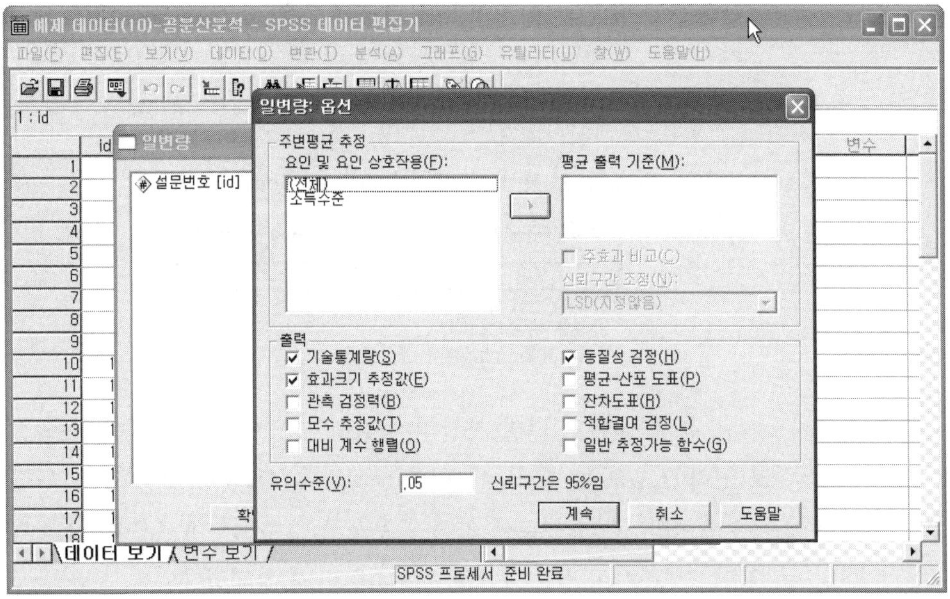

⑥ [확인] 버튼을 누르면 공분산분석결과가 나타난다.

▶ 개체-간 요인

개체-간 요인

		변수값 설명	N
소득수준	1	100만원 이하	2
	2	101-200만원	6
	3	201-300만원	4
	4	301-400만원	5
	5	401만원 이상	3

독립변수(처치변수)인 소득수준 집단별 응답케이스가 제시되어 있다.

▶ 기술통계량

기술통계량

종속변수: 구매 의도

소득수준	평균	표준편차	N
100만원 이하	2.50	.707	2
101-200만원	3.17	1.169	6
201-300만원	4.75	.500	4
301-400만원	4.00	1.000	5
401만원 이상	5.00	.000	3
합계	3.90	1.165	20

독립변수의 평균과 표준편차, 응답 케이스의 숫자가 나와 있다.

▶ 분산의 동질성에 대한 Levene의 검증

오차 분산의 동일성에 대한 Levene의 검정[a]

종속변수: 구매 의도

F	자유도1	자유도2	유의확률
1.091	4	15	.396

여러 집단에서 종속변수의 오차 분산이 동일한 영가설을 검정합니다.

a. 계획: Intercept+와인등급+수입

소득수준에 대한 집단별 분산의 동질성 가정에 대한 검증결과를 보여주고 있다. Levene의 통계량에 대한 p-value(유의확률)가 0.396으로 나타나 소득수준 집단 간의 등분산 가정에 문제가 없는 것으로 나타났다(소득수준 집단 간 분산이 동일하다는 귀무가설이 지지되었다).

▶ 개체-간 효과검증(공분산분석결과표)

개체-간 효과 검정

종속변수: 구매 의도

소스	제 III 유형 제곱합	자유도	평균제곱	F	유의확률	부분 에타 제곱
수정 모형	17.085[a]	5	3.417	5.489	.005	.662
절편	61.287	1	61.287	98.454	.000	.876
와인등급	3.368	1	3.368	5.411	.036	.279
소득수준	12.407	4	3.102	4.983	.010	.587
오차	8.715	14	.622			
합계	330.000	20				
수정 합계	25.800	19				

a. R 제곱 = .662 (수정된 R 제곱 = .542)

선호하는 와인등급이 공변량으로 처리된 상태에서 실행된 공분산분석 결과이다. 공분산분석결과표를 보면 소득수준의 $F=4.983$, p-value(유의확률)=0.010으로 소득수준에 따라 와인에 대한 구매의도가 다르게 나타나는 것으로 분석되었다. 즉 소득수준에 따라 구매의도에 차이가 있을 것이라는 대립가설이 지지되었음을 알 수 있다.

마지막 칸에 나타나 있는 부분 에타 제곱값은 이원분산분석에서 설명한 바와 같이 효과 크기(effect size)를 나타내는 값이다. 본 사례에서는 소득수준의 효과크기는 0.587로 매우 큰 것으로 나타났다.

5. 반복 측정 분산분석

마케팅조사에서는 종종 응답자의 배경 및 개별 특성에 커다란 차이가 있다. 만약 이 변이성(variability)의 원천이 취급변수(treatment) 효과 및 실험상의 오류로부터 분리시킬 수 있다면 실험의 민감성은 향상될 것이다. 피실험자 간의 차이를 통제하는 하나의 방법은 각 실험 상황 하에서 각 피실험자를 관찰하는 것이다. 이러한 측면에서 볼 때 각 피실험자는 자신을 통제하는 역할을 한다.

예를 들어 여러 신용카드사를 평가하여 차이를 결정하고자 하는 조사에서 각 응답자는 모든 주요 경쟁 신용카드사를 평가한다. 브랜드의 사용량에 따라 대량사용자, 보통사용자, 소량사용자, 비사용자 간의 차이를 조사하는 경우에 각 응답자는 각 속성의 상대적 중요성에 대해 등급을 매긴다. 반복 측정은 각 응답자로부터 얻어지기 때문에 이러한 디자인은 집단 내 디자인(within-subjects design) 혹은 반복 측정 분산분석이라고 한다. 이 분석은 세 가지 이상의 관련된 표본에 대한 쌍대표본(paired-samples) t 검증의 확장으로 생각할 수도 있다.

반복 측정에서 단일 표본인 경우에 $nc-1$의 자유도를 가지는 전체 변동은 집단 간 변동(between-people variation)과 집단 내 변동(within-people variation)으로 분리될 수 있다.

$$SS_{total} = SS_{between\ people} + SS_{within\ people}$$

사람 평균 간의 차이와 관련된 사람 간 변동은 $n-1$의 자유도를 가진다. 사람 내 변동은 $n(c-1)$의 자유도를 가진다. 사람 내 변동은 변동의 두 개의 다른 원천으로 나누어진다. 하나의 원천은 실험처리 평균 간의 차이와 관련되고 다른 하나는 잔차(residual) 혹은 오차(error) 변동으로 이루어져 있다. 실험처리 변동에 상응하는 자유도는 $c-1$이고 잔차 변동에 상응하는 자유도는 $(c-1)(n-1)$이다.

그러므로

$$SS_{within\ people} = SS_x + SS_{error}$$

동일 평균의 귀무가설 검증은 보통 다음의 방식으로 구성될 수 있다.

$$F = \frac{SSx/(c-1)}{SSerror/(n-1)(c-1)} = \frac{MSx}{MSerror}$$

지금까지 종속 변수는 등간 또는 비율 척도로 측정된다고 가정하였다. 그러나 종종 변수가 비계량적인 경우가 있는데 이때는 다른 방법을 사용해야 한다.

6. 비계량적 분산분석

비계량적 분산분석은 종속변수가 서열척도로 측정될 경우 세 개 이상의 중심 경향(central tendencies)의 차이를 조사한다. 이러한 방법의 하나는 k표본 중앙값 검증(k-sample median test)이다. 이것은 두 개 집단에 대한 중앙값 검증의 확장이다. 귀무가설은 k모집단의 중앙값이 동일하다는 것이다. 이 검증은 k표본에 대한 공통 중앙값을 계산한 것을 포함한다. 그러면 공통 중앙값 위 또는 아래에 있는 경우에 기초하여 계산된 셀의 $2\times k$ 표가 생성된다. 카이제곱 통계량이 계산된다. 카이제곱의 유의성은 귀무가설의 기각을 보여준다.

보다 강력한 검증은 크루스칼-월리스(Kruskal-Wallis) 일원분산분석이다. 이것은 맨-휘트니(Mann-Whitney)검증의 확장이다. 이 검증 역시 중앙값의 차이를 조사하는 것이다. 귀무가설을 k표본 중앙값 검증으로서 동일하지만 검증 절차는 다르다. k집단으로부터 나온 모든 케이스(case)는 단일 순위로 배열된다. 만약 k 모집단이 동일하다면 집단들은 각 집단 내 순위의 측면에서 유사하게 될 것이다. 순위 합은 각 집단에 의해 계산된다. 이들로부터 카이제곱 분포를 가지는 크루스칼-월리스 H통계량이 계산된다.

크루스칼-월리스 검증은 k표본 중앙값 검증 보다 더 설득력이 있다. 왜냐하면 중앙값과 관련 있는 위치뿐만 아니라 각 케이스의 순위 값을 사용하기 때문이다. 그러나 이러한 자료에 연결된 순위의 더 큰 수가 있을 경우 k표본 중앙값 검증을 추출하는 것이 더 나을 것이다.

비계량적 분산분석은 상업적인 마케팅조사에서 인기 있는 것은 아니다. 또한 아주 드물게 사용되는 또 하나의 절차가 다변량분산분석이다.

활용사례

"MAN" OVA는 남성과 여성이 다르다는 것을 증명

여성과 남성의 조사에 대한 윤리 판단 간의 차이를 조사하기 위해서 MANOVA 및 ANOVA의 통계기법이 사용되었다.
응답자는 윤리 특성의 결정과 관련해 시나리오의 시리즈에 관해 그들의 찬성하는 정도를 표시하라는 요청을 받았다. 이러한 평가는 분석에서 종속변수의 역할을 하며 응답자의 성별은 독립변수의 역할을 한다.
MANOVA는 다변량분석을 위해 사용되며 결과로서 생기는 F값은 $p < 0.001$ 수준에서 유의성이 있어서 윤리 판단 조사에서 남성과 여성 사이에 전반적인 차이가 있다는 것을 나타낸다. 단일분산분석은 ANOVA를 통해 실시되며 F값은 세 가지 항목의 윤리 평가에서 전체적인 성별 차이에 대한 가장 커다란 영향을 미친다는 것을 보여준다. 즉 우편 설문지를 사전 코드화하기 위해 자외선 잉크 사용, 소비자가 제품을 잘 못 사용하도록 하는 광고사용 및 도심부 자문 그룹의 도움으로 자료를 제공하기를 꺼려하는 조사자들의 태도가 그것이다.

(자료원 : Smith, Patricia L., and Ellwood F. Oakley(1997), Gender-Related Differences in Ethical and Social Values of Business Students : Implications for Management, Journal of Business Ethics, 16(1))

7. 다변량분산분석

현대자동차의 에쿠스는 최고급승용차로 포지셔닝하고 있으며 성공한 사업가의 승용차로 각광을 받고 있다. 2009년도에 발표된 신형 에쿠스는 많은 사람들로부터 호평을 받고 있다.

다변량분산분석은 두 개 이상을 가지는 계량적(metric) 종속변수 대신이라는 것을 제외하고 분산분석과 유사하다. 목표는 동일하다. 다변량분산분석 또한 집단 간의 차이를 조사하는 것에 관심이 있기 때문이다. 분산분석이 단일 종속변수에 대한 집단 차이를 조사하는데 반해 다변량분산분석은 동시에 복수의 종속변수에 대한 집단 차이를 조사하는 것이다. 분산분석에서 귀무가설은 종속변수의 평균이 집단 전반에 걸쳐 동일하다는 것이다.

다변량분산분석에서 귀무가설은 복수 종속변수에 대한 평균 벡터(vector)가 집단 전반에 걸쳐 동일하다는 것이다. 다변량분산분석은 상호 연결된 두 개 이상의 종속변수가 있을 때 적절하다. 상호 연결되지 않는 또는 직각인 복수 종속변수가 있을 경우 종속변수 각각에 대한 분산분석보다는 다변량분산분석보다 더 적절하다.

한 예로서 200명의 무작위로 추출된 각 개인으로 이루어진 네 개의 집단이 「에쿠스」 자동차에 대해 네 개의 상이한 광고에 노출됐다고 가정해 보자. 광고를 본 후에 각 개인은 「에쿠스」에 대한 선호도, 현대자동차에 대한 선호도 및 광고 자체에 대한 선호도에 대해 순위를 매겼다. 이러한 선호도 변수가 서로 연결되어 있기 때문에 어떤 광고가 가장 효율적인가를 결정하기 위해 다변량분산분석이 실시되어야 한다. 즉 세 가지의 선호도 변수 전반에 걸쳐 가장 높은 선호도를 산출해 낸다.

활용사례

Brand Assets에 미치는 영향력 평가

공동 브랜드(co-branding) 전략이란 종합 브랜드(composite brand)를 형성하기 위해 브랜드들이 짝을 이룬 것으로 현재 신제품을 시장에 출시할 때 이용하는 흔한 전략이다. 하지만, 공동 브랜드 전략이 브랜드 자산 관리 차원에서 과연 바람직한 것일까? 공동 브랜드 전략이 브랜드 자산 관리 차원에서 과연 바람직한 것인지에 대한 해답을 제시하고자 한다.

■ 조사 방법

이 조사는 두 개의 집단 간(between-subject) 요인(첫 번째 브랜드의 자산과 두 번째 브랜드의 자산)과 한 개의 집단 내(within-subject) 요인(종속변수 측정시간 - 제품 시용 전후)으로 구성된 2×2 ×2 요인 설계이다. 26개의 항목으로 이루어진 브랜드 자산 척도를 이용하여 브랜드 각각의 자산과 각 종합 브랜드의 자산을 제품 시용 전과 후로 나누어 측정했다.

■ 사전 조사

일련의 사전 조사를 통하여, 우리는 제품 영역과 브랜드명의 범위를 국한시킨 후 최종적으로 바비큐 된 감자칩(barbecued potato chips)을 선정했다. 왜냐하면

활용사례

피험자들이 감자칩과 바베큐 소스 간의 관계가 적합하다고 인식했고, 이 제품이 피험자인 학생들에게 친숙한 것이었다. 또한 실험적 상황 하에서 쉽게 이용될 수 있는 제품이기 때문이다. 높은 자산과 낮은 자산의 브랜드 목록은 식료품점 방문과 식료품 광고를 통해 작성했다. 가장 높은/낮은 브랜드 자산을 확인하기 위하여, 피험자 학생들은 몇몇 브랜드 명에 대한 자산, 실제와 가상의 브랜드 자산 등을 평가했다. 최종적으로 높은 자산 가치를 지닌 브랜드 두 개와 낮은 자산 가치를 지닌 브랜드 두개를 선택해서 4쌍의 감자칩/바베큐 소스 공동 브랜드를 만들었다.

감자칩 메이커

① Ruffles/Maulls (HE/HE) ② Ruffles/Rory(HE/LE)
③ Frisky/Maulls(LE/HE) ④ Frisky/Rory(LE/LE)

■ 조사 절차(Procedures)

139명의 학생들이 무작위로 4개의 실험군에 배정되었다. : Ruffles/Maulls (n=35), Ruffles/Rory(n=39), Frisky/Maulls(n=30)와 Frisky/Rory(n=35) 각각의 상황 하에서, 학생들은 브랜드 자산 측정에 앞서 종합 브랜드(composite brand)의 패키지 견본을 관찰하게 한 후, 피험자들에게 제품을 주고, 그 제품을 시용해 볼 수 있게 하였다. 4개의 실험군은 동일한 제품을 시용했는데 이는 평가된 브랜드 자산의 차이가 브랜드명의 차이에서 비롯된 것인지 제품 경험의 차이에서 비롯된 것인지를 명확히 하기 위해서였다. 학생들은 패키지에 기술된 감자칩을 시식했다고 생각했지만 사실은 그들 모두 같은 제품을 시식했다.

■ 측정

이 조사에서 이용된 브랜드 자산 측정은 '5개의 브랜드 자산 차원을 의미하는 26가지 항목'을 이용했다. 26개 항목은 7점 척도로 평가했고 동일한 가중치를 적용했다.

26개 항목의 값을 더한 이후에 26으로 나누어 종합 브랜드와 종합 브랜드를 이루는 구성 브랜드들(constituent brands)의 자산 평점을 도출했다.(α 계수 = 0.91)

■ 독립변수 조작을 위한 체크(manipulation check)

종합 브랜드에 노출된 적이 없는 피험자들은 구성된 브랜드 각각의 브랜드 자산을 평가했는데 이는 높은 자산 가치를 지닌 브랜드와 낮은 자산 가치를 지닌 브랜드를 제대로 조작했는지 명확히 하기 위함이다. 이러한 독립변인 조작을 위한 검사를 통해 높은 자산 점수를 나타낸 브랜드와 낮은 자산 점수를 지닌 브랜드를 확정했다. 또한 피험자들에게 제품 시용 이후 그 제품에 대한 만족도를 매기도록 했다. 이 검증은 피험자의 제품 시용이 긍정적이었는지를 증명하기 위한 것이다.

종합(composite) 브랜드 자산에 대한 브랜드 각각의 영향

공동 브랜드 Ruffles/Maulls(HE/HE)가 제품 시용 전에 가장 높은 브랜드 자산 점수를 나타내었으며 그 다음으로 Ruffles /Rory(HE/LE) 혹은 Frisky/Maulls (LE/HE), 마지막으로 Frisky /Rory(LE/LE)일 것으로 가정했다. 비록 모든 차이가 통계적으로 큰 의미가 있지는 않을지라도 제품 시용 전의 종합 브랜드 자산 평점이 가정된 순서대로 아래 표와 같이 나타났다.

구체적으로 Ruffles/Maulls가 가장 높은 브랜드 자산 평점(4.63)을 나타냈고 그 다음이 Ruffles/Rory(4.49), Frisky/Maulls(4.28) 그리고 Frisky/Rory(3.98)가 가장 낮은 브랜드 자산 평점을 나타냈음을 알 수 있었다.

공동브랜드	브랜드자산평가		Diff	t-ratio	p-value
	사용전	사용후			
① Ruffles/Maulls (HE/HE)	4.63a	5.06ab	0.43	5.709	0.000
② Ruffles/Rory (HE/LE)	4.49ab	4.76abc	0.27	2.296	0.028
③ Frisky/Maulls (LE/HE)	4.28bc	4.94abc	0.66	7.715	0.000
④ Frisky/Rory (LE/LE)	3.98c	4.51c	0.53	5.526	0.000

Notes: 서로 다른 윗첨자는 유의한 차이점을 나타내며 같은 윗첨자는 유의한 차이점을 나타내지 않음. 예) Ruffles/Maulls는 Ruffles/Rory와 유의한 차이를 나타내지 않지만 Frisky/Rory와는 유의한 차이를 나타냄.

ANOVA는 공동 브랜드 조합들의 브랜드 자산 평점 간에 의미 있는 차이를 보여주었다.($F(3,127)=6.95$, $p\leq0.001$) 터키 방법을 이용한 다중비교 검증 결과 Frisky/Rory의 브랜드 자산 평점(3.98)은 Ruffles/Maulls(4.63)나 Ruffles/Rory(4.49)보다 유의할 만큼 낮게 나타났다.

반면 Frisky/Maulls(4.28)와의 차이는 유의하지 않았다. Frisky/Maulls(4.28)의 평점은 Ruffles/Maulls(4.63) 보다 낮게 나타났다. 마찬가지로 Ruffles/Rory(4.49)와 Ruffles/Maulls(4.63), Ruffles/Rory (4.49)와 Frisky/Maulls(4.28)간의 차이는 그다지 두드러지지 않았다.

(자료원 : Washburn, Judith H., Brain D. Till and Randi Priluck(2000), Co-branding : brand equity and trial effects, Journal of Consumer Marketing, 17, 2.)

본 사례에서는 월평균 소득수준을 독립변수로 하고 구매의도와 선호하는 와인등급을 종속변수로 설정하여 다변량분석을 실시하고자 한다. 이미 알고 있듯이 다변량분석은 종속변수가 2개 이상이라는 것을 제외하고는 분산분석과 다르지 않다. 절차는 다음과 같다.

① '예제 데이터(10)-다변량분석(1).sav' 파일을 불러온다.

② 메뉴에서 [분석 > 일반선형모형 > 다변량(M)]을 선택한다.

③ 대화상자에서 [종속변수(D)]란에 '구매의도'와 '와인등급'을 이동시킨다. [모수요인(F)]란에는 독립변수인 '소득수준'을 이동시킨다.

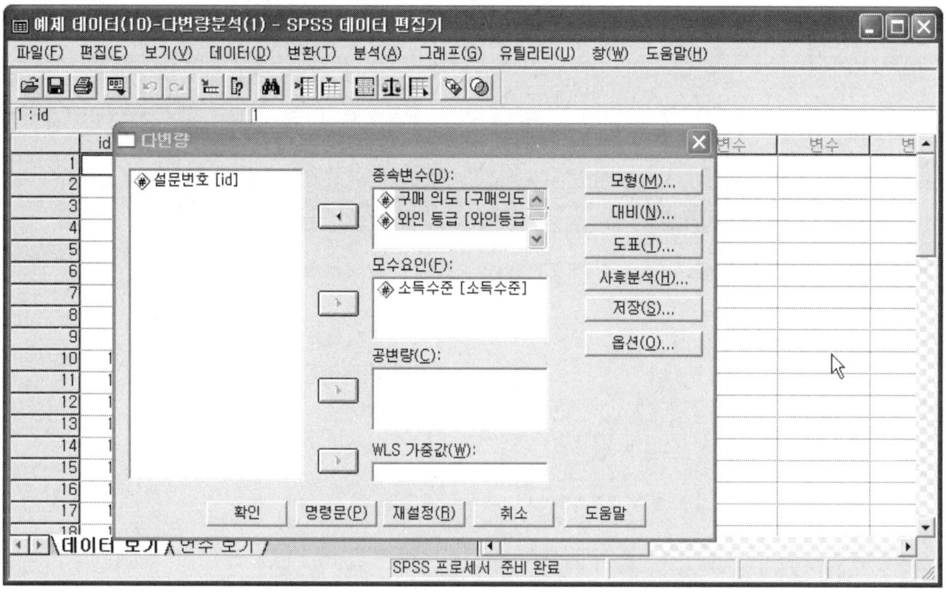

④ [모형] 버튼을 누르면 기본적으로 설정된 [완전요인모형(A)]이 선택되어져 있다. 그대로 사용한다. [계속] 버튼을 누른다.

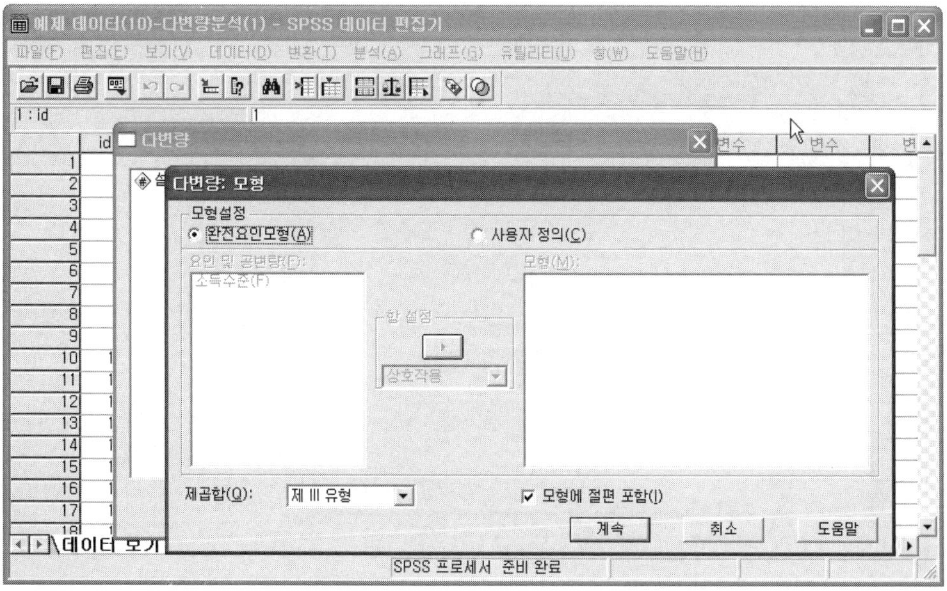

⑤ [사후분석(H)] 버튼을 누른 후 [요인(F)]에 있는 '소득수준'을 [사후검정변수(P)]란으로 이동시킨다. 그런 다음 사후분석방법으로 [Scheffe(C)] 방법을 선택한 다음 [계속] 버튼을 누른다.

⑥ [옵션] 버튼을 누른 후 출력형식에서 [기술통계량(S)], [동질성 검정(H)], [효과크기 추정값(E)]을 선택한 후 [계속] 버튼을 누른다.

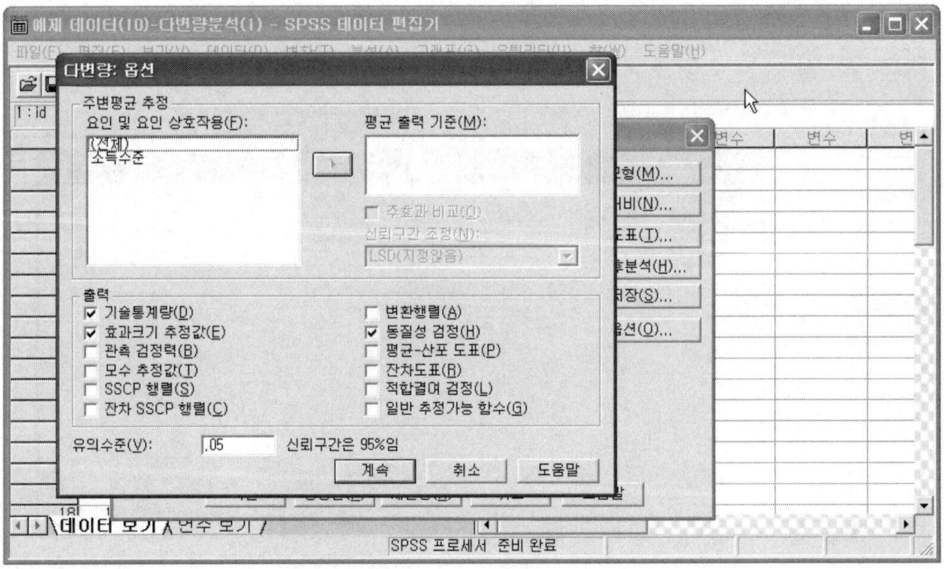

⑦ [확인]을 누르면 다변량분석결과가 나타난다.

▶ 개체-간 요인

개체-간 요인

		변수값 설명	N
소득수준	1	100만원 이하	2
	2	101-200만원	6
	3	201-300만원	4
	4	301-400만원	5
	5	401만원 이상	3

독립변수로 사용된 소득수준에 대한 각 집단별 응답 케이스가 나타나 있다.

▶ 기술통계량

기술통계량

	소득수준	평균	표준편차	N
구매 의도	100만원 이하	2.50	.707	2
	101-200만원	3.17	1.169	6
	201-300만원	4.75	.500	4
	301-400만원	4.00	1.000	5
	401만원 이상	5.00	.000	3
	합계	3.90	1.165	20
와인 등급	100만원 이하	3.00	1.414	2
	101-200만원	2.67	1.033	6
	201-300만원	2.50	1.291	4
	301-400만원	2.20	1.304	5
	401만원 이상	2.67	.577	3
	합계	2.55	1.050	20

다변량 변수인 종속변수(구매의도, 와인등급)에 대한 평균과 표준편차, 응답 케이스가 나타나 있다.

▶ 분산의 동질성 검증

공분산행렬에 대한 Box의 동일성 검정[a]

Box의 M	3.716
F	.461
자유도1	6
자유도2	1602.473
유의확률	.838

여러 집단에서 종속변수의 관측 공분산행렬이 동일한 영가설을 검정합니다.

a. 계획: Intercept+소득수준

소득수준에 따른 4개 집단의 공분산 행렬이 동일하다는 가정에 대한 Box M 검증결과가 나타나 있다. p-value(유의확률)는 0.838로 "H_0: 공분산 행렬이 동일하다"를 기각하지 못하므로 등분산 가정에 문제가 없는 것으로 검증되었다.

▶ 다변량 검증

다변량 검정[c]

효과		값	F	가설 자유도	오차 자유도	유의확률	부분 에타 제곱
절편	Pillai의 트레이스	,982	381,905[a]	2,000	14,000	,000	,982
	Wilks의 람다	,018	381,905[a]	2,000	14,000	,000	,982
	Hotelling의 트레이스	54,558	381,905[a]	2,000	14,000	,000	,982
	Roy의 최대근	54,558	381,905[a]	2,000	14,000	,000	,982
소득수준	Pillai의 트레이스	,639	1,760	8,000	30,000	,125	,319
	Wilks의 람다	,390	2,105[a]	8,000	28,000	,070	,376
	Hotelling의 트레이스	1,490	2,422	8,000	26,000	,042	,427
	Roy의 최대근	1,439	5,396[b]	4,000	15,000	,007	,590

a. 정확한 통계량

b. 해당 유의수준에서 하한값을 발생하는 통계량은 F에서 상한값입니다.

c. 계획: Intercept+소득수준

종속변수로 활용된 구매의도와 와인등급에 대한 다변량 검증결과가 제시되어 있다. 본 사례에서는 귀무가설(H_0)을 "독립변수의 집단 간 평균값들의 벡터(vector)가 동일하다"라고 가정할 수 있으며 4가지 통계량으로 검증한 결과 p-value(유의확률)가 모두 0.000으로 유의수준 0.05에서 차이가 있는 것으로 검증되었다. 즉 집단 간 평균값들의 벡터가 동일하다는 귀무가설이 기각되었음을 알 수 있다.

▶ 오차분산의 동질성 검증

오차 분산의 동일성에 대한 Levene의 검정[a]

	F	자유도1	자유도2	유의확률
구매 의도	2,437	4	15	,092
와인 등급	,754	4	15	,571

여러 집단에서 종속변수의 오차 분산이 동일한 영가설을 검정합니다.

a. 계획: Intercept+소득수준

오차분산의 동질성에 대한 Levene의 통계량이다. p-value(유의확률)가 유의수준 0.05 수준보다 높게 나타나고 있어 오차분산이 동일하다는 등분산의 가정에 문제가 없는 것으로 검증되었다.

▶ 개체-간 효과검증

개체-간 효과 검정

소스	종속변수	제 III 유형 제곱합	자유도	평균제곱	F	유의확률	부분 에타 제곱
수정 모형	구매 의도	13.717[a]	4	3.429	4.257	.017	.532
	와인 등급	1.150[b]	4	.287	.218	.924	.055
절편	구매 의도	260.005	1	260.005	322.765	.000	.956
	와인 등급	117.150	1	117.150	88.750	.000	.855
소득수준	구매 의도	13.717	4	3.429	4.257	.017	.532
	와인 등급	1.150	4	.288	.218	.924	.055
오차	구매 의도	12.083	15	.806			
	와인 등급	19.800	15	1.320			
합계	구매 의도	330.000	20				
	와인 등급	151.000	20				
수정 합계	구매 의도	25.800	19				
	와인 등급	20.950	19				

a. R 제곱 = .532 (수정된 R 제곱 = .407)
b. R 제곱 = .055 (수정된 R 제곱 = -.197)

개체-간 효과검증은 구매 의도와 선호하는 와인등급에 대해 분석한 결과이다. 이 효과검증 분석결과를 통해 추가적으로 다음의 두 가지 연구문제를 검증할 수 있다.

(1) 구매 의도는 소득수준에 따라 차이가 있는가의 여부
(2) 선호하는 와인등급은 소득수준에 따라 차이가 있는가의 여부

상기 두 가지의 연구문제를 검증한 결과 구매 의도는 소득수준에 따라 차이가 있는 것으로 검증(F=4.257, p-value=0.017) 되었으나 선호하는 와인등급은 소득수준에 따라 차이가 없는 것으로 검증(F=0.218, p-value=0.924) 되었다.

▶ 사후검증(소득수준에 따른 구매 의도와 선호하는 와인등급)

다중 비교

Scheffe

종속변수	(I) 소득수준	(J) 소득수준	평균차(I-J)	표준오차	유의확률	95% 신뢰구간	
						하한값	상한값
구매 의도	100만원 이하	101-200만원	-,67	,733	,931	-3,23	1,90
		201-300만원	-2,25	,777	,132	-4,97	,47
		301-400만원	-1,50	,751	,439	-4,13	1,13
		401만원 이상	-2,50	,819	,104	-5,36	,36
	101-200만원	100만원 이하	,67	,733	,931	-1,90	3,23
		201-300만원	-1,58	,579	,169	-3,61	,44
		301-400만원	-,83	,543	,677	-2,73	1,07
		401만원 이상	-1,83	,635	,133	-4,05	,39
	201-300만원	100만원 이하	2,25	,777	,132	-,47	4,97
		101-200만원	1,58	,579	,169	-,44	3,61
		301-400만원	,75	,602	,814	-1,35	2,85
		401만원 이상	-,25	,685	,998	-2,65	2,15
	301-400만원	100만원 이하	1,50	,751	,439	-1,13	4,13
		101-200만원	,83	,543	,677	-1,07	2,73
		201-300만원	-,75	,602	,814	-2,85	1,35
		401만원 이상	-1,00	,655	,680	-3,29	1,29
	401만원 이상	100만원 이하	2,50	,819	,104	-,36	5,36
		101-200만원	1,83	,635	,133	-,39	4,05
		201-300만원	,25	,685	,998	-2,15	2,65
		301-400만원	1,00	,655	,680	-1,29	3,29
와인 등급	100만원 이하	101-200만원	,33	,938	,998	-2,95	3,61
		201-300만원	,50	,995	,992	-2,98	3,98
		301-400만원	,80	,961	,949	-2,56	4,16
		401만원 이상	,33	1,049	,999	-3,33	4,00
	101-200만원	100만원 이하	-,33	,938	,998	-3,61	2,95
		201-300만원	,17	,742	1,000	-2,43	2,76
		301-400만원	,47	,696	,976	-1,97	2,90
		401만원 이상	,00	,812	1,000	-2,84	2,84
	201-300만원	100만원 이하	-,50	,995	,992	-3,98	2,98
		101-200만원	-,17	,742	1,000	-2,76	2,43
		301-400만원	,30	,771	,997	-2,39	2,99
		401만원 이상	-,17	,877	1,000	-3,23	2,90
	301-400만원	100만원 이하	-,80	,961	,949	-4,16	2,56
		101-200만원	-,47	,696	,976	-2,90	1,97
		201-300만원	-,30	,771	,997	-2,99	2,39
		401만원 이상	-,47	,839	,988	-3,40	2,47
	401만원 이상	100만원 이하	-,33	1,049	,999	-4,00	3,33
		101-200만원	,00	,812	1,000	-2,84	2,84
		201-300만원	,17	,877	1,000	-2,90	3,23
		301-400만원	,47	,839	,988	-2,47	3,40

관측된 평균에 기초합니다.

다중비교에 의한 사후검증 결과표는 각 종속변수별로 어느 집단 간에 차이가 있는지를 사후 검증한 결과이다. 유의수준 α =0.05에서는 구매 의도와 선호하는 와인등급 모두 p-value(유의확률)가 0.05 이상으로 나타나 차이가 없는 것으로 나타났다.

▶ 동일집단군 분류표-구매 의도, 와인등급

구매 의도

Scheffe[a,b]

소득수준	N	집단군 1	집단군 2
100만원 이하	2	2.50	
101-200만원	6	3.17	3.17
301-400만원	5	4.00	4.00
201-300만원	4	4.75	4.75
401만원 이상	3		5.00
유의확률		.070	.182

동일집단군의 그룹에 대한 평균이 표시됩니다.
유형 III 제곱합에 기초합니다
오차항은 평균제곱(오차) = .806입니다.
a. 조화평균 표본 크기 3.448을(를) 사용합니다.
b. 유의수준 = .05.

와인 등급

Scheffe[a,b]

소득수준	N	집단군 1
301-400만원	5	2.20
201-300만원	4	2.50
101-200만원	6	2.67
401만원 이상	3	2.67
100만원 이하	2	3.00
유의확률		.929

동일집단군의 그룹에 대한 평균이 표시됩니다.
유형 III 제곱합에 기초합니다
오차항은 평균제곱(오차) = 1.320입니다.
a. 조화평균 표본 크기 3.448을(를) 사용합니다.
b. 유의수준 = .05.

동일 집단군 분류에서는 각 종속변수값에 있어서 유의적인 차이가 발생하지 않으면 동일집단으로 분류된다. 구매의도의 경우에는 소득수준에 따라 100만원 이하집단부터 300만원까지의 소득집단의 평균값이 유의적인 차이가 없으므로(p-value=0.070) 동일집단으로 분류되었다. 또한 101-200만원의 소득집단부터 그 이상의 집단까지 유의적인 차이가 없으므로(p-value=0.182) 동일집단으로 분류되었다.

선호하는 와인등급의 경우에도 집단 간 유의적인 차이가 없으므로(p-value=0.929) 하나의 집단으로 분류되고 있음을 알 수 있다.

Chapter

11

상관분석과 회귀분석

1. 상관관계분석

1) 상관관계(Product Moment Correlation)

마케팅조사에서는 2개의 계량 변수들 간의 관련성 혹은 연관성의 정도에 대하여 요약할 필요성이 있다. 즉 다음과 같은 의문점을 해소할 필요성이 있는 것이며 이러한 의문점은 마케팅조사 과정 중에 언제나 빈번하게 발생한다.

- 광고비용의 지출규모의 증가와 판매량의 증가에는 어느 정도 연관성이 있으며 광고비의 증가에 따른 누적효과(cumulative effects)는 어떤 형태일까 ?
- 시장점유율과 영업력의 크기(영업인력, 대리점의 수 등)와는 어떤 연관성이 있을까 ?
- 소비자들이 느끼는 가격에 대한 지각과 품질에 관한 지각 사이에는 어떤 연관성이 있는 것일까 ?
- 소비자들이 제품이나 서비스를 구매 후 사용 만족도(outcome)를 평가할 때 종합적으로 느끼는 지각에 의한 체감만족과 각 구성요소들 간의 상관관계는 어떤 형태이며 또한 각 구성요소들은 전반적인 사용만족도와 어떤 종속관계가 있는 것일까 ?

이와 같이 등간척도나 비율척도로 측정된 2개의 계량적 변수 간(여기에서는 X와 Y로 일컬음)의 연관성의 정도를 요약하는 방법이 product moment correlation(승적률 상관관계)[1]기법이며 일반적으로 상관관계분석라 칭한다.

상관관계분석이란 변수 X와 또 다른 변수 Y 사이에 존재하는 상호 관련성이 간접적인 선형관계인지 혹은 직접적인 선형관계인지를 결정하기 위해 자주 이용되는 기법이다. 이것은 하나의 변수인 X의 변화량에 따른 또 다른 변수인 Y의 변화량 정도를 측정하는 것으로 "피어슨의 상관계수(Pearson correlation coefficient)"로 잘 알려져 있으며 칼 피어슨(Karl Pearson)에 의해 최초로 제시되었다.

일반적으로 상관관계란 단순상관관계(simple correlation) 혹은 이변량 상관관계(bivariate correlation) 혹은 단순하게 상관관계를 지칭하기도 한다. 예를 들어 n개의 관찰값을 갖는 표본의 X와 Y에 관한 상관관계 r은 다음과 같이 계산할 수 있다.

$$r = \frac{\sum_{i=1}^{n}(X_i - \bar{X})(Y_i - \bar{Y})}{\sqrt{\sum_{i=1}^{n}(X_i - \bar{X})^2 \sum_{i=1}^{n}(Y_i - \bar{Y})^2}}$$

이 때 분모는 X의 변동분과 Y의 변동분을 의미하며 분자는 X, Y의 변동의 곱을 의미한다. 그 다음에 분자와 분모에 주어진 $n-1$로 나누어 주게 되면 상관관계의 계수인 r 값이 산출되게 되는 것이다.

$$r = \frac{\sum_{i=1}^{n}\frac{1}{n-1}(X_i - \bar{X})(Y_i - \bar{Y})}{\sqrt{\sum_{i=1}^{n}\frac{1}{n-1}(X_i - \bar{X})^2 \sum_{i=1}^{n}\frac{1}{n-1}(Y_i - \bar{Y})^2}} = \frac{COV_{xy}}{S_x S_y}$$

위의 공식에서 $\overline{X}$와 $\overline{Y}$는 표본의 평균을 표시해 주며 S_x와 S_y는 표준편차를 의미한다. X와 Y 관계의 정도를 측정한 X와 Y 사이의 공분

---

1) product moment(승적률, 乘積率) : n개의 확률변수 X_1, ..., X_n의 결합분포함수를 $F(x_1,...,x_n)$ 이라 할 때, 차수 r, s, u의 승적률은 X_2^r, X_2^s, ...X_n^u의 기대값에 의해 정의된다는 확률분포를 의미한다.

산인 COV_{xy}는 긍정적인 正(+)의 값이나 부정적인 負(-)의 값 중 하나를 취하게 된다. X와 Y의 표준편차인 S_xS_y으로 나누어 준 이유는 r 값이 -1.0과 +1.0 사이에 위치하기 때문에 표준화시키기 위한 방편의 하나로 나누어 준 것이다. 상관관계 계수는 절대적인 값(absolute number)을 가지며, 측정의 어떤 단위로 표현되는 것은 아니다. 또한 상관관계 계수는 2가지 변수 사이의 측정단위 하에서 측정한 것이어야 한다는 고려 없이도 가능하다.

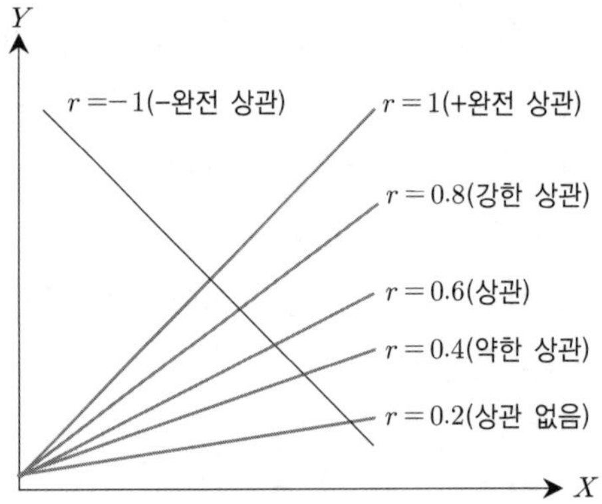

|그림 11-1| 상관계수의 유형

활용사례

백화점업계의 생존 노력

국내에서 최고의 품격을 자랑하는 A백화점에서는 까르프, E마트, 프라이스클럽 등 대형할인매장의 등장으로 인하여 경영상 새로운 전환점을 맞이하게 되었다. 물론 백화점과 가격할인매장의 특성상 고객계층이 다르기 때문에 크게 관계가 없다는 자세를 견지하고는 있지만 내심 가격할인에 따른 소비자들의 반응에 예의주시하지 않을 수 없었다. A백화점에서는 마케팅전략기획 회의를 통해 기존에 자사의 유통체인을 이용하는 고객들을 세분화하고 그들이 자사 백화점에 충성도를 가지고 있는 것에 어떤 특성이 있는가를 파악하여 이를 보다 강화하는 전략을 수립하기로 결정하였다.

자사 백화점 고객의 충성도 모델이라는 명칭으로 개발된 모형은 자사의 고객들이 자사 백화점을 찾는 이유를 8개 범주(eight category)의 차원으로 구성하여 설명하고 있다. 종속변수(dependent variable)는 자사 백화점에 대한 충성도의 정도를 7점 척도(seven scale)로 평가하였다. 독립변수는 ① 판매되는 제품이나 상품의 품질 ② 진열된 제품의 다양성과 구색 ③ 교환 및 환불 시스템 ④ 매장내에서의 인적인 서비스 품질(응대성과 친절성, 적극성 등) ⑤ 가격특성 ⑥ 쇼핑객을 위한 제반 편의시설 구성과 위치 ⑦ 쇼핑객의 動線을 고려한 점포의 배열 ⑧ 신용카드와 영수증 발급시스템 등으로 구성하고 역시 7점 척도를 사용하여 측정하였다. 그 결과 8개의 선택범주 중에서 "매장 내에서의 인적인 서비스 품질"이 백화점의 충성도를 높이는데 결정적인 기여를 하고 있는 것으로 분석되었다. 모든 변수들의 (회귀)계수는 모두 正(+)의 값을 취하고 있었으며 개별적인 차원의 세부평가요소들 역시 자사 백화점을 선택하는데 있어 통계적으로 유의한 영향을 미치는 것으로 나타나고 있었다. 이 모델은 자사 백화점을 이용하는 고객들의 선호도와 충성도를 예측하는데 매우 적합한 모델로 판명되었으며 그 후 A 백화점은 이러한 평가모델을 활용하여 지속적인 고객 선호도와 충성도를 평가하여 개선하고 있으며 국내에서 최고수준의 격조 있고 품위 있는 그리고 가장 믿을만한 백화점으로 성장하였다.

(자료원: 이명식, 최천규, 구자룡(2004), 마케팅리서치, 형설출판사)

백화점은 할인점들과의 차별화를 통해 생존 전략을 모색하고 있다. 압구정에 위치한 갤러리아백화점은 명품점으로 포지셔닝해 성공하고 있다.

활용사례

주거기간과 향후 거주희망태도의 상관관계

하나의 예로써 도시에서의 주거기간과 도시에서 거주하는 것에 따른 태도와는 어떤 상관관계가 있을 것인가를 추측해 보도록 하자. 도시에서 거주하기를 희망하는 태도는 15점 척도(1점=전혀 살고 싶지 않다, 15점=매우 살고 싶다)에 의해 측정하였으며 거주기간은 응답자들이 현재 도시에서 살고 있는 기간을 측정하였다. 사전조사(pre-test)를 위해 12명의 응답자만을 조사·측정하였으며 이들이 응답한 결과는 다음의 <표 11-1>에 구체적으로 나타나고 있다.

(자료원: 이명식, 최천규, 구자룡(2004), 마케팅리서치, 형설출판사)

|표 11-1| 도시 거주기간에 따른 향후 도시에서의 거주희망 태도

응답자	향후 도시에서 거주하기를 희망하는 태도 (종속변수 : Y)	현재의 도시에서의 거주기간 (독립변수 : X)	기후조건에 따른 중요성
1	5	10	5
2	10	10	9
3	6	14	3
4	5	6	2
5	8	10	8
6	5	4	4
7	6	10	5
8	2	8	6
9	10	12	6
10	10	11	12
11	8	14	7
12	4	3	6

이를 기초로 하여 상관관계계수는 다음과 같이 계산할 수 있다.

$$\overline{X} = (10+10+14+6+10+4+10+8+12+11+14+3)/12$$
$$= 9.333$$
$$\overline{Y} = (5+10+6+5+8+5+6+2+10+10+8+4)/12$$
$$= 6.583$$

$$\sum_{i=1}^{n}(X_i-\overline{X})(Y_i-\overline{Y}) = (10\text{-}9.333)(5\text{-}6.583) + (10\text{-}9.333)(10\text{-}6.583)$$
$$+ (14.9.333)(6\text{-}6.583) + (6\text{-}9.333)(5\text{-}6.583)$$
$$+ (10\text{-}9.333)(8\text{-}6.583) + (4\text{-}9.333)(5\text{-}6.583)$$
$$+ (10\text{-}9.333)(6\text{-}6.583) + (8\text{-}9.333)(2\text{-}6.583)$$
$$+ (12\text{-}9.333)(10\text{-}6.583) + (11\text{-}9.333)(10\text{-}6.583)$$
$$+ (14.9.333)(8\text{-}6.583) + (3\text{-}9.333)(4\text{-}6.583)$$
$$= 56.667$$

$$\sum_{i=1}^{n}(X_i-\overline{X})^2 = (10\text{-}9.333)2 + (10\text{-}9.333)2 + (14.9.333)2 + (6\text{-}9.333)2 +$$
$$(10\text{-}9.333)2 + (4\text{-}9.333)2 + (10\text{-}9.333)2 + (8\text{-}9.333)2 +$$
$$(12\text{-}9.333)2 + (11\text{-}9.333)2 + (14.9.333)2 + (3\text{-}9.333)2$$
$$= 136.667$$

$$\sum_{i=1}^{n}(Y_i-\overline{Y})^2 = (5\text{-}6.583)2 + (10\text{-}6.583)2 + (6\text{-}6.583)2 + (5\text{-}6.583)2 +$$
$$(8\text{-}6.583)2 + (5\text{-}6.583)2 + (6\text{-}6.583)2 + (2\text{-}6.583)2 +$$
$$(10\text{-}6.583)2 + (10\text{-}6.583)2 + (8\text{-}6.583)2 + (4\text{-}6.583)2$$
$$= 74.917$$

그러므로 상관관계 r은

$$r = \frac{56.667}{\sqrt{(136.667)(74.917)}}$$

$$= 0.560$$

위의 예에서 상관계수 r은 0.560으로서 1.0에 절반에 해당하는 상관관계를 나타내고 있다. 이것이 의미하는 바는 거주기간의 크기는 향후 현재의 도시에서 지속적으로 거주하고자 하는 태도를 결정하는데 비교적 상관관계가 높은 것으로 나타난다는 것이다. 게다가 +의 r값은 이러한 관계가 부정적 성향이 아닌 긍정적 성향으로 나타나 현재의 도시에서 오래 살면 살수록 향후에도 현재의 도시에서 살고자 희망하는 경우가 많다는 것을 또한 의미하는 것이다.

하나의 변수에서 변동성의 정도를 의미하는 r 값은 다른 변수의 변동성(분산)과 밀접하게 연관되어 있다. 즉 전체 변동성(분산)의 합에 의해 나누어지는 것이다. 다른 말로 표현한다면 다음과 같이 표현될 수 있다.

r^2 = (설명된 분산) ÷ (전체 분산)
= SSx ÷ SSy
= (전체 분산 - 분산의 오차) ÷ (전체 분산)
= SSy - SSerror ÷ SSy

따라서 r^2은 다른 변수에 의해 설명된 한 변수의 변동비에 의해 측정될 수 있는 것이다. r 값과 r^2 값은 상호관련성의 대칭관계를 갖는다. 달리 표현한다면 Y가 갖는 X의 상관관계는 X가 갖는 Y의 상관관계와 동일한 의미를 갖는다는 것이다. 즉 종속변수와 독립변수를 고려해야 될 문제는 아니라는 것을 의미한다. 상관관계의 계수(coefficient)는 선형관계의 강도 혹은 정도를 측정하는 것이며, 비선형적 관계를 설계하는 것은 아니다. 그렇기 때문에 r=0이라는 것은 단지 X와 Y사이의 선형적 관계가 없다는 것일 뿐 다른 관계까지 전혀 없다는 것을 의미하는 것은 아니다.

상관계수는 계수의 값에 따라 다양한 유형의 분포를 나타내고 있으며 이를 그래프로 도식화하면 아래와 같은 다양한 형태로 나타나게 된다.

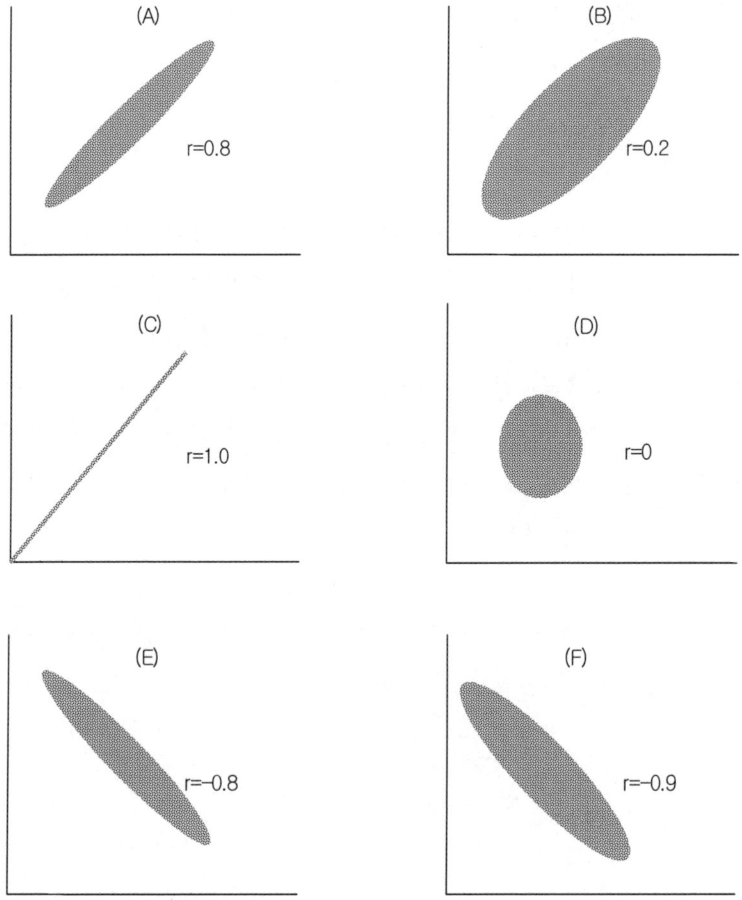

|그림 11-2| 다양한 형태의 상관관계(산포도)

A와 E, F 등은 부호는 다를지라도 변수간의 상관관계가 매우 강하게 나타나고 있는 형태이며, C의 경우에는 완전상관($r = 1.0$)을 의미한다. D의 경우에는 X축과 Y축간의 값의 관계가 일정한 패턴이 없기 때문에 무상관(無相關)이라 표현한다.

상관관계에서 상관성(相關性)의 정도를 파악하는 통계량으로 사용되는 상관계수는 여러 가지 종류가 있는데 일반적으로 Pearson의 상관계수(Pearson product-moment correlation coefficient)를 가장 많이 활용한다. 상관계수는 변수를 측정하는데 있어 사용된 척도(scale)에 따라 다른 방법으로 분석하며 그 종류는 다음과 같다.

|표 11-2| 상관관계의 종류와 측정 척도

상관관계의 종류	측정 척도(A변수-B변수)
- Pearson 상관관계	- 등간(간격)/비율 - 등간(간격)/비율
- Spearman 서열상관관계	- 서열 - 서열
- Kendal의 tau	- 서열 - 서열
- Point biserial Γ	- 등간(간격)/비율 - 명목(2분화 변수)
- Phi coefficient	- 명목(2분화 변수) - 명목(2분화 변수)

상관관계분석을 실제 사례를 활용하여 분석해 보자. 사례는 제9장에서 제시한 <와인 구입 시 고려속성에 관한 조사> 활용하여 다음의 연구문제를 해결해보자.

연구문제	와인 구입 시 고려하는 속성 중 '와인의 색'과 구매의도와는 어떤 상관관계를 가지고 있을까?

이러한 연구문제를 검증하기 위해서는 다음과 같은 가설을 설정할 수 있다.

귀무가설(H_0) : 와인의 색과 구매의도와는 상관관계가 없을 것이다($\rho=0$)[2]

대립가설(H_1) : 와인의 색과 구매의도와는 상관관계가 있을 것이다($\rho \neq 0$)

① '예제 데이터(11)-상관분석.sav' 파일을 불러온다.

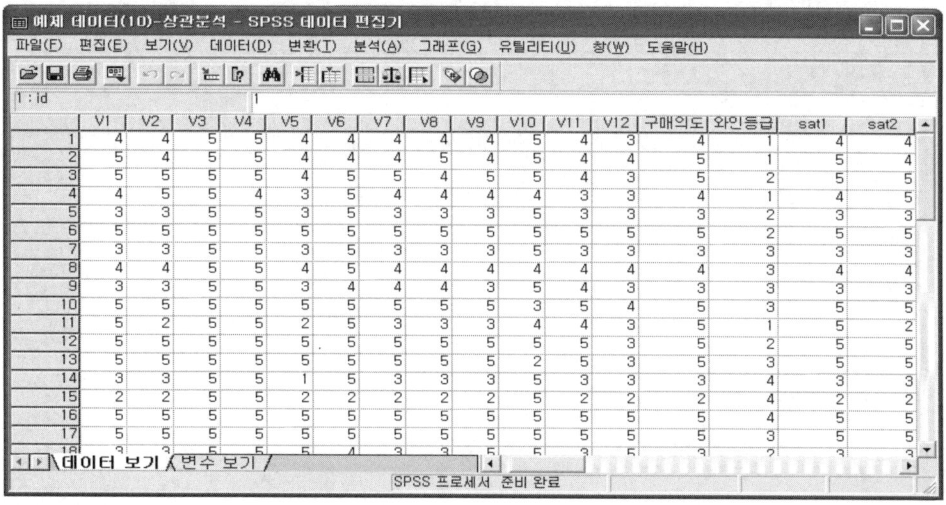

2) ρ는 상관관계를 나타내는 모수(paraeter)로서 rho라고 읽는다.

② 메뉴에서 [분석 > 상관분석 > 이변량 상관계수(B)]를 선택한다.

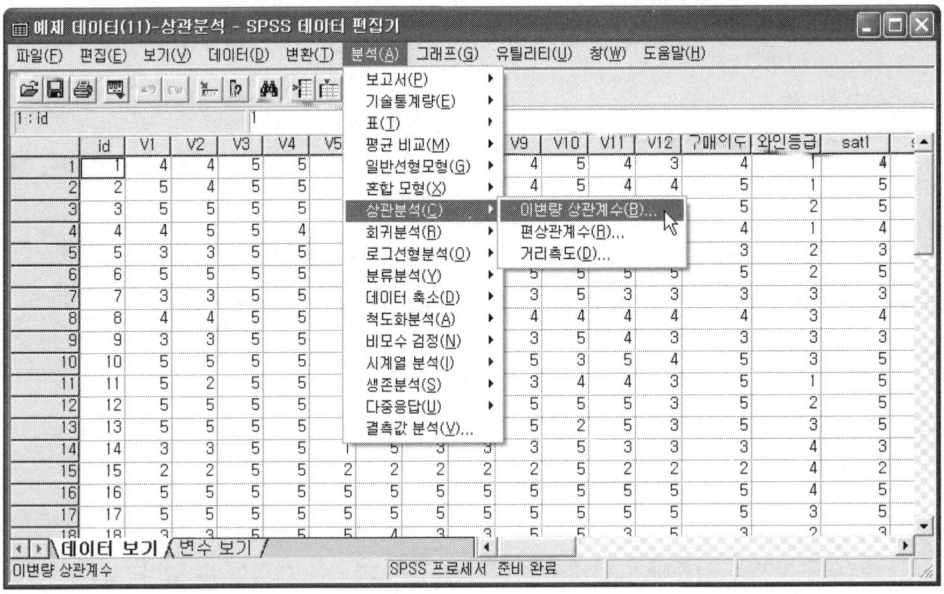

③ 대화상자에서 고려속성 항목 중 '와인의 색'과 '구매의도'를 분석할 변수칸으로 이동시킨다. 상관계수는 기본적으로 설정된 [Pearson(N)]을 그대로 사용한다.

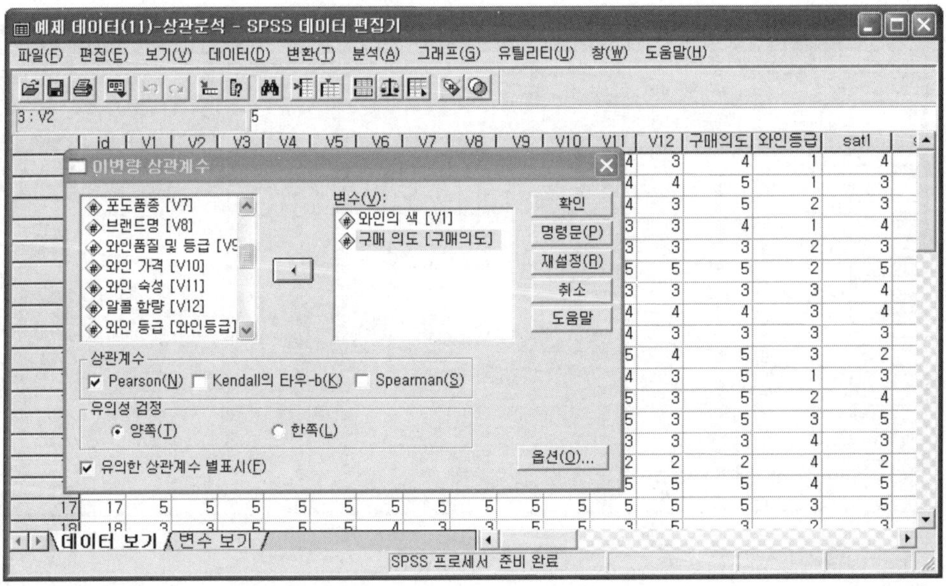

④ [확인] 버튼을 누르면 상관분석결과가 나타난다.

▶ 상관분석결과표

상관계수

		와인의 색	구매 의도
와인의 색	Pearson 상관계수	1	.526*
	유의확률 (양쪽)		.017
	N	20	20
구매 의도	Pearson 상관계수	.526*	1
	유의확률 (양쪽)	.017	
	N	20	20

*. 상관계수는 0.05 수준(양쪽)에서 유의합니다.

상관분석결과 '와인의 색'과 '구매의도' 사이의 상관계수(r)는 0.526이며 p-value(유의확률)는 0.017로 유의수준(α =0.05)에서 상관관계가 있는 것으로 검증되었다. 따라서 '와인의 색'과 '구매의도' 사이에는 상관관계가 없을 것이라는 귀무가설은 기각되고 상관관계가 있을 것이라는 대립가설은 지지되었다.

2) 편(偏)상관관계(Partial Correlation)

편상관관계는 영향을 주는 하나 혹은 그 이상의 변수를 통제하거나 혹은 조정한 다음 2개의 변수들간의 연관성의 정도를 측정하는 방법이다. 이러한 통계기법은 다음과 같은 질문에 대한 해답을 얻기 위해 활용된다.

- 가격요인을 통제했을 때 광고비의 지출과 판매량과의 관계는?
- 판촉활동의 영향을 제거한 이후의 시장점유율과 영업력의 크기와의 관계는?
- 브랜드에 대한 이미지를 통제했을 때 소비자가 가지고 있는 가격관련 인식은 품질에 관한 지각과 어떤 관계에 있을까?

이와 같은 상황 하에서 연구자는 세 번째 변수인 Z를 통제한 이후에 X와 Y의연관성을 계산하고자 할 것이다. 개념적으로 첫 번째는 X로부터 Z의 영향을 제거한 연후에 계산하는 방법이 하나 있을 수 있다. 다음으로는 X와 Z사이의 상관관계(rxz)를 사용하여 Z값을 알고 그것을 기초로 하여 X의 값을 예측하는 것이다. 예측된 X의 값은 조정된 X값을 얻기 위하여 X의 실제 값에서 뺀 값이 되는 것이다. 이와 마찬가지로 Y의 값은 먼저 Z의 영향을 제거한 이후의 조정된 값이다. 이때 Z의 영향을 통제한 이후에 조정된 X값과 Y값 사이에는 상관관계가 성립되며 rxy.z로 표시하게 된다.

통계적으로 두 변수 사이의 단순상관관계는 선형적 관계에 의해 완벽하게 설명될 수 있으며 부분상관계수는 개별적인 관찰값을 사용하지 않고서도 단순상관관계를 아는 것만으로도 계산할 수 있다.

$$r_{xy.z} = \frac{r_{xy} - (r_{xz})(r_{yz})}{\sqrt{(1-r^2{}_{xz})}\sqrt{(1-r^2{}_{yz})}}$$

상기의 공식은 Z값을 통제하고 있음을 알 수 있다.

앞의 예를 들어 다시 설명하자면 다음과 같이 편상관관계를 설명할 수 있을 것이다.

향후 도시에서 거주하고자 하는 희망을 Y라 하고 현재까지의 거주기간을 X_1이라 가정하자. 또한 통제변수인 기후(weather)의 중요성을 X_2라고 가정하고 이들 변수사이의 단순 상관계수를 산출하면 다음과 같이 산출될 수 있다.

$$r_{yx1}=0.560 \quad r_{yx2}=0.300 \quad r_{x1x2}=0.086$$

또한 편상관계수는 다른 많은 변수들의 조정과 통제를 통해 연관성에 서열개념을 제시해 주고 있는 특성이 있다. 단순상관계수 r은 두 개의 변수 간에 연관성을 측정할 때 다른 부수적인 변수로 통제하지 않기 때문에 서열이 제로(0)가 된다.

rxy.z는 Z값에 의한 영향(본 예에서는 날씨에 대한 중요성)을 통제하기 때문에 첫 번째 서열의 편상관계수를 갖게 된다. 두 번째 서열의 편상관계수는 2개 변수의 영향을 통제하는 것이며 세 번째 서열의 편상관계수는 세 개 변수의 영향을 통제하는 것이다. 서열 부분상관계수가 높아질수록 오히려 계산은 보다 단순한 형태가 된다. $n+1$ 번째의 편상관계수는 n 번째 서열의 편상관계수를 갖는 방정식의 오른쪽 부분에 있어서의 단순 상관계수로 대체하는 것에 의해 계산될 수 있다.

편상관계수는 교차분석에서 마치 상관관계가 있는 것처럼 보이는 조사 결과에 대하여 그렇지 않음을 구체적으로 보여주는데 도움을 줄 수 있다. 단지 X(거주기간)와 Z(도시의 기후조건)간의 관계만이 있을 뿐인데 X와 Y(향후 현 도시에서 지속적으로 거주하고 싶은 희망)가 마치 상관관계가 있는 것처럼 보일 수 있다. 이러한 때 Z를 통제하게 되면 X와 Y의 상관 관계가 나타나지 않게 된다.

중요도에 대한 또 다른 상관계수로 편(偏)상관계수(part correlation coefficient)가 있다. 일부분 상관계수는 Y로부터가 아닌 X로부터 제거된 독립변수의 선형효과를 통제한 이후의 X와 Y의 상관관계 계수를 의미 한다. 즉, Z에 대한 선형효과를 X속성만 통제하도록 한 연후에 X와 Y의 상관계수를 산출한 것을 의미하는 것이다.

수식으로 표현한다면 아래와 같은 형태로 표현할 수 있다.

$$r_{y(x.z)} = \frac{r_{xy} - (r_{xz})(r_{yz})}{\sqrt{1 - r^2_{xz}}}$$

이때의 상관계수를 ry(x.z)와 같이 표현하는 것은 X에서 Z의 효과를 제거하였다는 의미로 표현한 것이다.

편상관계수는 계수는 등간척도나 비율척도에 의해 조사된 모든 자료로부터 추정이 가능하다. 만약 측정된 자료가 이와 같지 않다면 연구자는 비계량적 상관관계(non-metric correlation)로 문제를 해결하도록 고려해야 할 것이다.

활용사례

학생들의 학업성적과 장래 희망

○○대학교 교무처에서는 학생들의 대학진학 후 학문적 성취도와 보다 진취적인 대학생활의 지침을 제공해 주기 위하여 대학 1년을 보낸 2학년 학생들을 대상으로 설문조사를 실시하였다. 설문에 응답한 대학생은 484명이었으며 이 중 유의한 응답을 얻을 수 없는 21명의 설문을 제외하고 최종적으로 463명의 설문지를 분석하였다. 설문으로 조사된 내용은 가정환경, 소득수준, 부모의 최종학력, 성별, 준거집단에 대한 태도 등이며 이를 독립변수로 규정하여 측정하였다. 종속변수로는 대학생활 1년의 학업성적과 장래 전공하고 싶은 희망을 측정하였다. 측정을 위한 매개변수로는 대학생 자신의 자아형성과 관련된 6개의 자아의식 문항이 추가되었다.

학생들이 자신들의 장래에 대하여 밝은 표정으로 대비하고 있다.

본 측정결과를 상관관계분석과 다중회귀분석을 활용하여 분석한 결과, 고등학교 때의 성적과 몇 개의 자아의식이 대학생활 1년의 학업성적에 직접적이고 유의적인 영향을 미치고 있는 것으로 분석되었으며 대학 1년의 평균 학업성적과 주변의 준거집단 그리고 부모의 최종학력이 장래 자신의 전공을 결정하는 데 매우 강한 상관관계가 있는 것으로 나타나고 있음이 발견되었다. 또한 대학생들이 갖는 긍정적인 자아의식이 학업성적과 장래 진로 및 희망하는 전공과 직접적으로 관련성을 갖는 것으로 분석되었다. 주변의 준거집단의 영향력과 친밀도 및 가정환경은 학업성적과 장래의 희망전공에 유의적인 관련성을 가지고는 있지만 자아의식이라는 매개변수를 통하여 상관관계 작용하고 있음을 알 수 있었다. 이후 대학관계자는 향후 어떤 방법으로 신입생 및 재학생들의 자아의식을 함양시켜야 할 것인가에 대해 여러 가지 방안을 고려하게 되었다.

(자료원: 이명식, 최천규, 구자룡(2004), 마케팅리서치, 형설출판사)

제9장에서 활용된 <와인 구입 시 고려속성에 관한 조사>의 사례를 들어 편상관관계를 분석해 보자. 일반적으로 소비자들은 자신들이 선호하는 와인의 등급을 알고 있으며 이를 전제로 여러 가지 다양한 구입속성들을 사전평가한 후 와인에 대한 구매의도를 나타낼 수 있을 것이다. 따라서 다음과 같은 연구문제를 설정할 수 있다.

연구문제	소비자가 선호하는 와인등급(*통제된 변수*)에 따라 와인의 색을 고려하는 정도가 다르게 나타나며 이는 향후 와인의 구매의도에 영향을 미칠 것이다.

이러한 연구문제를 검증하기 위한 편상관관계분석은 다음과 같은 절차에 의해 실행된다.

① '예제 데이터(12)-편상관분석.sav' 파일을 불어 온다.

② 메뉴에서 [분석 > 상관분석 > 편상관계수(R)]을 클릭한다.

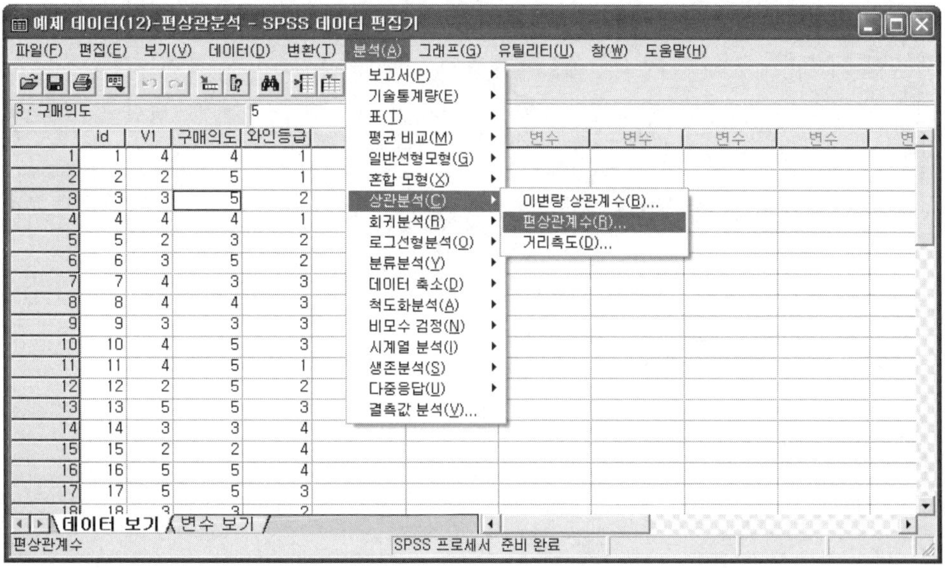

③ 대화상자에서 '와인의 색'과 '구매의도'를 [변수]란으로 이동 시키고 통제변수인 '와인등급'은 [통제변수]란으로 이동 시킨다.

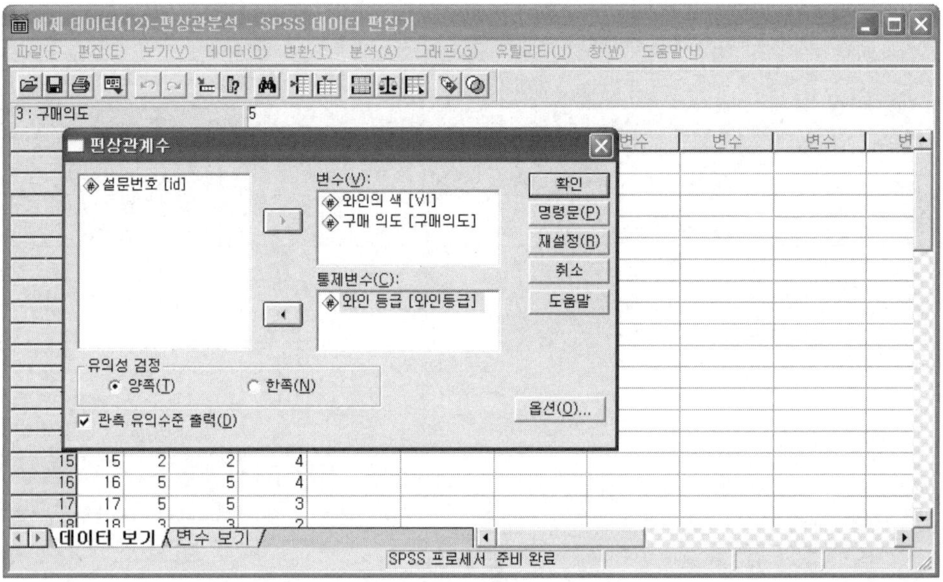

④ [옵션] 버튼을 누르고 [평균과 표준편차(M)], [0차 상관(Z)]를 선택한 후 [계속] 버튼을 누른다.

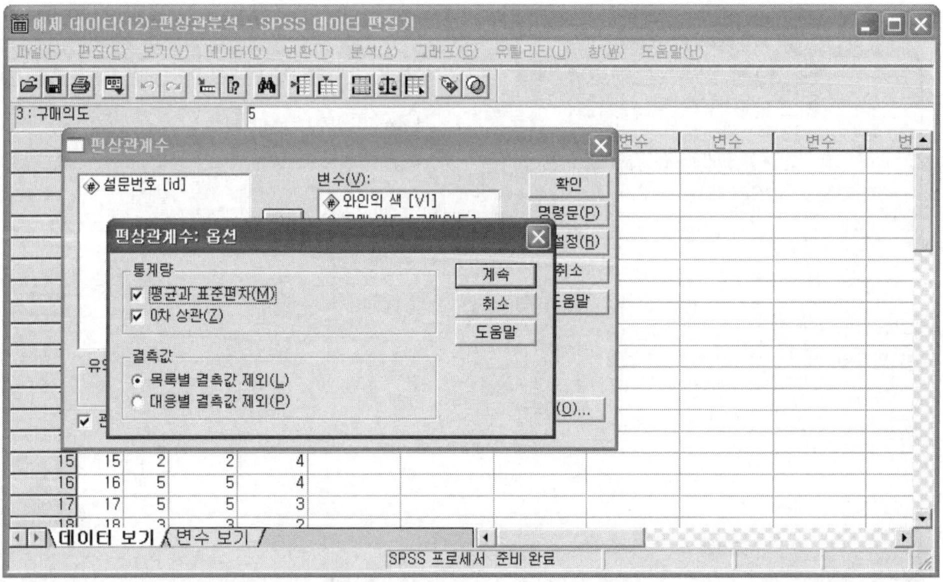

⑤ [확인] 버튼을 누르면 편상관분석결과가 나타난다.

▶ 기술통계량과 편상관계수

기술통계량

	평균	표준 편차	N
와인의 색	3.30	1.081	20
구매 의도	3.90	1.165	20
와인 등급	2.55	1.050	20

상관

통제변수			와인의 색	구매 의도	와인 등급
-지정않음-[a]	와인의 색	상관	1.000	.526	.032
		유의수준(양측)	.	.017	.892
		df	0	18	18
	구매 의도	상관	.526	1.000	-.426
		유의수준(양측)	.017	.	.061
		df	18	0	18
	와인 등급	상관	.032	-.426	1.000
		유의수준(양측)	.892	.061	.
		df	18	18	0
와인 등급	와인의 색	상관	1.000	.597	
		유의수준(양측)	.	.007	
		df	0	17	
	구매 의도	상관	.597	1.000	
		유의수준(양측)	.007	.	
		df	17	0	

a. 셀에 0차 (Pearson) 상관이 있습니다.

기술통계량에서는 편상관관계분석에 활용된 변수들의 평균과 표준편차, 응답 케이스의 숫자가 나타나 있다.

편상관계수표에는 편상관계수와 p-value(유의확률)이 나타나 있다. 결과표의 상단에 나타나 있는 [지정하지 않음]은 '와인등급'을 통제변수로 지정하지 않았을 때의 편상관관계수를 나타내는데 이는 곧 단순상관관계(simple correlation)를 나타내는 것이다. 와인의 색은 구매의도에 유의한 상관관계(r=0.526, p-value=0.017)를 가지고 있으며 선호하는 와인등급은 음(-)의 상관관계(-0.426)를 가지고 있다. 그러나 와인등급은 유의수준 0.05 수준에서는 유의하지 않으나 0.1 수준에서는 유의한 상관관계를 가지고 있는 것으로 검증되었다.

상기의 표에서 하단의 상관계수는 와인등급을 통제변수로 설정하고 와인의 색과 구매의도간의 편상관관계를 분석한 결과이다. 와인의 색과 구매의도간의 편상관계수의 값(r=0.597, p-value=0.007)은 통제변수를 설정하지 않은 경우에 비해 상관계수가 높으며 유의확률 역시 보다 더 큰 것으로 나타나 와인등급을 통제변수로 설정한 경우가 훨씬 더 상관성이 높은 것으로 검증되었다.

3) 비계량적 상관관계

비계량적 상관관계는 비계량적인 두 개의 변수들 사이의 상관계수를 계산하기 위하여 사용되는 기법이다. 비계량적 변수란 등간척도나 비율척도가 아닌 명목척도 등으로 측정된 자료들이며 분포 역시 정규분포(normal distribution)를 취하지도 않는다. 만약 비계량적 변수가 서열 혹은 수량적 데이터라면 스피어만(Spearman)의 순위상관계수인 ρ(roh)와 켄달(Kendall)의 τ(tau)를 이용하여 두 변수 사이의 관계를 검증하는 비계량적 상관관계분석으로 측정할 수 있다. 이러한 측정은 변수의 절대값을 측정하는 것보다는 순위를 활용하는 것이며 기본적으로 유사한 개념을 가지고 있다. 그 값은 -1에서부터 +1까지 다양한 형태를 취하게 된다.

같은 상황이 아니라면 스피어만 계수(Spearman's ρs)는 켄달의 τ(tau)계수보다 피어슨의 단순상관에 보다 근사치로 나타나게 된다. 이러한 경우에 τ의 절대적인 크기는 피어슨의 r 값보다 작아지는 경향이 있다. 반대로 동률의 순위를 갖는 큰 수가 있다면 켄달의 τ는 보다 정확한 것처럼 보이기도 한다.

첫 번째의 대원칙은 켄달의 τ는 사례수가 많은 경우에서 상대적으로 범주의 수가 작은 곳으로 떨어질 때 보다 선호되는 상관계수이다. 그렇기 때문에 동률의 큰 수가 나오게 되는 것이다. 바꾸어 말하면 스피어만의 ρ(roh)는 측정하고자 범주의 수가 많을수록 보다 선호된다는 것이다.

단순상관관계나 부분 혹은 일부분의 상관관계분석을 통해 산출된 계수는 이변량(二變量) 뿐만 아니라 다중회귀분석의 개념적 기초를 다지는데 유용하게 사용되고 있다.

2. 단순회귀분석

1) 회귀분석의 개념적 정의

회귀분석이란 상관관계의 연관성(association)과 인과모형의 인과성(causation)을 종합한 개념으로 정리할 수 있다. 또한 회귀분석은 계량적 종속변수와 하나 혹은 그 이상의 독립변수들 간의 관련성을 분석하는데 있어 매우 강력한 분석력을 갖고 있다. 뿐만 아니라 다양한 분석상황에 대하여 뛰어난 적응성을 가지고 있다. 회귀분석의 일반적인 형태는 1차 방정식의 함수관계로 나타나며 이러한 회귀분석은 대부분 다음과 같은 경우에 많이 활용된다.

- 어떤 연관성을 가지고 있는 종속변수의 유의적인 변동이나 분산을 설명하기 위하여 종속변수와 관계있는 종속변수들 중 각 각의 독립변수가 어느 정도의 설명력을 가지고 있는가를 결정할 때
- 강한 관련성을 갖고 있는 독립변수가 그와 관련된 종속변수를 어느 정도 설명하고 있는지를 결정하려 할 때
- 독립변수와 종속변수들 간의 수학적 방정식에 의해 그 관련성의 구조(structure)나 형태(form)를 파악하고자 할 때
- 종속변수의 미래 가치를 예측하고자 할 때
- 어떤 특별한 변수나 혹은 변수들의 집합(set)에 대한 기여도를 평가하는데 있어 다른 독립변수를 통제하려고 할 때

그러나 독립변수가 종속변수를 설명한다고 해서 반드시 인과관계가 있어야 되는 것은 아니다. 회귀분석에 있어서 종속변수 혹은 판단변수(dependent or criterion variables)와 종속변수 혹은 예측변수(independent or predictor variables)라는 어휘를 사용한다는 것은 변수들 간에 수학적 관련성이 있다는 것을 의미하는 것이다. 이들 용어는 인과관계라는 관점에서 판단의 기준변수(종속변수)가 독립변수에 의해 종속적이어야 된다는 것을 암시하는 것은 아니다. 다만 회귀분석은 독립변수와 종속변수 간에 어떤

인과성이 있다고 추정하는 것과 인과성이 없다고 추정하는 것 사이에 존재할 수 있는 연관성의 본질(nature)과 정도(degree)의 문제로 정의할 수 있다는 것이다.

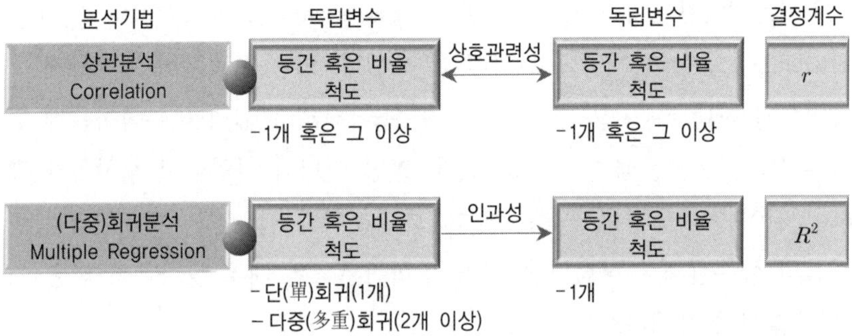

|그림 11-3| 상관분석과 회귀분석의 특성 비교

회귀분석을 위한 간단한 예를 들 본다면 국내 굴지의 자동차용 타이어 제조회사인 A사는 향후 2년간의 국내 타이어 수요를 예측하기 위하여 시장조사를 실시하였다. 시장조사를 실시한 결과 타이어의 수요를 결정하는 요인으로는 자동차의 신규 판매량과 영업용과 자가용을 구분한 기존 차량의 등록대수 그리고 영업용과 자가용을 구분한 차량 1대당 평균 교체율 등이 자동차용 타이어의 수요를 결정하는 것으로 나타났다. 따라서 A사의 마케팅전략 담당자는 과거 10년간의 자료를 체계적으로 수집하여 다음과 같은 회귀방정식을 도출해냈다.

○○년도의 타이어 수요 = (신규 자동차 예상판매량 × 5)
+ (현재의 영업용차량 등록대수 × 교체율)
+ (현재의 자가용차량 등록대수 × 교체율)
+ 상수(c)

신규 자동차 예상판매량에 5를 곱해준 것은 OEM 타이어의 경우 스페어타이어까지를 포함한 것이다. A사의 마케팅전략 담당자는 이를 통해 향후 2년간 국내 자동차용 타이어의 수요를 예측한 후 전국적인 유통망 확충과 영업력의 강화 및 광고예산을 수립하였다.

위와 같이 특정제품의 수요예측을 위한 회귀방정식을 도출해내기 위하여 회귀분석은 매우 빈번하고도 유용하게 활용되고 있다.

2). 단순(이변량) 회귀분석(Bivariate regression Analysis)

단순(二變量)회귀분석은 하나의 계량적 종속변수와 하나의 종속적 계량변수 사이의 관계를 수학적인 방정식의 형태로 도출하는 회귀분석이다. 단순회귀분석기법은 두 변수 사이의 단순상관관계를 결정하기 위한 다른 많은 방법들과 유사한 특성을 가지고 있으며 하나의 종속변수와 하나의 독립변수의 관계를 설명하기 때문에 단순회귀분석(simple regression)이라고도 불린다.

또한 이를 통해 도출된 회귀방정식에서 하나의 변수는 종속변수로 정의되어야 하며 또 다른 하나의 변수는 반드시 독립변수로 정의되어야 한다. 일상생활에서 발생할 수 있는 상황을 단순회귀분석의 예로 전환하여 의문점을 가질 수 있다.

- A사의 타이어 판매량은 신규 자동차 판매량으로 설명할 수 있는가? 있다면 이러한 신규 자동차 판매량이 시장의 규모를 결정하는데 어느 정도의 설명력이 있을 것인가?
- A사의 판매량의 변동성은 광고비의 지출변동(증감)에 따라 설명될 수 있는가? 이러한 관계의 구조와 형태는 어떻게 될 것이며 또한 직선의 선형방정식에 의해 수학적으로 모형화 될 수 있을 것인가 ?
- 시장점유율은 판매량과 영업력에 의해 설명될 수 있는가 ?
- 품질에 대한 소비자들의 지각은 가격(price)에 의한 소비자들의 지각이나 인식에 의해 결정될 수 있는 것인가 ?

상기와 같이 단순회귀분석을 이해하기 위해서는 무엇보다도 사용되는 통계 용어를 이해할 필요가 있다.

3) 단순회귀분석과 관련된 통계량

다음에 설명하는 통계량과 용어들은 단순회귀분석에서 주로 쓰는 용어들로써 단순회귀분석을 이해하는데 많은 도움을 줄 수 있는 내용들이다.

(1) **단순회귀모델**(Bivariate regression Model)

기본적인 방정식의 형태는 $Y-i=\beta_o+\beta_1 X_i+e_i$의 형태로 표시된다.

여기에서 Y는 종속변수 혹은 기준변수를 의미하며, X는 독립변수 혹은 예측변수, β_0는 선을 구분하는 값(상수)이며 β_1은 선의 기울기를 의미한다. e_i는 관찰과 관련된 오차를 의미한다.

(2) **결정계수**(Determination Coefficient r Square, r^2)

회귀분석에 있어 독립변수들이 종속변수를 설명하는데 필요한 관련성 혹은 연관성의 강도나 정도를 의미하는 것으로 결정계수(r square, r^2)라고 부른다.

결정계수는 0과 1사이에서 다양한 값을 취하며 X의 변동성에 의해 계산되는 Y의 전체 변동성의 비율로 나타낼 수 있다.

(3) **추정된 값 혹은 예측된 값**(Estimate or Predicted Value)

Y의 추정된 값 혹은 예측된 값은 $\hat{Y}=a+bX$로 표현될 수 있으며 이때 $\hat{Y}$는 Y_i의 예측된 값이며 a와 b는 각 각 회귀함수의 상수 β_0와 β_1을 의미한다.

(4) **회귀계수**(Regression Coefficient)

추정된 모수 혹은 매개변수 b는 표준화되지 않은 회귀계수를 가리키는 것이 일반적이다. 그것은 평균이 0이고 편차가 1이 되게끔 하기 위한 것이다. 즉 회귀식에서 독립변수들의 계수를 나타내는 용어이다.

(5) **산포도(散布圖,** Scattergram)

스캐터 다이아그램(scatter diagram) 혹은 스캐터그램은 단순 회귀모델을 구성하는 두 개의 변수에 대한 모든 사례의 측정값들의 점을 그래프 상의 분포도로 표시하여 놓은 그림을 산포도라 한다.

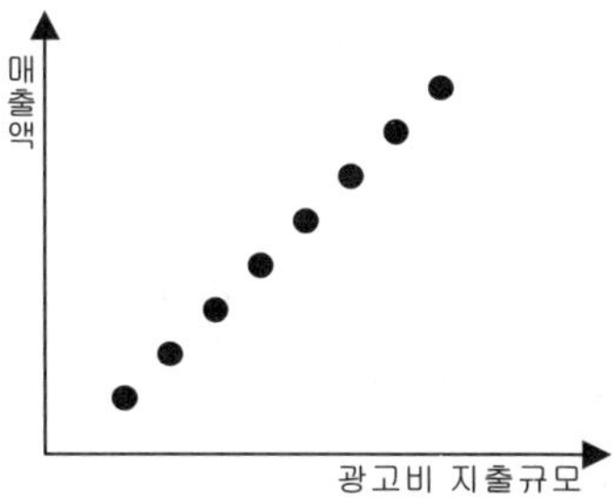

|그림 11-4| 산포도(매출액과 광고비 지출규모의 예)

(6) 추정값의 표준오차(Standard Error of Estimate)

통계량에 있어서 실질적인 Y값의 표준편차는 추정된 $\hat{Y}$값으로부터 야기된다. 추정값의 표준오차는 standard error of estimate의 이니셜을 따서 SEE로 표기한다.

(7) 표준오차(Standard Error : SE)

b의 표준편차 SEb는 표준오차라 한다. 평균의 표준편차 혹은 평균의 표준오차(standard error of mean)로 표시한다. 즉 추정량의 정도를 나타내는 측도로써 추정량에 관한 표본분포의 표준편차를 의미하는 용어이다.

(8) 표준화된 회귀계수(Standardization Regression Coefficient)

베타계수 혹은 베타가중치로도 불리는 통계용어로써 데이터가 표준화되었을 때 X값에 대한 Y값의 회귀분석에 의해 산출할 수 있는 기울기이다.

(9) 잔차 제곱의 합(Sum of Squared Errors : SSE)

회귀선으로부터 모든 점들의 거리는 제곱근과 자승합의 오차에 도달하기 위하여 두 가지 모두를 더해주는 것이다. 즉 잔차의 합 Σe_j^2을 측정하는 것이다.

잔차 제곱의 합은 회귀분석에서 r^2를 이해하는데 있어 매우 중요한 개념이다. 종속변수의 실제 관찰치를 Y_i라 하고 이들의 평균을 $\hat{Y}$, 추정치를 $\hat{Y}$라고 할 때 실제 관찰치와 평균의 차이를 총잔차(혹은 총편차, $Y_i - \hat{Y}$)라고 한다. 총잔차는 설명된 잔차($\hat{Y} - \overline{Y}$)와 설명되지 않은 잔차($Y_i - \hat{Y}$)

로 구성된다. 이러한 잔차들을 제곱하여 더한 것을 제곱의 합이라고 한다.

(10) t 통계량

n-2의 자유도를 갖는 t 통계량은 X와 Y 혹은 $H_0 = \beta_1 = 0$ 사이에 선형관계(linear relationship)가 없음을 검증하기 위해 사용할 수 있다. 여기에서 t 통계량은 다음과 같은 형태로 표현된다.

$$t = \frac{b}{SE_b}$$

t 통계량에서 자유도가 n-2인 것은 SEE(잔차제곱의 합)을 구성하고 있는 n개의 설명되지 않은 잔차($ei = Y_i - \hat{Y}$) 중에서 모수인 β_0과 β_1을 추정하여야 하므로 자유도가 n-2 가 되는 것이다.

4) 단순회귀분석의 수행절차

단순회귀분석을 실시하는 단계는 다음과 같다.

첫 번째로 측정된 관찰값들을 중심으로 산포도를 작성하고 일반적인 모델의 유형을 구성한다. 그 다음으로는 모수를 추정하고 회귀계수(베타계수)를 추정하고 유의성(significance)을 검증하는 절차를 거치게 된다. 그런 다음 회귀진단(regression diagnosis)을 통해 잔차를 검증하고 도출된 회귀모형의 타당성을 최종적으로 판단하는 과정을 거치게 된다.

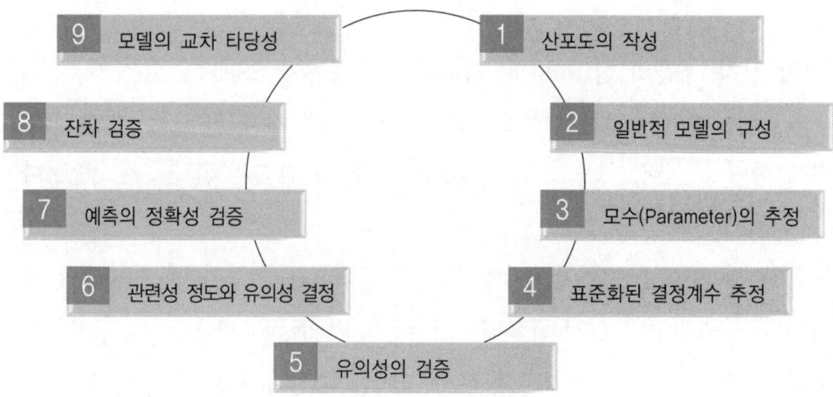

|그림 11-5| 단순회귀분석의 수행 절차

5) 산포도(Scatter Diagram)

스캐터 다이아그램 혹은 스캐터그램으로 불리는 산포도(혹은 산점도)는 두 개의 변수에서 측정된 모든 사례나 관찰값들의 점들의 분포를 말한다. 통상적으로 종속변수는 수직축에, 독립변수는 수평축에 위치하도록 하는 것이 일반적이다. 산포도는 변수들 간의 관계의 형태를 결정하기 위해 유용하게 사용되고 있다. 산포도에 나타난 점들은 연구자에게 측정된 자료의 형태나 일정한 유형의 패턴을 발견하게 하고 나아가 도출 가능한 문제점들에 대하여 사전에 예측할 수 있도록 정보를 제공한다. 두 변수(독립변수와 종속변수)간의 비통상적인 결합을 쉽게 발견될 수 있다.

<표 11-1>의 조사결과를 중심으로 현재 도시에서 거주한 기간(X축)과 향후 거주를 희망하는 경우(Y축)의 관찰값들을 중심으로 산포도를 작성하면 다음과 같은 형태로 나타난다.

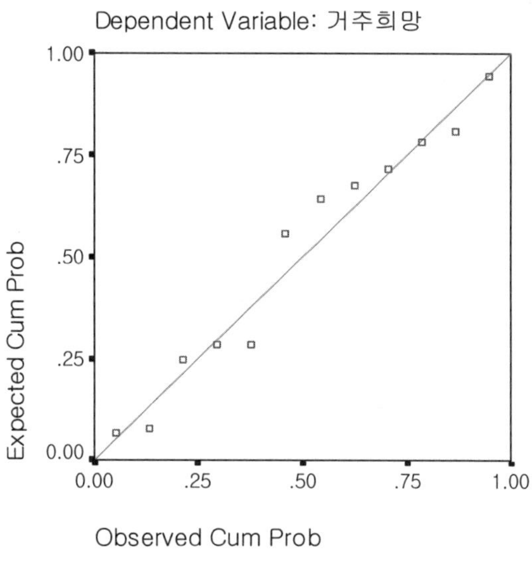

|그림 11-6| 거주기간과 거주희망 관찰값을 활용한 산포도

상기의 관찰값들을 보면 좌측의 하단으로부터 우측의 상단으로 관찰값들이 정렬되어 나타나는 것을 알 수 있다.

산포도의 유형을 보면 하나의 변수가 점차 증가되는 추세를 보이고 있음을 알 수 있다. 상기의 산포도는 결과적으로 종속변수인 거주희망의도와 독립변수인 거주기간 사이에 선형적인 관계가 있음을 나타내주는 것이다.

통상적으로 산포도에 있어 직선형태의 산포도를 도출하기 위해서는 최소자승법(least squares procedure, 最少自乘法)을 활용하는 것이 일반적이다. 이러한 직선을 회귀선(regression line)이라고 하며 최소자승법을 활용하여 표본회귀선을 구하고자 하는 이유는 실제 관찰된 값과 예측된 값 사이의 잔차, 즉 ei의 전체 크기를 최소화하는 것이 가장 타당하기 때문이다. 여기에서 최소자승법이란 잔차 제곱의 합(SSE)의 최소가 되는 회귀선을 구하는 방법으로서 다음과 같은 형태로 수식을 표현할 수 있다.

$$\min \sum e_i^{\,2} = \min \sum (Y_i - \hat{Y})^2$$

즉 아래의 회귀선의 방정식을 만족시키는 a와 b를 구하는 방법이 곧 최소자승법이다.

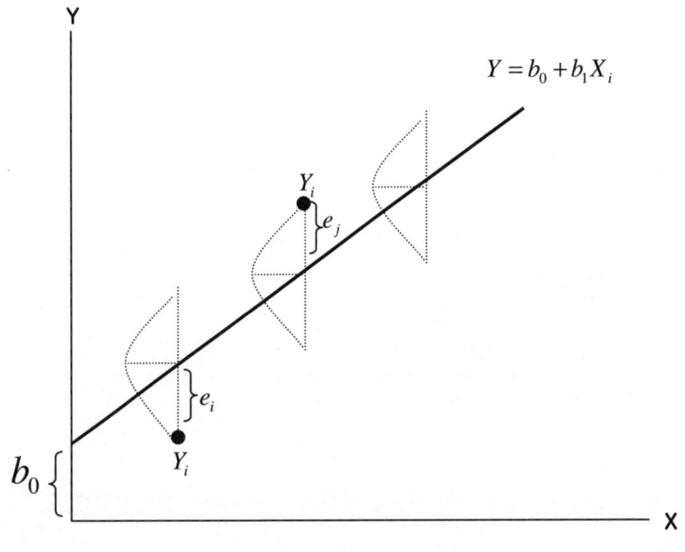

|그림 11-7| 표본의 회귀선

회귀선으로부터 모든 점들의 차이(잔차)를 제곱하여 더한 값을 의미하며 $\sum e_j^2$ 으로 표시한다. 즉 $\sum e_j^2$ 를 최소화는 절차가 최소자승법이다.

6) 단순회귀모델

단순회귀모델은 일반적으로 다음과 같은 형태를 취하며 직선, 즉 회귀선에 대한 수식은 다음과 같이 표현할 수 있다.

$$Y = \beta_0 + \beta_1 X$$

여기에서 Y = 종속변수 혹은 판단변수
X = 독립변수 혹은 예측변수
β_0 = 상수
β_1 = 선의 기울기

이 모델에서는 X에 의해 Y가 결정된다는 것을 의미하고 있다.

결과적으로 Y의 값은 측정을 통해 알려진 β_0와 β_1에 의해 완전하게 결정된다는 것이다. 따라서 회귀절차에서는 본질적으로 통계적 혹은 확률적인 관계를 계산함에 있어 잔차를 더해줘야 한다. 그러므로 가장 기본적인 회귀방정식은 다음과 같이 표현된다.

$$Y_i = \beta_0 + \beta_1 X_i + e_i$$

여기에서 e_i는 i번째 관찰값과 연관된 잔차(error term)의미하며 β_0와 β_1는 모수와 관련된 추정값들이다.

(1) 모수의 추정(Estimation of Parameters)

대부분의 경우에 a와 b는 알려져 있지 않으며 아래와 같은 단순한 측정방정식에 의해 도출된다.

$$\widehat{Y}_i = a + bX_i$$

여기에서 $\widehat{Y}_i$는 i번째 Y값의 추정된 혹은 예측된 값이며 a와 b는 상수(constant)와 기울기(slop)이다. 상수 a는 표준화되지 않은 회귀계수를 가리키며 선의 기울기는 X의 변화량(ΔX)에 대한 Y의 변화량(ΔY)를 의미한다. 이 때 a와 b를 구하는 계산공식은 매우 단순하다. 기울기 b는 X와 Y의 공분산(COV_{xy})과 X의 분산에 의해 계산될 수 있다.

$$b = \frac{COV_{xy}}{S_x^2}$$

$$= \frac{\sum_{i=1}^{n}(X_i - \bar{X})(Y_i - \bar{Y})}{\sum_{i=1}^{n}(X_i - \bar{X})^2}$$

$$= \frac{\sum_{i=1}^{n} X_i Y_i - n\,\overline{XY}}{\sum_{i=1}^{n} X_i^2 - n\bar{X}^2}$$

상수(constant) a는 다음과 같이 계산할 수 있다.

$$a = \bar{Y} - b\,\bar{X}$$

앞의 예 <표 11-1>의 조사결과를 중심으로 모수를 추정해보면 아래와 같은 절차를 통해 계산할 수 있다.

$$\sum_{i=1}^{12} X_i Y_i = (10\times5)+(10\times10)+(14\times6)+(6\times5)+(10\times8)$$
$$+(4\times5)+(10\times6)+(8\times2)+(12\times10)+(11\times10)$$
$$+(14\times8)+(4\times3)$$
$$= 794$$

$$\sum_{i=1}^{12} X_i^2 = 102+102+142+62+102+42+102+82+122+112+142+32$$
$$= 1{,}182$$

앞에서 단순상관계수를 계산할 때 X와 Y의 평균값을 불러오게 되면

$$\bar{X} = 9.333$$
$$\bar{Y} = 6.583$$

그러므로 n=12가 주어져 있기 때문에 기울기 b와 상수 a는 다음과 같이 구할 수 있다.

$$b = \frac{794 - (12)(9.333)(6.583)}{1182 - (12)(9.333)^2} = 0.415$$

$$a = \bar{Y} - b\,\bar{X}$$

$$= 6.583 - (0.415)(9.333)$$
$$= 2.710$$

(2) 표준화된 회귀계수(Standardized Regression Coefficient)

표준화는 최초의 데이터를 0과 1의 분산을 갖는 새로운 변수로 변형시켜주는 과정이다. 데이터가 표준화되었다면 상수는 0의 값을 가진다고 추정한다.

데이터를 표준화하는 이유는 회귀선을 구성하는 각각의 변수들의 단위(X_1, X_2, ...X_n)가 다르기 때문에 단순히 기울기만을 가지고 종속변수 Y에 대한 기여도(contribution)를 파악하기 어렵기 때문이다. 종속변수 Y에 대한 각각의 독립변수들의 기여도는 베타계수(beta coefficient) 또는 베타가중치(beta weight)로 표준화한 회귀계수로 표현된다. 이러한 경우 기울기는 X(또는 Byx)에 관한 Y의 회귀식으로 산출되며 동일하게 Y(혹은 Bxy)에 대한 기울기는 X의 회귀식으로 산출된다. 더욱이 이들 각각의 회귀계수는 X와 Y에 관한 단순상관관계가 동일하게 나타난다.

$$B_{yx} = B_{xy} = r_{xy}$$

즉 그것은 표준화된 회귀계수와 표준화되지 않은 회귀계수간의 단순관계를 의미하는 것이며 아래와 같이 표현할 수 있다.

$$B_{yx} = b_{yx}\left[\frac{S_x}{S_y}\right]$$

보다 쉽게 표준화된 회귀계수를 산출하는 방법은 기술통계량에서 도출된 통계량을 활용하기도 한다.

$$\text{표준화된 회귀계수} = \frac{(\text{독립변수 } A\text{의 회귀계수} \times \text{독립변수 } A\text{의 표준편차})}{\text{종속변수 } Y\text{의 표준편차}}$$

(3) 유의성 검증(Significance Testing)

X와 Y의 선형관계에 대한 통계적 유의성은 가설검증(hypothesis test)에 의해 검증될 수 있다. 즉 다음과 같이 가설을 설정할 수 있다.

$$H_0 : B_1 = 0$$

$$H_1 : B_1 \neq 0$$

귀무가설은 X와 Y 사이에 선형관계가 없다는 것을 의미하며 대립가설은 X와 Y 사이에 정(正, positive) 혹은 부(負, negative)의 선형관계(線型關係)가 있다는 것을 의미한다. 전통적으로는 양측검증(two-tailed test)을 통해 검증할 수 있다.

n-2의 자유도를 갖는 t 통계량은 다음과 같이 표현할 수 있다.

$$t = \frac{b}{SE_b}$$

여기에서 SEb는 b에 대한 표준편차를 가리키며 표준오차(standard error)라고 부른다.

(4) 연관성의 강도와 유의성(Strength and Significance of Association)

연관된 추론(inference)은 X와 Y 사이의 연관성의 강도와 유의성을 결정하는 것을 포함하는 개념이다. 연관성의 강도는 결정계수(R square, R^2)에 의해 측정되며 이변량 회귀분석에서 결정계수(R^2)는 두 변수의 상관성(correlation)에 의해 산출된 단순상관계수의 제곱(square)의 값이다.

결정계수는 0과 1사이의 값을 가지며 Y에 있어서 전체 분산의 분석은 분산분석을 통하여 얻을 수 있다.

<그림 11-6>과 같이 전체의 분산(SSy)은 선형회귀선(SSreg)에 의해 계산된 분산으로 분석한다. 그리고 오차 혹은 잔차의 분산(SSerror 혹은 SSres)은 다음과 같은 공식에 의해 구할 수 있다.

$$SS_y = SS_{reg} + SS_{res}$$

여기에서

$$SS_y = \sum_{i=1}^{n} (Y_i - \overline{Y})^2$$

$$SS_{reg} = \sum_{i=1}^{n} (\hat{Y}_i - \overline{Y})^2$$

$$SS_{res} = \sum_{i=1}^{n} (Y_i - \hat{Y}_i)^2$$

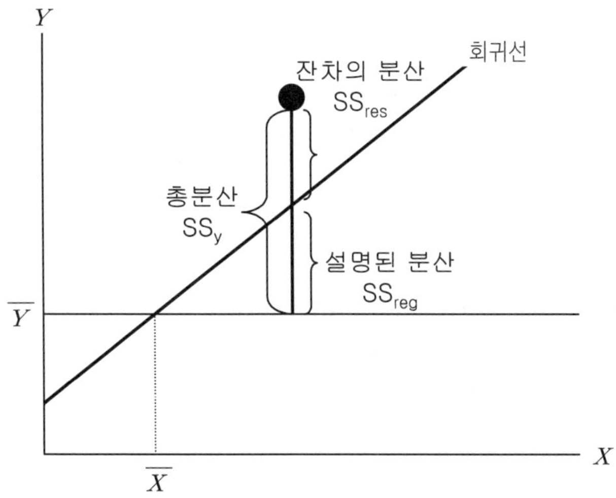

|그림 11-8| 단순회귀분석에서 총분산의 구성

따라서 연관성의 강도는 다음과 같이 계산할 수 있다.

$$r^2 = \frac{SS_{reg}}{SS_y}$$

$$= \frac{SS_y - SS_{res}}{SS_y}$$

또한 추정된 값($\hat{Y}$)은 회귀방정식을 사용하여 계산할 수 있다.

거주희망태도($\hat{Y}_i$)=2.713 + 0.415(거주기간)

앞의 <표 11-1>의 첫 번째 관찰값을 대입하여 추정치를 계산하면 다음과 같이 산출된다.

$$(\hat{Y}_i)=2.713 + (0.415 \times 10) = 6.863$$

이와 같이 $\hat{Y}_i$의 추정량을 구한 후 각각의 추정량에서 Y의 평균치(6.583)를 뺀 다음 제곱을 하여 합산한 설명된 분산(SS_{reg})을 구한다. 그러면 SS_{reg}=23.538 가 산출되고 설명이 안된 분산(SS_{res})은 SS_{res}=51.421 가 산출된다.

$$SS_{reg} = \sum_{i=1}^{n} (\hat{Y}_i - \overline{Y})^2$$

= (6.86 - 6.583)2+(6.86 - 6.583)2+(8.52 - 6.583)2
+(5.20 - 6.583)2+(6.86 - 6.583)2+(4.37 - 6.583)2
+(6.86 - 6.583)2+(6.03 - 6.583)2+(7.69 - 6.583)2
+(7.28 - 6.583)2+(8.52 - 6.583)2+(3.96 - 6.583)2
= 23.496

$$SS_{res} = \sum_{i=1}^{n} (Y_i - \hat{Y}_i)^2$$

= (5-6.86)2+(10-6.86)2+(6-8.52)2
+(5-5.20)2+(8-6.86)2+(5-4.37)2
+(6-6.86)2+(2-6.03)2+(10-7.69)2
+(10-7.28)2+(8-8.52)2+(4-3.96)2
= 51.421

그리고 SSy = SSreg + SSres 이므로 74.917 이 된다.

따라서 회귀선의 결정계수(R square, R^2)는 31.4%로 나타나 회귀선의 설명력이 31.4%로 비교적 낮은 설명력을 가지는 것을 알 수 있다.

$$r^2 = \frac{SS_{reg}}{SS_y} = \frac{23.496}{74.917} = 0.314$$

지금까지 보아왔던 X와 Y(b의 유의수준)의 선형관계의 유의성을 검증하기 위한 또 다른 방법으로서 결정계수의 유의성을 검증하는 방법이 있다. 이 경우 가설(hypothesis)은 다음과 같이 설정하게 된다.

$$H_0: R^2_{pop} = 0$$
$$H_1: R^2_{pop} > 0$$

적합성을 검증 통계량은 F 통계로써 다음과 같은 공식을 갖는다. 이때 F 분포는 1이고 자유도는 n-2가 된다.

$$F = \frac{SS_{reg}}{SS_{res}/(n-2)}$$

F 검증은 t 검증과 같은 형태로 일반화되어지며 만약 무작위 변수가 n의 자유도를 갖는 t 분포의 형태가 된다면 t^2는 1과 n의 자유도를 갖는

F 분포가 된다. 따라서 결정계수의 유의성을 검증하기 위한 F 검증은 다음의 가설검증과 동일하게 나타나게 된다.

$$H_0: \beta_0 = 0$$
$$H_1: \beta_1 \neq 0$$

혹은

$$H_0: \rho = 0$$
$$H_1: \rho = 0$$

따라서 앞의 예(<표 11-1>)을 이용해 결정계수를 산출하면 다음과 같다.

$$r^2 = \frac{23.496}{23.496 + 51.421} = 0.314$$

또한 F 통계량은 공식에 의해 다음과 같이 산출할 수 있다.

$$F = \frac{SS_{reg}}{SS_{res}/(n-2)} = \frac{23.496}{51.421/(12-2)} = 4.569$$

이 때 F 통계의 값이 1과 10의 자유도를 갖는 것이다.

계산된 F 통계량은 F 분포표에 나타난 기각영역의 값 4.96보다 작으므로 통계적으로 유의하지 못한 것으로 분석되고 있다. 만약에 X와 Y 사이의 관계가 통계적으로 유의하다면 X값에 기초하여 Y값을 예측하는 것은 의미가 있는 것이다. 또한 정확한 추정을 위한 예측이라고 할 수 있다. 통계 패키지를 이용한 회귀분석의 결과는 앞에 상세히 제시되어 있다.

(5) 예측의 정확성(Prediction Accuracy)

예측변수($\hat{Y}$)를 정확하게 추정하기 위해서는 추정표준오차(SEE: standard error of estimation)를 계산하는데 유용하게 활용된다. 이 통계량은 예측된 $\hat{Y}$값으로부터의 실제적인 Y값의 표준편차인 것이다.

$$SEE = \sqrt{\frac{\sum_{i=1}^{n}(Y_i - \hat{Y})^2}{n-2}}$$

$$SEE = \sqrt{\frac{SS_{res}}{n-2}}$$

혹은 k를 독립변수라고 한다면 보다 일반적으로 다음과 같이 표현할 수 있다.

$$SEE = \sqrt{\frac{SS_{res}}{n-k-1}}$$

이 때 SEE는 회귀방정식에 Y를 예측하는데 있어서의 잔차의 평균이거나 혹은 오차의 평균의 한 유형으로 해석되고 있다.

예측은 두 가지의 경우로 나타난다. 연구자는 주어진 X의 값(X_0로 표시할 수 있음)을 갖는 모든 종류의 Y값의 평균을 예측하기를 원하거나 혹은 단순한 사례의 Y값을 예측하고자 하는 경우가 많다.
이와 같은 상황에서 예측된 값은 주어진 $\hat{Y}$와 동일한 값을 가지게 되며 이를 수식으로 표현하면 아래와 같은 형태로 나타나게 된다.

$$\hat{Y} = a + bX_0$$

그러나 이러한 두 가지 상황에서 표준오차(SE : standard error)는 다르게 나타난다. 비록 동일 혹은 유사한 상황일지라도 Y의 예측평균의 표준오차는 SEE/$\sqrt{n}$ 이며 또한 개별적으로 예측된 Y값은 SEE가 되는 것이다. 따라서 다양하게 예측된 값들의 신뢰구간의 구조는 단순하게 예측된 값이냐 혹은 평균값이냐에 따라 다르게 된다.

<표 11-1>에서 주어진 예를 이용하여 SEE를 추정하면 아래와 같다

$$SEE = \sqrt{\frac{51.421}{12-2}} = 2.268$$

이변량 회귀분석 실시하는데 있어서 마지막 2가지의 단계, 즉 잔차를 검증하고 회귀모형의 교차 타당성(cross-validation)을 검증하는 것은 나중에 고려해야 하며 그 전에 회귀모형하에서의 추정을 검토해야 한다.

(6) 추정(Estimation)

회귀모형은 모수를 추정하고 유의성을 검증하는데 있어서의 추정의 수를 만들어 가는 것이다.

- 잔차(error term)는 정상적인 분포이다. X의 개별적인 값이 고정된 Y의 분포는 정규분포이다.
- 주어진 X에 의해 이루어진 Y의 모든 정규분포의 평균은 b의 기울기를 갖는 직선에 놓여져 있다.
- 잔차의 평균은 '0'이 된다.
- 잔차의 분산은 일정하며 이러한 분산은 X에 의해 추정된 값에 영향을 받지 않는다.
- 잔차는 非상관관계를 가진다. 달리 말하면 관찰(observation)된 모든 값은 독립적인 성격을 갖는다는 것이다.

이와 같은 추정들은 잔차의 검증에 의해 이루어질 수 있음을 알아야 하며 보다 구체적인 것은 다중회귀분석에서 설명할 것이다.

이제 SPSS를 활용하여 단순회귀분석을 실시해 보자. 사례로 활용될 데이터는 제9장에서 제시된 <와인 구입 시 고려속성에 대한 조사> 자료를 활용하고자 한다.

연구자는 와인 구매자들이 '와인의 색'을 중요하게 고려하는 정도에 따라 '구매의도'가 어떻게 달라지는지를 알고 싶어 한다고 가정하자. 이때 '와인의 색'은 독립변수(independent variable)가 되고 '구매의도'는 종속변수(dependent variable)가 되며 이들의 관계는 인과적 관계(causality, 因果的 關係)를 갖는다. 또한 단순회귀분석(혹은 二變量 回歸分析)을 실시하기 위해서는 독립변수와 종속변수 모두 등간척도(interval scale)나 비율척도(ratio scale)로 측정되어야 한다. 독립변수가 명목척도로 측정되는 경우도 있으나 이러한 경우에는 더미(dummy)변수로 처리하거나 표준화 혹은 로지스틱 회귀분석을 실시한다.

'와인의 색(X1)'을 독립변수로 하고 '구매의도(Y)'를 종속변수로 하는 단순회귀분석을 실시하는 절차는 다음과 같다.

① '예제 데이터(13)-단순회귀분석.sav' 파일을 불러온다.

② 메뉴에서 [분석 > 회귀분석 > 선형]을 선택한다.

③ 대화상자에서 [종속변수]란에 '구매의도'를, [독립변수]란에 '와인의 색'을 이동 시킨다.

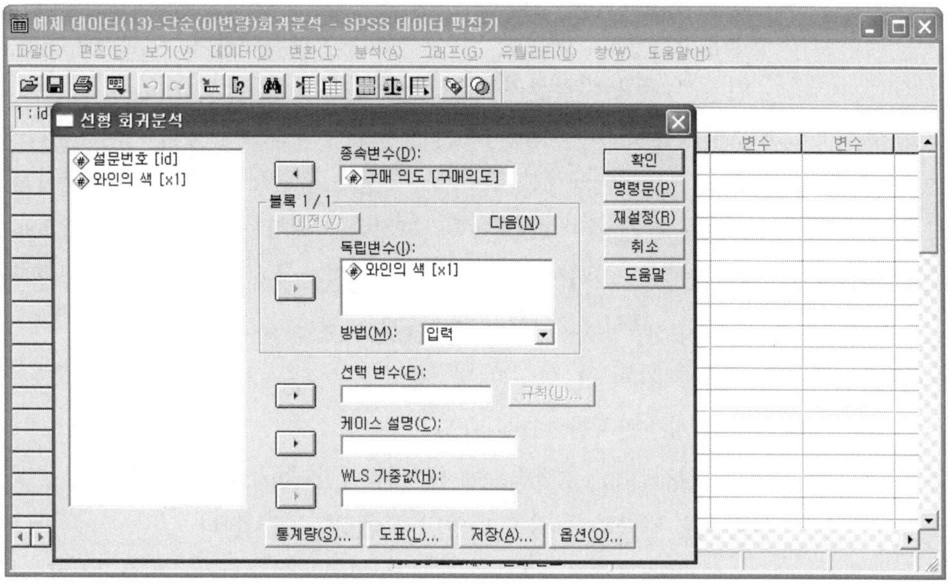

④ [통계량] 버튼을 누르고 기본으로 설정된 [추정값(E)]과 [모형적합(M)]을 유지한다.

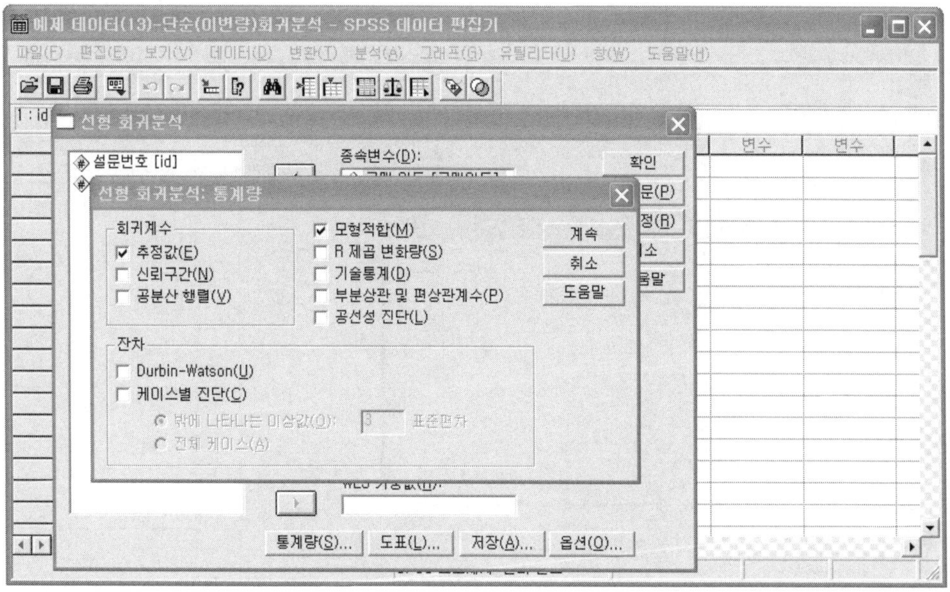

■ 추정값(E): 회귀계수의 추정값을 표시한다. 즉 회귀계수, 베타, 표준오차, t-value, 유의수준 등을 표시한다.

■ 신뢰구간(N): 회귀계수에 대한 95% 신뢰구간을 나타내준다.

■ 공분산행렬(V): 공분산 및 상관행렬을 나타내준다. 대각선에는 분산이 표시되고 대각선의 위와 아래에는 공분산이 표시된다.

■ 모형적합(M): 다중 R, R^2, 수정된 R^2, 표준오차 등을 나타내준다. 그리고 분산분석표에는 자유도, 제곱합, 평균제곱, F값 등이 표시된다.

■ R 제곱 변화량(S): 변수를 추가하거나 삭제하는데 따르는 R^2(R square) 변화정도를 의미하는데 이는 단순회귀분석에서는 별의미가 없으므로 다중회귀분석에서 보다 상세하게 설명하기로 한다.

■ 기술통계(D): 각 변수의 평균값과 표준편차 그리고 모든 입력변수들 간의 상관관계를 나타내준다.

■ 공선성진단(L): 개별변수에 대한 공차한계(tolerance)와 그 밖에 공선성 문제를 진단하기 위한 다양한 통계량을 표시한다.
특히 다중공선성(multicollinearity)이란 두 개 이상의 독립변수가 서로 강한 상관관계를 가지는 것을 의미하는 것으로 이러한 경우 정확한 분석이 이루어지기 어렵기 때문에 이러한 진단이 필요하다.

⑤ [옵션] 버튼을 누른 후 기본설정을 그대로 유지한다.

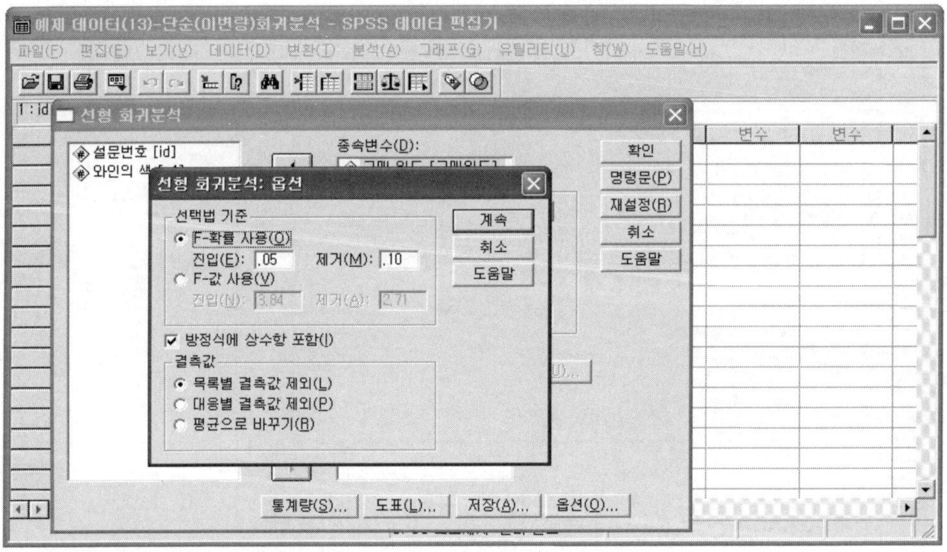

⑥ [계속]을 누르고 [확인] 버튼을 누르면 단순회귀분석결과가 나타난다.

▶ 진입/제거된 변수와 모형요약표

진입/제거된 변수[b]

모형	진입된 변수	제거된 변수	방법
1	와인의 색[a]	.	입력

a. 요청된 모든 변수가 입력되었습니다.

b. 종속변수: 구매 의도

모형 요약

모형	R	R 제곱	수정된 R 제곱	추정값의 표준오차
1	.925[a]	.856	.848	.406

a. 예측값: (상수), 와인의 색

진입/제거된 변수표는 종속변수가 '구매의도(Y)'이고 독립변수는 '와인의 색(X_1)'이라는 것을 나타내주고 있다. 또한 제거된 변수가 없다는 것은 단순회귀분석을 실시하는 데 있어 의미가 없어 분석에서 제외된 변수가 없다는 것을 나타내준다.

모형요약표에서는 단순회귀분석의 설명력을 나타내준다. R값은 R제곱값의 제곱근값(즉 R값을 제곱하면 R 제곱값이 나온다는 의미)으로 '와인의 색'과 '구매의도'간의 상관계수 값을 의미한다. R 제곱(R square)은 결정계수(coefficient of determination)라고 부르며 종속변수의 분산 중 몇 %가 독립변수에 의해 설명되어지는가를 나타낸다. 결정계수는 0과 1 사이의 값이며 상기 분석결과에서 보면 독립변수인 '와인의 색'이 '구매의도'를 설명하는 설명력이 85.6% 임을 알 수 있다.

수정된 R 제곱은 독립변수들의 측정척도가 다를 수 있기 때문에 이들을 표준화(standardization)하여 재산출한 R 제곱값을 의미한다.

▶ 분산분석표

분산분석[b]

모형		제곱합	자유도	평균제곱	F	유의확률
1	선형회귀분석	17.585	1	17.585	106.751	.000[a]
	잔차	2.965	18	.165		
	합계	20.550	19			

a. 예측값: (상수), 와인의 색

b. 종속변수: 구매 의도

분산분석표에서 제곱합(sum of square)은 종속변수를 평균값으로 추정하는 전체분산을 나타낸다. 선형회귀분석의 제곱합은 종속변수를 회귀식으로 추정하는 경우에 설명되는 분산을 나타낸다. 잔차의 제곱합은 종속변수를 회귀식으로 추정하는 경우 설명되지 않는 분산을 나타낸다.

회귀분석의 설명력 R^2는 다음과 같은 산식에 의해 산출된다.

$$R^2 = \frac{\text{선형회귀분석의 제곱합}}{\text{합계의 제곱합}} = \frac{17.585}{20.550} = 0.856$$

또한 각각의 제곱합을 자유도로 나누면 평균제곱이 되며 F값은 선형회귀분석의 평균제곱을 잔차의 평균제곱으로 나누면 산출된다.

$$F = \frac{\text{선형회귀분석의 평균제곱}}{\text{잔차의 평균제곱}} = \frac{17.58488}{0.164729} = 106.751$$

각각의 자유도는 다음과 같다.

- 선형회귀분석의 자유도 = 독립변수의 수 = 1
- 잔차의 자유도 = 표본의 크기 - 독립변수의 수 - 1 = 20-1-1 = 18
- 합계의 자유도 = 표본의 크기 - 1 = 20-1 = 19

▶ 계수

계수a

모형		비표준화 계수 B	비표준화 계수 표준오차	표준화 계수 베타	t	유의확률
1	(상수)	.430	.325		1.326	.202
	와인의 색	.826	.080	.925	10.332	.000

a. 종속변수: 구매 의도

계수표에는 단순회귀분석의 결과로 회귀식을 구성하기 위한 회귀계수가 도출된다. 단순회귀식은 비표준화계수(B)에 의해 다음과 같이 도출된다.

$$Y = 0.430 + 0.826X_1$$

이때 X_1은 독립변수인 '와인의 색'을 의미한다.

상기의 계수표에서 '구매의도'에 대한 회귀계수는 정(正,+)으로 나타나고 있으며 매우 유의한 것(t-value=10.332, p-value=0.000)으로 나타나고 있다. 따라서 비표준화계수에 의한 단순회귀식은 의미가 있는 것으로 설명할 수 있다. 즉 와인의 구매하고자 하는 소비자들의 '구매의도'는 '와인의 색'에 대한 고려 정도가 높으면 높을수록 '구매의도' 역시 높아지는 정(正)의 비례적 관계(+의 관계)가 있다고 해석할 수 있다.

3. 다중회귀분석

다중회귀분석(multiple regression, 多重回歸分析)은 하나의 종속변수와 두 개 혹은 그 이상의 독립변수들의 관계를 회귀식으로 표현한 것을 의미한다. 즉 단순회귀분석의 개념에서 야기되는 다양한 의문들은 다음과 같은 부수적인 독립변수들을 고려함으로써 다중회귀분석을 통해 답을 얻을 수 있다.

- 영업이나 판매량의 변동을 광고비의 지출, 가격, 유통구조의 수준의 변화에 따라 설명할 수 있지 않을까?
- 영업력의 크기, 광고비의 지출 정도 그리고 판매촉진예산에 의해 시장점유율의 변화를 설명할 수 있지 않을까?
- 품질에 대한 소비자들의 지각(perception)은 가격에 대한 인식이나 브랜드 이미지, 브랜드의 속성들에 의해 결정된다고 볼 수 있지 않을까?

이러한 부가적인 질문에 대한 답은 다중회귀의 개념에 의해 얻을 수 있다.

- 판매량은 광고비의 지출 정도와 가격, 유통채널의 수준이 얼마나 변화했느냐에 따라 설명할 수 있을 것인가 ?
- 판매량의 변동을 설명하는데 있어서 광고비 지출의 기여도는 무엇이며 가격수준과 유통수준은 언제 통제 되는가 ?
- 판매량의 수준을 주어진 광고비의 지출 정도, 가격과 유통의 수준에 의해 기대할 수 있는 것은 무엇인가 ?

다중회귀모형의 일반적인 형태는 다음과 같은 형태로 구성된다.

$$Y = \beta_0 + \beta_1 X_1 + \beta_2 X_2 + \beta_3 X_3 + \dots + \beta_k X_k + e$$

그리고 다음의 방정식에 의해 추정된다.

$$\hat{Y} = a + b1_1 X_1 + b_2 X_2 + b_3 X_3 + \dots + b_k X_k$$

1) 다중회귀분석과 관련된 통계량

대부분의 통계량과 통계적 용어는 단순회귀분석에서 설명하였으며 이러한 용어들은 다중회귀분석에서 동일하게 적용된다. 다중회귀분석에서 추가적으로 사용되는 용어는 다음과 같다.

(1) **조정된 결정계수**(Adjusted R^2)

다중회귀분석에서의 결정계수는 독립변수들의 수와 표본 크기를 증가시킬수록 커지는 특성이 있기 때문에 이를 줄이기 위한 조정이 필요하다. 따라서 독립변수들의 수와 표본크기의 수를 조정하여 결정계수를 조정하게 된다. 조정된 결정계수는 회귀식이 갖는 설명력의 효율성을 비교하기 위하여 사용되는 통계량이다. 조정된 결정계수가 결정계수보다 낮아지는 것은 독립변수 중에 인과성이 적은 변수가 포함되어 있다는 것을 의미한다.

(2) **다중결정계수**(Coefficient of Multiple Determination, R^2)

다중회귀분석에서 관련성 정도는 다중결정계수로 불리는 다중상관계수제곱(square of multiple correlation coefficient)인 R^2(R square)에 의해 측정된다.

(3) ***F* 검증**(***F*** test)

F 검증은 모집단의 다중결정계수인 $R^2_{ppp} = 0$일 때의 귀무가설을 검증하기 위하여 사용된다. 이것은 귀무가설 $H_0 : \beta_1 = \beta_2 = \beta_3 = \cdots = \beta_k = 0$이라는 것을 검증하는 것과 같은 것이다. 검증통계에서는 k 혹은 $n-k-1$의 자유도를 갖는 F 분포를 나타낸다.

(4) 부분 F 검증(Partial F Test)

부분회귀계수인 X_i의 베타계수 β_i의 유의성은 증분 F 통계량을 활용하여 검증이 가능하다. 증분 F 통계량은 기본적인 변수에 몇 가지의 변수를 점진적으로 추가하면서 결정계수의 증가하는 유형을 보면서 추가되는 변수의 유용성을 파악하는 것이다.

(5) 부분회귀계수(Partial Regression Coefficient)

부분회귀계수(b_i)는 X_1을 제외한 다른 변수, 즉 X_2부터 X_k까지의 변수가 일정할 때 X_1의 변화에 대한 $\hat{Y}$의 추정값으로 표시한다.

2) 다중회귀분석의 처리과정

다중회귀분석을 실시하는 단계는 단수(이변량)회귀분석을 실시하는 단계와 유사하다. 여기에서는 부분회귀계수와 연관성의 강도, 유의성 검증, 잔차의 검증 등에 대하여 살펴보기로 한다.

(1) 부분회귀계수(Partial Regression Coefficient)

부분회귀계수는 단순히 회귀계수로 지칭하는 것이 일반적이다. 이 부분회귀계수를 이해하기 위해서는 두 개의 독립변수를 갖는 회귀식에 대하여 이해를 해야 한다. 이러한 경우의 회귀식은 아래와 같은 형태를 갖게 되며 다음의 내용들을 우선적으로 이해해야 한다.

$$\hat{Y} = a + b_1X_1 + b_2X_2$$

일반적으로 독립변수에 대한 부분회귀계수의 관련성의 크기(혹은 정도)는 단순회귀계수로부터의 차이로 표시한다. 다른 말로 표현하면 부분회귀계수(b_i)는 단지 X_1에 관한 Y의 회귀에 의해 얻을 수 있는 회귀계수 b로부터의 차이라는 것이다. 즉, X_1과 X_2는 상호 관련성이 있기 때문에 이러한 현상이 일어나는 것이다.

부분회귀계수 b_1은 X_2가 일정하거나 혹은 다른 변수가 통제될 때 X_1의 변화에 대한 Y의 기대된 변화를 대표하는 것이다. 마찬가지로 b_2는

X_1이 일정할 때 X_2의 변화에 대한 Y의 기대된 변화를 의미하는 것이다.

개념적으로 보면 단순회귀계수와 부분회귀계수 사이의 관계는 다음과 같이 설명할 수 있다. X_1에 대한 X_2의 영향을 제거한다고 가정해보자. 이 경우 X_2에 관한 X_1의 회귀실행은 끝나게 된다. 즉, 하나는 $X_1 = a + bX_2$의 방정식에 의해 추정되고 잔차는 $X_r = (X_1 - \widehat{X_2})$으로 계산할 수 있게 된다. 그러므로 $\widehat{Y} = A + BX_r$에 의해 산출되는 단순회귀계수 b는 부분회귀계수(b_1)와 동일하게 되는 것이다. 다른 말로 표현한다면 부분회귀계수(b_1)는 X_2의 영향력이 제거된 X_1의 잔차와 Y 사이의 회귀계수인 b와 같아진다는 것이다. 부분회귀계수(b_2)는 유사하게 해석하면 된다.

k 변수의 사례를 직선방향으로 확장해보자. 이 때 부분회귀계수 b_1은 X_2부터 X_k까지 일정하고 X_1이 한 단위 변할 때 예상된 Y의 변화를 의미한다. 그것은 또한 X_1부터 X_2부터 X_k까지 영향력이 제거되었을 때 X_1의 잔차에 관한 Y의 단순회귀계수 b로 설명할 수 있다.

베타계수는 회귀방정식으로 추정되기 전에 모든 변수(Y, X_1, X_2,....,X_k)가 0과 1의 분산의 평균으로 표준화될 때 얻을 수 있는 부분회귀계수이다.

상수와 부분회귀계수는 0으로 미분(differentiate)되고 평균화(equate)된 부분도함수에 의해 파생된 연속된 방정식을 풀어 가는 것으로 추정할 수 있다. 이러한 (회귀)계수는 최근 다양한 통계전문 프로그램에 의해 자동적으로 추정될 수 있다. 그러나 Y에 대한 구체적인 분석은 다음과 같은 상황하에서는 아직도 해결되지 않는다.

- 표본의 크기가 독립변수의 수(k)보다 작거나 혹은 동일한 경우
- 하나의 독립변수가 다른 독립변수와 완전하게 상관관계가 있을 때

이 때 두 번째 상관관계문제는 다중공선성(multicollinearity)의 문제를 포함하고 있다.

(2) 연관성의 강도(Strength of Association)

적합한 연관성의 측정을 통하여 정의된 회귀방정식으로 연관성의 강도

를 규정할 수 있다. 총분산(total variance)은 다음과 같이 산출될 수 있다.

$$SS_y = SS_{reg} + SS_{res}$$

여기에서

$$SS_y = \sum_{i=1}^{n}(Y_i - \bar{Y})^2$$

$$SS_{reg} = \sum_{i=1}^{n}(\hat{Y}_i - \bar{Y})^2$$

$$SS_{res} = \sum_{i=1}^{n}(Y_i - \hat{Y}_i)^2$$

연관성의 정도는 다중결정계수로 불리는 다중상관계수(R^2)에 의해 측정된다.

$$R^2 = \frac{SS_{reg}}{SS_y}$$

다중상관계수인 R은 Y와 $\hat{Y}$사이의 단순상관계수인 r에 의해 추측될 수 있다. 또한 다중상관계수인 R^2는 단일의 독립변수와 종속변수간의 관계인 이변량 회귀분석에서의 결정계수인 r^2보다 작지 않다. 다중결정계수인 R^2은 독립변수들간의 상관관계가 작을 때 더욱 커지게 된다. 만약에 독립변수들이 통계적으로 독립적이라면 - 즉 무상관이라면 - 다중결정계수인 R^2은 종속변수를 갖는 개별적인 독립변수들의 결정계수(R^2)들의 합(sum)이 될 것이다.

다중결정계수인 R^2은 독립변수나 표본 크기가 증가하게 되면 같이 증가하게 되는 특성을 가지고 있다. 이러한 이유로 다음과 같은 공식에 의해 독립변수의 수와 표본의 크기를 이용하여 결정계수(R^2)를 표준화하게 된다.

$$\text{조정된 } R^2 = R^2 - \frac{k(1-R^2)}{n-k-1}$$

(3) 유의성 검증(Significance Testing)

유의성 검증은 부분회귀계수 뿐만 아니라 전반적인 회귀계수의 유의성 검증을 포함한다. 전반적인 검증을 위한 귀무가설은 모집단의 결정계수

(R^2_{ppp})가 0일 때의 다중결정계수이다.

$$H_0: R^2_{ppp} = 0$$

이것은 다음의 귀무가설과 같은 형태이다.

$$H_0: \beta_1 = \beta_2 = \beta_3 = \cdots = \beta_k = 0$$

전반적인 검증은 F 통계에 의해 실시할 수 있다.

$$F = \frac{SS_{reg} / k}{SS_{res} / (n-k-1)}$$

$$= \frac{R^2 / k}{(1-R^2) / (n-k-1)}$$

즉 k와 $n-k-1$의 자유도를 갖는 F 분포를 갖게 된다.

만약 전반적인 수준에서의 귀무가설이 기각된다면 하나 혹은 그 이상의 모집단의 부분회귀계수는 0으로부터의 차이 값을 가지게 된다. 특정 회귀계수 β_i가 0이 아님을 결정하기 위해서는 추가적인 분석이 반드시 필요하다. 특정 회귀계수 β_i를 검증하는 방법은 단순회귀분석에서 t 검증을 통해 검증한 것과 유사한 방법을 활용하여 검증한다.

(4) 잔차의 검증(Examination of Residuals)

잔차는 측정된 Y_i와 회귀방정식 $\hat{Y}_i$에 의해 추정된 값 사이의 차이를 의미한다. 잔차는 회귀식에 있어서 연관성의 정도를 계산하는데 사용된다. 또한 잔차의 산포도는 추정과 회귀모형의 적합도를 검증하는데 있어 유용한 탐색적인 통찰력을 제공하기도 한다.

정규분포의 오차항에 대한 추정은 잔차의 히스토그램을 구조화하는 것에 의해 검증할 수 있다. 분포가 정규분포인지 아닌지를 눈으로 볼 수 있도록 드러내 주며 이를 통해 간단하게 분포의 특성을 판단할 수 있다.

부수적으로는 표준오차(SE)가 ±1 혹은 ±2 이내로 하락하는 잔차의 비율을 결정하는 것에 의해 판단할 수도 있다. 그러한 비율은 각 각 정규분포의 68%에서 95%의 정규분포 하에서 기대될 수 있는 비율과 비교할 수 있다. 보다 공식적인 접근방법으로는 콜모고로프-스미르노프 단일표본검증(Kolmogorov-Smirnov one sample test)에 의해 평가할 수 있다.

오차항의 상수 분포에 대한 추정은 종속변수 $\widehat{Y}_i$의 예측된 값과 반대되는 잔차의 산포도에 의해 검증할 수 있다. 만약 패턴이 무작위하지 않다면 오차항의 분산은 일정하지 않을 것이다.

종속변수인 $\widehat{Y}_i$의 분산의 유형을 보면 다음과 같다.

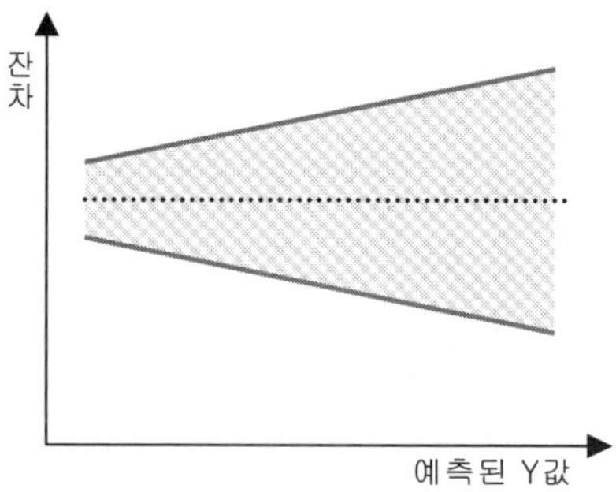

|그림 11-9| 분산이 일정하지 않을 때 잔차의 산포도

시간이나 혹은 연속적인 관찰에 대비한 잔차의 산포도는 오차항이 상호관련성이 없다는 것을 전제로 했을 때는 약간 비스듬한 형태의 잔차를 보일 수 있다. 만약 추정이나 가정이 사실이라면 무작위한 패턴으로 나타날 것이다.

다음의 <그림 11-10>은 잔차(residual)와 시간(time)과의 선형관계를 보여주는 것이다. 통계 패키지를 통한 분석은 더빈-왓슨 검증(Durbin-Watson test)을 통해 오차항의 관계를 검증할 수 있다.

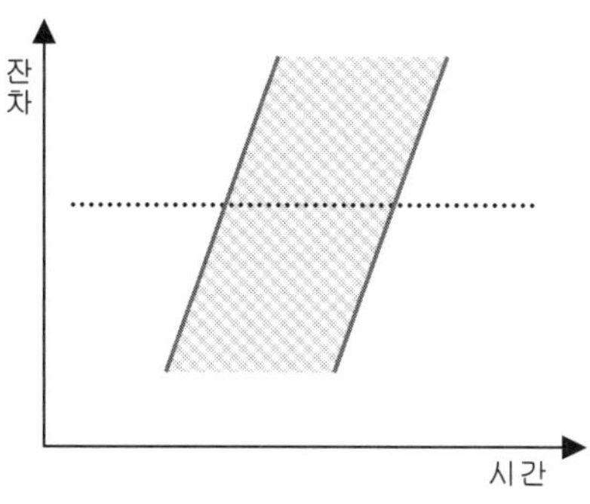

|그림 11-10| 잔차와 시간 사이의 선형적 관계

잔차를 도표화 한다는 것은 선형모형을 활용하여 독립변수가 적합한지 그렇지 않은지를 검증하고자 하는 것이다. 다시 말하면 관찰치의 점(plot)들은 무작위 패턴의 결과로 나타나는 것이다. 잔차들은 무작위한 패턴으로 떨어지며 0으로부터 각 각 동일한 분산을 나타내고 있다.

회귀방정식에 포함된 부수적인 변수들을 검증하기 위해서는 주어진 변수들의 잔차에 대한 회귀분석을 실시해야 한다. 만약 어떤 변수가 잔차들의 변화에 대하여 유의적인 설명력을 가지고 있다면 그것을 검증하기 위해서는 포괄적인 방법을 고려해야 한다. 회귀방정식에 있어서 포괄적인 변수들을 고려하는 것은 연구자에게 강력한 논리전개의 지침이 될 수 있기 때문이다. 그렇기 때문에 잔차의 검증과정은 적합한 추정과 모형 하에서 적합성을 부여하는 통찰력을 제공해 주게 된다. 다음의 <그림 11-11>은 적합한 선형모형과 결합되는 추정을 나타낸 것이다.

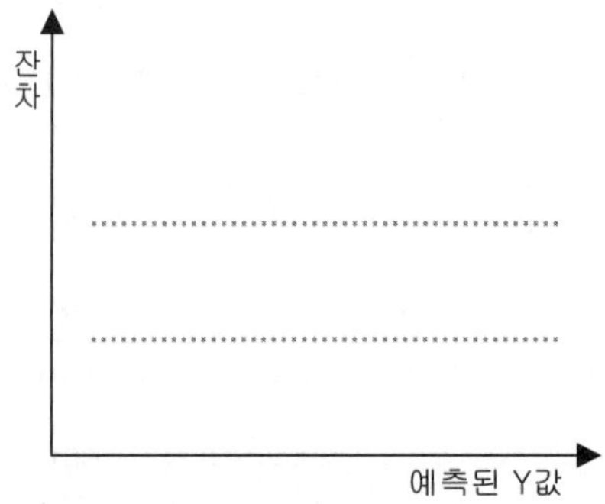

|그림 11-11| 적합한 모형에서의 잔차

만약에 잔차가 선형회귀모형과 만나지 않는 것으로 검증되었다면 연구자는 추정(가정)이 만족시킬 수 있도록 변수들을 변형해야 한다. 변형시킨다는 것은 로그(log)를 취한다든가 제곱근, 혹은 반비례를 이용해 분산을 고정시키고 정규분포가 되게 만들고 또는 선형관계를 만들어 가는 것을 뜻하는 것이다.

3) 단계별 회귀분석(Stepwise regression)

단계별 투입방식 회귀분석(stepwise regression)의 목적은 종속변수나 혹은 기준변수의 분산을 계산하는데 있어 많은 예측변수들이나 혹은 변수들의 부분집합 중에서 하나를 선택하기 위한 목적으로 사용된다. 이러한 과정에서 예측변수를 하나의 회귀방정식에 동시에 집어넣거나 혹은 제거하는 것을 말한다. 단계별 회귀분석은 다음의 몇 가지 특성을 가지고 있다.

■ 전진방식의 산입(forward inclusion)

최초의 회귀방정식에 예측변수가 없는 것이다. 만약에 예측변수가 F 비율에서 확실히 구체화된 범주와 만나게 된다면 예측변수를 동시에 하나씩 산입(算入)하는 것이다. 변수들의 순서는 설명된 분산에 기여하는 정도에 기초하여 산입 순서를 결정한다.

■ 후진방식의 제거(backward elimination)

처음의 회귀방정식에 모든 예측변수가 포함되는 것이다. 그런 다음 F 비율에 근거하여 동시에 하나씩 예측변수를 제거하는 것이다.

■ 단계별 방법(stepwise solution)

전진방식의 산입방식은 개별적인 단계에서 특징적인 범주와 접하지 않는 제거된 예측인자를 갖는 결합이다.

단계별 회귀분석 과정은 예측변수의 수가 주어져 있을 때 최고치의 결정계수(R^2)를 산출한다는 개념에서는 최적의 회귀방정식을 이끌어내는 것은 아니라는 것이다. 예측 변수들간에 상호 관련성이 있기 때문에 중요한 변수는 결코 제거되지 않을 것이며 중요하지 않은 변수는 또한 회귀방정식에 포함되지 않을 것이기 때문이다.

최적의 회귀방정식을 정의한다는 것은 가능한 모든 조합들에 대하여 검증한 연후에 최적의 조합을 이끌어내야 한다는 것을 의미한다. 그럼에도 불구하고 단계별 회귀분석은 표본의 수가 클 때 보다 유용한 방법으로 활용된다.

회귀분석을 실시하는 방법에 대한 선택은 다음의 그림과 같이 선택할 수 있으며 다양한 방법을 연구자가 연구목적에 맞게 선택하여 분석하면 된다.

4) 다중공선성(Multi-collinearity)

단계별 투입방식의 회귀분석에서는 무엇보다도 다중공선성의 문제가 있기 때문에 실질적으로 매우 복잡하다. 실질적으로 마케팅조사에 있어서 거의 모든 다중회귀분석은 예측변수 혹은 독립변수들 간에 상호 관련성을 갖는 다중공선성의 문제를 내포하고 있다.

회귀분석에 있어서 다중공선성의 존재는 다음과 같은 문제를 일으킬 수 있다.

- 부분회귀계수가 정확하게 추정되지 않을 수도 있다. 즉 표준오차가 지나치게 높게 나타날 수 있기 때문이다.
- 부분회귀계수의 부호(sign)뿐만 아니라 크기도 표본에 따라 변화할 수 있다.
- 종속변수의 변동을 설명하는데 있어 개별적인 독립변수들의 상대적 중요성을 평가하기 어렵게 한다.
- 예측변수(독립변수)는 단계별 회귀분석에서 부정확하게 투입되거나 혹은 제거될 수 있다.

회귀분석의 주목적이 종속변수에 대한 독립변수들의 상대적 중요도를 평가하기 위한 것이라면 이러한 다중공선성의 문제는 다음과 같은 방법으로 해결해야 한다.

- 다중공선성을 줄이기 위해 회귀모형으로부터 나온 하나 혹은 그 이상의 독립변수들을 제거해야 한다. 그렇게 함으로써 나머지 변수들의 추정회귀계수들의 표준오차를 줄일 수 있다.
- 다른 독립변수들에 대한 회귀계수들을 여러 가지의 데이터 세트를 통해 추정해보는 방법이다. 상관관계가 있는 독립변수들이 회귀모형에 포함되어야 할 때에는 계산의 정확성뿐만 아니라 계산노력의 감소를 위해서라도 다중공선성이 있는 변수들을 과감하게 제거해야 할 필요가 있다.

5) 독립변수들의 상대적 중요도

변수들 간에 다중공선성이 존재할 때 독립변수(혹은 예측변수)들의 상대적 중요성을 평가하기 위해서는 특별한 주의가 요구된다. 마케팅조사에 적용하는데 있어 예측변수들의 상대적 중요도를 결정하는 것은 매우 의미 있는 일이다. 그러나 때에 따라서는 각각의 예측변수들이 상호 관련성을 가지고 있고 예측변수들의 상대적 중요도를 측정하는데 명확하지 않은 경우도 있을 수 있다.

이러한 경우 예측변수들의 상대적 중요도를 측정하는 방법으로 몇 가지를 제시하면 아래와 같다.

■ 통계적 유의성에 의한 판단

만약에 부분회귀계수가 유의하지 못하다면 증분 F 검증에 의해 결정한다. 이 때 그 변수는 중요하지 않은 것으로 판단한다.

■ 단순상관계수의 제곱에 의한 판단

이것은 이변량(단순상관) 관계에서 독립변수들에 의해 설명되는 종속변수의 변동비율인 결정계수(r^2)를 측정함으로 판단할 수 있다.

■ 부분회귀계수의 제곱에 의한 판단

이것은 독립변수간의 영향을 통제하고 종속변수와 독립변수간의 결정계수($R^2_{yx1.xjxk}$)를 측정함으로써 판단할 수 있다.

■ 일부상관계수의 제곱에 의한 판단

이 상관계수는 다른 독립변수에 이미 포함된 변수가 회귀방정식에 투입될 때 결정계수(R^2)의 증가를 나타나는지에 의해 판단할 수 있다.

■ 표준계수나 베타 가중치에 기초한 판단

가장 일반적으로 사용되는 방법으로 베타 가중치의 절대값($|\beta_i|$)나 혹은 베타계수의 제곱(β_i^2)을 활용하여 판단하는 것이다. 부분회귀계수이기 때문에 다른 독립변수들의 영향을 계산하기 위해서 베타 가중치를 활용하는 것이다.

■ 단계별 투입에 의한 회귀분석

회귀방정식에서 순서대로 독립변수를 투입하거나 혹은 제거함으로써 독립변수들의 상대적 중요성을 판단하는 것이다.

6) 교차-타당성(Cross-Validation) 검증

독립변수들의 상대적 중요성이나 혹은 도출된 추론의 중요성을 평가하기 이전에 회귀모형의 교차-타당성을 평가할 필요가 있다. 회귀분석이나 다변량 분석과정은 데이터의 변동에 따라 변화하는 특성을 나타내는 경향이 있다. 이것은 회귀모형이나 방정식이 모형을 추정하는데 사용된 특정한 데이터에 과도하게 반응하는 결과를 초래하게 된다. 회귀분석과 관련된 모형의 평가나 다른 문제를 해결하기 위한 방법의 하나로 교차-타당성을 검증하는 것이다.

교차-타당성이란 회귀모형을 추정하는데 있어 사용되지 않은 데이터와 비교할 때 지속적으로 고정되는지 어떤지를 비교하는 것이다. 다른 말로 표현하면 표본을 두 부분으로 나누어 표본의 한 부분으로 계산된 추정량 혹은 예측량을 다른 표본의 추정량과 비교하여 모형의 타당성을 검증하는 것을 말한다.

마케팅조사에 있어서 교차-타당성을 검증하는 전통적인 절차는 다음과 같다.

(1) 회귀모형은 추정하는데 있어 완전한 데이터를 활용하여 분석한다.
(2) 사용 가능한 데이터를 두 개의 집단으로 나누어 하나의 집단은 추정 표본집단으로 또 다른 하나의 집단은 타당성 집단으로 구분한다. 추정 표본집단은 일반적으로 전체 표본의 50%에서 90%까지를 포함하도록 구성한다.
(3) 회귀모형은 단지 추정표본으로 사용된 데이터를 인용하여 추정한다. 이러한 모형은 부분회귀계수의 부호(sign)나 크기(magnitude)의 측면에서 타당성을 결정하기 위하여 전체 표본을 활용하여 추정한 모형과 비교한다.

(4) 추정된 모형을 타당성 검증을 위해 분리한 타당성 집단에 적용한다.

(5) 관찰된 값 Y_i와 타당성집단으로부터 예측된 값 $\widehat{Y_i}$ 사이의 상호관계를 검증하기 위한 R^2를 측정한다. r^2를 측정하는 것을 전체 표본을 이용하여 추정한 결정계수 R^2와 비교한다.

교차-타당성의 특이한 형태로 중복 교차-타당성이라 불리는 형태가 있다. 중복 교차-타당성이란 전체 표본을 절반으로 분리하여 타당성을 검증하는 것이다. 즉 절반의 표본을 추정하기 위한 표본집단으로 분리하고 다른 절반의 표본은 타당성을 검증하기 위한 표본으로 분리하여 교차-타당성을 검증하는 것이다. 또한 추정표본과 타당성 표본의 역할을 전환하고 이를 반복함으로써 교차-타당성을 검증하는 것이다.

7) 더미변수를 갖는 회귀분석

교차-타당성은 더미변수를 갖는 회귀분석과 같이 특별한 경우에 적용할 수 있는 방법이다. 명목변수나 혹은 범주형 변수들은 더미변수를 활용하여 독립변수들을 코드화한 다음 회귀분석에 이용할 수 있다. 이때 활용되는 회귀분석이 로지스틱 회귀분석(logistic regression)이다.

명목변수나 범주형 변수를 더미변수로 만들기 위해서는 명목(범주) 카테고리보다 1이 적은 숫자(카테고리 - 1)의 더미 변수가 필요하다. 예를 들어 도시의 특성에 따라 자사 제품의 이용율 특성을 평가한다고 했을 때, 도시의 특성을 공업도시(1), 상업도시(2), 농업도시(3), 농공혼합도시(4)로 분류할 때 더미변수는 D_1, D_2, D_3의 3개가 된다.

|표 11-3| 더미변수의 활용 예

도시특성	최초의 변수 값	더미변수		
		D_1	D_2	D_3
공업도시	1	1	0	0
상업도시	2	0	1	0
농업도시	3	0	0	1
농공혼합도시	4	0	0	0

연구자는 회귀분석을 실시함에 있어 도시 형태에 따라 특정 제품에 대한 소비자들의 태도를 측정해 보고 싶은 의문이 일어나게 될 것이다. 이러한 경우 더미변수 D_1, D_2, D_3을 이용하여 분석할 수 있으며 더미변수를 이용한 회귀모형은 다음과 같이 표현할 수 있다.

$$\hat{Y}_i = a + b_1 D_1 + b_2 D_2 + b_3 D_3$$

이러한 경우 농공혼합도시의 소비자들은 참조집단으로 선택되고 실제 회귀모형에는 포함이 되지 않는다. 즉 농공혼합도시의 소비자들은 D_1, D_2, D_3가 0의 값을 가질 때 추정이 가능하며 다음과 같은 회귀모형을 갖게 된다.

$$\hat{Y}_i = a$$

공업도시가 선택될 경우에는 $D_1 = 1$이고 나머지 더미변수는 0이 되므로

$$\hat{Y}_i = a + b_1$$

의 회귀방정식으로 표현될 수 있다.

8) 회귀분석에서의 분산과 공분산의 분석

더미변수를 갖는 회귀분석은 분산과 공분산을 이해할 수 있도록 해준다. 비록 더미변수를 갖는 다중회귀분석이 분산과 공분산을 분석하는 일반적인 절차를 제시해주고 있다고는 하지만 일원분산분석과 동일하다는

|표 11-4| 더미변수를 갖는 회귀분석과 일원분산분석의 통계량

더미(Dummy)변수를 갖는 회귀분석	일원 분산분석 (One-Way ANOVA)
$SS_{res} = \sum_{i=1}^{n} (Y_i - \hat{Y}_i)^2$	$= SS_{within}$
$SS_{reg} = \sum_{i=1}^{n} (\hat{Y}_i - \overline{Y})^2$	$= SS_{between}$
R^2	η^2
전반적인 F 검증	$= F$ 검증

것을 알 수 있다. 더미변수를 갖는 회귀분석에서의 예측된 각 범주의 $\widehat{Y}_i$ 는 개별 범주들의 Y의 평균값이다. 더미변수를 갖는 회귀분석과 일원분산분석의 통계량을 간단하게 비교해 보면 다음과 같이 유사한 관계가 있음을 알 수 있다.

활용사례

회귀분석에 있어서의 Multi-collinearity

회귀분석(regression analysis)에서는 다음과 같은 전제조건을 가지고 있다.

1. 종속변수의 오차항의 분산이 모든 독립변수에 대해 동일해야 한다.
2. 오차항간의 상관관계가 없어야 한다.
3. 오차항의 평균은 0이며 분산은 σ 2인 정규분포를 이루어야 한다.
4. 독립변수들 간 상관관계가 없어야 한다.

이와 같은 전제조건 중 독립변수들이 서로 독립적이어야 한다는 전제조건은 매우 중요한 의미를 갖는다. 독립변수들 간에 독립적이지 않다는 것은 결과적으로 상관관계가 존재하며 이는 다중공선성(multi-collinearity)이 있다는 것이다. 이때는 회귀계수의 상대적 중요성을 평가한다는 것 자체가 의미가 없을 수 있다.

극단적인 경우 독립변수 X_1과 X_2의 상관관계가 1이라면 종속변수 Y에 미치는 독립변수 X_1과 X_2의 영향(상대적 중요도)을 분리하여 평가하기란 매우 어려운 일이 될 것이다. 다만 X_1과 X_2가 결합하여 종속변수에 미치는 영향만을 알 수 있을 것이다.

회귀분석에 있어서 다중공선성의 문제는 회귀진단을 통해 해결할 수 있다.

그렇다면 이때의 회귀식은 아무런 가치가 없는 것일까? 그렇지는 않다. 비록 회귀계수의 중요성은 평가할 수 없지만 이 회귀식을 이용하여 예측하는 데에는 전혀 문제가 될 것이 없다. 독립변수들이 결합하여 종속변수에 미치는 영향을 나타내기 때문에 표본자료의 범위 내에서만 예측한다면 큰 문제가 되지는 않는다.

그렇다면 독립변수들의 상관관계가 높을 경우에는 어떻게 해결해야 할 것인가? 극히 제한적이기는 하지만 전혀 방법이 없는 것은 아니다. 독립변수들의 상관관계를 없애기 위하여 요인분석(factor analysis)을 통하여 본래의 변수들을 요인으로 바꾸어서 회귀분석을 하는 방법이 있다. 또는 독립변수들의 측정방법

활용사례

을 바꾸어 상관관계를 낮출 수도 있다.

예를 들어 제품의 수요를 종속변수로 하고, 고용수준과 물가지수를 독립변수로 하는 회귀식을 생각해 보자. 실업률은 동일한데도 고용자 수는 인구가 늘어나기 때문에 꾸준히 늘어나고, 물가지수도 꾸준히 증가하기 때문에 두 변수의 상관관계가 높을 수 있다. 그러나 고용자 수 대신에 고용률을 이용하게 되면 물가지수의 상관관계를 크게 낮출 수 있을 것이다. 따라서 변수의 측정에 유의하면 어느 정도는 해결될 수 있는 경우도 있다.

(자료원: 김효석(1998), "경상계열을 위한 통계학" , 형설출판사)

앞에서 활용된 <와인 구입 시 고려속성에 대한 조사> 데이터를 이용하여 다중회귀분석을 실시해보자. 단순회귀분석에서 활용된 '와인의 색'이라는 독립변수 외에 '와인의 맛', '와인의 향', '음식과의 조화' 등의 변수를 추가하여 다중회귀분석을 실시해보자. 이때 독립변수는 '와인의 색(X_1)', '와인의 맛(X_2)', '와인의 향(X_3)', '음식과의 조화(X_4)'가 되며 종속변수는 '구매의도(Y)'가 된다.

① '예제 데이터(14)-다중회귀분석.sav' 파일을 불러온다.

② 메뉴에서 [분석 > 회귀분석 > 선형(L)]을 선택한다.

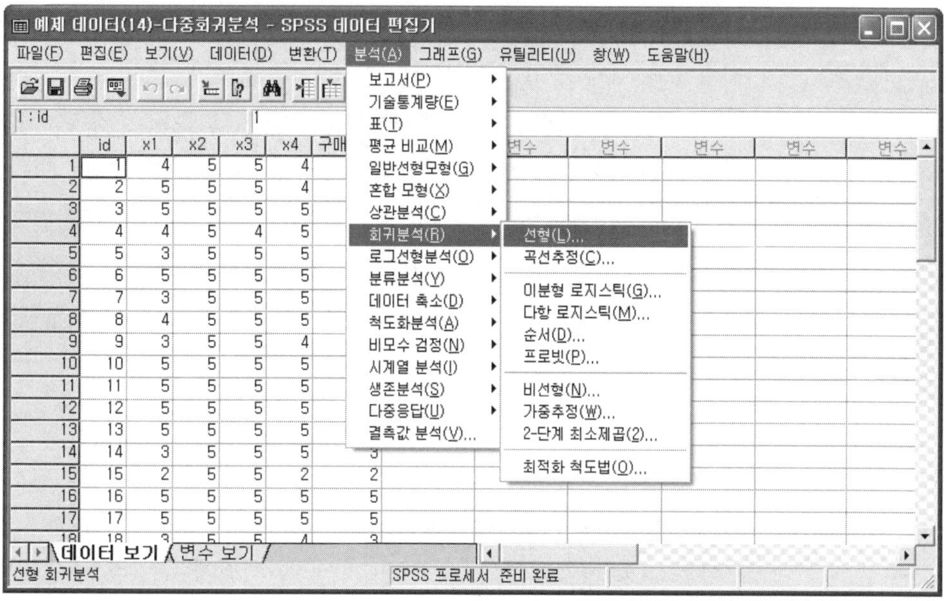

③ 대화상자에서 [종속변수(D)]란에 '구매의도'를, [독립변수(I)]란에 '와인의 색(X1)'~'음식과의 조화(X4)'를 이동 시킨다. [방법(M)]은 기본 설정된 '입력'을 그대로 유지한다.

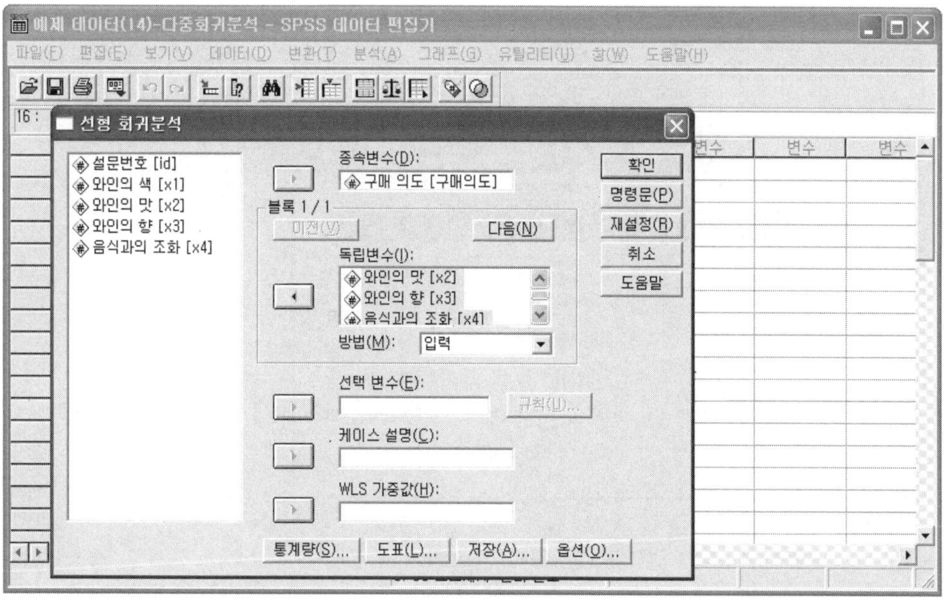

[방법(M)]에서 활용되는 의미는 다음과 같다.

- 입력(enter)방식: 종속변수(Y)를 추정하기 위하여 투입된 모든 독립변수들을 동시에 투입하는 방식이다.
- 단계선택(stepwise)방식: 투입될 독립변수 중 어느 정도 설명력이 높은 변수들로만 회귀모델을 구성하기 위한 방식이다. 첫 번째로 종속변수(Y)를 가장 잘 설명해 줄 수 있는 독립변수를 투입한다. 두 번째로 첫 번째 투입된 변수를 제외하고 나머지 독립변수 중 가장 높은 설명력을 갖는 독립변수를 투입한다. 이와 같은 방식으로 단계적으로 투입하는 방식을 의미한다.
- 전진(foreward)방식: 단계투입방식과 같이 상관관계가 높은 독립변수의 순서대로 투입한다. 다만 단계방식과 달리 기존에 투입된 변수를 제거하지 않고 투입한다는데 차이점이 있다.
- 후진(backward)방식: 모든 독립변수들을 한꺼번에 투입하고 각 단계에서 종속변수에 대한 설명력이 낮은 순서대로 제거하는 방식이다. 제거기준은 F값 혹은 p-value(유의확률값)에 의한다.

④ [통계량(S)] 버튼을 누르고 대화상자에서 [추정값(E)], [모형적합(M)], [기술통계(D)], [공선성 진단(L)]을 선택한 다음 [계속] 버튼을 누른다.

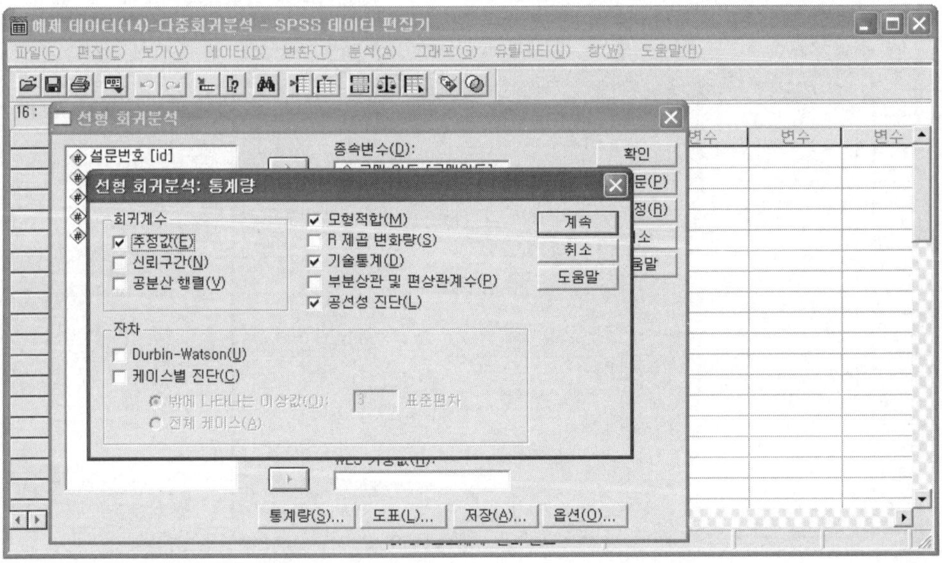

[잔차]에서의 선택사항은 다음과 같은 의미를 갖는다.

- Durvin-Watson(U): 시계열자료(time series data, 時系列資料)를 회귀분석할 경우 오차항의 값들이 서로 상관관계가 있는지를 검증하는데 사용되는 값을 보여준다. 종속변수(Y)를 설명하는데 중요한 변수가 포함되지 않은 경우에는 오차항의 값들간에 높은 상관관계를 보여준다.
- **케이스별 진단(C)**: 분석의 대상이 된 응답 케이스들의 회귀식에 의한 예측값, 예측값과 실제값의 차이(잔차, 殘差)을 나타내준다.

⑤ [옵션] 버튼을 누르고 기본 설정상태를 유지한다.

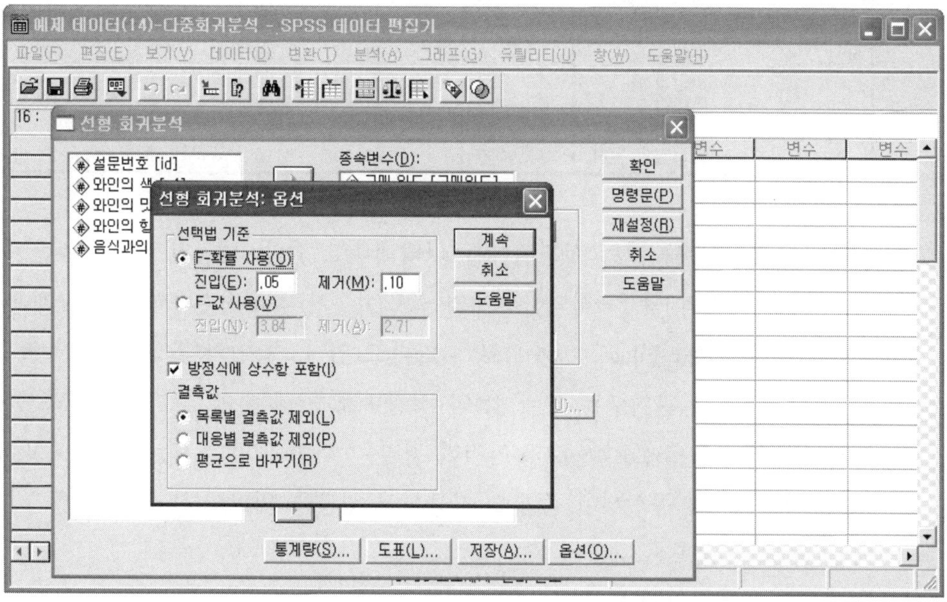

⑥ [계속] 버튼을 누르고 [확인] 버튼을 누르면 다중회귀분석결과가 나타난다.

▶ 기술통계량(descriptive statistics)

기술통계량

	평균	표준편차	N
구매 의도	3.65	1.040	20
와인의 색	3.15	1.089	20
와인의 맛	3.30	.865	20
와인의 향	3.10	1.119	20
음식과의 조화	4.60	.754	20

다중회귀분석에 활용된 변수(종속변수와 독립변수)들의 평균과 표준편차 그리고 응답 케이스의 숫자를 나타내준다.

▶ 상관계수

상관계수

		구매 의도	와인의 색	와인의 맛	와인의 향	음식과의 조화
Pearson 상관	구매 의도	1,000	,885	,240	,800	,483
	와인의 색	,885	1,000	,229	,678	,525
	와인의 맛	,240	,229	1,000	,185	-,048
	와인의 향	,800	,678	,185	1,000	,175
	음식과의 조화	,483	,525	-,048	,175	1,000
유의확률(단측)	구매 의도	.	,000	,154	,000	,015
	와인의 색	,000	.	,166	,001	,009
	와인의 맛	,154	,166	.	,218	,420
	와인의 향	,000	,001	,218	.	,231
	음식과의 조화	,015	,009	,420	,231	.
N	구매 의도	20	20	20	20	20
	와인의 색	20	20	20	20	20
	와인의 맛	20	20	20	20	20
	와인의 향	20	20	20	20	20
	음식과의 조화	20	20	20	20	20

각 변수들 간의 상관관계를 나타내주고 있다. 투입된 4개의 독립변수 중 '와인의 맛'을 제외한 3개의 독립변수가 종속변수와의 상관관계에서 유의한 것(p-value <0.05)으로 나타나고 있다. '와인의 맛'과 '음식과의 조화'간의 상관계수는 부(-, 負)의 상관관계가 있는 것으로 나타나고 있다(r=-0.048, p-value=0.420). 이러한 결과는 '와인의 맛'과 '음식과의 조화' 간에 약간의 공선성이 존재할 가능성이 있음을 의미해준다.

▶ 진입/제거된 변수

진입/제거된 변수[b]

모형	진입된 변수	제거된 변수	방법
1	음식과의 조화, 와인의 맛, 와인의 향, 와인의 색[a]	.	입력

a. 요청된 모든 변수가 입력되었습니다.

b. 종속변수: 구매 의도

종속변수인 '구매의도'를 파악하는데 있어 투입된 변수를 나타내주고 있다. 다중회귀분석을 실시하는데 있어 제거된 변수는 없으며 변수의 투입방식은 기본설정이 [입력]방식을 사용하고 있음을 나타내주고 있다.

▶ 모형요약

모형 요약

모형	R	R 제곱	수정된 R 제곱	추정값의 표준오차
1	.933[a]	.871	.837	.420

a. 예측값: (상수), 음식과의 조화, 와인의 맛, 와인의 향, 와인의 색

다중회귀모형에 대한 요약결과를 보여주고 있다. R 제곱값의 제곱근값이 R값은 0.933이고 다중회귀모형의 설명력을 나타내주는 R 제곱(R square)값은 0.871로 구매의도를 파악하기 위한 다중회귀식이 87.1%의 매우 양호한 설명력을 가지고 있음을 나타내주고 있다. 수정된 R 제곱값 역시 0.831로 비교적 높은 설명력을 유지하고 있다.

R 제곱값(R^2)은 기본적으로 독립변수의 수가 많으면 많을수록 높아지는 특성을 가지고 있다. 그런데 무의미한 변수를 독립변수로 추가시켜 결정계수(R^2)를 높이는 것은 여러 가지로 낭비라고 할 수 있다. 그렇기 때문에 무의미한 변수가 투입되었을 경우 이를 조정해 줄 필요가 있으며 이러한 관점을 반영한 통계량이 수정된 R 제곱(adjusted R^2)값이다. 수정된 R 제곱값은 독립변수의 수와 표본의 크기로써 조정한 값이다. 만약에 새로 추가된 독립변수의 설명력이 매우 작은 경우 R제곱(R^2)값은 약간이라도 증가할 수 있으나 수정된 R 제곱(adjusted R^2)값은 오히려 감소하게 된다. 수정된 R 제곱값이 R 제곱값 보다 적어졌다면 투입된 독립변수 중 어떤 변수가 설명력이 작음을 의미한다. 따라서 이러한 독립변수를 조정(혹은 제거)해 줄 필요가 있다.

R 제곱값과 수정된 R 제곱값은 분산분석표에서 수식을 통해 산출할 수 있다.

▶ 분산분석표

분산분석[b]

모형		제곱합	자유도	평균제곱	F	유의확률
1	선형회귀분석	17.900	4	4.475	25.326	.000[a]
	잔차	2.650	15	.177		
	합계	20.550	19			

a. 예측값: (상수), 음식과의 조화, 와인의 맛, 와인의 향, 와인의 색

b. 종속변수: 구매 의도

합계의 제곱합(20.550)은 종속변수(구매의도)를 평균값으로 추정하는 경우의 전체분산을 나타낸다. 선형회귀분석의 제곱합(17.900)은 종속변수를 회귀식으로 추정하는 경우에 설명되는 분산을 나타낸다. 또한 잔차의 제곱합(2.650)은 종속변수를 회귀식으로 추정하는 경우 설명되지 않는 분산을 나타낸다.

자유도(df, degree of freedom)는 다음과 같이 구할 수 있다.

- 선형회귀분석의 자유도 = 독립변수의 수 = 4
- 잔차의 자유도 = 표본의 크기 - 독립변수의 수 - 1 = 20-4-1 = 15
- 합계의 자유도 = 표본의 크기 - 1 = 20-1 = 19

여기에서 다중회귀식의 결정계수(R^2)를 산출하면 다음과 같다.

$$R^2 = \frac{\text{선형회귀분석의 제곱합}}{\text{합계의 제곱합}} = \frac{17.900}{20.550} = 0.871$$

또한 각각의 제곱합을 자유도로 나누면 평균제곱이 되며 F 값은 선형회귀분석의 평균제곱을 잔차의 평균제곱으로 나누면 산출된다. p-value(유의확률값)는 0.000으로 유의한 것으로 검증되었다.

$$F = \frac{\text{선형회귀분석의 평균제곱}}{\text{잔차의 평균제곱}} = \frac{4.474912}{0.17669} = 25.32634$$

▶ 회귀계수표

계수a

모형		비표준화 계수 B	비표준화 계수 표준오차	표준화 계수 베타	t	유의확률	공선성 통계량 공차한계	공선성 통계량 VIF
1	(상수)	-.205	.784		-.261	.798		
	와인의 색	.494	.150	.517	3.299	.005	.350	2.857
	와인의 맛	.062	.117	.052	.529	.604	.908	1.102
	와인의 향	.386	.122	.416	3.154	.007	.495	2.020
	음식과의 조화	.195	.160	.141	1.217	.242	.636	1.572

a. 종속변수: 구매 의도

분석결과 비표준화계수(B)를 이용한 다중회귀식은 다음과 같이 표현할 수 있다.

$$Y = -0.205 + 0.494X_1 + 0.062X_2 + 0.386X_3 + 0.195X_4$$

이러한 회귀식의 설명력이 모형요약표에 나타나 있는 R 제곱(R square) 값 0.871을 가리키는 것이다. 표준화계수는 '베타'로 표현되며 각 독립변수들의 상대적 중요도를 나타내는 값이다. 이 표준화계수는 독립변수들의 측정척도가 다르기 때문에 동일한 척도로 표준화한 값을 의미한다.

- '와인의 색'에 대한 유의성: p-value가 0.005로 유의수준(α =0.05) 하에서 유의한 것으로 나타나고 있다.
- '와인의 맛'에 대한 유의성: p-value가 0.604로 유의수준(α =0.05) 하에서 유의하지 못한 것으로 나타나고 있다.
- '와인의 향'에 대한 유의성: p-value가 0.007로 유의수준(α =0.05) 하에서 유의한 것으로 나타나고 있다.
- '음식과의 조화'에 대한 유의성: p-value가 0.242로 유의수준(α =0.05) 하에서 유의하지 못한 것으로 나타나고 있다.

▶ 다중공선성 통계량

공선성 진단[a]

모형	차원	고유값	상태지수	분산비율				
				(상수)	와인의 색	와인의 맛	와인의 향	음식과의 조화
1	1	4.815	1.000	.00	.00	.00	.00	.00
	2	.095	7.125	.02	.08	.13	.22	.01
	3	.050	9.849	.01	.03	.52	.13	.11
	4	.034	11.979	.07	.49	.16	.45	.00
	5	.007	25.630	.90	.39	.20	.20	.88

a. 종속변수: 구매 의도

공선성진단표에서 마지막 차원의 고유값이 가장 작은 것을 알 수 있고 이때 상태지수는 25.630이다. '와인의 색'의 회귀계수에 대한 분산비율 0.00%는 1차원의 고유값에 기인하고 0.08%는 2차원, 0.03%는 3차원, 0.49%는 4차원 그리고 0.39%는 마지막 차원의 고유값에 기인한다는 것을 알 수 있다. 동일한 고유값에서 높은 분산비율을 갖는 변수들을 살펴볼 필요가 있다. 마지막 고유값(차원 5)은 상수항 분산의 90%를, '와인의 색' 분산의 39%를, '와인의 맛' 분산의 20%를, '와인의 향' 분산의 20%를, '음식과의 조화' 분산의 88%를 각각 설명한다는 것을 알 수 있다. 이 같은 사실을 근거로 했을 때 독립변수들 간에 근접한 의존성이 존재하지 않는 것으로 판단할 수 있다.

4. 로지스틱 회귀분석

일반적으로 회귀분석은 독립변수와 종속변수가 모두 양적(quantitative, 量的) 특성을 갖는 등간(혹은 간격, interval scale)척도나 비율척도(ration scale)로 측정되었을 때 유용하게 활용할 수 있다. 그러나 종종 사회현상에서는 독립변수나 종속변수가 양적 특성을 갖는 척도가 아닌 질적(qualitative, 質的) 특성을 갖는 척도로 측정되는 경우가 있다. 이때는 척도의 특성에 따라 다음과 같이 다른 회귀분석을 실시해야 한다.

- 종속변수가 질적 특성을 가질 때: 로지스틱 회귀분석
- 독립변수가 질적 특성을 가질 때: 더미(dummy)변수를 활용한 회귀분석

로지스틱 회귀분석은 종속변수가 질적 특성을 갖는 척도로 측정되었을 때 활용하는 회귀분석방법이다. 즉 명목척도(nominal scale)로 측정된 데이터일 때 로지스틱 회귀분석기법을 활용한다. 특히 명목척도 중에서도 이분형 변수(binary variable)로 측정된 데이터 일 때 활용한다. 예를 들면 신용상태가 양호하거나 불량한 경우, 마케팅전략이 성공하거나 실패하는 경우, 제품에 대한 구매의도가 갖는 경우와 그렇지 않은 경우 등 2 중의 하나를 선택하는 응답일 경우가 이에 해당한다. 따라서 로지스틱 회귀분석의 종속변수는 0과 1의 값을 갖거나 1과 2의 값을 갖는 등 두 가지 중의 하나의 값을 갖는다.

본서에서 사례로 활용한 자료를 이용하여 로지스틱 회귀분석을 실시해 보자. 앞 절에서 활용한 자료를 활용하여 종속변수(Y)로 활용된 '구매의도'를 이분형 척도로 바꾸어 활용하기로 한다. 종속변수인 '구매의도'는 5점 등간척도로 측정되었기 때문에 데이터변환을 통해 이분형 척도로 변환한 후 분석을 실시하였다.

- 이분형 척도로의 변환방법

① SPSS 메뉴에서 [변환 > 코딩변경 > 같은 변수로(S) 혹은 새로운 변수로(D)]

② 대화상자에서 변경할 변수 '구매의도'를 선택한 후 다음과 같이 값을 바꾼다.

- old value (1, 2) ▸ new value(2) → 의미: 구매하지 않겠다.
- old value (3, 4, 5) ▸ new value(1) → 의미: 구매하겠다.

분석의 편의상 중간값인 3 역시 구매의도를 갖는 것으로 변환하였다. 이상과 같이 데이터를 변환한 후 '예제 데이터(15)-로지스틱회귀분석.sav'로 저장, 분석에 활용하였다.

① '예제 데이터(15)-로지스틱회귀분석.sav' 파일을 불러온다.

② 메뉴에서 [분석 > 회귀분석 > 이분형 로지스틱(G)]을 선택한다.

③ 대화상자에서 [종속변수(D)]란에 '구매의도'를, [공변량(C)]란에 X_1 ~ X_4까지 이동시킨다. [방법(M)]은 기본설정을 그대로 사용한다. [선택변수] 기능은 특정 변수 중에서 해당값을 갖는 응답 케이스만을 분석하고자 할 때 지정한다. 예를 들어 성별특성 중에서 남성만 분석하고 싶을 때 이 기능을 사용한다.

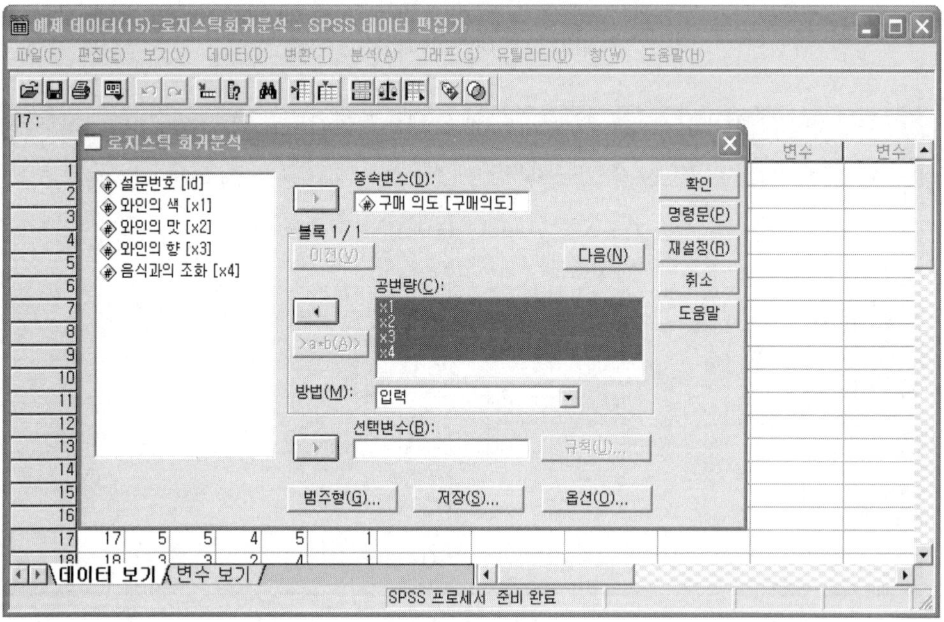

④ 그런 다음 [공변량(C)]에 입력한 변수 중 범주형 변수가 있으면 아래의 [범주형(G)] 버튼을 누른 후 [범주형 공변량(T)]으로 이동시킨 후 [계속] 버튼을 누른 후 분석을 실행한다. 본 사례에서는 범주형 변수(categorical variable)로 처리할 변수가 없으므로 그대로 기본설정을 사용한다.

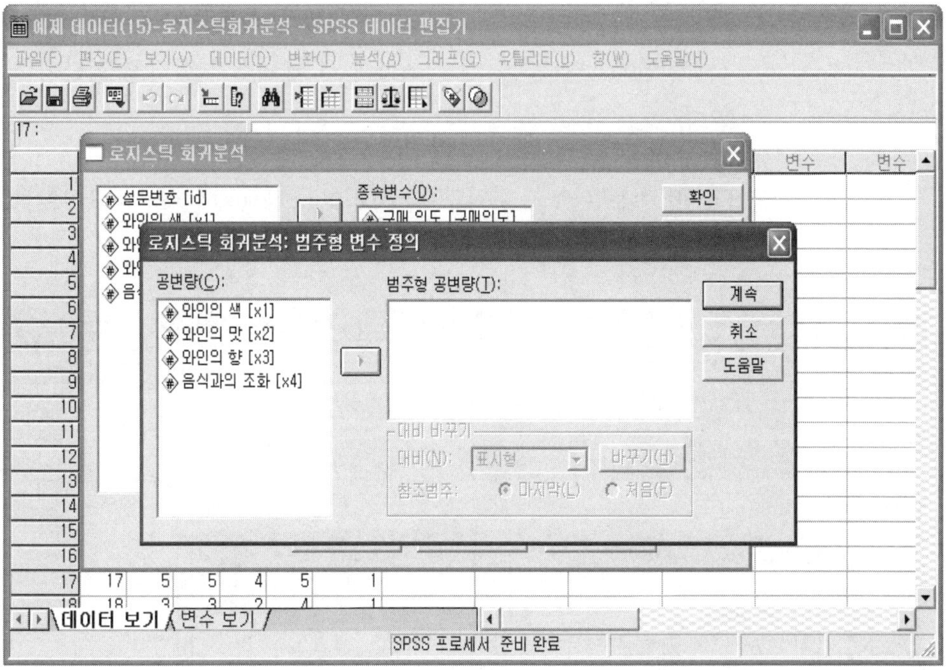

⑤ [저장(S)] 버튼을 누르고 대화상자에서 [확률(P)], [소속집단(G)]을 선택한 다음 [계속] 버튼을 누른다.

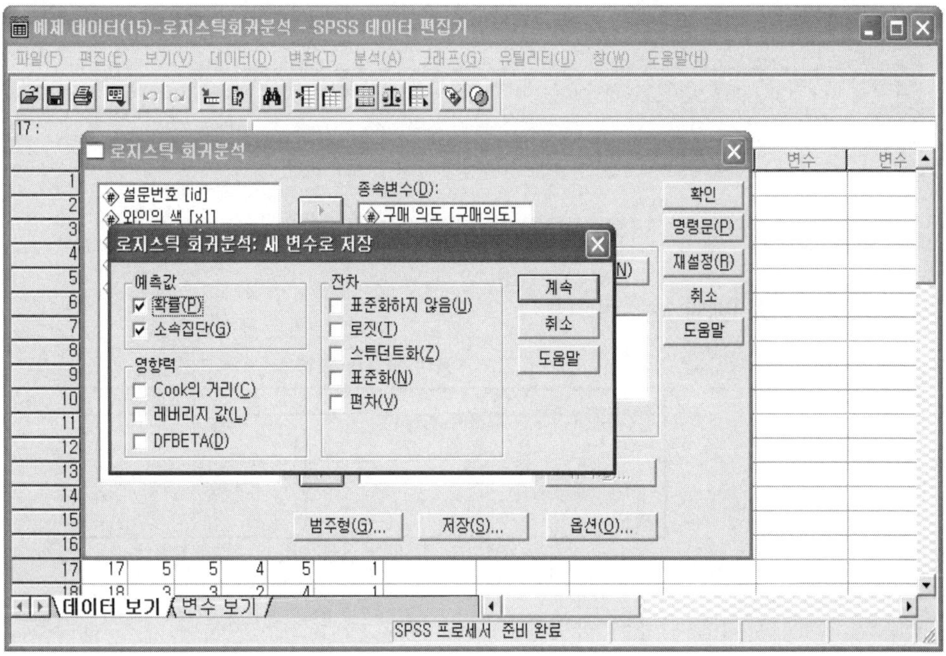

■ 확률(P): 각 케이스마다 사건의 예측발생 확률을 저장한다.

■ 소속집단(G): 예측확률에 기초하여 각 케이스가 할당될 집단이 표시된다.

⑥ [옵션] 버튼을 누른 후 [분류도표(C)]와 [Hosmer-Lemeshow(H)]를 선택한 다음 [계속] 버튼을 누른다.

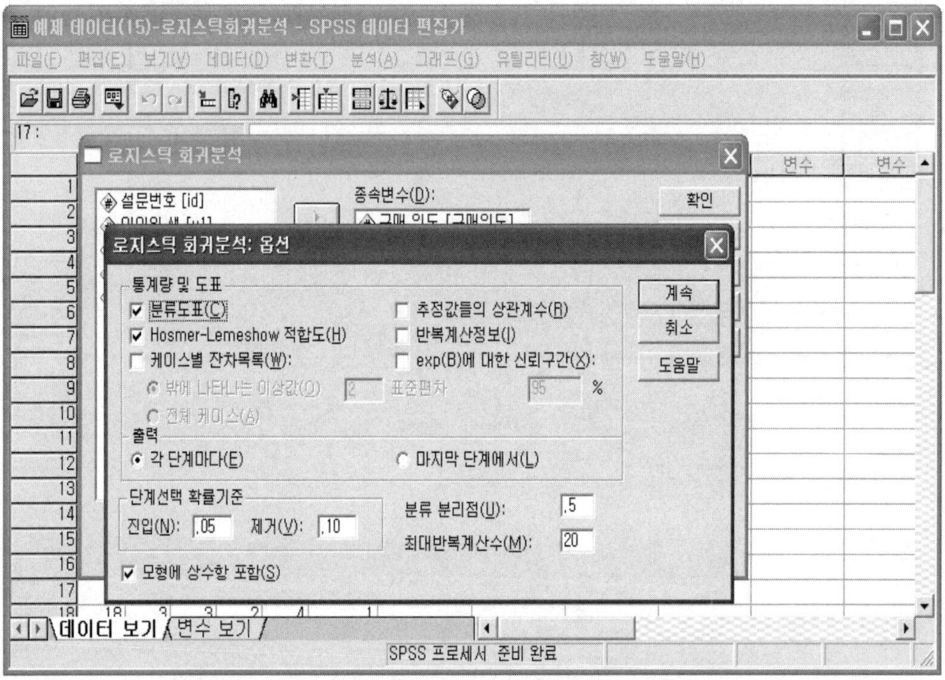

⑦ [확인] 버튼을 누르면 다음과 같은 분석결과가 도출된다.

▶ 케이스 처리요약

케이스 처리 요약

가중되지 않은 케이스[a]		N	퍼센트
선택 케이스	분석에 포함	20	100.0
	결측 케이스	0	.0
	전체	20	100.0
비선택 케이스		0	.0
전체		20	100.0

a. 가중값을 사용하는 경우에는 전체 케이스 수의 분류표를 참조하십시오.

분석에 사용된 응답 케이스에 대한 수치를 보여준다.

▶ 종속변수 코딩

원래 값	내부 값
구입할 의향이 있다	0
구입할 의향이 없다	1

분석을 위해 사용된 종속변수의 이분형 값을 제시해준다. 원래 자료의 코딩에서는 '구입할 의향이 있다(1)', '구입할 의향이 없다(2)' 였으나 프로그램 내부적으로는 '0'과 '1'이라는 값을 부여하여 분석하였음을 알려주고 있다.

▶ 시작블록 - 분류표

블록 0: 시작 블록

분류표[a,b]

관측			예측값: 구매 의도 - 구입할 의향이 있다	예측값: 구매 의도 - 구입할 의향이 없다	분류정확 %
0 단계	구매 의도	구입할 의향이 있다	15	0	100.0
		구입할 의향이 없다	5	0	.0
	전체 %				75.0

a. 모형에 상수항이 있습니다.
b. 절단값은 .500입니다.

첫단계의 분류표에서는 모든 케이스들을 보다 큰 집단에 분류한다. 따라서 분류의 정확도는 언제나 50% 이상의 값을 가지게 된다. 본 사례에서는 집단1의 15명이 모두 집단1에, 그리고 집단2의 5명이 모두 집단1에 분류되어 있으며 이러한 분류정확도는 75.0%로 나타나고 있다.

▶ 방정식에 포함된 변수 / 포함되지 않은 변수

방정식에 포함된 변수

		B	S.E.	Wald	자유도	유의확률	Exp(B)
0 단계	상수	-1.099	.516	4.526	1	.033	.333

방정식에 포함되지 않은 변수

			점수	자유도	유의확률
0 단계	변수	x1	7.820	1	.005
		x2	.094	1	.759
		x3	1.401	1	.237
		x4	7.901	1	.005
	전체 통계량		10.591	4	.032

로지스틱 회귀분석의 첫 단계 모형으로서 이 단계에서는 독립변수를 포함하지 않고 상수항만으로 구성된 식이 도출된다. 특히 로지스틱 회귀분석에 포함되지 않은 4개의 독립변수들의 유의성을 보여주는데 '와인의 색(X_1)'과 '음식과의 조화(X_4)'의 유의성이 가장 높은 것으로 나타났다.

▶ 모형계수 전체 테스트 / 모형 요약

블록 1: 방법 = 진입

모형 계수 전체 테스트

		카이제곱	자유도	유의확률
1 단계	단계	22.493	4	.000
	블록	22.493	4	.000
	모형	22.493	4	.000

모형 요약

단계	-2 Log 우도	Cox와 Snell 의 R-제곱	Nagelkerke R-제곱
1	.000[a]	.675	1.000

a. 최대 반복계산수에 도달하여 계산반복수 20에서 추정을 종료하였습니다. 최종 해를 구할 수 없습니다.

모형계수 전체 테스트표에는 상수항만으로 구성된 모형과 독립변수들이 포함된 모형 사이의 차이를 보여주는 유의성이 산출되어 있다. 즉 독립변수들이 포함된 [모형]의 적합도(goodness-fit-index)를 보여주는 p-value (유의확률값)이다. 이 표에서 보면 포함된 모든 독립변수들의 계수가 '0' 이라는 귀무가설(H_0: 로지스틱 회귀방정식이 종속변수를 설명하거나 예측하는데 유용하지 않다)을 검증한 결과이다. 모형의 p-value(유의확률값)가 0.000으로서 귀무가설(H_0: 모형은 유용하지 않다)은 기각되었으며 대립가설(H_1: 모형은 유용하다)이 지지되었음을 알 수 있다.

또한 동일한 표에 나타난 [블록]은 모형에 마지막으로 투입된 변수의 계수가 '0' 이라는 귀무가설(H_0)을 검증한 결과이다. 본 사례에서는 변수의 투입방법(M)을 입력방식(진입)을 사용했기 때문에 모든 독립변수(4개)가 동시에 입력되어 [블럭] 부분의 값이 [모형] 부분의 값과 일치하였다. 그리고 자유도(df)는 포함된 독립변수들의 수로서 4가 된다.

모형의 요약표에 나타난 [-2 Log 우도(-2 log likelihood; -2LL)]는 모형의 적합도를 나타내는 통계량이다. -2LL이 낮을수록 모형의 적합도는 좋으며 -2LL이 '0' 이라면 적합도는 완벽함을 의미한다. 모형 요약표에 나타난 바와 같이 독립변수를 포함한 모형의 -2LL은 0.000으로 나타나 모형의 적합도가 완벽한 것으로 검증되었다. 반면에 독립변수를 포함시키지 않고 상수항만으로 구성된 모형의 -2LL과의 차이는 모형계수 전체 테스트표에 나타나 있는 카이제곱, 즉 22.493이다. 이 값은 두 모형간의 차이(差異)이기 때문에 실제 상수항만으로 구성된 모형의 -2LL값은 두 개 모형의 -2LL값을 더한 값(0.000+22.493=22.493)임을 알 수 있다. 따라서 상수항만으로 구성된 모형보다 독립변수를 포함한 모형의 적합도가 더 높아졌음을 알 수 있다.

▶ Hosmer - Lemeshow 검증

단계	카이제곱	자유도	유의확률
1	,000	7	1,000

Hosmer-Lemeshow의 카이제곱 값은 로지스틱 회귀모형 전체의 적합도(fit)를 나타내주는 통계량이다. 카이제곱 값은 종속변수의 실제값과 로지스틱 회귀모형에 의한 예측값과의 일치정도(correspondence)를 나타내는 값으로 그 값이 작을수록 모형의 적합도는 높다. 본 사례에서는 0.000으로 완벽한 적합도를 나타내고 있다. 카이제곱 값이 0.000이고 p-value(유의확률값)가 1.000으로 비유의적으로 나타나고 있다. 이는 종속변수의 실제값과 예측값간의 차이가 완전하게 일치(1.000)하고 있음을 의미하는 것으로 귀무가설(H_0: 종속변수의 실제값과 예측값은 동일할 것이다)이 지지되었음을 의미한다.

▶ Hosmer - Lemeshow 검정 분할표

		구매 의도 = 구입할 의향이 있다		구매 의도 = 구입할 의향이 없다		전체
		관측	기대	관측	기대	
1 단계	1	2	2,000	0	,000	2
	2	2	2,000	0	,000	2
	3	3	3,000	0	,000	3
	4	3	3,000	0	,000	3
	5	2	2,000	0	,000	2
	6	2	2,000	0	,000	2
	7	1	1,000	1	1,000	2
	8	0	,000	1	1,000	1
	9	0	,000	3	3,000	3

Hosmer-Lemeshow에 의한 종속변수의 관측치와 기대치를 보여주고 있다. 표에서 나타난 바와 같이 관측치와 기대치가 완전하게 일치하고 있음을 알 수 있다.

▶ 분류표

분류표[a]

관측			예측값 구매 의도 구입할 의향이 있다	예측값 구매 의도 구입할 의향이 없다	분류정확 %
1 단계	구매 의도	구입할 의향이 있다	15	0	100,0
		구입할 의향이 없다	0	5	100,0
	전체 %				100,0

a. 절단값은 ,500입니다.

집단1(구입할 의향이 있는 집단)에 소속된 15개 케이스가 집단1에 제대로 분류되었으며 집단2(구입할 의향이 없는 집단)에 소속된 5개 케이스가 집단2에 완전하게 분류되었다. 분류의 정확도는 100%로 나타나고 있다.

▶ 방정식에 포함된 변수

방정식에 포함된 변수

		B	S.E.	Wald	자유도	유의확률	Exp(B)
1 단계[a]	x1	-157,625	13447,417	,000	1	,991	,000
	x2	-3,905	17463,976	,000	1	1,000	,020
	x3	94,484	8222,856	,000	1	,991	1,081E+41
	x4	-188,971	16046,936	,000	1	,991	,000
	상수	1035,815	98373,692	,000	1	,992	.

a. 변수가 1: 단계에 진입했습니다 x1, x2, x3, x4.

상기 표는 모든 독립변수가 한꺼번에 투입되었음을 나타낸다. 분석 결과표에서 B의 부호가 +(plus)이면 어떤 응답 케이스의 그 변수값이 클수록 내부값이 1인 집단(여기에서는 집단2)으로 분류될 가능성이 높게 된다. 반대로 B의 부호가 -(minus)이면 변수값이 클수록 내부값이 0인 집단(여기에서는 집단1)으로 분류될 가능성이 높아진다.

이러한 의미를 해석하면 X_1(와인의 색), X_2(와인의 맛), X_4(음식과의 조화)를 중요하게 고려하는 소비자일수록 와인에 대한 구매의도가 높게 나타날 가능성이 크다는 것이다. 반면에 X_3(와인의 향)을 높게 고려하는 소비자는 와인을 구매할 의향이 적은 집단으로 분류될 가능성이 높다는 것이다. 그러나 독립변수가 실제로 분류집단에 대한 예측력을 갖기 위해서는 그 변수의 유의성을 보아야 보다 정확한 예측력을 갖게 될 것이다. 4개의 독립변수 모두 유의성이 낮은 것으로 나타나고 있다.

Wald 검정값은 (B/SE)2한 값으로 각 독립변수의 유의성 검증을 위한 통계량이다.

Exp(B)는 B값에 대한 잔차(eB)를 의미하는 통계량으로 예를 들어 X_1(와인의 색)의 경우 e-157.625=0.000이 된다. Exp(B)값은 각 변수가 1만큼 증가할 때 내부값이 0인 집단(여기에서는 와인 구입의향이 있는 집단1)에 속할 확률보다 내부값이 1인 집단(여기에서는 집단2)에 속할 확률이 몇 배인가를 나타낸다.

▶ 집단분류 히스토그램

```
                 Step number: 1

                 Observed Groups and Predicted Probabilities

       16 +                                                            +
          |1                                                           |
          |1                                                           |
  F       |1                                                           |
  R    12 +1                                                           +
  E       |1                                                           |
  Q       |1                                                           |
  U       |1                                                           |
  E     8 +1                                                           +
  N       |1                                                           |
  C       |1                                                           |
  Y       |1                                                          2|
        4 +1                                                          2+
          |1                                                          2|
          |1                                                          2|
          |1                                                          2|
 Predicted ---------------+--------------+--------------+---------------
   Prob:   0             .25             .5            .75             1
   Group:  111111111111111111111111111111222222222222222222222222222222

           Predicted Probability is of Membership for 구입할 의향이 없다
           The Cut Value is .50
           Symbols: 1 - 구입할 의향이 있다
                    2 - 구입할 의향이 없다
           Each Symbol Represents 1 Case.
```

상기 도표를 보면 0.5를 기준으로 왼쪽은 원래의 소속집단인 집단1을 나타내며 오른쪽은 집단2를 나타낸다. 그림상의 각 숫자들은 전체 응답 케이스 20개 케이스를 나타낸다. 그림상에서 본다면 집단1에 15개의 케이스가 완전하게 분류되고 있으며 집단2에도 5개의 케이스가 완전하게 분류되고 있음을 알 수 있다. 이러한 의미는 앞의 통계분류표에서도 그대로 보여주고 있었다.

Chapter

12

판별분석

1. 판별분석에 대한 기본적인 개념

1) 판별분석의 개념과 이용목적

(1) 판별분석의 개념

판별분석은 본질적으로 종속변수가 명목척도(범주형 데이터, categorical data)이고 예측변수나 독립변수가 등간척도로 측정되었을 때 자료를 분석하는 기법이다. 예를 들어 종속변수를 개인용 컴퓨터 상표(A, B 또는 C)에 대한 선택권한으로 정의하고 독립변수는 5점 척도에 의한 컴퓨터의 특성을 평가하는 변수들로 정했다고 할 수 있다.

판별분석을 실시하는 기본적인 목적은 아래와 같은 특성을 파악하기 위한 것이다.

- 기준변수나 종속변수의 범주를 보다 명확하게 구분하기 위한 판별함수를 개발하거나 혹은 예측변수나 독립변수들의 선형결합관계를 찾아내기 위하여 실시한다.
- 독립변수(즉 독립변수)들과 관련하여 집단 간 유의적인 차이가 존재하는지의 여부를 판단하기 위하여 판별분석을 실시한다.
- 집단 간 차이에 기여하는 예측변수를 결정하기 위하여 판별분석을

실시한다. 즉 집단구분에 영향을 미치는 의미 있는 변수를 발견하기 위하여 실시한다.

- 독립변수들의 값에 기초한 집단의 케이스를 분류하기 위하여 실시한다.
- 분류의 정확성을 판단하기 위하여 실시한다.

판별분석의 개념을 보다 용이하게 설명하기 위해 두 집단 간 판별분석 예를 들어 설명하고자 한다. 예를 들어 두 개의 집단 A와 B가 있다고 가정하고 두 집단으로부터 측정한 자료가 X_1, X_2라고 하는 두 개의 독립변수라고 할 때 판별분석에서 활용되는 내용을 설명하면 다음과 같다. X_1이라는 변수 하나에 의해 A, B 두 집단을 분류할 경우에는 C_1의 겹치는 영역만큼의 중첩이 생겨 중첩된 부분에 대한 설명이 어렵게 된다.

또 다른 예로 X_2라는 변수 하나를 가지고 판별할 경우에도 C_2라는 영역이 중첩되게 나타나 중첩된 부분에 대한 설명이 애매모호해지게 된다. 그러나 X_1, X_2 두 개의 변수를 가지고 판별하게 되면 C_3만큼의 중첩이 생겨 C_1이나 C_2 보다 작은 중첩현상이 생겨 그만큼 설명하지 못하는 부분이 적어지게 된다. 이와 같이 중첩되는 부분이 적으면 적을수록 두 집단 간 동질성이 낮아져 쉽게 판별이 가능해지게 된다. 판별분석은 이러한 중첩부분이 최소가 되는 선형결합을 찾아내는 분석이다.

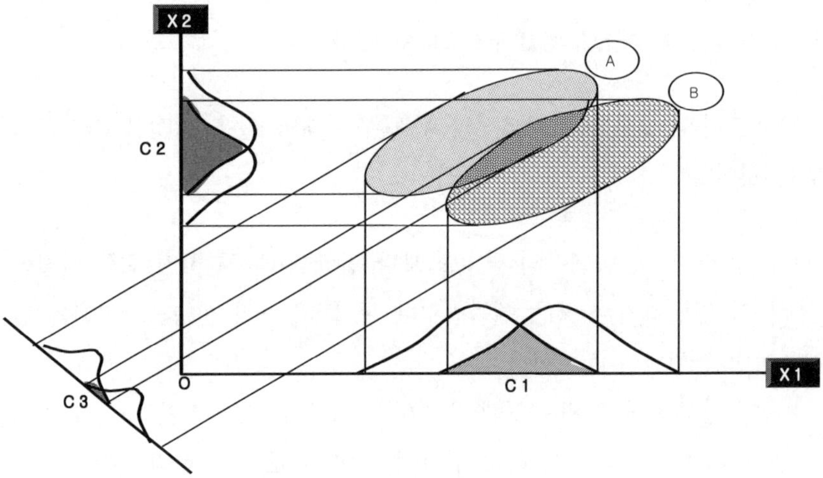

|그림 12-1| 판별분석의 모형

제품 구입시 중요도 속성의 판별

9장에서 사례로 활용된 아로마테라피 상품개발 프로젝트에서 명목척도로 측정된 성별특성에 따라 구입 시 중요도의 차이를 판별해 보기로 하였다.

성별에 따른 구입고려요소의 차이를 판단하기 위하여 750명의 응답을 활용하였으며, 판단 카테고리로는 10개의 측정변수를 활용하였다. 분석결과 람다(λ)값이 1에 가까우면 관측된 집단 간 평균이 동일하다는 것을 의미하게 되는데 이는 집단 간 차이가 없음을 의미하는 것이다. 이를 보다 구체적으로 판단하기 위해서는 자유도를 고려한 F값을 보게 되는데, F값이 크면 집단 간 분산이 크다는 것을 의미(집단 간 차이가 있음)하며, F값이 작으면 집단 간 분산이 작다는 것을 의미한다. 또한 유의성 검증을 통해 α =0.05 수준에서 평가하게 된다. 본 사례에서는 제조업체의 신뢰성과 향(香)종류의 다양성, 주변의 추천정도, 치료효과의 다양성에 대하여 성별차이가 발생하는 것으로 판단되며, 향후 제품을 개발하는데 있어 활용할 수 있을 것이다.

[제품구입 시 고려요소에 대한 판별분석 결과]

Tests of Equality of Group Means

	Wilks' Lambda	F	df1	df2	Sig.
제조업체 신뢰성	.992	6.225	1	741	.013
기능의 다양성	.999	.758	1	741	.384
향 발생기의 디자인	1.000	.014	1	741	.905
향 발생기의 색상	1.000	.051	1	741	.821
향 종류의 다양성	.995	3.865	1	741	.050
구입에 적정한 가격	.999	.808	1	741	.369
구입의 편리성	.998	1.733	1	741	.188
주변의 추천 정도	.985	11.280	1	741	.001
제품 종류 다양성	.999	.984	1	741	.321
치료효과의 다양성과 효능	.988	8.668	1	741	.003

(자료원: 이명식, 최천규, 구자룡(2004), 마케팅리서치, 형설출판사)

(2) 판별분석의 이용목적

판별 분석 기법은 기준변수들이 속하는 범주(category)의 수에 의해 설명할 수 있는데 두 가지 방법이 있다. 기준 변수가 두 개의 범주를 가질 때 두 집단 판별분석(two-group discriminant analysis)으로 부르며 집단 구분이 3개 혹은 그 이상일 경우에는 다중판별분석(multiple discriminant analysis)이라 부른다. 두 집단 판별분석의 주요 특징은 단지 하나의 판별함수만을 도출할 수 있다는 것이며 다중판별분석의 특징은 둘 이상의 판별함수의 도출이 가능하다는 것이다.

판별분석은 마케팅조사에서 매우 폭 넓게 적용되며 이러한 판별분석은 다음과 같은 문제들을 해소하기 위하여 빈번하게 사용되어진다.

- 자사의 서비스에 만족하는 고객과 불만족하는 고객들의 차이는 어떤 서비스 특성에 의해 결정되는 것일까?
- 인구통계학적 특성을 기준으로 충성도가 있는 고객과 그렇지 않은 고객들의 집단구분은 어떠한 특성에 의해 할 수 있을까?
- 청량음료를 많이 마시는 소비자(heavy user)와 보통으로 마시는 소비자(light user), 적게 마시는 소비자(light user)들간의 냉동식품의 소비량에는 어떤 차이가 있을까?
- 일반적인 식료품 구매자들 중 가격에 민감한 구매자와 그렇지 않은 구매자들을 구분하는 사회심리학적 특성에는 어떤 것이 있을까?
- 소비자들의 매체소비습관은 다양한 시장세분화를 하는데 어떤 영향을 미치는가?
- 한 지방에 근거를 둔 지역백화점과 전국적인 체인망을 갖춘 백화점에 대한 높은 충성도를 갖는 고객들간의 라이프스타일 관점의 차이는 어떤 것들이 있을까?
- 소비자들을 유혹하는 직접 우편(DM)판매에 반응하는 소비자들의 특성은 무엇으로 구분할 수 있을 것인가?

활용사례

辛라면과 매운콩라면의 연상 이미지 판별

브랜드의 고유한 연상 작용을 활용해서 히트상품을 만들 수 있다.

히트상품을 만들어내기 위한 요건 중 하나는 브랜드를 통해 새로운 연상범주를 창출하는 것이다. 특히 이미 시장에서 확실한 위치를 점유하고 있는 선도브랜드를 따라 잡기 위해서는 기존 브랜드와는 연상 범주가 구별되는 신규브랜드를 도입해야 경쟁에서 이길 수 있다.

활용사례

"신라면과 매운콩라면"

'辛라면'은 매운 라면을 연상시키는 대명사로 시장에서 확고한 위치를 구축했다. 그동안 '辛라면'을 공략하기 위한 제품으로 'Hot라면'이나 '熱라면'이 나왔으나 이 라면들은 '辛라면'의 범주에 속하는 전형적인 브랜드 모방으로 '辛라면'을 따라잡을 수 없었다. 반면 '매운콩라면'은 차별화된 연상 범주에 근거해서 제품개발이 이루어지고 브랜드가 그것을 뒷받침해줌으로써 성공한 경우다. 즉 몸에 좋은 콩기름을 사용한 라면이라는 새로운 개념이 매운 라면이라는 개념에 첨가됨으로서 '辛라면'이나 콩기름만을 사용한 라면보다 선택우위를 가지게 된 경우이다.

(자료원:(주)베스트리츠 홈페이지(www.bestreits.com))

신라면과 매운콩라면

2) 회귀분석 및 분산분석과의 관계

판별분석과 회귀분석, 분산분석과의 관계는 다음의 <표 12-2>에 간략하게 정리되어 있다. 3가지의 분석방법 모두 단일의 기준변수를 갖거나 혹은 종속변수를 가지며 다중의 예측변수나 독립변수를 갖고 있다는 것이다. 그러나 사용되는 변수들의 속성이 본질적으로 다르다는 것을 간과해서는 안된다.

분산분석과 회귀분석에서 종속변수는 계량적인 데이터이거나 등간척도로 측정된 데이터를 활용하며 판별분석에서의 종속변수는 범주형 데이터를 활용한다는 것이다. 분산분석에 있어서 독립변수는 범주형 데이터를 활용하지만 회귀분석과 판별분석에서는 계량적 데이터를 활용한다는 것이다.

|표 12-2| 분산분석과 회귀분석, 판별분석의 유사성과 차이

구분		ANOVA	회귀분석	판별분석
유사성	독립변수의 수	1	1	1
	종속변수의 수	다중	다중	다중
차이점	종속변수의 특성	계량적 데이터	계량적 데이터	범주형 데이터
	독립변수의 특성	범주형 데이터	계량적 데이터	계량적 데이터

3) 판별함수의 일반형

판별분석은 두 개 이상의 집단을 구분하는데 있어 보다 명확한 판단기준을 제시하기 위하여 판별함수를 도출하는데 그 초점이 있다. 판별함수는 일반적으로 다음과 같은 선형적 결합을 포함하는 형대를 갖게 된다.

$$D= b_0 + b_1X_1 + b_2X_2 + b_3X_3 + \cdots + b_kX_k$$

이 때 D = 판별점수
b = 판별계수 혹은 가중치
X = 예측변수 혹은 독립변수

판별계수 혹은 가중치(b)는 판별함수의 값으로 집단을 구분하는데 사용되는 추정량이다. 이것은 집단 간 분산(between group sum of square)에 대한 집단 내 분산(within group sum of square)의 비율이 최대화될 때 판별점수가 최대화됨으로 추정할 수 있는 것이다.

활용사례

긴 초코파이 : 롱스를 활용한 차별화

초코파이 시장은 90년대에 들어오면서 더 이상 커지지 않고 정체되고 있다. 이것을 상품 라이프 사이클로 보면 성숙기에 해당한다. '오리온 정(情)'이 시장 점유율 면에서 압도적인 우세를 점하고 있는 가운데 시장세분화가 가속화되고 있다.

■ '롱스' 제품 개발 배경

초코파이에 대한 소비자 인식조사를 실시한 결과, 원형 초코파이로 대변되는 초코파이에는 상징적 요소, 긍정적 이미지, 부정적 이미지 등 세 가지 부분이 존재하고 있었다. 상징적 요소로는 '원형', '머시멜로우', '정통성'이 꼽혔다. 긍정적 이미지로는 저렴하여 '경제적'이고 '대중적'이며, '편안하고 포근한'이미지를 가지고 있었다. 부정적 이미지로는 '진부하고 평범함(다 동그랗고 고급감이 없다)'으로 나타나고 있었다. 내용물에 대한 불만(머시멜로우가 질기고 소화가 잘 되지 않는다, 너무 달다, 질린다, 살찐다)과 먹기에 불편함(초콜릿이 녹아 손에 묻는다, 원형이라 먹을 때 입에 묻는다)등이 부정적 이미지로 꼽혔다.

'롱스'는 기존 초코파이가 가지고 있는 부정적 이미지를 해소할 수 있는 제품이어야 했다. 맛에 대한 욕구와 음용 편리성에 대한 욕구를 충족시킬 수 있는 제품으로 초점을 맞추고 개발에 착수했다.

활용사례

'롱스' 의 제품 컨셉

개발된 제품의 컨셉은 '새로운 타입의 먹기 편한 고급 초코파이'였다. 차별적 특성으로 형태를 Bar 타입으로 만들고 고급 초코릿 원료를 사용하며 수분함유량을 높이기로 했다. 또한 머시멜로우 사이에 생크림을 넣고 표면을 물결무늬로 만들어 차별화하기로 했다. 소비자들이 얻을 수 있는 편익으로는 새로움, 음용상의 편리, 세련된 이미지, 고급스러운 이미지, 부드러움 등을 추구했다.

'롱스' 의 포지셔닝 전략

'롱스'는 기존의 초코파이와 철저하게 대비시킨다는 전략 하에 기존의 초코파이가 오래된, 뒤떨어진, 대중적인 이미지를 갖고 있는 것과 정반대로 새롭고, 참신하고, 세련된 이미지를 소비자에게 부각시키도록 했다.

'롱스' 의 포지셔닝 전술

포지셔닝 전술은 구체적으로 브랜드 네이밍, 패키지, 가격 등 세 가지를 살펴볼 수 있다. 제과에 있어서 브랜드 네이밍은 제품의 성패를 좌우할 정도로 중요하다. Bar 타입의 제품형태를 연상시키는 'long'에 신세대를 뜻하는 'X Generation'을 결합하여 'Lonx(롱스)'로 결정했다. 초기에는 소비자들이 이 제품을 초코바로 오인할 우려가 있으므로 초코파이임을 분명하게 드러내기 위해 '롱 초코파이'라는 말을 병행해서 표기하기로 했다.

보통 과자류의 패키지가 사각인데 비해 롱스는 우리나라 최초로 정면 라운드 형태로 하여 고급성, 차별성을 부각시켰다. 가격은 오리온 초코파이가 150원, 여타 제품들이 100원을 책정하고 있을 때 파격적으로 200원으로 정하고 1박스에는 6개를 묶어 1,200원으로 하였다.(오리온 초코파이: 낱개 100원, 박스 1,800원) 고가격은 고품질로 인식하는 소비자들의 성향에 맞춰 고급감을 부각시키는 동시에 박스단위의 구매를 유도하여 소비자의 가격저항감을 희석시키고자 하였다.

'롱스' 커뮤니케이션 전략

'롱스'의 Target전략은 '핵심 Target을 통한 확산전략'이다. '롱스'는 ' 16-20세 여대생 및 여고생'을 핵심 Target으로 정했다. 원형 초코파이에 대해 가장 부정적인 이미지를 가진 집단이면서 10대의 준거집단이 된다고 판단했기 때문이다. 이들을 대상으로 구매를 정착시킨 후 초코파이의 main heavy user인 10대 남녀와 20대 여성으로 파급시키고 초코파이 유저를 30대 주부와 20대 남성 전체로 확산시킨다는 전략이었다.

활용사례

▌'롱스'의 광고 전략

광고의 주 소구점(訴求點)은 '예쁘게 먹는 긴 초코파이'이다. 광고 크리에이티브전략으로 세 가지 요인을 고려했다. 첫째, 형태로 보아 범주를 오인할 가능성이 있으므로 소비자의 인식구조상 초코파이 범주에 위치해야 한다는 점. 초기 시험구매 유도를 위해 적극적으로 초코파이임을 밝혔다. 둘째, 기존 원형 초코파이와 대비되는 차별점을 부각시켰다. 셋째, 스테디 셀러(steady seller)화 하기 위해 차별적 브랜드 이미지를 구축하고자 했다. 기존 초코파이가 오래되고 진부한 이미지인 반면 롱스는 세련되고 새로운 이미지임을 내세웠다.

▌'롱스'의 성과

시장점유율을 보면 '97년 3%에서 '98년에는 9%로 늘었으며 '98년 7월의 선호도 조사에서는 Bar 타입의 초코파이로는 가장 높은 18%를 보이고 있다.

(자료원:(주)베스트리츠 홈페이지(www.bestreits.com))

4) 판별분석과 관련된 통계량

판별분석과 관련된 중요한 통계량(statistics)의 개념들을 다음과 같다.

▌정준상관관계(Canonical Correlation)

정준상관관계는 판별점수와 집단 간 관련성의 정도를 측정하는 것이다. 그것은 단일판별함수와 집단의 구성원을 정의하는데 사용되는 더미변수들의 집합간의 관련성을 측정하는 것이다. 1936년 Hotelling에 의해 되었다.

▌중심(Centroid)

중심은 특별한 집단에 대한 판별점수의 평균값을 의미한다. 중심은 각 집단에 한 개씩 존재하게 되며 모든 함수에 관한 집단의 평균은 집단의 중심(group centroid)이라고 한다.

▌분류행렬(Classification Matrix)

혼동(confusion) 혹은 예측행렬(prediction matrix)이라고 불리기도 하는 분류행렬은 올바로 분류된 숫자와 그렇지 않은 사례들을 같이 포함하고 있다. 올바르게 분류된 사례들은 예측된 것과 실제적인 집단이 동일하기 때문에 대각선(diagonal)으로 나타나게 된다. 대각선에서 벗어난 요소들은 잘못된 분류에 의한 것을 의미한다. 대각선의 요소들의 합(sum)은 적중률(hit ratio)로 표현되는 전체 사례에 의해 나누어진다.

▮ 판별함수계수(Discriminant Function Coefficients)

비표준화된 판별함수의 계수는 측정단위가 원래의 단위로 측정된 변수일 때 변수들의 곱(승수)에 의해 나타난다.

▮ 판별점수(Discriminant Score)

비표준화된 계수는 변수들의 값에 의해 곱해진다. 그리고 판별점수를 얻기 위해 이러한 것들이 총합(sum)으로 더해지고 상수(constant)에 더해지게 된다.

▮ 고유값(Eigenvalue)

각각의 판별함수들의 고유값은 집단 간 분산에 대한 집단 내 분산의 비율로 나타난다. 큰 고유값을 가지는 경우일수록 보다 큰 설명력을 갖게 되는 것이다.

▮ F값과 유의수준

F값은 범주형 독립변수를 갖는 집단변수로 주어질 때 일원분산분석으로 계산할 수 있다. 개별적인 예측변수들은 ANOVA 분석에서 계량적인 종속변수에 따라 차례대로 주어진다.

▮ 집단 평균과 집단의 표준편차

집단의 평균과 집단의 표준편차는 각각의 집단에 대한 각각의 예측변수로서 계산된다.

▮ 집단 내 상관행렬(Pooled Within-Group Correlation Matrix)

합동(pooled)의 집단 내 상관행렬은 모든 집단에 대한 분리된 공분산 행렬의 평균화에 의해 산출된다.

▮ 표준화 판별함수계수

표준화 판별함수 계수(Standardized Discriminant Function Coefficient)는 판

별함수의 계수이며 또한 변수가 0의 평균과 1의 분산으로 표준화될 때 승수(乘數, 곱셈)로써 사용된다.

■ 구조상관(Structure Correlation)

판별 부하량(discriminant loading)을 지칭하는 구조상관은 예측변수와 판별 함수 사이의 단순상관관계를 의미한다.

■ 전체 상관행렬(Total Correlation Matrix)

각 경우들이 단일 표본으로부터 얻어지고 상관이 계산된 것처럼 취급되면 전체 상관행렬을 얻을 수 있다.

■ 윌크스 람다(Wilks' λ)

U통계량으로 불리기도 하는 각각의 예측변수들에 관한 Wilks' λ (윌크스 람다)는 집단 내 분산(within-group sum of square)에 대한 전체 분산(total sum of square)의 비율로 산출할 수 있으며 0과 1사이의 다양한 값을 취하게 된다. λ (람다)값이 큰 경우(즉 1에 가까울 경우)에는 집단 간 평균의 차이가 없다는 것을 의미하며 0에 가까운 값을 갖는 경우에는 집단 간 평균의 차이가 있다는 것을 의미한다.

2. 판별분석의 실행절차

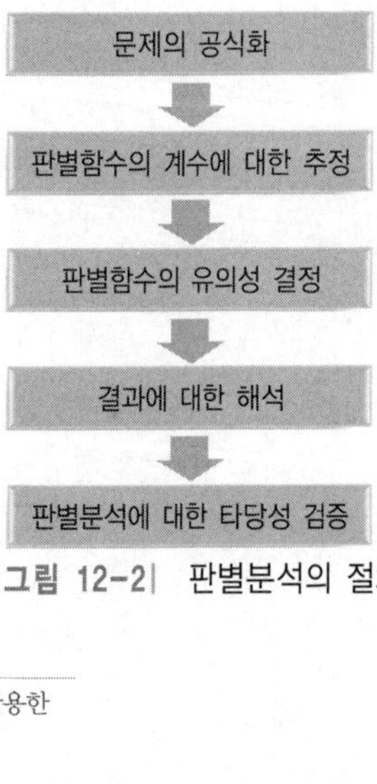

|그림 12-2| 판별분석의 절차

판별분석을 실행하는 단계는 다음의 5가지 단계로 분류할 수 있다.

1) 판별문제의 공식화(Formulation)

첫 번째 단계로서의 문제의 공식화 단계는 분석의 목적을 확인하고 기준변수(혹은 종속변수, 판단변수)를 결정하며 또한 독립변수를 결정하는 단계이다. 기준변수는 반드시 2개 혹은 그 이상의 완전히 상호배타적인 범주형 변수(categorical variables)로 구성되어야 한다. 만약에 판단의 기준이 되는 종속변수가 등간척도(interval scale)나 비율척도로 측정이 되었다면 분석 전에 반드시 범주형 변수로 변환한 다음 분석을 실시하여야 한다.

본서에서 제시된 사례와 같이 와인에 대한 구매의도를 5점의 등간척도로 측정했을 경우 이 데이터를 가지고 판별분석을 실시하기 위해서는 3개의 범주형 데이터로 변환하여 분석에 포함시켜야 한다. 즉 비구매계층(1, 2)과 유보 혹은 부동계층(3) 그리고 구매계층(4,5)의 3가지 집단으로 변화할 수 있다.

예측변수(독립변수)는 이론적 모형이나 선행연구, 탐색적 조사를 통해 선택하거나 혹은 연구자의 경험에 기초하여 선택할 수 있다.

그 다음 단계로는 두 개의 집단으로 표본을 분류하는 것이다. 하나의 집단은 추정을 하기 위한 분석표본(analysis sample)과 도출된 판별함수를 검증하기 위해 남겨둔 또 하나의 표본, 즉 검증표본(validation sample)으로 분류해야 한다. 만약에 표본이 충분할 정도로 크다면 절반씩 나누어 표본을 구성해도 무방하다. 그리고 각각의 표본집단의 역할을 바꾸면서 반복적으로 분석하게 되는데 이러한 분석법을 '중복 교차-타당성 검증(double cross-validation)'이라고 한다.

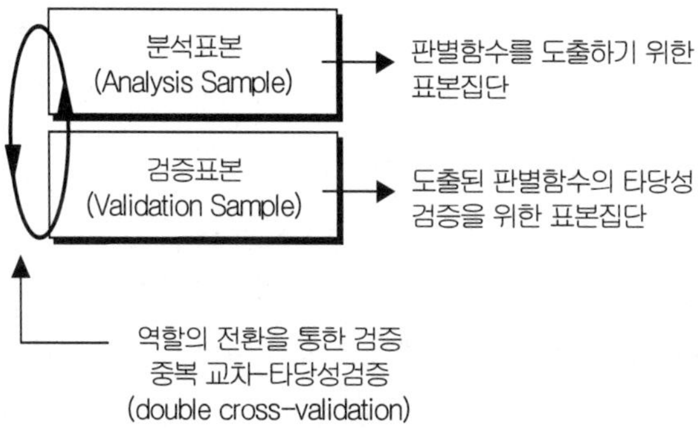

|그림 12-3| 판별분석에서의 집단구분과 역할의 변경

집단을 구분하는데 있어 종종 전체 표본의 분포에 따라 분석표본과 검증표본의 사례수를 결정하는 경우가 있다. 예로써 전체 표본의 분포가 50%는 충성도가 있는 집단이고 나머지 50%는 그렇지 않다면 전체 표본

의 비율 그대로 분석표본과 검증표본으로 구분하면 된다. 반대로 충성도가 있는 집단이 25%이고 그렇지 못한 집단이 75%라면 분석표본과 검증표본의 사례수를 전체 표본의 비율과 동일하게 25%의 분석표본과 75%의 검증표본으로 구분하여 분석하면 된다.

그 다음으로는 판별함수의 타당성을 검증하기 위하여 반복적으로 판별분석을 실시하는 것이다. 이 때 분석표본과 검증표본의 역할을 바꾸면서 실시하여야 한다. 판별함수는 추정되는 것이며 타당성분석을 통해 수행되는 것이다. 그러므로 타당성분석은 반복적으로 실시되는 분석의 횟수에 기초하게 된다.

2) 추정(Estimation)

판별함수를 추정하는 방법으로는 두 가지가 있다. 모든 예측변수들을 동시에 포함하는 직접법(direct method)과 단계별 판별분석법(stepwise discriminant analysis)의 2가지의 방법이 있다.

(1) 직접법(direct method)

첫 번째의 방법인 직접법은 모든 예측변수들이 동시에 포함되도록 판별함수를 추정하는 것이다. 이 방법은 선행연구나 이론적 모형 그리고 연구자가 모든 예측변수에 기초한 판별함수를 얻고자 할 때 적합한 방법이다.

(2) 단계적 분석법(stepwise analysis)

판별함수를 추정하는 또 다른 방법은 단계적으로 판별함수를 추정하는 방법이다. 단계적 판별 분석에서는 예측 변수들이 그룹 간 판별력에 기초하여 순차적으로 도입된다. 이 방법은 연구자가 판별함수를 추정할 때 예측변수의 투입을 부분집합으로 선택하고자 할 때 적합한 방법이다.

■ 판별함수의 수와 설명력

일반적으로 판별분석에서 판별함수의 수는 하나 이상의 함수로 도출된다. 그 수는 판별하고자 하는 집단의 수에서 하나를 뺀 값과 동일하며 혹은 판별변수의 숫자 중에서 작은 값보다 같거나 혹은 작은 값의 판별함수를 갖게 된다.

판별분석을 실시한 이후에 또한 중요한 것은 판별함수의 설명력이 얼마나 유의적이냐의 문제이다. 판별함수의 설명력은 판별함수가 갖는 고유값(eigenvalue)의 크기에 따라 설명력을 판단하게 되는데 고유값이 크면 클수록 판별함수의 설명력이 커지게 된다.

집단이 2개라면 하나의 판별함수가 나오겠지만 집단이 3개 이상인 경우에는 2개 이상의 판별함수의 고유값을 산출할 수 있게 된다. 이때 판별함수의 상대적 중요도를 판단하기 위한 기준으로 고유값을 활용할 수 있다. 즉 판별함수들의 고유값의 전체 합(sum)을 이용하여 각각의 고유값을 나누면 각 판별함수의 상대적 중요도를 얻을 수 있으며 이를 통해 상대적 기여도를 판단할 수 있다.

3) 유의성의 결정

만일 평가된 판별 함수가 통계학적으로 중요하지 않다면 분석결과를 해석하는 것은 의미가 없을 것이다. 모집단에서 모든 그룹의 판별함수의 평균이 동일하다는 귀무가설(H_0) 역시 통계적으로 검증이 가능하다.

SPSS의 경우 Wilks' λ (윌크스람다)를 기본으로 집단 간 차이를 판단한다. 집단 간 평균의 차이를 볼 수 있는 Wilks' λ 는 1에 가까울수록 집단 간 차이가 없음을 의미하며 0에 가까우면 집단 간 차이가 있음을 의미한다. 보다 구체적으로 판단하기 위해서는 유의성(significance)에 따라 집단 간 차이를 판단할 수 있다.

4) SPSS에 의한 판별분석 및 결과해석

(1) 판별분석의 절차

본서의 활용사례인 활용하여 판별분석을 실시하고자 한다. 앞 장에서 실시한 다중회귀분석과 같이 독립변수는 '와인의 색(X1)', '와인의 맛(X2)', '와인의 향(X3)', '음식과의 조화(X4)'를 활용한다. 종속변수(Y)는 5점 척도로 측정된 '구매의도'를 3개의 집단으로 변환하여 활용한다. 즉 구매의도가 없다는 응답(1, 2)을 '비구매계층'으로, 그저 그렇다(3)를 '구매유보계층'

으로, 구매할 의향이 있다(4, 5)를 '구매계층'으로 코딩 값을 변경해 활용하고자 한다.

판별분석의 절차는 다음과 같다.

① '예제 데이터(16)-판별분석.sav' 파일을 불러온다.

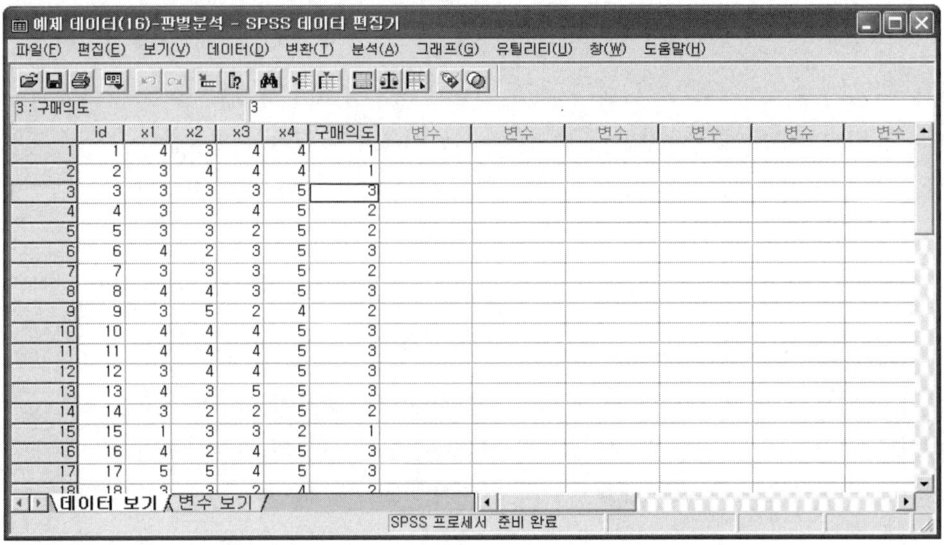

② 메뉴에서 [분석 > 분류분석 > 판별분석(D)]를 선택한다.

③ 대화상자에서 독립변수로 설정할 변수를 [독립변수(I)]란에 이동시키고 기본설정인 [독립변수를 모두 진입(E)]을 그대로 사용한다. 명목척도로 측정된 종속변수인 '구매의도'를 [집단변수(G)]로 이동시킨 다음 집단변수의 범위를 설정한다. 본 사례에서는 집단구분이 3개이므로 [최소값(I)]에 '1'을, [최대값(A)]에 '2'를 입력하고 [계속] 버튼을 누른다.

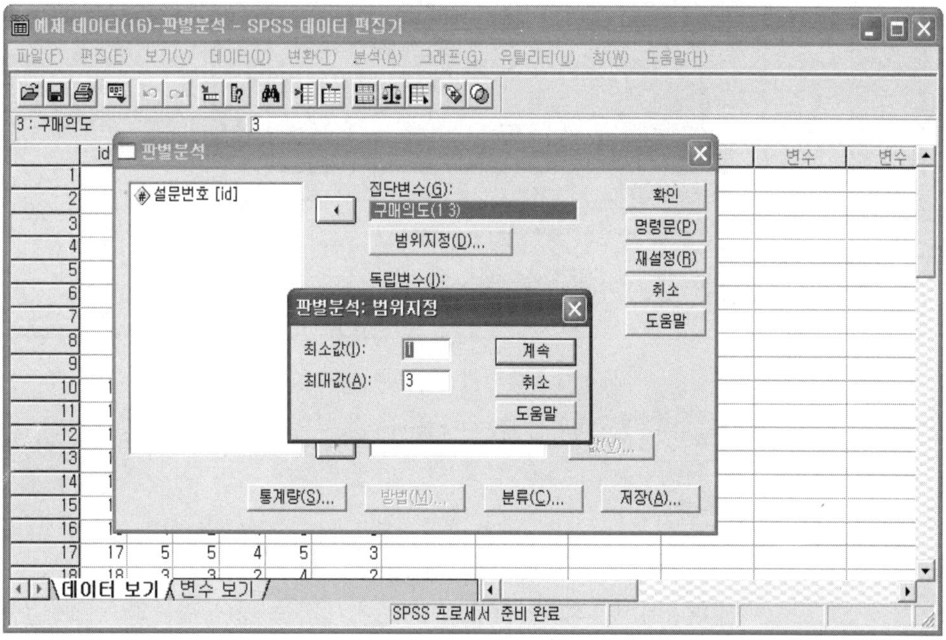

④ [통계량(S)] 버튼을 누른 후 각종 선택사항을 선택한다. [기술통계]에서는 [평균(M)], [일변량분산분석(A)], [Box의 M(B)]을 모두 선택한다. [함수의 계수]에서는 [Fisher의 방법(F)], [표준화하지 않음(U)]을 선택한다. [행렬]에서는 [개별-집단 공분산행렬(E)], [전체 공분산(T)]을 선택한 다음 [계속] 버튼을 누른다.

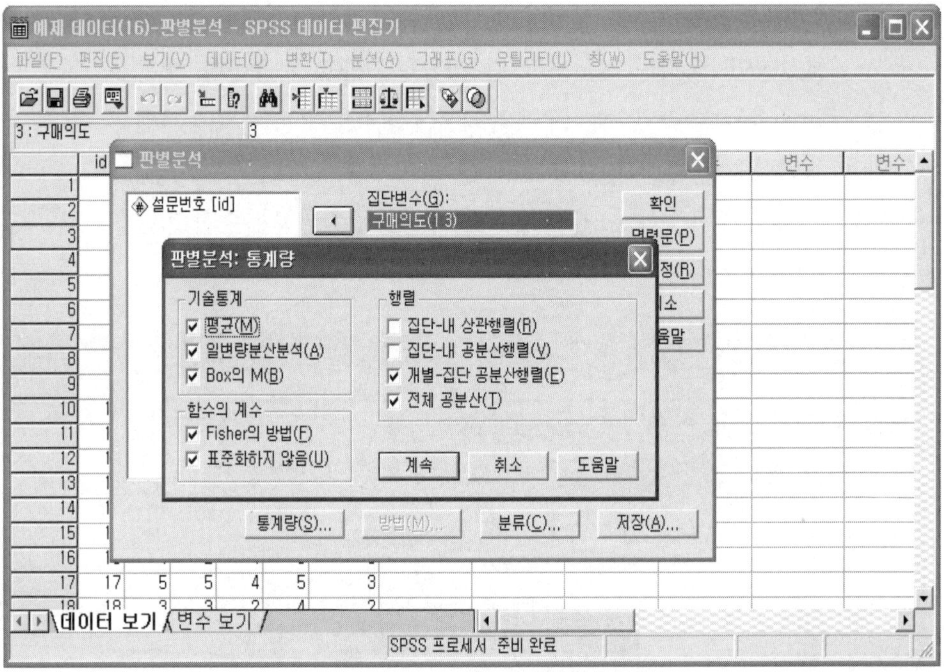

판별분석의 통계량 옵션은 다음과 같은 의미를 지니고 있다.

▶ 기술통계

- 평균(M): 각 독립변수의 평균과 표준편차를 산출한다.
- 일변량분산분석(A): 각 독립변수에 대하여 집단 평균의 동질성을 검증하는 일원분산분석을 실시하여 결과를 나타낸다.
- Box의 M(B): 각 집단의 공분산행렬의 동일성에 대한 검증을 실시한다. p-value(유의확률 값)가 비유의적이면($p>0.05$) 공분산행렬의 동일성 가정에 문제가 없다고 할 수 있다(귀무가설을 지지).

▶ 함수의 계수

- Fisher의 방법(F): 분류함수(혹은 Fisher의 선형판별함수)가 각 집단별로 산출된다. 새로운 분류대상은 그 분류대상의 독립변수 값들을 각 분류 함수에 대입하여 계산한 결과 큰 값으로 나타나는 집단에 분류시킨다.
- 표준화하지 않음(U): 표준화하지 않은 판별함수 계수를 표시한다.

▶ 행렬

- 개별-집단 공분산행렬(E): 각 집단의 공분산행렬을 표시한다.
- 전체 공분산(T): 모든 케이스로부터 계산된 공분산행렬을 표시한다.

⑤ [분류(C)] 버튼을 누른 다음 대화상자에서 [사전확률]에서 [모든 집단이 동일(A)]과 [공분산 행렬 사용]에서 [집단-내(W)] 선택상자는 기본 설정되어 있으므로 그대로 유지한다. [출력]에서 [요약표(I)]와 [순차제거복원 분류(V)]를 선택하고 [도표]에서 [결합-집단(O)], [개별-집단(S)], [영역도(T)]를 모두 선택한 후 [계속] 버튼을 누른다.

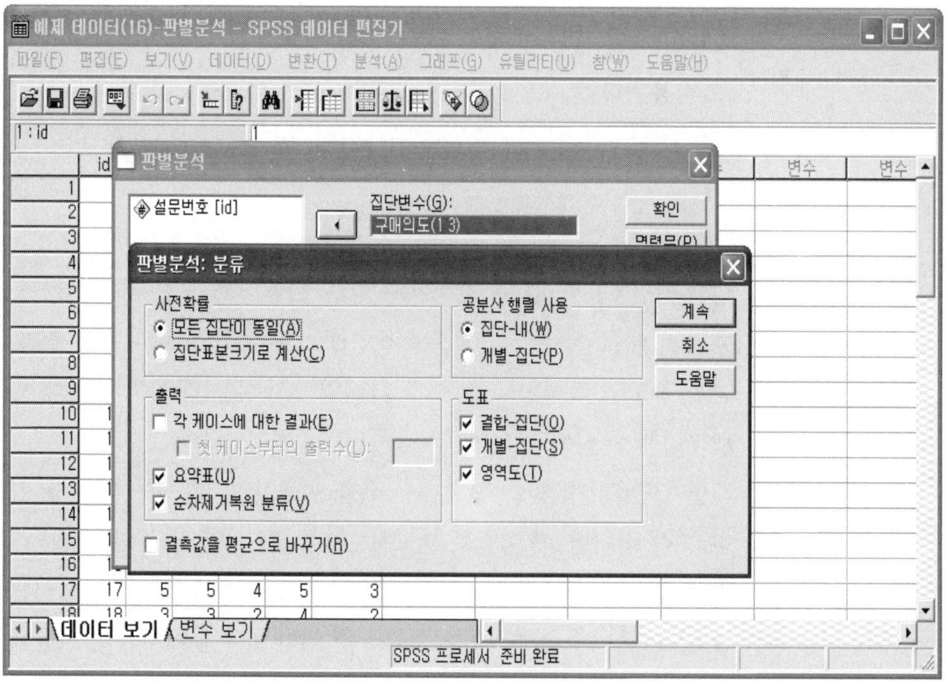

▶ 사전확률

- 모든 집단이 동일(A): 각 집단에 소속될 사전확률이 같다는 것을 기본적으로 가정한다.
- 집단표본크기로 계산(C): 사전확률은 각 집단의 표본 케이스 비율에 따라 달라진다.

▶ 출력

- 각 케이스에 대한 결과(E): 각 응답 케이스의 실제집단과 예측집단, 각 집단에 소속될 확률, 판별점수 등이 산출된다.
- 요약표(U): 판별분석을 기초로 하여 각 집단에 정확하거나 부정확하게 분류된 케이스의 수와 비율을 나타내준다.
- 수차제거복원 분류(V): 각 케이스는 자신을 제외한 다른 모든 케이스로부터 계산된 분류함수에 의해 분류된다. 또한 분류결과표에서 교차-유효값(cross-validation)으로 표현된다.

▶ 공분산 행렬 사용

- 집단-내(W): 집단-내 통합공분산행렬이 케이스 분류에서 기본설정으로 사용된다.
- 개별-집단(P): 개별-집단 공분산행렬이 분류에 사용된다.

▶ 도표

- 결합-집단(O): 처음 두 판별함수 값을 이용하여 모든 케이스들이 분류된 상태를 하나의 산점도(scatter plot, 散点圖)에 나타내는 전체-집단 산점도를 작성한다. 함수가 하나일 경우에는 산점도 대신에 히스토그램이 표시된다.
- 개별-집단(S): 처음 두 판별함수 값을 이용하여 모든 케이스들을 분류하고 각 집단별 케이스를 별도로 나타내는 개별-집단 산점도를 작성한다. 함수가 하나일 경우에는 산점도 대신에 히스토그램이 표시된다.
- 영역도(T): 함수 값에 따라 케이스를 집단으로 분류하는데 사용하는 경계의 도표를 보여준다. 영역을 구분하는 선상의 숫자는 케이스가 분류된 집단을 알려준다. 각 집단의 평균은 경계 내에서 별도로 표시된다. 판별함수가 하나일 경우에는 영역도가 표시되지 않는다.

만약 분류집단이 2개하면 [분류(C)] 버튼을 누른 후 다음과 같이 설정한다. 분류집단이 3개일 경우와는 [출력]의 선택사항과 [도표]의 선택사항이 다르게 설정해야 한다.

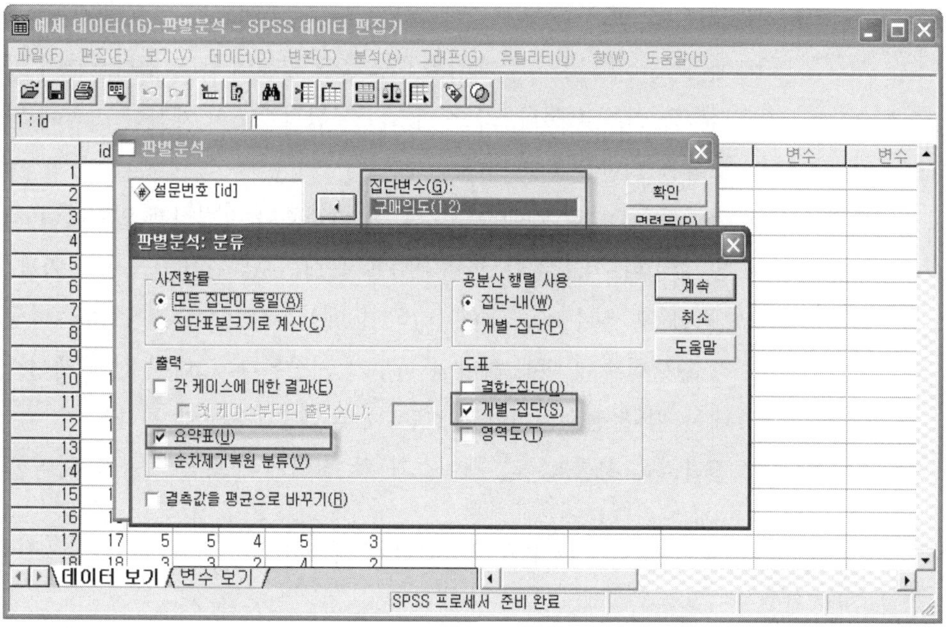

⑥ [저장(A)] 버튼을 누르면 대화상자가 나타난다. 기본설정은 아무것도 선택되어 있지 않다. 본 사례에서는 기본설정을 그대로 유지한다. [계속] 버튼을 누른다.

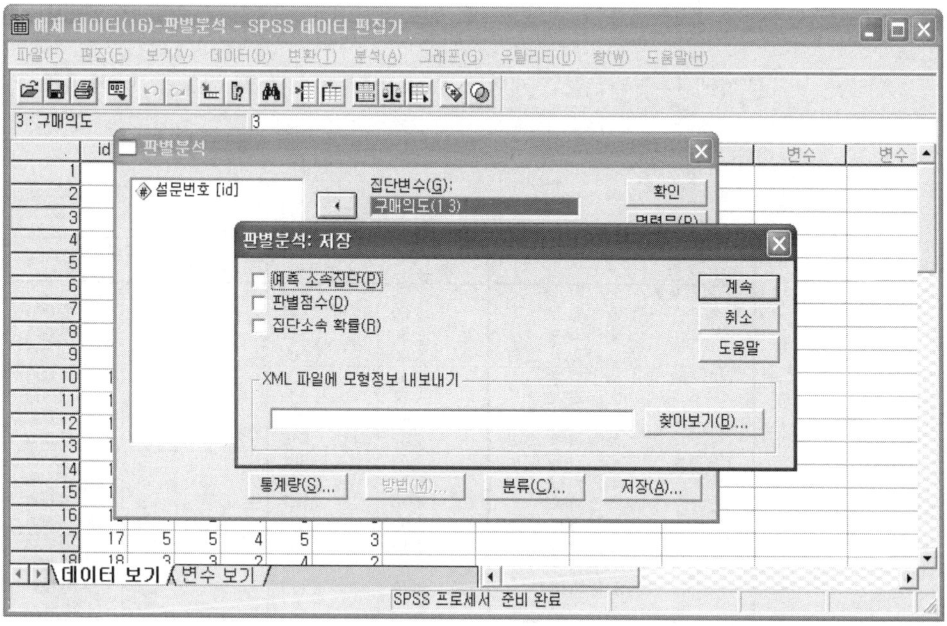

▶ 선택사항의 의미

- 예측 소속집단(P): 각 케이스가 소속될 확률이 높은 집단으로서 판별점수를 기초로 한다. 각 케이스가 분류함수로서 계산한 결과에 의해 소속될 집단을 나타낸다.
- 판별점수(D): 각 케이스의 값들을 비표준화 판별식에 입력하여 계산된 값이다. 비표준화 판별계수에 독립변수의 값을 곱하고 이를 합(合)한 후 상수(constant)를 더하여 계산한 점수를 저장한다. 파생된 각 판별함수에 대해 하나의 점수가 저장된다. 조합된 전체 케이스에 대한 평균 점수는 0이고 집단 내 통합분산은 1이 된다.
- 집단소속 확률(R): 각 케이스가 각 집단에 소속될 확률을 의미한다.

⑦ [확인]을 누르면 판별분석결과가 나타난다.

▶ 분석케이스 요약표

분석 케이스 처리 요약

가중되지 않은 케이스		N	퍼센트
유효		20	100.0
제외	결측되었거나 범위를 벗어난 집단코드	0	.0
	적어도 하나 이상의 결측 판별변수	0	.0
	집단코드와 최소 하나 이상의 결측 판별변수가 누락되었거나 범위를 벗어남	0	.0
	전체	0	.0
전체		20	100.0

분석에 투입된 유효 케이스와 제외된 케이스의 분포를 나타내준다.

▶ 집단 통계량

집단 통계량

구매 의도		평균	표준편차	유효수(목록별)	
				가중되지 않음	가중됨
비구매계층	와인의 색	2.00	1.414	5	5.000
	와인의 맛	3.20	.447	5	5.000
	와인의 향	2.60	1.517	5	5.000
	음식과의 조화	3.80	1.095	5	5.000
유보계층	와인의 색	3.00	.000	6	6.000
	와인의 맛	3.17	.983	6	6.000
	와인의 향	2.50	.837	6	6.000
	음식과의 조화	4.67	.516	6	6.000
구매계층	와인의 색	3.89	.601	9	9.000
	와인의 맛	3.44	1.014	9	9.000
	와인의 향	3.78	.667	9	9.000
	음식과의 조화	5.00	.000	9	9.000
합계	와인의 색	3.15	1.089	20	20.000
	와인의 맛	3.30	.865	20	20.000
	와인의 향	3.10	1.119	20	20.000
	음식과의 조화	4.60	.754	20	20.000

각 집단별로 4개 독립변수에 대한 평균과 표준편차를 나타내주고 있다. 3개 집단 중 구매계층집단의 평균이 다른 집단보다 높게 나타나고 있음을 알 수 있다.

▶ 집단 간 차이검증

집단평균의 동질성에 대한 검정

	Wilks 람다	F	자유도1	자유도2	유의확률
와인의 색	.483	9.103	2	17	.002
와인의 맛	.976	.211	2	17	.812
와인의 향	.683	3.945	2	17	.039
음식과의 조화	.568	6.467	2	17	.008

분산분석(ANOVA)에 의한 집단 간 평균의 차이를 검증한 결과 3개의 집단 간 와인의 색, 와인의 향, 음식과의 조화는 유의적인 차이를 나타내고 있었으며 와인의 맛은 유의적인 차이가 없는 것으로 검증되었다. Wlik's 람다는 '집단 내 분산/(집단 내 분산 + 집단 간 분산)'의 비율로 산출된다. 집단 간 분산이 집단 내 분산보다 클수록 0에 가까워지며 그 반대의 경우에는 1에 가까워진다. 4개의 독립변수 중 와인의 색이 가장 작은 Wilks 람다 값을 가지며 가장 큰 F 값을 갖고 있다. 이는 이 변수의 판별력이 가장 높다는 것을 의미한다.

▶ 공분산행렬

공분산행렬[a]

구매 의도		와인의 색	와인의 맛	와인의 향	음식과의 조화
비구매계층	와인의 색	2.000	.250	1.750	.250
	와인의 맛	.250	.200	.350	.050
	와인의 향	1.750	.350	2.300	-.600
	음식과의 조화	.250	.050	-.600	1.200
유보계층	와인의 색	.000	.000	.000	.000
	와인의 맛	.000	.967	-.100	-.333
	와인의 향	.000	-.100	.700	.200
	음식과의 조화	.000	-.333	.200	.267
구매계층	와인의 색	.361	.181	.097	.000
	와인의 맛	.181	1.028	.111	.000
	와인의 향	.097	.111	.444	.000
	음식과의 조화	.000	.000	.000	.000
합계	와인의 색	1.187	.216	.826	.432
	와인의 맛	.216	.747	.179	-.032
	와인의 향	.826	.179	1.253	.147
	음식과의 조화	.432	-.032	.147	.568

a. 전체 공분산행렬은 19의 자유도를 가집니다.

각각 분류된 집단들의 공분산행렬을 나타내준다.

▶ Box's M 검증

Box의 로그 행렬식 M 검증은 집단의 공분산행렬이 동일하다는 귀무가설을 검증한다. 유의성 판단은 F-변환에 근거한다. 본 사례에서는 정칙 집단 공분산행렬이 발생해 검증결과를 산출할 수 없는 것으로 나타나고 있다.

검정 결과[a]

모집단 공분산행렬이 동일하다는 영가설을 검정합니다.
a. 하나 이하의 정칙 집단 공분산행렬로 검정을 수행할 수 없습니다.

본서에서 SPSS를 활용하여 분석결과를 얻고 설명하기 위한 목적상 종속변수의 일부 값을 조정한 후 판별분석을 다시 실시하여 다음과 같이 정상적으로 Box의 M 검증결과를 도출할 수 있었다.

검정 결과[a]

Box의 M		27,982
F	근사법	1,640
	자유도1	10
	자유도2	537,746
	유의확률	,092

모집단 공분산행렬이 동일하다는 영가설을 검정합니다.
a. 일부 공분산행렬이 비정칙이므로 일반 프로시저를 실행하지 않습니다. 정칙 집단은 자체의 집단-내 통합 공분산행렬에 대해 검정됩니다. 행렬식 로그는 -1,713입니다.

Box의 M 통계량은 27.982로 나타나고 있으며 이때의 p-value(유의확률값)는 0.092로 유의수준 0.05 하에서 집단 간 공분산행렬이 동일하다는 가정에 위배되지 않음을 알 수 있다.

▶ 정준판별함수의 요약 - 고유값과 Wilk's 람다

고유값

함수	고유값	분산의 %	누적 %	정준 상관
1	1,638[a]	88,6	88,6	,788
2	,210[a]	11,4	100,0	,417

a. 첫 번째 2 정준 판별함수가 분석에 사용되었습니다.

Wilks의 람다

함수의 검정	Wilks의 람다	카이제곱	자유도	유의확률
1에서 2	,313	17,996	8	,021
2	,826	2,959	3	,398

정준상관계수(canonical correlation coefficient)는 판별식에 의해 설명되는 판별점수의 분산을 총분산으로 나눈 것을 제곱근한 것으로 판별점수와 집단 간 관련성 정도를 나타내는 것이며 여기에서의 값은 함수1은 0.788, 함수2는 0.417이다. 정준상관계수의 값이 1에 가까울수록 판별함수의 판별능력이 크다고 할 수 있다.

정준상관계수를 제곱하면 함수1은 $(0.788)^2=0.6209$이고 함수2는 $(0.417)^2=0.1739$이다. 이는 함수에 포함된 4개의 독립변수가 종속변수, 즉 판별점수 분산의 62.09%와 17.39%를 설명할 수 있음을 의미한다. 그러므로 함수1에 의한 설명력이 매우 좋은 것으로 판단할 수 있다. 따라서 판별함수 1에 의해 집단을 설명하는 것이 타당하다.

Wilk's 람다 값과 카이제곱 검증결과는 분석에 사용된 독립변수들에 걸쳐 3개 집단 간 차이가 있는지를 검증하는 것이다. 이때 귀무가설(H_0)은 '모든 변수의 평균값은 집단들에 걸쳐 동일하다'는 것을 의미한다.

두 개의 판별함수 중 첫 번째 판별함수만이 p-value(유의확률) 0.021로 나타나 네 개의 독립변수들을 이용하여 유의적($p<0.05$)인 차이가 있는 집단들로 구분하고 있는 것으로 검증되었다. 두 번째 판별함수는 첫 번째 판별함수와 관련된 효과를 제거한 후에는 네 개의 독립변수들에 걸쳐 세 집단 간 차이가 없음을 나타내주고 있다.

▶ 표준화 정준판별함수 계수와 구조행렬

표준화 정준 판별함수 계수

	함수	
	1	2
와인의 색	.636	-.613
와인의 맛	.054	.179
와인의 향	.144	1.183
음식과의 조화	.622	-.056

구조행렬

	함수	
	1	2
와인의 색	.808*	.107
음식과의 조화	.671*	-.325
와인의 향	.436	.854*
와인의 맛	.098	.207*

판별변수와 표준화 정준 판별함수 간의 집단-내 통합 상관행렬. 변수는 함수내 상관행렬의 절대값 크기순으로 정렬되어 있습니다.

*. 각 변수와 임의의 판별함수 간의 가장 큰 절대 상관행렬

표준화된 정분 판별함수 계수는 판별집단이 3개 이므로 2개의 함수를 보여주고 있다. 표준화된 정준판별함수(standardized canonical discriminant function)의 계수는 원래의 자료를 평균이 0, 표준편차가 1인 것으로 변환 하였을 때 표준화된 판별함수의 계수로 각 변수가 구매의도에 따른 소비자들의 소속집단을 설명하는데 있어서 상대적 중요도를 나타낸다. 함수1에서는 와인의 색과 음식과의 조화가 상대적으로 중요한 변수로 나타나고 있으며 이는 판별력이 다른 독립변수에 비해 상대적으로 크다는 것을 의미한다. 함수2에서는 와인의 향과 와인의 색이 상대적으로 중요한 변수이나 모두 부(-)의 중요도를 가지고 있어 부(-)의 판별력을 보여주고 있다.

구조행렬표는 각각의 독립변수와 정준판별함수간의 상관계수를 나타내는 것으로 상관계수가 높은 변수부터 낮은 변수로 정리하고 있다(함수1을 기준으로). 여기에서 상관관계 값은 판별적재값(discriminant loading)이라고 부르며 요인분석(factor analysis)의 요인적재값에 비유될 수 있다. 함수1에서는 와인의 색과 음식과의 조화가 판별함수와 상관관계가 높은 것으로 나타났다. 함수2에서는 와인의 향과 판별함수 간 상관관계가 가장 높게 나타나고 있다. 전통적으로 각 독립변수의 판별력을 보기 위하여 표준화된 판별계수를 이용하였으나 다중회귀분석의 경우와 유사하게 각 독립변수의 판별력이 다중공선성(multi-collinearity)으로 인해 낮게 나타날 수 있다. 이러한 이유로 최근에는 변수와 판별함수 간 상관관계값을 보여주는 구조행렬상의 판별적재값을 많이 이용하는 경향이 있다.[1)]

판별적재값은 가장 큰 값부터 크기 순으로 제시되어 있다. 이때 판별적재값이 ±0.30(혹은 0.40) 이상인 경우에 유의적인 것으로 받아 들인다. 상기의 구조행렬표에서 함수1의 경우 와인의 색, 음식과의 조화, 와인의 향 순으로 판별력이 큰 것으로 해석할 수 있다. 함수2의 경우에는 와인의 향, 와인의 맛, 음식과의 조화 순으로 판별력이 큰 것으로 해석할 수 있다.

---

1) Joseph F Hair, Jr., William C. Black J. Babin, Rolph E. Anderson, and Ronald L. Tatham(2006), *Multivariate Data Analysis*, 6th ed., Pearson-Prentice Hall, p.307., 이학식, 임지훈(2008), SPSS 14.0 매뉴얼에서 재인용

▶ 정준판별함수 계수와 중심값

정준 판별함수 계수

	함수 1	함수 2
와인의 색	.795	-.767
와인의 맛	.059	.198
와인의 향	.148	1.210
음식과의 조화	1.036	-.093
(상수)	-7.924	-1.563

표준화하지 않은 계수

함수의 집단중심점

구매 의도	함수 1	함수 2
비구매계층	-1.823	.331
유보계층	-.147	-.644
구매계층	1.111	.245

표준화하지 않은 정준 판별함수가 집단 평균에 대해 계산되었습니다.

첫 번째 표는 표준화 하지 않은 정준판별함수 계수(unstandardized discriminant function coefficient)를 나타내며 이는 회귀분석에서 회귀계수에 해당하는 값이다. 모든 독립변수가 유의한 변수로 판별함수에 포함되어 있다. 표준화 하지 않은 정준판별함수의 계수는 다음과 같은 판별함수식으로 표현된다.

판별함수 1 $(D_1) = 0.795X_1 + 0.059X_2 + 0.148X_3 + 1.036X_4 - 7.924$

판별함수 2 $(D_2) = -0.767X_1 + 0.198X_2 + 1.210X_3 - 0.093X_4 - 1.563$

여기에서 X_1: 와인의 색

X_2: 와인이 맛

X_3: 와인이 향

X_4: 음식과의 조화

정준판별함수는 실제 조사 데이터의 집단을 분류하는데 사용하는 것이 아니라 판별함수에 따라 각 소비자들의 판별점수를 구하고 1 값들의 평균인 집단의 중심값(centroid)을 구하는데 활용된다. 또한 정준판별함수는 두 개가 도출되었는데 이는 '집단 수 - 1'에 의해 두 개의 판별함수가 도출된 것이다.

▶ 집단에 대한 사전확률

집단에 대한 사전확률

구매 의도	사전확률	분석에 사용된 케이스	
		가중되지 않음	가중됨
비구매계층	.333	5	5.000
유보계층	.333	6	6.000
구매계층	.333	9	9.000
합계	1.000	20	20.000

구매의도에 관한 세 집단의 사전확률을 보면 모두 0.333으로 동일하게 나타나고 있다.

▶ 분류함수의 계수

분류 함수 계수

	구매 의도		
	비구매계층	유보계층	구매계층
와인의 색	-2.425	-.344	-.026
와인의 맛	5.175	5.081	5.332
와인의 향	4.445	3.513	4.774
음식과의 조화	13.180	15.008	16.228
(상수)	-37.775	-48.036	-59.818

Fisher의 선형 판별함수

분류함수(classification function) 혹은 Fisher의 선형 판별함수(linear discriminant function)라고 부른다. 분류함수는 각 집단별로 생성되는데 새로운 분류대상이 어떤 집단에 속할 것인가를 결정하기 위한 함수로 쓰인다.

새로운 분류대상의 독립변수 값들을 분류함수에 대입하여 계산 했을 때 가장 큰 값이 나오는 집단으로 분류하는 것이다. 예를 들어 새로운 소비자의 네 가지 독립변수에 관한 측정값이 다음과 같다고 할 때 어느 집단으로 분류되는지 실제 계산을 실시하면 다음과 같다.

4, 3, 4, 3

- 집단 1: $-2.425(4)+5.175(3)+4.445(4)+13.180(3)-37.775 = 25.370$
- 집단 2: $-0.344(4)+5.081(3)+(3.513(4)+15.008(3)-48.036 = 24.907$
- 집단 3: $-0.026(4)+5.332(3)+4.774(4)+16.228(3)-59.818 = 23.854$

산출되어 나온 분류점수를 보면 새로운 소비자는 분류점수가 가장 큰 집단1, 즉 비구매집단으로 분류됨을 알 수 있다.

이와 같이 분류함수는 기존 분석대상이 새로운 분석대상이 어느 집단에 분류될 것인지를 예측하는데 활용되는 반면 정준판별함수는 앞에서 언급 하였듯이 기존 분석대상들이 소속된 각 집단의 중심값을 계산하는 데 사용된다.

▶ 영역도

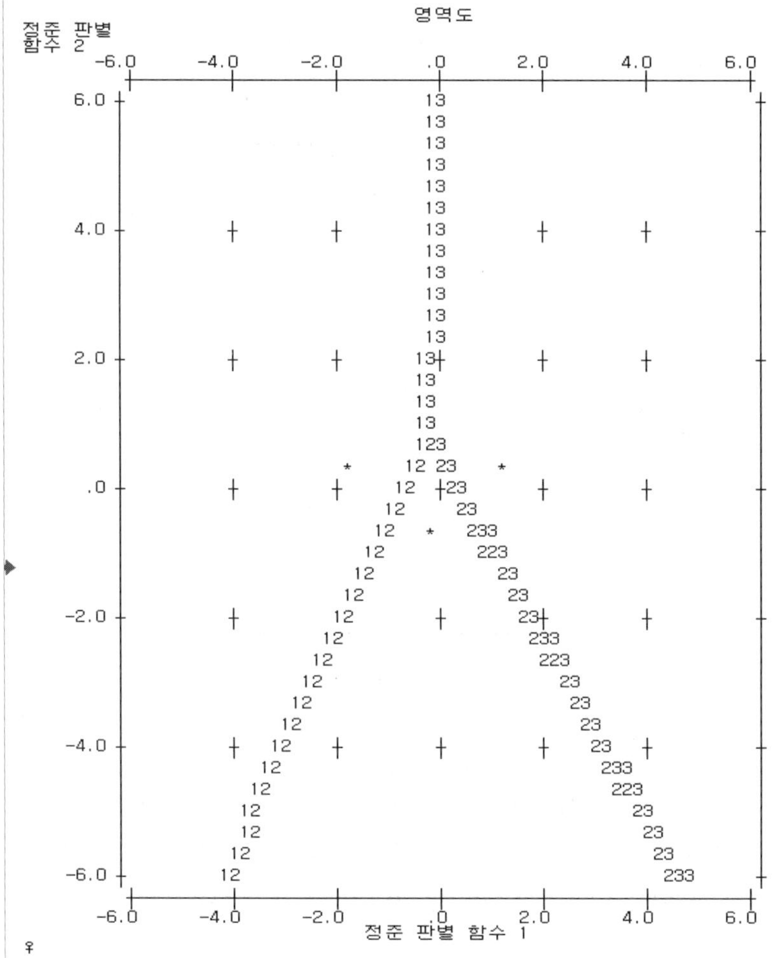

영역도에서 사용한 기호

기호	집단	설명
1	1	비구매계층
2	2	유보계층
3	3	구매계층
*		집단 중심 표시

세 개 집단의 판별분석결과로 얻어진 영역도이다. 가로축과 세로축은 각각 정준판별함수 1의 판별함수값과 정준판별함수 2의 판별함수값을 나타낸다. * 표시는 분류된 각 집단의 중심값을 나타내며 각 집단의 중심을 구분하고 있는 선(線)상의 숫자들은 구분된 각 영역에 해당하는 집단을 알려준다.

▶ 개별-집단 그래프(집단 1)

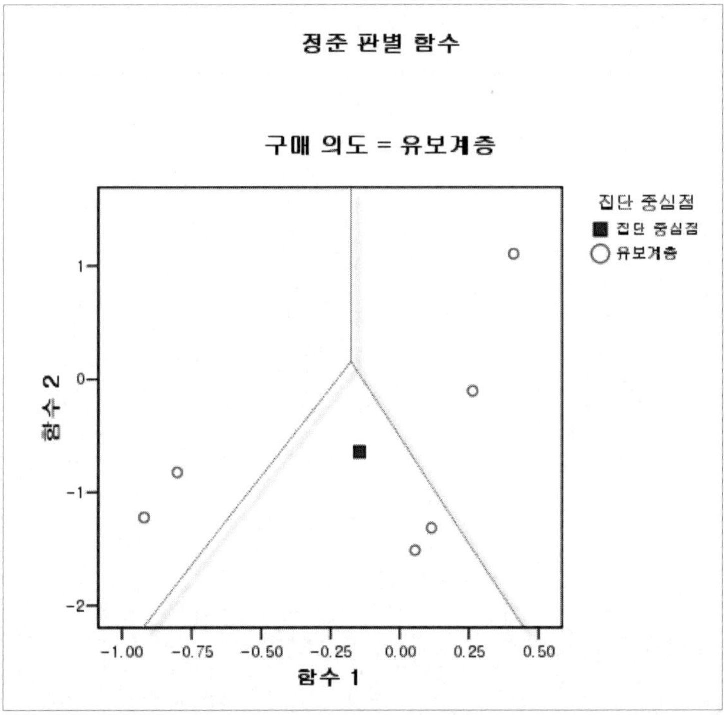

개별-집단 도표에서 앞의 영역도에 나타난 구분선을 그려보면 집단 1에 속해 있는 6명의 응답 케이스 중 2명이 집단 1로 제대로 예측 되었으며 2명은 집단 2로, 2명은 집단 3으로 잘못 예측하고 있음을 알 수 있다.

▶ 결합-집단 도표(집단 1, 집단 2, 집단 3)

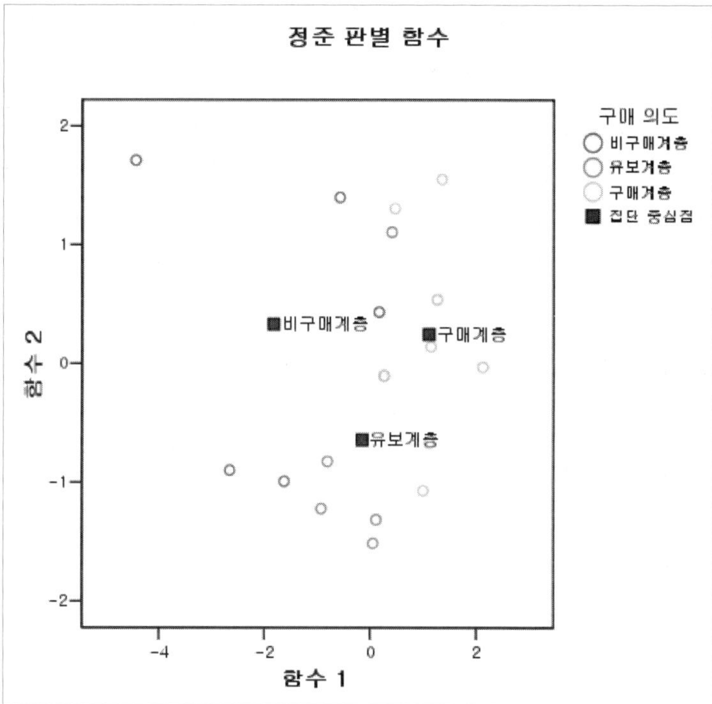

결합-집단 도표는 집단 1, 집단 2, 집단 3에 대한 개별-집단 도표를 하나의 그림으로 결합시킨 것이다.

▶ 분류결과

분류결과[b,c]

		구매 의도	예측 소속집단 비구매계층	유보계층	구매계층	전체
원래값	빈도	비구매계층	4	0	1	5
		유보계층	0	5	1	6
		구매계층	0	2	7	9
	%	비구매계층	80.0	.0	20.0	100.0
		유보계층	.0	83.3	16.7	100.0
		구매계층	.0	22.2	77.8	100.0
교차 유효값[a]	빈도	비구매계층	2	1	2	5
		유보계층	1	3	2	6
		구매계층	0	2	7	9
	%	비구매계층	40.0	20.0	40.0	100.0
		유보계층	16.7	50.0	33.3	100.0
		구매계층	.0	22.2	77.8	100.0

a. 분석시 해당 케이스에 대해서만 교차유효화가 수행됩니다. 교차유효화시 각 케이스는 해당 케이스를 제외한 모든 케이스로부터 파생된 함수별로 분류됩니다.
b. 원래의 집단 케이스 중 80.0%이(가) 올바로 분류되었습니다.
c. 교차유효화 집단 케이스 중 60.0%이(가) 올바로 분류되었습니다.

분류결과표의 윗부분은 소비자들의 실제 소속집단과 분류함수에 의한 예측 소속집단의 교차표를 나나태주고 있다. 이 표는 분류함수가 소비자들의분류를 얼마나 잘 예측하고 있는지를 나타내주는 표이다. 예를 들어 원래 집단 1(비구매계층)에 속해 있던 5명중 4명이, 집단 2(유보계층)의 6명 중 5명이, 집단 3(구매계층)의 9명 중 7명이 정확하게 분류되었다는 것을 보여주고 있다. 전체 20명 중 16명이 정확하게 분류되어 분류 정확도는 80%로 나타나고 있다(표의 아랫부분 b에 설명이 나와 있음). 교차 유효값은 각 케이스를 자신을 제외한 다른 모든 케이스들로부터 계산된 분류함수에 의해 분류한 결과를 나타내준다. 예를 들어 1번 케이스(응답자)를 분류할 때는 1번 응답자를 제외한 19명만을 대상으로 분류함수를 구하는 것과 같이 하는 것이다. 집단 1에서는 2개의 케이스가, 집단 2에서는 3개의 케이스가, 집단 3에서는 7개의 케이스가 올바르게 분류되어 분류 정확도는 60%로 나타나고 있다(표의 아랫부분 c에 설명이 나와 있음).

Chapter

13

요인분석

1. 요인분석의 기본개념

1) 기본개념

요인분석(factor analysis)은 주로 자료 감축(reduction)과 요약(summarization)을 위한 절차의 종류를 나타내는 일반적인 명칭이다. 많은 수의 변수들을 가지고 있는 마케팅조사에서 변수들의 대부분은 상관관계가 있고 관리수준에서 감축해야 한다. 많은 상호 관련된 변수들간의 관계는 요인들의 기초가 되는 변수들에 대하여 설명된다. 예를 들어 브랜드이미지는 아마 어의 차이 척도법(semantic differential scale, 語意差異尺度法)에서 일련의 항목들의 브랜드 평가를 위하여 응답자에게 요구함으로써 측정되어진다. 이 항목 평가는 브랜드이미지에 기초가 되는 요인들을 결정하기 위하여 분석되어 질 것이다.

분산분석, 다중회귀분석 그리고 판별분석에서 하나의 변수는 종속 혹은 기준변수를 그리고 다른 독립 혹은 예측변수를 고려하고 있다. 그러나 그러한 구별은 요인분석에서는 얻어지지 않는다. 그래서 요인분석은 일련의 상호의존적인 관계를 설명하는 상호의존기법(interdependence technique)이다.

활용사례

디지털시대의 소비자행태

제일기획은 디지털 시대에 급변하는 소비자의 의식과 행동을 데이터에 기반하여 체계적으로 예측하고 조망하고자 「2000 소비자 트렌드 조사(I)」를 실시하였다. 이 조사는 3월 22일부터 3월 31일까지 8일 동안 서울 및 수도권 지역에서 15~59세의 남녀 700명을 대상으로 실시되었다. 이 조사는 최근 이슈화되고 있는 「디지털 시대의 소비자 의식과 행동」을 주제로 디지털그래픽스(Digitalgraphics)라는 범주화를 사용해 소비자의 변화를 분석하였는데, 이는 디지털에 대한 인식과 행동을 기반으로 한국 소비자 시장을 세분화하려는 시도이다.

컴퓨터 인터넷 의식관련 항목 조사결과를 토대로 요인분석한 결과 컴퓨터 인터넷 마니아적인 요인과 컴퓨터 인터넷 지향 요인 그리고 컴퓨터 강박증 요인으로 나누어졌으며 이를 토대로 군집분석을 하여 디지털시대 소비자 유형을 Diginia(Digital + Mania), Digivanced(Digital+Advanced), Digiplex(Digital+Complex), Digilien(Digital+Alien) 등 4개의 집단으로 분류해 보았다.

첫째, Diginia 집단은 『네가 뛰면 나는 난다(앞서간다)』라는 디지털 시대의 리더층을 말한다. 컴퓨터/인터넷에 중독 증세를 보이며 일상생활보다는 사이버 세계에서 오히려 즐거움을 느끼는 집단으로 전체응답자의 25.8%를 차지했다.

컴퓨터 중독은 새로운 사회문제화 되고 있다.

둘째, Digivanced 집단은 『네가 가면 나도 간다(같이 간다)』는 디지털 시대의 추종자를 말한다. 이들은 탐닉적, 중독적 경향은 적으나 컴퓨터의 헤비 유저층
이고 컴퓨터를 계속 배워야 한다고 생각하고 있으며 전체 응답자의 26.8%를 차지하였다.

셋째, Digiplex 집단은 『남은 가는데 나의 발이 짧음을 한탄(헐떡인다)』하는 집단으로 전체 응답자중 39.2%를 차지하여 가장 많은 사람들이 이 범주에 속하는 것으로 조사되었다. 이들은 시대적 조류에 뒤쳐진다는 스트레스를 받고 있으며, 자신의 컴퓨터/인터넷 실력이 뒤쳐진다는 열등감과 강박관념을 갖고 있는 것으로 나타났다.

마지막으로 Digilien 집단은 『시대야 가라. 나는 남겠다(관심 없다)』는 디지털 시대의 반항아층이다. 컴퓨터/인터넷에 대한 지식도 적고 관심도 별로 없어 스트레스도 받지 않는 집단으로 전체의 8.3%를 차지했다.

(자료원 : 김기수(2000), 『디지털 시대의 소비자 의식과 행동』, 광고정보)

2) 요인분석의 사용 상황과 응용

일반적으로 요인분석은 다음과 같은 상황에서 사용된다.

- 일련의 변수들 간의 상관관계를 설명하기 위한 차원(dimensions) 혹은 요인들(factors)을 이해하고자 할 때 사용한다. 예를 들어 일련의 라이프스타일 항목은 소비자의 심리적 프로파일(profiles)을 측정하기 위하여 사용될 수 있다. 이 항목은 심리적 요인에 기초하여 인지되는 요인으로 분석된다.
- 후속의 다변량분석(회귀분석 혹은 판별분석)에서 상관관계가 있는 원래의 변수들을 대신하기 위한 상관관계가 없는 더 적은 새로운 변수들을 확인하고자 할 때 사용한다. 예를 들어 심리적 요인 인지는 충성(loyalty)과 비충성(nonloyal쇼) 소비자 사이의 차이를 설명하는데 독립변수로서 사용될 수 있다.
- 후속 다변량분석에서 사용될 수 있는 더 많은 변수로부터 더 적은 중요한 변수를 확인하고자 할 때 사용한다. 예를 들어 인지된 요인들과 함께 높이 상관 관계된 원래의 라이프스타일 항목은 충성과 비충성 사용자들 사이의 차이를 설명하는 독립변수로서 사용될 수 있다.

이러한 다양한 용도로 사용되는 요인분석은 마케팅조사에서 수많은 응용을 가지고 있다.

- 요인분석은 소비자들을 집단화하는데 기초되어지는 변수를 확인하기 위한 시장세분화(market segmentation)에 사용된다. 예를 들어 승용차 구매자 중에서 신차를 구매한 사람들은 승용차 구매 속성 요인들(경제성, 편리성, 성과, 편안함 그리고 사치성 등)에 의해 어떤 요인을 중요시하느냐에 따라 서로 다른 집단으로 분류될 수 있다. 따라서 요인분석은 다섯 가지 세분집단 즉 경제성 추구자, 편리성 추구자, 성과 추구자, 편안함 추구자 그리고 사치성 추구자 등으로 집단의 특성을 구분하기 위한 분석에 사용된다.
- 제품조사에서 요인분석은 소비자 선택에 영향을 미치는 브랜드 속성

을 결정하기 위하여 사용될 수 있다. 예를 들어 치약 브랜드는 충치에 대한 보호, 치아의 미백, 맛, 상쾌한 향기 그리고 가격 등에 의하여 평가될 것이다.

- 광고조사에서 요인분석은 목표시장의 매체 소비 습관을 이해하는데 사용될 수 있다. 예를 들어 유명 브랜드를 구매하는 사람들은 TV보다는 신문을 많이 보며 주로 전문잡지를 구독하고 영화를 많이 볼 것이다.
- 가격조사에서 요인분석은 가격에 민감한 소비자의 성격을 확인하기 위하여 사용될 수 있다. 예를 들어 이러한 소비자들은 질서 있는 절약할 마음이 있는 그리고 가족 지향적인 경향이 있을 것이다.

활용사례

레스토랑 선택요인

소비자들은 다양한 속성들의 결합을 이용해 구매의사결정을 한다.

레스토랑 선택속성을 나타내는 34개 변수들에 대한 요인분석을 실시하여 고유값 1이상의 10개 요인을 도출하였다. 이 요인에는 종업원, 레스토랑의 위생 및 청결성, 메뉴 선택의 다양성 및 볼거리제공, 외양, 이미지 및 분위기, 음식의 맛과 영향, 어린이를 위한 시설 및 분위기, 특정고객을 위한 메뉴 및 흡연석 구분, 접근 편리성 및 주차시설, 야외시설과 안락하며 신속한 서비스, 가격, 양 및 수용능력 그리고 친절하며 세심한 서비스 등의 요인이었다. 비교적 요인의 해석이 명확하게 될 수 있는 부하변수 구조를 가지고 있었으며 각 요인들의 크론바하알파(Cronbach's Alpha) 계수 역시 마지막 두 요인을 제외하고는 비교적 높게 나타났다.

(자료원 : 김홍법, 허창(1997), 라이프 스타일이 고객의 레스토랑 선택행동에 미치는 영향에 관한 연구, 마케팅연구, 제12권 제1호)

3) 요인분석 모델

수학적으로 요인분석은 각 변수가 요인에 기초하는 선형조합으로서 표시되는 다중회귀분석과 어느 정도 같은 것이다. 어떠한 변수와 분석에 포함된 다른 모든 변수가 공유하는 분산의 량은 커뮤낼리티(communality)라고 한다. 변수들간의 공분산은 각 변수를 위한 고유요인(unique factor)을 더한 약간의 공통요인의 수에 대하여 기술되어 진다. 이 요인들은 명백히 관측되어 지지 않는다. 만약 변수들이 표준화된다면 요인모델(factor model)은 다음과 같이 설명될 것이다.

$$X_i = A_{i1}F_1 + A_{i2}F_2 + A_{i3}F_3 + \cdots + A_{im}F_m + V_iU_i$$

여기서

X_i = i번째 표준화 변수
A_{ij} = 공통요인 j에서 변수 i의 표준화된 다중회귀계수
F = 공통요인
V_i = 고유요인 i에서 변수 i의 표준화된 회귀계수
U_i = 변수 i를 위한 고유요인
m = 공통요인의 수

고유요인은 각각의 다른 그리고 공통요인들과 상관관계가 있다. 공통요인은 스스로 관찰된 변수들의 선형조합(linear combination)으로서 표현할 수 있다.

$$F_i = W_{i1}X_1 + W_{i2}X_2 + W_{i3}X_3 + \cdots + W_{ik}X_k$$

여기서

F_i = i번째 요인의 추정치
W_i = 가중치 혹은 요인점수 계수
k = 변수의 수

이것은 첫 번째 요인이 전체 분산(total variance)의 가장 많은 부분을 설명할 수 있도록 가중치와 요인점수(factor score) 계수를 선택하는 것이 가능하다. 게다가 일련의 가중치는 두 번째 요인이 잔차 분산의 대부분을 설명하고 첫 번째 요인과 상관관계 되지 않는 조건과 같이 선택될 수 있다. 이와 같은 원리는 추가적인 요인을 위한 추가적인 가중치를 선택하는데 적용될 수 있다. 그래서 고유변수의 값과 같지 않은 요인점수가 상관관계 되지 않도록 요인을 추정할 수 있다. 더구나 첫 번째 요인이 이 자료에서 가장 많은 분산을 설명하고 두 번째 요인은 두 번째 많은 분산을 설명한다.

4) 요인분석에 관련된 통계량

요인분석에 관련된 주요 통계량들은 다음과 같다.

- KMO 표본적합노(Kaiser-Meyer-Olkin measure of sampling adequacy): 이것은 요인분석의 적합성을 설명하는데 사용되는 지수이다. 높은 값(0.5와 1.0사이)들은 요인분석이 적합하다는 것을 지적한다. 0.5이하의 값들은 요인분석이 적합하지 못하다는 것을 의미한다.
- 바틀렛의 단위행렬 점검(Bartlett's test of sphericity): 이것은 변수들이 모집단에서 상관관계가 없다는 가설을 설명하기 위하여 사용되는 검증통계량이다. 다른 말로 모집단 상관관계행렬은 각 변수가 완전히 자기상관관계($r=1$)가 있으나 다른 변수들과는 상관관계가 완전히 없다($r=0$)는 단위행렬(identity matrix)이다.
- 상관관계행렬(correlation matrix): 이것은 분석에서 포함된 가능한 모든 변수의 쌍들간의 단순상관관계(r)를 보여주는 하위 삼각행렬이다. 모두 1인 대각선의 요소는 보통 생략되어 있다.
- 커뮤낼러티(communality; 공통분산 비율): 이것은 고려되어진 모든 다른 변수들과 공유하는 한 변수의 분산의 량이다. 이것은 또한 공통요인에 의해 설명된 분산의 백분율이다.
- 고유값(eigenvalue): 이것은 각 요인에 의해 설명된 전체 분산을 설명한다.
- 요인적재량(factor loadings): 이것은 변수와 요인간의 단순 상관관계이다.
- 요인적재량 도표(factor loading plot): 이것은 좌표로서 요인적재량에 사용되는 고유분산의 도표이다.
- 요인행렬(factor matrix): 모든 요인 추출에서 모든 변수들의 요인적재량을 포함한다.
- 요인점수(factor scores): 추론한 요인들에서 각 응답자를 위해 추정된 점수로 구성된다.
- 분산의 백분율(percentage of variance): 전체 분산의 백분율은 각 요인에 기인한다.
- 잔차(residuals): 잔차는 투입 상관관계행렬에서 주어진 관찰 상관관계와 요인행렬로부터 추출된 재생 상관관계 사이의 차이이다.

■ 스크리 도표(scree plot): 이것은 추출 순으로 요인의 수에 대한 고유값의 도표이다.

2. 요인분석의 수행절차

요인분석을 수행하는데 포함된 단계들은 <그림 13-1>에 나타나 있다.

① 요인분석 문제를 정의하고 요인분석을 하기 위한 변수의 확인
② 변수들의 상관관계행렬을 구성하고 요인분석방법의 선택
③ 추출하고자 하는 요인의 수와 회전방법의 결정
④ 요인의 회전(배리맥스, 쿼티맥스, 이쿼맥스, 직접 오블리민 등)
⑤ 회전된 요인의 설명
⑥ 목적에 근거하여 요인점수를 계산하고 대리변수를 선택
⑦ 요인분석 모델의 적합성 결정

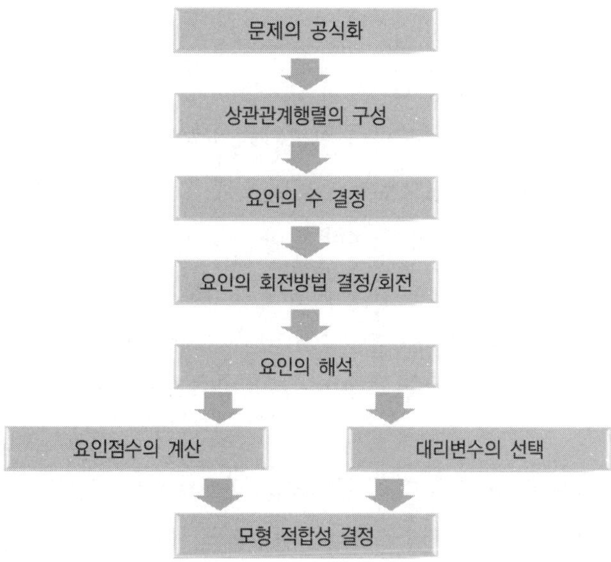

|그림 13-1| 요인분석 수행절차

1) 문제 공식화

문제 공식화는 여러 가지 일을 포함한다.

첫째, 요인분석의 목적이 확인되어져야 한다. 요인분석에 포함되는 변수들은 과거의 조사, 이론 그리고 연구자의 판단 등에 기초하여 구체화되어져야 한다. 변수들이 등간 혹은 비율척도에서 적합하게 측정되는 것은 중요한 것이다. 적당한 표본크기가 사용되어야 한다. 간단한 기준으로써 표본크기는 적어도 변수들의 4내지 5배 정도의 많은 관찰(표본크기)이 되어야 한다. 많은 마케팅조사 상황에서 표본크기는 작고 이 비율은 상당히 낮은 것이다. 이 경우에 그 결과는 신중하게 해석되어야 한다.

여기서는 요인분석을 설명하기 위하여 제9장에서 사례로 들었던 <와인 구입시 속성에 대한 조사> 데이터를 활용하여 설명하고자 한다.

V1. 와인의 색	V2. 생산지역
V3. 와인의 맛	V4. 와인의 향
V5. 수확년도	V6. 음식과의 조화
V7. 포도품종	V8. 브랜드명
V9. 와인품질 및 등급	V10. 와인 가격
V11. 와인 숙성	V12. 알콜 함량

2) 상관관계행렬의 구성

분석적인 과정은 변수들 간의 상관관계의 행렬에 기초하고 있다. 가치 있는 통찰은 행렬의 설명으로부터 얻어질 수 있다. 적합한 요인분석을 위하여 변수들은 상관관계가 있어야 한다. 실제로 이것은 일반적인 경우이다. 만약 모든 변수들 간의 상관관계가 적다면, 요인분석은 적합하지 않을 것이다. 또한 각각 다른 변수들과 높은 상관관계를 가지고 있는 변수들이 같은 요인 혹은 요인들과 또한 높은 상관관계가 있다는 것을 기대할 것이다.

공식 통계량은 요인 모델의 적합성을 테스트하는 것을 가정하고 있다. 바틀렛(Bartlett)의 단위행렬 점검은 '변수들이 모집단에서 상관관계가 없다' 혹은 다른 말로 '모집단 상관관계행렬은 단위행렬이다'라는 귀무가설을 검증하는데 사용될 수 있다. 단위행렬에서 모든 대각선 항은 1이고 모든 대각선 항 밖은 0이다. 단위행렬 점검 통계량은 상관관계행렬의 행렬식의 카이자승(chi-square) 변환에 기초하고 있다. 점검 통계량의 높은 값은 귀무가설을 기각하는데 뒷받침하게 된다. 만약 이 가설이 기각되지 않는다면 그 다음에는 요인분석의 적합성이 문제시될 것이다.

또 다른 유용한 통계량은 KMO 표본적합도이다. 이 지수는 편상관계수의 크기와 함께 관찰된 상관계수의 크기를 비교하게 된다. KMO 통계량의 작은 값은 변수들의 쌍 사이의 상관관계가 다른 변수들에 의하여 설명될 수 없다는 것과 요인분석이 적합하지 않다는 것을 지적한다.

3) 요인분석의 모델 결정

우선 앞에서 살펴본 바와 같이 요인분석을 수행할 수 있게 되면 요인분석에 적합한 방법을 선택해야 한다. 적합한 방법을 선택하는데 가중치나 요인점수 계수가 사용된다. 요인분석의 기술적인 방법에는 주성분분석과 공통요인분석이다.

주성분분석(principal components analysis)은 그 자료의 전체 분산을 고려하게 된다. 상관관계행렬의 대각선은 1 로 되어 있다. 그리고 모든 변수는 요인행렬을 가지게 된다. 주성분분석의 최우선 관심사는 최대한의 변수를 설명하기 위한 요인의 수를 최소화하는 것이며 이는 후속 다변량분석에서 사용하게 된다. 이 요인을 주성분요인(principal components)이라고 한다.

공통요인분석(common factor analysis)에서 요인은 단지 공통분산에 기초하여 추정된다. 커뮤낼리티는 상관관계행렬의 대각선상에서 적혀진다. 이 방법은 차원에 기초되어 확인되거나 공통분산이 중요할 때 적합하다. 이 방법은 또한 주축요인추출법(principal axis factoring)으로 알려져 있다.

공통요인을 추출하는 방법으로는 비가중최소자승법(unweighted least squares), 일반화된 최소자승법(generalized least squares), 최우추정법(maximum likelihood), 알파요인추출법(alpha factoring) 그리고 영상요인추출법(image factoring) 등이 포함된다.

4) 요인의 수

요인의 수는 그 변수들만큼 많은 주성분을 계산할 수 있지만 그렇게 하는 것은 극도의 절약이 얻어진 것이 아니다. 고유분산에 포함된 정보를 요약하는 것은 요인의 수를 더 적게 추출되어야 한다는 것이다. 문제는 '얼마나 많으냐?' 이다. 여러 가지 절차는 요인의 수를 결정하는 것을 제시하게 된다. 즉 요인의 수를 결정하는 방법에는 사전에 연구자가 결정한 고유값을 포함한 고유값, 스크리 도표, 계산된 분산의 비율, 유의도 검증, 그리고 표본이분 신뢰성(split-half reliability) 등이 있으며 한 가지의 방법에 의존하기보다는 가능한 많은 방법들을 함께 고려하여 적절한 수를 결정하게 된다.

■ 사전 결정

때때로 사전 지식 때문에 연구자는 기대되는 요인의 수를 알게 되고 그래서 사전에 추출하고자 하는 요인의 수를 구체화할 수 있다. 요인의 추출은 원하는 요인의 수가 추출되었을 때 멈춘다. 대부분의 통계패키지 프로그램들은 이 접근방법의 사용 용이성을 고려하여 사용자가 요인의 수를 구체화할 수 있도록 허락하고 있다.

■ 고유값에 의한 결정

이 접근방법은 단지 1.0 보다 큰 고유값을 가지고 있는 요인들을 포함시키고 다른 요인들은 이 모델에 포함시키지 않는다. 고유값은 요인과 관련된 분산의 량을 설명한다. 그러므로 단지 1.0 이상으로 분산을 가진 요인들을 포함하게 된다. 1.0 보다 작은 분산을 가진 요인들은 하나의 변수 즉 변수 자신조차도 다 설명하지 못하기 때문이다. 왜냐하면 표준화 때문에 각 변수는 1.0의 분산을 가진다. 만약 변수의 수가 20 보다 적다면 이 접근방법은 보수적인 요인의 수에서 끝나게 될 것이다.

■ 스크리 도표에 의한 결정

스크리 도표는 추출을 위한 요인의 수에 대한 고유값의 도표이다. 도표의 형태는 요인의 수를 결정하는데 사용된다. 전형적으로 도표는 많은 고유값을 가진 요인에서부터 가파르게 내려가다가 어떤 요인을 지나면서 완만한 추세로 바뀌는 분기점을 가진다. 이 단계에서 요인의 수를 결정하게 된다. 일반적으로 스크리 도표에 의해 결정된 요인의 수는 고유값 기준에 의해 결정되는 것보다 하나 혹은 그 이상이다.

■ 분산의 비율에 의한 결정

이 방법에서 추출된 요인의 수는 요인들이 만족한 수준에 도달되어 추출된 분산의 누적 백분율에 의해 결정된다. 분산의 수준이란 만족한 문제에 의존한다. 그러나 이것은 추출된 요인들이 적어도 분산의 60%를 설명할 때 추천된다.

■ 유의도 검증에 의한 결정

이것은 분리된 고유값의 통계적인 유의성을 결정하는 것이 가능하고 통계적으로 의미 있는 그러한 요인들이 단지 보유된다. 결점은 많은 표본(200 보다 더 많은 크기)을 가져야 한다는 것이다. 많은 요인들은 아마 통계적으로 유의미할 것이다. 비록 그러한 많은 실제적인 관점으로부터 단지 전체 분산의 조금 밖에 설명하지 못한다.

■ 표본이분 신뢰성(split-half reliability)에 의한 결정

위의 방법들과는 달리 요인의 수가 결정되는 것이 아니라 케이스별로 정해지는 방법이다. 다시 말해 표본을 둘로 분리해서 각 표본집단을 대상으로 요인분석을 수행한 다음 그 결과에서 공통적으로 요인적재량이 높은 요인만 추출하여 주 요인분석에 사용하는 것이다.

5) 요인의 회전

요인분석으로부터의 중요한 출력물은 요인형태행렬(factor pattern matrix)이라고 불려지는 요인행렬이다. 요인행렬은 요인들의 관점에서 표준화된 변수를 포함하는데 사용되는 계수를 포함하고 있다. 요인적재량(factor loadings)이라는 계수는 요인들과 변수들 사이의 상관관계를 나타낸다. 큰 절대치를 가진 계수는 요인과 변수가 밀접하게 관계되어 있다는 것을 나타낸다. 요인행렬의 계수는 요인의 해석에 사용될 수 있다.

최초 혹은 회전되지 않은 요인행렬은 요인들과 개별 변수들 사이의 관

계를 나타낸다. 그것은 해석될 수 있는 요인은 좀처럼 일어나지 않는다는 것이다. 왜냐하면 요인들은 많은 변수들과 상호 관계되어 있기 때문이다. 예를 들어 두 개의 요인으로 갖는 요인분석에서 하나의 독립변수를 대상으로 요인의 값을 비교했을 때 요인 1에는 0.736, 요인 2에는 0.225의 값을 가진다고 가정하자. 이때 이 변수는 요인1에 더 밀접한 관계가 있다는 의미로 해석할 수 있다.

복잡한 행렬에서 그 요인들을 해석하는데 실제로 어려움이 많이 있다. 그래서 회전을 통하여 요인행렬이 설명을 더 쉽게 하도록 더 단순하게 변형시킬 필요가 있다. 요인들을 회전함에 따라 각 요인에 어떤 변수들의 가까운지를 보다 용이하게 파악할 수 있게 된다. 회전은 커뮤낼리티와 전체 분산의 백분율을 설명하는 데에 영향을 주지 않는다.

그러나 분산의 백분율은 각 요인의 변화에 의해 설명된다. 분산은 개별 요인들이 회전에 의해 재분배되는 것으로 설명된다. 나아가 회전의 다른 방법들은 다른 요인들을 확인하는 결과를 이끌어 낼 것이다.

만약 축이 오른쪽 각에 유지된다면 이 회전은 직각회전(orthogonal rotation)이라고 한다. 회전을 위한 가장 일반적으로 사용되는 방법은 배리맥스(varimax) 절차이다. 이것은 요인에 높게 적재된 변수들의 수를 최소화하는 회전의 직각 방법이다. 이것에 의해서 요인들의 설명력이 증가하게 된다. 직각회전은 상호 관련되지 않은 요인에서도 일어난다. 축이 오른쪽 축에 유지되지 않고 요인들의 상호 관련되어 있을 때의 회전은 비직각회전(oblique rotation)이라고 한다. 때때로 요인들 간의 상관관계를 위한 허락은 요인형태행렬에 단순화할 수 있다. 비직각회전은 모집단에서 요인이 거의 강하게 상관 관계되어 있을 때 사용되어 질 수 있다.

6) 요인의 해석

요인의 해석은 같은 요인에 많이 적재된 변수들을 확인함으로써 쉽게 할 수 있다. 그 요인은 그것에 높이 적재된 변수에 관해서 해석되어 질 수 있다. 해석에서 또 다른 유용한 보조물은 동등한 것으로서 요인적재량으로 사용되는 변수들의 도표인 것이다. 축의 끝에 있는 변수들은 단지 그 요인에 높게 적재되어 있고 그 요인을 설명하게 된다. 고유한 것에 가까이 있는 변수들은 요인 둘 다에 조금씩 적재되어 있다. 축의 근처에 있는 것이 하나도 없는 변수들은 두 요인들에 관계되어 있다. 만약 한 요인이 고유한 것에 관하여 명확하게 정의될 수 없다면 그것은 정의되지 않거나 일반적인 요인으로 설명될 수 있다.

이렇게 요인이 추출되면 연구자는 그 요인에 가장 적합한 명칭을 부여하게 된다. 요인행렬표에서 각 요인과 높은 상관관계, 즉 요인적재량을 갖고 있는 변수들을 검토하여 적합성이 높은 명칭을 부여한다.

7) 요인점수의 계산

해석에 이어서 요인점수는 필요하다면 계산될 수 있다. 요인분석은 자신의 독립형의 값을 가진다. 만약 요인분석의 목적이 후속 다변량분석에서 사용하기 위하여 일련의 여러 가지 요소를 포함하는 변수들(요인)을 적게 하기 위한 변수의 고유한 것을 감축(reduction)하는 것이라면 그것은 각 응답자에 의한 요인점수(factor score)를 계산하는데 유용하다. 한 요인은 고유변수의 간단한 선형 조합이다. i 개의 요인을 위한 요인점수(Fi)는 다음과 같이 추정될 수 있을 것이다.

$$F_i = W_{i1}X_1 + W_{i2}X_2 + W_{i3}X_3 + \cdots + W_{ik}X_k$$

표준화된 변수가 결합되어 사용된 가중치(W_i)나 요인점수 계수(X_1)는 요인점수 계수행렬로부터 얻어진다. 대부분의 통계패키지 프로그램은 요인점수를 요구할 수 있도록 허락되어 있다. 단지 주성분분석의 경우에 그것은 정확한 요인점수를 계산하는 것을 가능하게 한다. 더욱이 주성분분석에서 요인점수는 상호 관련되어 있지 않다. 공통요인분석에서 요인점수의 추정은 계산되지만 그것은 요인들이 각 다른 요인들과 상호 관련되어 있지 않을 것이라는 것을 확실히 하지 못한다.

요인점수는 후속 다변량분석에서 고유변수들을 대신하여 사용할 수 있는 것이다. 즉 요인점수가 회귀분석과 판별분석의 독립변수로 사용될 수 있다. 요인점수의 계산은 개별 응답자별로 이루어진다. 예를 들어 와인 구매속성에 대한 요인의 요인점수를 계산한 다음 요인 1(fac1_1)과 요인 2(fac2_1)의 변수를 생성하여 컴퓨터에 저장시켜 주면 향후에 다른 추가적인 분석을 할 때 유용하게 활용할 수 있다.

8) 대리변수의 선택

때때로 요인점수를 계산하는 대신에 연구자는 대리변수(surrogate variables)를 선택하기를 원한다. 대용 혹은 대리변수의 선택은 후속분석에 사용하기 위한 원래변수의 일부를 선발하는 것을 포함한다. 이것은 연구자가 후속분석을 수행하고 요인점수 보다는 오히려 원래변수에 관한 결과를 해석하도록 허락한다.

요인행렬을 검토함으로써 요인점수 보다는 오히려 변수들이 각 요인을 위해 선택될 수 있다. 요인행렬을 검토함으로써 요인에 가장 높게 적재된 변수가 각 요인을 위해 선택될 수 있다. 변수는 관련된 요인을 위한 대리변수로서 사용될 수 있다. 이 과정은 만약 하나의 변수를 위한 하나의 요인적재량이 명확히 모든 다른 요인적재량 보다 더 높다면 잘 부합된 것이다.

그러나 만약 둘 이상의 변수들이 비슷하게 높은 적재량을 가지고 있다면 선택은 쉬운 것이 아니다. 경우에 따라 변수들이 이론에 기초된 것과 측정 문제 중 어느 하나를 선택하게 된다. 예를 들어 이론은 약간 낮게 적재되어 있는 변수가 약간 높게 적재되어 있는 변수 보다 더 중요하다는 것을 제시할 것이다. 마찬가지로 만약 더욱 정확히 측정되지 않는 한 변수가 약간 더 낮게 적재되어 있다면 그것은 대리변수로서 선택되어야 한다.

9) 모델 적합성(Model Fit)의 결정

요인분석의 마지막 단계는 모델 적합성의 결정이 포함된다.

요인분석의 기초가 되는 기본적인 가정은 변수들 사이의 관찰된 상관관계는 공통요인에 기인할 수 있다는 것이다. 나아가 변수들 사이의 상관관계는 변수들과 요인들 사이의 추정된 상관관계로부터 추론하거나 재생할 수 있다. 관찰상관(투입 상관행렬에서 주어진 것으로서)과 재생상관(요인행렬로부터 추정된 것으로서) 사이의 차이점을 모델 적합성 결정을 위하여 검토될 수 있다. 이 차이점은 잔차(residuals)로 불려진다. 만약 매우 많은 잔차들이 있다면 요인 모델은 자료를 위한 좋은 적합성을 제공하지 못하고 모델은 재고되어야 한다.

시장세분화(Market Segmentation)

노인들에게 우편주문을 통한 패키지 여행상품을 판매하고 있는 여행사가 마케팅 효과를 증대시키고자 한다. 이 회사는 미국의 플로리다주에서 연령뿐만 아니라 다른 인구 통계적 변인들을 사용해서 시장을 세분화함으로써 그것을 달성하고자 한다. 또한 이 회사는 인구센서스와 재산에 관한 데이터를 이용해서 우편번호에 따라 나누어진 3만5천 개의 지역을 설명할 수 있는 103개의 인구 통계적 변인들을 개발했다. 이 변인들은 평균과 빈도분포로 표현되었다. 그리고 이 변인들의 몇 가지는 표준화되었다. 즉 그 변인들은 절대평가가 아닌 상대평가가 가능하도록 주(州)나 섹션 센터(우편번호 5자리 숫자 중에서 처음 3자리) 처럼 광역지역에 관한 지수로 표시되었다.

이렇게 함으로써 미시시피 주의 시골 지역에 거주하는 사람들의 상대적인 소득 수준이 대도시인 뉴욕시에 거주하는 사람들의 상대적인 소득 수준과 비교되었다. 물론 이것은 절대적인 소득 금액 자체로 비교한 결과는 아니었다. 미시시피 주의 시골 지역에서 고소득자라도 뉴욕 시에서는 상대적으로 저소득자가 될 수 있기 때문이다. 그리고 앞에서 개발된 인구통계적인 변인들에 대한 요인 분석을 실시해서 표준적인 생활방식 요인들과 그에 따른 독립변인들을 찾아냈다. 종속변인은 시장 침투율이다. 여기서는 플로리다에 거주하는 노인들에게 여행사가 다이렉트메일로 제시한 여행 구매 제안에 대한 반응률(전체 응답자를 우편발송 숫자로 나눈 값)로 정의되었다.

분석 대상자가 많아야 측정과 예측의 통계적 타당성을 높일 수 있기 때문에 군집분석을 통해서 얻은 우편번호 지역별로 반응률이 계산되었다. 궁극적으로 침투율 수준이 그 군집의 특성과 상관관계를 갖고 있는 지역별 군집들의 세분시장이라고 할 수 있다.

이 분석을 통해서 이 회사는 시장 세분화전략의 필요성과 그에 따른 응답율 예측의 필요성을 절감하게 되었다. 이 회사는 최저 필요 응답률(평균 또는 한계)을 결정한 다음 몇 부의 우편물을 발송할 수 있는지를 결정한다. 이 시점에서 이 여행사에게 가장 중요한 점은 플로리다에 사는 사람들의 프로필을 알아내는 것이다. 여행사가 나이 든 사람들에게 여행 구매 제안을 할 경우 응답률에 가장 큰 영향을 끼치는 요인은 무엇인가 하는 요인분석

노년인구를 표적으로 한 마케팅은 그들의 섬세한 구매욕구를 충족시킬 수 있도록 보다 구체적인 분석과 접근을 필요로 한다. 그들은 세월이 흐름 만큼 구매시에 매우 신중한 태도를 보이기 때문이다.

활용사례

을 통해서 가장 높은 응답률을 보이는 군집에 존재하고 있는 3가지의 생활방식 프로필을 찾아냈다.

- **시골 거주자**: 이 요인과 가장 관련이 깊은 변인들로는 시골 농장인가, 시골 비농장 지역인가, 농업 관리자인가, 아니면 농업 노동자인가, 냉장고가 갖춰진 정식 부엌이 있는가 등이다. 그리고 가장 관련이 적은 변인들로는 공공 수도나 하수도 시설 여부, 금융산업의 존재 여부, 다가구 주택의 존재 여부 등이다.
- **사회계층**: 중하위층 계급과 관련 있는 변인들로는 노동자, 오퍼레이터, 서비스 요원, 실업자 등의 직업에 관한 요인과 빈부 정도, 이혼, 별거, 과부 등의 결혼 상태, 낡은 집, 거주 기간 등이다. 한편 중상층 계급과 관련 있는 변인들로는 고가의 집, 에어컨과 식기세척기 등 쾌적한 설비가 갖춰진 집, 2대 이상의 자동차 보유, 고소득, 고학력 수준, 관리, 판매 전문직, 기술자 등의 직업, 금융산업 등이다.
- **조상, 유산**: 긍정적인 연상을 갖는 변인들은 영어권의 조상을 가진 국내 출생자로서 영국, 캐나다, 아일랜드, 오스트리아, 독일 등에서 태어난 사람, 단독주택 보유자 등이었다. 반면 부정적인 연상을 갖는 변인들은 외국 출신자, 쿠바 이민자, 스페인어 사용자, 다가구 임대 주택 거주자 등이었다.

이 구매 제안에 대한 전반적인 응답이 신규고객 획득에 필요한 손익 분기점보다 2배나 높게 나타났기 때문에 여행사는 그들의 조사가 유효하다는 것을 확인할 수 있었다.

(자료원 : Stone, Bob(1999), DataBase Marketing)

기본적으로 요인분석(factor analysis)을 실시하기 위해서는 다음과 같은 기준을 만족 시킬 때 활용하는 것이 타당하다.

|표 13-1| 요인분석의 주요 기준

① 유의수준 0.05에 필요한 표본수(BMDP, 1993)	개별요인 적재치 기준
50개	0.75 이상
60개	0.70 이상
70개	0.65 이상
85개	0.60 이상
100개	0.55 이상
120개	0.50 이상(요인분산설명력 25%)
150개	0.45 이상
200개	0.40 이상
250개	0.35 이상
350개	0.30 이상(요인분산설명력 10%)
▪ 최소표본크기 100 이상 ▪ 최소요인적재치: 절대치 기준 0.3 이상일 때 유의적 수준으로 고려될 수 있다.	
▪ 요인의 적재치가 높다(0.80 이상)고 반드시 그 요인을 전형적으로 설명하는 것은 아니며 적재치의 실제적 유의성이 중요한 기준이 된다. 이때 적어도 표본수는 100 이상이어야 한다.	
② 한 요인에 필요한 변수의 수(Guildford, 1952)	적어도 3개
③ 요인분석에 필요한 변수의 수(Hair et al, 1995)	최소 20개, 적어도 20-50개
④ 요인분석에 필요한 표본의 수(Hair et al, 1995)	최소 50개, 적어도 100개
⑤ 변수대비에 필요한 표본의 수(Hair et al, 1995)	최소 5배-10배, 안정권 20배
⑥ 요인분석의 적절성 판단기준(Hair et al, 1995)	
▪ Bartlett's 단위행렬 검증치	유의수준으로 결정
▪ 잔영상관(Anti-image)행렬의 부분상관계수값	작아야 한다
▪ 표본적합지수(MSA)	최소 0.50 이상
⑦ 요인 수의 결정 기준(Hair et al, 1995)	
▪ 고유값(아이겐 값) 기준(Kaiser, 1960)은 알파 또는 영상 요인추출에만 적용되어야 한다고 주장	1.0 이상(적용에 신중)
▪ 스크리 검증, 응답자 이질성 검토, 분산백분율 기준 등이 있음.	
⑧ 공통요인분석과 주성분요인분석은 변수의 수가 30개 이상이고 대부분의 공통분산값이 0.60일 때 동일한 결과에 근접	
⑨ 요인분석에 타당한 자료행렬간의 상관계수는 적어도 0.30 이상일 때 적절한 결과를 제시	

자료원: 조선배(1999), LISREL 구조방정식모델, 영지문화사, p.58.

지금까지 설명한 요인분석(factor analysis)의 전 과정을 예제 데이터를 활용하여 설명하고자 한다.

① '예제 데이터(17)-요인분석.sav' 파일을 불러 온다.

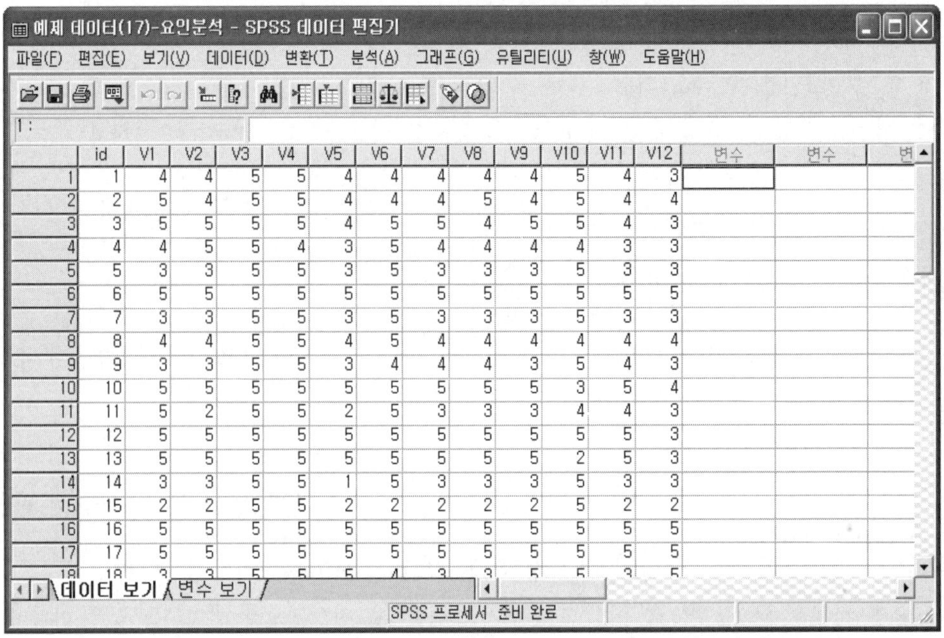

② 메뉴에서 [분석 > 데이터 축소 > 요인분석(F)]을 선택한다.

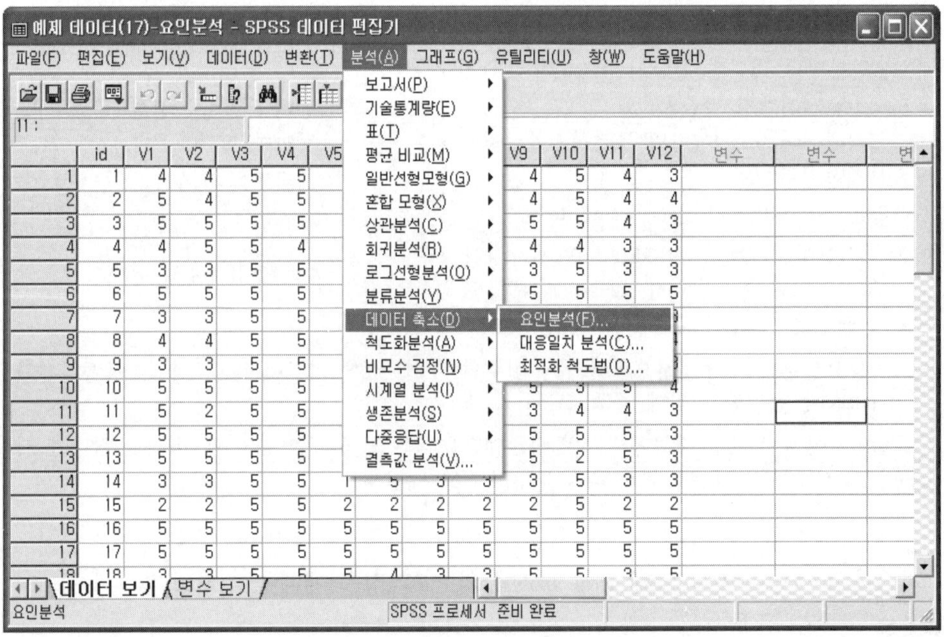

③ 대화상자에서 요인분석을 실시할 변수를 우측의 [변수(V)]란으로 이동시킨다.

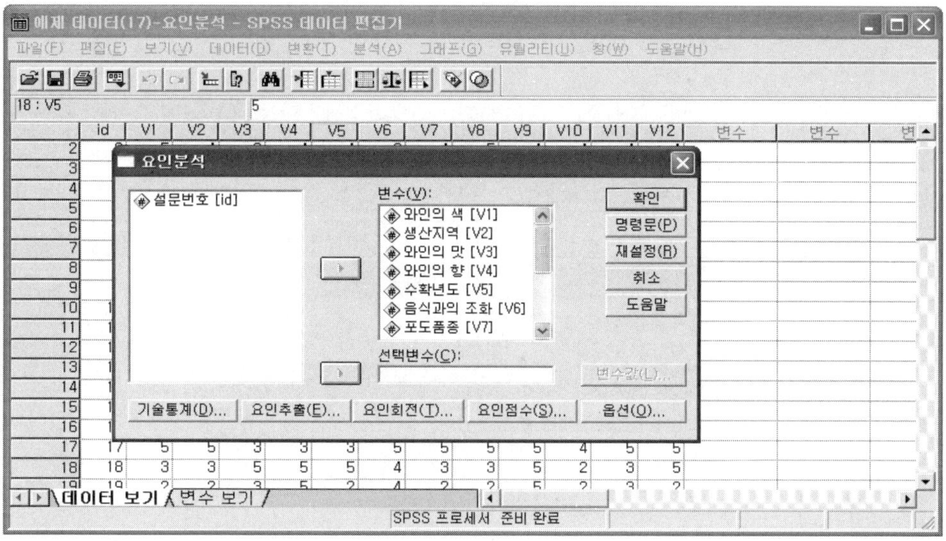

④ [기술통계(D)] 버튼을 누르면 새로운 대화상자가 열리며 [통계량] 선택사항에서 [초기해법(I)]이 기본으로 설정되어 있으며 그대로 유지한다. [상관행렬] 선택사항에서 [KMO와 Bartlett의 구형성 검정(K)]을 선택한 후 [계속] 버튼을 누른다.

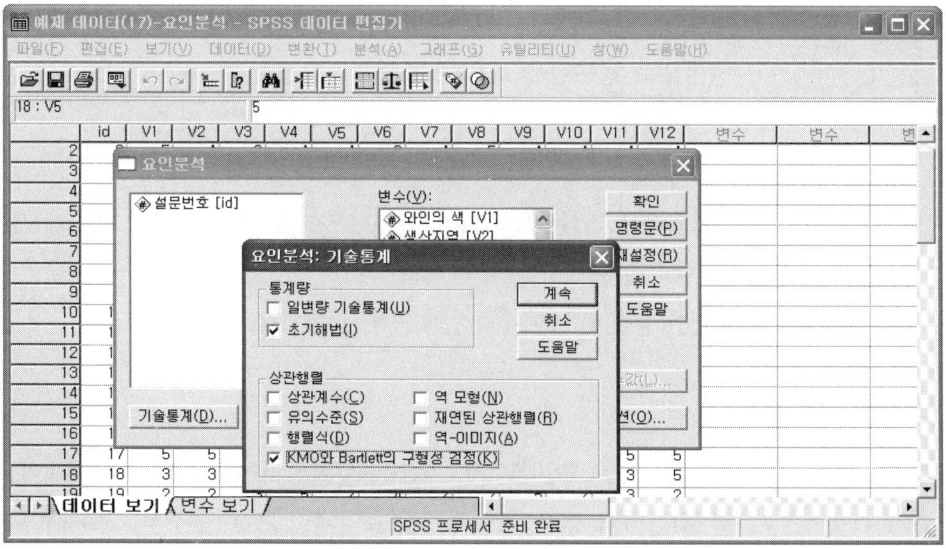

⑤ [요인추출(E)] 버튼을 누르면 [방법(M)]은 [주성분분석], [분석]은 [상관행렬(R)], [출력]은 [회전하지 않은 요인해법], [추출]은 [고유값 기준(E)]이 기본으로 설정되어 있다. 그대로 유지한다. [출력]에서 [스크리 도표(S)]를 추가적으로 선택한 후 [계속] 버튼을 누른다.

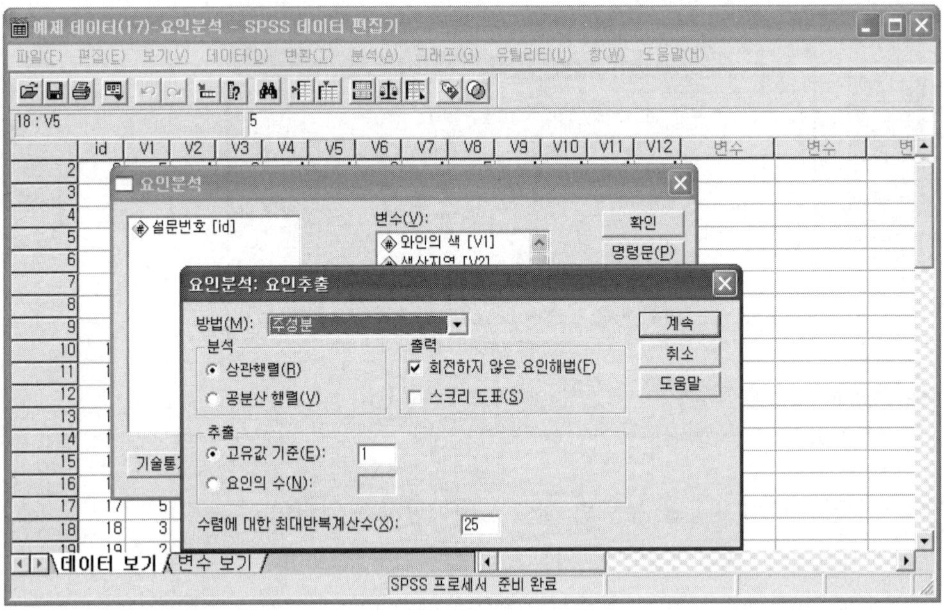

▶ 방법(M)

- 주성분: 기본으로 설정되어 있으며 일반적으로 가장 많이 사용하는 방법으로 변수들을 요인들의 선형결합으로 가정

▶ 분석

- 상관행렬(R): 기본으로 설정되어 있으며 변수들 간의 상관관계 행렬을 나타낸다.
- 공분산 행렬(V): 변수들 간의 공분산 행렬을 나타낸다.

▶ 출력

- 회전하지 않은 요인해법(F): 기본으로 설정되어 있으며 요인해법에 대한 회전하지 않은 요인적재값(요인패턴행렬), 공통성, 고유값 등을

표시한다.

- **스크리 도표(S)**: 내림차순의 고유치 그래프로서 각 요인과 관련된 분산도표로 그대로 유지할 요인의 수를 결정하는데 사용된다. 일반적으로 도표는 큰 요인의 가파른 기울기와 나머지 요인들의 점진적 꼬리부분(스크리) 간의 뚜렷한 구분을 보여준다.

▶ 추출

- **고유값 기준(E)**: 기본으로 설정되어 있으며 고유값(eigenvalue)이 1보다 큰 요인만 추출된다. 요인의 수를 조정하기 위해 다른 고유값을 사용하려면 고유값을 기입해주면 된다.
- **요인의 수(N)**: 고유값과 관계없이 사용자가 지정한 요인이 수에 따라 요인을 추출한다.
- **수렴에 대한 반복계산 수(X)**: 요인을 추출하기 위해 최대 25회까지 반복계산을 수행하도록 설정한다. 기본조건으로 최대 25회를 설정하였다.

⑥ [요인회전(T)] 버튼을 누른 후 대화상자에서 [베리맥스(V)] 방법을 선택한 후 [출력]사항에서 기본설정인 [회전해법(R)]과 [적재값 도표(L)]를 선택한다. [계속] 버튼을 누른다.

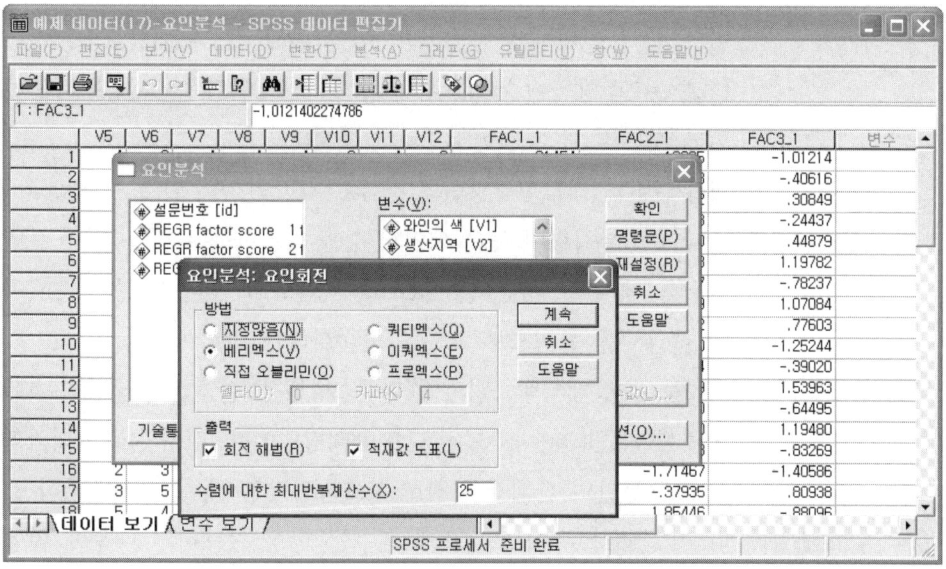

▶ 요인을 회전하는 이유

일반적으로 요인분석을 실시할 경우 해당되는 변수들을 2차원 평면상에 위치시킬 경우 각 변수들이 하나의 요인과 상관관계를 보이는 것이 아니라 다른 요인과도 상관관계를 보인다는 문제점이 있다. 따라서 요인을 설명하는데 있어 해당변수를 어느 요인의 변수로 할 것인지 혼란을 가져오게 된다. 따라서 요인분석에서는 하나의 변수가 가능하면 하나의 특정 요인과의 상관성이 높도록 해 설명을 용이하게 하기 위해 요인의 축을 회전시키는 방법을 활용하고 있다. 즉 요인을 회전시켜 각각의 변수가 한 요인에는 높은 요인부하량을 갖도록 하고 다른 요인에는 아주 낮은 요인부하량을 갖도록 한다면 어떤 변수가 어떤 요인과 밀접한 관련을 갖고 있는지 보다 손쉽게 알 수 있기 때문이다. 회전방법으로는 다음에 설명할 5가지 방법이 있다.

▶ 요인 회전방법

- 지정않음(N): 추출된 요인들을 화전시키지 않는 것으로 기본으로 설정되어 있다.
- 베리맥스(V): 각각의 요인들이 서로 독립성을 유지하도록 회전시키는 직각회전방법(orthogonal rotation)의 하나로 요인행렬에서 각 열(column, 列)의 요인부하량을 제곱한 값의 분산을 최대화시켜 각 요인을 쉽게 설명하는 방법이다. 이를 위해 각 요인의 요인부하량이 1.0과 0.0의 양극에 가깝도록 만든다. 각 요인의 특성을 단순화 하기 위한 것으로 가장 일반적으로 사용된다.
- 쿼티맥스(Q): 직각회전방법의 하나로 각각의 변수별로 각 행(row, 行)마다 요인부하량이 높은 요인의 수를 최소화하는 것이다. 즉 요인부하량을 베리맥스처럼 열(column)을 중심으로 단순화하는 것이 아니라 행(row)을 중심으로 요인을 단순화하는 방법이다.
- 이쿼멕스(E): 베리맥스법과 쿼티맥스방법을 절충한 회전방법이다.
- 직접 오블리민(O): 사각회전(斜角回傳)방법이다. 대부분의 사회과학에서 요인들간의 관계가 완전히 상호독립적인 경우는 그리 흔하지 않다. 일반적으로 어느 정도의 관계는 항상 존재하기 때문에 앞에서

설명한 직각회전방법(베리맥스, 쿼티맥스, 이퀴맥스)을 사용하는 것은 다소 현실성을 외면하는 면이 있다. 따라서 요인들이 상호독립적이라는 제한조건을 주지 않는 방법으로 비직각회전방법인 사각회전(oblique rotation)방법을 사용한다. 사각회전방법은 요인을 회전시킬 때에 요인들이 서로 직각을 이루어야 한다는 제한이 없기 때문에 직각회전방법에 비해 높은 요인부하량은 좀 더 높아지고 낮은 요인부하량은 좀 더 낮아지도록 요인을 회전하는 방법이다. 직접 오블리민 방법을 선택하면 [델타(D)]값을 설정해 주어야 한다.

- **프로멕스(P)**: 기준이 되는 행렬을 정해 놓고 이와 최대한 비슷한 행렬을 이룰 수 있도록 회전시키는 방법이다. [카파(K)] 값을 설정해야 한다.

▶ 출력방법

- **회전해법(R)**: 기본설정으로 회전된 요인행렬을 나타내준다.
- **적재값 도표(L)**: 회전된 요인상에서 각 변수의 위치를 3차원의 형태로 도표화시켜 나타내준다.

⑦ [요인점수(S)] 버튼을 누르고 대화상자에서 [변수로 저장(S)...회귀분석(R)], [요인점수 계수행렬 출력(D)]을 선택한다. [계속] 버튼을 누른다.

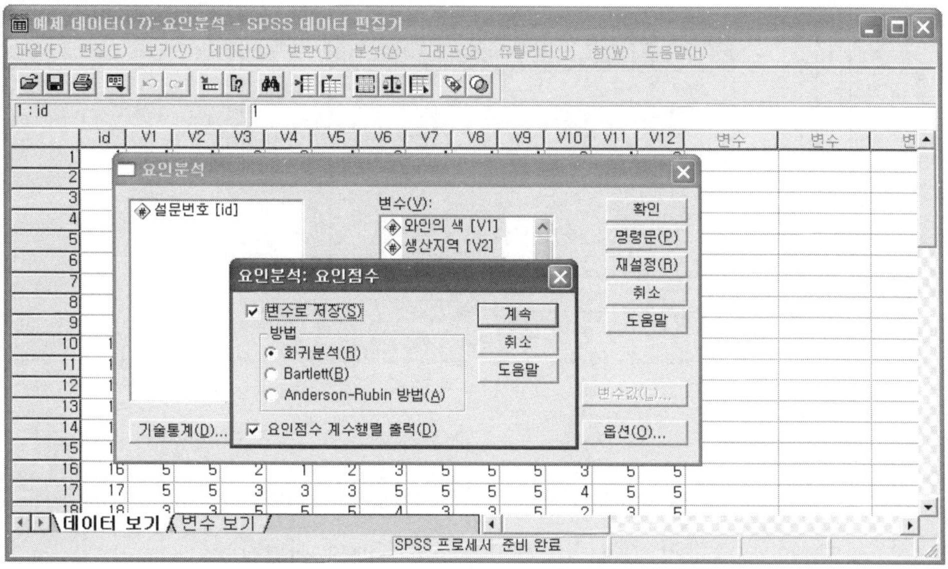

요인의 점수를 저장하는 것은 요인분석결과를 활용하여 다른 분석을 하기 위한 것이다. 예를 들어 요인의 점수를 활용하여 군집분석(cluster analysis)을 실시하여 시장세분화를 할 수 있다.

- 변수로 저장(S): 요인점수를 변수로 저장한다. 각 요인에 해당하는 변수가 별도로 생성되며 일반적으로 [회귀분석(R)]을 실시하여 산출된 요인점수를 활용한다.
- 요인점수 계수행렬 출력(D): 요인점수 계수행렬과 요인점수 공분산행렬이 표시된다.

⑧ [옵션(O)] 버튼을 누른 후 기본으로 설정된 [결측값...목록별 결측값 제외(L)]를 유지하고 [계수출력형식...크기순 정렬(S)]을 선택한다. [계속] 버튼을 누른다.

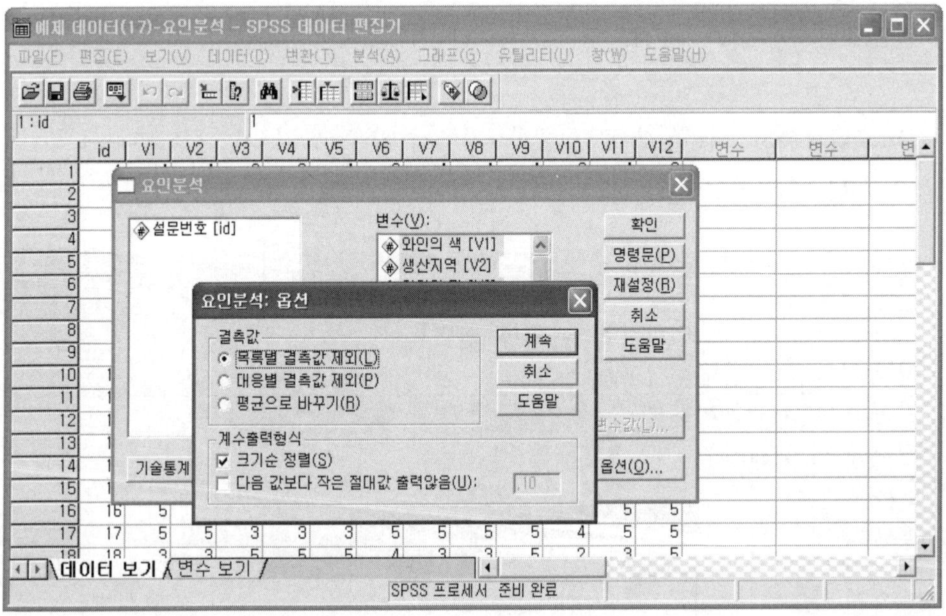

▶ 결측값

- 목록별 결측값 제외(L): 원 데이터(raw data)의 변수값 중 하나라도 결측값이 있는 응답케이스는 분석에서 제외된다.

- **대응별 결측값 제외(P)**: 해당 검증과 관련된 변수에 대해 결측값이 있는 응답케이스를 분석에서 제외시킨다.
- **평균으로 바꾸기(R)**: 결측값을 응답케이스의 평균으로 대체한다. 평균으로 대체했기 때문에 결과에는 크게 문제될 것이 없다.

▶ 계수출력형식

- **크기순 정렬(S)**: 요인적재값 행렬과 구조행렬을 정렬하여 동일한 요인에 대해 높은 적재값을 가지는 변수부터 순서대로 나열한다. 요인에 속해 있는 변수들을 집단화하기가 용이하다.
- **다음 값보다 작은 절대값 출력 않음(U)**: 절대값이 지정한 값보다 작은 계수는 출력되지 않게 하는 조건으로 기본설정값은 0.01이다. 이 값은 0과 1사이의 값이어야 한다.

⑨ [확인] 버튼을 누르면 다음과 같은 결과가 출력된다.

▶ KMO와 Bartlett의 구형성 검증

KMO와 Bartlett의 검정

표준형성 적절성의 Kaiser-Meyer-Olkin 측도.		,589
Bartlett의 구형성 검정	근사 카이제곱	202,198
	자유도	66
	유의확률	,000

KMO와 Bartlett의 구형성 검증결과를 보여주고 있다.

KOM 값이 0.90 이상이면 요인분석에 상당히 좋고 0.80 이상이면 상당히 좋은 것이며 0.70 이상이면 적당한 것이다. 0.50 이상이면 보통 정도로 판단할 수 있으며 0.50 미만이면 받아 들일 수 없는 것으로 판정한다.

Bartlett의 구형성 검정치(sphericity)는 '상관행렬이 단위행렬이다'라는 귀무가설(H_0)을 검증하기 위한 것으로 귀무가설이 기각되는 상황이어야만 요인분석을 실행할 수 있다. 유의확률 값이 0.000으로 귀무가설이 기각되었기 때문에 요인분석에 적합하며 공통요인이 존재한다는 결론을 내릴 수 있다.

▶ 공통성(communality)

공통성

	초기	추출
와인의 색	1.000	.669
생산지역	1.000	.846
와인의 맛	1.000	.486
와인의 향	1.000	.712
수확년도	1.000	.630
음식과의 조화	1.000	.722
포도품종	1.000	.921
브랜드명	1.000	.918
와인품질 및 등급	1.000	.834
와인 가격	1.000	.799
와인 숙성	1.000	.843
알콜 함량	1.000	.610

추출 방법: 주성분 분석.

추출된 요인들에 의해 각 변수가 얼마나 설명되는지를 나타내는 공통성(communality를 나타내준다. 한 변수의 공통성은 해당 변수에 대한 분산의 설명력을 나타내며 0과 1 사이의 값을 가진다. 와인의 색에 관한 공통성은 0.669로 와인의 색과 같은 요인에 속하는 속성들의 설명력이 66.9%에 달한다는 것을 의미한다.

일반적으로 공통성이 0.5 이하이면 낮다고 판단한다. 이러한 경우 해결방법은 두 가지가 있다. 첫째는 공통성이 낮은 변수를 제외하고 동일한 요인에 속한 다른 변수들을 중심으로 해석하는 방법이다. 또 다른 한 가지는 그 변수를 제거하고 요인분석을 다시 실시하는 것이다. 이 경우 해당변수를 제거하더라도 연구자의 연구목적이 영향을 받아서는 안된다.

특정 변수의 공통성은 요인의 회전 후 추출된 각 요인의 제곱합으로 이루어진다. 예를 들어 와인의 색에 관한 공통성은 3개의 요인에 적재된 값, 즉 회전 후 산출된 요인의 적재값을 이용하면 0.669가 산출한다.

- 와인의 색 공통성 $= (0.722)^2 + (-0.357)^2 + (0.141)^2 = 0.669$

▶ 설명된 총분산

설명된 총분산

성분	초기 고유값			추출 제곱합 적재값			회전 제곱합 적재값		
	전체	% 분산	% 누적	전체	% 분산	% 누적	전체	% 분산	% 누적
1	5.817	48.476	48.476	5.817	48.476	48.476	5.803	48.357	48.357
2	2.072	17.269	65.746	2.072	17.269	65.746	2.056	17.137	65.494
3	1.100	9.168	74.914	1.100	9.168	74.914	1.130	9.420	74.914
4	.888	7.398	82.311						
5	.773	6.445	88.756						
6	.566	4.715	93.471						
7	.338	2.816	96.287						
8	.190	1.586	97.873						
9	.141	1.173	99.046						
10	.084	.696	99.742						
11	.024	.202	99.944						
12	.007	.056	100.000						

추출 방법: 주성분 분석.

초기 요인분석을 실시한 후의 요인의 설명력을 나타내는 표이다. 초기 고유값(eigen value)은 각각의 요인이 갖는 설명력을 나타내고 있다. 요인분석의 실시할 때 [요인추출(E)] 대화상자에서 추출될 요인의 수를 고유값(eigenvalue)이 1.0 이상인 조건을 설정하였는데 상기 표에서 요인4의 고유값이 0.888이므로 3개의 요인이 조건에 적합하므로 3개의 요인만 추출되었다.

요인의 고유값은 그 요인이 설명하는 분산의 설명력을 나타내는 것으로 값이 크면 클수록 설명력이 크다는 것을 의미한다. 예를 들어 요인의 고유값이 1.0이라는 것은 요인 자신에 대한 설명력을 가지고 있다는 것을 의미하며 1.0 이상이라는 의미는 요인 그 자신 외에 다른 요인을 더 설명할 수 있다는 의미를 갖는다. '% 분산'은 각각의 요인의 백분율을 기준으로 했을 때 설명할 수 있는 설명력을 나타낸다. '% 누적'는 분산의 누적 설명력을 나타낸다.

요인의 고유값(eigenvalue)은 회전 후 추출된 요인의 적재값(본 사례에서는 총 12개의 적재값)의 제곱합으로 구해지며 분산의 설명력(%분산)은 그 요인이 전체 분산 중 몇 %를 설명하는가를 나타낸다.

- 요인1의 고유값
  $= (.957)^2+(.955)^2+(.918)^2+(.918)^2+(.807)^2+(.765)^2+(.722)^2+(.656)^2+(-.146)^2$
  $+(-.016)^2+(.175)^2+(-.217)^2 = 5.817$
- 요인1의 %분산 = 5.817/12 = 48.476 %

▶ 스크리 도표

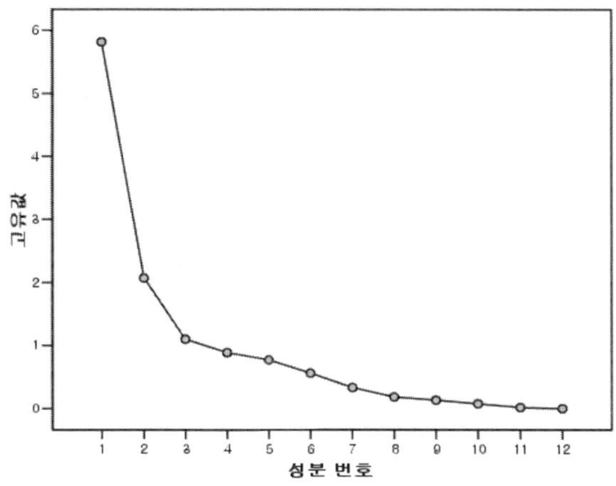

스크리 도표는 최대 12개 요인의 고유값을 크기순으로 정렬했을 때의 꺾은선 그래프이다. 스크리 도표에서 보면 요인의 수가 3개에서 4개로 늘어날 때 감소폭이 체감하므로 요인의 수를 3개로 설정하는 것이 타당함을 알 수 있다. 또한 요인분석 시 대화상자에서 고유값을 1.0으로 설정하였으므로 좌측의 고유값 1.0을 기준으로 우측으로 직선을 그려 볼 경우에도 요인의 수 3개와 4개 사이에 위치함을 알 수 있다.

▶ 요인의 회전 전 성분행렬

성분행렬[a]

	성분		
	1	2	3
포도품종	,955	-,080	,060
브랜드명	,950	-,119	,018
생산지역	,918	-,036	,033
와인 숙성	,917	-,050	-,008
와인품질 및 등급	,828	,358	-,145
알콜 함량	,754	-,186	-,081
와인의 색	,699	-,419	,065
수확년도	,683	,402	,053
와인의 향	-,095	,805	,234
와인의 맛	,027	,678	,159
와인 가격	-,248	-,647	,565
음식과의 조화	,197	,147	,813

요인추출 방법: 주성분 분석.
a. 추출된 3 성분

회전 전 성분행렬은 최초의 요인 적재값을 중심으로 한 행렬표이다. 상기의 요인 행렬표에 의하면 포도품종의 요인 적재값은 요인 1, 2, 3에 대하여 각각 0.955, -0.080, 0.060 만큼 영향을 미친다는 것을 나타내주고 있다. 이는 포도품종이라는 변수가 요인 1에 더 밀접한 관련성이 있다는 것을 나타내주는 것이다.

▶ 요인의 회전 후 성분행렬

회전된 성분행렬ª

	성분		
	1	2	3
포도품종	.957	-.010	.077
브랜드명	.955	-.055	.043
생산지역	.918	.026	.043
와인 숙성	.918	.006	.005
와인품질 및 등급	.807	.377	-.202
알콜 함량	.765	-.150	-.043
와인의 색	.722	-.357	.141
수확년도	.656	.446	-.016
와인의 향	-.146	.826	.088
와인의 맛	-.016	.696	.037
음식과의 조화	.175	.300	.775
와인 가격	-.217	-.552	.669

요인추출 방법: 주성분 분석.
회전 방법: Kaiser 정규화가 있는 베리멕스.
a. 5 반복계산에서 요인회전이 수렴되었습니다.

수들이 요인의 성분이 되는 것이다. 또한 요인에 따라 변수들을 결합시켰을 때 별도로 요인의 이름을 명명(命名)해 주어야 하는데 이때 요인의 이름은 각 요인에 높게 적재된 해당변수와 부호를 면밀하게 검토하여 가장 높게 적재된 변수를 중심으로 요인의 명칭을 부여해준다.

- 요인 Ⅰ: 포도품종, 브랜드명, 생산지역, 와인숙성, 와인품질 및 등급, 알콜함량, 와인의 색, 수확년도 → *와인의 외적 품질요인*
- 요인 Ⅱ: 와인의 향, 와인의 맛 → *와인의 향과 맛 요인*
- 요인 Ⅲ: 음식과의 조화, 와인가격 → *와인의 가격요인*

이상과 같이 각 요인별 변수들의 결합관계를 설정하였고 각 요인의 명칭을 부여하였다. 그러나 아쉬운 점은 요인Ⅱ와 요인Ⅲ의 경우 요인에 속한 변수의 수가 2개에 불과해 그다지 양호하지 못하다는 것이다. 특히 신뢰성을 분석할 때 최소 변수가 3개 이상은 되어야 하기 때문에 가능하면 요인분석을 다시 실시해 2개의 요인으로 줄여주는 것이 타당하다.

▶ 성분 변환행렬

성분	1	2	3
1	.998	.061	.004
2	-.060	.983	-.176
3	-.015	.175	.984

요인추출 방법: 주성분 분석.
회전 방법: Kaiser 정규화가 있는 베리멕스.

성분변환 행렬은 요인 회전 시 사용한 변환 행렬값을 의미한다. 예를 들어 포도품종에 대한 요인의 회전 전 성분행렬값과 성분 변환행렬값을 곱하면 요인의 회전 후 포도품종에 관한 성분1의 요인 적재값이 된다.

$$(.955) \times (.998) + (-.080) \times (-.060) + (.060) \times (-.015) = .957$$

▶ 회전공간의 성분도표

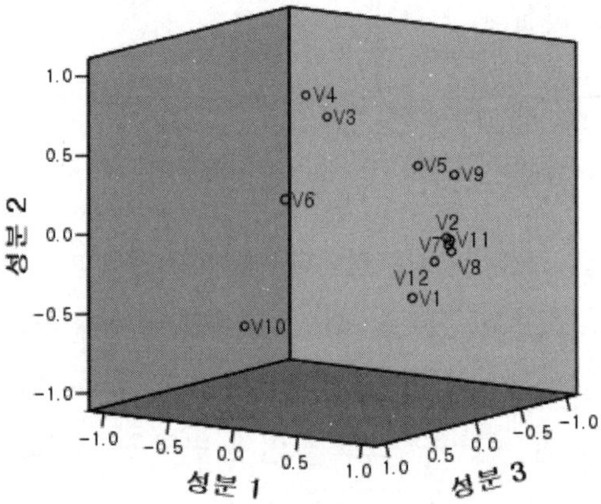

요인분석 대화상자에서 [적재값 도표(L)]를 선택했을 때 출력되는 각 변수의 위치가 입체적으로 나타난다. 회전된 요인의 수가 3개일 경우 해석이 쉽지 않으며 4개 이상일 경우에는 해석이 불가능하다.

▶ 성분점수 계수행렬

	성분		
	1	2	3
와인의 색	.131	-.181	.094
생산지역	.158	-.002	.033
와인의 맛	-.017	.347	.085
와인의 향	-.043	.418	.141
수확년도	.105	.206	.013
음식과의 조화	.018	.202	.715
포도품종	.165	-.018	.061
브랜드명	.166	-.043	.027
와인품질 및 등급	.134	.155	-.159
와인 가격	-.032	-.219	.560
와인 숙성	.159	-.015	-.002
알콜 함량	.136	-.093	-.056

요인추출 방법: 주성분 분석.
회전 방법: Kaiser 정규화가 있는 베리멕스.
요인 점수.

요인점수의 계수행렬을 보여주고 있다. 요인점수는 각 응답자별로 다수 변수들에 대한 응답을 소수의 요인으로 축약한 것이다. 본 사례에서는 12개의 변수를 3개의 요인으로 축약하였기 때문에 응답자별로 3개의 요인점수의 계산이 가능하다. 요인점수의 계산은 다음과 같이 한다.

$$\text{개인별 요인점수} = \sum_{i=1}^{k}(\text{변수}i\text{의 요인계수} \times \text{변수}i\text{의 원자료의 표준화값})$$

예를 들어 한 응답자의 요인에 대한 요인점수는 다음과 같이 계산할 수 있다.

$$\text{응답자 A의 요인1 점수} = .131 \times (\text{와인의 색 표준화값}) + .158 \times (\text{생산지역 표준화값}) + \ldots + .136 \times (\text{알콜함량 표준화값})$$

▶ 성분점수 공분산행렬

성분점수 공분산행렬

성분	1	2	3
1	1.000	.000	.000
2	.000	1.000	.000
3	.000	.000	1.000

요인추출 방법: 주성분 분석.
회전 방법: Kaiser 정규화가 있는 베리멕스.
요인 점수.

요인간 공분산행렬을 나타내주고 있다. 각 요인간 공분산행렬은 0임을 알 수 있다. 본 분석은 베리맥스 방식에 의해 회전한 것으로 회전 후 요인들은 서로 독립적이어야 하므로 공분산이 0이 되는 것이다.

Chapter

14 군집분석

1. 군집분석의 기본개념

1) 기본개념

군집분석(cluster analysis)은 대상(objects)과 케이스(cases)를 군집(clusters)이라 불리는 비교적 동질적인 집단으로 분류하는데 사용되는 분류기법이다. 각 군집내의 요소들은 서로 비슷한 경향이 있으나 다른 군집들의 요소들과는 비슷하지 않다. 군집분석을 또한 분류분석(classification)이라고도 한다. 이 분석에서는 각 대상을 하나의 군집으로 할당하는 군집화 절차에 관심을 가지고 있다.

<그림 14-1>에서 (a)는 군집들이 두 개의 변수(예: 변수1은 품질 의식, 변수2는 가격 의식)에 의해 명확하게 분리되는 이상적인 군집화 상황을

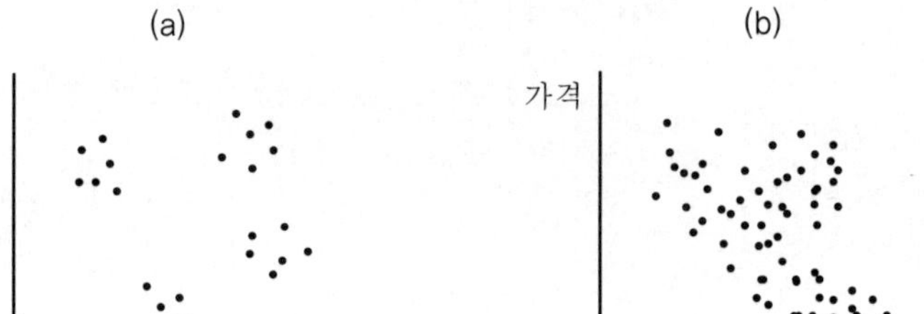

|그림 14-1| 군집화 상황

보여주고 있다. 각각의 소비자는 하나의 군집에 속하고 다른 영역과 겹치지 않고 있는 상황이다. 한편 (b)는 실제적으로 당면하기 쉬운 군집상태를 보여주고 있다. 일부의 군집 경계선이 분명치 않으며 일부 소비자들의 분류도 분명치 않다. 왜냐하면 그들 중 많은 소비자들은 하나 혹은 다른 군집으로 분류 될 수 있기 때문이다.

2) 군집분석의 사용 목적

군집분석과 판별분석은 둘 다 분류에 관심이 있다. 판별분석은 분류 규칙을 개발하기 위하여 포함될 대상과 케이스에 대해 군집이나 그룹 관계에 대한 사전의 지식이 요구된다. 이와 대조적으로 군집분석에서는 어떤 대상에 대해 그룹 또는 군집 요소들에 관한 사전 정보가 없다. 따라서 군집분석은 다음을 포함하는 다양한 목적을 위해 사용된다.

■ 시장세분화

소비자들은 상품 구매에서 추구하는 이익을 기초로 군집을 형성할 수 있다. 각 군집은 소비자들이 추구하는 이익을 조건으로 상대적으로 동질의 소비자들로 구성된다. 이러한 접근법을 이익에 의한 세분화라고 부른다. 이것은 다음의 예를 가지고 설명한다.

■ 구매자 행위 이해

군집분석은 동질적인 구매자 집단을 식별하는데 이용된다. 그리고 각 집단의 구매행위를 분리하여 조사할 수 있다. 자동차 구매자들의 구매속성 중요도에 따라 군집화가 이루어지면 각 집단에 적합한 전략을 식별하는데 사용할 수 있다.

■ 신제품 기회 식별

브랜드와 제품을 군집화 함으로서 시장 내에서 경쟁적인 집합이 결정될 수 있다. 같은 군집내의 브랜드들은 다른 군집의 브랜드보다 서로가 더 치열하게 경쟁한다. 하나의 기업은 잠재적인 신제품 기회를 식별하기 위하여 현재의 제품과 경쟁사의 제품을 비교 조사할 수 있다.

■ 테스트 마켓 선별

여러 도시를 동질성의 군집으로 집단화함으로서 각종 마케팅전략을 시험하기 위한 비교할 수 있는 도시를 선택할 수 있게 한다.

■ 자료 감축

군집분석은 개개의 관측자료 보다는 좀 더 관리하기 좋은 군집이나 하위집단으로 개발하기 위한 일반적인 자료 감축도구로 사용할 수 있다. 다변량 분석은 개별적인 관측자료 보다는 오히려 군집화 함으로서 보다 쉽게 소비자들의 상품사용 행위의 차이점을 이해할 수 있게 하는 것이다. 집단 간 차이는 다중 판별분석을 사용하여 조사할 수 있다.

활용사례

소비자유형에 따른 구매의사결정 패턴의 차이

현재의 경제 위기 상황에서 소비자들이 물건을 고르는 기준은 무엇일까? 특히, '가격 요소'는 다른 요소들에 비해 얼마나 중요한 것일까?

6대도시에 거주하는 18세 이상 소비자들 500명을 대상으로 하여 지난 9월 16일 실시한 전화조사를 하였다. 다음과 같은 4가지 질문을 변수로 하여 군집분석을 해 본 결과 5가지 소비자 유형이 도출되었다.

질문문항	유명상표/가격중시형 (22.0%)	디자인 중시형 (17.8%)	프리미엄 제품선호형 (16.1%)	기본 품질 중시형 (13.3%)	가격 우선형 (30.8%)
조금 비싸더라도 이왕이면 유명상표를 사는 것이 낫다	3.31	2.40	2.67	2.52	1.63
품질이 조금 떨어지더라도 가격 차이가 많이 난다면 저렴한 제품을 사겠다	3.36	2.64	2.42	1.65	3.49
품질이 비슷하다면 디자인이 떨어지더라도 저렴한 제품을 사겠다	3.11	1.64	2.23	3.49	3.41
다양한 기능의 비싼 제품보다는 단순한 기능의 저렴한 제품을 사겠다	3.37	3.54	1.59	3.51	3.46

* ( )안의 수치는 전체에서 차지하는 각 군집의 크기(%)
** 각 셀안의 수치는 4점 척도의 평균 점수 : 아주 그렇다(4), 어느 정도 그렇다(3), 별로 그렇지 않다(2), 전혀 그렇지 않다(1)

5개 소비자 유형중 가장 크기가 큰 첫 번째 유형은 가격우선형으로 타 요소보다 가격을 우선하는 소비자들이다. 이들은 여자 50대 이상(45.1%), 소득수준 하층(41.5%), 직업별로는 자영업층(38.8%)에 상대적으로 많이 분포하는 것으로 나타났다.

활용사례

소비자들은 그들의 라이프스타일과 밀접하게 제품을 구매하는 성향이 강하다.

전체의 22% 정도를 차지하는 유명상표/가격중시형은 상표와 가격을 동시에 중요하게 생각하는 소비자들이다. 이러한 유형은 남자 40대(31.9%) 및 소득수준 상층(29.3%)에서 상대적으로 많이 발견되는데 이들은 가격 자체도 중요시하지만 널리 알려져 믿을 수 있는 상표들 사이에서 가격 비교를 하는 유형이라고 할 수 있다.

세 번째 유형은 디자인중시형이다. 18-24세(24.5%), 학생층(28.8%), 여자 30대(28.8%)에 많이 분포하는 이들은 다른 요소들보다 디자인에 민감한 소비자들이다. 네 번째 유형은 가격보다는 다양한 기능, 디자인, 품질을 더 중시하는 프리미엄 제품선호형이다. 상대적으로 현재의 경제 상황에 덜 민감한 소비자들이라고 할 수 있다. 이들은 미혼(29.5%), 18-24세(28.6%) 연령층에 상대적으로 많이 분포하는 것으로 나타났다.

마지막 유형은 기본품질중시형이다. 전체의 13.3%를 차지하는 이들은 디자인 및 다양한 기능은 가격보다 중시하지 않지만 품질은 양보할 수 없다는 태도를 가진 소비자들이다. 이들은 고연령층 일수록 그 비중이 높아지는 것으로 나타났다.

(자료원 : ㈜미디어리서치, 구매 의사 결정시 가격의 중요성에 따른 소비자 유형, 홈페이지(www.mediaresearch.co.kr)

3) 군집분석에 관련된 통계량

군집분석과 관련된 통계량을 논의하기 전에 대부분의 군집화 방법은 광범위한 통계적 추론 체계에 의해 지원되지 않는 상대적으로 단순한 방법이라는 것이다. 대부분의 군집화 방법은 스스로 발견되며 그것은 알고리즘에 기초를 두고 있다. 이와 같이 군집분석은 광범위한 통계적 추론 체계에 기초한 분산분석, 회귀분석, 판별분석, 요인분석과 확연히 대조를 이루고 있다. 많은 군집의 방법들은 중요한 통계적 특성을 지니고 있지만 이러한 방법들의 근본적인 단순성을 인식할 필요가 있다.

다음의 통계량과 개념들은 군집분석과 연관되어 있다.

■ 집적 스케줄(agglomeration schedule)

집적 스케줄은 계층적인 군집 과정의 각 단계에서 결합되는 대상과 케이스에 관한 정보를 제공한다.

■ **군집 중심점**(cluster centroid)

특정 군집에서 모든 케이스나 대상에 대한 변수들의 평균값이다.

■ **군집 중심**(cluster centers)

비계층 군집에서 최초의 출발점이며 군집은 이들 중심이나 핵심(seeds) 주위에 형성된다.

■ **군집 구성원**(cluster membership)

대상이나 케이스가 속한 군집을 가리킨다.

■ **덴드로그램**(dendrogram)

나무구조는 군집화 된 결과를 표시하기 위한 도표 방식이다. 수직선은 함께 결합된 군집들을 표시한다. 척도위의 줄의 위치는 군집들의 결합된 거리를 나타낸다. 왼편에서 오른편으로 읽는다.

■ **군집중심 간의 거리**(distances between cluster centers)

이들 거리는 개개의 군집 쌍들이 어떻게 분리되어 있는가를 나타낸다. 넓게 분리되어 있는 군집들은 분명하고 바람직한 것이다.

■ **고드름 다이어그램**(icicle diagram)

이것은 군집결과의 도표로 나타낸 것이다. 집 처마에 매달린 한 줄의 고드름을 닮았다하여 그렇게 불린다. 칼럼은 군집화 되는 대상과 일치하고 줄은 군집의 수와 일치한다. 고드름 다이어그램은 밑에서부터 위로 읽는다.

■ **유사성/거리 계수 행렬**(similarity/distance coefficient matrix)

대상이나 케이스간의 한 쌍의 거리를 포함하는 것 보다 낮은 삼각 행렬이다.

활용사례

한국인의 라이프스타일 유형

한국인의 라이프스타일의 특징 및 라이프스타일 유형별 매체이용행위, 소비행위 등 다양한 행태적 영역에 대한 분석을 실시하였다. 분석에 이용된 자료는 제일기획에서 94년도에 실시한 전국소비자 조사 자료로서 주요인분석, 군집분석, 판별분석 등 일련의 통계적 처리과정을 거쳐서 라이프스타일 유형분석을 시도하였다.

분석결과 6개의 라이프스타일 유형을 발견할 수 있었는데 「서구지향적 자아추구형」, 「현실부정적 자아억제형」, 「미래지향적 갈등형」, 「전통지향적 현실순응형」, 「감각지향적 자유분방형」, 그리고 「보수적 현실향유형」으로 명명하였다. 각각의 집단들은 인구통계적 특징 및 매체이용행위에 있어서 뚜렷한 차이를 보였으며 소비행위에 있어서도 인구통계적 변수와는 별개로 독자적인 예측력을 보여주었다.

따라서 라이프스타일 특성은 인구통계적 요소와 더불어 소비행위 및 매체이용행위를 예측하는데 매우 유용한 척도임을 알수 있었는데 이러한 결과는 시장세분화 전략, 브랜드 포지셔닝, 매체기획, 그리고 광고표현전략 등에 효과적으로 활용될 수 있을 것이다.

한국인의 라이프스타일은 이제 보다 더 여가생활을 즐기는 형태로 진화되어가고 있다. 이는 소득수준의 향상과 여가시간의 증대, 교육수준의 향상 그리고 일의 패턴이 달라지면서 자연스럽게 찾아 온 것이다. 따라서 이들을 구매현장으로 유도하기 위해서는 다양한 연구가 이루어져야 한다.

(자료원 : 조형오(1996), 한국인의 라이프스타일의 유형 분류 및 소비행동에 대한 연구, 소비자학 연구, 제7권 제2호)

2. 군집분석의 수행절차

군집분석을 실시하기 위한 절차는 <그림 14-2>와 같다. 첫 단계는 군집의 기초가 되는 변수를 정의함으로서 군집화 하는 문제를 설정하는 것이다. 그리고는 적절한 거리 측정 방법을 선택해야 한다. 거리 측정은 군집할 대상들이 얼마나 비슷하거나 틀린지를 결정하는 것이다. 몇 단계의 군집 절차들이 전개되어 있으며 연구자는 문제에 적합한 하나를 직접 선택해야 한다. 군집 수에 대한 결정

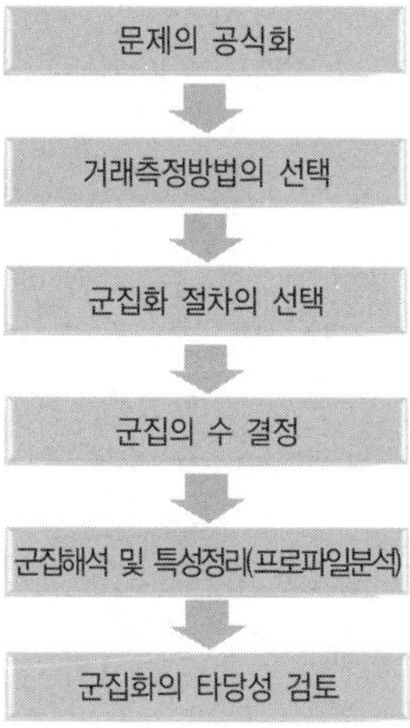

|그림 14-2| 군집분석의 절차

은 연구자의 판단이 요구된다. 유도된 군집들은 군집화에 사용된 변수에 의하여 해석되어야 하며 추가적인 중요한 변수들에 의해 군집의 특성을 정리해야 한다. 마지막으로 연구자는 군집과정의 타당성을 평가해야 한다.

활용사례

라이프스타일과 시장세분화

은행 신용카드 사용자들의 라이프스타일 유형을 조사한 연구에서 전체적인 라이프스타일 특성을 먼저 요인분석을 통하여 요인을 추출한 다음 군집분석을 이용하여 라이프스타일에 대한 시장세분화를 시도하였다. 군집분석은 응답자들의 라이프스타일 특성에 따라 그룹화 하는데 사용된다. 이러한 라이프스타일에 기초한 5개의 의미 있는 세분집단이 있다는 것을 제시하고 있다. 제시된 시장유형에는 「소극적 개인주의형」, 「적극적 활동형」, 「최신유행 추구형」, 「보수주의형」, 「건전 활동형」으로 구분된다. 이런 시장유형에 따라 각 세분집단별로 구체적인 신용카드의 광고전력을 수립하게 된다.

(자료원, 이명식(1992), 라이프스타일에 의한 시장세분화와 신용카드의 광고전략 연구)

1) 문제의 공식화

군집화 문제를 설정하는 가장 중요한 부분은 군집화의 기초가 되는 변수의 선택인 것이다. 한 두 개의 부적절한 변수가 포함되었더라도 유용한 군집 문제를 왜곡할 수도 있는 것이다. 기본적으로 선택된 변수의 세트는 대상들 간의 비슷한 점을 마케팅조사문제에 적합한 조건에 비추어 설명되어야 한다. 변수들은 과거의 조사, 이론, 검증된 가설들을 고려하여 선택되어야 한다. 탐구적인 조사에서는 연구자들은 판단과 직관을 사용하여야 한다. 설명을 위해 제품 구매에 대한 태도에 기초한 소비자의 군집을 고려해 본다. 과거 조사 연구에 기초한 여섯 가지의 태도 변수들을 확인하였다.

2) 거리나 유사성측정 방법의 선택

군집화의 목적이 유사한 대상들을 함께 집단화하는 것이기 때문에 대상들이 얼마나 비슷한지 또는 다른지를 평가하기 위하여 약간의 측정이 필요하다. 가장 보편적인 방법은 대상들 간의 거리로 유사성을 측정하는 것이다. 거리가 좁은 대상들은 거리가 넓은 대상들 보다 서로의 유사성이 큰 것이다. 두 대상 간의 거리를 계산하는데 몇 가지 방법이 있다.

유사성에 대한 가장 널리 사용되는 측정은 유클리디안 거리(Euclidean distance)나 그것의 제곱인 것이다. 유클리디안 거리는 각 변수 값들의 차이를 제곱하여 합계한 것의 제곱근이다. 일반적으로 가장 많이 사용하는 방법은 유클리디안 거리이며, 이외에도 도시블록 거리(city-block distance)[1]와 체비체프 거리(Chebychev distance)[2] 등이 사용되기도 한다.

만약 변수들이 다양하게 다른 단위로 측정된다면 군집화는 측정의 단위에 의해 영향을 받을 것이다. 예를 들어 슈퍼마켓 고객의 쇼핑행태에 대한 태도 변수를 9점 리커트(Likert)형 척도로 측정하는 경우 애호도(patronage)는 매월 슈퍼마켓을 방문하는 빈도수와 소비하는 화폐액으로 측정되며, 브랜드 충성도는 좋아하는 슈퍼마켓에 할당한 식품구매 지출의 비율로 측정된다. 이런 경우에 응답자들을 군집화하기 전에 각 변수를 재척도화 하여 평균이 0이고 표준편차가 1이 되도록 자료를 표준화해야 한다. 표준화가 측정단위의 영향을 제거할 수 있으며 그것은 또한 그룹이나 군집을 가장 잘 판별할 수 있는 변수들의 집단 간 차이를 줄일 수 있는 것이다. 또한 아웃라이어(outlier)는 제거하는 것이 좋다.

슈퍼마켓 고객의 쇼핑형태에 대한 태도를 측정하는 경우 각 변수의 측정단위가 다르기 때문에 표준화해야 한다.

다른 거리 측정값을 사용하는 것은 다른 군집화 결과를 초래할 수도 있다. 그러므로 다른 측정방법을 사용하거나 결과를 비교해 보기는 것도 좋을 것이다. 거리나 유사성을 측정한 다음에는 군집화 절차를 선택할 수 있다.

3) 군집화 절차의 선택

<그림 14-3>은 군집화 절차의 분류이다. 군집화 절차는 계층적 또는

1) 도시블록 거리는 임의의 지점 A와 B를 고려할 때 A에서 B로의 직선거리가 아닌 평면상에서 정해진 길을 따라 이동했을 때의 거리로 도시의 길을 가는 경우처럼 거리를 계산하게 된다. 맨하탄 거리(Manhattan distance)라고도 한다.
2) 체비체프 거리는 어떤 변수에 대한 값에 있어 최대의 절대 차이로 거리를 계산한다.

비계층적이 될 수 있다. 계층적 군집화(hierarchical clustering)는 계층 또는 나뭇가지 형태의 전개 방법에 의해 특징 지워진다. 계층적 방법은 집적적인 방법과 분할적인 방법이 있다.

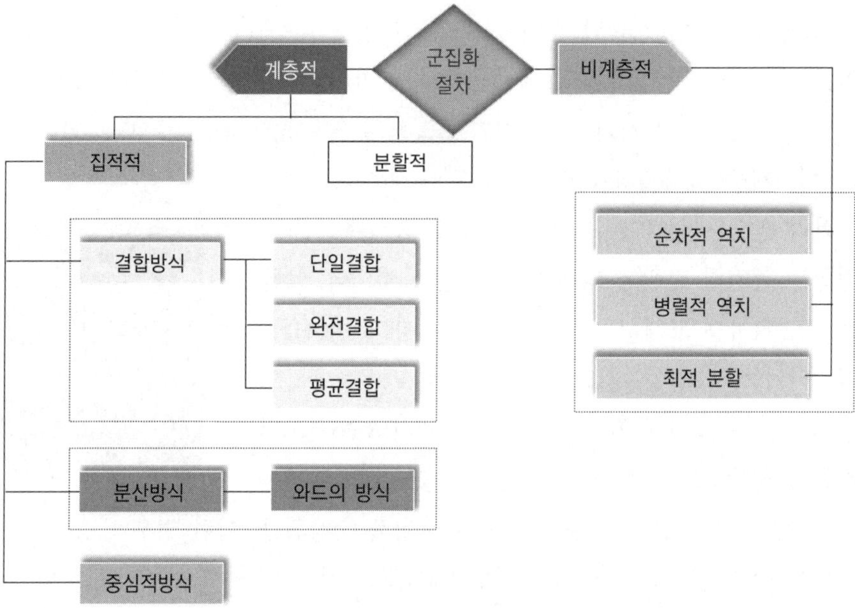

자료원 : Malhotra, Naresh K.(1999), Marketing Research : An Applied Orientation, 3rd ed., Prentice-Hall, Inc., p.617.

|그림 14-3| 군집화 절차의 분류

집적적 군집화(agglomerating clustering)는 분리된 군집에서 각각의 대상과 함께 시작된다. 군집은 대상들을 점점 더 큰 군집으로 집단화함으로써 형성된다. 이 과정은 모든 대상이 단일 군집의 요소가 될 때까지 계속된다.

분할적 군집화(divisive clustering)는 단일 군집에 집단화된 모든 대상과 함께 시작한다. 하나하나의 객체가 분리된 군집에 귀속될 때까지 분할된다. 집적적 방법은 마케팅조사에서 많이 사용하고 있다. 여기에는 결합방식(linkage method), 분산 방식(variance method), 그리고 중심점 방식(centroid method) 등이 있다.

결합방식은 단일결합, 완전결합, 평균결합으로 나눌 수 있다. 단일결합방식(single linkage method)은 최소의 간격이나 가장 가까운 이웃 규칙에 기초를 두고 있다. 처음에 군집된 두 대상은 그들 사이에 가장 가까운 거리를 갖는 대상들인 것이다. 그 다음에 가장 짧은 거리가 확인되고 세 번째 대상은 처음의 두 대상과 군집을 이루거나 새로운 두 대상과 군집을 형성한다. 각 단계에서 두 군집 사이의 거리는 두 군집의 가장 가까운 점 사이의 거리인 것이다(그림 14-4 참조).

두 개의 군집은 그들 간 가장 짧은 결합에 의하여 어떤 단계에서 합쳐진다. 이러한 과정은 모든 대상이 하나의 군집이 될 때까지 계속된다. 단일결합방식은 군집이 빈약하게 정의되었을 때는 제대로 수행되지 않는다.

완전결합방식(complete linkage method)은 최대의 거리나 가장 먼 이웃접근법에 기초하고 있다는 것을 제외하면 단일결합과 유사하다. 완전결합에서는 두 군집 사이의 거리는 두 군집의 가장 먼 두 점 사이의 거리로 계산된다.

평균결합방식(average linkage method)은 두 군집 사이의 거리를 모든 쌍의 대상들 사이의 거리 평균값으로 정의된다. 여기에선 각 쌍의 한 대상이 군집들의 각각으로부터 나온다. 평균결합방식은 모든 짝의 거리에 관한 정보를 사용하는데 최소나 최대 거리 모두를 이용한다. 이런 이유 때문에 단일결합이나 완전결합 보다 선호되고 있다.

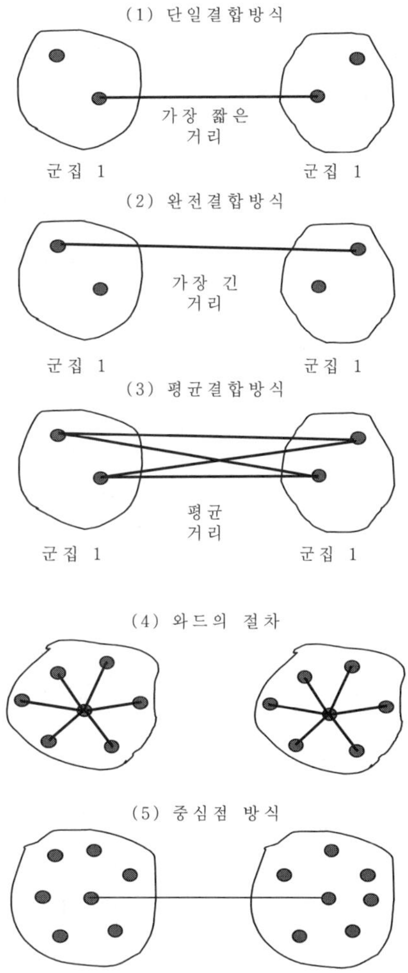

|그림 14-4| 군집화의 결합 방법

분산방식은 군집내의 분산을 최소화하는 군집을 만들어 내려는 시도이다. 보통 사용하는 분산방식은 와드의 절차(Ward's procedure)이다. 각 군집에 대해 모든 변수의 평균을 계산한다. 그런 다음 각 개체에 대해 군집 평균과 차이 제곱이 계산된다. 그리고 이들 차이들은 모든 대상들에 대해 합계된다. 각 단계에서 군집 내 차이 제곱의 모든 합계에서 가장 적은 증가를 가진 두 개의 군집이 결합된다.

중심점 방식에 있어서는 두 개 군집사이의 거리는 그들 평균사이의 거리이다. 대상들이 그룹화 될 때마다 새로운 무게중심이 계산된다. 계층적 방법 중에서 평균결합방식과 와드의 절차는 다른 방법들보다 더 잘 수행되고 있다.

군집화 절차의 두 번째 형태인 비계층적 군집화(non-hierarchical clustering) 방법은 종종 K-평균 군집화(k-means clustering)로 불린다. 이 방법은 순차적 역치, 병렬적 역치, 최적 분할법 등이 있다. 순차적 역치법(sequential threshold method)은 하나의 군집 중심이 선택되고 중심으로부터 미리 정한 역치값 이내에 있는 모든 대상은 함께 그룹화 된다. 그런 다음 새로운 군집 중심이나 종자(seed)가 선택되고 군집화 되지 않은 대상들에 대해 이런 과정이 반복된다. 일단 하나의 대상이 하나의 핵심으로 군집화 되면 다음의 핵심과의 군집화는 더 이상 고려하지 않는다. 병렬적 역치법(parallel threshold method)은 여러 개의 군집 중심이 동시에 선택되고 역치 수준 내에 있는 대상들은 가장 가까운 중심으로 그룹화 되는 것 이외는 순차적 방법과 비슷하다. 최적 분할법(optimizing partitioning method)은 전체의 기준에 적합하도록 대상들을 나중에 재할당 할 수 있다는 점에서 앞의 두 방법과는 다르다.

비계층적 방법의 주요한 두 가지 결점은 군집의 수가 미리 확정되어야 하고 군집의 중심 선택이 임의적이라는 것이다. 더구나 군집의 결과는 중심을 어떻게 선택하느냐에 달려 있다. 많은 비계층적 프로그램이 최초의 군집 중심으로 결측치(missing values)가 없는 첫 번째 k(k=군집의 수) 케이스를 선택한다. 이렇게 해서 군집화의 결과가 자료의 관찰 순서에 의해 좌우될 수도 있는 것이다. 그러나 비계층적 군집 방법은 계층적 방법 보다 신속하고 대상이나 관찰의 수가 많을 때에는 장점이 있다. 이것은 계층적 방법과 비계층적 방법을 나란히 사용되어야 한다는 것을 제시하고 있다. 첫째, 최초 군집화 해법은 평균결합방식이나 와드방식과 같은 계층적 절차를 사용하여 얻어진다. 이렇게 얻어진 군집의 수와 군집 중심점(centroid)은 최적분할방식에 대한 입력으로 사용된다.

군집화 방법과 거리 측정의 선택은 상호관련이 있다. 예를 들어 제곱한 유클리디안 거리는 와드의 방법과 무게중심 방법과 함께 사용하고 있다. 또한 몇몇 비계층적인 방법들도 제곱한 유클리디안 거리를 사용한다.

4) 군집의 수 결정

군집분석에서 주요한 문제는 군집의 수를 결정하는 것이다. 명확한 규칙은 없지만 몇 가지의 지침을 이용할 수 있다.

- 이론적, 개념적, 실무적인 사항들을 고려하여 군집의 수를 결정할 수 있다. 예컨대 만약 군집의 목적이 시장의 분할을 식별하는 것이라면 경영자는 특정의 군집수를 원할 수가 있다.
- 계층적 군집화에서는 군집들이 결합되는 거리가 기준으로 사용될 수 있다. 이런 정보는 집적 스케줄이나 덴드로그램으로부터 얻을 수 있다.
- 비계층적 군집화에서 그룹간 분산에 대한 그룹 내 총분산의 비율로 군집의 수를 알 수 있다. 구부려졌거나 급격한 점은 적절한 군집의 수를 나타낸다. 이 점을 초과하여 군집의 수를 늘리는 것은 가치가 없다.
- 군집의 상대적 크기는 의미가 있어야 한다. 분석표에서 군집 구성원의 빈도수를 단순히 헤아려봄으로써 군집의 수를 정할 수 있다. 단지 하나의 케이스를 갖는 군집은 의미가 없다.

5) 군집 해석 및 특성 정리

군집을 해석하고 특성을 정리하는 것은 군집 중심값(cluster centroid)을 조사하는 것을 포함한다. 중심값은 변수들 각각에 대해 군집에 포함된 대상들의 평균값(mean value)을 표시하는 것이다. 중심값은 각 군집에 이름이나 호칭을 부여함으로써 각각의 군집을 설명할 수 있게 해 준다. 만약 군집분석에서 이 정보를 제공해 주지 않는다면 판별분석(discriminant analysis)을 통해 얻을 수 있다.

군집의 특성을 설명하는데 있어서 인구 통계적, 심리묘사적, 제품 사용, 매체 사용 등의 변수들도 유용한 경우들이 있다. 예컨대 추구하려는 이익을 근거로 하여 군집을 도출해 낼 수 있다. 각 군집에 관한 표적마케팅 노력에 대해 인구 통계적 및 심리묘사적 변수의 측면에서 보다 면밀히 그 특성을 설명할 수 있다. 군집들 사이에 뚜렷한 차별화 되는 변수들은 판별분석과 일원분산분석을 통해 식별할 수 있다.

6) 신뢰성과 타당성 평가

군집분석의 결과를 받아들이기 위해서는 신뢰성과 타당성에 대한 평가가 이루어져야 한다. 군집화 결과의 신뢰성과 타당성 평가에 대한 공식적인 절차는 복잡하지만 충분한 정보를 제공해주지 못하고 있기 때문에 여기서는 제외하고자 한다. 다만 다음의 절차들은 군집결과의 질에 대한 적절한 점검을 제공한다.

- 다른 거리 측정치를 이용하여 똑같은 자료에 대해 군집분석을 수행한다. 결과의 안정성을 결정하기 위하여 측정치에 대한 결과를 비교한다.
- 군집화에 대한 다른 방법을 사용하여 그 결과를 비교한다.
- 자료를 무작위하게 반으로 분할하여 각각 반의 자료에 대한 군집화를 분리하여 수행하고 두 개의 하위표본에 대한 군집 평균을 비교한다.
- 무작위로 변수들을 삭제한다. 감소된 변수집합을 근거로 군집화를 수행하고 전체변수 세트를 기초로 군집화에 의해 얻어진 결과와 비교한다.
- 비계층적 군집화의 결과는 자료 세트에서 케이스의 순서에 좌우될지도 모른다. 결과가 안정될 때까지 케이스의 순서를 다르게 이용하여 다중처리를 한다.

7) 계층적 군집분석 절차

SPSS를 이용하여 계층적 군집분석을 실시하는 절차는 다음과 같다. 군집분석의 편의상 본서의 사례에서 응답 케이스를 10개로 축소하였으며 군집분석에 사용될 변수는 12개 변수로 설정하였다.

① '예제 데이터(18)-계층적 군집분석.sav;' 파일을 불러온다.

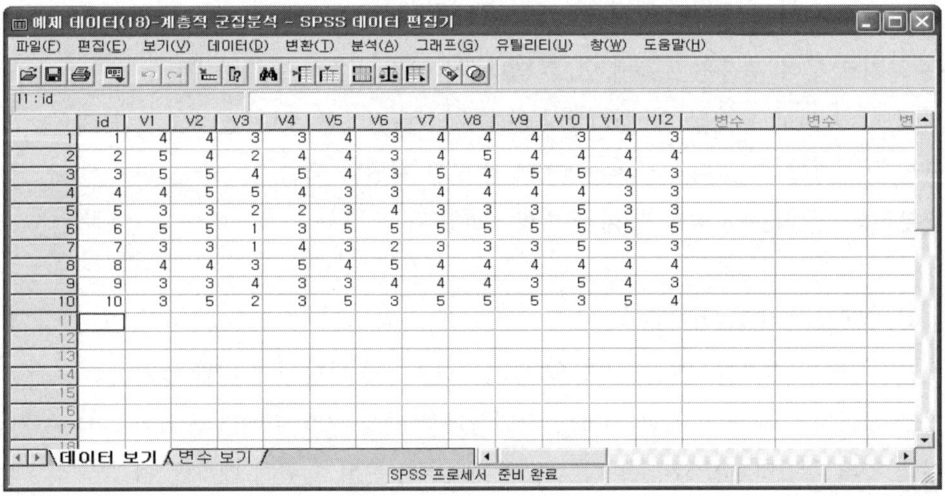

② 메뉴에서 [분석 > 분류분석 > 계층적 군집분석(H)]을 선택한다.

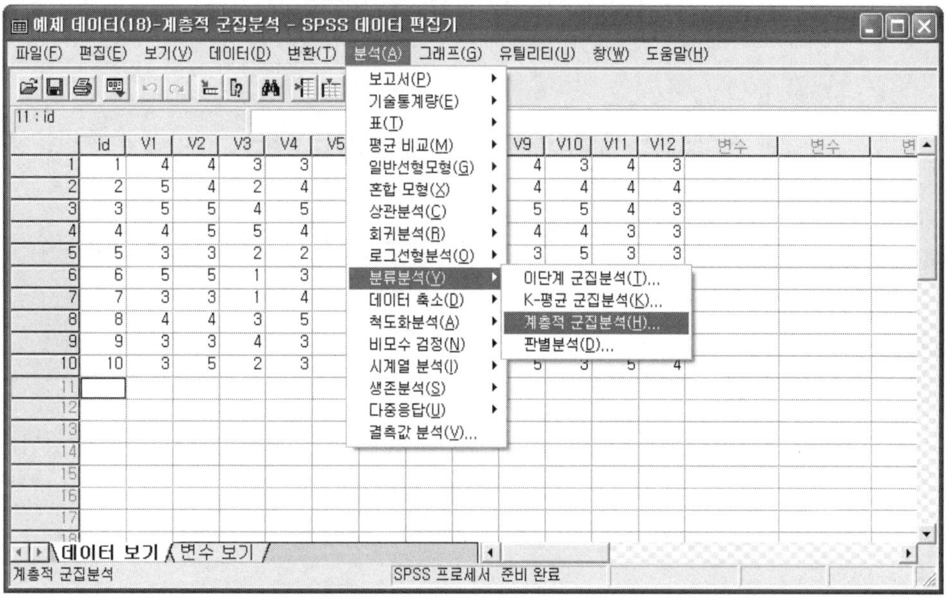

③ 대화상자에서 분석에 활용할 변수를 우측으로 이동시킨다. [군집...케이스(E)], [출력...통계량(S) / 도표(L)]는 기본으로 설정되어 있으므로 그대로 유지한다.

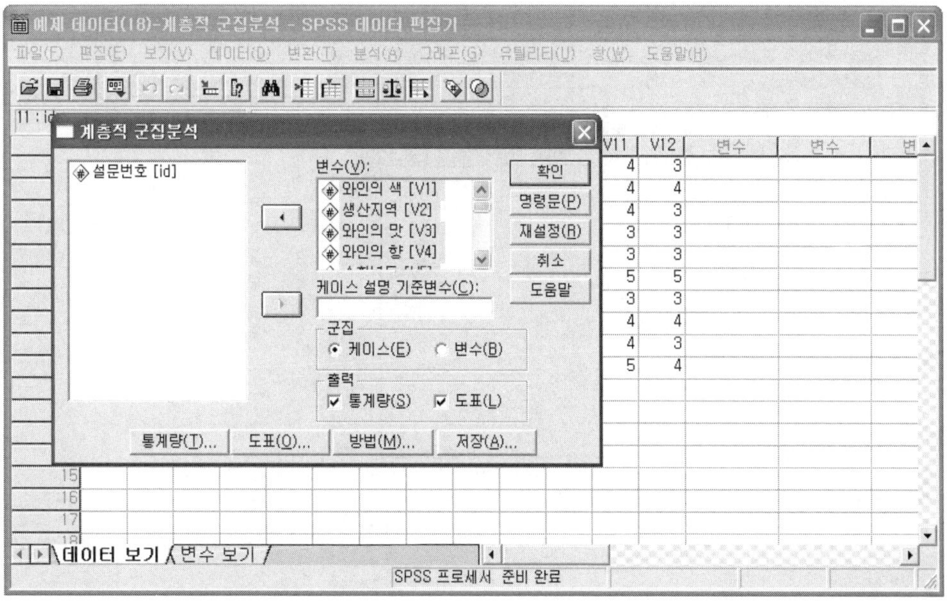

■ 케이스 설명 기준변수(C): 기본적으로 기준변수가 설정되어 있지 않으며 출력결과에서 응답 케이스 번호로 출력된다.

▶ 군집

■ 케이스(E): 케이스들 간의 거리계산을 통하여 케이스별 군집분석을 실시한다.

■ 변수(B): 변수들간의 거리계산을 통하여 변수들에 대한 군집분석을 실시한다.

▶ 출력

■ 통계량(S): 기본적인 통계량이 제시된다. 기본설정으로 되어 있다.

■ 도표(L): 덴드로그램, 고드름도표 등이 결과에 나타난다. 기본설정으로 되어 있다.

④ [통계량(S)] 버튼을 누르고 대화상자에서 [군집화 일정표(A)](기본설정)와 [근접행렬(P)]을 선택한다. [계속] 버튼을 누른다.

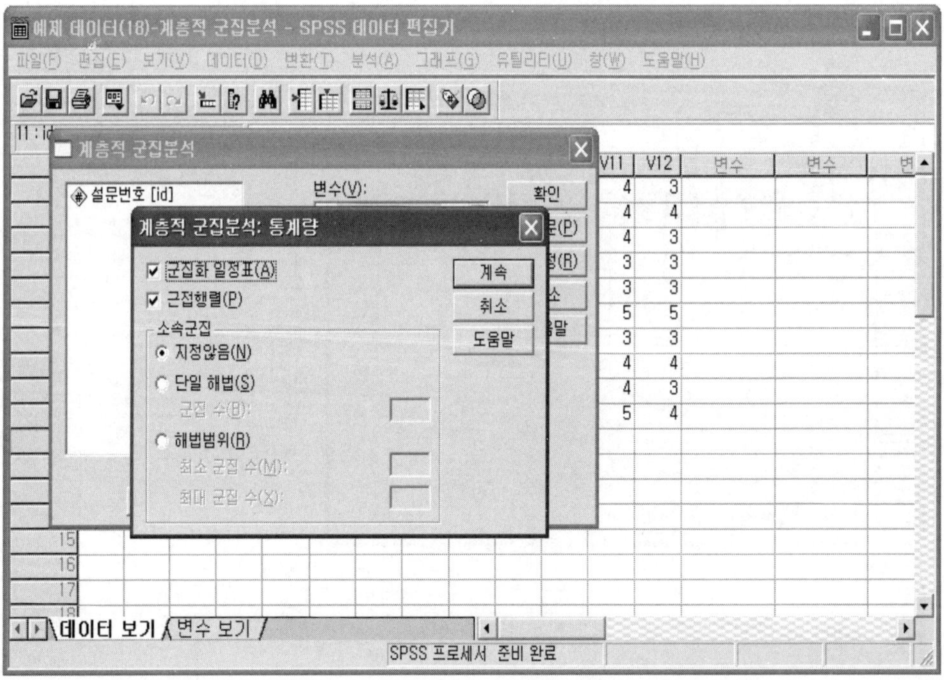

■ 군집화 일정표(A): 기본설정으로 되어 있으며 계층적 군집화의 각 단계에서 어떤 군집들이 조합되어 있는지를 나타내준다.

■ 근접행렬(P): 케이스 간 거리행렬을 보여준다.

▶ 소속군집

■ 지정 않음(N): 기본설정 되어 있으며 분류될 군집 수를 사전에 지정하지 않음을 의미한다.

■ 단일 해법(S): 단일 해로부터 사전에 군집의 수를 지정하고 분류된 소속군집까지를 표시한다. 1보다 큰 정수를 지정해야 한다.

■ 해법범위(R): [최소 군집 수(M)]에서 [최대 군집 수(X)]에 해당하는 값을 지정한다. 모두 1 보다 큰 정수를 입력하고 첫 번째 값은 두 번째 값보다 작은 값을 지정해야 한다.

⑤ [도표(L)] 버튼을 누르고 [덴드로그램(D)]을 선택한다. [고드름...전체 군집(A)]은 기본으로 설정되어 있으며 그대로 유지한다. [출력방향... 수직(V)] 역시 기본설정을 그대로 유지한다.

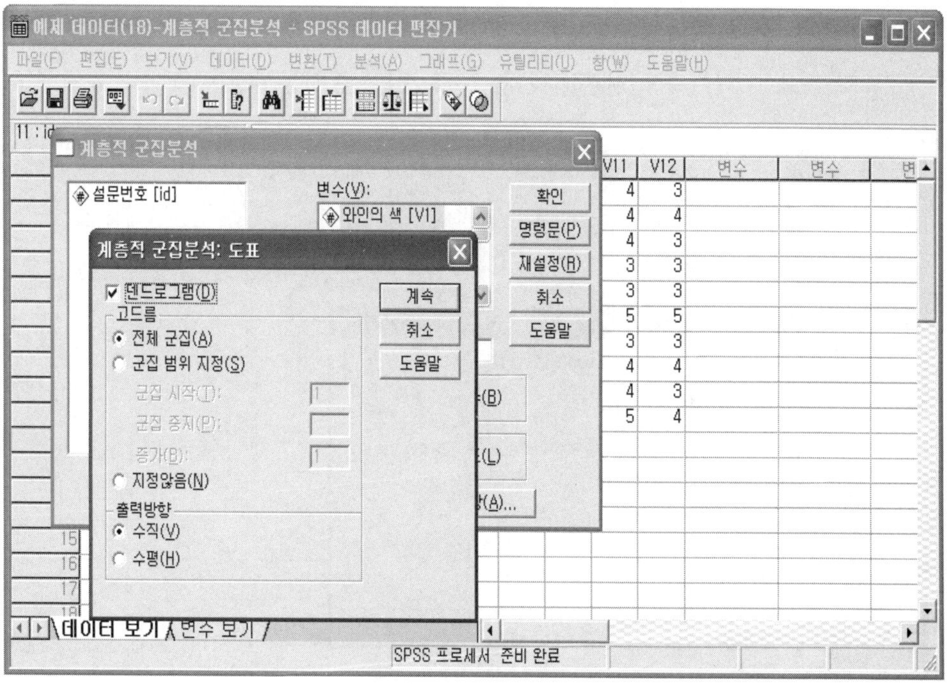

■ 덴드로그램(D): 계층적 군집분석의 단계를 시각적으로 보여주는 것으로 각 단계에서 조합되는 군집과 거리값을 나타낸다. 덴드로그램은 실제 거리를 0과 25 사이의 수로 조정하고 단계 간 거리비율은 그대로 유지한다.

▶ 고드름

■ 전체 군집(A): 모든 군집해법에 대한 고드름 도표를 도출한다.

■ 군집 범위 지정(S): 고드름표를 군집해법의 범위로 제한한다. 범위를 지정하려면 최저 및 최고군집해법에 해당하는 값을 시작과 중지란에 양의 정수값으로 지정한다. 증가는 양의 정수값을 입력한다.

■ 지정않음(N): 고드름도표를 출력하지 않는다.

▶ 출력방향

■ 수직(V): 기본설정된 것으로 고드름도표가 수직형태로 출력된다.

■ 수평(H): 고드름도표가 수평형태로 출력된다. 응답 케이스가 많은 경우 수평형태를 선택하는 것이 좋다.

⑥ [방법(M)] 버튼을 누르고 [군집방법(M)]에서 [Ward의 방법]을 선택한다. [측도]와 [값 변환], [측도변환]은 기본설정을 그대로 유지해준다.

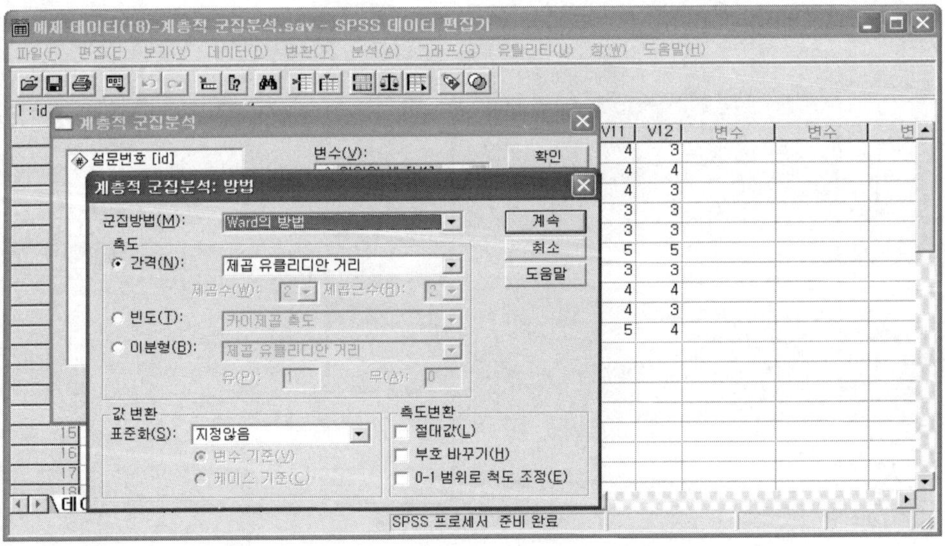

▶ 군집방법

■ 집단-간 연결: 기본 설정된 방법으로 평균결합법(average linkage)으로서 집단 간 평균을 이용하여 군집을 결합한다.

■ 가장 가까운 항목: 최단 거리를 기준으로 군집을 결합하는 방법으로서 단일결합법(single linkage)에 해당한다.

■ 가장 먼 항목: 최장 거리를 기준으로 군집을 결합하는 방법으로 완전결합법(complete linkage)에 해당한다.

■ Ward의 방법: 계층적 군집분석방법 중에서 Ward법에 의한 방법을 지정한다.

▶ 측도

■ 간격(N): 등간척도에 의해 수집된 데이터에 대한 유사성과 비유사성 간의 거리를 계산하는 방식이다. 이때는 유클리디안(Euclidean) 거리가 기본설정상태이다. Ward법에 의해 군집을 하면 흔히 제곱 유클리디안거리를 지정하고 단일결합법이나 완전결합법, 평균결합법을 사용한다.

■ 빈도(T): 빈도 데이터에 대한 분석으로 카이제곱 측도가 기본적으로 설정되어 있다.

■ 이분형(B): 이분형 데이터에 대한 분석으로 제곱 유클리디안 거리가 기본으로 설정되어 있다.

▶ 값 변환

■ 표준화(S): 데이터 값을 표준화하여 분석한다.
- 지정안함: 기본설정되어 있으며 표준화조건을 지정하지 않는다.
- 변수기준(V): 각 변수의 값들을 표준화하여 분석한다.
- 케이스기준(N): 각 케이스 내의 값들을 표준화하여 분석한다.

▶ 측도변환

■ 절대값(L): 거리의 절대값을 구한다.

■ 부호 바꾸기(H): 유사성을 상이성으로 혹은 역으로 변환한다. 이 조건

을 선택하면 거리 순서를 역으로 바꿀 수 있다.

- 0-1범위로 척도 조정(E): 거리 값 범위를 0에서 1 사이 범위로 다시 조정한다.

⑦ [저장(A)] 버튼을 누르고 [지정않음(N)]으로 되어 있는 기본설정을 유지한다.

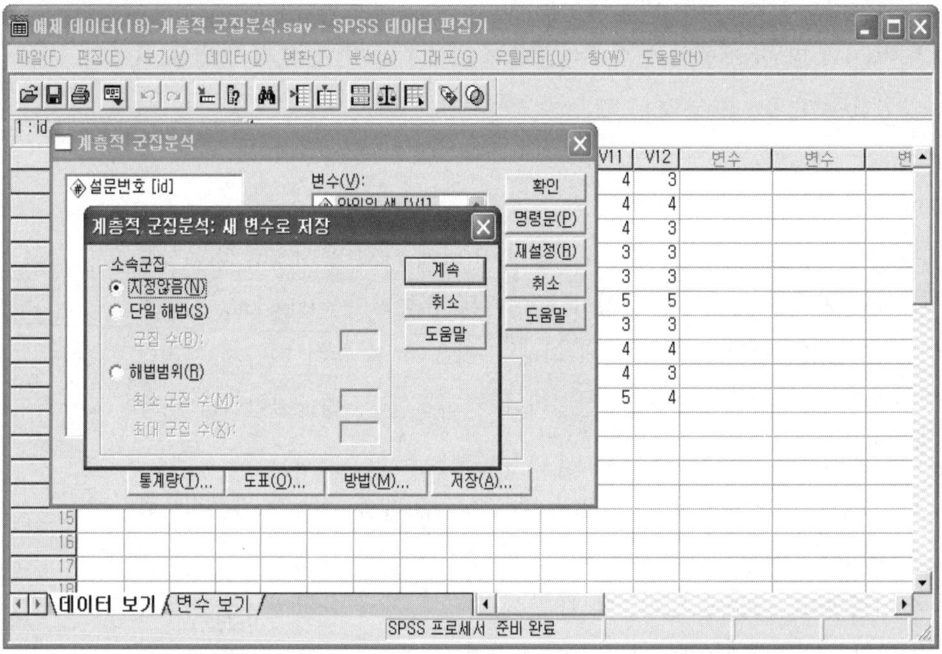

▶ 소속군집

- 지정 않음(N): 소속군집을 지정하지 않는다.
- 단일 해(S)-군집 수: 지정한 군집 수가 있는 단일해법에 대해 소속군집을 저장한다. 1 보다 큰 정수를 입력한다.
- 해법범위(R)-최소 군집 수 - 최대 군집 수): 군집해법의 범위에 대해 소속군집을 저장한다. 최소 및 최대 군집해법에 해당하는 값을 입력하면 되며 두 값 모두 1 보다 큰 정수값을 취한다. 처음 값은 두 번째 값보다 작아야 한다.

⑧ [확인] 버튼을 누르면 다음과 같은 분석결과들이 도출된다.

▶ 케이스 처리 요약

케이스 처리 요약[a]

케이스					
유효		결측		전체	
N	퍼센트	N	퍼센트	N	퍼센트
10	100.0	0	.0	10	100.0

a. Ward 연결법

전체 10개의 응답 케이스에 대하여 Ward법에 의해 군집분석을 실시하였음을 보여주는 결과표이다.

▶ 근접 행렬

근접행렬

케이스	제곱 유클리디안 거리									
	1	2	3	4	5	6	7	8	9	10
1	.000	6.000	13.000	9.000	14.000	23.000	17.000	10.000	10.000	9.000
2	6.000	.000	11.000	15.000	20.000	13.000	17.000	8.000	16.000	11.000
3	13.000	11.000	.000	8.000	33.000	24.000	30.000	11.000	19.000	20.000
4	9.000	15.000	8.000	.000	23.000	38.000	26.000	13.000	11.000	24.000
5	14.000	20.000	33.000	23.000	.000	35.000	9.000	20.000	8.000	31.000
6	23.000	13.000	24.000	38.000	35.000	.000	42.000	17.000	33.000	14.000
7	17.000	17.000	30.000	26.000	9.000	42.000	.000	23.000	17.000	32.000
8	10.000	8.000	11.000	13.000	20.000	17.000	23.000	.000	12.000	17.000
9	10.000	16.000	19.000	11.000	8.000	33.000	17.000	12.000	.000	25.000
10	9.000	11.000	20.000	24.000	31.000	14.000	32.000	17.000	25.000	.000

이것은 상이성 행렬입니다.

근접행렬은 관측대상(응답케이스)들간의 제곱 유클리디안 거리행렬을 보여주고 있다. 이 매트릭스상의 값들은 상이성(dissimilarity)을 나타내는 자료이기 때문에 작은 값을 가질수록 유사성(similarity)이 높다는 것을 말해준다.

▶ 군집화 일정표

단계	결합 군집		계수	처음 나타나는 군집의 단계		다음 단계
	군집 1	군집 2		군집 1	군집 2	
1	1	2	3.000	0	0	4
2	5	9	7.000	0	0	6
3	3	4	11.000	0	0	7
4	1	8	16.000	1	0	7
5	6	10	23.000	0	0	8
6	5	7	30.333	2	0	9
7	1	3	39.133	4	3	8
8	1	6	56.190	7	5	9
9	1	5	83.700	8	6	0

10개의 응답 케이스들이 군집화 되는 과정을 보여주는 표이다. 계수값은 군집화 되는 단계에서 그 군집 내 케이스의 이질성(heterogeneity)을 나타내는 값이다. 따라서 군집화 단계가 진행될수록 그 값은 커지게 된다.

본 사례에서 분식된 군집화 일정표에 의하면 첫 단계에서는 케이스 1과 케이스 2가 군집화 되었다. 이는 근접행렬표에 나타난 바와 같이 두 케이스간의 거리가 6으로 가장 가깝기 때문이다. 두 번째 단계에서는 케이스 5와 케이스 9가 군집화 되었다. 이 두 케이스간의 거리는 8이다. 이와 같은 식으로 9단계까지 군집화가 진행되며 이는 케이스 수가 10이기 때문이다.

적정 군집의 수를 어떻게 결정할 것인가의 문제는 군집분석을 실시하는 대부분의 연구자들이 겪는 문제이다. 이를 해소하기 위해 계층군집분석에서는 정지규칙(stopping rule)을 이용하여 적정 군집의 수를 결정할 수 있다. 군집화 일정표를 보면 각 단계별로 산출되어 있는 계수값(즉 이질성)이 단계를 더해갈수록 커지는 특성을 알 수 있다. 정지규칙이란 이와 같이 계수값이 급격히 증가하는 바로 전 단계에서 군집화를 정지(stopping)하는 방법이다. 군집값이 급격히 커진다는 것은 바로 그 단계의 군집화에 의해 케이스간의 이질성이 급격히 커진다는 것을 의미하기 때문이다. 이는 유사한 대상들끼리 결합시켜 집단화 하는 것에 목적을 두고 있는 군집분석의 목적과는 정면으로 배치되기 때문이다.

본 사례에서는 계수의 값이 단계 2에서 250.0%(=7/3), 단계 3에서 57.1%, 단계 4에서 45.5%, 단계 5에서 43.8%, 단계 6에서 31.9%, 단계 7에서 29.0%, 단계 8에서 43.6%, 단계 9에서 49.0%로 증가하는 것을 알 수 있다. 정지규칙을 따른다면 계수값이 단계 2에서 급격하게 증가하므로 그 전 단계인 단계 1에서 군집화 과정을 중지하고 밑에서부터 각 단계를 계산해 8개의 군집으로 결합시켜야 한다.

그러나 전체 10개 케이스를 8개의 군집으로 군집화하고 분석을 중단한다면 군집분석을 하고자 하는 취지와 너무나도 동떨어지게 된다. 군집분석은 수많은 개체들을 유사성을 중심으로 결합시켜 해석을 용이하게 하기 위한 것인데 하나마나한 결과를 얻게 되기 때문이다. 이러한 경우에 단계를 더 진행시켜 적정 군집의 수를 결정하는 것이 타당하다.

▶ 수직 고드름 도표

군집의 수	케이스																		
	7		9		5		10		6		4		3		8		2		1
1	X	X	X	X	X	X	X	X	X	X	X	X	X	X	X	X	X	X	X
2	X	X	X	X	X		X	X	X	X	X	X	X	X	X	X	X	X	X
3	X	X	X	X	X		X	X	X		X	X	X	X	X	X	X	X	X
4	X	X	X	X	X		X	X	X		X	X	X		X	X	X	X	X
5	X		X	X	X		X	X	X		X	X	X		X	X	X	X	X
6	X		X	X	X		X		X		X	X	X		X	X	X	X	X
7	X		X	X	X		X		X		X	X	X		X		X	X	X
8	X		X	X	X		X		X		X		X		X		X	X	X
9	X		X		X		X		X		X		X		X		X	X	X

수직 고드름 도표는 군집의 수에 따라 어떤 개체들로 군집이 이루어지는지를 보여주고 있다. 예를 들어 군집의 수를 3개로 할 경우에 군집 1은 7, 9, 5의 케이스가, 군집 2는 10, 6 케이스가, 군집 3은 4, 3, 8, 2, 1의 케이스가 포함된다.

▶ 덴드로그램

* * * * * * H I E R A R C H I C A L   C L U S T E R   A N A L Y S I S * * * * * *

Dendrogram using Ward Method

Rescaled Distance Cluster Combine

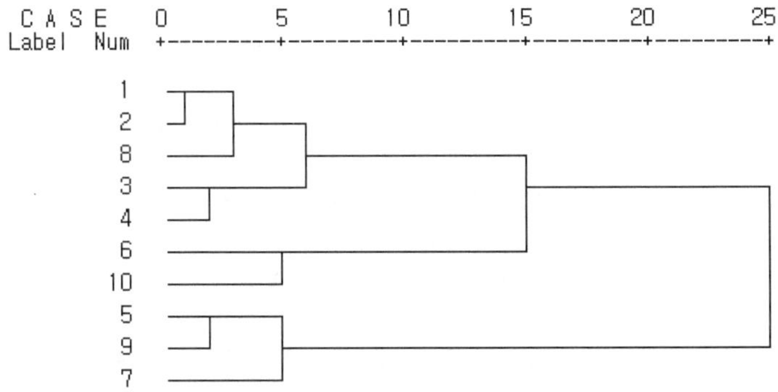

덴드로그램은 응답 케이스들이 군집화되는 과정을 그림으로 보여주는 것이다. 이 덴드로그램은 군집화 일정표와 정확하게 일치한다. 수직 고드름 도표에서와 같이 군집의 수를 세 개로 할 경우 1, 2, 8, 3, 4을 포함하는 군집과 6, 10을 포함하는 군집 그리고 5, 9, 7이 하나의 군집으로 결합되고 있음을 알 수 있다.

3. 비계층적 군집화에의 적용

비계층적 군집화는 군집의 수가 한 개씩 감소하면서 이루어지는 것이 아니라 사전에 정해진 군집의 숫자에 따라 대상들이 군집에 할당되는 것이다. 비계층적 군집화에는 몇 가지 방법이 있는데 가장 널리 사용되는 것이 K-평균법(K-means)이다.

활용사례

K-평균 군집분석에 의한 군집의 동질성 검증

아파트의 시장세분화 전략을 연구하기 위해 조사대상으로는 서울시와 수도권에 거주하고 있는 20대에서 50대까지의 성인남녀로 선정하였다. 임의표본추출에 의하여 185명을 추출하였다.

요인분석의 결과 각 응답자 별로 요인점수가 나오는데 이를 이용하여 비계층적 군집분석인 K-평균 군집분석을 하였다. 여기서는 아파트시장의 5요인을 바탕으로 응답자별로 몇 개의 동질적인 집단으로 집단화되었다.

요인 \ 군집	군집1 (n=13)	군집2 (n=43)	군집3 (n=26)	군집4 (n=41)	군집5 (n=62)	F값	유의확률
요인1 (간접적인 주거환경 요인)	-0.12584	1.22888	-0.22315	-0.36320	-0.49215	40.240	0.000*
요인2 (기술적 요인)	0.53965	0.87020	-0.95951	1.09589	-0.49583	45.522	
요인3 (직접적인 주거환경 요인)	2.31418	-0.23889	-0.24645	-0.40566	0.05206	35.053	
요인4 (투자요인)	0.59259	-0.22688	1.03067	0.16079	-0.50544	17.395	
요인5 (교통의 편리성 및 규모 요인)	0.01682	0.06017	0.93627	0.17172	-0.55145	13.729	

* $p<0.01$

위의 표는 아파트시장의 요인분석과 군집분석 결과를 나타낸 것이다. 각 군집의 변수들인 요인1, 요인2, 요인3, 요인4, 요인5의 평균들이 동일하다는 가정을 검증하는 분산분석의 결과이다. 유의수준 α =0.01을 기준으로 할 때 각 군집에 따른 차이가 있다는 것을 말해준다.

(자료원 : 성주환(2001), K-평균 군집분석을 이용한 아파트의 시장세분화 전략에 관한 연구, SPSS 사용자사례논문집)

비계층적 군집분석의 절차는 다음과 같다. 예제 데이터는 계층적 군집분석에서 활용한 동일한 값의 데이터를 활용하였다.

① '예제 데이터(19)-비계층적 군집분석.sav' 파일을 불러온다.

② 메뉴에서 [분석 > 분류분석 > K-평균 군집분석(K)]을 선택한다.

③ 대화상자에서 분석대상변수를 선택하여 오른쪽의 [변수(V)]란으로 이동시키고 기본 2개 군집으로 설정으로 되어 있는 [군집의 수(U)]를 [3]으로 입력한다. [방법]은 기본 설정된 [반복계산 및 분류하기(T)]를 그대로 유지한다.

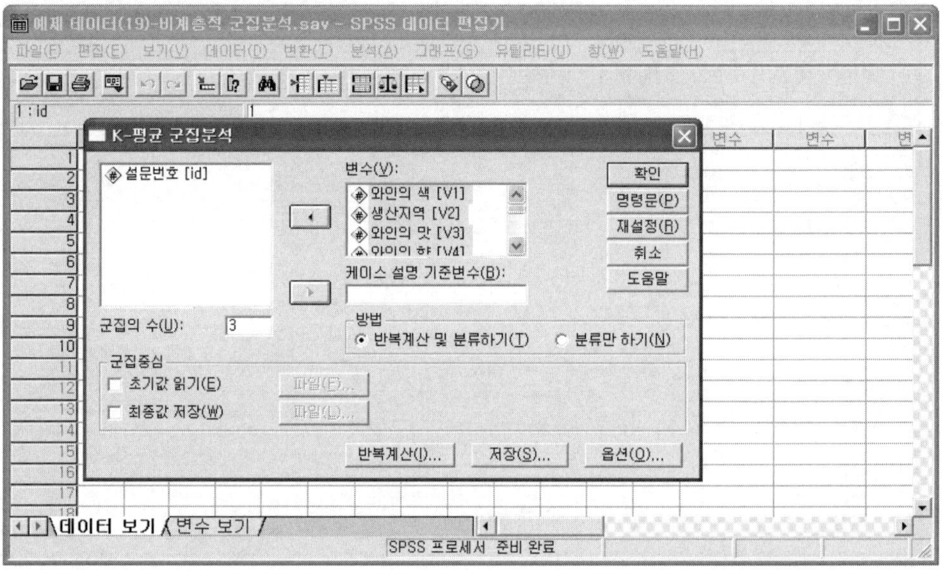

■ 군집의 수(U): 연구자가 군집의 수를 미리 지정할 수 있다. 기본으로 [2]가 설정되어 있으며 이를 바꾸려면 양(+)의 정수값을 입력한다.

▶ 방법

■ 반복계산 및 분류하기(T): 기본으로 설정되어 있으며 반복계산이 진행됨에 따라 군집중심점이 변화된다. 갱신된 중심은 케이스 분류에 사용된다. 기본적으로 하단에 있는 [반복계산(I)] 버튼이 활성화 되어 있다.

■ 분류만 하기(N): 초기 군집중심을 사용하여 케이스를 분류하고 군집중심은 갱신되지 않는다. 이를 선택하게 되면 하단의 [반복계산(I)] 버튼이 활성화 되지 않는다.

▶ 군집중심

■ 초기값 읽기(E): 이전 분석에서 산출된 최종 군집 중심값이 저장된

경우 이를 현재분석과정에 불러들여 초기 군집 중심값으로 사용한다.

- 최종값 저장(W): 분석결과 도출된 최종 군집 중심값을 지정하는 데이터 파일 형태로 저장한다. 저장된 파일은 이후 위의 [초기값 읽기(E)]로 지정하고 이 데이터 파일을 불러들여 추가적인 분석작업을 수행하게 된다.

④ 하단의 [반복계산(I)] 버튼을 누르고 [최대반복계산수(M)] 10, [수렴기준(C)] 0으로 기본 설정된 상태를 유지한다.

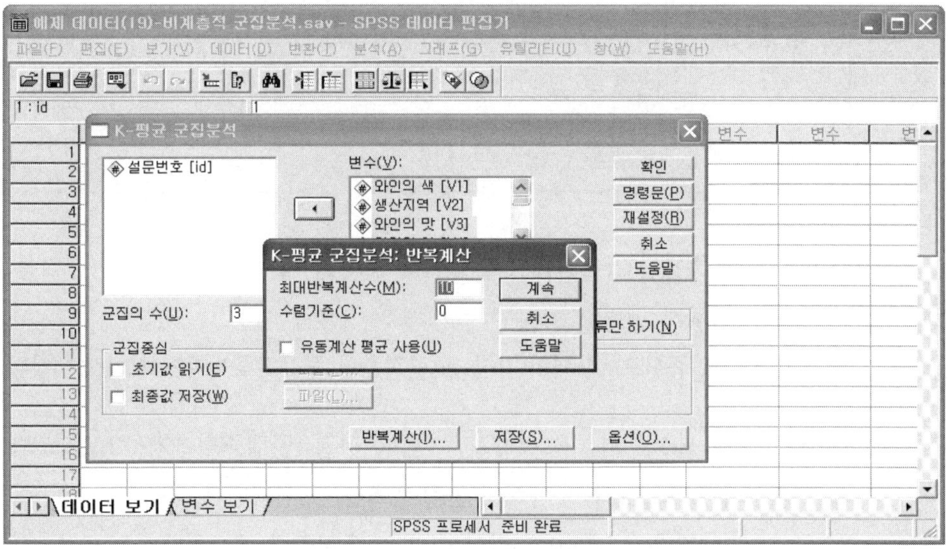

- 최대반복계산수(M): 군집중심의 값을 바꾸기 위한 최대반복계산수를 지정하는 기능이다. 기본적으로 10회가 설정되어 있으며 이를 바꾸려면 양(+)의 정수를 입력한다.
- 수렴기준(C): 기본설정 값은 0으로서 군집 중심에서 최대 변화량이 초기 중심간 최소거리의 2%보다 작은 경우를 나타내게 되는데 수렴값을 바꾸려면 1 이하의 양수를 입력한다.
- 유동계산 평균사용(U): 군집을 결합시킬 때 새로운 케이스가 결합되면 그 때마다 군집중심점이 새롭게 계산되도록 하는 선택사항이다. 선택하지 않으면 모든 군집에 케이스를 할당한 후 최종적으로 군집 중심점을 계산하게 된다.

⑤ [저장(S)] 버튼을 누르고 대화상자에서 [소속군집(C)]을 선택해 저장하도록 한다.

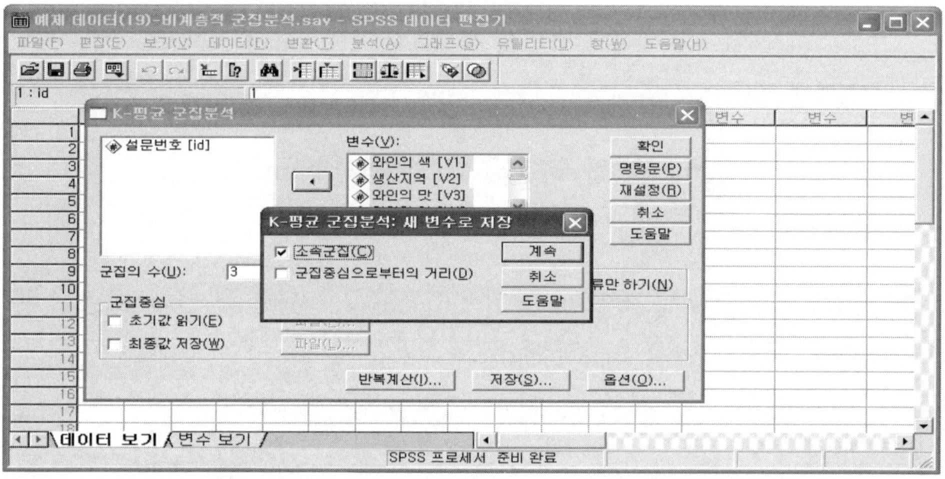

- 소속군집(C): 이 옵션을 선택하게 되면 데이터 파일에 소속군집을 표시하게 된다.
- 군집중심으로부터의 거리(D): 군집중심 간의 유클리디안 거리를 저장한다.

⑥ [옵션(O)] 버튼을 누르고 기본 설정된 [군집중심초기값(I)]은 그대로 유지하고 [각 케이스의 군집정보(C)]를 선택한다. 기본 설정된 [목록별 결측값 제외(L)] 역시 그대로 유지한다.

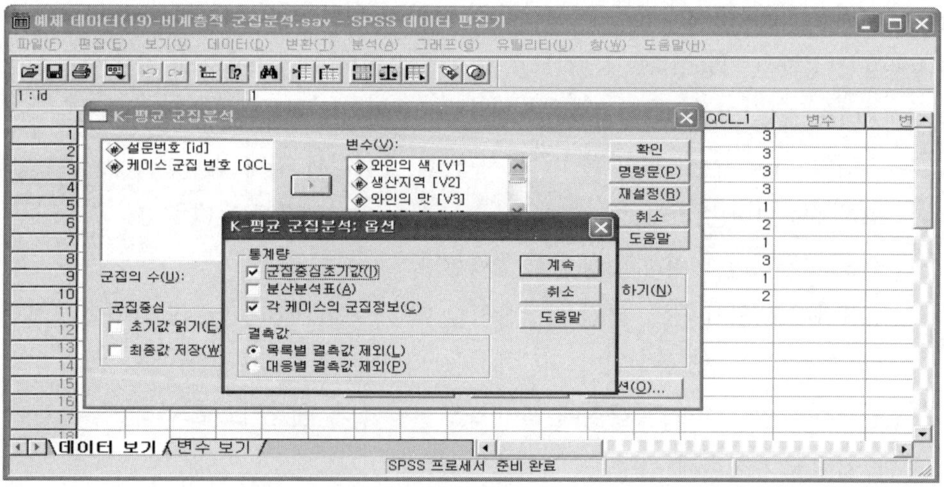

- 군집중심초기값(I): 기본 설정된 값으로 개별 군집에 대한 변수의 중심값(즉 평균값)의 첫 번째 추정값에서 적절한 거리에 있는 응답 케이스를 군집의 수와 동일하게 선택한다.
- 분산분석표(A): 각 군집변수에 대한 일변량 F 검증통계량을 포함하는 분산분석표를 산출한다. 이때 모든 응답 케이스가 단일군집에 포함된다면 분산분석표는 산출되지 않는다.
- 각 케이스의 군집정보(C): 각 케이스가 최종적으로 할당된 군집과 각 케이스의 군집중심간 유클리디안 거리를 산출한다.

⑦ [확인] 버튼을 누르면 다음과 같은 분석결과가 도출된다.

▶ 초기군집중심

	군집		
	1	2	3
와인의 색	3	5	5
생산지역	3	5	5
와인의 맛	2	1	4
와인의 향	2	3	5
수확년도	3	5	4
음식과의 조화	4	5	3
포도품종	3	5	5
브랜드명	3	5	4
와인품질 및 등급	3	5	5
와인 가격	5	5	5
와인 숙성	3	5	4
알콜 함량	3	5	3

12개 변수에 대한 3개 군집의 초기중심값을 나타내주고 있다. 군집의 초기중심값을 기준으로 각 응답케이스와 각 군집의 중심점(평균값)과의 거리를 계산하여 거리가 가장 가까운 군집에 응답케이스를 할당하게 된다.

▶ 반복계산정보

반복계산정보[a]

반복계산	군집중심의 변화량		
	1	2	3
1	1.374	1.871	2.107
2	.000	.000	.000

a. 군집 중심값의 변화가 없거나 작아 수렴이 일어났습니다. 모든 중심에 대한 최대 절대 좌표 변경은 .000입니다. 현재 반복계산은 2입니다. 초기 중심 간의 최소 거리는 4.899입니다.

반복계산을 실시한 결과 나타난 군집중심의 변화량을 보여주고 있다.

▶ 소속군집

케이스 수	군집	거리
1	3	1.055
2	3	1.960
3	3	2.107
4	3	2.200
5	1	1.374
6	2	1.871
7	1	2.211
8	3	2.059
9	1	2.134
10	2	1.871

각 응답 케이스가 어떤 군집에 포함되는지를 보여주고 있다. 그리고 군집중심과의 거리를 나타내주고 있다. 1, 2, 3, 4, 8번 케이스는 군집3에 포함되며 5, 7, 9번 케이스는 군집1 그리고 6, 10번 케이스는 군집2에 포함되고 있음을 알 수 있다.

▶ 최종 군집중심

	군집		
	1	2	3
와인의 색	3	4	4
생산지역	3	5	4
와인의 맛	2	2	3
와인의 향	3	3	4
수확년도	3	5	4
음식과의 조화	3	4	3
포도품종	3	5	4
브랜드명	3	5	4
와인품질 및 등급	3	5	4
와인 가격	5	4	4
와인 숙성	3	5	4
알콜 함량	3	5	3

12개 변수에 대한 3개 군집의 최종 중심값을 나타내고 있다. 군집분석을 수행하는 과정에 새로운 케이스가 군집에 포함될 경우 초기 군집중심값과 다른 중심값을 나타내주고 있다. 이는 새로운 케이스가 추가되면서 평균이 바뀌기 때문이다.

▶ 최종 군집중심간 거리

군집	1	2	3
1		5.072	3.386
2	5.072		3.455
3	3.386	3.455	

각 군집 간 중심값과 거리를 나타내주고 있다. 군집1과 군집2의 상이성이 군집1과 군집3의 상이성 보다 높게 나타나고 있음을 알 수 있다.

▶ 각 군집의 케이스 수

군집	1	3.000
	2	2.000
	3	5.000
유효		10.000
결측		.000

각 군집별로 포함된 케이스의 개체수를 나타내주고 있다.

▶ 소속군집이 저장된 데이터 파일

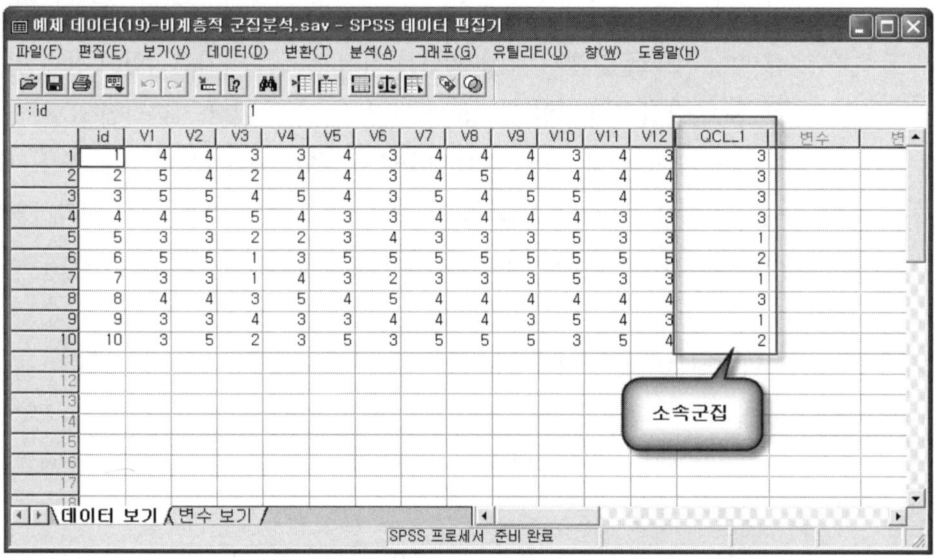

	id	V1	V2	V3	V4	V5	V6	V7	V8	V9	V10	V11	V12	QCL_1
1	1	4	4	3	3	4	3	4	4	4	3	4	3	3
2	2	5	4	2	4	4	3	4	5	4	4	4	4	3
3	3	5	5	4	5	4	3	5	4	5	5	4	3	3
4	4	4	5	5	4	3	3	4	4	4	4	3	3	3
5	5	3	3	2	2	3	4	3	3	3	5	3	3	1
6	6	5	5	1	3	5	5	5	5	5	5	5	5	2
7	7	3	3	1	4	3	2	3	3	3	5	3	3	1
8	8	4	4	3	5	4	5	4	4	4	4	4	4	3
9	9	3	3	4	3	3	4	4	4	3	5	4	3	1
10	10	3	5	2	3	5	3	5	5	5	3	5	4	2

소속군집을 저장해 추가적인 분석을 할 때 유용하게 활용할 수 있다.

Chapter

15

다차원척도법과 컨조인트분석

1. 다차원척도법

1) 다차원척도법의 기본개념

다차원척도법(Multidimensional Scaling; MDS)은 시각적으로 공간상에 응답자의 지각(perceptions)과 선호(preferences)를 나타내기 위한 절차의 한 종류이다. 자극들 간에 지각(知覺)된 심리적 관계는 다차원적인 공간에 위치한 점(點)간의 지리적인 관계로 나타낼 수 있다. 이런 지리적인 표현은 종종 공간지도(spatial maps, 空間地圖)로 불린다. 공간지도의 축들은 심리적인 기준이나 응답자들이 특정 자극을 기준으로 했을 때 이를 지각하거나 선호(選好)하는 정도를 나타내는데 유용하게 활용된다.

다차원척도법은 마케팅분야에서 다음과 같은 경우에 사용된다.

- 시장에서 소비자들이 다른 브랜드를 인식하는데 사용되는 차원(次元)의 수와 본질
- 이러한 차원에서 현재 브랜드의 포지셔닝(positioning)
- 이러한 차원에서 소비자의 이상적인 브랜드의 포지셔닝

활용사례

지각도에 의한 Market Positioning

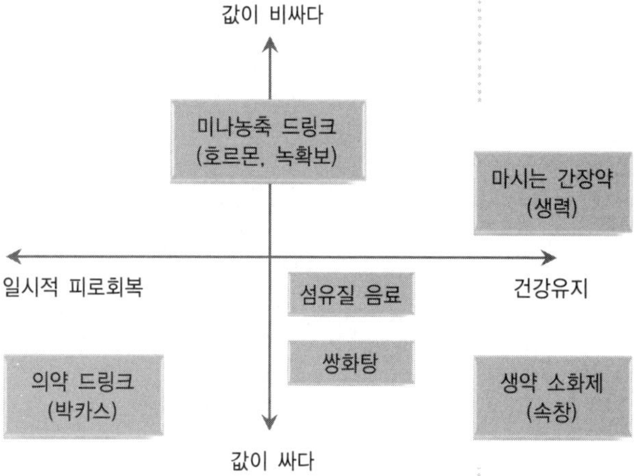

피로회복제가 주류였던 드링크시장이 90년대에 와서 소비자들의 건강에 대한 의식이 매우 높아지면서 모든 드링크 제품의 고급화, 기능화가 진행되고 있었다. 즉 단순 피로회복 차원을 벗어나 차츰 천연으로 회귀, 건강 증진 등으로 다양해지는 추세였다. 1993년 말 시장규모는 약 4천억원 정도였으며 이중 70%는 의약품 드링크, 나머지는 식품 및 기능성 드링크였다.

새로운 제품의 위상정립(positioning)을 위해 만든 드링크시장의 제품 지각도는 다음과 같다. 비교적 값이 비싸고 건강 지향적인 기능성 드링크가 아직 시장에 없는 상태였다.

지각도상에 비어있는 건강 지향적인 기능성 드링크 시장을 발견한 제일제당은 1992년 11월 컨디션을 출시하였으며, 이후 많은 경쟁사들이 속속 시장에 뛰어들었다. 출시한 제품은 많지만 98년 현재 제일제당의 컨디션, 조선무약의 솔표 비즈니스, 미원의 아스파 등 3종류만 남아 있고 나머지 제품의 거의 시장에서 철수한 상태이다.

(자료원 : 제일제당 홈페이지(www.cheiljedang.com))

다차원척도법에 의해 제공된 정보는 다음 내용을 포함하는 마케팅 적용에 다양하게 사용될 수 있다.

■ 이미지측정(image measurement)

기업 자체에 대한 지각과 기업에 대한 고객과 비고객의 지각은 비교될 수 있다.

■ 시장세분화(market segmentation)

브랜드들과 소비자들은 동일한 공간에 위치될 수 있고 그래서 비교적 동일한 지각을 가진 소비자그룹이 확인될 수 있다.

■ 신제품개발(new product development)

공간지도싱에서의 차이는 신제품을 포지셔닝하기 위한 잠재적인 기회를 나타낸다. 다차원척도법은 신제품 컨셉트와 소비자가 새로운 컨셉트를 어떻게 지각하는지를 결정하기 위한 기본적인 테스트에서 존재하는 브랜드들을 평가하는데 사용될 수 있다. 각각의 신제품을 위한 선호율은 신제품 성공의 하나의 지표이다.

■ 광고효과평가(assessing advertising effectiveness)

공간지도는 광고가 원하는 브랜드 포지셔닝을 달성하는데 있어서 성공적이었는지 아닌지를 결정하는데 사용될 수 있다.

■ 가격 분석(pricing analysis)

가격정보를 가지고 혹은 가지지 않고 개발된 공간지도는 가격의 영향을 결정하는데 비교될 수 있다.

■ 유통경로결정(channel decisions)

다른 소매 점포와 함께 브랜드의 양립에 대한 판단은 경로의사결정을 위한 유용한 공간지도를 이끌어 준다.

■ 태도척도 구성개념(attitude scale construction)

다차원척도법은 태도 공간의 적당한 차원과 형태를 개발하는데 사용될 수 있다.

2) 다차원척도법에 관련된 통계량과 용어

다음의 통계량과 개념들은 다차원척도법과 연관되어 있다.

■ 유사성 판단(similarity judgments)

유사성 판단은 리커트형태의 척도를 사용한 유사성에 대한 모든 가능한 브랜드의 쌍이나 다른 자극을 평가한다.

■ 선호도 순위(preference rankings)

선호도 순위는 가장 선호하는 것에서부터 가장 선호하지 않는 것까지의 브랜드나 다른 자극에 대한 순위를 나타낸다.

■ 스트레스(stress)

스트레스는 적합도의 부족(lack-of-fit)을 측정하는 것으로 스트레스의 값이 높으면 높을수록 적합도는 낮아진다. 즉 스트레스는 0과 1의 값을 가지며 추정거리와 실제거리가 완전히 일치하면 0이 된다.

■ 결정계수(R-square)

결정계수는 MDS 절차에 의해 계산할 수 있는 최적으로 척도화 된 자료의 분산 비율을 나타내는 자승(제곱)된 상관지수이다.

■ 공간지도(spatial map)

브랜드들과 다른 자극들 간의 지각된 관계는 공간지도라고 불리는 다차원척도 공간에서의 점(點)간의 지리적인 관계로서 나타난다. 혹은 지각도(知覺圖)라고 부른다.

■ 좌표(coordinates)

좌표는 공간지도상의 브랜드와 자극간의 포지셔닝을 나타낸다.

■ 언폴딩(unfolding)

동일 공간에서의 점들로서 브랜드들과 응답자들 모두의 표현은 펼쳐진(unfolding) 것으로서 언급된다.

3) 다차원척도법의 구성

다차원척도법을 실시하기 위한 단계는 <그림 15-1>에 나와 있다.

연구자는 조심스럽게 자료의 다양성이 MDS에서 입력 자료로 사용될 수 있기 때문에 MDS 문제를 구체화해야 한다. 연구자는 또한 자료가 획득되어지고 자료를 분석하기 위한 MDS 절차를 선택하기 위한 적당한 형식을 결정해야 한다. 문제해결을 위한 가장 중요한 요소는 공간지도를 위

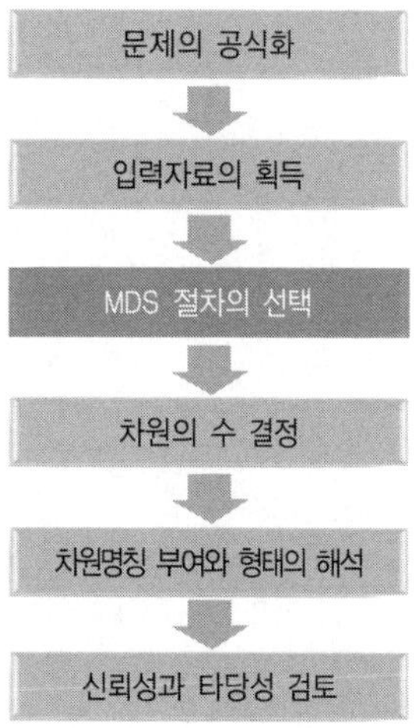

|그림 15-1| 다차원척도법의 수행

한 차원의 수를 결정하는 것을 포함한다. 또한 지도의 축들은 명칭이 부여되고 추론된 형태는 해석된다. 최종적으로 연구자는 획득된 결과의 질을 평가해야 한다. 이에 대한 구체적인 단계는 다음과 같다.

(1) 문제의 공식화

문제의 공식화는 MDS 결과가 분석에 포함된 브랜드들과 다른 자극들을 사용하고 선택하기 위한 목적을 연구자가 구체화하는데 요구된다. 브랜드들과 자극들의 수는 선택되고 구체적인 브랜드들은 결과로 나타난 차원과 형태의 특성을 결정하는 것을 포함하고 있다. 최소화해서 8개의 브랜드 혹은 자극은 잘 정의된 공간지도를 획득하는 것을 포함한다. 25개보다 더 많은 브랜드를 포함하는 것은 응답에 부담을 주게 되고 응답자들을 피곤하게 만든다.

특정한 브랜드나 자극에 대한 의사결정은 조심스럽게 다루어져야 한다. 예를 들어 연구자가 소비자의 자동차에 대한 지각에 관심을 가지고 있다고 하자. 만약 고급자동차가 자극대안에 포함되어 있지 않다면, 이 차원은 결과에서 나타나지 않을 것이다. 포함된 수와 특정한 브랜드나 자극의 선택은 마케팅조사문제, 이론, 그리고 연구자의 판단에 기초해야 한다.

(2) 입력 자료의 획득

다차원척도법을 활용하기 위해서는 응답자로부터 브랜드나 속성 등에 대한 상대적 지각정도나 상대적 선호도 등을 조사하여 활용한다.

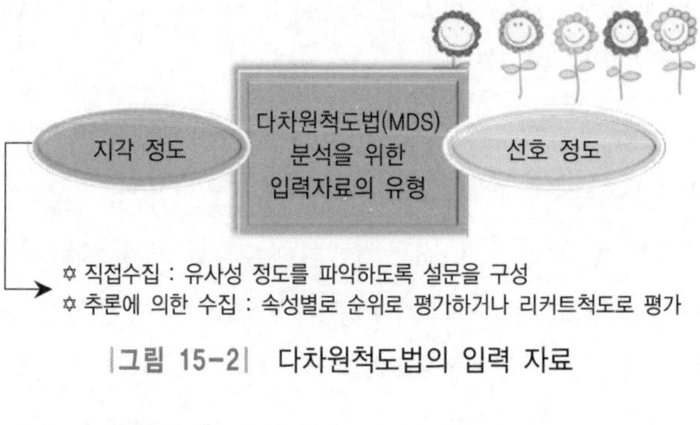

|그림 15-2| 다차원척도법의 입력 자료

다시 말하면 다차원척도법을 활용하기 위해서 활용할 수 있는 자료는 브랜드별 유사성(similarity) 평가자료와 속성별 평가자료로 나눌 수 있다.

- 전반적 유사성 평가자료: 응답자들에게 주어진 자극(혹은 브랜드) 간 유사성과 비유사성 정도를 평가하도록 하여 활용한다. 이 경우 모두 서열척도나 등간(간격)척도를 이용하여 평가할 수 있다. 1명으로부터 유사성 데이터를 수집하여 활용할 경우엔 전통적 다차원척도법(classical MDS)이라 하고 2명 이상의 응답자로부터 데이터를 수집하여 활용하는 경우는 반복 다차원척도법(replicated MDS)이라 한다.
- 속성별 평가자료: 응답자들이 각 브랜드에 대하여 주어진 속성(attribute)별로 브랜드를 평가하도록 하여 분석에 이용한다. 이 방법을 가중 다차원척도법(weighted MDS)이라 하며 등간척도(interval scale)로 측정된 자료를 활용한다.

① 지각 자료 : 직접법(Perception Data : Direct Approaches)

지각 자료를 수집하기 위한 직접법에서 응답자들은 다양한 브랜드나 자극이 어떻게 유사한지 혹은 유사하지 않는지 그들 자신의 기준을 사용하여 판단하도록 부탁 받게 된다. 응답자들은 종종 리커트 척도에서 유사성에 관한 브랜드와 자극의 모든 가능한 쌍들(pairs)에 대해 평가하도록 요구받는다. 이러한 자료는 유사성 판단으로서 언급된다.

예를 들어 와인 브랜드별 다음과 같이 한 쌍을 이루도록 유사성을 평가하기 위한 설문을 구성할 수 있다.

|표 15-1| 와인 브랜드별 유사성 평가를 위한 설문구성의 예

	브랜드별 조합	유사성 평가척도(7점 척도)						
		매우유사			보통			매우상이
		1	2	3	4	5	6	7
1	샤토마고-샤토페트뤼스							
2	샤토마고-로마네콩티							
3	샤토마고-3BSA바롤로							
…	…							

평가되어지는 쌍의 수는 $n(n\text{-}1)/2$=7(7-1)/2=21개이다. 이때 n은 자극의 수(즉, 평가 브랜드의 수)이다. 응답자들은 가장 유사한 것에서부터 가장 유사하지 않는 것까지 가능한 모든 쌍에 대해 서열을 평가하도록 요구받는다. 다른 방법으로 응답자들은 간판브랜드(anchor brand)와의 유사성에

의해 그 브랜드의 서열을 매긴다. 각 브랜드는 간판브랜드로서 제공된다.

다음의 예는 직접법을 채택하고 있다. 주제는 와인 브랜드의 21개 쌍 모두를 위한 유사성 판단을 제공하도록 요구한 것이다. 한 응답자로부터 획득된 자료는 <표 15-2>와 같이 매트릭스 형태로 입력한다.

|표 15-2| 와인 브랜드의 유사성 서열

	샤토마고	샤토 페트뤼스	로마네 콩티	3BSA 바롤로	바르 바레스코	브루넬로 디 몬탈치노	슈퍼 토스카나	포트 와인
샤토마고	0							
샤토페트뤼스	2	0						
로마네콩티	3	3	0					
3BSA바롤로	5	2	5	0				
바르바레스코	4	5	4	3	0			
브루넬로디몬탈치노	7	7	6	4	5	0		
슈퍼토스카나	4	3	3	7	1	2	0	
포트와인	4	5	6	3	5	4	5	0

② 지각 자료: 추론법(Perception Data : Derived Approaches)

지각 정도를 수집하기 위한 추론법은 어의차이척도법(semantic scale)나 리커트척도(Likert scale)를 사용한 구체화된 속성들에서 브랜드나 자극들을 평가하기 위하여 응답자들에게 요구되어지는 속성 기반 접근법(attribute-based approach)이다. 예를 들어 와인의 각 브랜드별로 다음의 속성에 대하여 평가하도록 해서 얻어진 데이터를 활용할 수 있다.

|표 15-3| 속성기반 접근법

맛이 있다	–	–	–	–	–	–	–	맛이 없다
가격이 싸다	–	–	–	–	–	–	–	가격이 비싸다
	:							
효능이 좋다	–	–	–	–	–	–	–	효능이 나쁘다

응답자들은 속성들의 동일한 집합에서 가상의 상황을 설정하거나 자신의 경험을 중심으로 가장 이상적인 브랜드를 상호 비교하여 평가하게 된다. 만약 등급이 획득되어진다면 유클리디안 거리(euclidean distance)와 같은 유사성 측정은 브랜드들의 각 쌍을 추론하게 된다.

③ 직접법 및 추론법

직접법은 연구자가 중요한 속성의 집합을 확인하는데 가지고 있지 못한 장점을 가지고 있다. 응답자들은 통상적인 상황 하에서 그들 자신의 기준을 사용하여 유사성 판단을 한다. 단점은 그런 기준이 평가된 브랜드나 자극에 의해 영향을 받는다는 것이다. 만약 평가된 다양한 자동차 브랜드가 동일 가격 범주내에 있다면 가격은 중요한 요인으로서 나타나지 않을 것이다. 만약 혹은 어떻게 개인적인 응답자의 판단을 결합할 것인지 분석 전에 결정하기는 어려울 것이다. 나아가 공간지도의 차원에 대한 명칭을 부여하기가 어려울 것이다.

속성 기반 접근법의 장점은 동일한 지각을 하는 응답자들을 확인하기가 용이하다는 것이다. 응답자들은 속성별 기준에 의해 군집화 될 수 있다. 또한 차원에 명칭을 부여하기가 더욱 용이하다. 단점은 어려운 일이지만 연구자가 모든 중요한 속성들은 확인해야 한다는 것이다. 공간지도는 확인된 속성에 의존하여 획득된다.

직접법은 속성 기반 접근법 보다 더욱 자주 이용되고 있다. 그러나 보상법에서 두 방법은 모두 사용할 수 있다. 직접 유사성 판단은 공간지도를 획득하기 위해 사용될 수 있고 속성 평가는 지각도의 차원을 해석하는데 도움을 주는데 사용될 수 있다. 유사 절차는 선호 자료를 위해 사용된다.

④ 선호 자료(Preference Data)

선호 자료는 어떤 소유물에 대한 응답자의 선호에 관한 브랜드와 자극의 순서를 매긴다. 그런 자료가 획득되어지는 일반적인 방법은 선호 서열이다. 응답자들은 가장 선호하는 것에서부터 가장 선호하지 않는 것에까지 브랜드를 평가하도록 요구받는다. 응답자들은 쌍을 이루어 비교하도록 요구받으며 그들이 선호하는 한 쌍에서 브랜드를 나타내게 된다.

또 다른 방법은 다양한 브랜드들을 위한 선호 서열을 획득하는 것이다. 공간지도가 선호 자료에 기초할 때 거리는 선호에서의 차이를 함축하고 있다. 선호 자료로부터 유도된 형태는 유사성 자료로부터 획득되어진 형태와는 아주 다를 것이다. 두 브랜드는 선호 지도에서 유사하지만 유사성 지도에서 다른 것으로써 지각될 수 있고 그 반대도 가능할 것이다. 예를 들어 '샤토마고'와 '샤토 페트뤼스'는 매우 다른 브랜드로써 응답자들의 일단은 지각할 것이고 그래서 지각도상에 멀리 떨어져서 나타나게 된다. 그러나 그러한 두 브랜드는 아마도 비슷하게 선호될 것이고 선호 지도상에서 서로 가깝게 나타날 것이다.

(3) 다차원척도법 절차의 선택

구체적인 다차원척도법 절차의 선택은 지각 자료나 선호 자료가 척도로 사용되거나 혹은 두 자료 모두를 요구하느냐에 의존한다. 입력 자료의 본질은 또한 요인을 결정하게 된다. 비계량적(non-metric) MDS 절차는 입력 자료가 서열척도를 가정하지만 그것은 metric 출력의 결과이다. 결과로 나타난 공간지도상의 거리는 등간척도로서 가정하게 된다. 반대로 계량적(metric) MDS 방법은 입력 자료를 계량적 자료로 가정한다. 출력물 역시 계량적이며 출력물과 입력 자료간의 더욱 강한 관계가 유지되고 입력 자료의 계량적(등간 혹은 비율) 품질이 유지된다. 계량적 혹은 비계량적 방법은 유사한 결과를 만들어 낸다.

절차의 선택에 영향을 미치는 또 다른 요인은 MDS 분석이 개인적인 응답자 수준에서 행해지거나 집단 수준에서 행해진다는 것이다. 개인 수준 분석에서 자료는 개별 응답자를 위한 공간지도상에서 각각의 응답자들을 위해 분리되어 분석된다. 비록 개인 수준의 분석이 조사 관점으로부터 유용하지만 그것은 관리적인 관점에서는 호소력이 떨어지게 된다.

마케팅전략은 전형적으로 개인수준에서보다 세분이나 집단 수준에서 공식화된다. 만약 집단 수준 분석이 행해진다면 어떤 가정은 개인적인 자료를 집합시키도록 해야 한다. 전형적으로 그것은 모든 응답자들이 브랜드나 자극을 평가하기 위해 동일한 차원을 사용한다는 것을 가정한다. 그러나 그것은 다른 응답자들이 공통의 차원을 다르게 조작하는 것이다.

<표 15-1>의 자료는 비계량적 절차에 사용되는 서열순위화 된 척도로써 다루고 있다. 왜냐하면 그러한 자료는 한사람의 응답자에 의해 제공되기 때문에 개인수준 분석이 행해진다. 공간지도는 1차원에서 4차원까지 얻어지게 되는데 해석이 용이하도록 적절한 차원의 수를 결정해야 한다. 차원의 수를 결정하는 것은 모든 MDS분석의 핵심이라고 할 수 있다.

예를 들어 다차원척도분석을 위해 사용된 입력 자료는 7개의 와인 브랜드 간 유사성을 7점 척도로 평가하여 입력한 값을 기술통계분석(descriptive statistics)을 통해 평균값(mean)을 구한 다음 이를 입력행렬(lower-half matrix)로 전환하여 <표 18.2>와 같이 입력하여 활용할 수도 있다.

|표 15-4| 와인브랜드의 유사성 자료 입력행렬

	샤토마고	샤토 페트뤼스	로마네 콩티	3BSA 바롤로	바르 바레스코	브루넬로 디 몬탈치노	슈퍼 토스카나	포트와인
샤토마고	0.00							
샤토페트뤼스	3.45	0.00						
로마네콩티	4.33	4.34	0.00					
3BSA바롤로	5.23	5.32	4.75	0.00				
바르바레스코	4.67	2.35	4.87	4.13	0.00			
브루넬로디몬탈치노	6.80	4.57	2.36	4.71	6.65	0.00		
슈퍼토스카나	5.76	3.43	3.89	6.27	3.41	6.12	0.00	
포트와인	6.54	4.44	5.43	3.56	4.32	5.42	4.44	0.00

(4) 차원의 수 결정

다차원척도법의 목적은 가장 적은 차원의 수에서 입력 자료를 가장 적합하게 하는 공간지도를 획득하는 것이다. 공간지도는 차원의 수를 증가시킴으로써 적합도가 향상되는 방식으로 산정 된다. MDS 방법의 적합도는 보통 스트레스 측정에 의해 평가된다. 스트레스는 적합도의 부족을 측정하는 것으로 스트레스의 값이 높을수록 덜 적합하다는 것을 나타낸다. 다음의 가이드라인은 차원의 수를 결정하기 위해 제시된다.

■ 사전 지식(priori knowledge)

이론이나 과거 연구는 특유의 차원의 수를 제시한다.

■ 공간지도의 해석

일반적으로 공간지도의 해석은 3차원 이상으로 유도된 형태나 지도를 해석하는 것은 어렵다.

■ 팔꿈치기준(elbow criterion)

스트레스의 도표(plot)를 고려하여 차원을 검토해야 한다. 이 도표에서 점들은 <그림 15-3>과 같이 볼록한 형태를 형성한다. 팔꿈치 혹은 구부러진 형태를 띄는 점이 적절한 차원의 수를 나타낸다. 이 점 아래에서 차원의 수를 증가시키는 것은 일반적으로 적합도를 향상시키는데 가치가 없다. 차원의 수를 결정하기 위한 이 기준은 팔꿈치기준으로 불린다.

■ 사용 용이성

일반적으로 3개 이상의 차원을 포함하는 것보다는 2차원 지도를 만드는 것이 더 쉽다.

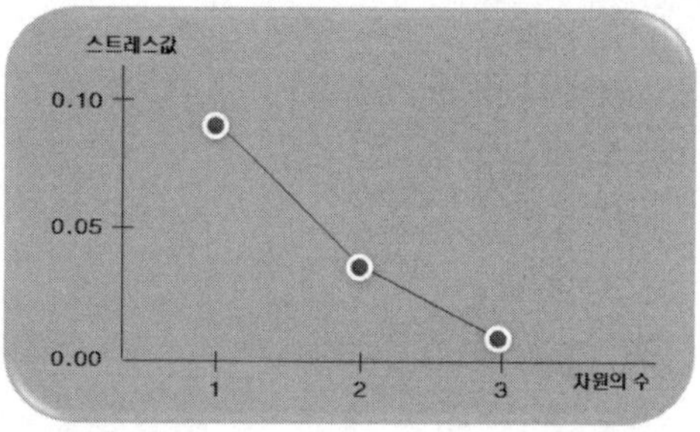

|그림 15-3| 차원별 스트레스 값 도표

■ 통계적 방법

익숙한 사용자를 위하여 통계적 방법은 또한 차원을 결정할 수 있도록 한다.

스트레스 도표와 차원의 수(그림 15-3)에 기초한 공간지도의 해석과 사용 기준의 용이성은 <그림 15-4>와 같이 2차원을 유지하는 것으로 결정되었다.

(5) 차원 명칭 부여와 형태 해석

일단 공간지도가 작성되면 차원(dimension)은 명칭이 부여되어야 하고 형태는 해석되어야 한다. 차원에 대한 명칭 부여는 연구자에 의한 주관적인 판단을 요구한다. 다음의 가이드라인은 이 작업을 지원한다.

- 직접적인 유사성 판단이 구해진다 해도 연구자가 제공한 속성에 대한 등급은 여전히 수집되어질 것이다. 회귀분석과 같은 통계적인 방법을 사용한다면 속성 벡터들(vectors)은 공간지도상에 적합하게 할 수 있을 것이다. 축(軸)들은 가장 밀접하게 정렬될 수 있는 속성들에 의해 명칭을 부여받게 된다.
- 직접적인 유사성이나 선호 자료를 제공함에 따라 응답자들은 그들이 평가할 때 사용한 기준에 대해 나타내 줄 것을 요구받는다. 그러한 기준은 차원에 명칭을 부여하기 위한 공간지도와 주관적으로 관련되어 있을 것이다.
- 가능하다면 응답자들은 공간지도를 보면서 형태를 검사함으로써 차원을 명명하도록 요구받는다.

■ 만약 브랜드의 객관적인 특성이 유용하다면 공간지도상의 주관적인 차원을 해석하는데 도움이 되는 것으로써 사용될 수 있을 것이다.

종종 차원은 하나의 속성보다 더 많은 속성을 나타낸다. 형태나 공간지도는 좌표와 관련된 브랜드의 위치에 의해 해석될 수 있다. 예를 들면 서로 가까이 위치한 브랜드는 멀리 떨어져 있는 브랜드들 보다 더욱 격렬하게 경쟁한다. 고립된 브랜드는 독특한 이미지를 가지고 있으며 다른 브랜드들 보다 특성이 더욱 강하게 나타난다. 따라서 각 제품의 강점과 약점은 이해될 수 있다. 공간지도상의 갭(gap)은 신제품을 도입하기 위한 잠재적인 기회를 나타낸다.

(6) 신뢰성과 타당성 평가

다차원척도 분석의 결과를 받아들이기 위해서는 신뢰성과 타당성에 대한 평가가 이루어져야 한다. 이를 위한 방법으로는 다음과 같은 것을 고려할 수 있다.

■ 적합도 지수(index of fit) 혹은 결정계수(R-square)를 검토하는 것이다. 이것은 MDS 절차에 의해 설명된 최적 척도화 자료의 분산비율을 가리키는 자승된 상관지수이다. 즉 이것은 MDS모델이 입력 자료에 얼마나 적합한가를 가리킨다. 비록 결정계수의 값이 높을수록 바람직하지만 0.60 이나 그 이상의 값은 수용될 수 있다.

■ 스트레스 값은 MDS 방법의 질을 나타낸다. 결정계수가 적합도(goodness-of-fit)의 측정인데 반해 스트레스는 부적합도(badness-of-fit)의 측정이거나 혹은 MDS 모델에 의해 설명되지 못하는 최적 척도화 자료의 분산비율이다. 스트레스 값은 MDS 절차의 유형과 분석된 자료에 의해 다르게 나타난다. 크루스칼(Kruskal)은 그의 스트레스 공식에서 스트레스 값을 평가하기 위한 추천 기준을 <표 15-6>과 같이 제시하였다.

|표 15-6| 크루스칼의 스트레스 값 기준

스트레스(%)	적합도(goodness-of-fit)
0.20 이상	매우 나쁘다
0.20	나쁘다
0.10	보통이다
0.05	좋다
0.025	매우 좋다
0.00	완벽하다

- 만약 집단수준분석이 행해진다면 원 자료는 둘 혹은 그 이상의 부분으로 분리되어야 할 것이다. MDS 분석은 각각의 부분을 분리하여 수행되어야 하며 그 결과는 비교되어야 한다.
- 자극은 입력 자료로부터 선택적으로 제거될 수 있을 것이고 해결은 남아있는 자극으로부터 결정된다.
- 무작위 오차항은 입력 자료에 의해 추가될 것이다. 결과 자료는 MDS 분석에 종속되고 해결은 비교된다.
- 입력 자료는 2개의 다른 점으로부터 수집되고 검증-재검증 신뢰성(test-retest reliability)에 의해 결정된다.

4) 다차원척도법의 가정과 한계

MDS의 가정과 한계에 대해 지적해 보는 것도 의미 있는 일이다. 자극 A가 B에 대한 유사성은 자극 B가 A에 대한 유사성과 동일한 것으로 가정된다. 이러한 가정이 적용되지 않는 경우가 있다.

예를 들어 일본이 한국에 대한 관계보다는 한국이 일본에 대한 관계(앞선 문물의 전달)가 더욱 유사하다고 지각할 수 있다. MDS는 두 자극 사이의 거리(유사성)가 몇 가지 지각적인 차원의 각각에 부분적인 유사성이 있다고 가정한다. 많은 조사들이 이러한 가정을 조사하지 않았었다. 공간지도가 작성될 때 점(點) 간의 거리는 측정된 비율이고 지도상의 축은 등간으로 측정된 다차원이다. MDS의 한계는 지각도에서 변화를 위한 브랜드나 자극의 물리적인 변화와 관련된 차원 해석이 가장 어렵다는 것이다. 또한 이러한 한계는 선호 자료의 측정에도 적용된다.

5) 선호도 자료의 척도화

선호도(degree og preference) 자료의 분석은 내적인 것과 외적인 것이 있다. 내적 선호도 분석에서 브랜드와 자극 둘 다와 응답자의 점수나 벡터를 나타내는 공간지도는 선호 자료로부터 간단하게 도출된다. 그렇기 때문에 선호 자료의 수집에 의해 브랜드와 응답자 둘 다는 동일 공간지도상에 나타낼 수가 있다. 외적 선호 분석에서 선호 자료에 기초한 이상점(ideal points)이나 벡터는 지각(유사성 등) 자료로부터 도출된 공간지도에 적합하게 된다. 외적 분석을 수행하기 위해서 선호 자료와 지각 자료 둘 다가 획득되어야 한다. 동일 공간에서 점으로써 브랜드와 응답자 둘 다의 대표성은 내적 혹은 외적 분석을 사용함으로써 펼치는 것(unfolding)으로서 언급된다.

외적 분석은 대부분의 상황에서 선호된다. 내적 분석에서 지각에서의 차이는 선호에서의 차이로 혼동하게 된다. 차원의 본질적이고 관련된 중요성은 지각도와 선호 공간 사이에서 다르게 할 가능성이 있다. 두 브랜드는 유사(지각도상에서 서로 가까이 위치)하게 지각되더라도 한 브랜드는 다른 브랜드(이 브랜드는 선호공간에서 떨어져 위치해 있음)에 비해서 현저하게 선호될 수 있다. 이러한 상황은 내적 분석에서는 설명될 수 없다. 더하여 내적 분석 절차는 계산적인 어려움에 직면해 있다.

6) 다차원척도법, 요인분석, 판별분석간의 관계

만약 속성에 기초한 방법(attribute-based approaches)으로 입력 자료를 획득하는데 사용된다면, 공간지도는 요인분석이나 판별분석을 사용함으로써 획득할 수 있다. 요인분석은 속성간의 상관관계가 브랜드와 소비자들에 걸쳐 계산되며, 지각도는 요인점수(factor score)에 의해 측정된다. 한편 판별분석의 목적은 브랜드나 자극들을 가장 잘 판별해 낼 수 있는 속성들의 선형결합을 찾아내는 것이며, 판별분석에 의한 지각도는 판별점수(discriminant score)에 의해 결정된다. 판별점수는 지각 차원에서 평가하는 것으로 이 지각 차원은 브랜드를 가장 잘 구별하는 속성에 기초한 것이다.

지각도를 작성하는 이들 각각의 방법들은 목적이나 사용자에 따라 다양하게 사용되는데 일반적으로 요인분석이 다차원척도법이나 판별분석에 비해 소비자의 지각을 측정하는데 더 좋은 방법으로 알려져 있다. 특히 요인분석은 각 속성을 공통요인에 의해 차원을 도출함으로써 차원의 성격을 보다 용이하게 연구자가 규명할 수 있는데 비해 다차원척도법에서 유사성을 측정하는 방법은 브랜드의 수가 많은 경우 각각의 조합된 쌍의 숫자가 많아지기 때문에 응답자가 평가 및 응답을 하는데 한계가 있기 때문에 정확한 응답을 받기가 곤란하며, 도출된 차원에 대한 설명을 연구자의 주관적인 판단에 의존하기 때문에 정확한 차원을 규명하는데 어려움이 있다.

7) 다차원척도법 분석절차

다차원척도법을 활용하여 제품의 브랜드별 지각도를 분석하는 절차는 다음과 같다.

① '예제 데이터(20)-다차원분석.sav'를 불러온다.

② 메뉴에서 [분석 > 척도화분석 > 다차원척도법(ALSCAL)(M)]을 선택한다.

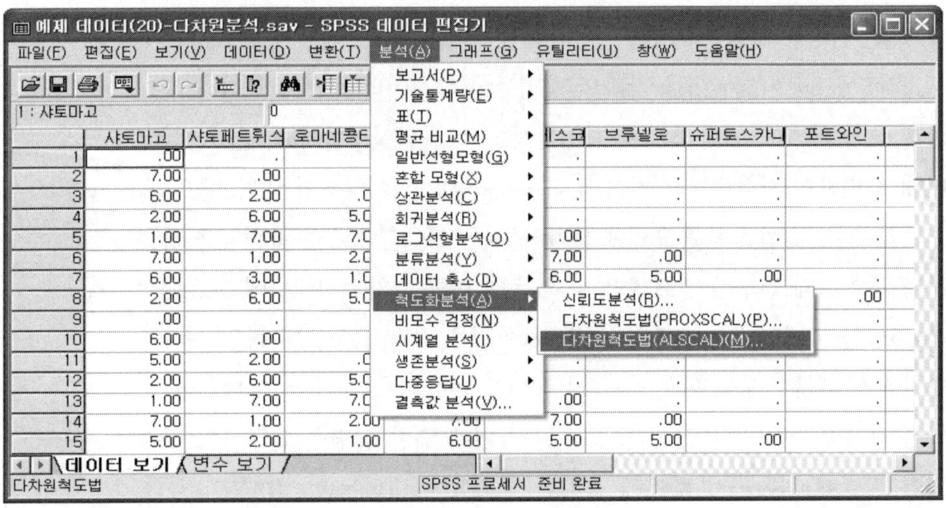

③ 분석에 활용할 변수들을 선택하여 오른쪽의 [변수(V)]란으로 이동시킨다. 이때 최소한 4개 이상의 변수가 있어야 분석 작업을 수행할 수 있다. [거리]의 선택은 기본 설정을 유지한다.

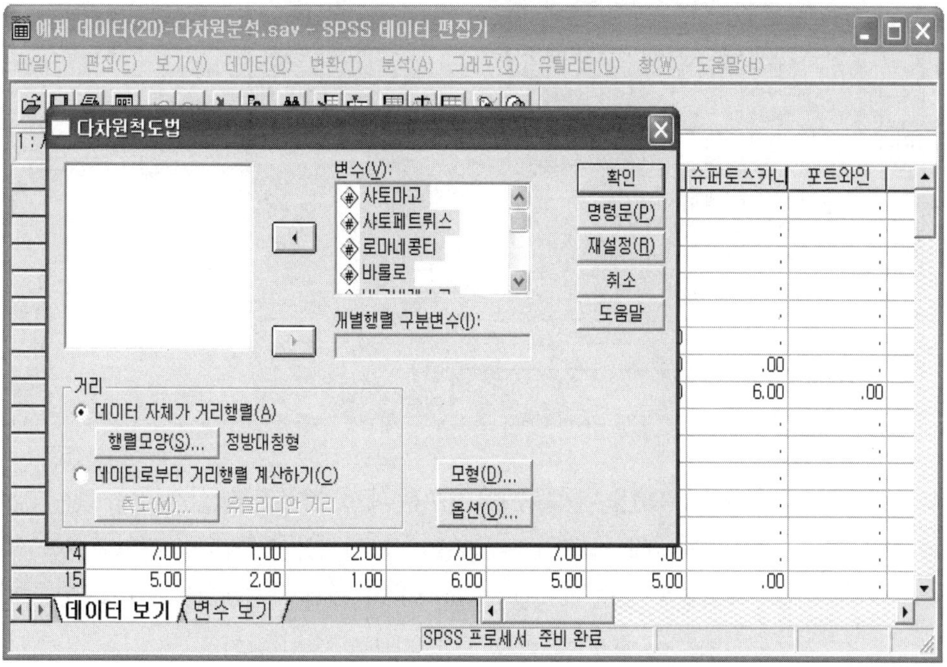

▶ 거리

- 데이터 자체가 거리행렬(V): 기본 설정된 사항으로 입력 데이터가 유사성을 중심으로 입력되어 있으므로 그 자체가 거리행렬이다. 기본 설정을 유지한다.
- 데이터로부터 거리행렬 계산하기(C): 유사성이나 비유사성 평가자료가 아닌 경우에 이 옵션을 활용한다. 즉 브랜드에 따른 속성별 평가자료를 활용하는 경우(가중 다차원척도법)에 이 옵션을 선택하여 분석한다.

④ [행렬모양(S)]을 선택한 다음 기본 설정되어 있는 [정방대칭형(S)]을 그대로 유지한다. [계속] 버튼을 클릭해 이전 대화상자로 이동한다.

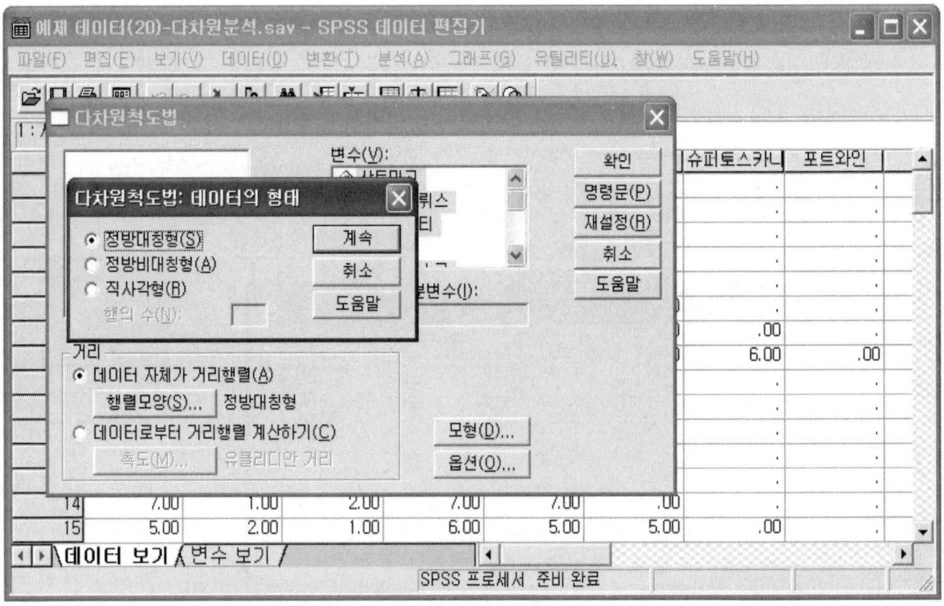

⑤ [모형(D)]을 누르고 [측정수준]에서 기본으로 설정되어 있는 [순서(O)]를 해제하고 [구간척도(I)]를 선택한다. 유사성 정도를 7점 척도(등간척도)로 측정했기 때문이 이 옵션을 선택하는 것이다. [조건]과 [척도화 모형]은 기본 설정 상태를 유지한다.

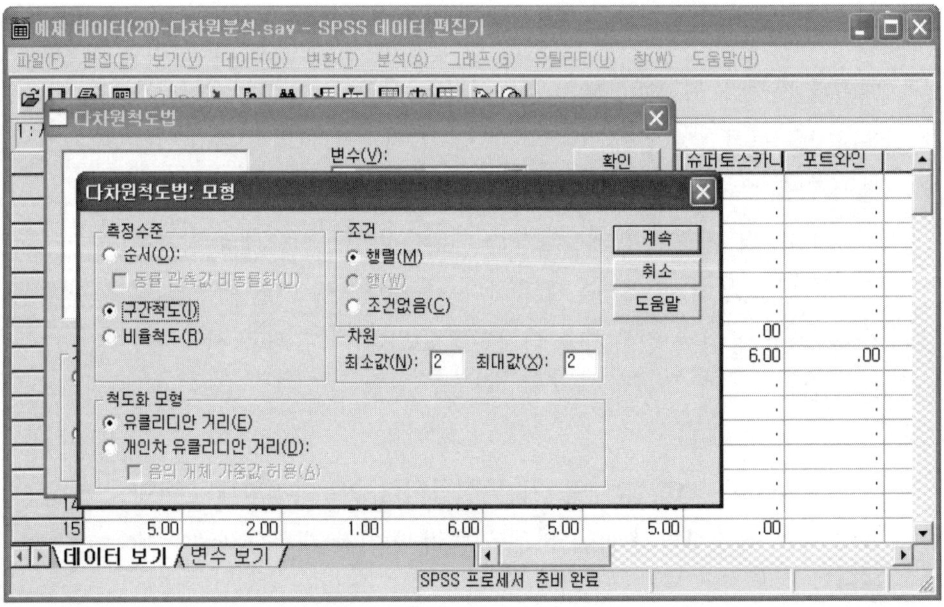

▶ 측정수준

- 순서(O): 측정 데이터가 서열척도로 측정된 경우에 선택한다. 이 옵션을 선택하면 [동률 관측값 비동률화(U)]가 활성화 되는데 이것을 선택하면 동률(tie)문제가 해결된다.
- 구간척도(I): 측정 데이터가 등간척도(혹은 간격척도, 5점 7점 등)로 측정되었을 때 선택한다.
- 비율척도(R): 측정 데이터가 비율로 측정되었을 때 선택한다.

▶ 척도화 모형

- 유틀리디안 거리(E): 입력된 데이터 행렬이 1개라면 전통적 MDS를 활용하고 2개 이상이면 반복 MDS를 자동적으로 실행하게 된다. 기본 설정으로 되어 있다.
- 개인차 유클리디안 거리(D): 가중 다차원척도법에 의한 분석 시 선택할 수 있는 옵션이다. 데이터가 속성별 평가자료로 얻어진 경우에 활용하는 옵션이다.

▶ 조건

- 행렬(M) 행렬 내에 있는 숫자들의 거리를 비교하며 기본 설정으로 되어 있다.
- 행(W): 립력 데이터 행렬이 비대칭 행렬과 직사각형 행렬일 때 사용하는 옵션으로 행렬 내 숫자 중 의미 있는 숫자만 비교할 경우에 지정한다.
- 조건없음(C): 입력된 행렬 값 모두의 거리를 비교할 경우 선택하는 옵션이다.

▶ 차원

- 최소값(N) - 최대값(X): 최소 1에서부터 최대 6까지의 값들을 입력할 수 있다. 1-3까지를 지정하면 1차원의 해, 2차원의 해, 3차원의 해까지 출력된다. 일반적으로 3차원 이상의 지각도는 사실상 해석이 불가능하여 통상적으로 2차원의 해를 구하는 것이 일반적이다. 단일해

(單一解)를 구하고자 한다면 최소값과 최대값을 통일한 값으로 입력한다. 차원이 많아질수록 추정(interence)이 정교해진다.

⑥ [옵션(O)] 버튼을 누르고 [집단도표(G), [데이터 행렬(D)], [모형 및 옵션 요약(M)]을 선택한다. [S-스트레스 수렴기준(S)]은 0.00001, [최소 S-스트레스 값(N)] 0.0001, [최대반복계산수(X)] 30을 입력한다.

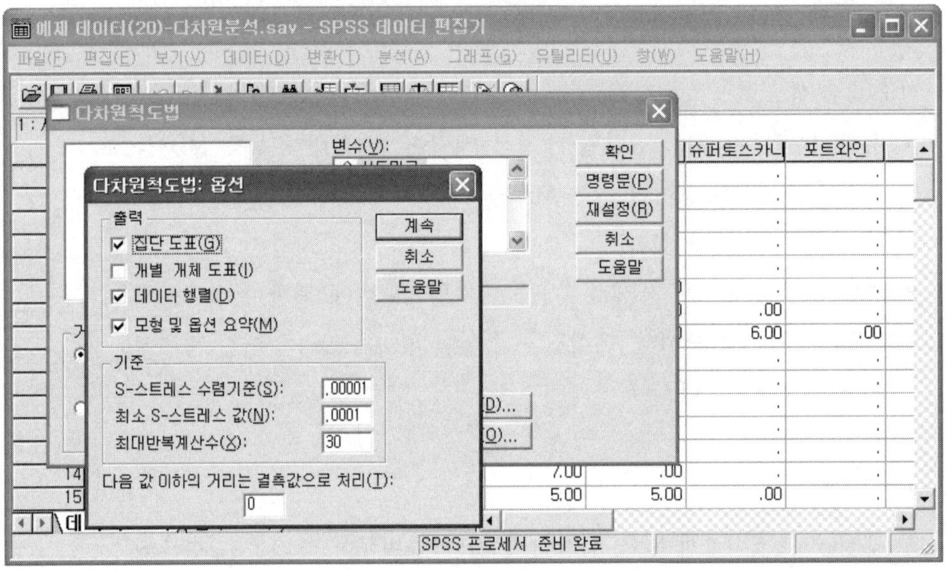

▶ 출력

- 집단 도표(G): 유도된 자극위치, 산점도(혹은 산포도, scatter diagram) 등을 유클리디안 거리모형으로 계산하여 나타내준다.
- 개별 개체 도표(I): 범주형 데이터나 서열 데이터에 대한 각 개체의 데이터 변환의 개별도표를 표시한다. 개별개체도표의 경우 행 조건형 행렬에 대해서는 사용할 수 없다.
- 데이터 행렬(D): 입력된 데이터 행렬과 최적화된 데이터 행렬을 보여준다. 최적화 데이터 행렬은 MDS에 의해 최적화된 대상들간 유클리디안 거리행렬이다.
- 모형 및 옵션 요약(M): 데이터, 모형, 분석결과, 알고리즘에 대한 옵션을 나타내준다.

▶ 기준

- S-스트레스 수렴기준(S): 기본으로 0.001이 설정되어 있다. 계산을 반복할 때마다 스트레스값이 개선되며 개선된 값이 0.001 보다 작을 때 반복과정을 중지하라는 의미이다. 그러므로 분석결과의 적합성을 높이려면 이 값을 더욱 더 작게 입력하면 된다. 0을 입력하면 기본적으로 30회를 반복계산하며 입력할 수 있는 최소값은 0.00001까지이다.
- 최소 S-스트레스 값(N): 기본설정으로 0.005가 설정되어 있으며 최종적으로 개선된 스트레스값이 0.005 보다 작아질 때 반복과정을 중지하라는 의미이다. 결과의 적합성을 높이기 위해서는 보다 더 작은 값을 입력하면 되며 입력할 수 있는 최소값은 0.0001이다.
- 결측값으로 처리할 거리(T): 기본설정으로 0이 설정되어 있으며 유사성 응답치가 0 미만인 경우에는 무응답치로 처리하라는 의미이다.

MDS에서의 Stress 값

스트레스값(stress value)이란 MDS분석에서 대상들간의 상대적 거리의 적합도를 높이기 위해 반복계산을 실시할 때 얻어지는 값을 스트레스값이라 한다. 스트레스값은 MDS 모형에 의해 설명되지 않는 분산의 불일치 정도를 나타내는 값으로 대상들간 실제거리와 추정거리간의 오차를 의미한다. 공식은 다음과 같다.

$$stress = \sqrt{\frac{\sum(d_{ij} - \widehat{d_{ij}})^2}{\sum d_{ij}^2}}$$

여기에서 d_{ij} : 실제거리 혹은 응답자들이 응답한 거리

$\widehat{d_{ij}}$: MDS에 의해 추정된 거리

스트레스값은 0과 1사이의 값을 가지며 실제거리와 추정거리가 완전하게 일치되면 0이 된다. 따라서 스트레스값이 작으면 작을수록 추정거리의 적합성은 높아지게 된다. 크루스칼(Kruskal)은 스트레스값의 적합도 수준을 다음과 같이 정의하고 있다.

스트레스(%)	적합도(goodness-of-fit)
0.20 이상	매우 나쁘다
0.20	나쁘다
0.10	보통이다
0.05	좋다
0.025	매우 좋다
0.00	완벽하다

⑦ [확인] 버튼을 누르면 다음과 같은 분석결과가 산출된다.

▶ MDS 모형 및 옵션 요약결과

```
Alscal Procedure Options

Data Options-

Number of Rows (Observations/Matrix).    8
Number of Columns (Variables) . . .      8
Number of Matrices  . . . . . .         10
Measurement Level . . . . . . .          Interval
Data Matrix Shape . . . . . . .          Symmetric
Type  . . . . . . . . . . . .            Dissimilarity
Approach to Ties  . . . . . . .          Leave Tied
Conditionality . . . . . . . .           Matrix
Data Cutoff at . . . . . . . .            .000000

Model Options-

Model . . . . . . . . . . . .            Euclid
Maximum Dimensionality  . . . . .        2
Minimum Dimensionality  . . . . .        2
Negative Weights  . . . . . . .          Not Permitted

Output Options-

Job Option Header . . . . . . .          Printed
Data Matrices  . . . . . . . .           Printed
Configurations and Transformations .     Plotted
Output Dataset . . . . . . . .           Not Created
Initial Stimulus Coordinates  . . .      Computed

Algorithmic Options-

Maximum Iterations  . . . . . .             30
Convergence Criterion  . . . . .          .00001
Minimum S-stress  . . . . . . .           .00010
Missing Data Estimated by  . . . .       Ulbounds
♀
```

- Data Options: 유사성을 측정하기 위해 사용된 척도는 등간척도(interval)이며 행 × 열이 8행 × 8열로 구성되었다는 것을 나타내고 있다.
- Model Options: 유클리디안 거리를 이용하였으며 차원의 수는 최소/최대 2인 것으로 나타내주고 있다.
- Output Options: 분석결과에 제시되는 내용을 알려주고 있다.
- Algorithmic Options: 반복계산 횟수가 30회이며 수렴기준이 0.00001이고 최소 스트레스값이 0.001임을 나타내주고 있다.

▶ 원 데이터 행렬

```
      Raw (unscaled) Data for Subject 1

           1          2          3          4          5

 1        .000
 2       7.000       .000
 3       6.000      2.000       .000
 4       2.000      5.000      5.000       .000
 5       1.000      4.000      7.000      2.000       .000
 6       4.000      1.000      2.000      7.000      7.000
 7       5.000      3.000      1.000      6.000      6.000
 8       2.000      6.000      5.000      1.000      3.000

           6          7          8

 6        .000
 7       5.000       .000
 8       7.000      6.000       .000


      Raw (unscaled) Data for Subject 2

           1          2          3          4          5

 1        .000
 2       6.000       .000
 3       5.000      2.000       .000
 4       2.000      6.000      5.000       .000
 5       1.000      7.000      6.000      2.000       .000
 6       6.000      1.000      2.000      6.000      7.000
 7       5.000      2.000      1.000      6.000      5.000
 8       2.000      6.000      5.000      1.000      2.000

           6          7          8
```

입력된 raw data matrix(행렬)의 일부를 나타내고 있으며 값이 클수록 두 브랜드간 비유사성이 높다는 것을 의미한다. 응답자 1의 경우 '샤토마고-샤토페트뤼스'에 7, '샤토마고-로마네콩티'에 6, '샤토마고-브루넬로 디 몬탈치노'에 7의 값을 주어서 비유사성이 높다는 것을 알 수 있다.

▶ 2차원 해에 관한 반복계산과정 요약

MDS분석결과에서 텍스트출력결과를 보면 화면출력의 한계로 인해 분석결과에 대한 전체 텍스트를 보여주지 않고 있다. 화면상에서 텍스트 출력결과 위에 마우스를 놓은 다음 [더블 클릭(double click)]을 하면 숨겨져 있는 출력결과가 나타난다. 스크롤기능을 활용하면 전체 결과를 볼 수 있다.

```
Iteration history for the 2 dimensional solution (in squared distances)

              Young's S-stress formula 1 is used.

             Iteration      S-stress      Improvement

                 1           .21699
                 2           .21341          .00357
                 3           .21296          .00045
                 4           .21286          .00010
                 5           .21285          .00001
                 6           .21285          .00000

                     Iterations stopped because
             S-stress improvement is less than    .000010


         Stress and squared correlation (RSQ) in distances

RSQ values are the proportion of variance of the scaled data (disparities)
          in the partition (row, matrix, or entire data) which
           is accounted for by their corresponding distances.
            Stress values are Kruskal's stress formula 1.

       Matrix      Stress      RSQ    Matrix      Stress      RSQ
          1         .254      .717       2         .188      .837
          3         .152      .922       4         .189      .873
          5         .171      .856       6         .187      .841
          7         .144      .932       8         .189      .873
          9         .144      .932      10         .144      .932


       Averaged (rms) over  matrices
    Stress  =   .17915      RSQ =  .87132
```

지정된 2차원의 해를 구하기 위한 반복계산과정을 보여주고 있다. S-스트레스값은 0.21699에서 시작하여 반복계산을 6회 실행한 결과 0.21285로 떨어지고 있다. 6회까지 반복계산을 실시해 산출된 최종 스트레스값은 0.17915로 나타나서 Kruskal의 스트레스값 수준에 비춰볼 때 적합도가 나쁘게 나타나고 있으나 6회째에서 스크레스값 개선정도가 0.00000으로 나타나 입력값 0.00001 보다 낮아 더 이상의 반복계산이 불가능함을 알 수 있다.

또한 다른 적합도 평가방법인 RSQ는 회귀분석에서의 R2 값과 유사한 값으로 MDS를 실시했을 경우 변환된 자료가 전체 분산을 어느 정도로 설명하는가를 나타내는 값이다. 이 값은 0과 1 사이의 값을 가지며 본 사례에서는 0.87132로 높은 모형설명력을 갖추고 있는 것으로 분석되었다. 통상적으로 RSQ 값은 0.6 이상이면 좋은 모형으로 평가한다.

▶ 2차원 상에서의 각 대상별 좌표값

텍스트출력을 더블 클릭하면 보이지 않는 텍스트 분석결과가 나타난다.

해당 분석결과를 보기 위해서 스크롤 기능을 활용하면 된다.

이 값은 2차원의 지각도(知覺圖, perceptual map) 상에서 각 분석대상, 즉 유도된 자극인 '와인 브랜드'의 좌표점(座標點)을 나타내는 것이다.

Configuration derived in 2 dimensions

Stimulus Coordinates

Stimulus Number	Stimulus Name	Dimension 1	Dimension 2
1	샤토마고	1.5452	-.5039
2	샤토페트	-1.4255	.2265
3	로마네콩	-.9441	-.1790
4	바롤로	1.0782	.7064
5	바르바레	1.5555	-.4384
6	브루넬로	-1.6077	-.9011
7	슈퍼토스	-1.1055	.3879
8	포트와인	.9040	.7017

▶ 분석된 지각도(知覺圖)

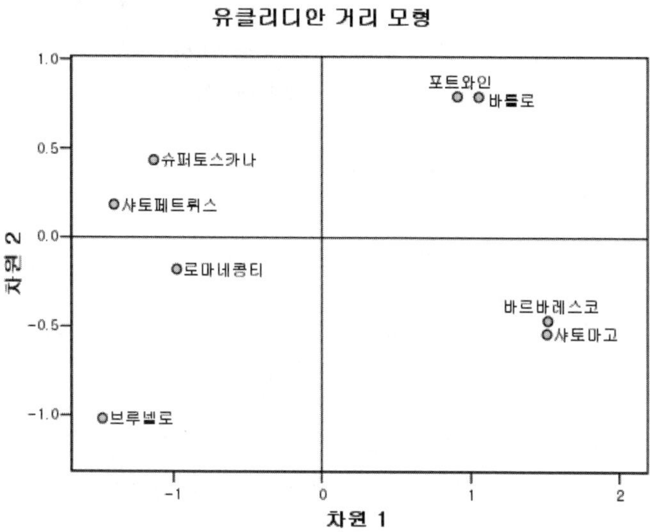

MDS 결과에 의해 도출된 각 대상들의 지각도를 2차원에 나타낸 결과 도표이다. 이 지각도에서 각 브랜드간 거리는 추정된 유클리디안 거리를 나타내며 이 도표상의 좌표들은 각각의 유사성 응답치들을 0을 기준으로 표준화 했을 때의 값이다.

지각도 상의 결과를 해석하면 다음과 같다. 응답자들은 '포트와인'과 '3BSA바를로', '바르바레스코'와 '샤토마고', '슈퍼토스카나'와 '샤토페트뤼스'를 각각 유사한 와인으로 지각하고 있는 것으로 나타났다. '로마네콩티'는 '브루넬로 디 몬탈치노' 보다는 '샤토페트뤼스'와 유사성이 더 높은 것으로 지각하고 있었다.

여기에서 또 한 가지 해야 할 일은 각 차원에 대하여 명칭을 부여하는 것이다. 제품의 브랜드들이 갖고 있는 특성들을 고려하여 연구자가 주관적으로 이름을 부여하면 되는 것이다.

▶ 유클리디안 거리모형에 의한 산점도

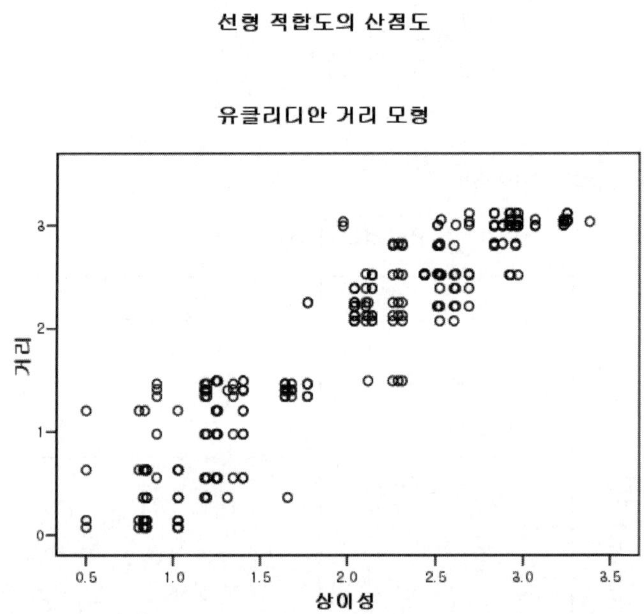

추정거리와 실제거리의 적합도를 나타내는 도표이다. 각 대상들의 점에서 X측과 Y축에 두 직선을 그을 때 닿는 거리(원점으로부터의 거리)는 두 브랜드간의 유클리디안 거리를 의미한다. 또한 X축은 응답자들의 응답결과를 토대로 계산된 실제거리이며 Y축은 입력된 행렬 데이터를 기준으로 추정된 거리를 의미한다.

좌표에 나타난 점들이 대각선(對角線)을 기준으로 했을 때 그 주변에 위치해 있을 경우 모형의 적합성이 높은 것으로 판단할 수 있다. 왜냐하면 좌표의 점들이 응답자가 응답한 결과와 추정된 결과가 유사할 경우 스트레스값이 '0'이 되기 때문에 대각선에 위치하게 된다.

가로축과 세로축의 최대값은 3.5를 넘지 않으며 이는 두 브랜드 간 실제 및 추정거리의 최대값이 3.5를 넘지 않기 때문이다.

활용사례

MDS를 활용한 포지셔닝

다차원척도법을 적용하여 자연휴양림이 일반국민들에게 어떤 이미지로 지각되며 국립공원을 비롯한 국내 대표적인 휴양지들과 어떤 경쟁관계에 있는지를 분석하여 자연휴양림에 대한 기존 관리정책을 평가하고 효과적이며 합리적인 관리방향 설정을 위한 유용한 정보를 제공하고자 수행되었다. 2단계 군집추출 방법으로 서울, 부산, 대구, 광주, 대전 시민 1200명의 표본을 추출하였다. 자연휴양림을 포지셔닝한 결과, 서울과 지방 등 거주지에 따라 다소 상이한 결과가 나타났으나 국민들은 자연휴양림이 바가지 요금이 없는 자연을 느끼고 체험할 수 있는 혼잡하지 않은 휴양장소로 지각하였다.

MDS 결과는 크루스칼(Kruskal)의 스트레스 값(0.009)을 기준으로 2개 차원으로 분석하였다. 분석 결과 7개의 휴양 대상지는 뚜렷이 구분되는 2개의 그룹과 각각의 위치를 차지하는 3개 대상지 그룹으로 나타났다(그림). 일반 국민들은 자연휴양림은 국립공원과 그리고 놀이공원은 유원지와 매우 유사한 휴양 자원인 것으로 지각하였다. 즉 이와 같이 유사하게 지각된 휴양 대상지들은 서로 경쟁관계에 있다고 볼 수 있다. 반면 대표적인 민간 휴양지인 관광농원이나 콘도/리조트, 공공자원인 도시공원은 별개의 그룹으로 각각 분리되었다.

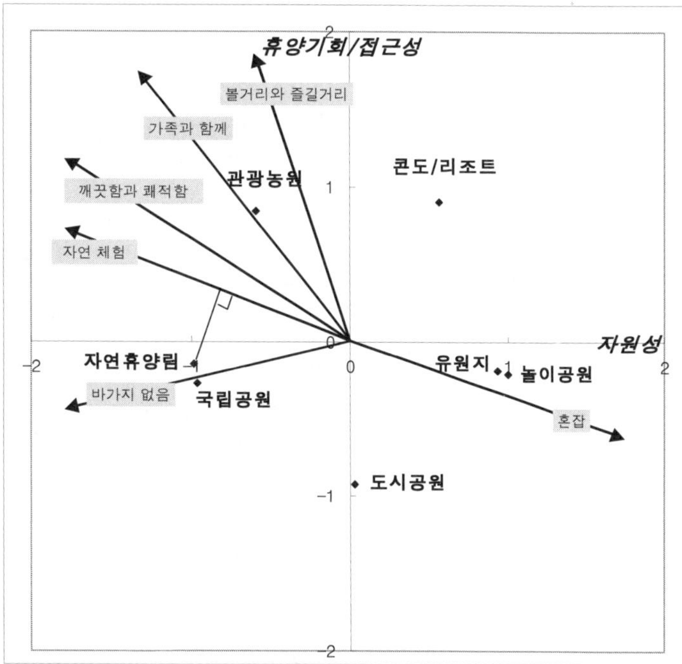

지각도의 두 좌표축(차원)이 의미하는 바는 X축의 경우 자원의 성격이 자

활용사례

연적인가 인공적인가의 '자원성'을 의미한다고 볼 수 있으며, Y축의 경우 보다 쉽게 접근 혹은 방문할 수 있는 정도에 따른 '휴양기회/접근성'으로 명명할 수 있을 것이다.

이러한 점에서 자연휴양림과 국립공원, 관광농원 등은 자연자원을 바탕으로 한 휴양지인 반면 유원지나 놀이공원, 콘도/리조트 등은 인공시설이 더 부각되는 휴양지로 대별할 수 있을 것이다. 또 다른 차원에서 보았을 때 공공적 성격이 강한 도시공원은 자연휴양림과 국립공원 그리고 유원지와 놀이공원 등과 더불어 접근이 용이하고 휴양기회제공이 풍부한 것으로 지각되는 반면 관광농원이나 콘도/리조트는 다소 접근이 어렵고 휴양기회가 풍부하지 않은 것으로 지각된다고 볼 수 있다.

일차적으로 그려진 지각도 위에 PROFIT을 사용하여 6개 속성들을 위치시킨 결과는 그림에 나타난 화살표와 같다. 이때 각 휴양 대상지가 갖고 있는 장단점은 각 대상지에서 속성 벡터에 90도 각도로 투사(projection)하여 나타난 크기와 방향으로 파악한다. 이때 벡터 방향으로 위치해 있는 경우는 그 속성을 긍정적으로 갖고 있는 것으로 그 반대는 부정적인 경우로 해석할 수 있다.

(자료원 : 강미희외 3인(1999), 다차원척도법을 이용한 자연휴양림 포지셔닝, 한국임학회지, 88(2))

2. 컨조인트 분석

1) 컨조인트분석의 기본개념

컨조인트분석(conjoint analysis)이란 소비자들이 제품이나 서비스를 선택하는데 있어 현저하게 두드러진 속성이나 효용의 수준에서 중요하게 생각하는 속성의 최적 결합을 찾아내고자 사용하는 통계적 기법이다. 소비자들이 평가한 브랜드나 브랜드 프로파일분석(profile analysis) 정보는 소비자들이 중요하게 생각하는 속성이나 특성들이 반영되어 있다. 소비자들은 속성들의 결합수준에서 구성된 자극(stimuli)에 대하여 반응하게 된다. 즉 소비자들은 그들이 희망하는 자극에 대하여 반응하는 것이다.

컨조인트분석의 절차는 우선적으로 응답자들에게 제시하여 평가를 받고자 하는 탐색 가능한 모든 자극의 결합이나 효용의 결합들을 갖는 속성들의 값을 할당하여 분류하는 것이 중요하다. 속성들의 묶음은 어떠한 결합(예를 들어 브랜드나 제품, 점포 등)이든지 가능하다는 전제 하에서 평가될 수 있도록 해야 한다.

다차원 척도에서와 마찬가지로 컨조인트분석은 응답자들의 주관적 평가에 의존할 수밖에 없다. 그러나 다차원척도법(MDS)에서는 자극(stimuli)의 형태를 제품이나 브랜드에 국한하는 반면 컨조인트분석에서는 자극을 연구자가 결정하는 속성수준에 따라 이들 속성이나 특징들의 결합에 의한 자극을 무제한적으로 사용할 수 있다는 것이다. 그러나 이러한 무제한성은 소비자들의 선택의 폭과도 관계가 있기 때문에 이론과 같이 무제한적인 결합으로 측정하기에는 현실적으로 무리가 있다. 다차원척도법의 목적은 다차원의 지각공간이나 선호도 공간에 자극의 공간지도를 만들어내는데 목적이 있으나 컨조인트분석은 개별 속성의 수준에서 소비자의 효용을 설명하는 효용함수(utility function)나 부분가치를 개발하는데 목적이 있다.

이러한 다차원척도법과 컨조인트분석법은 상호 보완적인 기법이다.

컨조인트분석은 다음과 같은 다양한 마케팅 상황하에서의 적용뿐만 아니라 기타 다양한 목적으로 활용되고 있다.

■ 소비자의 최적 기대치의 확인

소비자들은 자동차를 선택함에 있어서 속도, 가격, 디자인, 성능, 고장률, 운영비 등 많은 속성들의 결합을 통해 자신이 생각하는 최적의 결합의 기대치에 근접한 제품을 선택하고자 하는 특성이 있다. 따라서 기업의 마케팅 담당자는 소비자들 이 이러한 여러 가지 속성 중 어떤 속성을 보다 중시하는지를 파악하여 이를 반영한 제품을 개발하고자 원할 것이다.

만약에 디자인을 중시한다면 어떤 연령대 계층이 어떤 디자인을 선호하는지...가격을 중시한다면 어떤 가격대가 가장 수용 가능한 가격대 인지를 파악할 필요가 있다.

■ 소비자의 선택과정에 있어서의 속성들의 상대적 가중치

컨조인트분석의 가장 일반적인 활용은 평가과정에서 사용된 각종 자극

들의 구조가 사용된 모든 속성들의 상대적 가중치(weight)를 도출하기 위해서 사용하는 경우가 일반적이다.

■ 속성수준이 다른 브랜드의 시장점유율 평가

선택과 관련한 마인드셰어(mind share)를 결정하기 위한 선택자극 속성, 즉 속성들의 우선적인 선택률에 기초하여 선택하도록 함으로써 효용가치를 도출하고 이를 통해 다른 브랜드의 시장점유율을 추정하는 것이다.

■ 가장 선호되는 브랜드의 구성을 결정

브랜드에 대한 형상(이미지나 형태)는 다양한 속성과 동시에 효용들의 결합으로 이루어진다. 브랜드의 형상은 최적의 선호 브랜드로 구성되도록 최고의 효용들의 묶음으로 만들어진다.

■ 속성들에 대한 유사한 선호형태를 기초로 한 시장세분화에 활용

속성들에 의해 도출된 부분가치함수는 동일한 선호집단으로 군집화 된 응답자들에 의해 도출할 수 있기 때문에 이를 통해 소비자들의 집단을 세분할 수 있다.

이와 같이 컨조인트분석의 응용범위는 유형적인 소비재나 산업재 상품뿐만 아니라 무형적인 서비스산업 전반에 걸쳐 폭 넓게 활용되고 있다. 또한 이러한 적용범위는 마케팅활동 전반에 있어 매우 의미 있게 적용되고 있다. 가장 최근에 컨조인트분석의 적용범위에 대한 조사보고서에 의하면 그 적용범위가 신제품의 개발과 제품컨셉트의 개발, 경쟁분석, 가격분석, 시장세분화, 광고, 유통 등의 분야에까지 이용되고 있다고 한다.

2) 컨조인트분석과 관련된 통계량

컨조인트분석과 관련한 통계용어들을 정리하면 아래와 같다.

■ 부분가치함수(Part Worth Function)

부분가치함수 혹은 효용함수(utility function)는 개별적인 속성들과 관련

한 소비자들의 효용가치를 설명하는 것이다.

■ 상대적 중요도 가중치(Relative Importance Weight)

상대적 중요도 가중치는 소비자들의 선택에 영향을 미치는 중요한 속성들의 상대적 가치를 평가한 것이다.

■ 속성의 수준(Attribute Level)

속성의 수준은 속성들에 의해 평가된 속성들의 가치를 뜻하는 것이다

■ 전체 프로파일(Full Profile)분석

브랜드에 관한 전체 프로파일 혹은 완전한 프로파일은 설계에 의해 특성화된 속성수준의 사용에 의해 구조화된 것이다. 총체적 접근법으로 불리기도 한다.

■ 쌍대 평가표(Pairwise Table)

쌍대 평가표는 응답자들이 평가해야 하는 속성들의 가능한 조합을 모두 쌍으로 결합시켜 동시에 두 속성씩 평가하는 방법이다.

■ 순환 계획법(Cyclical Design)

순환적 디자인은 쌍대비교의 숫자를 줄여주기 위하여 채용하는 방법이다. 균형계획실험이나 부분계획실험에서 블록들이 처리되는 순환 순열에 의해 만들어지는 실험계획법을 말한다.

■ 부분 요인계획법(Fractional Factorial Designs, 혹은 부분 실시법)

부분요인계획법은 전체 프로파일 접근법에 있어서 평가되는 자극의 프로파일 숫자를 줄여주기 위하여 채용한 방법이다. 요인실험에서 인자수가 증가하면 처리결합수는 급격히 증가하게 되며 이때 불필요한 인자를 제외하고 일부분의 인자들만을 이용하여 실험하는 방법이다.

■ 직교배열(Orthogonal Array)

직교배열은 모든 메인 효과의 효율성을 평가할 수 있도록 하는 부분 계획법의 특별한 케이스이다.

■ 내적 타당성(Internal Validity)

내적 타당성은 응답자들의 응답결과를 포함한 여분의 자극이나 타당한 자극을 예측평가하기 위한 상관관계를 포함한 개념이다.

3) 컨조인트분석의 수행절차

컨조인트분석을 실시하기 위한 과정은 다음의 단계를 거치게 된다.

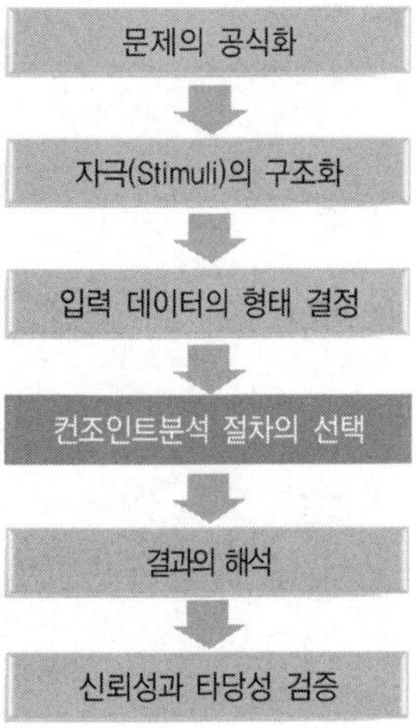

|그림 15-7| 컨조인트분석의 수행과정

첫째, 문제의 인식단계로써 먼저 현저하게 두드러진 속성이나 속성들의 수준을 확인하는 단계이다.

둘째, 인식된 속성과 이들 속성들의 수준을 이용하여 컨조인트 평가를 수행하는 과정에서 사용할 수 있도록 자극(stimuli)들을 구조화한다.

셋째, 적합한 척도를 활용하여 자료를 수집하고 수집된 자료를 분석한다.

넷째, 수집된 자료를 분석하고 이를 해석하며 분석된 결과에 대한 신뢰성 평가를 위해 타당성을 검증하는 과정을 거치게 된다.

(1) 문제의 공식화(Formulating the Problem)

컨조인트분석의 문제를 공식화하는 단계에서 연구자는 반드시 속성들을 확인하고 또한 자극을 구조화하기 위하여 속성의 수준을 확인하여야 한다. 속성의 수준이란 속성들에 의해 추정된 값을 의미하는 것이다. 이론적 관점에서 보면 속성들은 소비자들의 선호도나 선택에 있어서 현저하게 영향을 미치는 것이 선택된다는 것이다. 예를 들어 소비자들이 자동차의 브랜드를 선택하는데 있어 가격이나 경제성, 내부 인테리어 공간, 기타 속성에 대하여 고려하게 된다.

관리적 관점에서 본다면 이 속성들과 속성들의 수준에 대하여 반드시 파악해야 할 필요가 있는 것이다.

이러한 속성들은 경영관리자들과의 토론이나 전문가, 2차 자료조사, 질적 조사, 파일럿 스터디(pilot study) 등을 통하여 확인할 수 있다. 전통적으로 컨조인트분석은 6개나 7개의 속성을 가진 대상을 분석단위로 사용한다.

한 번에 영향을 미치는 속성들을 결정하였다면 그 다음으로는 적합한 수준을 결정하여야 한다. 속성의 수준의 숫자를 결정하는 것은 응답자에 의해 평가된 자극들의 수와 모수의 수에 의해 결정할 수 있다. 응답자들이 응답하게 되는 숫자를 최소화하고 합리적으로 정확한 모수(parameter)를 추정하기 위하여 속성의 수준을 강제적으로 정해야 할 필요가 있다. 즉 총 자극의 수가 많아지게 되면 응답자가 응답에 곤란을 겪게 되고 반대로 총 자극의 수가 너무 적게 되면 모수를 추정하는 추정오차가 너무 크게 되기 때문이다.

속성의 수준을 결정하는 부분가치함수와 효용함수는 선형함수가 아닐 수도 있다. 예를 들어 소비자가 선호하는 중형차가 크거나 혹은 작을 수도 있기 때문이다. 또한 가격의 효용함수 역시 비선형 함수가 될 것이다. 낮은 가격에서 중간가격까지의 효용함수의 감소폭이 중간가격에서 높은 가격까지의 효용함수의 감소폭보다 지나치게 작을 수 있기 때문이다. 어떤 속성들은 본질적으로 이진법의 형태(두 가지 수준)를 가지게 되는 경우도 있다. 예를 들어 선루프가 있는 자동차와 그렇지 않은 자동차처럼 2가지 수준의 속성을 가지는 경우도 있다. <표 15-8>은 컨조인트분석을 위한 속성과 수준의 예를 든 것이다.

|표 15-8| 컨조인트분석을 위한 여행상품의 속성과 수준

속 성(attribute)	속성의 수준	
여행지의 다양성	1	하와이
	2	호 주
	3	싱가폴
가 격	1	1,760,000원
	2	3,500,000원
	3	2,420,000원
숙박시설의 수준	1	최고급
	2	특 급
	3	고 급
부가사항	1	식사/안내자 제외
	2	식사/안내자 포함

이와 같이 적정수준의 자극의 수가 결정되면 그 다음으로는 수준을 어떻게 분류하느냐하는 것이다. 분류한 속성들의 수준이 응답자들이 느낄 때 별 차이를 느끼지 못한다면 수준으로 나누는 의미 역시 반감될 수밖에 없으며 분석결과 역시 현실감이 떨어지는 결과를 얻게 될 것이기 때문이다. 즉 가격이라는 속성의 수준을 나눌 때 일반적으로 고가격, 중가격, 저가격으로 나누는데 이러한 분류기준에 대해 응답자들이 정확하게 그 차이를 느낄 수 있도록 그 기준이 명확해야 한다. 따라서 수준을 결정할 때는 가급적 현실을 있는 그대로 반영하는 것이 바람직하다.

상기의 <표 15-8>에 나타난 속성의 수와 자극의 수를 계산하면 여행자들이 선택할 수 있는 자극은 3×3×3×2=54개의 자극이 나오게 된다. 그러나 응답자들이 선호도를 평가하기에는 너무 많은 자극의 수가 된다.[1)]

(2) 자극의 구조화(Constructing Stimuli)

컨조인트분석에서 자극을 구조화하는 방법에는 두 가지가 있다.

첫 번째 방법은 쌍대 접근법(pair-wise approach)이고 두 번째 방법은 전체 프로파일 접근법(full-profile approach)이다. 쌍대 접근법은 2개 요인 평가법(two factor evaluation)으로 불리기도 하며 응답자들이 평가하고자 하는 모든 가능한 속성들의 쌍(pair)을 동시에 두 속성씩 평가하는 것이다. 이러한 쌍대 방법을 간략하게 설명하면 <그림 15-8>과 같다. 즉 <표 15-8>에 주어진 여행상품의 속성과 관련한 모든 가능한 조합을 평가할 수 있도록 결합하여 컨조인트분석을 위한 자료를 수집하는 것이다.

전체 속성을 모두 고려하는 전체 프로파일 접근법(full-profile approach)은 다중요인평가법(multiple factor evaluation)으로 불리기도 하며 브랜드와 관련된 모든 속성들을 전부 혹은 완전하게 구조화하는 방법이다. 전통적으로 개별 프로파일은 분리된 Index Card로 설명한다. Index Card의 형태는 <표 15-9>와 같다.

---

1) 원태연, 정성원(1999), 『통계조사분석』, SPSS아카데미, p.454 에서 인용하여 수정

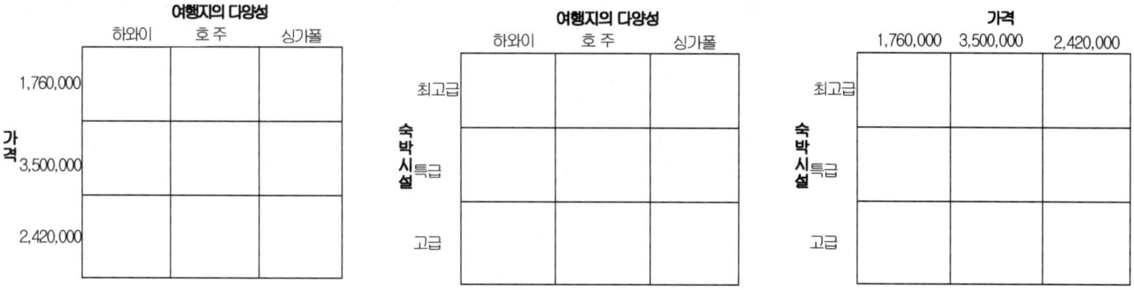

|그림 15-8| 쌍대 접근법에 의한 자극의 구조화

|표 15-9| 전체 프로파일 분석의 Index Card 예

여행사 여행상품에 대한 전체 프로파일 <예>	
• 여행상품 • 가 격 • 숙박시설 • 부가사항	여행지로는 호주를 선호하며 가격은 3,500,000원 이하의 비용으로 최고급의 숙박시설의 여행 식사 및 여행안내자가 별도로 있는

그러나 컨조인트분석에서 결합 가능한 모든 결합을 평가할 필요는 없으며 모든 사례 또한 평가할 필요도 없다.

쌍대 접근법에 있어서 순환계획법(cyclical design)을 사용하면 비교대상이 되는 결합 쌍(pair)의 수를 줄일 수 있다. 전체 프로파일 접근법에서도 부분요인계획법(fractional factorial design)을 이용하여 자극의 수를 줄일 수 있다.

부분요인계획법의 특수한 형태의 하나로 직교배열(orthogonal arrays) 기법이 있으며 이는 모든 속성들 간의 주요 영향관계를 보다 효과적으로 평가하도록 해준다. 직교배열은 각 속성들 간의 상호작용을 최소화하면서 추정에 필요한 자극의 수를 줄여주는 방법인데 일반적으로 두 개의 부분집합을 얻을 수 있다. 첫 번째 부분집합은 속성들의 수준에 관한 부분가치함수를 계산하기 위해 사용하는 추정집합(estimation set)이고 또 하나의 부분집합은 신뢰성과 타당성을 검증할 수 있는 검정용 집합(holdout set)이다.

SPSS에서는 ORTHOPLAN 프로시져를 활용하여 선호도 특성을 분석하는데 필요한 최소한의 자료를 손쉽게 얻을 수 있다.

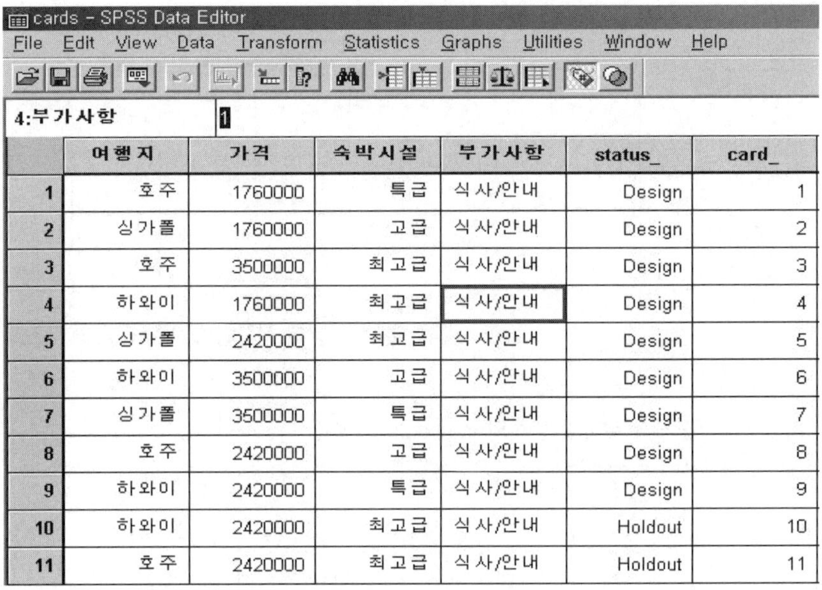

cards - SPSS Data Editor

File Edit View Data Transform Statistics Graphs Utilities Window Help

4:부가사항 1

	여행지	가격	숙박시설	부가사항	status_	card_
1	호주	1760000	특급	식사/안내	Design	1
2	싱가폴	1760000	고급	식사/안내	Design	2
3	호주	3500000	최고급	식사/안내	Design	3
4	하와이	1760000	최고급	식사/안내	Design	4
5	싱가폴	2420000	최고급	식사/안내	Design	5
6	하와이	3500000	고급	식사/안내	Design	6
7	싱가폴	3500000	특급	식사/안내	Design	7
8	호주	2420000	고급	식사/안내	Design	8
9	하와이	2420000	특급	식사/안내	Design	9
10	하와이	2420000	최고급	식사/안내	Holdout	10
11	호주	2420000	최고급	식사/안내	Holdout	11

|그림 15-8| SPSS에서 ORTHOPLAN을 이용해 얻은 자료

쌍대 접근법의 장점으로는 응답자가 한 번에 처리해야 하는 판단의 수를 줄여주는 장점이 있으나 전체적으로 평가해야 하는 자극의 수가 많아진다는 단점이 있다. 즉 하나의 자극을 한 번에 평가하지 않으므로 평가결과 간에 모순이 생길 수 있는 단점이 있다.

(3) 투입자료의 유형 결정

MDS에서와 마찬가지로 컨조인트분석의 투입자료는 계량 및 비계량적 자료 모두 사용 가능하다. 비계량적 자료는 응답자들에게 전통적으로 순위평가(서열평가)를 하도록 하여 자료를 얻는다.

쌍대 접근법의 경우 응답자들은 그들이 희망에 따라 개별행렬(matrix)의 모든 셀(cell)에 순위를 적어 넣는다. 반면에 전체 프로파일 접근법은 모든 자극의 프로파일을 순위로 평가하는 것이다. 순위를 평가하는 것은 속성 수준들에 대한 상대적 평가를 포함하는 것이다. 순위자료를 선호하는 지지자들은 시장에서 소비자들의 행동을 정확하게 반영하는 자료라고 믿고 있다.

계량적 자료의 형태는 응답자들의 순위평가보다는 비율로 평가하는 것을 더 선호한다. 이 경우 응답자의 판단은 전통적으로 독립적인 것이라고 믿고 있다. 비율자료를 옹호하는 지지자들은 응답자들이 보다 편리하게 응답할 수 있으며 순위 자료보다 분석이 용이하다고 믿고 있다. 최근에는 점차 비율자료를 활용하는 사례가 늘고 있는 추세이기도 하다.

컨조인트분석을 실시할 때 종속변수는 일반적으로 선호도(preference)나 구매의도(buying intention)를 측정하는 경우가 많다. 다른 말로 표현하면 소비자들은 그들의 선호도나 구매의도에 대하여 비율이나 순위로 평가해야 한다는 것을 의미한다. 그러나 실제 컨조인트에 의한 분석방법론은 소비자들의 구매 혹은 선택행위를 포함하는 다른 모든 종속변수에 대하여 융통성이 있으며 아울러 분석의 편리함도 제공해주고 있다.

(4) 컨조인트 분석절차의 선택

기본적으로 컨조인트분석을 위한 분석모형은 다음과 같은 공식으로 표현할 수 있다.

$$U(X) = \sum_{i=1}^{m} \sum_{j=1}^{k_i} a_{ij} x_{ij}$$

여기에서 U(X) = 전반적인 대안의 함수
= (i)번째 속성의 (j)번째 속성수준이 갖는 부분가치 기여도 혹은 관련된 효용
ki = (i)번째 속성 수준의 수
m = 속성의 수

속성 I_i의 중요성은 속성의 교차수준인 부분가치의 범위 a_{ij}의 범위에 의해 정의된다. 즉 각각의 (i)에 대해

$$I_i = \{\text{Max}(a_{ij}) - \text{Min}(a_{ij})\}$$

속성들의 중요성은 다른 속성 Wi의 상대적 중요성으로 정규화 시킴으로써 확정할 수 있다.

$$W_i = \frac{I_i}{\sum_{i=1}^{m} I_i}$$

그러므로

$$\sum_{i=1}^{m} W_i = 1$$

몇 가지 절차상의 차이는 기본적인 모형을 추정하는데 있어서 유용성이다. 가장 단순하게는 대중의 유행을 자료로 활용하거나 혹은 더미(dummy)변수를 활용하는 것이다. 이러한 경우에 예측변수는 속성수준을 결정하기 위해 더미변수들로 구성된다. 컨조인트분석 외에 전반적으로 비계량적 자료를 분석하는 적합한 방법으로 LINMAP이나 MANNANOVA 그리고 LOGIT 모형들이 있다.

연구자들은 또한 개별적인 응답자들의 자료를 분석할 것인지 혹은 통합된 수준에서 분석할 것인지를 결정해야 할 것이다. 개별적 수준에서 분석할 경우 개별 응답자들의 자료는 분리하여 분석해야 한다. 만약 통합된 수준에서 분석한다면 응답자들을 집단화하기 위한 방법들을 고민해야 할 것이다.

일반적인 접근방법의 하나로 개별적 수준의 부분가치 혹은 첫 번째 효용함수를 추정하는 방법이 있을 수 있다. 통상적으로 응답자들은 그들 자신의 부분가치함수의 유사성에 기초하여 군집화(clustered)되는 경향이 있기 때문이다. 통합적 수준의 접근방법은 이러한 각각의 집단들을 분석하는 것이다.

(5) 결과의 해석

분석결과에 대한 해석은 뒤편에서 실제 분석사례를 활용해 해석하는 방법을 설명하고자 하였으며 이를 참조하도록 한다.

(6) 신뢰성과 타당성의 평가

컨조인트 분석결과의 신뢰성과 타당성에 대하여 다음의 몇 가지 절차를 통해 평가할 수 있다.

- 추정된 모형의 적합도(goodness-of-fit)를 평가해야 한다. 예를 들어 더미변수를 이용한 회귀분석을 이용하였다면 모수의 결정계수(R^2)는

적합한 모형의 자료 범위 안에 있게 될 것이다.

- 신뢰성에 대한 검증-재검증(test-retest)은 자료 수집과정 이후에 몇 번의 모의판단을 통해 평가할 수 있다. 즉 인터뷰 이후에 응답자들에게 자극을 다시 선택하도록 해 평가하는 것이다. 그런 다음 이들 자극의 두 가지 값을 대상으로 신뢰성을 검증-재검증하여 상관관계를 보는 것이다.
- 검증용 표본 혹은 타당성 자극의 평가는 추정된 부분가치함수에 의해 예측할 수 있다. 예측된 평가는 내적 타당성을 결정하기 위하여 응답자들로부터 얻어진 자료들과의 상호관련성을 통해 검증할 수 있다.
- 만약 통합수준의 분석이 수행되었다면 추정표본은 몇 가지 방법에 의해 분리할 수 있다. 컨조인트분석은 이들 각각의 하위표본을 통해 수행되어질 수 있다. 그렇게하므로써 컨조인트분석결과에 대한 안정성을 평가하기 위해 하위표본과 교차하여 비교할 수 있다.

4) 컨조인트분석의 한계

컨조인트분석이 MDS와 같이 매우 잘 알려진 기법이지만 몇 가지 제약사항들을 가지고 있다. 컨조인트분석은 제품속성들의 중요성을 추정하는데 확실히 이로운 점을 제공해준다. 더욱이 이들 속성과 전환이라는 관점에서 선택행위에 대한 평가를 추정할 수 있게 해주는 장점이 있다.

그러나 이러한 상황에서 브랜드명과 이미지가 중요하다고 할 때 소비자들은 속성에 대한 대안이나 브랜드를 평가하지 않게 된다. 비록 소비자들이 제품속성에 대하여 심사숙고할지라도 선택과정을 올바르게 대변할 전환모형(trade-offs model)을 발견하기는 매우 어려울 것이기 때문이다.

또 다른 한계점으로는 자료의 수집과정이 매우 복잡하다는 것이다. 특히 속성의 수가 많을 경우에 모형은 반드시 개별적인 수준에서 추정되어야 한다는 것이다. 이러한 문제점은 상호작용적 혹은 적응적 컨조인트분석이나 혼합형 컨조인트분석을 폭넓게 사용하는데 제약조건으로 작용하고 있다. 또한 부분가치함수가 단지 유일하게 존재하는 것이 아니라는 점이다.

5) 혼합 컨조인트분석(Hybrid Conjoint Analysis)

혼합 컨조인트분석은 전통적 컨조인트분석에서 요구되는 자료수집과정의 불편을 보다 단순화시키기 위한 시도이다. 각각의 응답자들은 많은 수의 프로파일들을 평가하게 되는데 대개 제품의 속성들 간 상호관계는 고려하지 않고 단지 부분가치함수만을 평가하게 된나. 이 경우 단순부분가치 혹은 주요 효과모형에 있어서 결합의 가치는 분리된 주요 효과의 합에 의해 단순화된다. 실제적으로 두 개의 속성은 분리된 부분의 평균 기여도보다 결합가치에 더 민감하게 상호작용할 수 있다.

컨조인트분석에 있어서 혼합모형은 다음 두 가지의 목적을 제공하기 위해 개발되었다.

- 개별 응답자들에게 응답을 강요하게 되는 부담스러움을 덜기 위하여 자료 수집과정을 보다 단순화할 목적으로 개발되었다.
- 개별적인 수준에서의 모든 주요 효과뿐만 아니라 하위집단수준에서 선택된 상호작용의 추정을 허용하기 위한 목적으로 개발되었다.

혼합모형에 의한 접근방법에 있어서 응답자들은 전체 프로파일 접근법에서와 같이 9개 이하의 컨조인트 자극에 대한 제한적 평가를 하게 된다. 상이한 응답자들은 프로파일의 하위집합들을 다르게 평가하기 때문에 이러한 프로파일이 도출되는 것이다. 게다가 응답자들은 개별속성들의 상대적 중요도와 개별속성들의 희망하는 수준에 대하여 직접적으로 평가하게 되기 때문이다. 컨조인트 자극의 평가로부터 도출된 직접 평가를 결합하는 것은 통합수준의 모형과 아직도 개별적인 수준에서 남아있는 차이를 추정하기 위한 것이다.

MDS와 컨조인트분석은 보완적인 통계기법이며 결합하여 사용할 경우 보다 나은 판단력을 도출할 수 있을 것이다.

3. 컨조인트분석의 실제 사례

컨조인트분석은 개발하고자 하는 제품대안들에 대한 소비자들의 선호정도로부터 제품대안에 부여된 각 속성들에 대한 상대적 중요도와 각 속성들에 대한 효용을 추정하는 분석방법이다. 이를 통해 소비자들에게 가장 적합한 제품이나 서비스를 계획하거나 개발하게 되는 것이다.

- 컨조인트분석을 위한 사례

국내 굴지의 주류회사인 J사에서는 최근 소비자들의 소득수준이 높아지고 여가시간이 늘어남에 따라 건강에 대한 관심이 더더욱 높아지고 있음을 조사결과 알게 되었다. 뿐만 아니라 소비자들의 음주패턴 역시 소주나 강한 위스키 대신 건강에 좋은 와인(wine)을 선호하는 형태로 바뀌어가고 있는 것으로 파악하였다. 이에 따라 J사에서는 국내 소비자들의 음주패턴의 변화와 선호하는 주류의 유형이 바뀌어가고 있는 것에 발맞추어 새로운 와인제품을 개발하기로 방침을 정하였다.

J사의 마케팅관리담당이사는 미래의 잠재적 소비자들에게 다음과 같은 내용을 중심으로 소비자조사를 실시하였다.

요인	요인설명	요인의 수준
와인	와인종류	① 보통 와인(Still Wine or Table Wine, 자연산 와인) ② 발포성 와인(Sparkle Wine, 샴페인 등) ③ 강화 와인(Fortified Wine, 주정강화 와인)
가격	선호가격	① 1만원 ② 3만원 ③ 5만원 ④ 7만원
등급	와인등급	① 최고급 와인(AOC) ② 고급품질 와인(VDQS) ③ 상급 테이블 와인(Vin de Pays) ④ 하급 테이블 와인(Vin de Table)

이때 3개의 요인을 조합할 때 제품대안의 수는 총 48개(=3×4×4)이다.

1) 직교계획에 의한 데이터 생성

① SPSS를 실행시킨 다음 메뉴에서 [데이터 > 직교계획(H) > 생성(G)]을 선택한다.

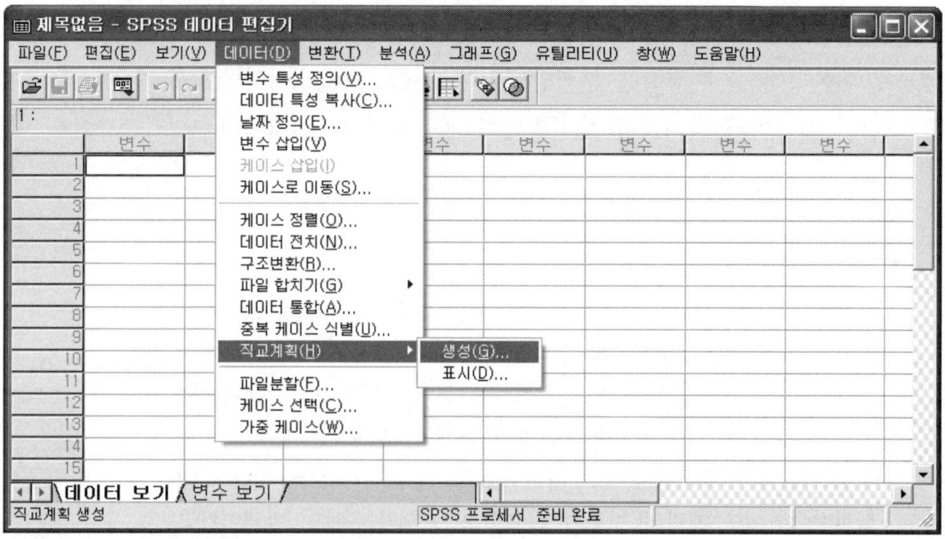

② [직교계획 생성]이라는 대화상자에서 [요인이름(N)]과 [요인설명(L)을 입력한 다음 [추가] 버튼을 누르면 [와인 '와인종류' (?)]라는 요인이 생성된다.

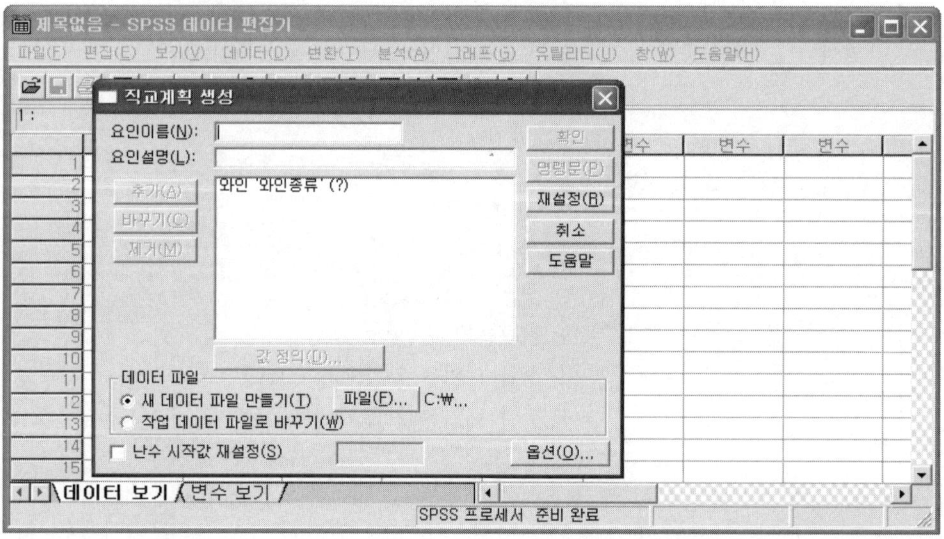

③ 추가된 와인 요인을 선택하고 [값 정의(D)]를 누른 다음 대화상자에서 해당요인의 변수값과 설명을 입력한다. 그런 다음 [계속] 버튼을 누른다.

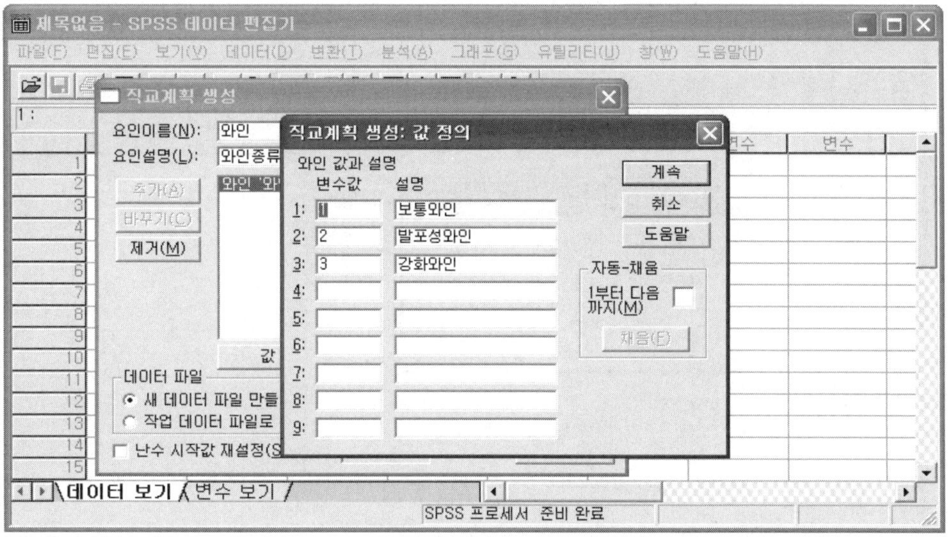

④ 동일한 방법으로 나머지 요인인 '가격', '등급' 요인을 생성하면 다음과 같은 형태가 완성된다. [데이터 파일]에서 기본 설정을 [작업 데이터 파일로 바꾸기(W)]를 선택한다.

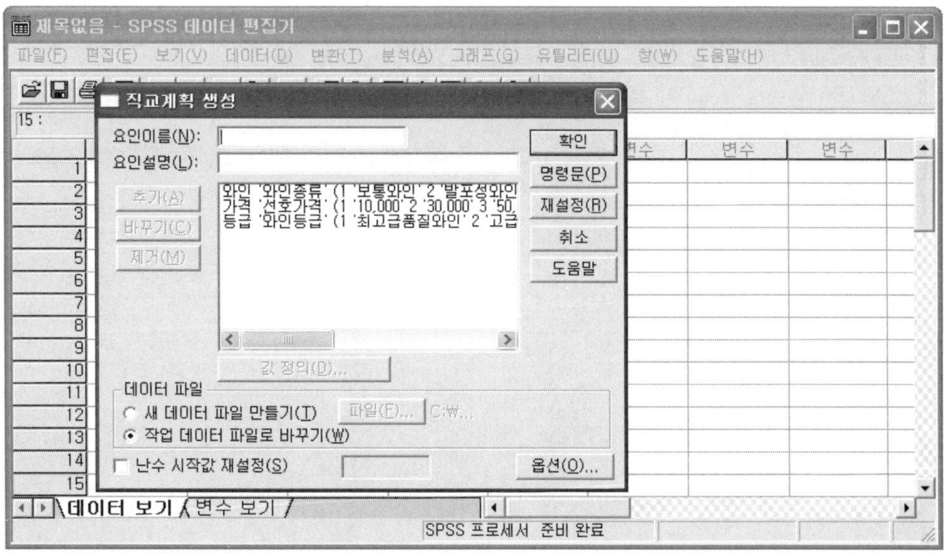

⑤ 그런 다음 [직교계획 생성] 대화상자에서 [옵션] 버튼을 누른 다음 [생성에 필요한 최소 케이스(M)]의 빈칸에 [16]을 입력한 후 [계속]을 누른다.

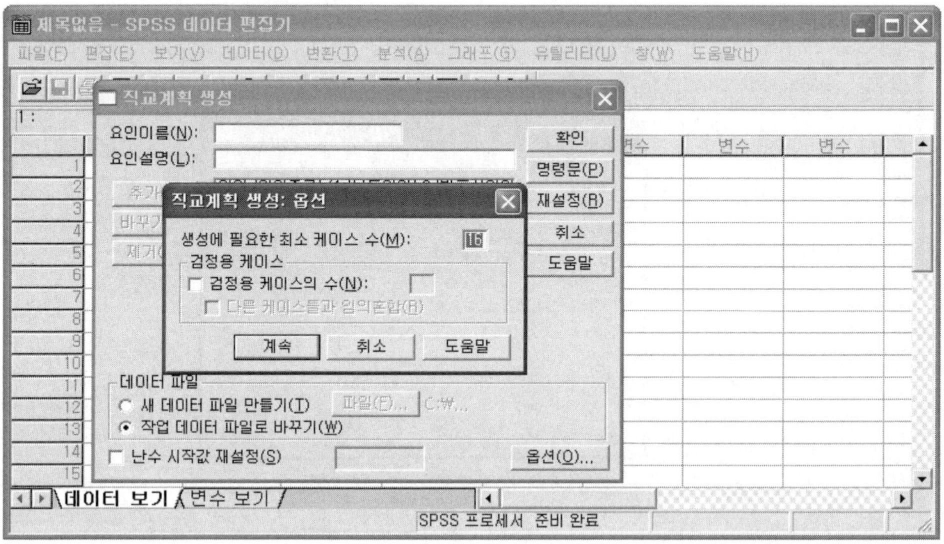

⑥ 그런 다음 [확인] 버튼을 누르면 SPSS 편집기에 다음과 같은 [데이터 파일]이 자동적으로 생성된다. Oupt 창에는 "16 카드가 생성되었습니다."라는 메시지가 출력된다.

	와인	가격	등급	STATUS_	CARD_
1	3.00	4.00	1.00	0	1
2	1.00	2.00	2.00	0	2
3	2.00	1.00	3.00	0	3
4	2.00	3.00	1.00	0	4
5	1.00	1.00	2.00	0	5
6	1.00	2.00	1.00	0	6
7	1.00	3.00	4.00	0	7
8	2.00	2.00	4.00	0	8
9	3.00	1.00	4.00	0	9
10	1.00	1.00	1.00	0	10
11	3.00	2.00	3.00	0	11
12	1.00	4.00	4.00	0	12
13	1.00	4.00	3.00	0	13
14	2.00	4.00	2.00	0	14
15	3.00	3.00	2.00	0	15

⑦ 이후의 추가적인 분석을 위해 생성된 작업 데이터 파일을 [다른 이름으로 저장]한다.

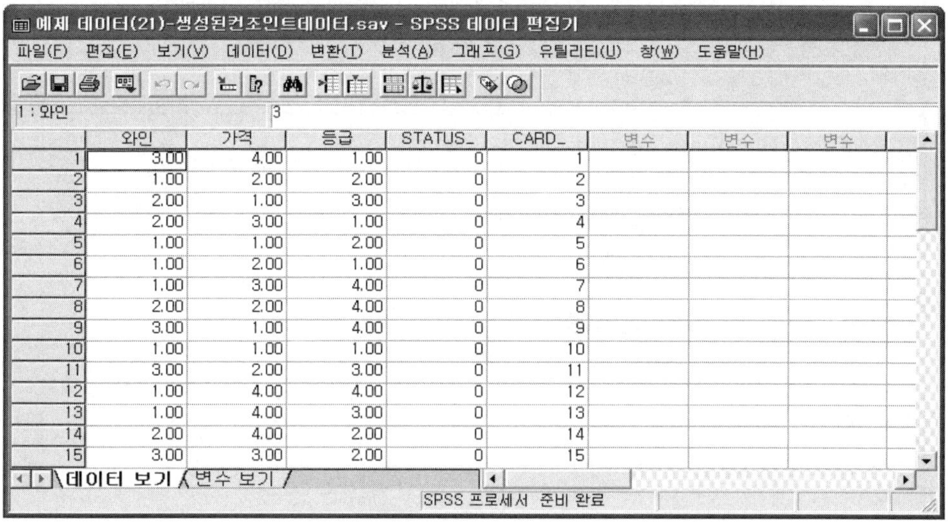

	와인	가격	등급	STATUS_	CARD_	변수	변수	변수
1	3.00	4.00	1.00	0	1			
2	1.00	2.00	2.00	0	2			
3	2.00	1.00	3.00	0	3			
4	2.00	3.00	1.00	0	4			
5	1.00	1.00	2.00	0	5			
6	1.00	2.00	1.00	0	6			
7	1.00	3.00	4.00	0	7			
8	2.00	2.00	4.00	0	8			
9	3.00	1.00	4.00	0	9			
10	1.00	1.00	1.00	0	10			
11	3.00	2.00	3.00	0	11			
12	1.00	4.00	4.00	0	12			
13	1.00	4.00	3.00	0	13			
14	2.00	4.00	2.00	0	14			
15	3.00	3.00	2.00	0	15			

2) 프로파일 카드(Profile Card) 인쇄

'프로파일 카드 인쇄'는 컨조인트 설계과정에서 추출된 각 와인 상품 대안의 요인수준과 요인이름에 의한 조합된 카드목록을 인쇄하는 과정이다.

① '예제 데이터(21)-생성된컨조인트데이터.sav'을 불러온다.

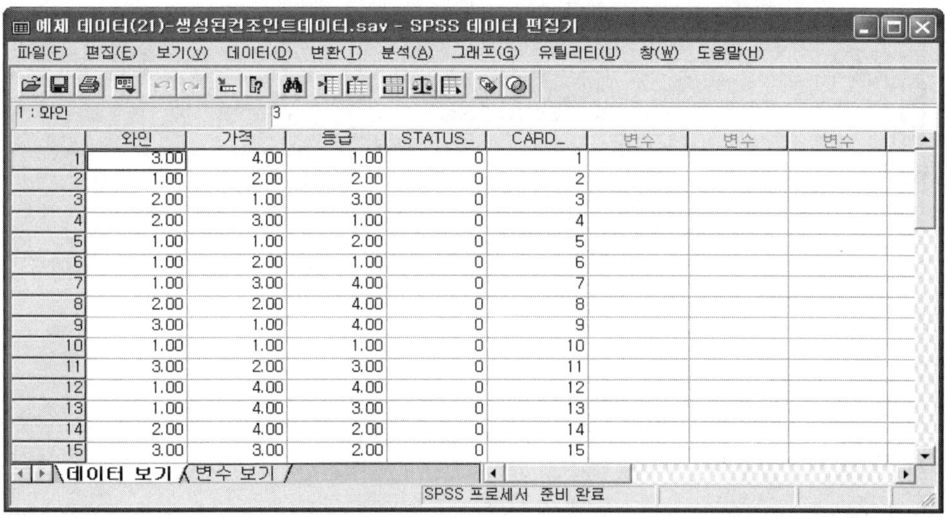

	와인	가격	등급	STATUS_	CARD_	변수	변수	변수
1	3.00	4.00	1.00	0	1			
2	1.00	2.00	2.00	0	2			
3	2.00	1.00	3.00	0	3			
4	2.00	3.00	1.00	0	4			
5	1.00	1.00	2.00	0	5			
6	1.00	2.00	1.00	0	6			
7	1.00	3.00	4.00	0	7			
8	2.00	2.00	4.00	0	8			
9	3.00	1.00	4.00	0	9			
10	1.00	1.00	1.00	0	10			
11	3.00	2.00	3.00	0	11			
12	1.00	4.00	4.00	0	12			
13	1.00	4.00	3.00	0	13			
14	2.00	4.00	2.00	0	14			
15	3.00	3.00	2.00	0	15			

② 메뉴에서 [데이터 > 직교계획(H) > 표시(D)]를 선택한다.

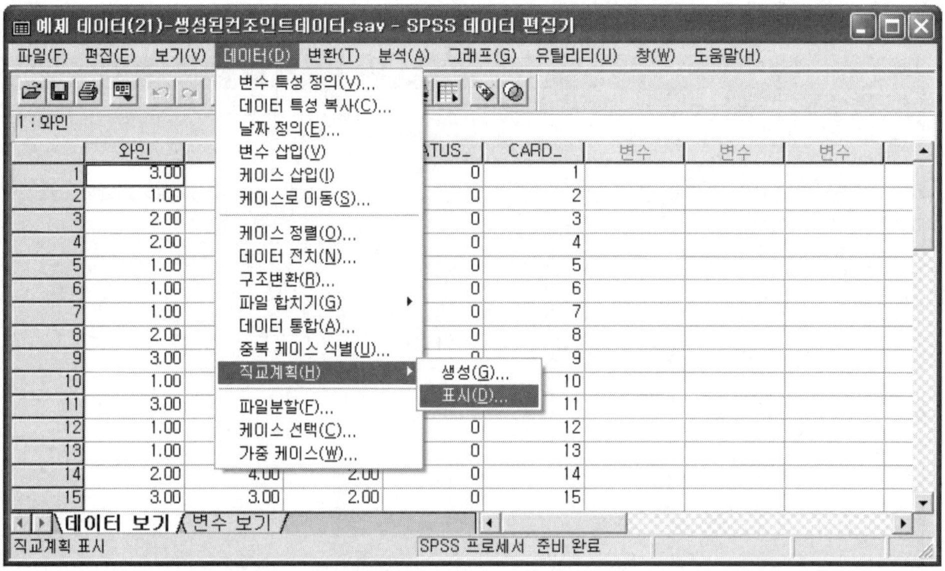

③ [계획 표시하기] 대화상자에서 좌측의 변수를 선택해서 [요인분석(F)]란으로 이동시킨다. 그런 다음 [형식]에서 [개체들의 프로파일(O)] 옵션 선택상자를 체크한다.

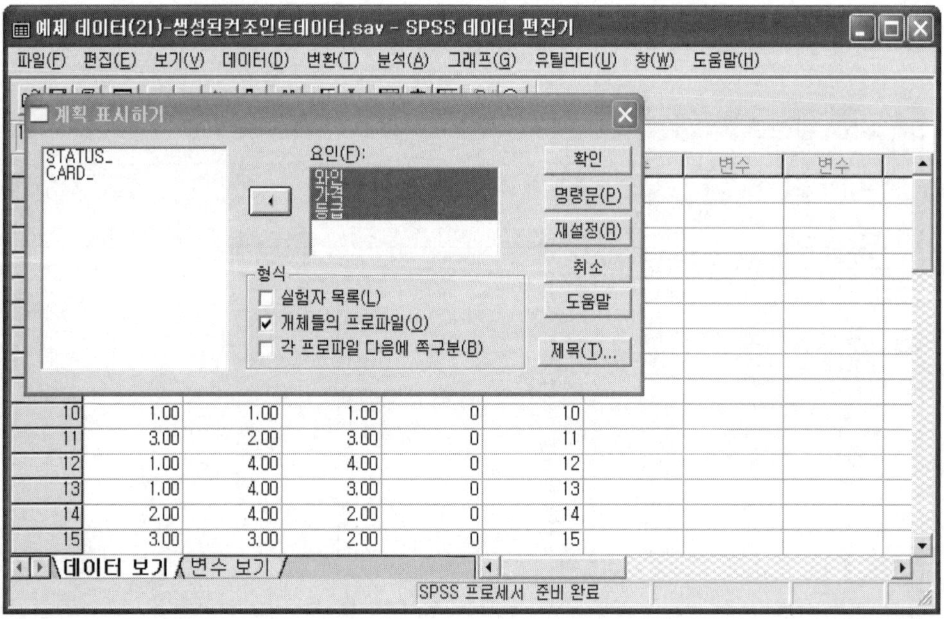

④ [확인] 버튼을 누르면 다음과 같은 프로파일 목록이 출력된다. 총 16개의 카드목록이 만들어졌다.

```
➜ 계획표

Note:
Since no OUTFILE was specified, the card listing
will be written to the listing file.
♀

프로파일 번호 1

와인종류  강화와인
선호가격  70,000
와인등급  최고급품질와인

프로파일 번호 2

와인종류  보통와인
선호가격  30,000
와인등급  고급품질와인

프로파일 번호 3

와인종류  발포성와인
선호가격  10,000
와인등급  상급테이블와인

프로파일 번호 4

와인종류  발포성와인
선호가격  50,000
와인등급  최고급품질와인
```

3) 자료수집 및 분석

직교계획을 통해 생성된 16개의 프로파일, 즉 와인 신상품 대안카드를 이용하여 잠재적인 소비자(potential customer)들에게 선호도(preference)를 평가한다. 이때 선호도는 서열척도(1: 가장 선호, 2: 두 번째로 선호....)를 활용하여 자료를 수집한다.

① '예제 데이터-컨조인트데이터.sav' 파일을 불러온다.

② 메뉴에서 [파일 > 새로 만들기 > 명령문(S)]을 선택한다.

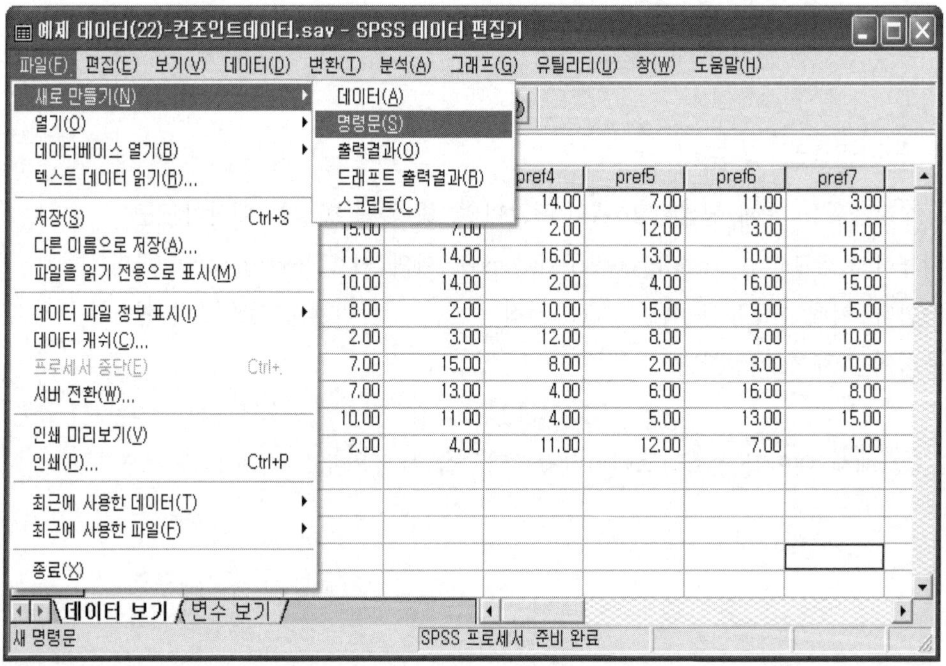

③ SPSS 명령문을 입력할 수 있는 Syntax 명령문 편집기가 나타나면 다음과 같은 형식에 입각해 컨조인트 분석명령문을 입력한다.

```
Conjoint Plan = '직교계획에 의해 생성된 데이터 파일의 경로'
 / data = '프로파일 카드를 이용해 선호도를 조사하여 입력한 파일경로'
 / sequence = 분석할 첫 번째 변수 to 마지막 변수
 / subject = 응답자 변수(*생략 가능)
 / factors = 요인의 이름 목록(요인 성격)
 / plot = all (* 모든 도표를 나타냄)
 / utility = '추정 효용치 결과를 저장할 파일명 지정'.
```

[요인의 성격]

- discrete: 요인의 성격이 명목이며 요인 수준값의 크기와 효용과는 무관
- linear less: 요인의 성격이 선형관계이며 요인 수준값이 작을수록 효용의 수준이 높아짐.
- linear more: 요인의 성격이 선형관계이며 요인 수준값이 클수록 효용의 수준이 높아짐.
- ideal: 요인 수준값이 이상점(outlier)을 가지며 방향과 관계없이 이상점으로부터 멀어질수록 효율의 수준이 낮아지는 것으로 해석함.

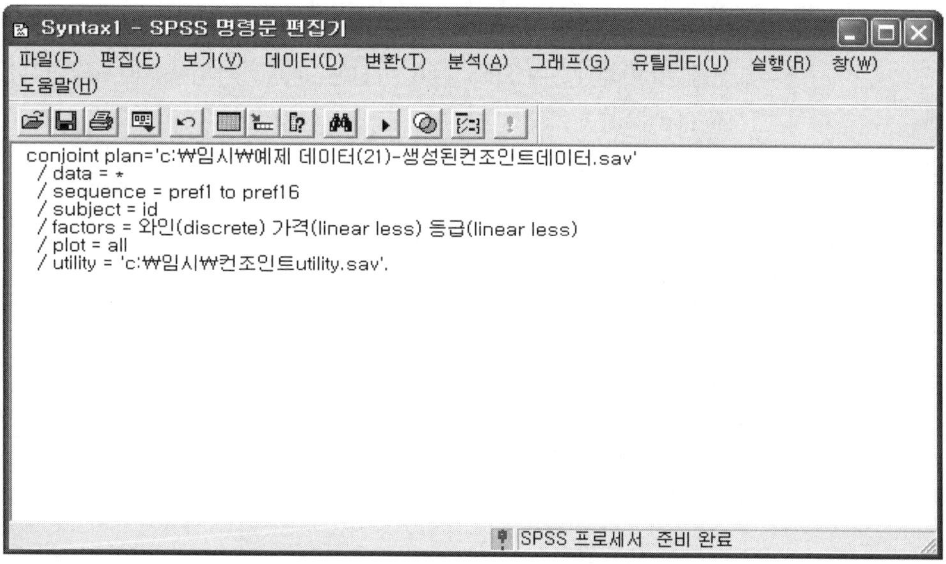

상기의 Syntax 화면에서 데이터 파일이름을 지정하지 않고 '/data = * ' 와 같이 표시한 것은 데이터 파일로 활용할 '예제 데이터(22)-컨조인트데이터.sav'를 이미 불러와서 열어놓고 있기 때문에 별도로 지정하지 않은 것이다.

④ 명령문을 입력한 후 아이콘에서 실행(▶)을 누르거나 메뉴에서 [실행(R)]을 누르 다음 [모두]를 선택한다.

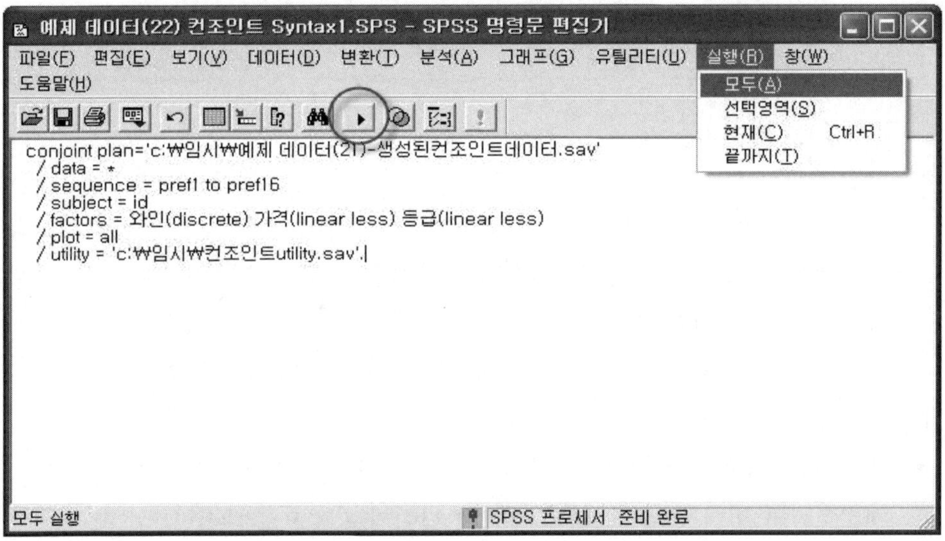

⑤ 분석결과 다음과 같은 결과가 산출된다. 본서에서는 SPSS 12.0K 버전을 활용하였으며 SPSS 14.0 버전은 분석결과의 형태가 약간 다르게 나타난다.

▶ 모델요약 설명

컨조인트 분석

```
Factor   Model Levels  Label
와인       d      3    와인종류
가격       l<     4    선호가격
등급       l<     4    와인등급
(Models: d=discrete, l=linear, i=ideal, ai=antiideal, <=less, >=more)

All the factors are orthogonal.
```

컨조인트분석을 실시한 모델의 요인과 요인성격(model), 요인수준(level)을 나타내주고 있다. 모델에서 d(discrete), l<(linear less)를 의미한다. 와인요인의 수준은 3(명목척도의 수가 1. 보통와인, 2.발포성와인, 3.강화와인의 세 가지)으로 나타나며 선호가격과 와인등급은 4가지 수준을 나타내고 있음을 알 수 있다.

▶ Subject Name

```
SUBJECT NAME:       1.00
Importance   Utility(s.e.)  Factor    ** Reversed ( 2 reversals)

                            와인         와인종류
   ┌──────┐
   │43.91 │  -1.5000(1.5903)   -|          보통와인
   └──────┘   -.8750(1.8648)   -|          발포성와인
          |   2.3750(1.8648)    |--        강화와인
          |
                            가격      ** 선호가격
 ┌────────┐
 │52.69   │   1.5500(1.0668)    |-         10,000
 └────────┘   3.1000(2.1336)    |--        30,000
          |   4.6500(3.2004)    |---       50,000
          |   6.2000(4.2672)    |----      70,000
          |  B =  1.5500(1.0668)
          |
                            등급      ** 와인등급
  3.40   []    .1000(1.0668)    |          최고급품질와인
               .2000(2.1336)    |          고급품질와인
          |    .3000(3.2004)    |          상급테이블와인
          |    .4000(4.2672)    |          하급테이블와인
          |  B =   .1000(1.0668)
          |
              4.7500(3.9757) CONSTANT

Pearson's R   =  .513                  Significance =  .0210

Kendall's tau =  .317                  Significance =  .0436
```

- Subject Name 1.00은 10명의 응답자 중 1번째 응답자의 선호도 결과를 나타내주고 있다.
- Importance는 응답자가 각 요인을 어느 정도로 중요하게 생각하는지를 나타내는 값이다. 본 결과에서 응답자 1은 가격(선호가격)을 가장 중요하게 생각하고 있으며 와인(와인종류), 등급(와인등급)의 순으로 중요하게 생각하고 있음을 알 수 있다.
- 각 요인의 Importance는 「(해당요인의 효용범위/모든 요인의 효용범위의 합계) × 100%」에 의해 산출된다.

- Utility(s.e)는 각 요인의 수준이 갖는 효용값을 의미한다. 괄호안의 값은 표준오차(standard error)를 의미한다. 여기에서는 효용값이 클수록 보다 선호되는 요인수준임을 의미한다.
- 효용의 범위는 다음과 같이 산출된다. 가격과 와인의 효용범위를 산출할 때 와인과 다른 값을 사용한 것은 요인의 성격이 'linear less'로 설정되었기 때문이다.
  - 와인 = 2.3750 - (-0.8750) = 3.25
  - 가격 = 1.5500 - 6.2000 = -4.65
  - 등급 = 0.1000 - 0.4000 = -0.30
  - 효용범위의 합계 = 3.25 + (-4.65) + (-0.30) = -1.7
- 응답자 1이 가장 선호하는 가격은 10,000원으로 이는 요인의 성격이 linear less로 설정되었기 때문이다. 이 경우 요인의 효용값이 작을수록 그 효용이 높기 때문이다. 따라서 응답자 1은 가격이 높으면 높을수록 선호도가 낮아지고 있음을 알 수 있다.
- Pearson's R과 Kendall's tau는 각각 0.513과 0.317로 낮은 편에 해당한다. 이는 응답자 1의 자료가 모형에 그다지 적합하지 않음을 의미하는 것이다.

▶ Subfile Summary

```
SUBFILE SUMMARY

 Averaged
Importance    Utility          Factor

                               와인          와인종류
 37.94          .1111              |-           보통와인
               -.5000          ----|            발포성와인
                .3889              |---         강화와인

                               가격          선호가격
  28.66        -.0333              |            10,000
               -.0667             -|            30,000
               -.1000             -|            50,000
               -.1333             -|            70,000
              B =   -.0333

                               등급          와인등급
 33.40          .0111              |            최고급품질와인
                .0222              |            고급품질와인
                .0333              |            상급테이블와인
                .0444              |            하급테이블와인
              B =    .0111

               8.5278          CONSTANT

Pearson's R    =  .169                       Significance =   .2659
Kendall's tau =   .110                       Significance =   .2786
```

- 상기 결과는 출력결과물에서 숨겨져 있기 때문에 텍스트 출력결과에 마우스를 놓고 더블 클릭해야만 볼 수 있다.
- 본 결과물은 전체 응답자들의 전반적인 선호경향을 보여주는 결과물이다. Average Importance는 전체 10명 응답자들이 평가한 요인별 중요도 평가결과에 대한 평균값이다. 본 예에서 보면 10명의 응답자들은 3가지 요인 중 와인(와인종류)요인을 가장 중요하게 생각하는 것으로 나타나고 있다. 그 다음으로는 등급(와인등급)을 중요하게 생각하고 마지막으로 가격을 중시하는 것으로 나타나고 있다. 결과적으로 10명의 응답자들은 와인 신제품에 대해 가격보다는 와인 그 자체에 의미를 더 두고 있는 것으로 나타나 마케팅관리자는 가격보다는 와인 고유의 품질이나 등급 등에 더욱 신경을 써서 제품을 개발해야 할 것이다.
- 각 요인별 효용값을 보면 와인(와인종류)에서는 강화와인, 가격은 10,000운, 등급(와인등급)은 하급테이블와인에 대한 효용값이 가장 높게 나타나고 있다. 이는 응답자 10명의 와인 신제품에 대한 잠재적인 니즈의 형태를 보여주고 있는 것이다. 따라서 마케팅관리자는 신제품을 개발함에 있어 이러한 잠재적 니즈를 반영하여 신제품을 개발해야 할 것이다.

▶ Reversal Summary

```
SUBFILE SUMMARY

Reversal Summary:

     2 subjects had  2 reversals
     6 subjects had  1 reversals

Reversals by factor:

   등급   5
   가격   5
   와인   0

Reversal index:

   Page    Reversals    Subject
   15         2            1.00
   16         1            2.00
   17         1            3.00
   18         1            4.00
   19         1            5.00
   21         2            7.00
   22         1            8.00
   23         0            9.00
   24         1           10.00
```

- 이 결과표는 요인의 성격을 linear로 설정하였을 경우 연구자가 설정한 방향과 반대의 방향으로 나타난 경우에 대한 정보이다.
- Reversal Summary: 2명의 응답자가 2개의 linear 요인에 대해, 6명의 응답자가 1개의 linear 요인에 대해 반대 방향의 생각을 가진 것으로 나타나고 있다.
- Reversals by factor: 등급(와인등급)에 대해 5명의 응답자, 가격(선호가격)에 대해 5명의 응답자가 반대 방향의 생각을 갖고 있는 것으로 나타났다. 와인(와인종류)에 대해서는 반대 생각을 가지고 있는 경우가 나타나지 않고 있음을 알 수 있다.
- Reversal Index: 10명의 응답자별로 반대 방향으로 응답한 개수와 출력결과에서 해당페이지를 나타낸다.

▶ 와인(와인종류)에 대한 요인수준의 유틸리티

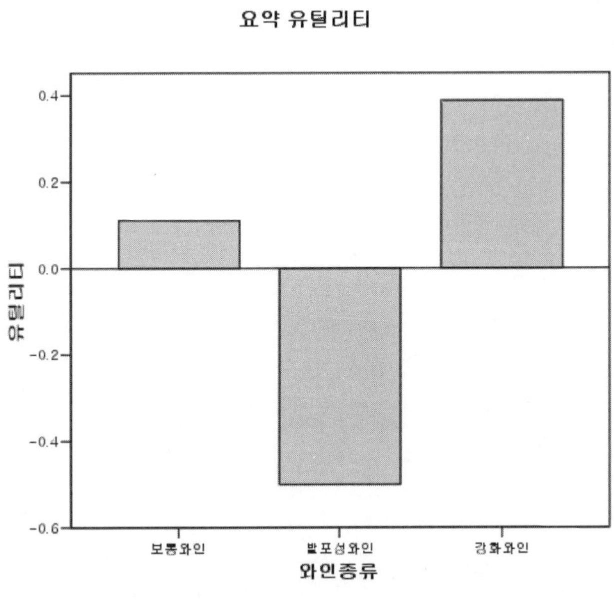

- 와인(와인종류)의 요인수준에 대한 효용값의 유틸리티 크기를 보면 강화와인, 보통와인, 발포성와인의 순서로 나타나고 있다. 따라서 응답자들은 주정(酒精)이 강화된 알코올성 와인을 선호하는 것으로 판단할 수 있다.

▶ 가격(선호가격)에 대한 요인수준의 유틸리티

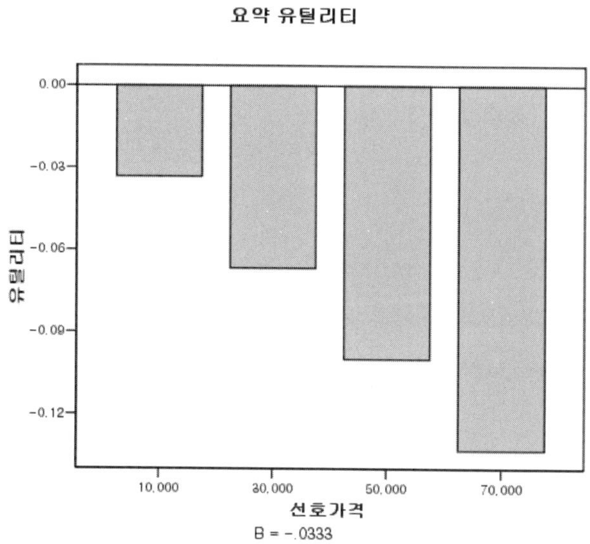

■ 가격(선호가격)의 요인수준에 대한 효용값의 유틸리티 크기를 보면 10,000원, 30,000원, 50,000, 70,000원의 순서로 나타나고 있다. 가격의 요인성격은 linear less, 즉 가격이 낮으면 낮을수록 좋은 것으로 설정하였으므로 분석결과는 타당한 것으로 판단할 수 있다.

▶ 등급(와인등급)에 대한 요인수준의 유틸리티

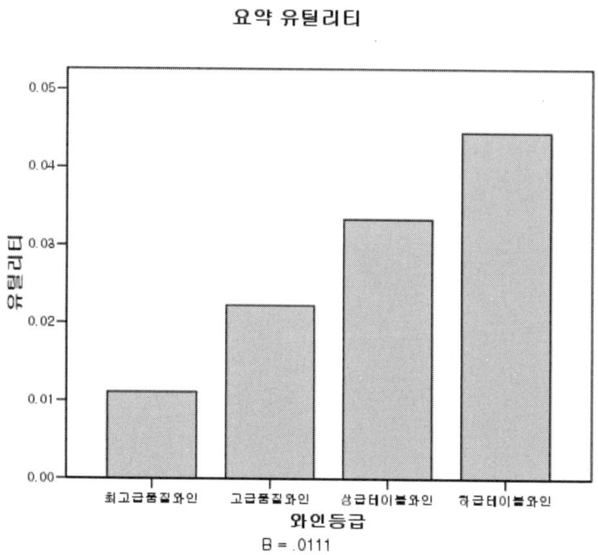

■ 등급(와인등급)의 요인수준에 대한 효용값의 유틸리티 크기를 보면 하급테이블와인, 상급테이블와인, 고급품질와인, 최고급품질와인의 순서로 나타나고 있다. 이는 응답자들이 비교적 저가의 하급테이블와인을 선호하고 있는 것을 알 수 있다.

▶ 각 요인의 중요도

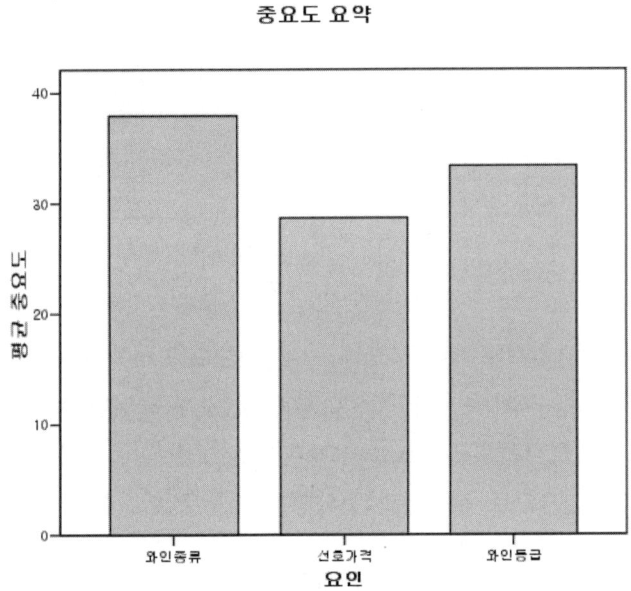

■ Subfile Summary에 나타난 바와 같이 각 요인의 중요도에 대한 도표이다. 와인종류, 와인등급, 선호가격의 순서로 중요하게 여기는 것으로 나타나고 있음을 알 수 있다.

Chapter

16

PART 2
SPSS를 활용한
통계분석

보고서 작성과 프레젠테이션

1. 보고서 작성

보고서 작성과 프레젠테이션 준비는 마케팅조사단계에서 마지막 여섯 번째 단계에 해당한다. 즉 문제를 정의하고 접근방법을 개발하며 조사를 설계하고 실사(field work)를 진행한다. 그런 다음 코딩과 편집 등을 통해 자료처리를 위한 준비를 하고 준비된 자료를 통계전문 패키지를 이용해 분석한다.

그 다음 단계가 보고서를 작성하고 프레젠테이션을 준비하는 마지막 단계인 것이다. 본 장에서는 이러한 보고서 작성과 프레젠테이션 준비를 설명하고 있다. 보고서를 쓰는 법과 표와 그래프를 준비하는 법 등 보고서 작성을 위한 지침들과 프레젠테이션에 관해 설명하고 있다. 마케팅조사과정에 대하여 평가하고 나아가 지속적으로 고객을 지원해야 하는 이유들을 설명하고 있으며 보고서 작성과 프레젠테이션을 준비함에 있어 몇 가지 주의해야 할 점들에 대하여 설명하고 있다.

1) 보고서작성과 프레젠테이션의 중요성

보고서 작성과 프레젠테이션의 준비는 다음과 같은 이유로 인하여 마케팅조사에 있어 매우 중요한 과업의 하나가 되고 있다. 이러한 보고서는 마케팅조사의 최종단계로서 마케팅조사의 품질을 좌우하는 매우 중요한 증거의 하나이다.

활용사례

보고서작성과 프레젠테이션 준비

공공서비스에 대한 시민들의 만족도 조사 결과, 공식적으로 보고서는 다음과 같이 준비하였다.

보고서의 I편에서는 보고서의 본문부분으로 주요 결과를 다룬 부분과 각각의 내용에 대한 분석표, 전체 결과에 대한 요약편, 제기된 문제들에 대한 상세한 정의와 접근방법, 조사설계와 자료 분석에 사용된 통계적 분석방법들과 아울러 본 과제의 제약조건을 제시하고 있으며 마지막으로 본 과제에서 도출된 전략적 추진방향과 개선이 필요한 과제를 제안하였다.

보고서의 II편에는 본 과제를 통해 제기된 문제나 개선과제로 도출된 주요 현상들과 이러한 결과를 그래프로 표현한 내용들을 다루었으며 III편에서는 조사결과에 대한 모든 통계분석표들을 다루었다.

마케팅조사 과제에 따라 III편의 통계분석표는 별도의 보고서로 따라 만들어 제출하기도 한다. 보고서를 작성하는데 있어 의뢰회사의 마케팅 담당이사나 중역, 관련 담당부서장이 선호하는 유형에 따라 영향을 받게 된다. 일반적으로 보고서의 전체 부분 중 I편은 가능하면 기술적인 부분이 아닌 비교적 누구나 읽기 쉽고 이해가 용이하도록 쓰는 것이 바람직하다. 처음부터 기술적인 내용이나 통계적인 전문내용으로 구성하게 되면 자칫 흥미를 잃게 만들 수도 있기 때문이다. 이러한 기술적인 부분들은 가능하면 II편에 위치하도록 구성하는 것도 보고서 작성법 상 연출기법에 해당한다고 볼 수 있다.

(자료원: 이명식, 최천규, 구자룡(2004), 마케팅 리서치, 형설출판사, p.528)

- 보고서는 마케팅조사결과로서 노력의 산물인 유형적 제품의 한 형태이다. 또한 보고서는 마케팅조사 과업이 완전하게 종결되었음을 의미하는 것이며 경영자에게 의사 결정의 자료로써 제공되는 결과물로써의 성격을 가지고 있다. 아울러 이러한 보고서는 마케팅조사 과업의 진행과정 전반에 걸친 내용을 포함하여 제공되는 것이다.
- 마케팅조사보고서와 프레젠테이션은 경영자와 정책결정자의 의사결정에 중요한 지침이 되며 그렇기 때문에 조사설계과정에서 조사의 전체적인 과정이 조사목적, 즉 경영의사결정을 달성할 수 있을지의 여부에 관하여 심사숙고해야 한다.

- 의사결정 과제를 해결하기 위한 마케팅조사 과업에 있어 많은 수의 마케팅 매니저의 참여는 보고서를 작성함에 있어 많은 부정적인 영향을 주기 때문에 참여에 제한을 두어야 한다. 특히 조사결과에 대하여 객관적인 평가와 분석 을 해야 함에도 불구하고 의뢰회사의 마케팅 매니저의 지나친 관여는 경우에 따라 리서치 결과를 호도해 전략적 의사결정에 중대한 오류를 범하게 하기 때문이다. 또한 이들은 전체 마케팅조사결과를 객관적인 시각에서 평가해야하기 때문에 보고서 작성 등의 참여에 제한을 두어야 한다.
- 보고서나 프레젠테이션의 성공여부는 향후 마케팅조사를 다시 실시하도록 하거나 혹은 특정 마케팅조사 기관에 다시 의뢰하도록 의사결정하는데 중대한 영향을 미치게 된다.

2) 보고서작성과 프레젠테이션 준비

실사와 자료 분석을 마치고, 연구자는 마케팅조사결과를 토대로 도출된 문제점들을 해석하고 마케팅 혹은 의사결정의 관점에서 결론을 도출해야 한다. 또한 결과를 중심으로 보고서를 작성하고 이를 의뢰기업이나 마케팅 관련 담당자에게 프레젠테이션(presentation)이라는 형식을 통해 그 결과를 제시해야 한다. 이러한 일련의 과정은 <그림 16-1>과 같다.

보고서 작성은 첫 번째 단계는 마케팅 조사문제를 인식하고 접근방법의 개발을 통해 조사를 설계하며, 실사를 통해 통계 분석된 자료를 해석하는 것부터 시작이 된다. 단순하게 분석된 통계적 결과만을 나열하고 요약하는 정도의 수준이 아니라 연구자는 의사결정을 내릴 수 있도록 직접적인 방법을 통해 나타난 결과들을 제시할 수 있어야 한다. 즉 적합한 결론을 도출하고 그에 따라 향후 추진해야 될 방향을 제시할 수 있어야 한다. 또한 그러한 제안은 바로 실행 가능한 대안이어야 하며 뜬구름과 같은 막연하고도 추상적인 형태의 제

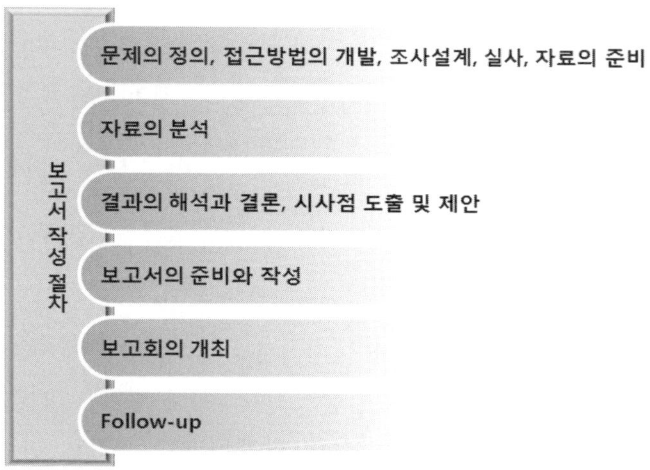

|그림 16-1| 보고서 작성과 프레젠테이션 준비 과정

안이어서는 그 빛을 보기가 어렵다. 그러므로 연구자는 보고서를 작성하기에 앞서 주요 의사결정자와 주요 결과와 결론, 제안내용 등에 사전에 충분한 토의를 거치는 것이 좋다.

이러한 토론과정을 거치는 것은 보고서가 마케팅조사를 의뢰한 고객의 니즈를 확실하게 충족시키는가와 궁극적으로 의뢰고객이 받아들일 수 있는가를 사전에 점검하는 역할을 담당한다. 또한 이러한 토론과정은 최종적으로 보고서를 그대로 제출해도 좋을지를 판단하게 해주는 것이다.

마케팅조사 과제가 완전하게 되기 위해서는 한 사람의 작성자가 보고서를 작성·요약하거나 서로 다른 여러 사람의 독자들이 읽는다는 것을 감안하여 몇 사람의 작성자가 작성한다.

일반적으로 프레젠테이션은 보고서를 보충자료로 활용하여 진행한다. 또한 프레젠테이션이 진행되기 이전에 의뢰고객이 사전에 보고서를 읽어볼 수 있도록 제공하는 것이 중요하다. 그런 다음 연구자는 필요한 지원활동을 제공하면 된다. 연구자는 의뢰고객이 보고서를 이해할 수 있도록 도출된 결과를 도구로 제시하거나 혹은 보다 심층적인 조사를 다시 실시하는 등 모든 지원을 아끼지 말아야 하며 제반 마케팅조사단계를 하나하나 거슬러 올라가면서 평가하여야 한다.

3) 보고서작성 준비

연구자는 마케팅조사보고서를 준비하는 방법에 있어 달라야 한다. 연구자의 개인적 속성이나 인격, 배경, 전문성, 책임감 등에 따라 보고서의 질이 다르게 나타나며 의사결정자가 누구냐에 따라 본질적으로 다루어야 할 내용이나 독특성이 달라야 한다. 여기에서는 마케팅조사보고서 작성을 위한 기본 형식이나 형태, 분석표나 그래프의 디자인 등에 관한 일반적인 지침을 소개하고자 한다.

(1) 보고서의 형태

보고서의 형태는 마케팅조사를 수행하는 연구자나 마케팅조사를 의뢰받아 수행하는 기업, 마케팅조사를 의뢰하는 고객의 유형이나 마케팅조사과업 그 자체의 특성에 따라 매우 다양한 형태를 가지고 있다. 따라서 연구자는 자신이 진행하는 마케팅조사의 유형에 따라 보고서의 유형이나 형태를 개발할 필요가 있으며 다음에 제시하는 것은 일반적인 지침으로서 참조하면 될 것이다. 일반적으로 마케팅조사보고서는 다음의 내용들을 포함하고 있다.[1)]

I. 타이틀(title page)

II. 제출문(letter of transmittal)

III. 계약관련 문서(letter of autorization)

IV. 내용 목차(table of contents)

V. 표 목록(list of tables)

VI. 그림 목록(list of graphics)

VII. 부록편 목록(list of appendices)

VIII. 보기 목록(list of exhibits)

IX. 주요 결과의 요약(executive summary)
   a. 주요 결과(major findings)
   b. 결론(conclusions)
   c. 제안 및 추진제안(recommendations)

X. 조사문제의 정의(problem definition)
   a. 조사문제의 배경(background to the problem)
   b. 조사문제의 제기(statement of the problem)

XI. 문제해결을 위한 접근방법(approach to the problem)

XII. 조사 설계(research design)
   a. 조사 설계의 유형(type of research design)
   b. 주요 조사내용(information needs)
   c. 2차 자료조사(data collection from secondary sources)
   d. 1차 자료조사(data collection from primary sources)
   e. 측정척도의 유형(scaling techniques)
   f. 설문지 개발과 사전조사(questionnaire development and pretesting)
   g. 표본추출방법(sampling techniques)

---

1) Narech K, Malhotra(1996), *Marketing Research*, Prentice Hall, 2nd ed., pp.769-770.

h. 실사방법 및 추진계획(field work)

XIII. 자료 분석(data analysis)

a. 자료 분석방법(methodology)

b. 자료 분석계획(plan of data analysis)

XIV. 주요 조사결과(results)

XV. 한계와 지적재산권 보호(limitations and caveats)

XVI. 결론과 전략적 제안의 제시(conclusions and recommendations)

XVII. 첨부물(appendices)

a. 설문지(questionnaires and forms)

b. 통계분석표(statistical tables)

c. 기타 목록(lists)

이상과 같은 보고서 유형은 마케팅조사과정과 거의 유사한 형태를 띠고 있다. 예를 들어 전국 단위의 조사에서 초기 자료의 분석은 전체 표본을 대상으로 실시되며 그런 다음 개별적인 지리적 분석단위를 통해 지역별로 각각 분석되어질 수 있다. 이러한 분석결과는 상기의 보고서 유형에 의해 5번째 장의 하나로 대체될 수 있다.

① 타이틀(Title Page)

타이틀 페이지에는 보고서의 타이틀, 연구자나 조사를 수행한 기관에 대한 정보(이름, 주소, 전화번호 등)가 포함되어야 하며 보고서가 어떤 의뢰고객을 위해 작성되었는지 그리고 보고서의 작성연도를 기재하여야 한다.

② 제출문(Letter of Transmittal)

공식적인 보고서에는 마케팅조사과제와 관련하여 제공되는 보고서가 어떤 의뢰고객에게 제공되는 보고서인지 그리고 연구자의 전반적인 경험을 요약한 내용을 포함한 제출문을 명기하며 여기에는 조사결과로 도출된 내용에 대해서는 언급하지 않는 것이 일반적이다. 이 제출문에는 또한 의뢰고객의 니즈를 충족시키기 위해 리서치의 실행성과와 혹은 니즈를 충족시키기 위해 보다 심층적으로 리서치를 수행하였다는 내용을 명시하여야 한다.

③ 계약관련 문서(Letter of Authorization)

계약관련 문서란 마케팅 조사 과제를 시작하기 전에 의뢰고객이 연구자 혹은 연구기관에게 써 준 인증 허가문을 의미한다. 즉 계약서와 같은 유형의 문서를 의미한다. 관련문서에는 리서치 과제와 관련하여 참여한 연구진에 관한 사항과 리서치 과제의 범위, 접촉내용들에 대하여 밝혀둔다. 그러나 실제 제출문 그 자체만으로 인증을 허가하는 것으로 갈음하는 경우가 대부분이다.

④ 내용 목차(Table of Contents)

내용에 대한 목차는 관련된 제목과 거기에 합당한 페이지 수를 기재한다. 대부분의 리서치 보고서들은 단지 주요 표제어와 부제들을 포함하여 작성한다. 내용 목차 다음으로는 분석표 목록과 그래프 목록, 부록 및 보기 목록들을 기입한다.

⑤ 주요결과 요약(Executive Summary)

주요결과에 대한 요약부분은 대부분 경영자나 의사결정자가 읽는 부분이기 때문에 보고서에서 매우 중요한 위치를 차지하고 있다. 주요결과에 대한 요약은 조사문제와 접근방법, 그리고 적용된 조사 설계 등에 대하여 매우 상세하게 밝혀두어야 한다. 또한 요약부분에는 주요결과와 결론 그리고 추진제안 등을 표현해야 한다. 주요결과에 대한 요약은 전체 내용을 총괄적으로 이해하고 쓸 수 있도록 보고서 작성이 끝난 다음에 작성하는 것이 바람직하다.

⑥ 조사문제의 정의(Problem Definition)

보고서에서 조사문제에 대한 정의부분은 조사문제를 어떤 배경에서 기획하고 시작하게 되었는지 그 배경을 제시해준다. 즉 의사결정자와 해당 산업의 전문가들에 논쟁거리로 대두되는 토론의 주요 테마 및 2차 자료를 통해 논의되는 사항, 질적 조사(qualitative research)와 고려되는 요소들에 관하여 설명하고 있다. 게다가 의사결정의 문제와 마케팅조사문제를 분명하게 밝혀 두어야 한다.

⑦ 문제에 관한 접근방법(Approach to The Problem)

이 부분에서는 문제해결을 위해 다루어지는 보다 광범위한 접근방법에 대하여 설명하고 있다. 의사결정과 관련된 문제나 상황분석의 실시, 2차 자료의 분석, 질적 조사, 제약조건 등을 포함하는 제반 접근방법의 개발은 제2장의 조사 설계 부분에서 설명하고 있다. 이 부분에서는 조사에 지침이 되는 이론적인 배경이나 공식화된 분석모델, 조사문제, 가설, 그리고 조사 설계에 영향을 미치는 요소 등을 포함하는 내용에 대하여 설명해야 한다.

⑧ 조사설계(Research Design)

조사 설계부분은 조사를 어떻게 수행할 것인가의 내용을 상세하게 다루어야 한다. 여기에는 조사 설계에 적용된 방법들의 본질과 얻고자 하는 정보에 대한 니즈, 2차 자료와 1차 자료를 수집하는 방법, 측정척도에 관한 문제, 설문지 개발과 사전조사와 관련된 문제, 표본추출방법, 실사 등에 관한 내용을 포함한다. 이 부분에서 이러한 非기술적(non-technological) 사항을 다루는 것은 보다 이해가 용이하도록 하기 위해서 배려하는 것이다. 기술적으로 상세한 내용들은 부록편이나 기타 부분으로 처리하도록 하는 것이 좋다. 이 부분에서는 조사에서 채택된 특수한 방법들을 정의한다.

⑨ 자료 분석(Data Analysis)

자료 분석부분에는 자료 분석계획과 자료 분석전략과 사용된 기법을 정당화할 수 있는 내용에 대하여 상세히 설명한다. 자료 분석을 위해 사용된 기법은 단순하게 非기술적인 용어들로 표현되는 것이 바람직하다.

⑩ 주요 조사결과(Results)

주요 조사결과부분은 보고서의 가장 많은 부분을 차지하며 몇 개의 장으로 구성되는 특성이 있다. 또한 이 부분에서는 전체적으로 보고서의 총괄적인 수준이면서 여러 가지 하위부분(예: 시장세분화, 지역적인 분포... 등)에 대한 내용을 포함한다. 그리고 무엇보다도 조사결과는 논리적이고도 타당성 있는 내용으로 구성되어야 한다.

⑪ 한계와 지적재산권(Limitations and Caveats)

모든 마케팅조사는 시간과 예산, 그리고 여러 가지의 조직 내부적인 제약조건들로 인하여 많은 한계들을 가지고 있다. 게다가 적용된 조사 설계는 앞에서 나열한 바와 같이 무작위 표본추출오류나 비(非)표본추출 오류(응답오류, 무응답오류) 등 많은 유형의 오류에 의해 한계를 가지게 된다. 그렇기 때문에 이 부분을 작성하기 위해서는 대단히 많은 주의를 기울여야 하며 어느 한쪽에 치우치지 않는 객관적인 시각에서 작성해야 한다. 한 마디로 연구자는 조사결과에 관하여 과장해서는 안되며 아무 목적도 없이 작성해서도 안된다. 다른 말로 표현한다면 이 부분은 조사나 중요성을 심각하게 손상시키는 내용이어서는 안된다는 것이다.

⑫ 결론과 전략적 제안의 제시(Conclusions and Recommendations)

통계분석결과에 준해서 단순한 요약만을 제시하는 것만으로는 불충분하다. 연구자는 주요 결론에 도달하기 위하여 다른 문제들의 관점에서 조사결과를 충분히 해석하는 그러한 자세를 가져야 한다. 또한 연구자는 조사결과와 결론에 기초하여 의사결정자에게 도움이 되는 전략적 제안을 제시하는 것이 연구자나 연구기관에 대한 의사결정자의 신뢰감을 높이기 위해서 필요하다. 경우에 따라 연구자가 의뢰기업의 전체에 대해 이해하지 못하거나 어떤 특정영역에 관한 리서치를 수행하였다면 전반적으로 전략적 제안을 제시하기에는 여러 가지 제한이 따르게 된다.

연구자가 조사결과에 기초하여 전략적인 개선방안이나 제안을 제시해야 할 경우에는 눈에 보이는 보다 실질적이며 실행 가능한 전략적 제안이어야 한다. 또한 경영의사결정에 직접적으로 활용이 될 수 있는 내용들이어야 한다.

(2) 보고서의 작성

① 독자에 대한 이해

마케팅조사보고서는 조사결과를 이용하는 마케팅 관련자가 누구인가에 대한 이해가 선행된 다음에 작성하는 것이 바람직하다. 보고서를 읽는 관련자들은 그들 자신이 보고서를 읽고 그것을 어떻게 이용할 것인가에 대해 알고 있을 뿐만 아니라 조사과제에 대한 관심이 많기 때문에 보고서를 작성하는데 있어 기술적 세련미를 갖춰야 한다.

어떤 특정분야에서만 사용되는 기술적 전문용어는 가급적이면 피하는 것이 현명하다. 전문가의 말을 빌려 표현한다면 다음과 같이 독자층을 정의할 수 있을 것이다. 즉 마케팅조사보고서를 읽는 사람들은 매우 바쁜 사람들이며 또한 커피 한 잔에 조사보고서를 보면서 동시에 백과사전을 들여다 볼 수 있는 독자는 그리 많지 않기 때문이다. 그렇기 때문에 기술적인 용어나 이질적인 용어 등은 최대한 상세하고도 설명하는 용어를 사용하는 것이 바람직하다. 만약에 불가피하게 기술적인 전문용어를 사용해야 한다면 가급적 부록편이나 첨부물로써 간단하게 처리하는 것이 좋다.

마케팅조사에서 사람들은 그들이 이해하기 어려운 해법을 수용하기보다는 해결이 되지는 않지만 문제와 관련된 살아 있는 정보(vivid information)를 얻는 것에 대하여 보다 가치 있게 생각한다.

어떤 경우에는 마케팅 리서치 과제에 대해 서로 다른 기술적 니즈와 관심을 갖는 고객들과 접하는 경우가 있다. 이러한 경우에 연구자는 의뢰고객의 서로 다른 니즈를 충족시키기 위해 보고서의 부분을 다르게 하거나 혹은 완전히 별개의 보고서를 준비하는 것이 현명한 대처방안이다.

② 문장흐름의 용이성

보고서의 문장흐름은 비교적 용이하게 이루어져야 한다. 그것은 논리적이고도 명확한 구조를 갖춰야 한다. 특히 보고서의 재질에 있어서도 독자들이 쉽게 연계하여 사고할 수 있도록 해야 하며 본질적으로 쉽게 찾아볼 수 있는 구조를 가지고 있어야 한다. 논리적인 구조는 또한 논리적으로 일관성 있는 보고서로 나타나게 된다. 명료성(clarity) 혹은 명쾌한 보고서란 간결하고 명확한 문장으로 잘 구조화된 것을 의미한다.

보고서에 사용되는 어휘는 정확한 용어를 사용해야 하며 연구자가 이야기하고자 하는 내용을 가장 잘 표현하도록 해야 한다. 어려운 어휘나 비속어, 진부한 표현들은 피하는 것이 좋다. 이러한 보고서를 쓰기 위해서는 리서치 과제와 관계없는 2~3 사람으로 하여금 전체적으로 보고서를 읽고 비판적인 평가를 해 주도록 하는 것도 좋은 방법이다. 보고서에 관한 이와 같은 수정작업은 최종 보고서를 탈고하기 전에 몇 번 정도 이루어지는 것이 바람직하다.

③ 전문성을 갖춘 보고서 작성

클라이언트에게 보고서가 어떻게 보여 질것인가 하는 것 역시 매우 중요한 일이다. 보고서는 잘 타이핑 된 양질의 종이로 제본된 것이 좋다. 인쇄체제는 다양하게 활용할 수 있다. 다양하게 활용한다는 것은 보고서를 읽기 쉽고 보기 좋게 여백의 미를 적당히 살린 전문성이 드러난 보고서를 작성해야 한다.

④ 객관성 유지

객관적인 시각에서 보고서를 작성하는 것은 보고서 작성지침의 가장 기본적인 요건이다. 연구자들은 종종 과학적인 역할을 넘어 자신들의 연구과제에 빠져 과장된 표현을 하는 경우가 많다. 그렇기 때문에 보고서는 정확한 방법론과 결과 그리고 결론에 이르기까지 연구자의 주관적인 생각에 빠지지 않는 객관적인 시각으로 보고서를 작성할 수 있도록 그러한 자세를 견지해야 한다.

의사결정자들은 그들의 판단이나 행동에 부정적 영향을 주는 보고서를 받고 싶어 하지는 않는다. 그러므로 연구자는 객관적인 결과에 기초해 용기를 줄 수 있는 보고서를 작성하여야 한다. 이러한 원칙을 "있는 그대로 말하기(tell it like it is)"법칙이라고 한다. 즉 언짢은 일이라도 사실대로 말하라는 것이다.

⑤ 분석표와 그래프에서 강조하는 어휘 사용하기

보고서를 작성하는데 있어 분석표나 그래프, 그림이나 지도 그리고 기타 시각적인 자료들에서 특별히 강조해야 할 사항이나 정보에 대해 강조하는 것은 매우 중요한 것이다. 시각적인 자료들은 의사소통을 원활하게 해주며 그리고 보고서를 보다 명쾌하고도 간결하게 구성하도록 도와준다.

⑥ 간결성(Terse)

보고서는 간결하고도 간명해야 한다. 불필요한 내용은 생략할 필요가 있다. 지나치게 많은 정보를 보고서에 담게 되면 정작 중요한 정보를 잃게 되는 경우가 있기 때문이다. 긴 문장 표현 역시 피하는 것이 바람직하다.

(3) 분석표 작성지침

통계분석표는 보고서의 살아있는 부분으로 보고서에 생명을 불어넣는 중요한 부분이다. 또한 주목할 만한 특별한 결과들을 보여주기도 한다.

① 표 제목과 번호

매 분석표에는 표의 제목과 번호가 반드시 들어가야 한다. 분석표는 문장에서 표현된 내용을 참조할 수 있도록 해주며 또한 보다 명확하게 결과를 숫자로 제시해주는 장점을 가지고 있다.

② 자료 항목의 배열

분석표에 있어서 자료 항목의 배열은 자료의 어떤 경향이나 추세를 반영하고 강조해 준다. 그러므로 적합한 간격을 두고 자료 항목을 배열하는 것이 중요하다. 연도별로 배열할 것인지 혹은 크기순으로 배열할 것인지를 결정해야 한다.

만약 크기순으로 한다면 내림차순으로 배열할지 아니면 오름차순으로 배열할지를 결정하는 것이 중요하다. 그렇지 않다면 알파벳순서나 한글의 가나다순에 의해 배열하는 것도 자료 항목을 배열하는 방법이다.

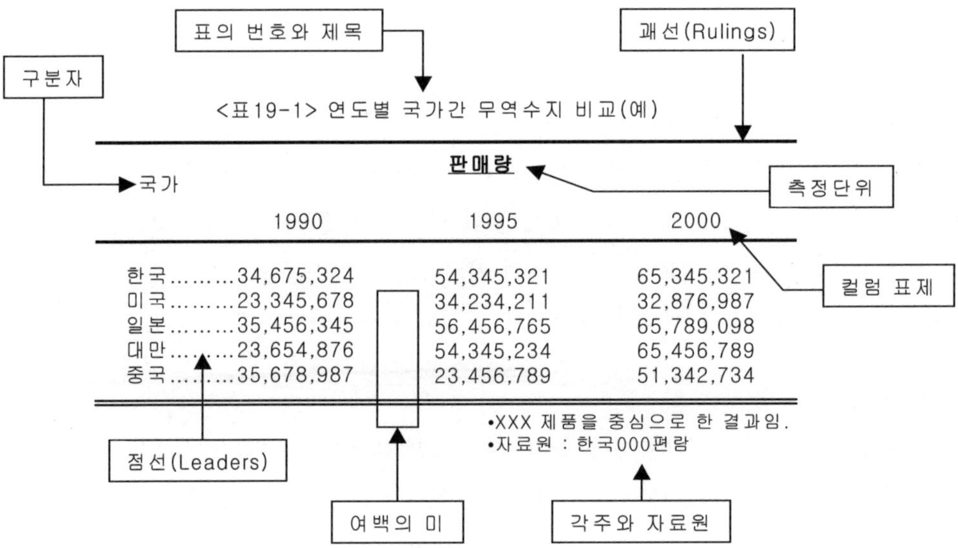

|그림 16-2| 분석표 작성법

③ 측정의 기본 단위

측정의 단위나 기본을 정의하는 것은 문제의 본질이나 상태를 명확하게 표현해주는 것이다.

④ 점선과 여백, 괘선의 사용

점이나 짧은 선(hyphen)을 사용하여 수평선으로 이어지는 점선은 일관성의 효과를 주며 읽기가 용이하도록 해준다. 수평이나 혹은 수직으로 괘선을 그려주는 것과 여백을 부여하는 것은 자료의 항목을 정열 하는데 사용한다. 자료의 다음 부분에 선을 생략하는 것 역시 보기 쉽도록 하는데 목적이 있다.

⑤ 설명문과 코멘트 : 표제어, 구분자, 각주의 사용

설명문과 코멘트를 사용하여 분석표를 보다 명확하게 하기 위한 방법으로 제목이나 구분자, 각주를 사용하는 방법이 있다. 상기 <그림 16-2>에 나타난 바와 같이 칼럼의 표제어(heading)와 구분자(stubs) 그리고 각주(footnote)를 사용하여 분석표를 보다 잘 설명할 수 있기 때문이다. 각주에는 숫자보다 문자나 심볼을 사용하여 표시하는 것이 좋다. 자료원(資料源을) 밝히는 것은 분석표의 밑에 밝혀두는 것이 좋으며 분석표의 앞에 오는 것이 아니다.

⑥ 자료원

만약에 인용한 자료가 2차 자료에서 찾은 자료라면 반드시 그 자료원을 밝혀두는 것이 바람직하다.

(4) 그래프 작성지침

일반적인 법칙으로 그래프를 사용하는 것은 언제나 실질적인 내용을 다루어야 한다는 것이다. 그래프는 문장의 보조적 수단으로 전하고자 하는 정보를 보다 효율적으로 보여주며 의사소통을 명확하게 해주는데 근본적으로 도움을 주게 된다.

"그림은 천(千) 마디의 말보다 더 가치가 있다"라는 속담이 있듯이 그래프를 사용하는 것 역시 분석표를 사용하는 것과 유사한 목적에서 사용하는 것이다.

① 지리적 도표

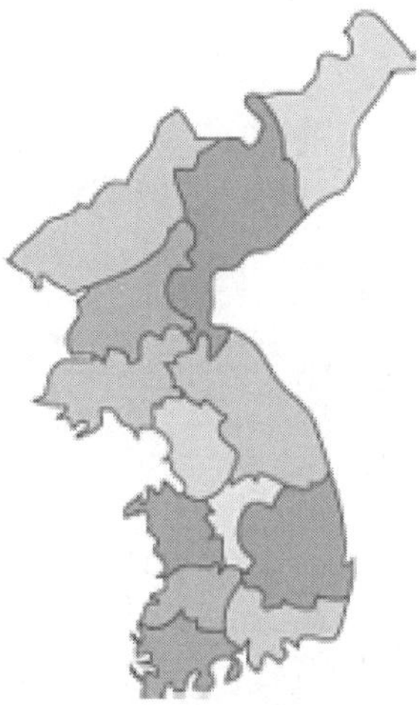

|그림 16-3| 지리적 도표를 이용한 보고서

제품 포지셔닝 맵과 같은 지리적 형태의 그래프와 같이 지도형태의 그래프는 상대적인 위치에 관한 의사소통을 가능하게 해주며 다른 것들과의 비교 정보를 제공해주는 장점이 있다.

지리적인 지도형태의 그래프는 국가나 도시, 지역, 판매지역이나 기타 유형의 부문으로 구분하여 사용할 수 있다. 즉 지도의 각 부분에 대하여 시장점유율이나 기타의 자료를 토대로 모양이나 색깔을 달리해서 표현할 수 있다.

② 원 혹은 파이(Pie) 차트

파이 차트에서 개별적인 각 부분들은 전체에 대한 비율이나 점유율로써 나타날 수 있으며 또한 특정변수에 대한 값과 연관된 값을 나타내는 것이다. 파이 차트는 시간의 경과에 따른 관계나 혹은 몇 가지 변수간의 관계를 나타내는데 그다지 유용한 방법은 아니다. 일반적으로 파이 차트는 각각의 세분부분이 7개 이상을 넘지 않는 것이 내용을 나타내거나 혹은 전달할 내용을 표시하는데 가장 좋은 크기이다.

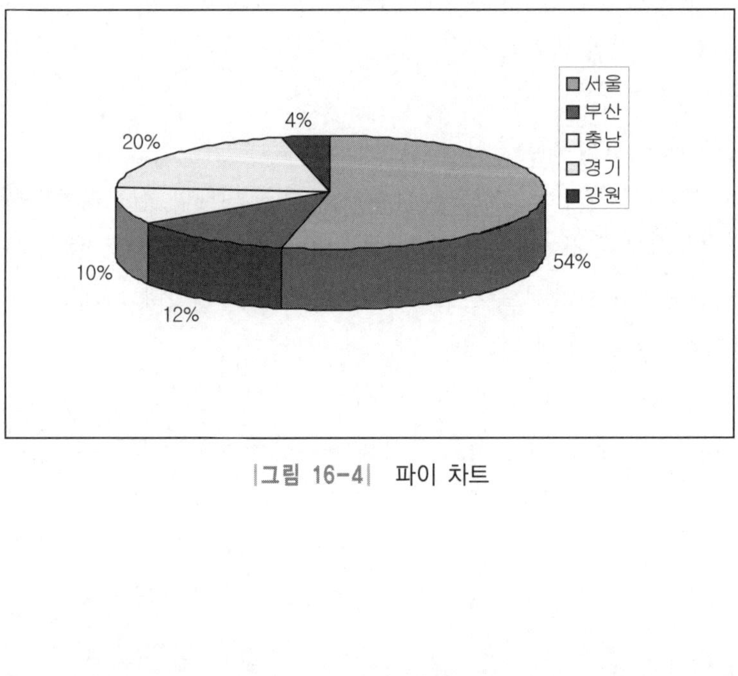

|그림 16-4| 파이 차트

③ 선 그래프

선 그래프는 연장선을 활용하여 각각의 변수간의 관계를 보여주는 그래프이다. 이 그래프의 장점은 시간의 경과에 따른 추이나 추세를 분석하는데 매우 바람직하다. 동일한 그래프에 몇 개의 시리즈별로 선을 이용하여 각각의 지역별 추세를 비교한다든가 혹은 예측할 수 있다는 장점이 있다.

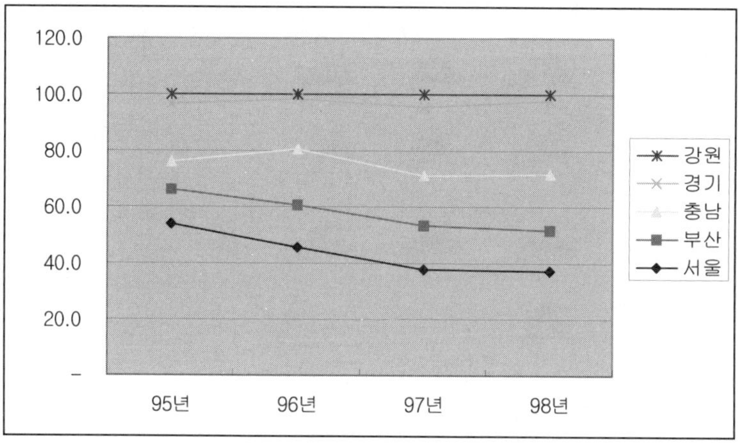

|그림 16-5| 선 그래프의 유형

또한 단층구조를 이용한 영역그래프(혹은 단층그래프; stratum chart)는 시리즈별로 계속적으로 통합되는 특성이 있다. 선 그래프 사이의 면적은 관련 변수들의 크기를 나타내는 것이다.

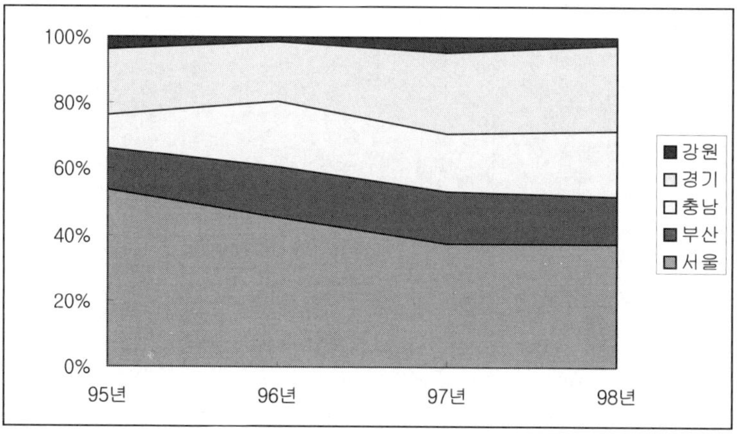

|그림 16-6| 단층구조를 활용한 시각화

④ 픽토그래프(Pictograph)를 이용한 차트

작은 그림이나 기호를 사용하는 그래프를 그림을 이용한 픽토그래프라고 부른다. 픽토그래프는 결과를 정확하게 묘사하지는 못한다. 따라서 픽토그래프를 사용하기 위해서는 많은 고려가 있어야 한다.

|그림 16-7| 픽토그래프 활용사례

⑤ 히스토그램과 바(Bar) 차트

바 차트는 수직이나 수평형태로 다양하게 나타낼 수 있다. 바 차트는 상대적인 크기나 차이, 변화 등에 대하여 절대적인 값을 제시해 준다. 히스토그램은 바 차트를 수직형태로 표현한 것으로 어떤 특정 변수의 상대적인 높이나 크기, 누적빈도 등을 나타내는데 유용하게 사용할 수 있다.

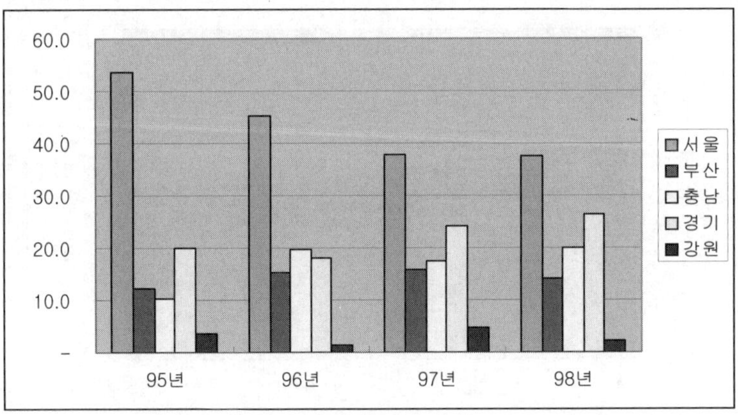

|그림 16-8| 히스토그램을 이용한 그래프

⑥ 도식화 차트와 플로우 차트

나타낼 내용을 도식화하여 그림으로 나타내거나 플로우 차트로 나타내고자 할 때는 일의 진행과정이나 단계 혹은 각각의 구성요소간의 관계를 나타낼 때 유용하게 사용되는 방법이다. 이러한 차트의 다른 형태로 분류 다이어그램의 예가 있다. 2차 자료를 활용하여 분류할 목적으로 사용하는 경우에 분류 다이어그램으로 도식화하여 그림으로 나타낼 수 있다.

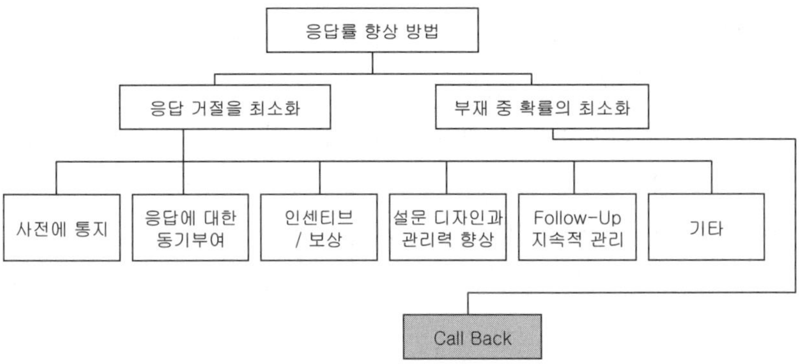

|그림 16-9| 분류 다이어그램을 활용한 예

4) 프레젠테이션(Oral Presentation)

(1) 프레젠테이션의 의의

마케팅조사과제가 완전하게 종결되기 위해서는 의뢰기업에게 프레젠테이션(혹은 PT)을 실시하여야 한다. 이 프레젠테이션은 보고서를 이해하는데 도움을 줄뿐만 아니라 보고서를 수용할 것인지에 대한 최종적인 결론에 도달하기 위한 과정인 것이다. 경영관리나 마케팅관리에 있어서 최우선적인 질문은 프레젠테이션에서 어떤 내용들이 보고되어지느냐이다.

성공적인 프레젠테이션을 위해서는 무엇보다도 사전준비 작업을 철저히 하는 것이다. 보고서에서 중요한 부분을 이끌어내어 사전에 준비해야 한다. 또한 프레젠테이션을 하기 전에는 청중에 대한 이해나 연구가 있어야 한다. 청중에 대하여 사전에 이해해야 한다는 것은 리서치 과제와 관련한 배경이나 관심사항 뿐만 아니라 그들에게 영향을 줄 수 있는 보고내용의 선택 등 사전에 준비해야 할 것이 많기 때

마케팅 리서치 연구담당자가 의뢰기업의 관련자들을 대상으로 조사결과를 설명하고 있다.

문이다. 프레젠테이션은 사전에 리허설을 거쳐 완벽하게 준비해야 한다.

분석표나 그래프를 사용하여 시각적인 이해를 돕는 것은 다양한 미디어 매체를 활용하여 표현한다. OHP 등의 기재를 활용할 수 있도록 슬라이드를 준비하며 슬라이드 역시 흑백의 슬라이드 보다는 주요 내용을 컬러로 표시한 슬라이드가 이해를 돕는데 보다 유용하게 사용될 수 있다.

최근에는 빔 프로젝터의 보급과 노트북이나 컴퓨터, 압축드라이브, USB 등 외장저장장치의 발달과 파워포인트, 프리랜서, 엑셀 등 소프트웨어의 발달에 따라 프레젠테이션을 개최하는데 다양한 연출기법을 활용하여 성공적인 프레젠테이션을 개최할 수 있다.

또한 프레젠테이션 중간 중간에 분위기를 환기시키기 위해 적절한 음향을 사용하는 경우도 늘고 있다. 음향을 사용하는 경우에는 지나치게 길거나 혹은 시끄러운 형태의 미디어 파일 사용을 자제하는 것이 좋으며 처음부터 끝까지 슬라이드마다 미디어 파일을 사용하게 되면 오히려 정작 환기시켜야 할 곳에서 그렇지 못하게 되는 경우가 많음에 유의해야 한다.

프레젠테이션을 진행하는 중에는 청중들과 충분한 눈 맞춤(eye contact)을 통해 상호 작용하고 있다는 것을 암시할 필요가 있다. 또한 프레젠테이션이 끝난 다음에는 충분한 질의응답이 이루어지도록 배려하는 것이 바람직하다.

성공적인 프레젠테이션은 적합한 줄거리와 예시, 풍부한 경험, 인용 등을 통해 청중의 관심을 끌어야 하며 보고를 진행하는 중에 "어...?"라든가 혹은 "음...?" 등의 말투는 쓰지 않는 것이 좋다.

프레젠테이션이 성공적이기 위해서는 "텔엠(tell'em)원칙"[2]을 준수하는 것이 중요하다.

- 당신이 이야기 하고자 하는 것을 말해주라(tell'em what you're going to tell'em).
- 그리고 이야기 하라(tell'em).
- 이야기한 것을 얘기해주라(tell'em what you've told'em).

2) 여기에서 ~'em은 일반적이고 막연한 '그들(them)'을 의미하며, 특정한 그들을 지칭하지는 않음.

사전에 청중들에게 전체적인 프레젠테이션을 방향을 제시해주고 프레젠테이션을 진행하라는 것이다. 그런 다음 마지막에 프레젠테이션의 내용을 정리하라는 것이다. 유사한 원칙으로 "키스엠(KISS'em)원칙"이 있다. KISS'em이란 "간결하고도 직접적인 화법을 지켜라(Keep It Simple and Strait forward)"라는 의미이다.

아울러 성공적인 프레젠테이션을 위하여 적절한 바디 랭귀지(body language)를 사용하는 것이 좋다. 적절한 바디 랭귀지는 언어를 통한 의사소통을 보다 명확하게 해주는 특성이 있다. 강조하는 부분에서는 강조하는 제스처를 사용하고 아이디어나 감성을 표현하는 내용에서는 추측하는 제스처를 사용하는 것이다.

프레젠테이션을 진행하는 보고자는 다양한 볼륨의 목소리를 사용하고 고저장단의 음률을 갖는 목소리를 통해 효과적으로 정보를 전달할 수 있는 능력이 있어야 한다.

(2) 정보전달과 오감(五感)

오늘날 정보는 매우 복잡 다양하면서 고도화 되어 가고 있다. 하루에도 수십, 수백만 가지 이상의 정보를 접하는 현대산업사회에서 의미 있는 정보를 효과적으로 정확히 전달하여 효율적으로 받아들이도록 하는 프레젠테이션은 매우 중요한 과업이다. 특히 자신들이 수행한 조사결과를 고객이나 클라이언트社에 전달하는 프레젠테이션은 향후의 비즈니스를 위해서도 매우 중요한 과업의 하나이다.

인간은 통상 오감(五感)을 통해 정보를 받아들이는데 특히 시각과 청각을 통해 받아들이는 정보의 양이 96%에 달하는 것으로 알려져 있다. 또한 정보를 어떤 감각기관으로 인지했느냐에 따라 기억 회상률(racall ratio)에 있어서도 차이가 나타나고 있다.

감각기관에 따라 정보를 수용한 이후 3~4일이 경과한 다음에 회상률을 조사한 결과를 보면 듣고,

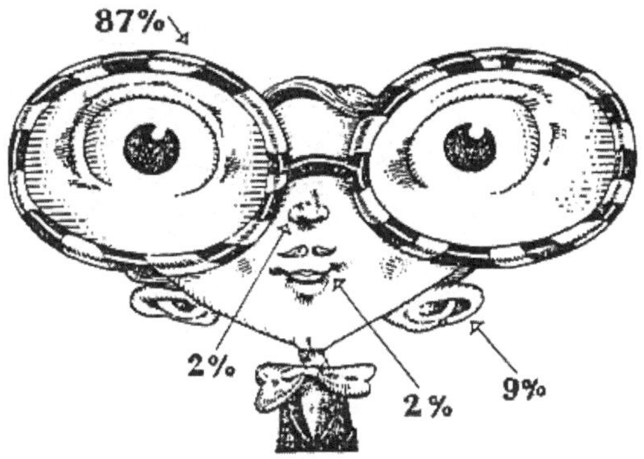

|그림 16-10| 오감과 정보 수용률

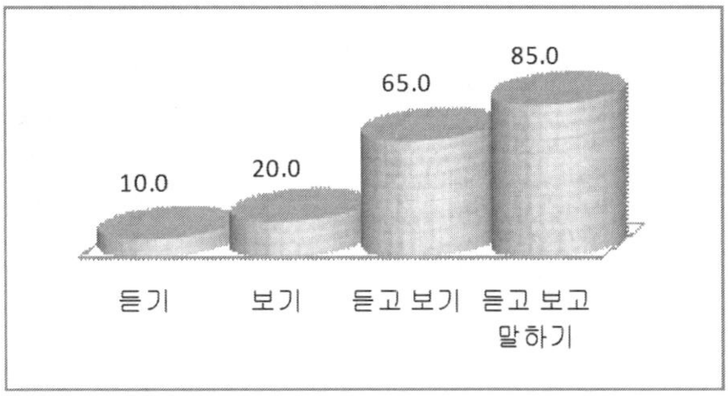

|그림 16-11| 정보 수용 후 회상률

보고, 말하기를 통해 인지한 정보의 회상률이 84%로 가장 높게 나타나는 것으로 알려져 있다.

(3) 프리젠터의 태도

프리젠터는 보고서의 내용을 효과적으로 수신인들에게 최종적으로 전달하는 전달자 역할을 담당한다. 그렇기 때문에 프리젠터의 말투, 행동 하나하나는 마케팅조사회사를 대표한다는 생각을 가지고 프레젠테이션에 임해야 한다.

자신이 없는 듯한 태도는 본인의 무기력함뿐만 아니라 마케팅조사결과의 신뢰성에 대해서도 자신감이 없음을 드러내는 것이기 때문에 프리젠터의 자신감 있는 태도는 보고회의 성공을 좌우하는 매우 중요한 요소의 하나이다. 지루한 화법은 그 자체만으로 지루함을 느끼게 하며 너무 유창하고 이론적이면 수신인을 수동적으로 만들어 목적을 lfn지 못하는 경우가 다반사다.

보고서의 내용에 수반되는 연단기술만으로 수신인을 설득할 수는 없다. 그러나 보고회가 사람과 사람의 커뮤니케이션인 이상 수신인에게 있어서 친절한 전달방법, 다시 말해 이해하기 쉬운 전달방법을 생각하여 안도감과 신뢰감을 주는 자세는 매우 중요하다.

일반적으로 프리젠터의 태도와 마음가짐은 <그림 16-12>에 나타난 바와 같다.

- 얼굴표정 : 웃는 얼굴
- 시선 : 시선을 마주하고 세 방면 목표를 본다.
- 자세 : 등을 펴고 허리에 힘을 준다.
- 상대와의 거리
- 복장

- 목소리의 고저(高低) : 힘있고 명확한 목소리, 큰 목소리로 변화를 준다.
- 손 : 뒤나 앞으로 맞잡지 않는다. 특히 앞으로 맞잡지 않는다. 자연스러운 제스처는 설득력을 높인다.
- 선 자세 : 다리는 어깨 폭 정도로 벌리고 선다. 부동자세는 좋지 않다. 필요 이상으로 걸어다니면 경박한 인상을 주게 된다.

|그림 16-12| 프리젠터의 태도

(4) 리허설(Rehearsal)

보고회를 성공적으로 마무리하기 위해서는 프레젠테이션에 들어가기

앞서 리허설을 하는 것이 유용하다. 리허설은 사전에 프레젠테이션의 감각을 익힐 수 있는 장점이 있으며 할 말을 빠뜨리지 않게 하고 동음이의어(同音異議語)나 오해될 만한 언어를 사용하지 않게 된다. 그리고 소요시간을 짐작하게 할 수 있어 프레젠테이션에서 시간이 부족해 제대로 마무리를 못하게 되는 오류를 방지할 수 있다.

(5) 3P 분석

프리젠터는 프레젠테이션을 성공적으로 마무리하기 위해 사전에 3P 요소에 대한 분석을 할 필요가 있다. 3P요소란 프레젠테이션의 목적(purpose), 프레젠테이션 장소(place), 프레젠테이션에 참석하는 사람(people)들에 대한 분석이다.

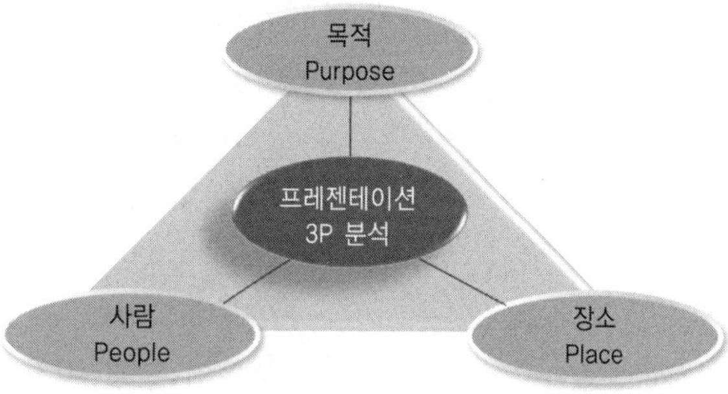

|그림 16-13| 3P 분석

■ 프레젠테이션의 목적(Purpose)

프레젠테이션의 목적에는 보고, 행사, 동기부여 및 설명회 등이 대표적이며 주요특성은 다음과 같다.

① 보고

보고의 경우 정리된 정보를 가지고 시각적인 수단을 사용하여 진행하는 것이 설득력이 높으며 단순한 정보의 나열이 되어서는 효과가 없다. 중요한 정보일지라도 너무나도 많은 정보를 전달하려 하면 오히려 혼란을 불러일으킬 수 있기 때문에 유의해야 한다. 따라서 다음과 같은 스킬이 필요하다.

- 논리적으로 한다.
- 중요한 정보는 반복해서 인식시킨다.
- 이해를 쉽게 하면서 효율적인 전달을 위해 시각적인 자료를 사용한다.
- 내용을 단순하게 보고하는 식의 프레젠테이션이 되지 않도록 하고 조사결과를 통해 전략적 시사점(strategic suggestion)을 제시하도록 한다.
- 너무 많은 정보를 보고하지 않도록 한다.

② 행사

행사의 경우 기념식이나 부서단합대회 및 이벤트 등의 경우로 결속력의 강화와 의식의 고취가 목적이므로 간단명료함과 선언성 어투를 통해 보고하는 것이 효과적이다.

- 행사의 취지와 목적을 분명하게 전달한다.
- 행사장소의 분위기에 맞는 얘기를 한다.
- 참여자의 기대에 맞는 진행을 한다.
- 행사의 취지를 벗어나는 진행이 되지 않도록 한다.
- 형식적인 행사가 되지 않도록 탄탄한 기획력을 바탕으로 준비한다.

③ 동기부여

동기부여의 경우 시장 환경의 변화에 따른 경쟁 환경의 변화, 소비자 가치관의 변화, 향후의 경제 전망 등을 제시하고 할 수 있다는 동기를 부여하는데 목적이 있다. 그렇기 때문에 지나치게 비관적인 내용은 가능한 한 피하고 가능성 있는 내용들을 정확한 객관적 증거자료의 제시를 통해 실시하는 것이 효과적이다. 지나치게 뜬구름 잡는 식의 보고는 오히려 혼란만 줄 뿐이기 때문에 유의해야 한다.

- 너무나 논리적인 프레젠테이션은 효과적이지 못하다.
- 프레젠테이션시 다양한 연출이 요구된다.
- 프레젠테이션 참가자에게 준비가 있게 한다.
- 이해를 용이하게 하기 위해 시각적인 수단을 활용한다.
- 가치관의 변화를 가져오도록 한다.

④ 설명

설명의 경우 대체적으로 프레젠테이션에 참가한 사람들은 새로운 정보의 획득과 새로운 지식의 획득에 목적이 있기 때문에 신선하고도 임팩트한 방법을 통해 프레젠테이션을 하는 것이 효과적이다.

- 변화와 현상에 정확하고도 설득력이 있는 설명을 하도록 한다.
- 프레젠테이션 참가자들이 새로운 정보를 얻도록 준비한다.

■ 프레젠테이션 참가자들이 새로운 지식을 얻도록 준비한다.

■ 전문적이면서 신뢰성 있는 발표자가 프리젠터로 서도록 한다.

|표 16-1| 프레젠테이션의 목적과 기대감

프레젠테이션 목적	기대감 혹은 성과
보고회	의사결정
행사	단합
동기부여	행동을 하고 가치관 변화
설명	새로운 정보와 지식의 습득

■ 프레젠테이션 참석자(People)

참석자에 관한 분석은 프레젠테이션에 참석하는 사람이 누구인가부터 규모, 수준, 직급, 인구 통계적 사항, 태도 등에 관한 것을 포함한다.

프레젠테이션에 참여하는 사람의 수가 소수(10~30명 이하)인 경우에는 테마를 구체적으로 잡으면서 주제를 좁힐 수가 있기 때문에 다양한 시각적 자료의 사용이 가능하다. 반면에 규모가 다수(100인 이상)인 경우에는 테마가 일반적이고 특정 주제로 좁히기가 어렵기 때문에 시각적 자료의 사용에 제한이 있을 수 있으므로 유의해야 한다.

프레젠테이션에 참석하는 사람들의 수준이란 일반적인 사람들인지 아니면 전문지식을 가지고 있는 사람들인지를 의미하며 직급이란 경영진 또는 관리자인지 사원인지를 파악하는 것을 의미한다. 전문가나 경영진이 참석자라면 전문가로서의 견해와 식견을 겸비한 사람이 프리젠터의 역할을 수행하는 것이 좋으며 분명하고 확신에 찬 어휘를 구사하는 것이 보다 효과적이다.

프레젠테이션에 참석하는 사람들의 인구 통계적 속성이란 성별, 연령, 직업, 교육수준, 지위, 종교 등을 의미하며 이러한 특성에 따라 사용하는 자료와 언어를 다르게 사용해야 한다.

또한 프레젠테이션에 참석하는 사람들의 태도란 프레젠테이션 혹은 마케팅조사회사에 우호적인 사람들인지 그렇지 않은지를 파악해서 대비를 해야 한다는 것을 의미한다. 소극적인 사람들인지 적극적인 사람들인지를 파악하는 것도 매우 중요하다.

|표 16-2| 프레젠테이션 참가자의 규모와 특성

구분	소규모	대규모
참가자의 수	10~30명 정도	100명 이상
참가자의 특성	- 서로 친밀도가 있음. - 단일집단 - 긴장감이 있음.	- 다양한 색깔의 참가자들로 이루어진 복합집단 - 긴장감이 떨어짐.
프레젠테이션 종류	- 임원회의나 이사회 - 비공식적 모임, 파티, 미팅 등	- 학회, 강연회, 보고회, 전람회 - 국내외 회의 등
프레젠테이션시 주의사항	- 주제를 좁혀야 함. - 테마를 구체적으로 잡아야 함. - 다양한 시각자료를 활용	- 주제를 좁히기 어려움. - 테마를 일반적 태마로 잡음. - 시각자료가 제한적임.

프레젠테이션 참가자의 직급에 따른 특성은 다음과 같다.

|표 16-3| 프레젠테이션 참가자의 직급과 특성

구분	상위직급	하위직급
성격	실리주의	이상주의
특징	- 보수적 - 실리적	- 혁신적 - 낙천적
프레젠테이션시 주의사항	- 공식적임. - 개혁을 온건하게 함.	- 비공식적임. - 개혁을 혁신적으로 함.

또한 프레젠테이션 참가자의 성별에 따른 특성은 다음과 같다.

|표 16-4| 프레젠테이션 참가자의 성별과 특성

구분	남성	여성
성격	공격적이며 즉흥적임.	온화하면서 은근함.
특징	논리적이며 분석적임.	감성적이며 주관적임.
프레젠테이션시 주의사항	통계숫자, 논리적, 추상적 개념을 중시	경험담, 감정적인 측면을 중시함.

■ 프레젠테이션 장소(Place)

장소에 관해서는 위치, 장소의 형태와 크기, 시청각 기기의유무, 조명 및 의자와 테이블 배치 등에 대한 사전분석이 중요하다. 또한 프레젠테이션 당일에는 최소한 30분~1시간 정도 일찍 도착해 장소를 익혀두고 준비된 시청각 기기와의 호환성 문제 등을 사전에 점검하는 것이 매우 중요하다.

|표 16-5| 프레젠테이션 장소에 대한 분석내용

구분	세부 분석내용
위치	- 위치 - 교통편 - 이동시간 등
장소의 형태와 크기	- 장소의 형태 - 장소 크기와 참석인원 - 참석자의 위치
시청각 기기	- 빔 프로젝터의 유무와 호환성 - OHP, VTR, 슬라이드 - 프로젝션 TV 혹은 판넬 - 마이크와 스피터 등
조명	- 조명의 밝기 - 조명의 위치 - 스위치의 위치
의자와 테이블 배치유형	- 강의실형 - ㄷ 자형 - V 자형 - 원형과 반원형 등

5) 리서치 보고서 읽기와 사후지원(Follow-Up)

보고서를 읽고 마케팅조사의 품질을 평가하기 위해서는 다음과 같은 원칙에 입각해 보고서를 평가해야 한다.

■ 문제의 본질

마케팅조사에서 다루고 있는 문제가 정확한 배경을 가지고 시작되고 있는지 제공되는 정보는 어떠한지에 대하여 평가해야 한다.

■ 조사설계

조사설계가 非기술적 용어를 사용하여 정확하게 설명되고 있는지를 평가해야 한다.

■ 적용된 조사절차

마케팅조사문제를 규명하기 위하여 적용된 조사절차가 합당한 절차를 통해 이루어졌는지를 평가해야 한다.

■ 통계와 숫자

보고서의 분석표나 그래프에 읽는 사람을 위해 편리하게 통계와 숫자를 나타내고 있는지에 대해서 평가한다.

■ 결과해석과 결론

결과를 해석하는데 있어서 객관적인 시각을 견지하고 있는지를 평가해야 하며 조사의 한계를 분명하게 인식하고 있는지의 여부도 중요하다. 결론이나 전략에 대 한 제안은 단순히 추상적인 것이 아닌가 하는 문제도 주요 평가내용이 되어야 한다.

■ 일반화와 진실성

조사결과에 대한 신뢰성과 타당성, 일반화 가능성에 대하여 명확한 근거가 제시되고 있는지를 염두에 두고 보고서를 읽어야 한다. 또한 보고서가 정직하게 있 는 사실을 그대로 기술하고 있는지, 조사절차를 가감 없이 밝히고 있는지, 결과에 대해서는 어떠한지 등에 대해 평가해야 한다.

프레젠테이션이 끝난 다음에도 연구자는 당분간 의뢰기업에 대해 제공해야 할 두 가지의 과업이 남아 있다. 그것은 의뢰기업이 조사결과에 대해 의문을 가질 때 보다 상세한 설명을 해주거나 혹은 관련 자료를 통해 보다 심층적으로 분석해주는 과정이 남아 있다. 그 다음으로는 지속적인 관계의 강화를 통해 의뢰고객의 마케팅조사문제를 해결해 주고자 하는 연구자의 마음가짐이다.

참·고·문·헌

■ 국내문헌

1. 김범종(1998), SPSS/PC+사용법과 통계분석기법 해설, 학현사.
2. 김재영, 김덕구(1991), 마케팅조사 매뉴얼, 스몰비즈니스.
3. 류근관(2004), 통계학, 법문사.
4. 박무익(1994), 신제품개발을 위한 최신마케팅조사기법, 한국갤럽조사연구소.
5. 신준용 외(2006), 통계학, 학현사.
6. 안광호, 임병훈(2008), 마케팅 조사원론(제4판), 학현사.
7. ______(2006), SPSS를 활용한 사회과학조사방법론, 학현사.
8. 윤상근, 구자룡, 최천규(1996), 고객만족도, 한국능률협회.
9. 이명식, 최천규, 구자룡(2004), 마케팅 리서치, 형설출판사.
10. 이영준(1993), 다변량분석, 석정.
11. 이학식(2004), 마케팅, 법문사.
12. ______(2006), 마케팅조사, 법문사.
13. ______(2008), SPSS 14.0 매뉴얼, 법문사.
14. 조선배(1999), LISREL 구조방정식모델, 영지문화사.
15. 채서일(1998), 마케팅조사론, 학현사.
16. 최천규(2009), 엑셀을 활용한 마케팅조사, 한올출판사.
17. 한국통계학회편(1987), 통계용어사전, 자유아카데미.

■ 해외문헌

1. Naresh K. Malhotra(1996), Marketing Research, 2nd Ed., Prentice-Hall, Inc.
2. Thomas C. Kinnear and James R. Taylor(1996), Marketing Research, 5th Ed., McGraw-Hill, Inc.
3. 平島廉久(1991), 顧客滿足經營のすす方, 日本實業出版社.

부록

■ ○○○○년 상반기 시민만족도 평가[조사 제안서]

■ 청소행정서비스 시민만족도조사[조사 설문지]

■ 통계표

1. 표준정규분포표
2. 카이제곱(χ^2) 분포표
3. t-분포표
4. F-분포표
5. 난수표

서울시 심사평가 담당관실 귀중

○○○○년 상반기 시민만족도 평가

조사 제안서

청소행정서비스 분야

○○○○년 ○○월

□□□리서치(주)

○○○○년 상반기 시민만족도 평가

조사 제안서

청소행정서비스 분야

○○○○년 ○○월

□□□리서치(주)

제 목 차 례

〈조사제안서 요약〉 ········· 613

I. 청소행정서비스 시민만족도 평가 배경 ········· 614

II. 청소행정서비스 시민만족도 평가 제안 ········· 615

서울시 청소행정서비스 분야의 현황 ········· 615
조사 목적 ········· 616
조사 설계 ········· 617
주요 조사내용 ········· 619
실사 ········· 620
실사진행 방법 ········· 620

III. 조사일정계획 및 조사예산 ········· 621

조사일정계획 ········· 621
조사예산 ········· 622

IV. 연구진 ········· 623

V. 커뮤니케이션 채널 ········· 623

조사제안서 요약

- 모집단 : 조사일 현재 청소행정서비스를 받고 있는 서울시민

- 표본의 크기 : 총 2,000 표본
  (25개 구청별로 실시하며, 구별 표본은 80 표본임)

- 표본추출방법
  (가) 표본의 크기를 유의적으로 강제할당한 후, 각 자치구별 주택유형에 따라 비례층화표본추출법을 활용하여 추출함.
  (나) 자치구내에 조사대상 洞을 선정하는 방법은 전체 757개 동의 데이터를 입력한 후 통계 패키지를 통해 무작위로 추출함.

- 조사방법 : 구조화된 설문지를 이용한 방문면접조사를 원칙으로 함.

- 주요 평가내용
  (가) 5개 차원 20개 세부항목을 중심으로 평가함.
  (나) 평가척도는 5점 척도를 이용하여 평가하며, 평가 후 100점 만점으로 환산하여 시민만족도 지수(Index)를 산출함.

- 조사예산 : 33,500,000원 (부가세 10% 포함)

I. 청소행정서비스 시민만족도 평가 배경

본 조사는 보다 복잡화되고 다양화되어 가는 사회현상 속에서 표출되는 다양한 시민들의 의견을 파악하여 이를 정책수립 및 실행에 반영함으로써 보다 시민 지향적(citizen oriented)인 시정을 구현하고자 1999년 상반기부터 실시되어 온 『서울시 시민만족도 평가』의 연장선상에서 실시되는 제도임.

특히 생활과 매우 밀접한 청소행정서비스 분야는 올바른 市政의 척도가 되며, 또한 쾌적한 삶을 영위하고자 하는 시민들의 기본적인 욕구를 충족시킴으로써 삶의 질을 보다 향상시킬 수 있는 중요한 영역임.

또한 평가결과는 기본적으로 다음과 같은 정책적 활용을 통해 보다 선진화된 행정서비스 체제를 구축하는 기본적인 자료로써 활용하기 위한 것임.

(1) 선진 행정서비스 구현을 위한 기초적인 정책평가 자료
(2) 자치구 평가를 통해 선의의 경쟁을 촉진시킴으로서 궁극적으로 시민편익을 향상
(3) 목표관리제에 입각한 관련 공무원들의 성과측정 자료로 활용

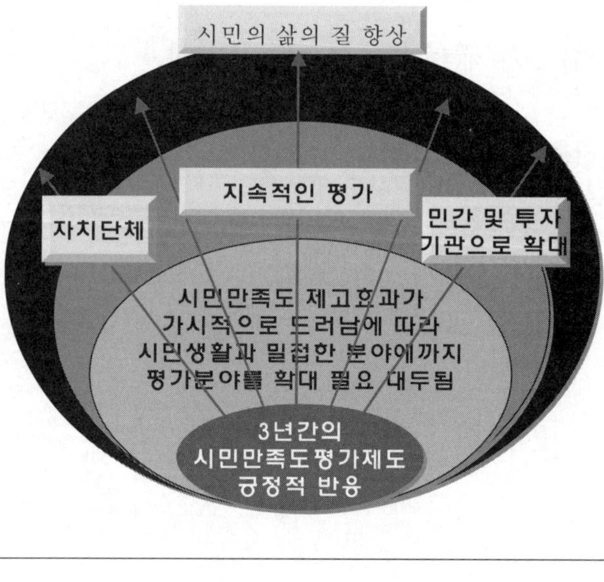

II. 청소행정서비스 시민만족도 평가 제안

1. 서울시 청소행정서비스 분야의 현황

- 2000년 현재 서울시의 생활폐기물 배출현황을 보면, 매일같이 11,339톤이 배출되고 있으며, 쓰레기 종량제를 실시한 이후 점진적으로 배출량이 줄어들고 있는 매우 긍정적 현상을 보여 주고 있음.

생활폐기물 배출량 변화추이

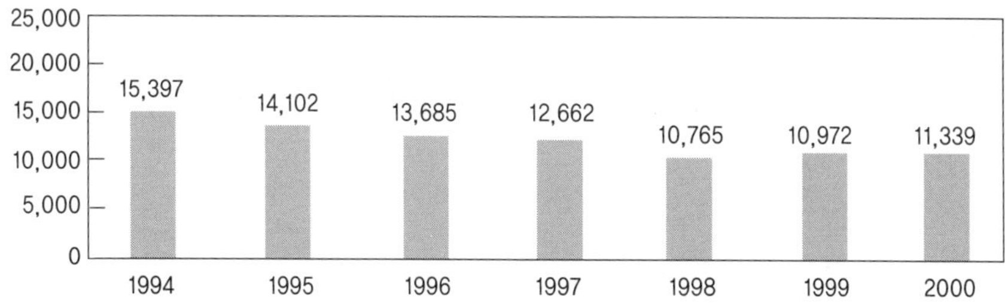

(단위:톤/일)

- 개인별 배출량 역시 해가 갈수록 점차 줄어들고 있으나, 인구의 유동이나 집중 정도에 따라 이러한 개인별 배출량은 지역에 따라 다소 차이가 발생하고 있음.

연도별 1인당 생활폐기물 배출량 변화추이

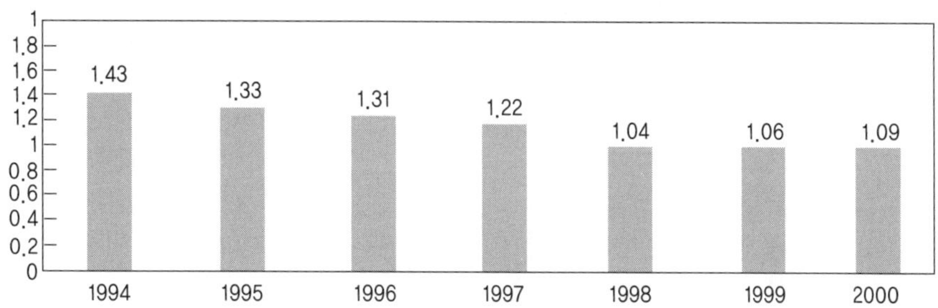

(단위:kg)

2. 조사의 목적

- 본 조사는 1999년 상반기 첫 시행 이후 실질적으로 시민들의 생활과 관련한 편익 향상과 시민만족이라는 본질적인 목적을 달성하는데 매우 중요한 관련 자료로 제공되어져 왔음.

- 특히 청소행정서비스 분야는 업무 특성상 시민들에게 쾌적한 주변 환경을 제공해 준다는 점에서 매우 본질적이면서도 시민들의 삶과 밀접하게 연관된 기본적인 행정서비스의 성격을 가지고 있음.

- 따라서 시민들을 대상으로 청소행정서비스에 대한 욕구와 만족도, 그리고 불만족 사항을 평가하여 개선의 지표로 삼고자 하는 것은 보다 선진행정을 구현하고자 하는 적극적인 자세라 할 수 있음.

- 이러한 청소행정서비스에 대한 시민만족도 평가의 구체적 조사 目的은 다음과 같음.

> 첫째, 시민을 위한 사업 분야 가운데 청소행정서비스에 대한 욕구 및 만족·불만족 사항을 파악하여 향후 청소행정서비스에 대한 개선점 도출하고
>
> 둘째, 각 기관(구청)별 청소행정서비스 업무 평가를 위한 보다 客觀的이고 合理的인 기준을 제공하여 시민들과의 접점(MOT:Moment Of Truth) 관리가 가능하도록 하며
>
> 셋째, 99년부터 평가된 청소행정서비스에 대한 시민만족도 수준에 대한 시계열적 평가를 통해, 청소행정서비스의 특이점을 발견하고자 함.
>
> 넷째, 또한 평가결과에 따라 피평가자(25개 구청)에 대한 보상을 통해 각 기관간에 선의의 경쟁을 촉진하고, 나아가 청소행정서비스의 품질이 보다 향상되도록 하는데 목적이 있음.

3. 조사 설계

(1) 피평가 집단의 설정

- 청소행정서비스를 제공하는 서울시의 25개 자치구를 피평가 집단으로 설정함.

- 피평가 집단들은 자치구의 사정에 따라 직영 혹은 대행의 형태로 청소행정서비스를 제공하며, 대행의 경우에도 대행업체의 관리감독권이 자치구에 있으므로 자치구가 직접적으로 청소행정서비스를 제공하는 것으로 간주하여 평가함.

(2) 모집단의 정의

- 모집단은 조사일 현재 서울시에 거주하는 서울시민으로서 자치구가 제공하는 청소행정서비스를 제공받은 경험이 있는 세대를 모집단으로 설정함.

- 모집단내의 조사대상자는 만 18세 이상의 남여로 청소행정서비스에 대한 평가가 가능한 개인으로 하되, 가능한 한 조사대상 세대에서 직접 청소를 담당하는 구성원을 조사대상자로 선정하여 조사를 실시하는 것을 원칙으로 함.

(3) 표본의 추출

- 표본의 추출은 다음과 같은 단계를 거쳐 무작위로 추출하였으며, 최종 표본의 크기는 총 2,000 표본임.

1단계 : 25개 자치구의 주택 유형별 분포
2단계 : 각 자치구별 표본의 크기 결정(강제 할당법에 의해 각각 80표본씩 배정)
3단계 : 자치구별 주택유형에 따라 표본수를 비율에 의해 할당
4단계 : 25개 자치구의 757개 洞을 표본 프레임으로 설정
5단계 : 자치구별로 표본 프레임으로부터 각가 10개 동을 통계 프로그램을 이용하여 추출
6단계 : 추출된 동을 대상으로 주택유형별 표본비율에 의해 무작위로 추출

• 각 구청별 표본의 크기는 다음과 같음.

구(區)	주택형태별(%)				구별 구성비(%)	직영·대행비율			할당표본수
	단독주택 다가구	아파트	연립/ 다세대	소계		직영율	대행율	대행 업체수	
종 로 구	69.6	14.0	16.4	100.0	2.14	44.0	56.0	3	80
중 구	75.3	13.1	11.5	100.0	1.48	13.8	86.2	6	80
용 산 구	53.9	32.6	13.5	100.0	2.63	37.5	62.5	7	80
성 동 구	56.4	27.9	15.7	100.0	2.83	44.1	55.9	4	80
광 진 구	57.3	27.3	15.4	100.0	2.99	58.0	42.0	2	80
동대문구	62.1	23.3	14.5	100.0	3.40	31.8	68.2	3	80
중 랑 구	46.0	40.8	13.2	100.0	4.24	85.5	14.5	2	80
성 북 구	61.4	24.6	14.0	100.0	4.47	67.9	32.1	2	80
강 북 구	52.5	21.2	26.3	100.0	3.25	53.8	46.2	2	80
도 봉 구	22.4	63.4	14.2	100.0	4.09	27.7	72.3	3	80
노 원 구	20.9	73.8	5.3	100.0	6.85	28.0	72.0	4	80
은 평 구	49.8	12.5	37.7	100.0	4.31	53.7	46.3	3	80
서대문구	56.2	22.2	21.6	100.0	3.55	33.2	66.8	2	80
마 포 구	38.6	17.9	43.5	100.0	4.54	53.4	46.6	2	80
양 천 구	19.7	49.7	30.7	100.0	4.61	-	100.0	6	80
강 서 구	23.9	61.5	14.7	100.0	5.81	-	100.0	5	80
구 로 구	44.9	34.0	21.1	100.0	3.38	30.5	69.5	4	80
금 천 구	52.0	26.6	21.5	100.0	2.32	23.6	76.4	4	80
영등포구	46.5	48.2	5.3	100.0	3.82	18.3	81.7	8	80
동 작 구	35.3	41.0	23.7	100.0	3.08	-	100.0	5	80
관 악 구	52.7	18.0	29.3	100.0	4.31	20.5	79.5	8	80
서 초 구	20.2	64.0	15.8	100.0	4.48	-	100.0	5	80
강 남 구	11.7	75.6	12.7	100.0	6.41	-	100.0	8	80
송 파 구	20.1	64.2	15.7	100.0	6.49	-	100.0	7	80
강 동 구	27.5	52.6	19.9	100.0	4.53	33.5	66.5	3	80
계	42.8	38.4	18.7	100.0	100.0	28.3	71.7	108	2000

(4) 자료 수집 도구와 조사방법

• 시민만족도를 평가하기 위한 도구는 구조화된 설문(Structured Questionnaire)을 이용하여, 면접 대상자를 직접 방문하여 실시하는 1:1 대인면접법을 활용하여 조사를 실시함.

• 필요에 따라 조사 대상자들의 이해를 돕기 위한 Show Card를 활용할 수 있으며, 이를 활용할 시에는 사전에 심사평가단과 협의하여 실시함.

4. 주요 조사 내용

- 청소행정서비스에 대한 시민만족도를 평가하기 위하여, 5개 차원, 20개 세부항목에 대하여 조사를 실시함.

- 시민만족도의 평가는 기본적으로 5점 척도에 의해 평가함을 원칙으로 하며, 정책대안을 위한 자료들은 명목척도에 의해 평가함.

차 원	세 부 항 목
【차원1】 쓰레기 수거작업 및 과정	- 쓰레기 수거의 정시성 - 분리수거의 정확성 - 수거 작업시 통행불편 최소화 - 수거 작업시 소음발생 최소화 - 수거 후 뒷 마무리
【차원2】 환경미화원 및 청소차량	- 환경미화원의 복장상태 - 환경미화원의 금품 미 요구성 - 환경미화원의 작업태도 - 청소차량의 청결 상태
【차원3】 홍보 및 민원처리	- 배출관련 홍보/안내 - 신고요령 홍보/안내 - 불만사항 신속처리 - 애로사항 문의시 태도
【차원4】 쓰레기 봉투	- 봉투의 품질 - 구입 편리성 - 사용 편리성 - 봉투가격(월 청소비) 적정성
【차원5】 가로청소	- 차도의 청결성 - 인도의 청결 상태 - 빗물받이의 청결 상태
인구통계 속성	- 성별 - 연령별 - 주거형태 - 월 쓰레기 처리용량 - 월 수입규모 - 직업별

5. 실사(Field-work)

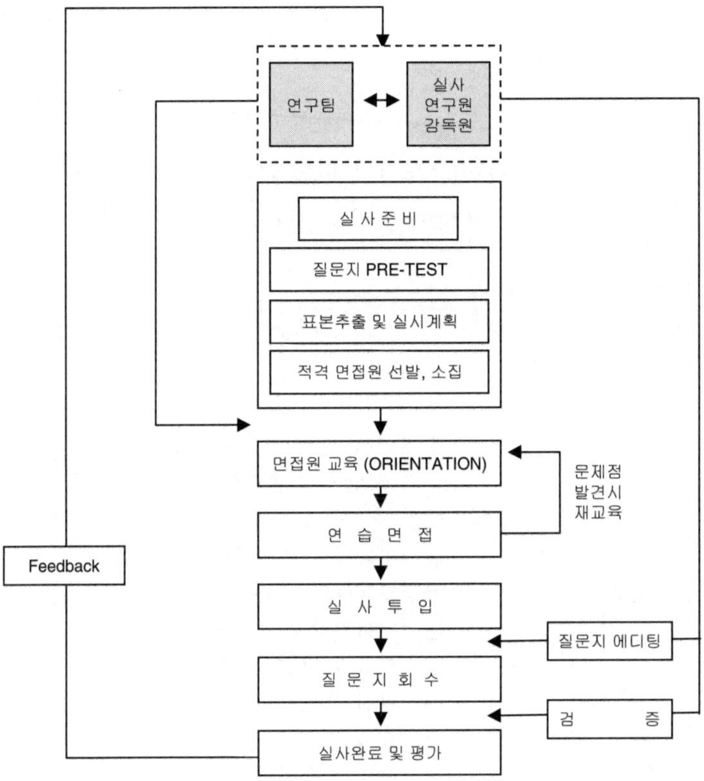

6. 실사 진행 방법

면접원 선정방법	■ 본 연구소에 등록된 전문면접원 중, 해당 조사 분야에 오랜 조사 경험과 각 분야에 전문지식을 갖춘 면접원을 선정함
면접원 교육방법	■ 조사 배경과 방법에 대한 1일간의 Orientation과 연습면접을 실시함으로써 면접원에 의해 발생가능한 비표본오차(Non-Sampling Error)를 최소화하도록 노력
면접원 통제	■ 면접원의 숙련도에 따라 하루에 면접할 부수를 제한하며, 질문지의 배부, 회수, 에디팅이 일별로 이루어지도록 하여 조사의 정확성을 제고하는 당일 통제 시스템 채택
검 증	■ 회수된 질문지의 70%를 무작위로 추출하여 본 연구소의 검증원이 전화로 검증한 후, 허위 발견시 그 면접원이 수행한 질문지를 모두 폐기하고 재면접을 실시

III. 조사일정계획 및 조사예산

1. 조사일정계획

일정계획	4월				5월				6월			
	1	2	3	4	1	2	3	4	1	2	3	4
조사설계 보완	▨											
설문지 보완	▨											
설문지 인쇄		▨										
면접원 훈련		▨										
실 사			▨	▨								
검 증					▨							
데이터 처리					▨	▨						
통계분석 및 시민만족도 지수산출						▨	▨					
보고서 작성							▨	▨	▨			
보고서 인쇄										▨		
Follow-Up											▨	▨

- 전체적으로 조사일정은 시민만족도 평가일정에 준하여 조정 수행됨.

- 실사의 진행은 보다 철저한 관리감독에 의해 실시되며, 현장에서 직접 면접에 의해 실시함을 원칙으로 함. 다만, 직접 면접이 불가능할 경우에는 조사의 신뢰성을 해치지 않고 Bias를 제거할 수 있다면 자기기입식에 의해 조사를 진행할 수 있음.

2. 조사예산

(단위 : 원)

<table>
<tr><th colspan="2">항 목</th><th>금 액</th><th>산 출 내 역</th><th>비 고</th></tr>
<tr><td rowspan="5">인건비</td><td>책임연구원</td><td></td><td></td><td rowspan="5"></td></tr>
<tr><td>연 구 원</td><td></td><td></td></tr>
<tr><td>연구보조원</td><td></td><td></td></tr>
<tr><td>보 조 원</td><td></td><td></td></tr>
<tr><td>상 여 금</td><td></td><td></td></tr>
<tr><td colspan="2">인건비 소계</td><td></td><td></td><td></td></tr>
<tr><td rowspan="9">조사비용</td><td>질문지 인쇄비</td><td></td><td></td><td rowspan="9"></td></tr>
<tr><td>보고서 인쇄비</td><td></td><td></td></tr>
<tr><td>면접원 수당</td><td></td><td></td></tr>
<tr><td>면접원 교육비</td><td></td><td></td></tr>
<tr><td>검 증 비</td><td></td><td></td></tr>
<tr><td>에디팅비</td><td></td><td></td></tr>
<tr><td>코딩비</td><td></td><td></td></tr>
<tr><td>펀칭비</td><td></td><td></td></tr>
<tr><td>재료비(답례품)</td><td></td><td></td></tr>
<tr><td colspan="2">조사비용 소계</td><td></td><td></td><td></td></tr>
<tr><td colspan="2">소계(1)</td><td></td><td></td><td></td></tr>
<tr><td colspan="2">일반관리비(%)</td><td></td><td></td><td></td></tr>
<tr><td colspan="2">소계(2)</td><td></td><td></td><td></td></tr>
<tr><td colspan="2">이윤(%)</td><td></td><td></td><td></td></tr>
<tr><td colspan="2">소계(3)</td><td></td><td></td><td></td></tr>
<tr><td colspan="2">부가세(10%)</td><td></td><td></td><td></td></tr>
<tr><td colspan="2">합 계</td><td></td><td></td><td></td></tr>
<tr><td colspan="2">총 계</td><td></td><td></td><td></td></tr>
</table>

IV. 연구진

▶책임연구원

학 력 사 항	
주 요 경 력	
긴 급 연 락 번 호	
주요 연구 실적	
저 서	

▶연구원

학 력 사 항	
주 요 경 력	
긴 급 연 락 번 호	
주요 연구 실적	
저 서	

▶연구보조원

실 사 감 독 원	
실 사 감 독 원	

V. 커뮤니케이션 채널

- 본 과업을 수행함에 있어서 시행주체와의 원활한 의사소통을 위해 다음과 같음 커뮤니케이션 채널을 구성하여 의사소통에 만전을 기할 것임.
- 본 제안서에 대한 자세한 문의는 ▽▽▽리서치(주)(T. 02-0000~0000)로 해주시기 바랍니다.

청소행정서비스 시민만족도조사

안녕하십니까? 저는 ▽▽▽리서치(주)의 면접조사원 ○○○입니다. 저희는 서울시청의 의뢰에 의해 지난 ○○○○년도부터 매년 상반기에 서울시민들을 대상으로 청소행정서비스에 대한 만족도를 평가하고 있습니다.

귀하가 응답해 주시는 내용에 대해서는 통계법에 의거·비밀이 보장되며, 귀하의 응답결과는 보다 나은 청소행정서비스를 구현하는데 개선자료로 활용될 것입니다. 바쁘시더라도 설문에 응해주시면 감사하겠습니다.

▽▽▽리서치(주)

전 화 : xx-xxxx-xxxx
책임연구원 : ○○○
실사연구원 : ○○○ 외

응답자 선정문항

【문1】 귀 댁의 가족 중 서울시청이나 혹은 구청, 청소대행회사 등에 근무하는 분이 있습니까?
(1) 없다 ………………………………………………………………………… [조사계속]
(2) 있다 ………………………………………………………………………… [조사중단]

【문2】 귀하의 연령은?
만____________세 ……………………… [만 18세 미만 혹은 만 60세 이상 면접 중단]

【문3】 귀 댁에서 사용하시는 쓰레기봉투를 보여주시겠습니까? ………………………… ( )
(1) 구청에서 직접 직영으로 수거
(2) 대행업체를 통해 수거 ……………………………… (대행업체:____________)

【문4】 귀 댁에서는 쓰레기봉투 처리를 주로 누가 하고 있습니까?
[면접조사원은 주로 처리하는 분을 정중하게 소개받아 조사를 실시] ………… ( )

(1) 남성
(2) 여성

응답자 일반사항

【문5】 귀하의 거주지는?[가나다순] ··· (   )

(1) 강남구	(2) 강동구	(3) 강북구	(4) 강서구	(5) 관악구
(6) 광진구	(7) 구로구	(8) 금천구	(9) 노원구	(10) 도봉구
(11) 동대문구	(12) 동작구	(13) 마포구	(14) 서대문구	(15) 서초구
(16) 성동구	(17) 성북구	(18) 송파구	(19) 양천구	(20) 영등포구
(21) 용산구	(22) 은평구	(23) 종로구	(24) 중구	(25) 중랑구

【문6】 주택형태는? ·· (   )

(1) 아파트 (2) 연립·다세대·상가주택 (3) 단독·다가구주택

설 문지는 청소행정서비스를 구성하는 5가지 차원요소로 구성되어 있습니다. 응답하시는 도중에 동일한 어휘가 많이 나오는 것은 시민만족도를 통계적으로 산출하기 위한 수식화 단계의 한 과정이므로 해당 문항에 성실히 응답해 주시기 바랍니다.

쓰레기 수거작업 및 과정

【문7】 귀하가 거주하는 지역의 청소를 담당하는 업체의 쓰레기 수거작업 및 과정과 관련하여 다음의 사항 등에 대해 어느 정도 만족하십니까? <보기>를 참조하여 평가해 주십시오.

보기	(1)	(2)	(3)	(4)	(5)
	매우 불만족	불만족	보통	만족함	매우 만족

(1) 정해진 날짜와 시간에 정확히 수거해 가는 정도 ·· (   )
(2) 분리 배출한 재활용품과 쓰레기를 정확히 분리수거해 가는 것 ························ (   )
(3) 쓰레기 수거작업 시 통행불편을 최소화 하는 것 ·· (   )
(4) 쓰레기 수거작업 시 소음을 최소화 하는 것 ·· (   )
(5) 쓰레기 수거작업 후 뒷마무리를 잘하는 것 ··· (   )

【문8】 위와 같은 5가지 전체를 종합해 볼 때, 귀하의 거주지를 청소하는 업체의 쓰레기 수거작업 및 수거과정 전반에 걸쳐 어느 정도 만족감을 느끼고 있습니까?

전반적인	(1)	(2)	(3)	(4)	(5)
만족도 평가	매우 불만족	불만족	보통	만족함	매우 만족

【문9】 귀하는 쓰레기 수거작업 및 과정에서 시민들을 만족시키기 위해서 가장 중요하게 생각되어져야 할 요소는 무엇이라고 보십니까? 1가지만 선택해 주십시오. ……………… (　　　)

(1) 정해진 날짜와 시간에 정확히 수거해 가는 정도
(2) 분리 배출한 재활용품과 쓰레기를 정확히 분리수거해 가는 것
(3) 쓰레기 수거작업 시 통행불편을 최소화 하는 것
(4) 쓰레기 수거작업 시 소음을 최소화 하는 것
(5) 쓰레기 수거작업 후 뒷마무리를 잘하는 것

환경미화원 및 청소차량

【문10】 귀하는 거주지의 청소를 담당하는 업체의 환경미화원 및 청소차량의 운영과 관련된 다음 각 사항에 대하여 어느 정도 만족하십니까? <보기>를 참조하여 평가해 주십시오.

보기	(1)	(2)	(3)	(4)	(5)
	매우 불만족	불만족	보통	만족함	매우 만족

(1) 환경미화원의 옷차림이 단정하고 청결한 것 ……………………………………………… (　　　)
(2) 환경미화원이 금품을 요구하지 않는 것 ……………………………………………………… (　　　)
(3) 환경미화원에 술에 취해 작업하거나 주민에게 행패를 부리지 않는 것 ……… (　　　)
(4) 청소차량이 청결하게 유지되고 운행되는 것 ………………………………………………… (　　　)

【문11】 환경미화원 및 청소차량과 관련된 위의 4가지 사항 전체를 종합해 볼 때, 귀하는 전반적으로 어느 정도 만족감을 느끼고 있습니까?

전반적인	(1)	(2)	(3)	(4)	(5)
만족도 평가	매우 불만족	불만족	보통	만족함	매우 만족

【문12】 귀하는 시민들을 만족시키기 위해 환경미화원 및 청소차량의 어느 요소가 가장 중요하게 생각되어져야 할 요소는 무엇이라고 보십니까? 1가지만 선택해 주십시오. … (　　　)

(1) 환경미화원의 옷차림이 단정하고 청결한 것
(2) 환경미화원이 금품을 요구하지 않는 것
(3) 환경미화원에 술에 취해 작업하거나 주민에게 행패를 부리지 않는 것
(4) 청소차량이 청결하게 유지되고 운행되는 것

청소관련 홍보 및 민원처리

【문13】 귀하는 거주지 관할구청이 청소행정서비스와 관련하여 실시하는 홍보활동 및 민원처리활동에 대하여 어느 정도 만족하십니까? <보기>를 참조하여 평가해 주십시오.

보기	(1)	(2)	(3)	(4)	(5)
	매우 불만족	불만족	보통	만족함	매우 만족

(1) 쓰레기 및 재활용품 배출 날짜와 요령 등에 대한 홍보 및 안내활동 ·········· (　　　)
(2) 쓰레기 무단투기, 불법소각 및 불법매립 신고요령 및 안내활동 ················· (　　　)
(3) 청소민원과 관련된 불만사항을 신속하게 처리하는 것 ································ (　　　)
(4) 애로사항 문의 시 친절하게 응대하는 정도 ·· (　　　)

【문14】 귀하는 거주하는 관할구청이 실시하는 청소관련 홍보 및 민원처리활동에 대해 전반적으로 어느 정도 만족감을 느끼고 있습니까?

전반적인 만족도 평가	(1)	(2)	(3)	(4)	(5)
	매우 불만족	불만족	보통	만족함	매우 만족

【문15】 귀하는 시민들을 만족시키기 위해 청소관련 홍보 및 민원처리활동 중 가장 중요하게 생각되어져야 할 요소는 무엇이라고 보십니까? 1가지만 선택해 주십시오. ······· (　　　)

(1) 쓰레기 및 재활용품 배출 날짜와 요령 등에 대한 홍보 및 안내활동
(2) 쓰레기 무단투기, 불법소각 및 불법매립 신고요령 및 안내활동
(3) 청소민원과 관련된 불만사항을 신속하게 처리하는 것
(4) 애로사항 문의 시 친절하게 응대하는 정도

쓰레기봉투 관련사항

【문16】 귀하는 쓰레기봉투와 관련된 다음 각 사항들에 대하여 어느 정도 만족하십니까? <보기>를 참조하여 평가해 주십시오.

보기	(1)	(2)	(3)	(4)	(5)
	매우 불만족	불만족	보통	만족함	매우 만족

(1) 쓰레기봉투의 품질 ·· (　　)
(2) 쓰레기봉투 구입의 편리성 정도 ·· (　　)
(3) 쓰레기봉투의 사용 편리성 정도(묶기와 운반의 용이성 등) ························· (　　)
(4) 한 달 동안 사용한 쓰레기 봉투가격은 월 청소비가 됩니다. 이러한 봉투가격에 대해 어느 정도 만족하십니까? ·· (　　)

【문17】 귀하는 쓰레기봉투와 관련된 위의 4가지 내용을 종합해 볼 때, 전반적으로 어느 정도 만족감을 느끼고 있습니까?

전반적인 만족도 평가	(1)	(2)	(3)	(4)	(5)
	매우 불만족	불만족	보통	만족함	매우 만족

【문18】 귀하는 쓰레기봉투에 대해 시민들을 만족시키기 위해서 다음 중 가장 중요하게 생각되어져야 할 요소는 무엇이라고 보십니까? 1가지만 선택해 주십시오. ············· (　　)

(1) 쓰레기봉투의 품질
(2) 쓰레기봉투 구입의 편리성 정도
(3) 쓰레기봉투의 사용 편리성 정도(묶기와 운반의 용이성 등)
(4) 쓰레기봉투의 가격(타 공공요금 대비 청소비)

가로청소

【문19】 귀하가 거주하는 지역의 노선버스가 운행되는 폭 12미터 이상인 도로에 대한 가로청소와 관련하여 다음 각 사항들에 대하여 어느 정도 만족하십니까? <보기>를 참조하여 평가해 주십시오.

(1) 물청소 등을 통한 차도의 청결상태 ·· (　　)
(2) 쓰레기 수거 등 인도의 청결상태 ·· (　　)
(3) 도로 옆의 빗물받이(측구) 청결상태 ·· (　　)

【문20】 귀하가 거주하는 지역의 도로에 대한 위의 3가지 전체를 종합해 볼 때, 전반적으로 가로청소에 대하여 어느 정도 만족감을 느끼고 있습니까?

전반적인 만족도 평가	(1)	(2)	(3)	(4)	(5)
	매우 불만족	불만족	보통	만족함	매우 만족

【문21】 귀하는 가로청소에 대해 시민들을 만족시키기 위해 다음 중 가장 중요하게 생각되어져야 할 요소는 무엇이라고 보십니까? 1가지만 선택해 주십시오. ······················ (　　　　)

(1) 물청소 등을 통한 차도의 청결상태
(2) 쓰레기 수거 등 인도의 청결상태
(3) 도로 옆의 빗물받이(측구) 청결상태

다음의 내용은 지금까지 평가한 청소행정서비스 전체에 대하여 종합적으로 평가하기 위한 문항입니다. 즉, 귀하가 거주하는 지역의 청소행정서비스에 대하여 한 마디로 만족도를 평가하는 것입니다.♥

청소행정서비스에 대한 종합만족도 평가

【문22】 귀하는 거주지역의 전체 청소행정서비스에 대하여 종합적으로 평가한다면 어느 정도 만족감을 느끼십니까?

종합적인 만족도 평가	(1)	(2)	(3)	(4)	(5)
	매우 불만족	불만족	보통	만족함	매우 만족

【문23】 귀하는 청소행정서비스를 지금까지 평가한 요소와 같이 크게 5가지로 구분한다면, 시민들의 만족도를 높이기 위해 가장 중요하게 생각되어져야 할 요소는 무엇이라고 보십니까? 1가지만 선택해 주십시오. ·· (　　　　)

(1) 쓰레기 수거작업 및 과정
(2) 환경미화원 및 청소차량
(3) 청소관련 홍보 및 민원처리
(4) 쓰레기봉투
(5) 가로청소

다음의 내용들은 향후 청소행정서비스를 보다 선진국형으로 개선하기 위하여 사전에 시민들의 의견을 파악하기 위한 것입니다.

음식물 쓰레기 수거과정

【문24】 귀하는 음식물 쓰레기 수거와 관련된 다음 각 사항에 대해 어느 정도 만족감을 느끼십니까? <보기>를 참조하여 평가해 주십시오.

보기	(1)	(2)	(3)	(4)	(5)
	매우 불만족	불만족	보통	만족함	매우 만족

(1) 음식물 쓰레기 수거의 정시성(定時性) ………………………………………………… (　　)
(2) 음식물 쓰레기 수거 시 청결성 유지 정도 …………………………………………… (　　)
(3) 음식물 쓰레기 수거 빈도(적정성 정도) ……………………………………………… (　　)
(4) 음식물 쓰레기 배출시 (배출방법에 대한) 편리성 정도 …………………………… (　　)

【문25】 귀하는 음식물 쓰레기 수거와 관련하여 전반적으로 어느 정도 만족감을 느끼고 있습니까?

전반적인 만족도 평가	(1)	(2)	(3)	(4)	(5)
	매우 불만족	불만족	보통	만족함	매우 만족

【문26】 귀하는 음식물 쓰레기 수거와 관련해 시민들의 만족도를 높여주기 위해 다음의 4가지 사항 중 가장 중요하게 생각되어져야 할 요소가 무엇이라고 보십니까? 1가지만 선택해 주십시오. ……………………………………………………………………………… (　　)

(1) 음식물 쓰레기 수거의 정시성(定時性)
(2) 음식물 쓰레기 수거 시 청결성 유지 정도
(3) 음식물 쓰레기 수거 빈도(적정성 정도)
(4) 음식물 쓰레기 배출시 (배출방법에 대한) 편리성 정도

재활용품 수거

【문27】 귀하는 재활용품 수거와 관련된 다음 사항들에 대해 어느 정도 만족하십니까? <보기>를 참조하여 평가해 주십시오.

보기	(1)	(2)	(3)	(4)	(5)
	매우 불만족	불만족	보통	만족함	매우 만족

(1) 재활용품 수거의 적극성 ………………………………………………………………… (　　)
(2) 재활용품 배출신고 방법의 편리성 정도 ……………………………………………… (　　)
(3) 재활용품 배출신고 안내활동의 적정성 ………………………………………………… (　　)
(4) 배출신고 접수자의 태도(말투, 용어사용, 친절성, 전화접수 등) ………………… (　　)

【문28】 귀하는 재활용품 수거와 관련된 위의 4가지를 종합해 볼 때 전반적으로 어느 정도 만족감을 느끼십니까?

전반적인	(1)	(2)	(3)	(4)	(5)
만족도 평가	매우 불만족	불만족	보통	만족함	매우 만족

【문29】 귀하는 재활용품 수거와 관련해 시민들의 만족도를 높이기 위해 가장 중요하게 생각되어져야 할 요소는 무엇이라고 보십니까? 1가지만 선택해 주십시오. …………… (　　)

(1) 재활용품 수거의 적극성
(2) 재활용품 배출신고 방법의 편리성 정도
(3) 재활용품 배출신고 안내활동의 적정성
(4) 배출신고 접수자의 태도(말투, 용어사용, 친절성, 전화접수 등)

【문30】 귀하는 환경오염을 고려해 쓰레기봉투의 재질과 두께를 법적으로 규제하고 있다는 것을 알고 있습니까? ……………………………………………………………………………… (　　)

(1) 알고 있다
(2) 모르고 있다

【문31】 귀하는 쓰레기봉투에 대한 다음의 견해 중 어느 의견에 동의하십니까? ……… (　　)

(1) 시민들의 사용편의를 위해 현재의 쓰레기봉투 품질을 개선해야
(2) 현재 사용하고 있는 정도의 품질이면 괜찮다
(3) 환경오염을 방지하기 위해 쓰레기봉투의 품질이 현재보다 떨어져도 괜찮다
(4) 잘 모르겠다

【문32】 귀하는 쓰레기 및 청소와 관련해 관할구청이나 서울시에 민원을 제기해 본 경험이 있습니까? .... (　　　)

(1) 있다 → 【문32-1번으로】
(2) 없다 → 【문33번으로】

【문32-1】 접수된 민원처리결과에 대해 어느 정도 만족하십니까?

접수민원처리 만족도 평가	(1) 매우 불만족	(2) 불만족	(3) 보통	(4) 만족함	(5) 매우 만족

【문33】 귀하의 가정에서 지난 한 달 동안 사용하신 쓰레기봉투는 어느 정도입니까?

봉투 용량	사용량	봉투 용량	사용량
5 ℓ	(　　　) 장	30 ℓ	(　　　) 장
10 ℓ	(　　　) 장	50 ℓ	(　　　) 장
15 ℓ	(　　　) 장	75 ℓ	(　　　) 장
20 ℓ	(　　　) 장	100 ℓ	(　　　) 장

총 사용량
________ ℓ 면접조사원 ➜ 면접후 계산하여 기록할 것

【문34】 서울시나 관할구청, 청소대행업체의 청소행정서비스에 대해 개선을 희망하는 사항이 있다면 말씀해 주십시오.

____

____

____

통계자료분류용 질문

【문35】 귀하의 성별은 .... (　　　)

(1) 남성
(2) 여성

【문36】 귀댁의 월 수입규모는 어느 정도 수준입니까? .... (　　　)

(1) 50만원 미만　(2) 50-100만원 미만　(3) 100-150만원 미만
(4) 150-200만원 미만　(5) 200-250만원 미만　(6) 250-300만원 미만
(7) 300만원 이상

【문37】 귀하의 직업은 무엇입니까? .... (　　　)

(1) 농업, 어업, 임업 (가족종사자 포함)
(2) 자영업 (상점,음식점,운송업 등에서 종업원 9인 이하 경영자, 가족종사자, 개인택시 기사)
(3) 판매/서비스직 (상점,음식점, 경기장 등의 종업원, 판매원/이발,미장원 등의 종업원/역무원 등)
(4) 기능/작업직 (공원/기계조작원/토목,건축의 작업원/우편배달원/운전기사/노무자 등)
(5) 일반작업직 (토목관계 현장직, 청소, 수위 등)
(6) 사무/기술직 (사무,기술관계사원(과장,대리 포함)/종업원 49인이하의관리직/조종사,항해사/교사/간호사/약사)
(7) 경영직/관리직 (관공서 또는 50인 이상 기업의 임원, 관리직/10-49인의 기업경영자/원장,교장/기장,선장 등)
(8) 전문/자유직 (의사, 변호사, 공인회계사,언론인,연구원/교수/예술가/종교인/정치인 등)
(9) 가정주부 (주로 가사에 종사하는 전업주부 등)
(10) 학생　(11) 무직　(12) 기타

【문38】 귀하의 학력은? .... (　　　)

(1) 초등학교 졸업 이하　(2) 중학교 졸업
(3) 고등학교 졸업　(4) 전문대/대학 졸업 이상

감사합니다. 귀하의 응답 자료는 서울시의 청소행정서비스를 보다 선진국형으로 개선하는데 기여할 것입니다. 또한 귀하의 거주지 관할구청의 청소행정서비스의 수준을 향상시키는데 귀중한 역할을 담당할 것입니다. 마지막으로 조사자료 검증을 위해 다음을 적어 주십시오.

응답자 관련사항

- 응답자 성명 :　　　　(연락가능 전화번호 :　　-　　-　　)
- 면 접 일 시 : 2002년　4월　　일
- 면접원 성명 :
- 검증원 성명 :

통계표

1. 표준정규분포표

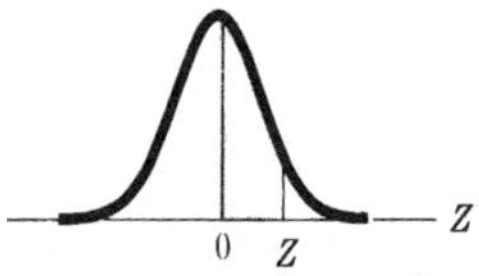

z	0.00	0.01	0.02	0.03	0.04	0.05	0.06	0.07	0.08	0.09
	Z의 두번째 소수점									
0.0	0.0000	0.0040	0.0080	0.0120	0.0160	0.0199	0.0239	0.0279	0.0319	0.0359
0.1	0.0398	0.0438	0.0478	0.0517	0.0557	0.0596	0.0636	0.0675	0.0714	0.0753
0.2	0.0793	0.0832	0.0871	0.0910	0.0948	0.0987	0.1026	0.1064	0.1103	0.1141
0.3	0.1179	0.1217	0.1255	0.1293	0.1331	0.1368	0.1406	0.1443	0.1480	0.1517
0.4	0.1554	0.1591	0.1628	0.1664	0.1700	0.1736	0.1772	0.1808	0.1844	0.1879
0.5	0.1915	0.1950	0.1985	0.2019	0.2054	0.2088	0.2123	0.2157	0.2190	0.2224
0.6	0.2257	0.2291	0.2324	0.2357	0.2389	0.2422	0.2454	0.2486	0.2517	0.2549
0.7	0.2580	0.2611	0.2642	0.2673	0.2704	0.2734	0.2764	0.2794	0.2823	0.2852
0.8	0.2881	0.2910	0.2939	0.2967	0.2995	0.3023	0.3051	0.3078	0.3106	0.3133
0.9	0.3159	0.3186	0.3212	0.3238	0.3264	0.3289	0.3315	0.3340	0.3365	0.3389
1.0	0.3413	0.3438	0.3461	0.3485	0.3508	0.3531	0.3554	0.3577	0.3599	0.3621
1.1	0.3643	0.3665	0.3686	0.3708	0.3729	0.3749	0.3770	0.3790	0.3810	0.3830
1.2	0.3849	0.3869	0.3888	0.3907	0.3925	0.3944	0.3962	0.3980	0.3997	0.4015
1.3	0.4032	0.4049	0.4066	0.4082	0.4099	0.4115	0.4131	0.4147	0.4162	0.4177
1.4	0.4192	0.4207	0.4222	0.4236	0.4251	0.4265	0.4279	0.4292	0.4306	0.4319
1.5	0.4332	0.4345	0.4357	0.4370	0.4382	0.4394	0.4406	0.4418	0.4429	0.4441
1.6	0.4452	0.4463	0.4474	0.4484	0.4495	0.4505	0.4515	0.4525	0.4535	0.4545
1.7	0.4554	0.4564	0.4573	0.4582	0.4591	0.4599	0.4608	0.4616	0.4625	0.4633
1.8	0.4641	0.4649	0.4656	0.4664	0.4671	0.4678	0.4686	0.4693	0.4699	0.4706
1.9	0.4713	0.4719	0.4726	0.4732	0.4738	0.4744	0.4750	0.4756	0.4761	0.4767
2.0	0.4772	0.4778	0.4783	0.4788	0.4793	0.4798	0.4803	0.4808	0.4812	0.4817
2.1	0.4821	0.4826	0.4830	0.4834	0.4838	0.4842	0.4846	0.4850	0.4854	0.4857
2.2	0.4861	0.4864	0.4868	0.4871	0.4875	0.4878	0.4881	0.4884	0.4887	0.4890
2.3	0.4893	0.4896	0.4898	0.4901	0.4904	0.4906	0.4909	0.4911	0.4913	0.4916
2.4	0.4918	0.4920	0.4922	0.4925	0.4927	0.4929	0.4931	0.4932	0.4934	0.4936
2.5	0.4938	0.4940	0.4941	0.4943	0.4945	0.4946	0.4948	0.4949	0.4951	0.4952
2.6	0.4953	0.4955	0.4956	0.4957	0.4959	0.4960	0.4961	0.4962	0.4963	0.4964
2.7	0.4965	0.4966	0.4967	0.4968	0.4969	0.4970	0.4971	0.4972	0.4973	0.4974
2.8	0.4974	0.4975	0.4976	0.4977	0.4977	0.4978	0.4979	0.4979	0.4980	0.4981
2.9	0.4981	0.4982	0.4982	0.4983	0.4984	0.4984	0.4985	0.4985	0.4986	0.4986
3.0	0.4987	0.4987	0.4987	0.4988	0.4988	0.4989	0.4989	0.4989	0.4990	0.4990
3.1	0.4990	0.4991	0.4991	0.4991	0.4992	0.4992	0.4992	0.4992	0.4993	0.4993
3.2	0.4993	0.4993	0.4994	0.4994	0.4994	0.4994	0.4994	0.4995	0.4995	0.4995
3.3	0.4995	0.4995	0.4995	0.4996	0.4996	0.4996	0.4996	0.4996	0.4996	0.4997
3.4	0.4997	0.4997	0.4997	0.4997	0.4997	0.4997	0.4997	0.4997	0.4997	0.4998
3.5	0.4998									
4.0	0.49997									
4.5	0.499997									
5.0	0.4999997									

2. 카이제곱(χ^2) 분포표

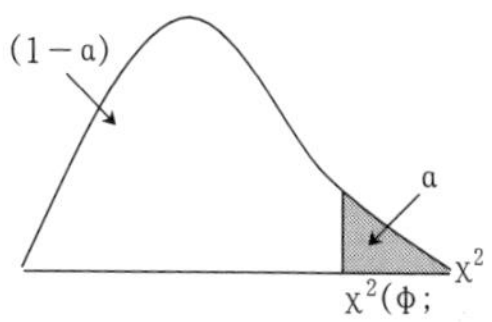

$$P[\chi^2 \geq \chi^2(\varphi;\alpha)] = \alpha$$

자유도 ϕ \ α	0.995	0.990	0.975	0.950	0.900	0.100	0.050	0.025	0.010	0.005
1	0.04393	0.03157	0.03982	0.02393	0.0158	2.71	3.84	5.02	6.63	7.88
2	0.0100	0.0201	0.0506	0.103	0.211	4.61	5.99	7.38	9.21	10.60
3	0.072	0.115	0.216	0.352	0.584	6.25	7.81	9.35	11.34	12.84
4	0.207	0.297	0.484	0.711	1.064	7.78	9.49	11.14	13.28	14.86
5	0.412	0.554	0.831	1.145	1.61	9.24	11.07	12.83	15.09	16.75
6	0.676	0.872	1.24	1.64	2.20	10.64	12.59	14.45	16.81	18.55
7	0.989	1.24	1.69	2.17	2.83	12.02	14.07	16.01	18.48	20.28
8	1.34	1.65	2.18	2.83	3.49	13.36	15.51	17.53	20.09	21.96
9	1.73	2.09	2.70	3.33	4.17	14.68	16.92	19.02	21.67	23.59
10	2.16	2.56	3.25	3.94	4.87	15.99	18.31	20.48	23.21	25.19
11	2.60	3.05	3.82	4.57	5.58	17.28	19.68	21.92	24.73	26.76
12	3.07	3.57	4.40	5.23	6.30	18.55	21.03	23.34	26.22	28.30
13	3.57	4.11	5.01	5.89	7.04	19.81	22.36	24.71	27.69	29.82
14	4.07	4.66	5.63	6.57	7.79	21.06	23.68	26.12	29.14	31.32
15	4.60	5.23	6.26	7.26	8.55	22.31	25.00	27.49	30.58	32.80
16	5.14	5.81	6.91	7.96	9.31	23.54	26.30	28.85	32.00	34.27
17	5.70	6.41	7.56	8.67	10.09	24.77	27.59	30.19	33.41	35.72
18	6.26	7.01	8.23	9.39	10.86	25.99	28.87	31.53	34.81	37.16
19	6.84	7.63	8.91	10.12	11.65	27.20	30.14	32.85	36.19	38.58
20	7.43	8.26	9.59	10.85	12.44	28.41	31.41	34.17	37.57	40.00
21	8.03	8.90	10.28	11.59	13.24	29.62	32.67	35.48	38.93	41.40
22	8.64	9.54	10.98	12.34	14.04	30.81	33.92	36.78	40.29	42.80
23	9.26	10.20	11.69	13.09	14.85	32.01	35.17	38.08	41.64	44.18
24	9.89	10.86	12.40	13.85	15.66	33.20	36.42	39.36	42.98	45.66
25	10.52	11.52	13.12	14.61	16.47	34.38	37.65	40.65	44.31	46.93
26	11.16	12.20	13.84	15.38	17.29	35.56	38.89	41.92	45.64	48.29
27	11.81	12.88	14.57	16.15	18.11	35.74	40.11	43.19	46.96	49.64
28	12.46	13.56	15.31	16.93	18.94	37.92	41.34	44.46	48.28	50.99
29	13.12	14.26	16.05	17.71	19.77	39.09	42.56	45.72	49.59	52.34
30	13.79	14.95	16.79	18.49	20.60	40.26	43.77	46.98	50.89	53.67
40	20.71	22.16	24.43	26.51	29.05	51.81	55.76	59.34	63.69	66.77
50	27.99	29.71	32.33	34.76	37.69	63.17	67.50	71.42	76.15	79.49
60	35.53	37.48	49.48	43.19	46.46	74.40	79.08	83.30	88.38	91.95
70	43.28	45.44	48.76	51.74	55.33	85.53	90.53	95.02	100.4	104.2
80	51.17	53.54	57.15	60.39	64.28	96.58	101.9	106.0	112.3	113.6
90	51.20	61.75	65.65	69.13	73.29	107.6	113.1	118.1	124.1	128.3
100	67.33	70.06	74.22	77.93	82.36	118.5	124.3	129.6	153.8	140.2

3. t-분포표

$$P[t(\phi) \geq t(\phi;\alpha)] = \alpha$$

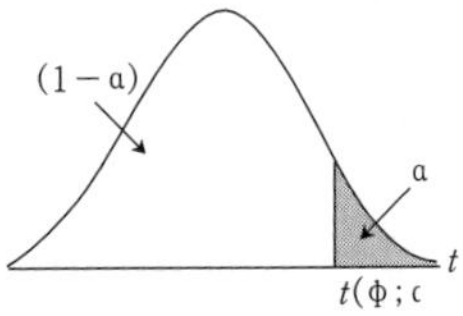

자유도ϕ \ α	0.10	0.05	0.025	0.01	0.005	0.0005
1	3.078	6.314	12.706	31.281	63.657	636.619
2	1.886	2.920	4.303	6.965	9.925	31.598
3	1.638	2.353	3.182	4.541	5.841	12.924
4	1.533	2.132	2.776	3.747	4.604	8.610
5	1.476	2.015	2.571	3.365	4.032	6.869
6	1.440	1.943	2.447	3.143	3.707	5.959
7	1.415	1.895	2.365	2.998	3.499	5.408
8	1.397	1.860	2.306	2.896	3.355	5.041
9	1.383	1.833	2.262	2.821	3.250	4.781
10	1.372	1.812	2.228	2.764	3.169	4.587
11	1.363	1.796	2.201	2.718	3.106	4.437
12	1.356	1.782	2.179	2.681	3.055	3.318
13	1.350	1.771	2.160	2.650	3.012	4.221
14	1.345	1.761	2.145	2.624	2.977	4.140
15	1.341	1.753	2.131	2.602	2.947	4.073
16	1.337	1.746	2.120	2.583	2.921	4.015
17	1.333	1.740	2.110	2.567	2.898	3.965
18	1.330	1.734	2.101	2.552	2.878	3.922
19	1.328	1.729	2.093	2.539	2.861	3.833
20	1.325	1.725	2.086	2.528	2.845	3.850
21	1.323	1.721	2.080	2.518	2.831	3.819
22	1.321	1.717	2.074	2.508	2.819	3.792
23	1.319	1.714	2.069	2.500	2.807	3.767
24	1.318	1.711	2.064	2.492	2.797	2.745
25	1.316	1.708	2.060	2.485	2.787	3.725
26	1.315	1.706	2.056	2.479	2.779	3.707
27	1.314	1.703	2.052	2.473	2.771	3.690
28	1.313	1.701	2.048	2.467	2.763	3.674
29	1.311	1.699	2.045	2.462	2.756	3.659
30	1.310	1.697	2.042	2.457	2.750	3.646
40	1.303	1.684	2.021	2.423	2.704	3.551
60	1.296	1.671	2.004	2.390	2.660	3.460
120	1.289	1.658	1.980	2.358	2.617	3.373
∞	1.282	1.645	1.960	2.326	2.576	3.291

4. F-분포표(I)

$$P[F(\phi_1,\phi_2) \geq F(\phi_1,\phi_2;\alpha)] = \alpha$$

$$F(\phi_1,\phi_2;\alpha) = \frac{1}{F(\phi_2,\phi_1;1-\alpha)}$$

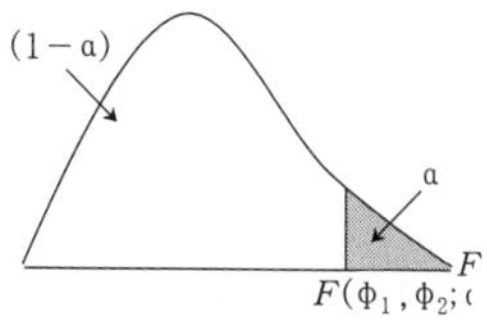

ϕ_2	α	ϕ_1								
		1	2	3	4	5	6	7	8	9
1	0.10	39.9	49.5	53.6	55.8	57.2	58.2	58.9	59.4	59.9
	0.05	161	200	216	225	230	234	237	239	241
	0.025	648	800	864	900	922	937	948	957	963
	0.01	4.052	5.000	5.403	5.625	5.764	5.859	5.928	5.981	6.022
2	0.10	8.53	9.00	9.16	9.24	9.29	9.33	9.35	9.37	9.38
	0.05	18.5	19.0	19.2	19.2	19.3	19.3	19.4	19.4	19.4
	0.025	38.5	39.0	39.2	39.3	39.3	39.3	39.4	39.4	39.4
	0.01	88.5	99.0	99.2	99.2	99.3	99.3	99.4	99.4	99.4
3	0.10	5.54	5.46	5.39	5.34	5.31	5.28	5.27	5.25	5.24
	0.05	10.1	9.55	9.28	9.12	9.01	8.94	8.89	8.85	8.81
	0.025	17.4	16.0	15.4	15.1	14.9	14.7	14.6	14.5	14.5
	0.01	34.1	30.8	29.5	28.7	28.2	27.9	27.7	27.5	27.3
4	0.10	4.54	4.32	4.19	4.11	4.05	4.01	3.98	3.95	3.94
	0.05	7.71	6.94	6.59	6.39	6.26	6.16	6.09	6.04	6.00
	0.025	12.2	10.7	9.98	9.60	9.36	9.20	9.07	8.98	8.90
	0.01	21.2	18.0	16.7	16.0	15.5	15.2	15.0	14.8	14.7
5	0.10	4.06	3.78	3.62	3.52	3.45	3.40	3.37	3.34	3.32
	0.05	6.61	5.79	5.41	5.19	5.05	4.95	4.88	4.82	4.77
	0.025	10.0	8.43	7.76	7.39	7.15	6.98	6.85	6.76	6.68
	0.01	16.3	13.3	12.1	11.4	11.0	10.7	10.5	10.3	10.2
6	0.10	3.78	3.46	3.29	3.18	3.11	3.05	3.01	2.98	2.96
	0.05	6.99	5.14	4.76	4.53	4.39	4.28	4.21	4.15	4.10
	0.025	8.81	7.26	6.60	6.23	5.99	5.82	5.70	5.60	5.52
	0.01	13.7	10.9	9.78	9.15	8.75	8.47	8.26	8.10	7.98
7	0.10	3.59	3.26	3.07	2.96	2.88	2.83	2.78	2.75	2.72
	0.05	5.59	4.74	4.35	4.12	3.97	3.87	3.79	3.73	3.68
	0.025	8.07	6.54	5.89	5.52	5.29	5.12	4.99	4.90	4.82
	0.01	12.2	9.55	8.45	7.85	7.46	7.19	6.99	6.84	6.72
8	0.10	3.46	3.11	2.92	2.81	2.73	2.67	2.62	2.58	2.56
	0.05	5.32	4.46	4.07	3.84	3.69	3.58	3.50	3.44	3.39
	0.025	7.57	6.06	5.42	5.05	4.82	4.65	4.53	4.43	4.36
	0.01	11.3	8.65	7.59	7.01	6.63	6.37	6.18	6.03	5.91
9	0.10	3.36	3.01	2.81	2.69	2.61	2.55	2.51	2.47	2.44
	0.05	5.12	4.26	3.86	3.63	3.48	3.37	3.29	3.23	3.18
	0.025	7.21	5.71	5.08	4.72	4.48	4.32	4.20	4.10	4.03
	0.01	10.6	8.02	6.99	6.42	6.06	5.80	5.61	5.47	3.35
10	0.10	3.29	2.92	2.73	2.61	2.52	2.46	2.41	2.38	2.35
	0.05	4.96	4.10	3.71	3.48	3.33	3.22	3.14	3.07	3.02
	0.025	6.94	5.46	4.83	4.47	4.24	4.07	3.95	3.85	3.78
	0.01	10.0	7.56	6.55	5.99	5.64	5.39	5.20	5.06	4.94
11	0.10	3.23	2.86	2.66	2.54	2.45	2.39	2.34	2.30	2.27
	0.05	4.84	3.98	3.59	3.36	3.20	3.09	3.01	2.95	2.90
	0.025	6.72	5.26	4.63	4.28	4.04	3.88	3.76	3.66	3.59
	0.01	9.65	7.21	6.22	5.67	5.32	5.07	4.89	4.74	4.63
12	0.10	3.18	2.81	2.61	2.48	2.39	2.33	2.28	2.24	2.21
	0.05	4.75	3.89	3.49	3.26	3.11	3.00	2.91	2.85	2.80

F-분포표(Ⅱ)

ϕ_2	α	ϕ_1								
		1	2	3	4	5	6	7	8	9
	0.025	6.55	5.10	4.47	4.12	3.89	3.73	3.61	3.51	3.44
	0.01	9.33	6.93	5.95	5.41	5.06	4.82	4.64	4.50	4.39
13	0.10	3.14	2.76	2.56	2.43	2.35	2.28	2.23	2.20	2.16
	0.05	4.67	3.81	3.41	3.18	3.03	2.92	2.83	2.77	2.71
	0.025	6.41	4.97	4.35	4.00	3.77	3.60	3.48	3.39	3.31
	0.01	9.07	6.70	5.74	5.21	4.86	4.62	4.44	4.30	4.19
14	0.10	3.10	2.73	2.52	2.39	2.31	2.24	2.19	2.15	2.12
	0.05	4.60	3.74	3.34	3.11	2.96	2.85	2.76	2.70	2.65
	0.025	6.30	4.86	4.24	3.89	3.66	3.50	3.36	3.29	3.26
	0.01	8.86	6.51	5.56	5.04	4.69	4.46	4.28	4.14	4.03
15	0.10	3.07	2.70	2.49	2.36	2.27	2.21	2.16	2.12	2.09
	0.05	4.54	3.68	3.29	3.06	2.90	2.79	2.76	2.64	2.59
	0.025	6.20	4.77	4.15	3.80	3.58	3.41	3.36	3.20	3.12
	0.01	8.68	6.36	5.42	4.89	4.56	4.32	4.28	4.00	3.89
16	0.10	3.05	2.97	2.46	2.33	2.24	2.18	2.16	2.09	2.06
	0.05	4.49	3.63	3.24	3.01	2.85	2.74	2.71	2.59	2.54
	0.025	6.12	4.69	4.08	3.73	3.50	3.34	3.29	3.12	3.05
	0.01	8.53	6.23	5.29	4.77	4.44	4.20	4.14	3.89	3.78
17	0.10	3.03	2.64	2.44	2.31	2.22	2.15	2.13	2.06	2.03
	0.05	4.45	3.59	3.20	2.96	2.81	2.70	2.66	2.55	2.49
	0.025	6.04	4.62	4.01	3.66	3.44	3.28	3.22	3.06	2.98
	0.01	8.40	6.11	5.18	4.67	4.34	4.10	4.03	3.79	3.68
18	0.10	3.01	2.62	2.42	2.29	2.20	2.13	2.10	2.04	2.00
	0.05	4.41	3.55	3.16	2.93	2.77	2.66	2.61	2.51	2.46
	0.025	5.98	4.56	3.95	3.61	3.38	3.22	3.16	3.01	2.93
	0.01	8.29	6.01	5.09	4.58	4.25	4.01	3.93	3.71	3.60
19	0.10	2.99	2.61	2.40	2.27	2.18	2.11	2.08	2.02	1.98
	0.05	4.38	3.55	3.13	2.90	2.74	2.63	2.58	2.48	2.42
	0.025	5.92	4.56	3.90	3.56	3.33	3.17	3.10	2.96	2.88
	0.01	8.18	6.01	5.01	4.50	4.17	3.94	3.84	3.63	3.52
20	0.10	2.97	2.59	2.38	2.25	2.16	2.09	2.06	2.00	1.96
	0.05	4.35	3.49	3.10	2.87	2.71	2.60	2.54	2.45	2.39
	0.025	5.87	4.46	3.86	3.51	3.29	3.13	3.05	2.91	2.84
	0.01	8.10	5.85	4.94	4.43	4.10	3.87	3.77	3.56	3.46
24	0.10	2.93	2.54	2.33	2.19	2.10	2.04	2.04	1.94	1.91
	0.05	4.26	3.40	3.01	2.78	2.62	2.51	2.51	2.36	2.30
	0.025	5.72	4.32	3.72	3.38	3.15	2.99	3.01	2.78	2.70
	0.01	7.82	5.61	4.72	4.22	3.90	3.67	3.70	3.36	3.26
30	0.10	2.88	2.49	2.28	2.14	2.05	1.98	1.98	1.88	1.85
	0.05	4.17	3.32	2.92	2.69	2.53	2.42	2.42	2.27	2.21
	0.025	5.57	4.18	3.59	3.25	3.03	2.87	2.87	2.65	2.57
	0.01	7.56	5.39	4.51	4.02	3.70	3.47	3.50	3.17	3.07
60	0.10	2.79	2.39	2.18	2.04	1.95	1.87	1.82	1.77	1.74
	0.05	4.00	3.15	2.76	2.53	2.37	2.25	2.17	2.10	2.04
	0.025	5.29	3.93	3.34	3.01	2.79	2.63	2.51	2.41	2.33
	0.01	7.08	4.98	4.13	3.65	3.34	3.12	2.95	2.82	2.72
120	0.10	2.79	2.36	2.13	1.99	1.90	1.82	1.77	1.72	1.68
	0.05	4.00	3.07	2.68	2.45	2.29	2.18	2.09	2.02	1.96
	0.025	5.29	3.80	3.23	2.89	2.67	2.52	2.39	2.30	2.22
	0.01	7.08	4.98	4.13	3.65	3.34	3.12	2.95	2.82	2.72
∞	0.10	2.71	2.30	2.08	1.94	1.85	1.77	1.72	1.67	1.63
	0.05	3.84	3.00	2.60	2.37	2.21	2.10	2.01	1.94	1.88
	0.025	5.02	3.69	3.12	2.79	2.57	2.41	2.29	2.19	2.11
	0.01	6.63	4.61	3.78	3.32	3.02	2.80	2.64	2.51	2.41

F-분포표(Ⅲ)

ϕ_2	α	ϕ_1									
		10	11	12	15	20	24	30	60	120	∞
1	0.10	60.2	60.5	60.7	61.2	61.7	62.0	62.3	62.8	63.1	63.3
	0.05	242	243	244	246	248	249	250	252	253	254
	0.025	969	973	977	985	993	997	1.001	1.010	1.014	1.018
	0.01	6.056	6.082	6.106	6.157	6.209	6.235	2.261	6.313	6.339	6.366
2	0.10	9.39	9.40	9.41	9.42	9.44	9.45	9.46	9.47	9.48	9.49
	0.05	19.4	19.4	19.4	19.4	19.4	19.5	19.5	19.5	19.5	19.5
	0.025	39.4	39.4	39.4	39.5	39.5	39.5	39.5	39.5	39.5	39.5
	0.01	99.4	99.4	99.4	99.4	99.5	99.4	99.5	99.5	99.5	99.5
3	0.10	5.23	5.22	5.22	5.20	5.18	5.18	5.17	5.15	5.14	5.13
	0.05	8.79	8.76	8.74	8.70	8.66	8.64	8.62	8.57	8.55	8.53
	0.025	14.4	14.4	14.3	14.3	14.2	14.1	14.1	14.0	14.0	13.9
	0.01	27.2	27.1	27.1	26.9	26.7	26.6	2.65	26.3	26.2	26.1
4	0.10	3.92	3.91	3.90	3.87	3.84	3.83	3.82	3.79	3.78	3.76
	0.05	5.96	5.94	5.91	5.85	5.80	5.77	5.75	5.69	5.66	5.63
	0.025	8.84	8.80	8.75	8.66	8.56	8.51	8.46	8.36	8.31	3.26
	0.01	14.5	14.4	14.4	14.2	14.0	13.9	13.8	13.7	13.6	13.5
5	0.10	3.30	3.28	3.27	3.24	3.21	3.19	3.17	3.14	3.12	3.11
	0.05	4.74	4.71	4.68	4.62	4.56	4.53	4.50	4.43	4.40	4.37
	0.025	6.62	6.57	6.52	6.43	6.33	6.28	6.23	6.12	6.07	6.02
	0.01	10.1	9.96	9.89	9.72	9.55	9.47	9.38	9.20	9.11	9.02
6	0.10	2.94	2.92	2.90	2.87	2.84	2.82	2.80	2.76	2.74	2.72
	0.05	4.06	4.03	4.00	3.94	3.87	3.84	3.81	3.74	3.70	3.67
	0.025	5.46	5.41	5.27	5.27	5.17	5.12	5.07	4.96	4.90	4.85
	0.01	7.87	7.79	7.72	7.56	7.40	7.31	7.23	7.06	6.97	6.88
7	0.10	2.70	2.68	2.67	2.63	2.59	2.58	2.56	2.51	2.49	2.47
	0.05	3.64	3.60	3.57	3.51	3.44	3.41	3.38	3.30	3.27	3.23
	0.025	4.76	4.71	4.67	4.57	4.47	4.42	4.36	4.25	4.20	4.14
	0.01	6.62	6.54	6.47	6.31	6.16	6.07	5.99	5.82	5.74	5.65
8	0.10	2.54	2.52	2.50	2.46	2.40	2.40	2.38	2.34	2.32	2.29
	0.05	3.35	3.31	3.28	3.22	3.12	3.12	3.08	3.01	2.97	2.93
	0.025	4.30	4.25	4.20	4.10	3.95	3.95	3.89	3.78	3.73	3.67
	0.01	5.81	5.73	5.67	5.52	5.28	5.28	5.20	5.03	4.95	4.86
9	0.10	2.42	2.40	2.38	2.34	2.28	2.28	2.25	2.21	2.18	2.16
	0.05	3.14	3.10	3.07	3.01	2.90	2.90	2.86	2.79	2.75	2.71
	0.025	3.96	3.91	3.87	3.77	3.61	3.61	3.56	3.45	3.39	3.33
	0.01	5.26	5.18	5.11	4.96	4.73	4.73	4.65	4.48	4.40	4.31
10	0.10	2.32	2.30	2.28	2.24	2.20	2.18	2.16	2.11	2.08	2.06
	0.05	2.98	2.94	2.91	2.84	2.77	2.74	2.70	2.62	2.58	2.54
	0.025	3.72	3.67	3.62	3.52	3.42	3.37	3.31	3.20	3.14	3.08
	0.01	4.85	4.77	4.71	4.56	4.41	4.33	4.25	4.08	4.00	3.91
11	0.10	2.25	2.23	2.21	2.17	2.12	2.10	2.08	2.03	1.99	1.97
	0.05	2.85	2.82	2.79	2.72	2.65	2.61	2.57	2.49	2.43	2.40
	0.025	3.53	3.48	3.43	3.33	3.23	3.17	3.12	3.00	2.94	2.88
	0.01	4.54	4.46	4.40	4.25	4.10	4.02	3.94	3.78	3.66	3.60
12	0.10	2.19	2.17	2.15	2.10	2.06	2.04	2.01	1.96	1.93	1.90
	0.05	2.75	2.72	2.69	2.62	2.54	2.51	2.47	2.38	2.34	2.30
	0.025	3.37	3.32	3.28	3.18	3.07	3.02	2.96	2.85	2.79	2.72
	0.01	4.30	4.22	4.16	4.01	3.86	3.78	3.70	3.54	3.45	3.36
13	0.10	2.14	2.12	2.10	2.05	2.01	1.98	1.96	1.90	1.86	1.85
	0.05	2.67	2.63	2.60	2.53	2.46	2.42	2.38	2.30	2.23	2.21
	0.025	3.25	3.20	3.15	3.05	2.95	2.89	2.84	2.72	2.66	2.60
	0.01	4.10	4.02	3.96	3.82	3.65	3.59	3.51	3.34	3.22	3.17

F-분포표(Ⅳ)

ϕ_2	α	ϕ_1									
		10	11	12	15	20	24	30	60	120	∞
14	0.10	2.10	2.08	2.05	2.01	1.96	1.94	1.91	1.86	1.83	1.80
	0.05	2.60	2.57	2.53	2.46	2.39	2.35	2.31	2.22	2.18	2.13
	0.025	3.15	3.10	3.05	2.95	2.84	2.79	2.73	2.61	2.55	2.49
	0.01	3.94	3.86	3.38	3.66	3.51	3.43	3.35	3.18	3.09	3.00
15	0.10	2.06	2.04	2.02	1.97	1.92	1.90	1.87	1.82	1.79	1.76
	0.05	2.54	2.51	2.48	2.40	2.33	2.29	2.25	2.16	2.11	2.07
	0.025	3.06	3.01	2.96	2.86	2.76	2.70	2.64	2.52	2.46	2.40
	0.01	3.80	3.73	3.67	3.52	3.37	3.29	3.21	3.05	2.96	2.87
16	0.10	2.03	2.01	1.99	1.94	1.89	1.87	1.84	1.78	1.75	1.72
	0.05	2.49	2.46	2.42	2.35	2.28	2.24	2.19	2.11	2.06	2.01
	0.025	2.99	2.94	2.89	2.79	2.68	2.63	2.57	2.45	2.38	2.32
	0.01	3.69	3.62	3.55	3.41	3.26	3.18	3.10	2.93	2.84	2.75
17	0.10	2.00	1.98	1.96	1.91	1.89	1.87	1.84	1.78	1.75	1.72
	0.05	2.45	2.41	2.38	2.31	2.28	2.24	2.19	2.11	2.06	2.01
	0.025	2.92	2.87	2.82	2.72	2.68	2.63	2.57	2.45	2.38	2.32
	0.01	3.59	3.52	3.46	3.41	3.26	3.18	3.10	2.93	2.84	2.75
18	0.10	1.98	1.96	1.93	1.89	1.84	1.81	1.78	1.72	1.69	1.66
	0.05	2.41	2.37	2.34	2.27	2.19	2.15	2.11	2.02	1.97	1.92
	0.025	2.87	2.82	2.77	2.67	2.56	2.50	2.44	2.32	2.26	2.19
	0.01	3.51	3.43	3.37	3.23	3.08	3.00	2.92	2.75	2.66	2.57
19	0.10	1.96	1.94	1.91	1.86	1.81	1.79	1.76	1.70	1.67	1.63
	0.05	2.38	2.34	2.31	2.23	2.14	2.11	2.07	1.98	1.93	1.88
	0.025	2.82	2.77	2.72	2.62	2.51	2.45	2.39	2.27	2.20	2.13
	0.01	3.43	3.36	3.30	3.15	3.00	2.92	2.84	2.67	2.58	2.49
20	0.10	1.94	1.92	1.89	1.84	1.79	1.77	1.74	1.68	1.64	1.61
	0.05	2.35	2.31	2.28	2.20	2.12	2.08	2.04	1.95	1.90	1.84
	0.025	2.77	2.72	2.68	2.57	2.46	2.41	2.35	2.22	2.16	2.09
	0.01	3.37	3.29	3.23	3.09	2.94	2.86	2.78	2.61	2.52	2.42
24	0.10	1.88	1.85	1.83	1.78	1.73	1.70	1.67	1.61	1.57	1.53
	0.05	2.25	2.21	2.18	2.11	2.03	1.98	1.94	1.84	1.79	1.73
	0.025	2.64	2.59	2.54	2.44	2.33	2.27	2.21	2.08	2.01	1.94
	0.01	3.17	3.09	3.03	2.89	2.74	2.66	2.58	2.40	2.31	2.21
30	0.10	1.82	1.79	1.77	1.72	1.67	1.64	1.61	1.54	1.50	1.46
	0.05	2.16	2.13	2.09	2.01	1.93	1.89	1.84	1.74	1.68	1.62
	0.025	2.51	2.46	2.41	2.31	2.20	2.14	2.07	1.94	1.87	1.79
	0.01	2.98	2.91	2.84	2.70	2.55	2.47	2.39	2.21	2.11	2.01
60	0.10	1.71	1.68	1.66	1.60	1.54	1.51	1.48	1.40	1.35	1.29
	0.05	1.99	1.95	1.92	1.84	1.75	1.70	1.65	1.53	1.47	1.39
	0.025	2.27	2.22	2.17	2.06	1.94	1.88	1.82	1.67	1.58	1.48
	0.01	2.63	2.56	2.50	2.35	2.20	2.12	2.03	1.84	1.73	1.60
120	0.10	1.65	1.62	1.60	1.55	1.48	1.45	1.41	1.32	1.26	1.19
	0.05	1.91	1.87	1.83	1.75	1.66	1.61	1.55	1.43	1.35	1.25
	0.025	2.16	2.11	2.05	1.94	1.82	1.76	1.69	1.53	1.43	1.31
	0.01	2.47	2.40	2.34	2.19	2.03	1.95	1.86	1.66	1.53	1.38
∞	0.10	1.60	1.57	1.55	1.49	1.42	1.38	1.34	1.24	1.17	1.00
	0.05	1.83	1.79	1.75	1.67	1.57	1.52	1.46	1.32	1.22	1.00
	0.025	2.05	2.00	1.94	1.83	1.71	1.64	1.57	1.39	1.27	1.00
	0.01	2.32	2.25	2.18	2.04	1.88	1.79	1.70	1.47	1.32	1.00

5. 난수표

12651	61646	11769	75109	86996	97669	25757	32535	07122	76763
81769	74436	02630	72310	45049	18029	07469	42341	98173	79260
36737	98863	77240	76251	00654	64688	09343	70278	67331	98729
82861	54371	76610	94934	72748	44124	05610	53750	95938	01485
21325	15732	24127	37431	09723	63529	73977	95218	96074	42138
74146	47887	62463	23045	41490	07954	22597	60012	98866	90959
90759	64410	54179	66075	61051	75385	51378	08360	95946	95547
55683	98078	02238	91540	21219	17720	87817	41705	95785	12563
79686	17969	76061	83748	55920	83612	41540	86492	06447	60568
70333	00201	86201	69716	78185	62154	77930	67663	29529	75116
14042	53536	07779	04157	41172	36473	42123	43929	50533	33437
59911	08256	06596	48416	69770	68797	56080	14223	59199	30162
62368	62623	62742	14891	39247	52242	98832	69533	91174	57979
57529	97751	54976	48957	74599	08759	78494	52785	68526	64618
15469	90574	78033	66885	13936	42117	71831	22961	94225	31816
18625	23674	53850	32827	81647	80820	00420	63555	74489	80141
74626	68394	88562	70745	23701	45630	65891	58220	35442	60414
11119	16519	27384	90199	79210	76965	99546	30323	31664	22845
41101	17336	48951	53674	17880	45260	08575	49321	36191	17095
32123	91576	84221	78902	82010	30847	62329	63898	23268	74283
26091	68409	69704	82267	14751	13151	93115	01437	56945	89661
67680	79790	48462	59278	44185	29616	76531	19589	83139	28454
15184	19260	14073	07026	25264	08388	27182	22557	61501	67481
58010	45039	57181	10238	36874	28546	37444	80824	63981	39942
56425	53996	86245	32623	78858	08143	60377	42925	42815	11159
82630	84066	13592	60642	17904	99718	63432	88642	37858	25431
14927	40909	23900	48761	44860	92467	31742	87142	03607	32059
23740	22505	07489	85986	74420	21744	97711	36648	35620	97949
32990	97446	03711	63824	07953	85965	87089	11687	92414	67257
05310	24058	91946	78437	34365	82469	12430	84754	19354	72745
21839	39937	27534	88913	49055	19218	47712	67677	51889	70926
08833	42549	93981	94051	28382	83725	72643	64233	97252	17133
58336	11139	47479	00931	91560	95372	97642	33856	54825	55680
62032	91144	75478	47431	52726	30289	42411	91886	51818	78292
45171	30557	53116	04118	58301	24375	65609	85810	18620	49198
91611	62656	60128	35609	63698	78356	50682	22505	01692	36291
55472	63819	86314	49174	93582	73604	78614	78849	23096	72825
18573	09729	74091	53994	10970	86557	65661	41854	26037	53296
60866	02955	90288	82136	83644	94455	06560	78029	98768	71296
45043	55608	82767	60890	74646	79485	13619	98868	40857	19415
17831	09737	79473	75945	28394	79334	70577	38048	03607	06932
40137	03981	07585	18128	11178	32601	27994	05641	22600	86064
77776	31343	14576	97706	16039	47517	43300	59080	80392	63189
69605	44104	40103	95635	05635	81673	68657	09559	23510	95875
19916	52934	26499	09821	97331	80993	61299	36979	73599	35055
02606	58552	07678	56619	65325	30705	99582	53390	46357	13244
65183	73160	87131	35530	47946	09854	18080	02321	05809	04893
10740	98914	44916	11322	89717	88189	30143	52687	19420	60061
98642	89822	71691	51573	83666	61642	46683	33761	47542	23551
60139	25601	93663	25547	02654	94829	48672	28736	84994	13071

찾 | 아 | 보 | 기

(ㄱ)

가격 감수성 곡선(price sensitivity curve) 31
가격감수성(price sensitivity) 30
가격속성의 중요성 31
가격탄력성 31
가구방문 개인 면접 131
가구방문 면접법 123
가설(hypothesis, 假說) 18, 62
가설검증 282
가중치(Weight) 235
간접적인 관찰(Indirect Observation) 134
감사(Audit) 139
개방형 설문(open-ended) 222
개방형 질문 66
개별면접(individual interview) 38
개인 관찰(Personal Observation) 136
개인 면접법 121
거시환경요소(macro environment factors) 10
건너뛰기(skip) 81
검증통계량 261
검증표본(validation sample) 445
결정계수(Determination Coefficient Square, r^2) 382, 390
결측치 82
결합방식 504
결합-집단 도표 463
경기동향조사 29
경영의사결정의 문제(issues of decision making) 26
경영환경 10
계량적 데이터 439
계층적 가치도(hierarchy value map: HVM) 112
계층적 군집분석 508
계층적 군집화(hierarchical clustering) 504
고드름 다이어그램(icicle diagram) 500
고드름 512
고유값(Eigenvalue) 443, 470
고정총합 척도법(Constant Sum Scale) 204
고정총합(constant sum) 200
공간적 범위 61
공간지도(spatial maps, 空間地圖) 526
공변량(covariate) 343
공분산 행렬 452
공분산분석(ANCOVA : ANalysis of COVAriance) 96, 311, 312, 341
공선성진단표 423
공통요인분석 473, 477
관찰(observation) 118, 132
관찰방법의 비교 140
관찰법의 특징 133
광고 카피 결정 31
광고 컨셉트 개발 31
광고, 홍보매체 선정 31
광고효과와 반응조사 31
교차분석(Crosstab Analysis) 95, 266
교차-타당성 412
구성 개념법(Construction Techniques) 109
구조상관(Structure Correlation) 444
구조행렬표 458
구조화된 관찰(Structured Observation) 133
구조화된 설문(structured question) 220
구조화된 설문지(structured questionnaire) 38
군집 중심(cluster centers) 500
군집 중심값(cluster centroid) 507
군집 중심점(cluster centroid) 500
군집분석(Cluster Analysis) 97, 496
군집표본추출법(Cluster Sampling Technique) 65, 177

귀무가설(歸無假說, null hypothesis) 258
균형화(Matching) 154
그림반응기법(picture response techniques) 109
글로벌 경쟁시대 14
기각영역 264
기계적 관찰(Mechanical Observation) 136
기대빈도 274
기본정보 66, 223
기술적 조사(descriptive research) 62, 63, 117
기술적 조사방법 99
기획조사(企劃調査) 45

(ㄴ)
난이도(難易度) 54
내용 분석(Content Analysis) 139
내용 타당성(validity) 66
내용적 범위 61
내적 타당성(Internal Validity) 148
내적일관성(reliability) 66, 216
눈 동공측정기(pupilo-meters) 138
눈 추적모니터(eye-tracking monitor) 137
눈덩이 굴리기식 표본추출법(snowballing sampling method) 66
니즈와 원츠(wants) 13

(ㄷ)
다변량 분산분석(MANOVA) 97, 350
다변량분석 95
다원분산분석(n-way ANOVA) 311
다이어리 패널(Diary Panels) 49
다중결정계수(Coefficient of Multiple Determination, R^2) 402
다중공선성(Multi-collinearity) 410
다중상관계수(R^2) 405
다중선택형(Multiple Choice) 66, 221
다중항목 척도 215
다중회귀분석(multiple regression, 多重回歸分析) 96, 401
다중회귀식 422
다차원 척도법(Multidimensional Scaling; MDS) 98, 526
단계별 방법(stepwise solution) 409
단계별 회귀분석(Stepwise regression) 408
단계적 분석법(stepwise analysis) 446
단독조사(ad-hoc survey) 23, 44
단순무작위추출법(Simple Random Sampling Technique) 65, 174
단순상관관계(simple correlation) 363
단순회귀모델(Bivariate regression Model) 382
단순회귀분석(simple regression) 381
단일결합방식 505
단일변량분석기법 90
단일표본(One Sample)의 t 검증 284
대리변수(surrogate variables) 478
대립가설(對立假說, alternative hypothesis) 258
대안카드 571
대응표본(Paired Samples)의 검증 300
대인면접법 66
대표성(representative) 143
더미변수 413
더빈-왓슨 검증(Durbin-Watson test) 407
데이터 편집창 243
데이터의 검증 86
덴드로그램(dendrogram) 500
도(尖度, Kurtosis) 257
독립변수(Independent Variables) 80, 147, 343
독립성검증 304
동시 발생(Concomitant Variation) 145
동일분산추정(同一分散推定, equal variances assumed) 287
동일집단군 340
등간척도 198
디자인 통제(Design Control) 154

(ㄹ)
람다 계수(Lamda Coefficient) 271, 278
래더링기법(Laddering Technique) 105, 106, 112
로지스틱 회귀분석 424

리커트 척도(Likert Scale) 208
리허설(Rehearsal) 600

(ㅁ)
마케팅 리서치 문제 48
마케팅 의사결정 23
마케팅조사 5단계 52
마케팅조사(marketing research) 17
마케팅조사의 문제(issues of marketing research) 26
만화테스트(cartoon tests) 기법 109
만-휘트니(Mann-Whitney) 검증 93
만-휘트니의 U 테스트 296
맥네마르 검증(Mcnemar Test) 94
면접 스킬(skill) 105
면접원 가이드북 68
면접원 67
면접조사원 훈련지침 71
명목척도 195
모델 적합성 478
모바일 면접(Mobile Interviewing) 127
모수 검증방법 309
모수(母數, parameter) 167, 259
모수의 추정(Estimation of Parameters) 387
모수통계 91
모의 테스트 마켓(Simulated Test Market) 162
모집단(母集團, population) 63, 64, 168
목소리 높이분석기(voice pitch analyzers) 138
몰 인터셉트 면접 123
몰 인터셉트(mall intercept) 169
무응답 오류 189
무응답(Missing Responses)의 처리 87
무응답(missing value) 234
무작위화(Randomization) 153
문장완성법 108
문장흐름의 용이성 590
문제규명조사(problem identification research) 23, 26, 29
문제해결조사(problem solving research) 23, 26, 30
미국마케팅학회 18
미시환경요소(micro environment factors) 10

(ㅂ)
바틀렛의 단위행렬 점검(Bartlett's test of sphericity) 470
배리맥스(varimax) 476
백분위수값 254
범위(Range) 250
범주형 데이터 439
변동계수(Coefficient of Variance) 256
변동성 측정(Measure of Variability) 249
변수(variables) 243
변수값(variable lables) 243
변수의 변형 235
보고서 작성 및 보고회(report and presentation) 53
보고서의 형태 584
복원추출(sampling with replacement) 170
부분 F 검증(Partial F Test) 403
부분가치함수 554
부분회귀계수(Partial Regression Coefficient) 403
부호검증(符號檢證, sigh test) 94, 304
부호화 79, 83
분류분석(classification) 496
분류정보 66, 224
분류함수(classification function) 460
분류행렬(Classification Matrix) 442
분산과 표준편차(Variance and Standard Deviation) 252
분산분석(ANOVA) 96, 264, 311
분포의 특성 247
분할계수(Contingency Coefficient) 277, 309
브랜드 포지셔닝 및 재포지셔닝 30
비계량적 상관관계 378
비교척도법(comparative scale) 200
비구조화된 관찰(Unstructured Observation) 134
비구조화된 설문(unstructured question) 220
비모수 검증방법 309
비모수검증 290
비모수통계 91

비모수통계기법 291
비복원추출(sampling without replacement) 170
비비교척도법(non-comparative scale) 200
비율척도 199
비표준화계수(B) 422
비확률 표본추출법(non-probability sampling method) 65, 170, 178
빈도분석(frequency analysis) 86, 92
빈도분포(頻度分布) 241, 247

(ㅅ)

사용자 결측치(user missing) 82
사전조사(pre-test) 53, 66, 226
사전확률 451
사후검증-다중비교 327
산포도(散布圖, Scattergram) 382
상관계수 r 367
상관관계분석 362
상관관계행렬(correlation matrix) 470
상관분석(Correlation Analysis) 97
상대적 중요도 가중치 555
상대적 중요성 411
상징성 분석(symbolic analysis) 106
서베이(Surveys) 48, 118
서베이법 120
서열척도 196
설문작성시간 54
설문지 66
성분 변환행렬 493
소속군집 511
속임수(cheating) 68, 76
손자병법 14
순위상관계수 378
순위서열 척도(Rank Order Scale) 203
순위서열(rank order) 200
순환계획법(cyclical design) 559
스노우볼 표본추출법(Snowball Sampling Technique) 180
스크리 도표 474
스크리닝(screening) 79
스타펠 척도법(Stapel Scale) 211
스토리텔링기법(Storytelling Technique) 113
스트레스 값 537
스트레스(stress) 529
시간의 선행성(Time Order of Occurrences) 145
시간적 범위 61
시스템 결측치(system missing) 82
시장세분화 30, 497
시장잠재력조사 29
시장점유율조사 29
시장조사 17
시장진입(market launching) 30
시장특성조사 29
시험효과(Testing Effects) 150
신디케이트 자료 48
신디케이트조사(syndicated research) 23, 44, 45
신뢰도 계수(Cronbach's Alpha) 56
신뢰성(reliability) 55
신제품개발 30
실사 일정 68
실사(field work) 53, 66
실사감독원 74, 75
실사의 통제 131
실사품질 75, 77
실험 디자인(Experiment Design) 147
실험(Experiment) 147
실험계획법 555
실험단위(Experiment Units) 147
실험대상의 소멸(Mortality) 153
실험디자인 147
실험실 실험 155
실험의 타당성 148
실험의 한계 159
실험집단(Experimental Group) 148
심층면접법(depth interview) 62, 105
쌍대 접근법 560
쌍대 평가표 555
쌍대비교(paired comparison) 200

쌍대비교척도법(Paired Comparison Scaling) 202

(ㅇ)

양자택일형(Dichotomous Choice) 66, 221
양적 특성(quantitative character) 32
양적인 효과(quantitative effects) 57
어의차이 척도법(Semantic Differential Scale) 210
여론주도자 혹은 여론형성자 인터뷰(opinion leader interview) 33
역할연기법(role playing) 106
연(連)의 검증(runs test) 295
연관성의 강도 390
연상법(Association Techniques) 107
연의 검증(Run Test) 93
영역도 452
예측변수 445
예측의 정확성(Prediction Accuracy) 393
예측조사 29
오감(五感) 599
오차항 407
온라인면접 121
완성법(Completion Techniques) 108
완전결합방식 505
왜도(歪度, 비대칭도, Skewness) 255, 256
외생변수(Extraneous Variables) 63, 147, 343
외생변수의 통제 153
외적 타당성(External Validity) 148
요인 회전방법 486
요인모델(factor model) 469
요인분석 모델 468
요인분석(Factor Analysis) 80, 97, 465
요인수준 578
요인의 수 474
요인의 해석 476
요인의 회전 471
요인적재량(factor loadings) 470
요인점수(factor score) 469
요인점수(factor scores) 470, 477
요인행렬(factor matrix) 470
우발성 계수 271, 277
우발적 사건(Historical Events) 149
우편 패널(Mail Panel) 124
우편면접법 121, 124
우편조사 38, 66
위치 설정 31
위치의 측정(Measure of Location) 247
윌콕슨 순위검증(Wilcoxon Test) 94
유사성 판단 528
유사성 503
유의성 검증(Significance Testing) 319, 389
유의수준 262
유클리디안 거리(euclidean distance) 532
유통경로의 형태 31
응답대기시간(response latency) 138
응답성공률 78
의사결정문제 56
이미지 조사 29
이변량 상관관계(bivariate correlation) 363
이분형 척도 424
이야기완성법 108
이원분산분석(Two-Way ANOVA) 330
이질분산추정(異質分散推定, equal variances not assumed) 287
이항분포 검증(Binomial Test) 93, 295
인과관계(因果關係, causality) 144
인과관계의 조건 145
인과성(causality) 63
인과적 연결고리(A-C-V모형) 112
인과적 조사(causal research) 62, 63, 144
인과적 조사방법 99
인위적인 관찰(Contrived Observation) 135
인터넷 면접(Internet Interviewing) 126
일관성 검증(Consistency Check) 86
일반화(generalization) 64, 167
일원변량분산분석 92
일원분산분석(One-Way ANOVA) 311, 314
일일점검시스템(daily control system) 81
임계값 263, 284

입력에러(key-in error) 79

(ㅈ)

자극의 구조화(Constructing Stimuli) 558
자료 감축(reduction) 465
자료수집(data collection) 53
자료수집방법 169
자료수집의 유연성 129
자료준비 및 분석(data preparation and analysis) 53
자연적인 관찰(Natural Observation) 135
자유 응답형(free-response) 223
자유 응답형(open-ended) 질문 74, 81
자유도(自由度, df : Degree of Freedom) 280
잔차 제곱의 합(Sum of Squared Errors : SSE) 383
잔차(residuals) 470, 478
잔차의 검증(Examination of Residuals) 406
잠재적인 마케팅기회 15
적합도 검증(goodness-of-fit) 295
적합도(goodness-of-fit) 274
전략적 의사결정 11
전문가 의견조사(key informant survey) 33, 62
전문가 인터뷰(expert interview) 53
전수조사 165
전자스캐너서비스(Electronic Scanner Services) 50
전진방식의 산입(forward inclusion) 409
전체 분산(SS_y) 315
전통적 전화 면접 131
전화면접법 121
전화조사 38
전환모형(trade-offs model) 563
절단점(U) 254
정량적 조사(quantitative research) 23, 36, 56
정보 지향적 특성 26
정보 지향적 57
정성적 조사(qualitative research) 23, 33, 56
정신전류장치기(psychogalvano-meters) 138
정준상관계수 457
정준상관관계(Canonical Correlation) 442
정준상관분석(Cannonical Correlation Analysis) 97
정지규칙(stopping rule) 516
제3의 변수 배제(Absence of Other Possible Causal Factors) 145
제3자 화법(third-person technique) 110
제안요청서(RFP, Request For Proposal) 44
제출문(Letter of Transmittal) 586
조사 설계(research design) 52, 61
조사 설계의 품질(quality of research design) 61
조사목적 57
조사문제 56
조사문제의 유형 56
조사문제의 정의(problem definition) 52
조사범위 61
조사의 배경 57
조정된 결정계수(Adjusted R^2) 402
종단적 조사(縱斷的 調査, longitudinal research) 118, 141
종속변수(Dependent Variables) 80, 147, 317
주성분분석 473, 477
중심 경향(central tendencies) 255, 349
중심(Centroid) 442
중앙값 검증(Median Test) 94
중위수 / 중앙값(Median) 249
지각도 539
지리적 범위 61
직각회전(orthogonal rotation) 476
직교계획 571
직교배열 555
직접법(direct method) 446
직접적인 관찰(Direct Observation) 134
질문의 다양성 129
질적 특성(qualitative character) 32
질적인 효과(qualitative effects) 57
집단 간 분산(between group sum of square) 315, 440
집단 내 분산(within group sum of square) 315, 440
집적적 군집화(agglomerating clustering) 504

(ㅊ)

차별적인 경쟁우위전략 18

차원(dimensions) 467
채택영역 264
척도(scale) 192
척도의 균형성 213
척도의 평가 216
척도점의 수 212
첨도(K) 255
체계적 표본추출법(Systematic Sampling Technique) 65, 175
최빈값(最頻값, Mode) 249
최적 분할법 506
최적 촉진믹스 31
최적 촉진예산 결정 31
추적 분석(Trace Analysis) 140
추정(Estimation) 394, 446
추정값의 표준오차(Standard Error of Estimate) 383
측도변환 513
측정(measurement) 192
측정수단의 변화(Instrumentation) 151
측정수준 543
층화 표본추출법(Stratified Sampling Technique) 65, 175

(ㅋ)

카이스퀘어 값 274
카이스퀘어(Chi-Square) 271, 272
카이스퀘어(Chi-Square, χ^2) 검증 92
카이제곱 값 431
캐어묻기(probing) 72, 105
커뮤낼리티(communality) 468, 470
컨조인트분석(Conjoint Analysis) 96, 552
컨틴젼시 계수 277
컴퓨터지원 개인 면접법(CAPI) 123
켄달의 T(tau)계수 378
코드 북(Code book) 84, 234
코딩(Coding) 79, 83, 228, 230
코딩값 84
코딩에러(coding error) 79
콜모고로프-스미르노프(Kolmogorov-Smirnov)검증 93
크레이머의 V행렬 277
크루스칼-왈리스(Kruscal-Wallis) 검증 94
크루스칼-월리스(Kruskal-Wallis) 일원분산분석 349
키 펀칭(key punching) 85
키스엠(KISS'em)원칙 599
키인(key-in) 85

(ㅌ)

타당성(validity) 55
타당성검증 216
타이틀(Title Page) 586
탐색적 조사(exploratory research) 53, 62, 63, 100
테스트 마케팅 160
테스트 마케팅활동 30
텔엠(tell'em)원칙 598
통계량(統計量, statistics) 167, 244
통계적 통제(Statistical Control) 154
통계적 회귀(Statistical Regression) 151
통제 가능한 3M(man, material, money) 10
통제 가능한 환경(controllable environment) 10
통제 가능한 환경요소 10
통제 테스트 마켓(Controlled Test Market) 162
통제집단(Control Group) 148
투사법(projective techniques) 100, 107

(ㅍ)

파이 계수(Phi Coefficient) 276
파이 상관계수 271
파이 차트 594
파일럿 스터디(pilot study) 53, 556
판단표본추출법(Judgment Sampling Technique) 65, 178
판매분석조사 29
판별계수 440
판별분석(Discriminant Analysis) 96, 507, 435
판별적재값 458
판별점수(Discriminant Score) 443
판별함수 440
판별함수계수(Discriminant Function Coefficients) 443

패널(panel) 141
패널조사 143
편(偏)상관관계(Partial Correlation) 371
편기(bias) 191
편의표본추출법(Convenience Sampling Technique) 65, 178
편집(editing) 81, 229
평균(Mean) 248
평균결합방식 505
폐쇄형 질문(closed question) 119
포아송 분포(Poisson distribution) 291
포커스그룹 인터뷰(FGI, Focus Group Interview) 33, 38, 39, 62, 101
표본 집단의 선정 61
표본 통제 130
표본 프레임(sample frame) 63, 64, 169
표본 할당표 76
표본오차 183
표본의 크기(sample size) 61, 63
표본이분 신뢰성(split-half reliability) 475
표본조사 36, 165
표본추출 절차 168
표본추출 171
표본추출방법 61, 65, 170, 172
표본추출의 단위(sampling unit) 64
표본크기 180
표본프레임(sample frame) 168
표적 집단 심층면접법 33
표적시장(target market)의 선정 30
표준 테스트 마켓(Standard Test Market) 161
표준오차(Standard Error : SE) 261, 383
표준화된 정준판별함수 458
표준화된 회귀계수(Standardization Regression Coefficient) 383, 389
표현법(Expressive Techniques) 110
프레젠테이션 581, 597
프로파일 도표 340
프로파일 카드 인쇄 569
프로파일(profile) 30
프로파일분석(profile analysis) 552
프리 테스트(pre-test) 53, 54
프리젠터 600

(ㅎ)

할당표본추출법(Quota Sampling Technique) 65, 178
항목화 등급 척도법(Itemized Rating Scale) 208
행동 지향적 특성 26
행동 지향적 57
현장 실험 159
혼합 컨조인트분석 564
확률표본추출법(probability sampling techniques) 65, 170, 174
확인적 조사(conclusive research) 62
확인정보 66, 224
회귀계수(Regression Coefficient) 382
회귀분석(regression analysis) 80, 379
횡단적 조사(橫斷的 調査, cross-sectional research) 118, 141
효용함수 557
후진방식의 제거(backward elimination) 409

(기타)

1:1 대인면접법(1:1 face to face) 169
10(ten) - 100(hundred) - 1000(thousand) 룰(rule) 15
1차 자료(primary data) 38
1차 자료조사(primary data research) 23, 41, 42
2차 자료(secondary data) 38
2차 자료조사(secondary data research) 23, 41, 42
3C 14
3P 요소 601
4분위수(quartile) 250
Box's M 검증 456
Cramer's V 271
CSF 11
E-Mail 면접(E-mail Interviewing) 125
F 검증(F test) 289, 402
F 분포(F distribution) 290

*F*값과 유의수준 443
Fisher의 방법 450
Fisher의 선형 판별함수(linear discriminant function) 460
K-평균법(*K*-means) 518
*K*표본 중앙값 검증(k-sample median test) 349
KMO 표본적합도(Kaiser-Meyer-Olkin measure of sampling adequacy) 470
K-S검증방법 292
KSF 11
Levene의 등분산 검정값 265
lifestyle 30
MDS 529
MECE 39
ORTHOPLAN 프로시저 559
p 값(*p*-value) 264
POS시스템(point-of-sale system) 51
Q-소트 척도법(Q-Sort Scale) 206
Q-소트(Q-sort)기법 200
S-스트레스 수렴기준 545
show card 68
SPSS(Statistical Package for Social Science) 55
t 검증 90, 91, 264, 282
t 통계량 384
Type I 오류 262
Type II 오류 262
z 검증 90, 92

저자약력

최 천 규 (崔天圭)

■ 주요 약력

- 경영학박사
- (현) 한국기업가치혁신원 원장
- (현) 상명대학교 경영대학 강사
  (전) 경기대학교 겸임교수, 홍익대학교 경영대학 강사
- (전) 행정자치부 공기업경영평가위원

■ 주요 저서

- Excel을 활용한 마케팅조사(2009)
- 지역마케팅과 삶의 질(2008)
- 서비스마케팅(2007)
- 마케팅리서치(2007)
- 국가경쟁력마케팅(2007)
- 주식회사대한민국 미래경쟁력(2005년)
- 삶의 질: 측정모델개발 및 실증연구(2005년)
- 마케팅 리서치(2004년)
- 중국진출 한국기업의 품질혁신전략(2004년)
- 고객만족도: 조사실무지침서(1996년)

■ 주요 학술연구논문

- 한국 광고대행사의 경영실태에 관한 연구, 1987, 석사학위논문.
- 라이프스타일 유형에 따른 지각된 서비스품질이 재구매 의사와 로열티에 미치는 영향에 관한 연구, 2002, 박사학위논문.
- 서울시의 보건의료행정서비스에 관한 실증적 연구, 한국전통상학연구, 14(1), 2000.
- 지각된 서비스품질에 관한 이론적 고찰, 한국전통상학연구,15(2), 2001.
- 라이프스타일 유형에 따른 지각된 서비스품질이 재구매 의사와 로열티에 미치는 영향에 관한 연구, 마케팅저널, 5(3), 2003.
- 서비스로열티의 인과모형에 관한 연구, 한국전통상학연구, 17(2), 2003.
- 정부산하기관 경영평가제도 도입에 관한 연구, 한국전통상학연구, 18(1), 2004.
- 삶의 질 측정모형 및 계량적 조사방법에 관한 연구, 한국전통상학연구, 18(2), 2004.
- 품질혁신을 위한 Single PPM 인과모형 연구, 한국전통상학연구, 19(2), 2005.
- 품질분임조활동 및 성과에 관한 인과모형 연구, 한국품질경영학회지, 33(4), 2005.
- 6시그마 도입을 통한 EOP 측정시스템 개선사례 연구, 한국품질경영학회지, 34(3), 2006.
- 휴양레저시설 이용자들의 서비스품질과 재구매 모형에 관한 연구, 서비스경영학회지, 9(2), 2008.
- 한국의 전통재래시장 활성화 방안에 관한 소고, 한국전통상학연구, 23(1), 2009.

■ 주요 컨설팅실적

- 용인지방공사 중장기 경영전략수립
- 강원도개발공사 중장기 경영전략수립
- 인천교통공사 조직진단 및 합리적 운영방안
- BSC를 활용한 전략적 성과평가시스템 구축
- 정부산하기관 경영평가모델개발
- 기타 180건의 리서치 & 컨설팅 수행

마케팅 조사 –SPSS 활용편–

2010년 1월 5일 초판1쇄 인쇄
2010년 1월 10일 초판1쇄 발행

저자와의 협의하에 인지생략

저 자 최 천 규
펴낸이 임 순 재
펴낸곳 한올출판사
등록 제11-403호
121-849
주 소 서울시 마포구 성산동 133-3 한올빌딩 3층
전 화 (02) 376-4298 (대표)
팩 스 (02) 302-8073
홈페이지 www.hanol.co.kr
e-메 일 hanol@hanol.co.kr
정 가 32,000원

• ISBN 978-89-8325-932-5